Krieg in der Geschichte
(KRiG)

Krieg in der Geschichte (KRiG)

Band 104

UN-Blauhelme

Ferdinand Schöningh

Jan Erik Schulte

UN-Blauhelme

*Kanada und die Politik des Peacekeepings im
20. Jahrhundert*

Ferdinand Schöningh

Der Autor: PD Dr. Jan Erik Schulte leitet die Gedenkstätte Hadamar und den Fachbereich Archiv, Gedenkstätten, Historische Sammlungen im Landeswohlfahrtsverband Hessen und lehrt als Privatdozent für Zeitgeschichte an der Ruhr-Universität Bochum.

Umschlagabbildung: Ein kanadischer Soldat (mit Fernglas) und ein indonesischer Angehöriger von UNEF I beobachten die israelische Grenze von einem Außenposten in der östlichen Sinai-Wüste aus. Foto: Canada, Department of National Defence, Library and Archives Canada, R 112-778-0, vol. 30448, ZK 1289 (MIKAN 4234147). Siehe hierzu auch Kapitel 10 in diesem Band.

Bibliografische Information der Deutschen Nationalbibliothek

Die Deutsche Nationalbibliothek verzeichnet diese Publikation in der Deutschen Nationalbibliografie; detaillierte bibliografische Daten sind im Internet über http://dnb.d-nb.de abrufbar.

Zugleich Habilitationsschrift an der Ruhr-Universität Bochum.

© 2020 Verlag Ferdinand Schöningh, ein Imprint der Brill-Gruppe
(Koninklijke Brill NV, Leiden, Niederlande; Brill USA Inc., Boston MA, USA; Brill Asia Pte Ltd, Singapore; Brill Deutschland GmbH, Paderborn, Deutschland)

Internet: www.schoeningh.de

Einbandgestaltung: Evelyn Ziegler, München
Herstellung: Brill Deutschland GmbH, Paderborn

ISSN 2629-7418
ISBN 978-3-506-78780-4 (hardback)
ISBN 978-3-657-78780-7 (e-book)

Für

Jack Bray

Inhalt

Anlage

Vorwort zur Reihe

Seit ihrer Gründung im Jahre 1999 hat die Reihe ›Krieg in der Geschichte‹ in zahlreichen Bänden illustriert, welch enorme Vielfalt an Fragestellungen und Perspektiven das Themenfeld Krieg generiert. Die Buchreihe thematisiert die Rolle des Krieges und des Militärs in verschiedenen historischen Perioden und Gesellschaften seit der Antike. Unter den Begriff Krieg fassen wir dabei die gesamte Bandbreite kriegerischer Konflikte zwischen konkurrierenden militärischen oder paramilitärischen Gruppen, Kampfeinheiten oder Staaten in all ihren Ausformungen, von auf Schlachtfeldern ausgetragenen Kämpfen bis hin zu hochtechnisierten Kriegsformen, welche auf die Zivilbevölkerung abzielen. Die historiographische Erforschung des Krieges kann nicht losgelöst vom Militär und der Zivilgesellschaft erfolgen. Die Herausgeberinnen und Herausgeber von ›Krieg in der Geschichte‹ sind methodologisch der neuen und kritischen Militärgeschichte verbunden, wie sie sich seit den 1990er Jahren auch im deutschsprachigen Raum entwickelt hat. Insbesondere von der Erweiterung um sozial-, alltags-, kultur-, mentalitäts- und geschlechterhistorische Perspektiven hat die Kriegs- und Militärgeschichte viel profitiert. Die Reihe sieht es als ihre Aufgabe, die enge Verknüpfung von Militär und Gesellschaft sichtbar zu machen und aufzuzeigen, wie die historisch unterschiedlichen militärischen Verbände in die zivile Gesellschaft eingebettet sind und von ihr geformt werden, umgekehrt auch in diese Gesellschaft stark normierend und reglementierend eingreifen. Ein derartiger Ansatz bedeutet nicht nur für die sogenannte ›Moderne‹, dass Beziehungen zwischen ›Front‹ und ›Heimat‹, gesellschaftliche Militarisierungsprozesse und Militarismus sowie die sozialen, wirtschaftlichen und gesellschaftlichen Folgen von Kriegen verstärkt in den Blick genommen werden. Darüber hinaus gilt es, die Verschränkung von ›Krieg‹ und ›Frieden‹ zu untersuchen und deshalb auch Nach- oder Zwischenkriegszeiten einzubinden. ›Krieg in der Geschichte‹ will Studien, die sich mit Ursachen, den Akteuren und Akteurinnen sowie den Auswirkungen von Kriegen in der Geschichte auseinandersetzen ebenso Raum geben wie technischen oder strategischen und operationalen Aspekten der Kriegsführung. Das Themenspektrum umfasst u.a. sozialhistorische Forschungen, die Strukturen und soziale Praxen des Militärs, die Auswirkungen des Krieges auf Soldatinnen und Soldaten, auf die Zivilbevölkerung oder den Alltag des Krieges in den Blick nehmen. Ebenso finden Untersuchungen ihren Platz in der Reihe, die Verknüpfungen von Krieg und Militär mit Normierungen von Geschlecht, zeitgenössischen Geschlechterordnungen oder der Verbindung von Gewalt und Geschlecht behandeln. ›Krieg in der Geschichte‹ will auch ein

Forum für kulturgeschichtliche Zugänge bieten, welche den Krieg als Kultur beziehungsweise als Zerstörer von Kultur problematisieren oder der Frage nachgehen, wie verschiedene Medien Krieg visualisieren, kommentieren und propagieren. Emotions-, körper- und erfahrungsgeschichtliche Perspektiven, die Fragen der individuellen und gesellschaftlichen Traumatisierung oder die Verknüpfung von Gefühlen und kriegerischer Gewalt thematisieren, sind gleichfalls willkommen. Dasselbe gilt für Studien zu den umweltgeschichtlichen Dimensionen des Krieges. Im Rahmen der thematischen und methodologischen Vielfalt, welche die Reihe ›Krieg in der Geschichte‹ auszeichnet, finden Untersuchungen, die außereuropäische Schauplätze und globale Verflechtungen von Kriegen behandeln, hier ebenso ihren Ort. Publikationssprachen der Reihe sind Deutsch und Englisch.

Horst Carl
Maria Fritsche
Christa Hämmerle
Christian Koller

Einleitung

Die »Blauhelme« gehören zu den bekanntesten militärischen Formationen der Gegenwart. Seit Mitte des vorigen Jahrhunderts stehen sie im Auftrag der Vereinten Nationen (United Nations – UN) rund um den Globus im Einsatz, um internationale wie innerstaatliche Konflikte zu entschärfen und Kriege zu beenden. Doch obwohl sie weiterhin zu den bevorzugten Mitteln der Krisenintervention der internationalen Staatengemeinschaft gehören, sind die Soldaten mit den charakteristischen Kopfbedeckungen seit der Jahrtausendwende zunehmend aus der öffentlichen Debatte verschwunden. Diese Beobachtung gilt besonders für Europa und Nordamerika, mit Ausnahme der skandinavischen Staaten und Kanadas.[1] Während und unmittelbar nach Ende des Kalten Krieges war dies noch anders: In dieser Zeit standen die UN-Soldaten häufig im Mittelpunkt sowohl sicherheitspolitischer Überlegungen als auch der medialen Aufmerksamkeit. Dies zeigte sich bereits in der Inkubationsphase des sogenannten klassischen Peacekeepings während der Suez-Krise von 1956.

Im Herbst dieses Jahres bewegte sich der Kalte Krieg auf einen seiner Höhepunkte zu. In Polen und Ungarn, zwei wichtigen Staaten des Warschauer Paktes – also des östlichen Militärbündnisses –, kam es zu potenziell systemsprengenden innenpolitischen Krisen. Während in Polen trotz der angespannten Situation eine insgesamt friedliche Lösung gefunden werden konnte, schlugen sowjetische Kampftruppen im Oktober und November die »Ungarische Revolution« blutig nieder. Der Westen zeigte sich verbittert, letztlich aber hilflos. In der Öffentlichkeit wurde ein militärisches Eingreifen gefordert, selbst wenn es dabei zu einem Dritten Weltkrieg kommen sollte. Die Regierungen, auch jenseits der nordatlantischen Allianz (North Atlantic Treaty Organization – NATO), verurteilten fast einhellig die sowjetische Intervention. Doch blieben praktische Schritte, die den Worten Taten folgen ließen, weitgehend aus. Zu groß schien die Gefahr einer nuklearen Blockkonfrontation. Die Sowjetunion wurde in den Vereinten Nationen zwar sowohl im Sicherheitsrat als auch in der Generalversammlung zum Rückzug aufgefordert. Die

---

1   Dabei wird das UN-Peacekeeping selbst in den USA von einer Mehrheit der Bevölkerung positiv bewertet. Vgl. Katharina P. Coleman, Token Troop Contributions to United Nations Peacekeeping Operations, in: Alex J. Bellamy/Paul D. Williams (Hg.), Providing Peacekeepers: The Politics, Challenges and Future of United Nations Peacekeeping Contributions, Oxford 2013, S. 47-67, hier S. 64.

© VERLAG FERDINAND SCHÖNINGH, 2020 | DOI:10.30965/9783657787807_002

verabschiedeten Resolutionen verpufften jedoch fast wirkungslos. Gegen eine der Großmächte war eine Entscheidung der UN nicht zu erzwingen.[2]

Doch damit nicht genug: Zur selben Zeit hatte sich im Nahen Osten eine weitere Krise zusammengebraut, die ebenfalls die Gefahr eines Atomkrieges heraufbeschwor. Am Suez-Kanal standen sich nach einer israelischen Invasion in Ägypten und der militärischen Intervention der beiden NATO-Staaten Frankreich und Großbritannien insgesamt vier Armeen gegenüber. In dieser spannungsgeladenen Situation, welche die militärischen Verbände der antagonistischen Blöcke in höchste Alarmbereitschaft versetzte, ließ das Nachschubkommando der US-Seestreitkräfte Mitte November 1956 in Italien Helme aus ihren Depots nehmen und in einer völlig ungewöhnlichen, da unmilitärischen Farbe umlackieren. Sie sollten ein leuchtendes Blau erhalten,[3] das jegliche Absicht soldatischer Camouflage von vorneherein vereitelte. Die Helme waren auch nicht für amerikanische Truppen bestimmt, sondern für eine neuartige militärische Formation, die in aller Schnelle aufgestellt wurde. Die blauen Kopfbedeckungen sollten ihr Markenzeichen werden.

Auftraggeber war die UN-Generalversammlung, deren Resolutionen in der Ungarn-Krise noch folgenlos geblieben waren. Am 5. November 1956 hatte sie die Aufstellung und den Einsatz von internationalen Streitkräften gebilligt, welche die Kampfhandlungen am Suez-Kanal beenden sollten. Die United Nations Emergency Force I (UNEF I) dislozierte als Puffer zwischen den Kontrahenten und trug auf diese Weise dazu bei, den zweiten Konflikt der sogenannten Doppelkrise von 1956 zu entschärfen und, zumindest in der Wahrnehmung der Zeitgenossen, die Gefahr einer nuklearen Auseinandersetzung auszuräumen. So ungewöhnlich wie die Farbe der Kopfbedeckungen war auch die Zusammensetzung der Truppe. Soldaten aus zehn Staaten bildeten schließlich die neue internationale Streitmacht. Sie repräsentierte ein erstaunlich breites politisches, kulturelles und geographisches Spektrum der Vereinten Nationen und schloss Kontingente aus Brasilien, Indien und

---

2   Vgl. Winfried Heinemann/Norbert Wiggershaus (Hg.), Das internationale Krisenjahr 1956. Polen, Ungarn, Suez, München 1999; Bernd Stöver, Der Kalte Krieg 1947-1991. Geschichte eines radikalen Zeitalters, Bonn 2007, S. 125-129; Helmut Volger, Geschichte der Vereinten Nationen, 2. Aufl., München/Wien 2008, S. 107-111.

3   Eigentlich handelte es sich um Innenhelme aus Kunststoff, die umlackiert und ohne die äußere Stahlglocke getragen wurden. Vgl. Eedson L. M. Burns, Between Arab and Israeli, New York 1962, S. 237; Brian Urquart, A Life in Peace and War, New York/London 1991, S. 134 f. Bereits am 12.11.1956 schien klar gewesen zu sein, dass die UN-Soldaten spezielle Kopfbedeckungen erhalten würden. Vgl. Aktennotiz »Middle East Crisis; U.N. Emergency Force«, 12.12.1956, LAC, MG 26 N1, vol. 39, file »Middle East – UNEF – Nov. 1956 Part I«.

Indonesien ebenso ein wie aus Kanada, Norwegen und sogar Jugoslawien.[4] Da ihre Soldaten zum ersten Mal die Kopfbedeckungen in der UN-Farbe trugen, gilt die Suez-Krise als Geburtsstunde der »Blauhelme« oder »blue berets«.

Dem Beispiel dieser Militärangehörigen folgten bis heute Soldaten und Polizisten in 68 weiteren Peacekeeping-Operationen. Nachträglich wurden sogar zwei frühere UN-Beobachtermissionen unter dem begrifflichen Dach der Blauhelme subsumiert. Während und unmittelbar nach Ende des Kalten Krieges dominierten die UN-Friedenstruppen das öffentliche Bild von den Vereinten Nationen.[5] Ende April 2015 waren rund 107.800 Soldaten und Polizisten im Auftrag der UN im Einsatz – deutlich mehr als selbst während der Hochphase der UN-Operationen in Jugoslawien, Somalia und Kambodscha in den 90er Jahren des letzten Jahrhunderts. Tatsächlich wurde im April 2015 ein neuer Höchststand erreicht. Gegenwärtig dienen noch immer über 87.800 Soldaten und Polizisten aus 122 Staaten unter dem blauen UN-Banner. Diese Zahlen machen deutlich, dass die multinationalen Verbände auch in der Gegenwart noch zu den wichtigsten Akteuren des globalen Krisenmanagements der Vereinten Nationen zählen.[6]

In der gespannten Atmosphäre der schnell aufeinanderfolgenden Sitzungen der Generalversammlung Anfang November 1956 hatte sich neben UN-Generalsekretär Dag Hammarskjöld der Vertreter eines Mitgliedstaates besonders hervorgetan. Lester B. Pearson, der kanadische Außenminister, beteiligte sich nicht nur intensiv an den Beratungen zur Aufstellung der ersten Blauhelm-Truppe. Sondern von ihm war in der Nachtsitzung vom 1. auf den 2. November der Antrag zur Schaffung der internationalen Streitmacht ausgegangen.[7] Mit der Suez-Krise und der Aufstellung von UNEF I begann daher

---

4 Vgl. Mona Ghali, United Nations Emergency Force I: 1956-1967, in: William J. Durch (Hg.), The Evolution of UN Peacekeeping. Case Studies and Comparative Analysis, New York 1993, S. 104-130; Paul F. Diehl, First United Nations Emergency Force (UNEF I), in: Joachim A. Koops u.a. (Hg.), The Oxford Handbook of United Nations Peacekeeping Operations, Oxford 2015, S. 144-152.

5 Vgl. Paul Kennedy, Parlament der Menschheit. Die Vereinten Nationen und der Weg zur Weltregierung, München 2006, S. 100.

6 Vgl. in der Anlage die »Liste der UN-Peacekeeping-Operationen 1948-2018«; Monthly Summary of Military and Police Contribution to United Nations Operations 2009-2019, online unter https://peacekeeping.un.org/sites/default/files/msrs_may_2019_0.pdf (aufgerufen 7.7.2019); Contributors to UN Peacekeeping Operations by Country and Post, 31.5.2019, online unter https://peacekeeping.un.org/sites/default/files/1-summary_of_contributions_0. pdf (aufgerufen 7.7.2019).

7 Vgl. Lester B. Pearson, The Crisis in the Middle East. October-December 1956, Ottawa 1957, S. 10; John English, The Worldly Years. The Life of Lester Pearson 1949-1972, vol. II: 1949-1972, Toronto 1992, S. 135-138.

nicht nur die Geschichte des klassischen UN-Peacekeepings. Der Konflikt und seine zumindest temporäre Lösung wurden zugleich zu einem Markstein der äußeren und inneren Entwicklung Kanadas. Bis Ende der 1980er Jahre nahmen kanadische Truppen an allen Peacekeeping-Einsätzen der Vereinten Nationen teil. Und noch bis Mitte der 90er Jahre waren die Soldaten mit der Ahornflagge auf der Uniform in den UN-Missionen prominent vertreten. Insgesamt 122 kanadische Staatsangehörige ließen bei Blauhelm-Operationen ihr Leben. Nur Indien, Nigeria, Pakistan, Bangladesch, Ghana und Äthiopien beklagen mehr Todesopfer.[8] Über 40 Jahre lang galt Kanada als der Staat, der sich am stärksten mit den Blauhelmen identifizierte. Auch innenpolitisch erfreuten sich die kanadischen Militäreinsätze unter der blauen UN-Flagge großer Akzeptanz. Den Fluchtpunkt der gesellschaftlichen Identifikation mit dem Peacekeeping bildete dabei ebenfalls die kanadische Rolle in der Suez-Krise, wegen der dem kanadischen Protagonisten Pearson der Friedensnobelpreis zuerkannt worden war.[9] Einer repräsentativen Meinungsumfrage zufolge befürworteten, ähnlich wie in den Jahren zuvor, im Oktober 2016 insgesamt 74 Prozent der Kanadier die Teilnahme kanadischer Soldaten an UN-Peacekeeping-Missionen.[10] Seit der Jahrtausendwende wurde in öffentlichen, durchaus kontroversen Debatten die besondere Bedeutung der Blauhelme hervorgehoben und eine Rückkehr zu einer aktiven Peacekeeping-Politik gefordert. Bis in die Gegenwart wird folglich das Peacekeeping in der kanadischen Öffentlichkeit weit intensiver diskutiert als in den meisten anderen Staaten der westlichen Welt.

---

8   Vgl. United Nations Peacekeeping. Fatalities by Nationality and Mission up to 5/31/2019, online unter https://peacekeeping.un.org/sites/default/files/statsbynationalitymission_2_25.pdf (aufgerufen 7.7.2019).

9   Vgl. Norman Hillmer, Peacekeeping: Canada's Inevitable Role, in: Michael A. Henness y/B. J. C. McKercher (Hg.), War in the Twentieth Century. Reflections at Century's End, Westport/London 2003, S. 145-165; Jocelyn Coulon, Le Canada et le maintien de la paix. L'avenir d'une tradition, in: ders. (Hg.), Guide du maintien de la paix 2008, Outremont (Québec) 2007, S. 39-49.

10   Vgl. Nanos Research, CTV News, Views on Canada's role in peacekeeping missions. National survey released October, 2016, S. 2 f., 6, online unter http://www.nanos.co/wp-content/uploads/2017/07/Oct-14-Views-on-Canada%E2%80%99s-role-in-peacekeeping-missions.pdf (aufgerufen 27.6.2018); mit ähnlichem Tenor die Nanos-Umfrage von 2010, vgl. Campbell Clark, Part 2: Canadians pick peacekeeping over combat, 25.10.2010, online unter http://www.theglobeandmail.com/news/national/time-to-lead/military/canadians-pick-peacekeeping-over-combat/article1771103 (letzte Änderung 27.10.2010, aufgerufen 28.2.2011) u. Memo from Nik Nanos, Nanos Research to The Globe and Mail, 25.10.2010, bez. Globe and Mail/Nanos Poll – Defence Policy, online unter http://www.nanoresearch.com/library/polls/POLNAT-W10-T443E.pdf (aufgerufen 28.3.2011).

Fragestellung

Kanada galt viele Jahre lang als der Vorzeigestaat des UN-Peacekeepings. Eine Auseinandersetzung mit diesem wichtigen Instrument internationaler Konfliktlösung ist daher nicht möglich, ohne die Positionen und Funktionen des nördlichsten Staates der amerikanischen Hemisphäre einzubeziehen. In jüngerer Zeit verstärkt sich das historische Interesse an den Voraussetzungen und der Entwicklung der Vereinten Nationen sowie überhaupt internationaler Organisationen und Institutionen.[11] In diesem Kontext kommt dem kanadischen Beispiel eine besondere Bedeutung zu. Mark Mazower hat die ideologischen Bedingungsfaktoren für die Gründung der Vereinten Nationen untersucht und sie auf nationalstaatliche und imperiale Pragmatismen zurückgeführt.[12] Neben Fragen, die im Spezifischen auf die internationale Funktionsweise globaler Ordnungen gerichtet sind, treten unter diesem Blickwinkel solche, die die nationalen Voraussetzungen erörtern. So werden insbesondere die Peacekeeping-Missionen vermehrt aus nationaler Perspektive betrachtet, wobei zum einen die einzelnen Operationen und zum anderen die im engeren Sinne (innen-)politischen Konstellationen in den Mittelpunkt rücken.[13] Da Kanadas Stellung im UN-Peacekeeping besonders langfristig und prominent

---

11   Vgl. Kennedy, Parlament; Susan Pedersen, Back to the League of Nations (Review Essay), in: American Historical Review 112 (2007), 4, S. 1091-1117; Sunil Amrith/Glenda Sluga, New Histories of the United Nations, in: Journal of World History 19 (2008), 3, S. 251-274; Madeleine Herren, Internationale Organisationen seit 1865. Eine Globalgeschichte der internationalen Ordnung, Darmstadt 2009. Zu den zahlreichen jüngeren Studien insbesondere zum Völkerbund siehe z.B. Susan Pedersen, The Guardians. The League of Nations and the Crisis of Empire, Oxford 2015; M. Patrick Cottrell, The League of Nations. Enduring Legacies of the First Experiment at World Organization, London/New York 2018 u. Eckart Conze, Die große Illusion. Versailles 1919 und die Neuordnung der Welt, München 2018, S. 223-275.

12   Vgl. Mark Mazower, No Enchanted Palace. The End of Empire and the Ideological Origins of the United Nations, Princeton/Oxford 2009; Mark Mazower, Die Welt regieren. Eine Idee und ihre Geschichte, München 2013.

13   Z. B. Christ Klep/Richard van Gils, Van Korea tot Kosovo. De Nederlandse militaire deelname aan vredesoperaties sinds 1945, Den Haag 2000; Erwin A. Schmidl, Im Dienste des Friedens. Die österreichische Teilnahme an Friedensoperationen seit 1960/In the Service of Peace. Austrian Participation in Peace Operations since 1960, Graz 2001; Neil Briscoe, Britain and UN Peacekeeping 1948-67, Basingstoke 2003; Gustaf Welin/Christer Wekelund, The U.N. in Cyprus. Swedish peace-keeping operations, 1964-1993, London 2004; Katsumi Ishizuka, Ireland and International Peacekeeping Operations 1960-2000, London/Portland 2004; David Horner/Peter Londey/Jean Bou (Hg.), Australian Peacekeeping. Sixty Years in the Field, Cambridge/Port Melbourne 2009. Vgl. auch die politikwissenschaftlichen Sammelbände v. David S. Sorenson/Pia Christina Wood (Hg.), The Politics of Peacekeeping in the Post-Cold War Era, London/New York 2005 u.

war, kann sein Beispiel im besonderen Maße Auskunft über nationale Motive, Hintergründe, Zäsuren und Entwicklungen geben, welche die Politik einzelner Staaten bestimmten und darüber hinaus die Richtung der internationalen Peacekeeping-Politik beeinflussten.

Dabei verweist das kanadische Beispiel nicht nur über den Einzelfall hinaus, sondern auch über den engeren Rahmen der historischen Entwicklung des Peacekeepings. Denn das Blauhelm-Engagement Kanadas steht für die Ausbildung einer nationalen wie transnationalen politischen Kultur, die den Diskurs um eine neue Weltordnung seit über zwei Jahrzehnten mitgeprägt hat. Ein Hauptelement dieses Diskurses bildet die nicht zuletzt auf den Erfahrungen des Peacekeepings beruhende Forderung nach legitimen Formen Humanitärer Interventionen. Daraus resultiert der Appell, staatliche Souveränitätsdogmen aufzulösen sowie zugleich den Menschenrechtsschutz[14] zu globalisieren und zu institutionalisieren.[15] Vor dem Hintergrund der andauernden politischen und militärischen Bedeutung dieses Ansatzes beschäftigt sich in jüngster Zeit nicht nur die politische, sondern auch die historische Wissenschaft mit möglichen Vorläufern und Kontinuitäten der Humanitären Intervention.[16] In der spezifischen Form des Menschenrechtsschutzes lässt sich die Analyse des Peacekeepings zudem in die neueren Forschungen zur Geschichte der Menschenrechte einordnen.[17]

Die Relevanz des Peacekeepings beschränkt sich nicht nur auf das außen- und sicherheitspolitische Feld, was das kanadische Beispiel ebenfalls zeigt.

Alex J. Bellamy/Paul D. Williams (Hg.), Providing Peacekeepers. The Politics, Challenges, and Future of United Nations Peacekeeping Contributions, Oxford 2013.

14 Menschenrechtsschutz impliziert das Vorhandensein kodifizierter Menschenrechte, zielt aber vor allem auf eine Etablierung von Mechanismen und Institutionen, die menschenrechtliche Standards überwachbar und durchsetzbar machen. Vgl. Sven Gareis/Johannes Varwick, Die Vereinten Nationen. Aufgaben, Instrumente und Reformen, 4. Aufl., Bonn 2007, S. 190.

15 Vgl. Wilfried Hinsch/Dieter Jansen, unter Mitarbeit von Lex Folscheid, Menschenrechte militärisch schützen. Ein Plädoyer für humanitäre Interventionen, München 2006; Norrie MacQueen, Humanitarian Intervention and the United Nations, Edinburgh 2011.

16 Brendan Simms/D. J. B. Trim, Humanitarian Intervention: A History, Cambridge 2011; Fabian Klose (Hg.), The Emergence of Humanitarian Intervention. Ideas and Practice from the Nineteenth Century to the Present, Cambridge University Press: Cambridge 2016; Norbert Frei/Daniel Stahl/Annette Weinke (Hg.), Human Rights and Humanitarian Intervention. Legitimizing the Use of Force since the 1970s, Göttingen 2017.

17 Vgl. Stefan-Ludwig Hoffmann (Hg.), Moralpolitik. Geschichte der Menschenrechte im 20. Jahrhundert, Göttingen 2010; Samuel Moyn, The Last Utopia. Human Rights in History, Cambridge (MA)/London 2010 u. das bahnbrechende Werk von Jan Eckel, Die Ambivalenz des Guten. Menschenrechte in der internationalen Politik seit den 1940ern, Göttingen 2014.

Nicht nur wurden die UN-Friedenseinsätze innenpolitisch weitgehend unterstützt, herrschte ein Konsens zwischen Regierung, Opposition und Bevölkerung. Sondern darüber hinaus entwickelte sich ein an die Blauhelm-Missionen geknüpftes idealisiertes Verständnis vom Peacekeeping zu einem tragenden Element gesellschaftlicher Selbstdefinition. Das Peacekeeping verließ also die engere politisch-militärische Sphäre und wurde in einem weiteren Sinne Teil der politischen Kultur. Populäre und wissenschaftliche Veröffentlichungen haben in Kanada hierfür das Schlagwort vom Peacekeeping-Mythos geprägt. Es soll die Distanz zwischen politischer Realität und gesellschaftlichem Ideal aufzeigen. Doch obwohl der Begriff vom Peacekeeping-Mythos immer wieder bemüht wird, bleiben Entwicklung und Durchsetzung sowie die Relevanz des Peacekeeping-Gedankens für das kanadische Selbstverständnis bislang vage und wissenschaftlich wenig hinterfragt.

Dabei kann gerade eine Untersuchung des Peacekeepings in Kanada Auskunft über die Funktion und Genese nationaler bzw. gesellschaftlicher Selbstverortungsstrategien geben. Um die kanadische Identifikation mit dem Peacekeeping zu hinterfragen und um eine falsche Dichotomie von Realität und Fiktion zu vermeiden, bietet es sich an, einen kulturgeschichtlich erweiterten Politikbegriff anzulegen. Auf diese Weise kann die Bedeutung des Peacekeepings über den klassischen Bereich des Politischen hinaus erforscht werden. Das kanadische Beispiel führt somit zu einer umfassenden Betrachtung des Wechselverhältnisses zwischen Außenpolitik und im weitesten Sinne (innen-)politischen, gesellschaftlichen Entwicklungen, die auch die Sphäre des Imaginierten als wirkungsmächtig mit einbezieht.

Um die kanadische Politik des Peacekeepings im 20. Jahrhundert zu untersuchen, bedarf es folglich eines miteinander verschränkten, integrativen Ansatzes, der außen- und innenpolitische Aspekte als aufeinander bezogen analysiert. Konkret geht es zum einen um die Frage, warum und wie sich das Peacekeeping zu einer dominanten Form kanadischer Außenpolitik entwickelte und Kanada in die Rolle des Modellstaates im internationalen Peacekeeping wie auch bei der Propagierung eines weitreichenden, globalen Menschenrechtsschutzes schlüpfte. Mit dieser ersten ist die zweite Frage eng verwoben. Da die Wirkungen des Peacekeepings in Kanada nicht auf die militärische Domäne und die Außenpolitik beschränkt blieben, sondern es zu einer breiten gesellschaftlichen Akzeptanz und identitätspolitischen Internalisierung kam, richtet sich der Blick auch auf die, im umfassenden Sinne, innenpolitischen Bedingungen und Entwicklungen. Es wird daher zweitens gefragt, wie sich in Kanada ein nationales Selbstverständnis entfaltete, das die kanadischen Blauhelm-Einsätze idealisierte. Als heuristisches Leitmotiv dient hierbei der Peacekeeping-Mythos, dessen Existenz, Entwicklung und Relevanz als politischer Mythos hinterfragt wird. Über die engere Frage nach den Gründen und Ausprägungen der Politik des Peacekeepings in Kanada hinausgehend, ist es somit Ziel dieser Studie, am Gegenstand des Peacekeepings die Wechselwirkungen zwischen postkolonialer nationaler Identitätsbildung und Kanadas exponierter weltpolitischer Rolle seit dem Ende des Zweiten Weltkrieges zu untersuchen.

Theorie und Methodik

Fragestellung und Forschungsgegenstand fordern dazu auf, einen differenzierten, multidimensionalen Ansatz zu verfolgen. Denn die Arbeit analysiert sowohl innen- und außenpolitische Aspekte wie auch deren Interdependenzen – eine Zielsetzung, die zur Auflösung traditioneller Grenzen zwischen der Geschichtsschreibung innenpolitischer Entwicklungen und derjenigen der Internationalen Beziehungen sowie der Globalgeschichte führt.[18] Dieser Ansatz ordnet sich in die in den letzten rund 20 Jahren vorgenommenen Erweiterungen sowohl der Politikgeschichte als auch der Geschichte der Internationalen Beziehungen vorwiegend um kulturgeschichtliche Zugriffsweisen ein und knüpft an die jüngeren Forderungen der Globalgeschichte nach einer »grenzüberschreitende[n] und verflochtene[n] Neukonzeptionierung nationaler Geschichte«[19] an.

Dabei gibt die Neue Politikgeschichte mit ihrer kulturgeschichtlichen Ausweitung des Begriffs des Politischen[20] genauere Parameter an die Hand, um die Entwicklung des Peacekeeping-Gedankens und des entstehenden

18   Vgl. auch den Titel der dieser Publikation zugrunde liegenden Habilitationsschrift: Jan Erik Schulte, UN-Blauhelme zwischen nationaler Mythologisierung und internationalem Konfliktmanagement. Kanada und die Politik des Peacekeeping im 20. Jahrhundert, Habil. Ruhr-Universität Bochum 2015.

19   Julia Angster, Nationalgeschichte und Globalgeschichte. Wege zu einer »Denationalisierung« des historischen Blicks, in: Aus Politik und Zeitgeschichte 48/2018, S. 10-17, hier S. 14.

20   Wobei der Politikbegriff sich allerdings einer eindeutigen Definition verweigert. Vgl. Christoph Cornelißen, Politische Geschichte, in: ders. (Hg.), Geschichtswissenschaften. Eine Einführung, Frankfurt/M. 2000, S. 133-148; Barbara Stollberg-Rilinger, Was heißt Kulturgeschichte des Politischen? Einleitung, in: dies. (Hg.), Was heißt Kulturgeschichte des Politischen?, Berlin 2005, S. 9-24, hier S. 9; mit einem Definitionsangebot ebd., S. 13 f. Siehe auch Thomas Mergel, Überlegungen zu einer Kulturgeschichte der Politik, in: Geschichte und Gesellschaft 28 (2002), S. 574-606, hier S. 587.

Paradigmas von Kanada als *der* Peacekeeping-Nation detailliert zu untersuchen.[21] Abgelöst von einem eng an staatliches Handeln angelegten Politikbegriff, kommen nichtstaatliche Akteure, diskursgeschichtliche Elemente
und Mentalitäten in den Blick. Neben Regierung, Parlament, Bürokratie und
Militär rückt die Zivilgesellschaft als vor- bzw. nichtstaatlicher Raum[22] in den
Fokus. Sie erscheint nicht mehr nur als Rezipientin, sondern als Beteiligte an
der Formulierung der kanadischen Peacekeeping-Politik. Im hier untersuchten
Fall spielen dabei Nichtregierungsorganisationen eine hervorgehobene Rolle.
Eine Analyse von Netzwerken schließlich trägt dazu bei, die Verbindungen
zwischen Akteuren unterschiedlicher gesellschaftlicher Segmente heraus-
zuarbeiten. Dabei werden Netzwerke vornehmlich als »Soziale Strukturen«
begriffen, die informelle Kommunikationsräume schaffen, auf horizontalen
Akteursbeziehungen beruhen und dezentral verfasst sind.[23] Im Ergebnis wird
Politik in den Kontext gesellschaftlicher Beziehungen eingebettet, die immer
neu ausgehandelt werden müssen. In diesem Sinne konstituiert sich Politik
durch Kommunikation.[24] Die Arbeit vollzieht daher nach, auf welche Art und
Weise, von wem und wann in der kanadischen Öffentlichkeit, aber auch im
interstaatlichen Dialog über das Peacekeeping gesprochen oder geschrieben
bzw. es in anderer symbolischer Form dargestellt wurde.

---

21   Ute Frevert, Neue Politikgeschichte. Konzepte und Herausforderungen, in: dies./Heinz-
      Gerhard Haupt (Hg.), Neue Politikgeschichte. Perspektiven einer historischen Politik-
      forschung, Frankfurt/M. u. New York 2005, S. 7-26.

22   Jürgen Kocka, Zivilgesellschaft in historischer Perspektive, in: Ralf Jessen/Sven Reichardt/
      Ansgar Klein, (Hg.), Zivilgesellschaft als Geschichte. Studien zum 19. und 20. Jahrhundert,
      Wiesbaden 2004, S. 29-42, hier S. 33; Wolfgang Merkel/Hans-Joachim Lauth, System-
      wechsel und Zivilgesellschaft. Welche Zivilgesellschaft braucht die Demokratie?, in: Aus
      Politik und Zeitgeschichte, B 6-7/1998, S. 3-12, zit. nach Joachim Betz, Zivilgesellschaft in
      Entwicklungsländern, in: ders./Wolfgang Hein (Hg.), Neues Jahrbuch Dritte Welt 2005.
      Zivilgesellschaft, Wiesbaden 2005, S. 7-26, hier S. 10.

23   Jörg Raab unterscheidet vier Verständnisse des Netzwerkbegriffs: als analytisches Werk-
      zeug, als Soziale Struktur, als Governance-Form und als Theorie. Für eine quantitative
      Netzwerkanalyse reichen in dieser Studie die Daten nicht aus, gerade auch, da es sich
      um eine historische Langzeitanalyse handelt. Deshalb werden im Folgenden Netzwerke
      primär qualitativ betrachtet als Soziale Struktur und partiell als Governance-Form. Vgl.
      Tanja A. Börzel, Organizing Babylon – On the Different Conceptions of Policy Networks,
      in: Public Administration 76 (1998), S. 253-273; Jörg Raab, More than Just a Metaphor:
      The Network Concept and Its Potential in Holocaust Research, in: Gerald D. Feldman/
      Wolfgang Seibel (Hg.), Networks of Nazi Persecution. Bureaucracy, Business, and the
      Organization of the Holocaust, New York/Oxford 2005, S. 321-339.

24   Vgl. Mergel, Überlegungen, S. 587; Karl-Joachim Hölkeskamp, Mythos und Politik – (nicht
      nur) in der Antike. Anregungen und Angebote der neuen »historischen Politikforschung«,
      in: Historische Zeitschrift 288 (2009), 1, S. 1-50, hier S. 4, 50.

Politische Kommunikation[25] erscheint dabei nicht mehr nur als Abbild, sondern auch als Produzent von politischer Wirklichkeit.[26] Diese Erkenntnis ist für die vorliegende Untersuchung wichtig, da nach der Struktur und Relevanz eines sich entwickelnden gesellschaftlichen Selbstbildes gefragt wird, das auf einer spezifischen Wahrnehmung der kanadischen Peacekeeping-Politik beruht. Auf die Bedeutung von gesellschaftlich akzeptierten Narrativen – im Sinne von Erzähltraditionen geschichtlicher Ereignisse mit selektiven, doch einheitlichen Erklärungsmustern[27] – für die Genese von Nationalstaaten hat Benedict Anderson hingewiesen. Seine Überlegungen von einer »vorgestellten politischen Gemeinschaft«, für die es konstitutiv ist, dass »im Kopf eines jeden« eine Vorstellung von dieser Gemeinschaft existiert, verweisen auf die Relevanz kollektiver Vorstellungswelten – also den weichen Faktoren der Geschichte.[28]

Auf Kanada ist der Nationenbegriff allerdings nicht einfach anzuwenden. Denn schon traditionell wurde von der anglophonen Bevölkerungsmehrheit

---

25   Vgl. Frevert, Konzepte und Herausforderungen; Heinz-Gerhard Haupt, Historische
      Politikforschung. Praxis und Probleme, in: Ute Frevert/ders. (Hg.), Neue Politik-
      geschichte. Perspektiven einer historischen Politikforschung, Frankfurt/M. u. New York
      2005, S. 304-313; Ute Frevert, Neue Politikgeschichte, in: Joachim Eibach/Günther Lottes
      (Hg.), Kompass der Geschichtswissenschaft. Ein Handbuch, Göttingen 2002, S. 152-164;
      siehe auch Mergel, Überlegungen; Andreas Suter, Kulturgeschichte des Politischen –
      Chancen und Grenzen, in: Barbara Stollberg-Rilinger (Hg.), Was heißt Kulturgeschichte
      des Politischen?, Berlin 2005, S. 27-55.

26   Vgl. Frevert, Konzepte und Herausforderungen, S. 20; Mergel, Überlegungen, S. 589 f., 594 f.

27   Hierzu gehören auch die »grand narratives«, zu Deutsch »Meistererzählungen«,
      als dominante Erzählweisen einer Gesellschaft zu einer bestimmten Zeit. Vgl.
      Konrad H. Jarausch/Martin Sabrow, »Meistererzählung« – Zur Karriere eines Be-
      griffs, in: dies. (Hg.), Die historische Meistererzählung. Deutungslinien der Deutschen
      Nationalgeschichte nach 1945, Göttingen 2002, S. 9-32. Zur Narration »als das notwendig
      perspektivierte Darstellen bzw. Gestalten von Ereignissen« vgl. Jan Christoph Meister,
      ›Narrativität‹ und ›Ereignis‹: Ein Definitionsversuch. In: NarrPort. Internet Portal der
      Forschergruppe Narratologie, Universität Hamburg, 2002, online unter http://www.
      jcmeister.de/downloads/texts/jcm-narrativity-event.html (aufgerufen 12.4.2012), auch zit.
      in: Ingo Kolboom/Boris Formann (Hg.), Québec – ein Land zwischen nationaler Selbst-
      behauptung und Globalisierung. Einleitung zur deutschen Ausgabe, in: Alain-G. Gagnon/
      dies. (Hg.), Québec: Staat und Gesellschaft, Heidelberg 2011, S. 11-28, hier S. 22, Anm. 48;
      zu einem früheren Definitionsangebot des Autors siehe Jan Erik Schulte, Zur Geschichte
      der SS. Erzähltraditionen und Forschungsstand, in: ders. (Hg.), Die SS, Himmler und die
      Wewelsburg, Paderborn u.a. 2009, S. XI-XXXV, hier S. XI.

28   Benedict Anderson, Die Erfindung der Nation. Zur Karriere eines folgenreichen
      Konzepts, Frankfurt a.M./New York 1996 (EA 1983), S. 15. So auch M. Rainer Lepsius, der
      die Nation als »eine gedachte Ordnung, eine kulturell definierte Vorstellung« begreift,
      vgl. M. Rainer Lepsius, Nation und Nationalismus in Deutschland, in: Michael Jeismann/
      Henning Ritter (Hg.), Grenzfälle. Über neuen und alten Nationalismus, Leipzig 1993
      S. 193-214, hier S. 193.

und der frankophonen Minderheit als zwei »founding races« gesprochen.
Diese Bezeichnung wich seit den 60er Jahren des 20. Jahrhunderts zunehmend
dem Hinweis auf zwei »Nationen« – eine Veränderung, die nicht unumstritten
blieb.[29] Der Fall wird noch komplizierter, wenn man die Allophonen, also diejenigen, die weder Englisch noch Französisch als Muttersprache sprechen,
und die indianischen Ureinwohner, die sich selbst – im Plural! – als »First
Nations« bezeichnen, mit einbezieht.[30] Seit dem 1. April 1999 existiert mit
Nunavut im Nordosten Kanadas zudem ein selbstverwaltetes Territorium, in
welchem die Inuit, die Eskimos, die Mehrzahl der Einwohner stellen. Innerhalb der völkerrechtlich anerkannten Grenzen Kanadas artikulieren also
verschiedene Gemeinschaften jeweils unterschiedliche »nationale« Selbstverständnisse. Im Sinne Andersons finden sich dort gleich mehrere der »Imagined
Communities«, auf die der Originaltitel seines Hauptwerks verweist. Quer zu
den Partikularinteressen, aber zugleich nicht vollständig von ihnen zu trennen,
verfolgten die Bundesregierung in Ottawa sowie die sie tragenden Parteien
und gesellschaftlichen Gruppen im 20. Jahrhundert eigene, aber im Zeitablauf
nicht notwendig einheitliche Konzepte gesamt-kanadischer Nationalismen.[31]
Im Bewusstsein zahlreicher kanadischer Akteure war Kanada im vergangenen
Jahrhundert also weniger ein stabiles nationalstaatliches Gebilde als besten-
falls ein Nationalstaat im Werden – ein Prozess, der mit dem vielzitierten Begriff »From Colony to Nation« jedoch nur unvollständig erfasst wird.[32] Der
Diskurs um den Nationalstaat und die Nationalstaatsidee sowie mithin der
prozessuale Charakter des Nationenbegriffs sind folglich mitzudenken, wenn
die Entwicklung und die Bedeutung des Peacekeepings analysiert werden.

Dabei müssen sich die (nationalen) Selbstverständigungsprozesse nicht
notwendigerweise ausschließen. Denn individuell wie kollektiv können unterschiedliche Narrative zusammenfinden, sich überlagern oder auch jeweils
singulär akzeptiert werden. In der kanadischen Forschung werden besonders

---

29 Vgl. José E. Igartua, The Other Quiet Revolution: National Identities in English Canada,
    1945-71, Vancouver/Toronto 2006, S. 168 f., 193-196.
30 Olive Patricia Dickason, Canada's First Nations. A History of Founding Peoples from
    Earliest Times, 2. Aufl., Toronto u.a. 1997; auch wenn nicht mehr im Titel zu finden, be-
    tont die jüngste Überarbeitung dieses Werks den Charakter der indigenen Bevölkerung
    Kanadas als »nations«. Vgl. Olive Patricia Dickason/William Newbigging, Indigenous
    Peoples within Canada. A Concise History, 4. Aufl., Don Mills, ON 2019, S. XIII;
    James S. Frideres/René R. Gadacz, Aboriginal Peoples in Canada, 9. Aufl., Toronto 2012.
31 Vgl. insgesamt Norman Hillmer/Adam Chapnick (Hg.), Canadas of the Mind. The Making
    and Unmaking of Canadian Nationalisms in the Twentieth Century, Montreal & Kingston
    u.a. 2007.
32 Vgl. Ryan Edwardson, Canadian Content. Culture and the Quest for Nationhood, Toronto
    u.a. 2008, S. 6.

in jüngerer Zeit die Existenz und Bedeutung von multiplen und hybriden Identitäten hervorgehoben.[33] Gerade die unterschiedlichen Erfahrungen einer »Nation of Immigrants« wären, so argumentiert Franca Iacovetta, für den Prozess des kanadischen *nation building* von zentraler Bedeutung.[34]

Nicht alle Interpretationsvorschläge, die Nationen und Nationalstaaten historisch zu erklären versuchen, folgen Andersons dekonstruktivistischer Argumentation,[35] wie zum Beispiel Anthony D. Smith, der die »Ethnic Origins of Nations« betont.[36] Doch werden allgemein immaterielle Werte, Symbole, Erinnerungen, Mythen und Traditionen als konstitutiv für die Bildung von Gemeinschaften anerkannt. Auch Smith betont die, wie er sie nennt, »subjektiven« Faktoren:[37] »... there can be no identity without memory [...] no collective purpose without myth, and identity and purpose or destiny are necessary elements of the very concept of a nation.«[38] Wenn also Kommunikation politische Wirklichkeit schafft und Narrative Gemeinschaft hervorbringen, dann zielt die Frage nach der Herkunft, Entwicklung und Wirkungsmacht eines kanadischen Peacekeeping-Mythos, verstanden als politischer Mythos, auf den Kern politischer Vergemeinschaftungsprozesse in Kanada.

Seit den 1990er Jahren hebt insbesondere die Politikwissenschaft die Relevanz von politischen Mythen für einen gesellschaftlichen Zusammenhalt hervor.[39] Während bislang die Literatur zur Geschichte der kanadischen

---

33   Vgl. z.B. John Hagan, Northern Passage. American Vietnam War Resisters in Canada, Cambridge, Mass./London 2001, bes. S. 194-211; Peter Henshaw, John Buchan and the British Imperial Origins of Canadian Multiculturalism, in: Norman Hillmer/ Adam Chapnick (Hg.), Canadas of the Mind. The Making and Unmaking of Canadian Nationalisms in the Twentieth Century, Montreal & Kingston u.a. 2007, S. 191-213; Anne Katherine Herteis, Constructed identities and appropriated spaces: an exploratory study of South Asian identity and space in Toronto, M.A. thesis, Ryerson University, Toronto 2009, Theses and dissertations. Paper 509, online unter http://digitalcommons.ryerson. ca/dissertations/509 (aufgerufen 18.5.2012).

34   Franca Iacovetta, Preface, in: dies./Paula Draper/Robert Ventresca (Hg.), A Nation of Immigrants. Women, Workers and Communities in Canadian History, 1840s-1960s, Toronto 1998, S. IX-XIV.

35   Im Gegensatz zu älteren Vorstellungen, die den Nationalstaat als gegeben und in diesem Sinne als vorhistorisch akzeptierten. Vgl. Christian Jansen/Henning Borggräfe, Nation, Nationalität, Nationalismus, Frankfurt/M. 2007, S. 10-14.

36   Vgl. Ebd., S. 99-104.

37   Anthony D. Smith, The Ethnic Origins of Nations, Oxford/New York 1986, S. 3.

38   Ebd., S. 2.

39   Beispielsweise Christopher G. Flood, Political Myth. A Theoretical Introduction, New York/London 2002 (Erstausgabe 1996); Yves Bizeul, Theorien der politischen Mythen und Rituale, in: ders. (Hg.), Politische Mythen und Rituale in Deutschland, Frankreich und Polen, Berlin 2000, S. 15-39 und besonders Herfried Münkler, Politische Mythen und nationale Identität. Vorüberlegungen zu einer Theorie politischer Mythen, in: Wolfgang

Blauhelme über den irrationalen Charakter des Mythos aufklären will,[40] wird
die Rolle, die ein angenommener Peacekeeping-Mythos bei der Formulierung
der kanadischen Außenpolitik und der innerstaatlichen Identitätsbildung
spielen konnte, kaum berücksichtigt. Im Sinne des Politikwissenschaft-
lers Herfried Münkler entfaltete der politische Mythos jedoch eine eigene
Wirkmächtigkeit.[41] Er formte das Bild der Zivilgesellschaft von sich selbst
in einer Weise, der sich auch die politischen Entscheidungsträger nicht entziehen konnten. Der politische Mythos – selbst, wenn nach Münkler quasi
als von oben lanciert gedeutet[42] – wird also nicht als etwas Irrationales oder
Falsches begriffen, sondern – zunächst jenseits seines Wahrheitsgehaltes – als
politik- und geschichtsmächtige Strömung erfasst. Gerade in Gesellschaften,
deren nationalstaatlicher Zusammenhalt nicht gefestigt ist, können, wie die
politische Theorie annimmt, politische Mythen als kohäsives Element große
Bedeutung erlangen.[43]

Kanada ist eine multiethnische und multikulturelle Einwanderungsgesell-
schaft mit einem zumindest in der Vergangenheit potenziell staatssprengenden
anglo- und frankophonen Gegensatz[44] in beständiger Abgrenzungsnot von
der südlich gelegenen Weltmacht USA.[45] Vor diesem Hintergrund kann zumindest hypothetisch von der großen Relevanz nationaler Mythen in Kanada
ausgegangen werden. Im Ergebnis ist es einem politischen Mythos möglich,
durch Überformung innerstaatlicher Gegensätze nationale oder staatliche

---

Frindte/Harald Pätzolt (Hg.), Mythen der Deutschen. Deutsche Befindlichkeiten
zwischen Geschichten und Geschichte, Opladen 1994, S. 21-27; Herfried Münkler, Wirtschaftswunder oder antifaschistischer Widerstand – politische Gründungsmythen der
Bundesrepublik Deutschland und der DDR, in: Hartmut Esser (Hg.), Der Wandel nach
der Wende. Gesellschaft, Wirtschaft, Politik in Ostdeutschland, Wiesbaden 2000, S. 41-65;
exemplarisch: ders., Die Deutschen und ihre Mythen, Berlin 2009.

40   Kritisch zur älteren Forschung, die den Mythos entlarven und ihn als Legende enttarnen
      wollte, Sabine Behrenbeck, Der Kult um die toten Helden. Nationalsozialistische Mythen,
      Riten und Symbole 1923 bis 1945, Vierow bei Greifswald 1996, S. 35-40; zur Forderung,
      den politischen Mythos zugleich zu enttarnen und ernst zu nehmen, vgl. Yves Bizeul,
      Politische Mythen, in: Heidi Hein-Kircher/Hans Henning Hahn (Hg.), Politische Mythen
      im 19. und 20. Jahrhundert in Mittel- und Osteuropa, Marburg 2006, S. 3-14, hier S. 14.

41   Vgl. hierzu und zum Folgenden Münkler, Wirtschaftswunder, S. 42-50; siehe z.B. auch Frank
      Becker, Begriff und Bedeutung des politischen Mythos, in: Barbara Stollberg-Rilinger
      (Hg.), Was heißt Kulturgeschichte des Politischen?, Berlin 2005, S. 129-148, hier S. 130, 135.

42   Vgl. Münkler, Politische Mythen, S. 25.

43   Vgl. aus geschichtswissenschaftlicher Perspektive z.B. Hölkeskamp, Mythos und Politik.

44   Die Sezessionsgefahr sei mittlerweile nicht mehr gegeben, meint Jenifer Welsh, At Home
      in the World. Canada's Global Vision for the 21st Century, Toronto 2004, S. 21 f., 155 f.

45   Vgl. David Dewitt/John Kirton, Canada as a Principal Power. A Study in Foreign Policy and
      International Relations, Toronto u.a. 1983, S. 36 f.

Identität zu schaffen oder zu vertiefen. Zugleich wohnt ihm auch die Kraft inne, zu einem Wandel der politischen Identität und zur Eröffnung politischer Handlungspotenziale beizutragen.[46] Für Raina Zimmering handeln politische Mythen daher »von den Ursprüngen, dem Sinn und der geschichtlichen Mission politischer Gemeinschaften [...], um Orientierungen und Handlungsoptionen zu ermöglichen«. Dieser Definitionsversuch verbindet stabilisierende und aktivierende Aspekte. Münkler spricht vom Mythos als einem »Ermöglicher« politischer »Selbstverfügung«, Yves Bizeul macht »emanzipatorische Kräfte« aus.[47] Beide politischen Mythen generell zugeschriebenen Leistungen (identifikatorischer Zusammenschluss und Aufbruch) sollen bei der Untersuchung des kanadischen Peacekeeping-Gedankens berücksichtigt und kritisch analysiert werden. Doch nicht nur die Wirkungen des politischen Mythos sind wichtig. Gleichwertig ist der Kommunikationsweg, der zu seiner Entstehung, Fortschreibung und gegebenenfalls seiner Ritualisierung führt (»Mythogenese«).[48] Auf diese Weise kann exemplarisch ein politischer Kommunikationsprozess historisch begriffen und gedeutet werden. Inwieweit der Peacekeeping-Mythos tatsächlich als politischer Mythos im Sinne der sozial- und kulturwissenschaftlichen Mythenforschung angesprochen werden kann, soll nicht von vornherein vorausgesetzt, sondern im Folgenden untersucht werden. In diesem Sinne dient die Frage nach dem Peacekeeping-Mythos zunächst einmal dazu, heuristisch den Blick für die immaterielle Seite der kanadischen Peacekeeping-Politik zu schärfen.

Anknüpfend an die kulturgeschichtliche Erweiterung der Historiographie internationaler Beziehungen[49] und unter Berücksichtigung der grenzüber-

---

46 Vgl. Münkler, Wirtschaftswunder, S. 43; Münkler, Politische Mythen, S. 23, 25; Andreas Dörner, Politischer Mythos und symbolische Politik. Sinnstiftung durch symbolische Formen am Beispiel des Hermannsmythos, Opladen 1995, S. 27 f.; Bizeul, Politische Mythen, S. 7; Becker, Begriff, S. 139, 141 f.

47 Zitate aus: Raina Zimmering, Mythen in der Politik der DDR. Ein Beitrag zur Erforschung politischer Mythen, Opladen 2000, S. 13; Bizeul, Politische Mythen, S. 7; Münkler, Wirtschaftswunder, S. 43. Siehe auch die dortige Definition des politischen Mythos.

48 Hierauf wird sowohl in der Neuen Politikgeschichte als auch in der Mythenforschung explizit hingewiesen. Vgl. Münkler, Wirtschaftswunder, S. 46 f.; Frevert, Neue Politikgeschichte, S. 159 f.; Frevert, Konzepte und Herausforderungen, S. 19; beispielhaft Dörner, Politischer Mythos; Jan Andres/Matthias Schwengelbeck, Das Zeremoniell als politischer Kommunikationsraum. Inthronisationsfeiern in Preußen im »langen« 19. Jahrhundert, in: Ute Frevert/Heinz-Gerhard Haupt (Hg.), Neue Politikgeschichte. Perspektiven einer historischen Politikforschung, Frankfurt/M. u. New York, S. 27-81.

49 Vgl. insgesamt Wilfried Loth/Jürgen Osterhammel (Hg.), Internationale Geschichte. Themen, Ergebnisse, Aussichten, München 2000; Eckart Conze/Ulrich Lappenküper/ Guido Müller (Hg.), Geschichte der internationalen Beziehungen. Erneuerung und Erweiterung einer historischen Disziplin, Köln u.a. 2004.

schreitenden Wirkmächtigkeit von globalen Entwicklungen, wie sie die Globalgeschichte betont,[50] können die Ergebnisse der Neuen Politikgeschichte und
historisch-politischen Mythenforschung mit dem außenpolitischen Hand-
lungsrahmen und den globalgeschichtlichen Entwicklungen in Beziehung
gesetzt und in ihrer Verflochtenheit analysiert werden. Der Staat bleibt
dabei weiterhin ein wichtiger Akteur.[51] Motive und Ziele von Regierungsmitgliedern (um nicht den antiquierten Begriff der »Staatsmänner« zu
bemühen), Politikern, Außenamtsbeamten und Soldaten sowie die internationalen (Macht-)Konstellationen müssen daher, wie in der klassischen
Diplomatiegeschichte, auch weiterhin berücksichtigt werden. Dies gilt auch
für den vorliegenden Fall: Beim Rückblick auf die kanadische Peacekeeping-
Politik zeigt sich, dass diese zunächst als außenpolitisches Instrument
entwickelt wurde und als solches nicht unwesentlich die Basis auch für
die innenpolitischen Entwicklungen legte. Hierauf aufbauend geht es er-
weiternd darum, die Interdependenz staatlichen und zivilgesellschaftlichen
Handelns bzw. verschiedener gesellschaftlicher Kommunikationsräume,
die zur (außen-)politischen Entscheidungsfindung und Legitimation beitragen, herauszuarbeiten.[52] Konkret sollen Bedingungen, Beweggründe und
Zielsetzungen der kanadischen Peacekeeping-Politik im internationalen
und nationalen Kontext verortet werden. Dabei helfen innenpolitische und
motivationale Bedingungsfaktoren nicht nur, außenpolitisches Handeln
zu verstehen, sondern bieten zugleich, unter Berücksichtigung eben dieser
außenpolitischen Konstellationen, Erklärungsansätze für die im engeren
Sinne innenpolitischen Entwicklungen.

---

50   Vgl. Sebastian Conrad, Globalgeschichte. Eine Einführung, München 2013, S. 11; Angster,
      Nationalgeschichte und Globalgeschichte; zur globalgeschichtlichen Erweiterung der
      »new international history« siehe Iris Schröder, Die Wiederkehr des Internationalen. Eine
      einführende Skizze, in: Zeithistorische Forschungen/Studies in Contemporary History 8
      (2011), S. 340-349, hier S. 341 et passim.

51   Vgl. Eckart Conze, Abschied von Staat und Politik? Überlegungen zur Geschichte der
      internationalen Politik, in: Ders./Ulrich Lappenküper/Guido Müller (Hg.), Geschichte der
      internationalen Beziehungen. Erneuerung und Erweiterung einer historischen Disziplin,
      Köln u.a. 2004, S.15-43; auch Jürgen Osterhammel/Niels P. Petersson, Geschichte der
      Globalisierung. Dimensionen, Prozesse, Epochen, 2. Aufl., München 2004, S. 110 f.; vgl. da-
      gegen Stollberg-Rilinger, Kulturgeschichte, S. 13.

52   In der politikwissenschaftlichen Theorie internationaler Beziehungen ist die Frage nach
      der Interdependenz innen- und außenpolitischer Beziehungen bereits seit längerer Zeit
      verankert. Siehe etwa Ursula Lehmkuhl, Theorien Internationaler Politik. Einführung und
      Texte, 3. Aufl., München/Wien 2001, S. 193-221; Zur älteren und überholten Diskussion
      um den Primat von Außen- oder Innenpolitik siehe Eckart Conze, »Moderne Politik-
      geschichte«. Aporien einer Kontroverse, in: Guido Müller (Hg.), Deutschland und der
      Westen. Internationale Beziehungen im 20. Jahrhundert, Stuttgart 1998, S. 19-30.

Das kanadische Peacekeeping ist sowohl als Idee als auch physisch durch
die entsprechenden Truppen nicht nur allgemein in einen transnationalen
Erfahrungshorizont[53] eingebunden, der auch entsprechende Rückwirkungen
auf die innen- bzw. außenpolitischen Diskussionen hatte, sondern als
»UN«-Peacekeeping integraler Bestandteil des politischen (und militärischen)
Instrumentariums einer internationalen Organisation. Eine Analyse der
kanadischen Peacekeeping-Politik ermöglicht es daher, sowohl Einblicke in
die Mechanismen der UN als internationalem Akteur zu geben, als auch die
UN als Forum zur Diskussion, Propagierung und möglicherweise Verschiebung
internationaler Normen durch nationale Akteure zu begreifen.[54] Wenn auch
aus darstellerischen Gründen zum Teil voneinander getrennt, bleibt somit
das Ziel im Blick, eine Außen- und Innenpolitik verschränkende und ihre
Wechselverhältnisse betonende Geschichte der Peacekeeping-Politik und des
Peacekeeping-Gedankens in Kanada zu schreiben.[55]

Die Übergänge zur »neuen Militärgeschichte« bzw. »Militärgeschichte
in der Erweiterung« erweisen sich hierbei als fließend. Denn wenn »jene
mannigfachen sozialen und kulturellen Ausstrahlungen des Militärs in
den Raum der zivilen Gesellschaft hinein«[56] berücksichtigt werden, auf die
Thomas Kühne und Benjamin Ziemann hinweisen, und wenn hieran anknüpfend die militärische per se als Teil der gesellschaftlichen Entwicklung
angesehen werden kann,[57] dann integriert die vorliegende Darstellung auch

---

53 Zur transnationalen Geschichtsschreibung siehe frühzeitig Johannes Paulmann,
Internationaler Vergleich und interkultureller Transfer. Zwei Forschungsansätze zur
europäischen Geschichte des 18. bis 20. Jahrhunderts, in: Historische Zeitschrift 267
(1998), S. 649-685 und als Überblick: Gunilla Budde/Sebastian Conrad/Oliver Janz (Hg.),
Transnationale Geschichte. Themen, Tendenzen und Theorien, Göttingen 2006; Margrit
Pernau, Transnationale Geschichte, Göttingen 2011.

54 Vgl. Sandrine Kott, International Organizations – A Field of Research for a Global History,
in: Zeithistorische Forschungen/Studies in Contemporary History 8 (2011), S. 446-450;
Madeleine Herren, Introduction Towards a Global History of International Organization,
in: dies. (Hg.), Networking the International System. Global Histories of International
Organizations, Heidelberg u.a. 2014, S. 1-12.

55 Um internationale Konstellationen und Entscheidungsfindungsprozesse zu beschreiben,
wird teilweise auf die Terminologie der klassischen Diplomatiegeschichte zurückgegriffen. Staaten, Hauptstädte oder Regierungssitze stehen hierbei als Synonyme
für Regierungen oder deren führenden Repräsentanten. Dabei wird weder explizit
noch implizit angenommen, dass alle Einwohner eines Landes oder Mitarbeiter einer
Regierung einhellig einen bestimmten Standpunkt teilten.

56 Thomas Kühne/Benjamin Ziemann, Militärgeschichte in der Erweiterung. Konjunkturen,
Interpretationen, Konzepte, in: dies. (Hg.), Was ist Militärgeschichte?, Paderborn u.a.
2000, S. 9-46, hier S. 38.

57 Vgl. Ute Frevert, Gesellschaft und Militär im 19. und 20. Jahrhundert: Sozial-, kultur- und
geschlechtergeschichtliche Annäherung, in: dies. (Hg.): Militär und Gesellschaft im 19.
und 20. Jahrhundert, Stuttgart 1997, S. 7-14, hier S. 10.

Aspekte der modernen Militärgeschichtsschreibung in ihren Argumentationsgang.[58] Konkret stellten die kanadischen Streitkräfte nicht nur den klassischen Kern der »hard power« in der Blauhelm-Politik Ottawas dar, sondern sie erwiesen sich auch als wichtiger Akteur im innerkanadischen Peacekeeping-Diskurs. Soweit es die Quellen zulassen, sollen auch Aspekte einer militärischen Binnenperspektive herausgearbeitet und diese mit den übrigen gesellschaftlichen Positionen und Rhetoriken in Bezug gesetzt werden. Hierbei wird auch im beschränkten Maße die Rezeption der Peacekeeping-Einsätze im Militär, mithin dessen Selbstbild[59], thematisiert.

Forschungsstand

Kanada ist verglichen mit den meisten westlichen Staaten ein Neuling auf der internationalen Bühne. Erst 1867 entstand es aus einem Zusammenschluss britischer Kolonien in Nordamerika. Als Dominion war es mit einer beschränkten, vor allem innenpolitischen Selbstständigkeit ausgestattet. Doch auch als die außenpolitische Abhängigkeit von Großbritannien sukzessive gelockert wurde, blieb der flächenmäßig größte Staat beider Amerikas international zurückhaltend. Als entscheidende Zäsur in der Außenpolitik Kanadas während des 20. Jahrhunderts gilt daher die Abwendung vom Isolationismus der Zwischenkriegszeit. Erst Ausgangs des Zweiten Weltkrieges begann die kanadische Diplomatie ein dezidiert internationales Engagement zu präferieren, in dem kollektive Sicherheitskonzepte und multilaterale Strategien ihren Platz fanden. Dieser Paradigmenwechsel in den internationalen Beziehungen wird sowohl in der historischen wie auch in der politikwissenschaftlichen Literatur breit diskutiert und allgemein akzeptiert.[60]

---

58 Zur neuen Militärgeschichte: Thomas Kühne/Benjamin Ziemann (Hg.), Was ist Militärgeschichte?, Paderborn u.a. 2000; Jörg Echternkamp/Wolfgang Schmidt/Thomas Vogel (Hg.), Perspektiven der Militärgeschichte. Raum, Gewalt und Repräsentation in historischer Forschung und Bildung, München 2010.

59 Vgl. Jörg Echternkamp, Wandel durch Annäherung oder: Wird die Militärgeschichte ein Opfer ihres Erfolges? Zur wissenschaftlichen Anschlussfähigkeit der deutschen Militärgeschichte seit 1945, in: ders./Wolfgang Schmidt/Thomas Vogel (Hg.), Perspektiven der Militärgeschichte. Raum, Gewalt und Repräsentation in historischer Forschung und Bildung, München 2010, S. 1-38, hier S. 29.

60 Zum scharfen Bruch in der Außenpolitik Kanadas siehe Kim Richard Nossal, The Politics of Canadian Foreign Policy, 3. Aufl., Scarborough 1997, S. 151-159; vgl. weiterhin Udo Sautter, Geschichte Kanadas. Von der europäischen Entdeckungen bis zur Gegenwart, München 1992, S. 209 ff.; Jack L. Granatstein, The Ottawa Men. The Civil Service Mandarins 1935-1957. With a New Introduction, Toronto u.a. 1998, S. 126 ff.; Tom Keating, Canada and World Order. The Multilateralist Tradition in Canadian Foreign Policy, 2. Aufl., Toronto

Auf systematischer Ebene konzentrieren sich die Arbeiten zu den äußeren
Beziehungen Kanadas seit Ende des Zweiten Weltkrieges im Wesentlichen auf
drei größere Themenfelder. Erstens wird die relative Position Kanadas in der
Welt diskutiert.[61] Diese Debatte kreist um die Relevanz der quasi-dogmatischen
Selbstbeschreibung Kanadas als »Mittelmacht« (»middle power«).[62] Nach
John Holmes, einem der wichtigsten Diplomaten der unmittelbaren Nachkriegszeit und führenden Vertreter der Mittelmacht-Konzeption, war Kanada
keine Großmacht, aber ebenso wenig ein kleiner, politisch unbedeutender
Staat. Aus der fluiden Konstellation in der Mitte leite sich, so Holmes, ein
spezifisches Mitspracherecht und ein besonderer Einfluss ab, aber ebenso
die Verpflichtung, international vorbildlich aufzutreten und verantwortungs-
bewusst zu agieren.[63] An diese Diskussion über die Mittelmacht schließt sich
unmittelbar ein zweiter Fragenkomplex an, der sich mit der Strategie außenpolitischen Handelns befasst. Hierbei wird in einem weitgehenden Konsens
hervorgehoben, dass über lange Jahre multilaterales Vorgehen als Markenzeichen kanadischer Außenpolitik gelten konnte. Jüngere Studien hinterfragen indes, inwieweit dieser Politikansatz nach Ende des Kalten Krieges bzw.
in den letzten Jahren noch dominierte.[64] Während die ersten beiden Themenfelder versuchen, die Geschichte der internationalen Beziehungen Kanadas
überwiegend anhand von außen- und machtpolitischen Faktoren zu erklären,
werden in einem dritten Themenspektrum vermehrt innenpolitische Faktoren
außenpolitischen Handelns einbezogen. Hierbei geht es um die Motive des

---

u.a. 2002, S. 1, 6-9, 17-20. Für eine Gesamtdarstellung zur kanadischen Außenpolitik nach
Ende des Zweiten Weltkrieges siehe Robert Bothwell, Alliance and Illusion. Canada and
the World, 1945-1984, Vancouver/Toronto 2007.

61   Zur Dominanz dieser Fragestellung siehe Wilfried v. Bredow, Die freundliche Mittel-
macht. Kanadas Außenpolitik seit dem Zweiten Weltkrieg, in: Zeitschrift für Kanada-
Studien 20 (2000), 1, S. 7-26, hier S. 9; sowie Jens Fey, Multilateralismus als Strategie. Die
Sicherheitspolitik Kanadas nach dem Ende des Ost-West-Konflikts, Köln 2000, S. 34.

62   Vgl. Nossal, Politics, S. 52-66; Adam Chapnick, The Middle Power, in: Canadian Foreign
Policy 7 (Winter 1999), 2, S. 73-82; Fey, Multilateralismus, S. 32-39; Prosper Berhard Jr/
Christopher J. Kirkey, Middle-Power Paradox in a Unipolar World. The Promises and
Limitations of Canadian Leadership in an Age of Human Security, in: Michael K. Hawes/
Christopher J. Kirkey (Hg.), Canadian Foreign Policy in a Unipolar World, Don Mills, ON
2017, S. 216-250; siehe auch Jack L. Granatstein (Hg.), Canadian Foreign Policy since 1945.
Middle Power or Satellite, 3. Aufl., Toronto 1973; Keating, Canada and World Order, S. 9-12;
Dewitt/Kirton, Canada as a Principal Power.

63   Vgl. John W. Holmes, The Shaping of Peace: Canada and the search for world order 1943-
1957, Bd. 1, Toronto u.a. 1979, S. 236 f.; Adam Chapnick, Canada's Voice. The Public Life of
John Wendell Holmes, Vancouver/Toronto 2009, S. 178 f.

64   Keating, Canada and World Order; Fey, Multilateralismus; Robert W. Murray (Hg.), Seeking Order in Anarchy. Multilateralism as State Strategy, Edmonton 2016.

internationalen Engagements Kanadas. Heftig umstritten stehen sich vor allem drei Sichtweisen gegenüber. Ein erster, als idealistisch zu apostrophierender Ansatz akzeptiert zwar die Zwänge des Kalten Krieges, doch erkennt er als wirkliche Motive der kanadischen Entscheidungsträger vor allem genuines Friedensinteresse und die Förderung von UN und Menschenrechtsschutz. Die zweite Position betrachtet die kanadische Außenpolitik demgegenüber eher als realistisch fundiert. Klare Machtinteressen und nationaler Eigennutz hätten, eingebunden in die westliche Bündnisstruktur, die Ziele außenpolitischen Handelns bestimmt. Diese zweite Position fand seit Ausgang der 1990er Jahre besonders viele Anhänger. Zwischen diesen beiden Polen bewegen sich drittens Studien, die sowohl idealistische als auch realistische Motive zu erkennen glauben und in jüngerer Zeit eine stärkere Betonung erfahren.[65]

Die besondere Bedeutung, die der Unterstützung von UN-Missionen und vor allem des Einsatzes kanadischer Blauhelm-Soldaten im außenpolitischen Konzept Kanadas zukam, wird allgemein hervorgehoben. Jack L. Granatstein, der Doyen kanadischer Militärgeschichte, rückt das Peacekeeping ins Zentrum der kanadischen Verteidigungspolitik, indem er ihm im kaum verklausulierten Titel seiner umfangreichen Armeegeschichte ein Denkmal setzt: »Canada's Army. Waging War and Keeping the Peace«.[66] Bemerkenswert ist allerdings, dass – trotz Granatstein und einem profunden Werk von Sean M. Maloney[67] – überzeugende geschichtswissenschaftliche Studien zur

---

65   Einen pointierten Überblick bietet Bredow, Mittelmacht, S. 11-13. Exemplarisch für die idealistische Schule: Costas Melakopides, Pragmatic Idealism. Canadian Foreign Policy, 1945-1995, Montreal 1998; für die realistische Schule: Nossal, Politics; Fey, Multilateralismus. Eine Mittelposition vertreten Wilfried v. Bredow/Matthias Heise, Order and Security in International Relations. German and Canadian Perspectives, in: Markus Kaim/Ursula Lehmkuhl (Hg.), In Search of a New Relationship. Canada, Germany, and the United States, Wiesbaden 2005, S. 115-127, bes. S. 126. Zu jüngeren Analysen: Andrew Lui, Why Canada Carers. Human Rights and Foreign Policy in Theory and Practice, Montreal & Kingston u.a. 2012, bes. S. 6-8; Kim Richard Nossal, Kiking it Old School. Romanticism with Conservative Characteristics, in: Robert W. Murray (Hg.), Seeking Order in Anarchy. Multilateralism as State Strategy, Edmonton 2016, S. 131-151; Adam Chapnick, Pearson and the United Nations: Tracking the Stoicism of a Frustrated Idealist in: Asa McKercher/ Galen Roger Perras (Hg.), Mike's World. Lester B. Pearson and Canadian External Affairs, Vancouver/Toronto 2017, S. 70-87.

66   Jack L. Granatstein, Canada's Army. Waging War and Keeping the Peace, Toronto u.a. 2002 (Hervorhebung d. Verf.). Siehe auch die Umschlaggestaltung von Norman Hillmer/ Jack L. Granatstein, Empire to Umpire. Canada and the World to the 1990s, Toronto 1994, die eine Zeichnung Königin Victorias mit einem blauen UN-Barett zeigt (im Folgenden Hillmer/Granatstein, Empire to Umpire. Canada and the World to the 1990s).

67   Sean M. Maloney, Canada and UN Peacekeeping. Cold War by Other Means, 1945-1970, St. Catherines 2002.

Historie des kanadischen Blauhelm-Engagements bis vor zehn Jahren weitgehend fehlten.[68] Erst 2009 erschienen zwei aus geschichtswissenschaftlichen
Dissertationen hervorgegangene Monographien zur ersten Friedensmission
am Suezkanal und zum UN-Einsatz im Kongo; weitere Studien aus der Feder
von Historikern des Directorate of History and Heritage des kanadischen Verteidigungsministeriums werden gegenwärtig vorbereitet.[69]

Pointierte Versuche einer Einordnung des kanadischen Peacekeepings
während des Ost-West-Konfliktes orientieren sich sich im Wesentlichen
am polarisierenden Diskurs über die dominanten Ideologeme kanadischer
Außenpolitik.[70] Maloney, Militärhistoriker und prominenter Vertreter der
realpolitischen Peacekeeping-Interpretation, betont die vollständige und ge-
wollte Einbindung der kanadischen Blauhelm-Einsätze während des Kalten
Krieges in die westliche, antisowjetische Politik. Er attackiert in seiner
außenpolitische Faktoren der Entscheidungsfindung betonenden Studie vor
allem einen Peacekeeping-Mythos, der altruistische Beweggründe und einen

---

68   Vgl. ebda., S. XIII u. S. 5. Die einzige Gesamtgeschichte bietet das ältere und einer eher
      traditionellen Operationsgeschichtsschreibung verpflichtete Werk von Fred Gaffen,
      In the Eye of the Storm. A History of Canadian Peacekeeping, Toronto 1987. Frühzeitig:
      Alastair Taylor/David Cox/Jack L. Granatstein, Peacekeeping. International Challenge
      and Canadian Response, Toronto 1968; hierin vor allem Jack L. Granatstein, Canada:
      Peacekeeper. A Survey of Canada's Participation in Peacekeeping Operations, in: Taylor
      u.a., Peacekeeping, S. 93-187. Jack L. Granatstein/Douglas Lavender, Shadows of War, Faces
      of Peace. Canada's Peacekeepers, Toronto 1992 sowie Jack L. Granatstein/David Bercuson,
      War and Peacekeeping. From South Africa to the Gulf – Canada's Limited Wars, Toronto
      1991, richten sich an ein breiteres Publikum. Jack L. Granatstein, Who Killed the Canadian
      Military? Toronto 2004, identifiziert das Peacekeeping-Engagement als einen Grund für
      die Malaise der Streitkräfte um die Jahrtausendwende. Ähnlich, doch mit Schwerpunkt auf
      dem Zeitraum seit den 1990er Jahren, argumentieren Douglas L. Bland/Sean M. Maloney,
      Campaigns for International Security. Canada's Defence Policy at the Turn of the Century,
      Montreal u.a. 2004. Neuere politikwissenschaftliche bzw. militärpolitische Studien be-
      ziehen sich ebenfalls vorwiegend auf die 1990er Jahre: Joseph T. Jockel, Canada and Inter-
      national Peacekeeping, Toronto 1994; Jocelyn Coulon, Soldiers of Diplomacy. The United
      Nations, Peacekeeping, and the New World Order, Toronto u.a. 1998; Andrew F. Cooper,
      Canadian Foreign Policy. Old Habits and New Directions, Scarborough 1997, S. 173-209;
      Walter A. Dorn, Canadian Peacekeeping. Proud Tradition, Strong Future?, in: Canadian
      Foreign Policy 12 (Fall 2005), 2 , S. 7-32.
69   Michael K. Carroll, Pearson's Peacekeepers. Canada and the United Nations Emergency
      Force, 1956-67, Vancouver 2009; Kevin A. Spooner, Canada, the Congo Crisis, and UN
      Peacekeeping, 1960-64, Vancouver 2009.
70   Siehe für die Zeit bis in die 1990er Jahre Fey, Multilateralismus, S. 79-83.

zugeschriebenen friedliebenden Nationalcharakter in den Vordergrund ge-
rückt habe.[71]

Sowohl die politik- als auch die geschichtswissenschaftliche Literatur
identifiziert diesen Peacekeeping-Mythos, dessen Validität, nicht aber dessen
Existenz bestritten wird.[72] Zwar in der Literatur beständig präsent, fehlt
dabei eine überzeugende Untersuchung der Herkunft und Bedeutung des
Mythos und eine Analyse seiner Entwicklung im Wechselspiel von äußeren
und inneren Anstößen. Wenn Maloney führenden Außenpolitikern vor-
wirft, sie hätten ihre außen- und sicherheitspolitischen Entscheidungen auf
einem falschen Verständnis von den Gründen der kanadischen Beteiligung
an Blauhelm-Einsätzen während des Kalten Krieges aufgebaut, dann unterstreicht er zugleich, ohne darauf explizit hinzuweisen und weiter einzugehen,
die Wirkmächtigkeit dieses Peacekeeping-Mythos.[73]

Mit der Auflösung der bipolaren Weltordnung änderten sich die Rahmen-
bedingungen für das Peacekeeping. Unter den Auspizien einer erstarkten
UN-Organisation entstand seit Ende der 8oer Jahre eine Vielzahl von Blauhelm-
Missionen. Sie waren als Antwort auf die zunehmenden innerstaatlichen und
sozio-ethnischen Konflikte gedacht und trugen zu einer Neuausrichtung des
Peacekeepings bei.[74] Die führende Position, die Kanada im Rahmen dieser

---

71 Maloney, UN Peacekeeping; weniger vehement Norman Hillmer, Peacekeeping. Canadian
Invention, Canadian Myth, in: Sune Akerman/Jack L. Granatstein (Hg.), Welfare State in
Trouble. Historical Perspectives on Canada and Sweden, Umea 1995, S. 159-170; Nossal,
Politics, S. 58. Als jüngeres Beispiel: Jack L. Granatstein, The peacekeeping myth, in:
National Post, 31.1.2007, S. 19.

72 Mit unterschiedlichen Begrifflichkeiten Hillmer/Granatstein, Empire to Umpire. Canada
and the World to the 1990s, S. 233; auch in der überarbeiteten Neuauflage: Norman
Hillmer/Jack L. Granatstein, Empire to Umpire: Canada and the World into the 21st Century,
2. Aufl., Toronto 2008 (im Folgenden Hillmer/Granatstein, Empire to Umpire), S. 202;
Hillmer, Peacekeeping; Manon Tessier/Michel Fortmann, The Conservative Approach to
International Peacekeeping, in: Nelson Michaud/Kim Richard Nossal (Hg.), Diplomatic
Departures. The Conservative Era in Canadian Foreign Policy, 1984-93, Vancouver/
Toronto 2001, S. 113-127, hier S. 113 f.; Granatstein, Canada's Army, S. 342, 359, 392, 397;
Keating, World Order, S. 110; Bredow, Mittelmacht, S. 16; Maloney, UN Peacekeeping;
Welsh, At Home in the World, S. 164 f.; Sean M. Maloney, From Myth to Reality Check.
From Peacekeeping to Stabilization, in: Policy Options (September 2005), S. 40-46; jüngst
Michael K. Carroll, Pragmatic Peacekeeping. The Pearson Years, in: Asa McKercher/
Galen Roger Perras (Hg.), Mike's World. Lester B. Pearson and Canadian External Affairs,
Vancouver/Toronto 2017, S. 48-69, hier S. 48.

73 Maloney, UN Peacekeeping, S. XI, 8.

74 Winrich Kühne, Die Friedenseinsätze der VN, in: Aus Politik und Zeitgeschichte
22/2005 (30.5.2005), S. 25-32. Siehe auch ders., Völkerrecht und Friedenssicherung
in einer turbulenten Welt. Eine analytische Zusammenfassung der Grundprobleme
und Entwicklungsperspektiven, in: ders. (Hg.), Blauhelme in einer turbulenten Welt.

Operationen seit Anfang der 90er Jahre einnahm, wird im Kontext der neuen
Weltlage und der kanadischen Außenpolitik eingehend analysiert.[75] Hierbei
finden auch die über das Peacekeeping hinausgehenden Initiativen Beachtung,
namentlich die Anti-Personenminen-Kampagne (1997), die Unterstützung des
permanenten Internationalen Strafgerichtshofs in Den Haag (Statut von Rom
1998) und die Human Security Agenda, die im ausgehenden 20. Jahrhundert
die kanadischen Maßnahmen zum Menschenrechtsschutz bündelte, sowie
der Bericht der sogenannten Axworthy Commission »The Responsibility to
Protect« (2001).[76]

Zugleich spielten in der Fachliteratur innenpolitische Motive eine zunehmend größere Rolle: Die Relevanz einer politischen Rücksichtnahme auf
Wähler bzw. anstehende Wahlen, die Macht ethnischer Lobbygruppen, die
Bedeutung der öffentlichen Meinung, der fiskalische Imperativ zur Sanierung
des Bundeshaushaltes und die daraus resultierende Vernachlässigung der
Streitkräfte fanden, um nur einige Aspekte zu nennen, Eingang in wissenschaftliche Untersuchungen.[77] Trotzdem blieben innenpolitische Faktoren
lange Jahre eher am Rande einer weiterhin vornehmlich auf außenpolitische

---

Beiträge internationaler Experten zur Fortentwicklung des Völkerrechts und der Vereinten Nationen, Baden-Baden 1993, S. 13-100; Gareis/Varwick, Die Vereinten Nationen,
S. 126-137.

75 David Dewitt/David Leyton-Brown (Hg.), Canada's International Security Policy,
Scarborough 1995; Hans-Georg Ehrhart/David G. Haglund (Hg.), The »New Peacekeeping«
and European Security. German and Canadian Interests and Issues, Baden-Baden 1995;
Keating, World Order, S. 163-170 et passim; Fey, Multilateralismus; Michaud/Nossal (Hg.),
Diplomatic Departures; Nicholas Gammer, From Peacekeeping to Peacemaking. Canada's
Response to the Yugoslav Crisis, Montreal u.a. 2001; Wilfried v. Bredow (Hg.), Die Außen-
politik Kanadas, Wiesbaden 2003. Essayistisch: Andrew Cohen, While Canada Slept. How
We Lost Our Place in the World, Toronto 2003.

76 Elisabeth Riddell-Dixon, Canada's Human Security Agenda. Walking the Talk?, in:
International Journal 60 (2005), 4, S. 1067-1092; aus NGO-Sicht: Maxwell A. Cameron/
Robert J. Lawson/Brian W. Tomlin (Hg.), To Walk without Fear. The Global Movement to
Ban Landmines, Toronto u.a. 1998; offiziös: Rob McRae/Don Hubert (Hg.), Human Security
and the New Diplomacy. Protecting People, Promoting Peace, Montreal & Kingston u.a.
2001; programmatisch: Lloyd Axworthy, Navigating a New World. Canada's Global Future,
Toronto 2003. Siehe auch die vorhergehende Fußnote.

77 Jockel, International Peacekeeping, S. 27-30; Cooper, Canadian Foreign Policy, S. 180; Fey,
Multilateralismus, S. 106-158; Gammer, From Peacekeeping to Peacemaking; Tessier/Fort-
mann, The Conservative Approach, S. 120 f.; Michel Fortmann/Pierre Martin, Canadian
Defence Policy at a Crossroad. Public Opinion and Peacekeeping in a Turbulent Word,
in: Hans-Georg Ehrhart/David G. Haglund (Hg.), The »New Peacekeeping« and European
Security. German and Canadian Interests and Issues, Baden-Baden 1995, S. 207-243; Don
Munton/Tom Keating, Internationalism and the Canadian Public, in: Canadian Journal of
Political Science 34 (2001), 3, S. 517-549.

Konstellationen und Akteure abstellenden Analyse der internationalen Beziehungen Kanadas.[78] Erst in jüngerer Zeit hat sich dies geändert. Mit Fokus auf die innenpolitische Entwicklung bis 1997 untersucht Colin McCullough erstmals systematisch die Entwicklung des kanadischen Selbstbildes als »peacekeeping nation« und identifiziert überzeugend wichtige Protagonisten und Medien.[79]

Die Krise des Peacekeepings durch die teilweise verheerenden Misserfolge in Somalia, Ruanda und Jugoslawien, die Menschenrechtsverletzungen einer kanadischen Eliteeinheit in Somalia[80] und die umstrittene Human Security Agenda führten seit Mitte der 1990er Jahre zu einer zunehmend kritischen wissenschaftlichen Begleitung des kanadischen Peacekeepings und der Postulate zum internationalen Menschenrechtsschutz. Die Kritik verschärfte sich Anfang des 21. Jahrhunderts durch die als inadäquat empfundene Haltung Ottawas nach dem 11. September 2001 und der als desaströs eingeschätzten personellen und materiellen Lage der kanadischen Streitkräfte. Eine große Diskrepanz zwischen Postulaten und tatsächlicher Mittelallokation mache, so Beiträge aus den ersten Jahren des neuen Jahrhunderts, die kanadische Menschenrechts- und Peacekeeping-Politik nach innen und außen unglaubwürdig. In diesem Zusammenhang scheinen sich auch die Positionen derjenigen, die den Regierungen eher ein positives und derjenigen, die ihr ein negatives Zeugnis ausstellen, weit voneinander entfernt zu haben.[81]

---

78 Mit Hinweis auf eine als apathisch bezeichnete kanadische Öffentlichkeit Maureen Appel Molot/Norman Hillmer, The Diplomacy of Decline, in: dies., A Fading Power, Don Mills 2002 (Canada Among Nations 2002), S. 1-33, hier S. 2, 11; auch Martin Thunert, Akteurskonstellationen, Kräfteverhältnisse und Einflussgrößen im außenpolitischen Entscheidungsprozess Kanadas, in: Wilfried v. Bredow (Hg.), Die Außenpolitik Kanadas, Wiesbaden 2003, S. 53-81, hier S. 71 f., der allerdings für die Regierungszeit Chrétiens eine zunehmende Öffnung der staatlichen Akteure für den Einfluss von NGOs feststellt. Als Beispiel für eine sowohl innen- als auch außenpolitische Faktoren einbeziehende Analyse kanadischer außenpolitischer Entscheidungsfindung: Ursula Lehmkuhl, Kanadas Öffnung nach Asien. Der Colombo-Plan, das »New Commonwealth« und die Rekonstruktion des Sterlinggebietes 1949-52, Bochum 1990, bes. S. 2 f.; dies., Kanada und der Colombo-Plan. »Drittmachtbeziehungen« im Spannungsfeld von Asien- und Europapolitik in der Frühphase des Kalten Krieges, in: dies./Clemens A. Wurm/Hubert Zimmermann (Hg.), Deutschland, Großbritannien, Amerika. Politik, Gesellschaft und Internationale Geschichte im 20. Jahrhundert, Stuttgart 2003, S. 113-136, hier S. 114.

79 Colin McCullough, Creating Canada's Peacekeeping Past, Vancouver/Toronto 2016.

80 Coulon, Soldiers of Diplomacy, S. 88-100; siehe auch Donna Winslow, The Canadian Airborne Regiment in Somalia. A Socio-cultural Inquiry, Ottawa 1997.

81 Kritisch: Denis Stairs, Canada in the 1990s. Speak Loudly and Carry a Bent Twig, in: Policy Options (January/February 2001), S. 43-49; ders., Myths, morals, and reality in Canadian foreign policy, in: International Journal 58 (Spring 2003), S. 239-256; Granatstein, Who killed the Canadian Military?, S. 151-159 et passim; Kim Richard Nossal, Ear

Der Übergang von den 80er zu den 90er Jahren des 20. Jahrhunderts gilt als weltpolitische Zäsur. Warum sich Kanada besonders schnell und gut auf die neue Konstellation einstellen konnte, wird bislang vor allem unter Berücksichtigung kurzfristig hervorgetretener Faktoren aufgearbeitet.[82] Langfristig wirkende Entwicklungen, wie die Erfahrungen des Peacekeepings oder ein gesellschaftlicher Peacekeeping-Konsens, bleiben bei der Interpretation der internationalen Vorreiterrolle Kanadas nach dem Ende des Ost-West-Konfliktes überwiegend unberücksichtigt. Ob die veränderte Weltordnung überhaupt einen Wendepunkt kanadischer Außenpolitik darstellte und nicht vielleicht Kontinuitäten dominierten, wird nicht gefragt. Kim Richard Nossal, einer der prononciertesten Analytiker kanadischer Außenpolitik, meint jedenfalls eine neue Ära zu erkennen, die der Epoche des Internationalismus der Nachkriegszeit nachfolge, aber bislang noch nicht eindeutig beschrieben werden könne.[83]

Deutlich macht sich das Fehlen eines geschichtswissenschaftlichen Ansatzes bemerkbar, der die innen- und außenpolitische Entwicklung des Peacekeepings und der hiermit verbundenen, in den 90er Jahren erweiterten Menschenrechtsschutzpolitik vom Beginn her analysiert und die Frage nach Kontinuitäten oder Diskontinuitäten in der kanadischen Politik auch im Bezug auf die Relevanz weltpolitischer Einschnitte neu diskutiert. Der in einem Wechselspiel zwischen außen- und innenpolitischen Anstößen entstandene Peacekeeping-Konsens, der sich möglicherweise in einem politischen Mythos manifestierte, dessen Ausprägung und Wirkungsmacht bislang noch nicht systematisch untersucht sind, kann hierbei nicht nur über die Stärke der gesellschaftlichen Verankerung des Peacekeepings, sondern auch über die innerkanadische (nationale) Identitätsbildung exemplarisch Auskunft geben.

---

candy. Canadian policy towards humanitarian intervention and atrocity crimes in Darfur, in: International Journal 60 (2005), 4, S. 1018-1033; eher positiv: Greg Donaghy, All God's children. Lloyd Axworthy, human security and Canadian foreign policy, 1996-2000, in: Canadian Foreign Policy 10 (Winter 2003), 2, S. 39-57; Riddell-Dixon, Canada's human security agenda. Jeweils unterschiedliche Positionen bieten die Aufsätze in den Jahrbüchern »Canada Among Nations«.

82   Gammer, From Peacekeeping to Peacemaking.

83   Nossal, Politics, S. 159-162. Siehe auch den Titel des entsprechenden Kapitels bei Keaton, World Order, S. 7. Außenpolitisch wäre die neue Ära eine »New World Disorder«, vgl. Alex Morrison/Suzanne M. Plain, The Canadian UN Policy. An Historical Assessment, in: Hans-Georg Ehrhart/David G. Haglund (Hg.), The »New Peacekeeping« and European Security. German and Canadian Interests and Issues, Baden-Baden 1995, S. 163-192, hier S. 170.

Quellenlage

Aufgrund der großen inhaltlichen und methodischen Spannbreite der Studie werden Quellen unterschiedlicher Gattungen und Provenienz herangezogen. Das dokumentarische Rückgrat der Analyse bilden die Akten des kanadischen Außenministeriums (Department of External Affairs – DEA –, von 1993 bis 2003 Department of Foreign Affairs and International Trade – DFAIT – und nach einer Phase der Umorganisation und Umbenennung seit 2013 Department of Foreign Affairs, Trade and Development – DFATD), die im kanadischen Nationalarchiv in Ottawa liegen. Seit dem Zusammenschluss mit der National-bibliothek firmieren beide Institutionen unter dem Namen Library and Archives Canada (LAC). Der Bestand des Außenministeriums (RG 25: Department of External Affairs fonds) ermöglicht es, die politische Entwicklung des kanadischen Peacekeepings detailliert nachzuzeichnen. Zwar steht hierbei die außenpolitische Entscheidungsfindung sowohl auf der Makroebene wie bezogen auf die einzelnen Operationen im Mittelpunkt. Doch finden sich auch einige Aktengruppen, im Einzelfall kontinuierlich seit den 6oer Jahren gepflegt, in denen als Resultat auf Eingaben aus der Bevölkerung eine zum Teil höchst aufschlussreiche Korrespondenz geführt wird, die Motive und Ansichten von Politikern, Beamten, zivilgesellschaftlichen Akteuren, interessierten Bürgern und Schülern offen legt.[84] – Ein Teil der jüngeren Akten zum Peacekeeping wurde erst im Rahmen der Recherchen zu dieser Untersuchung für wissenschaftliche Studien freigegeben.

Zu den Beständen regierungsamtlicher Dokumente, die im Nationalarchiv eingesehen wurden, gehören auch insbesondere diejenigen des Kabinetts-sekretariats (RG 2: Privy Council fonds), des Verteidigungsministeriums (RG 24: Department of National Defence fonds) und des Generalgouverneurs Ramon John Hanatyshyn (RG 7 G30: Office of the Governor General of Canada fonds). Aus der Reihe der privaten Depositen sind vor allem die Akten der United Nations Association in Canada (UNA, Bestand: MG 28-I 202) zu nennen, die mit Erlaubnis des Public Relations Officer der UNA eingesehen werden durften. Das Nationalarchiv verfügt darüber hinaus über reichhaltige Nachlassbestände. Hierzu gehören auch Sammlungen von Unterlagen der Premierminister. Anders als die Kategorie Nachlass vermuten lässt, handelt es sich bei den entsprechenden Dokumentengruppen allerdings nicht vorwiegend um

---

84 LAC, RG 25, Aktenzeichen 21-14-1: »Military Actions – Peacekeeping – Policy and Plans«; 21-14-2-1: »Military Actions – Peacekeeping – Reports and Statistics, Public Opinion and Enquiries (Canada)«; 21-14-6-UNFICYP-7: »Military Actions – Peacekeeping – Special Forces – United Nations Forces in Cyprus – Public Relations«.

persönliches Schrifttum. Vielmehr befinden sich in den Nachlässen die Akten
der Büros der jeweiligen Premierminister. Der Zugang zu diesen Beständen ist
zum Teil gesperrt. Für die vorliegende Arbeit wurde vor allem auf Unterlagen
des Nachlasses von Lester B. Pearson (MG 26 N) und auf freigegebene Akten
des Bestandes Pierre Elliott Trudeau (MG 26 O) zurückgegriffen.[85]

Amtliche Unterlagen zum kanadischen Peacekeeping konnten zudem im
Archiv des Directorate of History and Heritage (DHH) des kanadischen Verteidigungsministeriums (Department of National Defence – DND) in Ottawa
eingesehen werden. Einige Dokumente zum Peacekeeping-Monument stellte
das Archiv der National Capital Commission (NCC) in Ottawa zur Verfügung,
einige weitere zum Peacekeeping stammen aus dem Behördenarchiv des Auswärtigen Amtes in Ottawa (DFAIT bzw. DFATD). Für die Vorgeschichte des
Peacekeepings wurde auf Akten aus dem Politischen Archiv des Auswärtigen
Amtes in Berlin (PAAA) und der United Nations Archives Geneva, League
of Nations Archives and Historical Collections Section (LON Archiv, Genf)
zurückgegriffen.

Auskünfte über Initiativen, Aktivitäten und Positionen von Netzwerken und
zivilgesellschaftlichen Akteuren gaben das Depositum der World Federalists of
Canada (Bestand F 795) in den Archives of Ontario in Toronto und der Nachlass von John Holmes in den Trinity College Archives (TCA) der University
of Toronto (F2260: John Holmes fonds) sowie Bestände und Unterlagen aus
den Organisationsarchiven der United Nations Association in Canada (UNA
Archives), des Canadian Labour Congress (CLC Archives), beide in Ottawa,
und der United Church in Canada (UCC Archives) in Toronto, zu denen
freundlicherweise Zutritt gewährt wurde. Im National War Museum (NWM)
in Ottawa wurde ein Bestand von Briefen von Soldaten aus dem Peacekeeping-Einsatz in Jugoslawien in den 90er Jahren eingesehen.

Für die Analyse der Geschichtsschulbücher der Provinzen Ontario und
Quebec erwiesen sich die Schulbuchsammlungen der Bibliothek des Ontario
Institute for Studies in Education der University of Toronto (OISE Library),
insbesondere die Historical Textbook Collection, und der Bibliothèque
générale der Université Laval (Collection de manuels scolaires québécois et
didaktische Abteilung) als unverzichtbar.

Sowohl für Längsschnittanalysen der Presseberichterstattung über das
Peacekeeping, Untersuchungen der Öffentlichkeitsarbeit der Streitkräfte, eine
Positionsbestimmung der Friedensbewegung wie auch als Substitut amtlicher
Quellen, die für den größten Teil der 90er Jahre noch nicht freigegeben waren,

---

85   Ein komplettes Verzeichnis der eingesehenen Bestände findet sich im Quellenverzeichnis
      am Ende der Arbeit.

wurde auf diverse Zeitungen und Zeitschriften zurückgegriffen. Bis 1998 stellte die *Globe and Mail* aus Toronto Kanadas einzige nationale Tageszeitung dar. Deshalb wurde vor allem diese herangezogen, wenn es darum ging, die veröffentlichte Meinung zu analysieren. Fallweise ergänzen Beiträge aus anderen Presseerzeugnissen, beispielsweise der größten kanadischen Tageszeitung *Toronto Star*, die Ausführungen in der *Globe and Mail*. Die vorliegende Studie bezog vor allem die Leitartikel und Leserbriefe zum kanadischen UN-Peacekeeping in die Untersuchung ein. In den Radio Archives der staatlichen Canadian Broadcasting Corporation (CBC Radio Archives) wurden einige Sendungen angehört; zum Fernseh- und Filmarchiv der CBC wurde kein Zugang gewährt. Für die interne Kommunikation in den kanadischen Streitkräften stand von 1965 bis 1994 die Soldatenzeitschrift *Sentinel* bereit.[86] Um die Bedeutung des Peacekeepings für das Selbstbild des kanadischen Militärs seit Ausgang der 1980er Jahre zu evaluieren, wurden vorwiegend die Jahrgänge 1989 bis 1994 herangezogen.[87] Für eine Analyse der quasi anderen Seite des gesellschaftlichen Interesses am Peacekeeping stand die älteste, 1978 gegründete und heute noch erscheinende Zeitschrift der Friedensbewegung zur Verfügung, der *Ploughshares Monitor*.

Die Auswertung der genannten Archiv- und Open Source-Dokumente wird durch Parlamentsprotokolle, amtliche Veröffentlichungen von Reden, Ergebnisse von Meinungsumfragen und zahlreiche frei zugängliche Publikationen unterschiedlicher Herkunft sowie besonders durch Interviews mit Akteuren verschiedener gesellschaftlicher, administrativer und politischer Segmente ergänzt. Hierzu gehören die Außenministerin a.D. Barbara McDougall, der ehemalige Generalstabschef General a.D. John de Chastelain, der ehemalige Vorsitzende der Commission of Inquiry into the Deployment of Canadian Forces in Somalia und Richter am Bundesappellationsgericht (Federal Court of Appeal) wie auch am Appellationsgericht des kanadischen Kriegsgerichts (Court Martial Appeal Court of Canada) Richter Gilles Létourneau, der Botschafter a.D. Louis Delvoie, der Ministerialdirektor a.D. (Assistant Deputy Minister – Policy) aus dem Verteidigungsministerium Dr. Kenneth Calder, die ehemalige UNA-Präsidentin und vormalige Direktorin Public Programs, Canadian Institute for International Peace and Security Nancy Gordon, der Mitbegründer und ehemalige geschäftsführende Direktor von Project

---

86   Von 1965-1973 lautete der Titel der Zeitschrift Canadian Forces Sentinel, danach bis 1994
     Sentinel (Sentinelle auf Französisch).
87   Die Beiträge aus dem vorwiegend für einen breiteren Leserkreis geschaffenen Magazin
     Sentinel wurden durch ausgewählte Aufsätze aus dem den Streitkräften nahestehenden
     Fachmagazin Canadian Defence Quarterly/Revue canadienne de défense ergänzt.

Ploughshares und einer der bekanntesten Friedens- und Abrüstungsaktivisten
Kanadas Ernie Regehr, der Chairman of the Board of Directors Canadian
Association of Veterans in UN Peacekeeping (CAVUNP) Oberst a.D. Robert
O'Brien, der Historiker Professor Dr. Jack Granatstein und *last but surely not
least* Joan Broughton, seit 1970 freiwillige und seit 1981 fest angestellte Mitarbeiterin bei der UNA, zuletzt als Public Information Officer in deren Zentrale
in Ottawa.

Terminologie

Die sozialwissenschaftliche Literatur unterteilt die Geschichte des UN-
Peacekeepings häufig entweder in zeitlich abgetrennte Phasen oder in
»Generationen«, denen Peacekeeping-Einsätze unterschiedlicher Typologie
zugeordnet werden.[88] Beide Ansätze führen ex post Zäsuren ein, die analytisch hilfreich sind, um die komplexe Entwicklung des UN-Peacekeepings
zu ordnen. Zugleich werden jedoch Unterschiede zwischen den Missionen
nivelliert und wirkungsmächtige Kontinuitäten übersehen. Insbesondere die
Einteilung in Generationen suggeriert, dass sich aufeinander folgende, klar ab-
grenzbare Missionstypen entwickelt haben. Hierbei werden vier Generationen
der Friedenssicherung unterschieden. In ihrem konzisen Überblickswerk über
die Struktur der Vereinten Nationen geben Sven Gareis und Johannes Varwick
folgende Definition:

> Missionen der ›Ersten Generation‹ sind demnach traditionelle Blauhelm-
> einsätze zur Beobachtung und Überwachung von bereits geschlossenen
> Friedens- bzw. Waffenstillstandsabkommen, während sich Missionen
> der ›Zweiten Generation‹ nach 1988/89 durch ein erweitertes Aufgaben-
> spektrum auszeichnen, sich bei denen der ›Dritten Generation‹ Friedens-
> erhaltung und Friedenserzwingung vermischt und bei denen der ›Vierten
> Generation‹ die Zuständigkeit bis hin zur Übernahme von zivilen Ver-
> waltungsfunktionen gehen kann.[89]

Das Vier-Generationen-Modell richtet sich primär an Analysen mit einem
aktuellen Bezugsrahmen. Für eine geschichtswissenschaftliche, genetische
Untersuchung erweist sich vor allem die Abgrenzung und inhaltliche Zuschreibung der »Ersten Generation« bzw. des »klassischen Peacekeepings« als

---

88   Vgl. Gareis/Varwick, Die Vereinten Nationen, 4. Aufl., S. 118-121.
89   Ebd., S. 120.

wenig hilfreich. Denn wenn allein zwei der vier großen Blauhelm-Operationen in der Zeit des Kalten Krieges faktisch nicht als klassisches Peacekeeping angesprochen werden können, dann verliert die Einteilung an inhaltlicher und definitorischer Plausibilität: Während UNEF I von 1956-1967 sowie UNEF II von 1973-1979 als neutrale Akteure mit Zustimmung aller Beteiligten in einem zwischenstaatlichen Konflikt eingesetzt wurden und ihre Waffen nur zur Selbstverteidigung gebrauchen durften,[90] trafen einige oder alle dieser Kriterien des traditionellen bzw. klassischen Peacekeepings nicht auf die Missionen im Kongo von 1960-1964 sowie Zypern seit 1964 zu.[91] – Die vorliegende Arbeit trägt daher dem gewachsenen Charakter des Begriffs Peacekeeping insofern Rechnung, als er historisiert und jeweils im historischen Kontext definiert wird.

Vorgehensweise

Die Studie verfolgt überwiegend einen genetischen Zugriff. Dieser wird durch Quer- und Längsschnittuntersuchungen einzelner Thematiken ergänzt. Auf diese Weise kann methodisch und inhaltlich differenziert sowie aus verschiedenen Blickwinkeln die Entwicklung des Peacekeepings in Kanada analysiert werden. Am Beispiel des Saargebietes führt Kapitel 1 in die Prioritäten und Gemengelage kanadischer Außen- und Identitätspolitik sowie in die Problematik internationaler Friedenseinsätze in den 20er und 30er Jahren des 20. Jahrhunderts ein. Die eigentliche Peacekeeping-Politik begann allerdings erst nach 1945 im Rahmen der neu gegründeten Vereinten Nation. Seit 1949 beteiligten sich kanadische Soldaten an den frühen Beobachtermissionen. Hierfür waren zunächst außen- und sicherheitspolitische Überlegungen maßgeblich. Der innenpolitische Niederschlag blieb gering und wurde erst nach

---

90 Die »holy trinity« des klassischen Peacekeepings: »consent, impartiality and the minimum use of force«. Alex J. Bellamy/Paul D. Williams with Stuart Griffen, Understanding Peacekeeping, 2. Aufl., Cambridge/Malden MA 2011, S. 173.

91 Während der besondere Charakter der Kongo-Mission in der Literatur hervorgehoben wird, wird die Zypern-Operation in der Regel zum klassischen Peacekeeping gezählt bzw. deren robuster Einsatz 1974 nur als temporäres Ereignis gewertet. Neben den beiden genannten Missionen fällt auch diejenige in Westneuguinea (1962-1963) aus dem typischen Rahmen des klassischen Peacekeepings, wurde doch hier der Übergang der Region an einen anderen Staat unterstützt. Vgl. Gareis/Varwick, Die Vereinten Nationen, S. 125 f.; Michael Pugh, Peace Enforcement, in: Thomas G. Weiss/Sam Daws (Hg.), The Oxford Handbook on the United Nations, Oxford 2007, S. 370-386, hier S. 373; Bellamy/Williams, Understanding Peacekeeping, S. 85. Differenziert: Trevor Findlay, The Use of Force in UN Peace Operations, Oxford 2002, zu Zypern ebd., S. 89-99.

und nach bedeutsamer. Folglich stehen Entwicklung und Durchsetzung des Peacekeepings als außenpolitisches Instrument im Mittelpunkt der Kapitel 2 bis 4. Eine klare Trennung ist allerdings weder historisch noch analytisch möglich. Insbesondere während der Suez-Krise von 1956 (Kapitel 3) verschmolzen außen- und innen- bzw. identitätspolitische Reaktionen und Aspekte.

Seit den 6oer Jahren ist die gesellschaftliche Rolle des Peacekeepings genauer zu fassen, weshalb die Kapitel 5 bis 8 abwechselnd zunächst die internationalen und daran anschließend die innenpolitischen Bedingungsfaktoren ausloten. Kapitel 9 verbindet durch eine vergleichende Längsschnittanalyse diachrone und synchrone Zugriffsweisen. Hierbei werden insbesondere die Rezeptionen im anglophonen und frankophonen Teil Kanadas gegenübergestellt. Gemeinsam mit dem folgenden Kapitel untersucht es die Repräsentation des kanadischen Peacekeepings in Schulbüchern und Fotos von den 50er Jahren bis in das erste Jahrzehnt nach dem Jahrtausendwechsel. In den Kapiteln 5 bis 10 wird die Entwicklung des kanadischen Peacekeeping-Narrativs somit schrittweise nachvollzogen und analysiert.

Die Kapitel 11 bis 13 sind der außergewöhnlichen Bedeutungszunahme – international wie in Kanada – und dem Niedergang des Peacekeepings nach dem Ende des Ost-West-Konflikts gewidmet. In Kapitel 11 stehen dabei zunächst die internationalen Umwälzungen, die »Wiedergeburt« des Peacekeepings und die kanadische Reaktion hierauf im Mittelpunkt. Obgleich von den außenpolitischen Entwicklungen nicht abzukoppeln, fokussiert sich Kapitel 12 aus analytischen Gründen und wegen deren historischer Bedeutung auf die in den 90er Jahren breite gesellschaftliche Rezeption sowie die Relevanz eines Peacekeeping-Mythos in Kanada. Kapitel 13 untersucht die sich wandelnden internationalen Bedingungsfaktoren in der zweiten Hälfte der 90er Jahre bis hin zum terroristischen Anschlag vom 9. September 2001 im Kontext der außenpolitischen Entscheidungen und innenpolitischen Diskurse in Kanada. In der Schlussbetrachtung werden die verschiedenen Phasen der kanadischen Peacekeeping-Politik zusammenfassend analysiert, zu anderen Staaten in Beziehung gesetzt und wird insbesondere die bisherige »Black Box« der Entwicklung eines kanadischen Selbstverständnisses, das sich auf das Peacekeeping bezieht, gefüllt. Ein Blick auf die Gegenwart von Peacekeeping und Peacekeeping-Identität in Kanada runden Schlussbetrachtung und Studie ab.

Prolog im Saargebiet
Kanadischer Internationalismus und Internationale Streitmacht des Völkerbundes

Für die Entstehung und Entfaltung der Blauhelme waren zwei historische Konstellationen von entscheidender Bedeutung: einerseits die System-konkurrenz zwischen Ost und West, die zum Kalten Krieg führte, und anderer-seits die sich in einem frühen Entwicklungsstadium befindlichen Vereinten Nationen, die in einer Welt antagonistischer internationaler Beziehungen versuchen mussten, ihren sicherheits- und friedenspolitischen Auftrag zu er-füllen. Erst in diesem Zusammenhang und mithin nach dem Ende des Zweiten Weltkrieges entfaltete sich auch die kanadische Politik des Peacekeepings.

Dennoch ist ein Vorläufer der Friedenstruppen und sind Kontinuitäten kanadischer multilateraler Politik im Rahmen einer Weltorganisation bis in die 20er und 30er Jahre des 20. Jahrhunderts zurückzuverfolgen. Es finden sich also Hinweise auf langfristige Entstehungsprozesse und Wirkungs-zusammenhänge. Nun ist hier nicht der Ort, die internationale Politik der Zwischenkriegszeit detailliert nachzuvollziehen, weshalb es genügen muss, einen Aspekt herauszugreifen und ihn schlaglichtartig zu beleuchten. Hierbei bietet es sich an, den Blick auf das Saargebiet zu richten, ein bis weit in das 20. Jahrhundert hinein zwischen Deutschland und Frankreich umstrittenes Territorium. Gerade dieses Gebiet war in der Zwischenkriegszeit sowohl für die supranationale militärische Friedenssicherung wie auch für den kanadischen Internationalismus ein erstes Experimentierfeld. Hier begann die Geschichte der Militäroperationen unter dem organisatorischen Schirm einer Welt-organisation. Denn der erste und einzige Vorläufer der UN-Blauhelme wurde im Saarbecken aufgestellt. Dort übernahm auch die kanadische Politik einen ersten multinationalen Auftrag. Die Fäden beider Entwicklungen können also an dieser Stelle aufgenommen werden.

Kanada im Saarterritorium

Das Saarterritorium stand seit dem Ende des Ersten Weltkriegs unter inter-nationaler Aufsicht. Die grundlegenden Klauseln hierfür legte der Versailler Friedensvertrag vom 28. Juni 1919 fest. Hierin wurde eine zumindest vorüber-gehende Abtrennung des bislang zum Deutschen Reich gehörenden Gebietes

© VERLAG FERDINAND SCHÖNINGH, 2020 | DOI:10.30965/9783657787807_003

bestimmt. Die Verwaltung übernahm der Völkerbund, der als Treuhänder agierte. Frankreich erhielt weitgehende Rechte eingeräumt, um insbesondere die saarländischen Kohlegruben auszubeuten. Nach 15 Jahren sollte eine Volksabstimmung über die weitere Zugehörigkeit der Region entscheiden.[1] In den Versailler Vertrag wurde auch die Satzung des Völkerbundes aufgenommen, des Organs, das die Geschicke des Saarlandes in der Zwischenkriegszeit wesentlich mitbestimmte. Der Völkerbund mit Sitz in Genf repräsentierte den ersten Versuch der Staatengemeinschaft, eine gemeinsame, internationale Vertretung zu schaffen. Aus den Erfahrungen des Weltkriegs entstanden, sollte er das friedliche Zusammenleben der Völker garantieren.[2]

Kanada hatte im Ersten Weltkrieg als Teil des britischen Empires an britischer Seite gekämpft. 60.000 kanadische Soldaten waren auf den europäischen Schlachtfeldern gefallen, 172.000 wurden verwundet, und das bei einer Bevölkerung von nur rund acht Millionen Einwohnern. Dabei hatte sich das kanadische Expeditionskorps als kampfstarker Großverband besonders ausgezeichnet.[3] Aufgrund des Umfangs ihres Kriegseinsatzes sowie der Erfolge und des hohen Blutzolls ihrer Soldaten nahm die kanadische Regierung von Premierminister Sir Robert Borden für sich in Anspruch, sowohl an den Pariser Friedensverhandlungen teilzunehmen als auch künftig international eine unabhängigere Rolle zu spielen. Diese Forderungen wurden zwar von der Londoner Regierung mit Zurückhaltung registriert, doch auch von weiteren Dominien erhoben. Wie Kanada waren die ehemaligen Kolonien Australien, Neuseeland und Südafrika auf dem Weg in die Selbstständigkeit. Ihr Kriegsbeitrag führte dazu, dass sie mit eigenen Vertretungen und nicht nur als Anhängsel der britischen Delegation zu den Verhandlungen reisten. Zwar blieb ihr Einfluss gering, doch allein die selbstständige Teilnahme unterstrich die neugewonnene Unabhängigkeit der Dominien. Ihre Vertreter durften sogar am 28. Juni ihre Unterschrift unter den Friedensvertrag setzen. Dies wurde als weiterer Erfolg registriert, obwohl die britische Regierung protokollarisch noch immer dominierte und nicht nur im eigenen Namen, sondern für das gesamte britische Empire unterzeichnete.[4]

---

1 Grundlegend: Sarah Wambaugh, The Saar Plebiscite. With a Collection of Official Documents, Cambridge (Mass.) 1940.
2 Pointiert: Kennedy, Parlament der Menschheit, S. 26-28; umfassend: Francis Paul Walters, A History of the League of Nations, 2 Bde., London 1952.
3 Vgl. Granatstein, Canada's Army, S. 53-146.
4 Vgl. C. P. Stacey, Canada and the Age of Conflict. A History of Canadian External Policies, vol. 1: 1867-1921, Toronto u.a. 1984, S. 240-256; Hillmer/Granatstein, Empire to Umpire, S. 65-68 sowie John Darwin, A Third British Empire? The Dominion Idea in Imperial Politics, in:

Im Einklang mit der neuen internationalen Rolle erhielten Kanada und die übrigen Dominions Sitz und Stimme in der Generalversammlung des Völkerbundes.[5] Hiermit war abermals eine staatliche Aufwertung verbunden. Der kanadischen Regierung ging es vor allem um eine repräsentative und in diesem Sinne symbolisch konstruierte Politik.[6] Kanada sollte als unabhängiger Akteur wahrgenommen werden. Im Übrigen aber wollte sich Ottawa aus den europäischen Querelen heraushalten. Kanada wähnte sich weit entfernt und in Sicherheit, wie dessen Vertreter Senator Raoul Dandurand in Genf betonte: »We live in a fire-proof house, far from inflammable materials. A vast ocean separates us from Europe.«[7] Vor allen Dingen sollte nicht die zurückgehende Verpflichtung gegenüber dem britischen Mutterland durch eine neue Verpflichtung gegenüber dem Völkerbund und der internationalen Staatengemeinschaft ersetzt werden. Aus diesem Grund bekämpften die kanadischen Vertreter während der Friedenskonferenz und auch später in Genf vehement den Artikel X der Völkerbundsatzung, der ein kollektives Sicherheitssystem und eine allgemeine Beistandspflicht propagierte. Auf Initiative Kanadas wurde der Artikel soweit verwässert, dass letztlich jeder Staat selbst über eine Beteiligung an einem kollektiven, vom Völkerbundrat sanktionierten militärischen Vorgehen entscheiden durfte. Die Aktionsfähigkeit des Völkerbundes wurde dadurch erheblich eingeschränkt. Obwohl zivilgesellschaftliche Zusammenschlüsse in Kanada die Ziele des Völkerbunds unterstützten, wie beispielsweise die »League of Nations Society in Canada«,[8] blieben sowohl

---

Judith M. Brown/William Roger Louis (Hg.), The Oxford History of the British Empire, Bd. 4: The Twentieth Century, Oxford 1999, S. 64-87, hier S. 66.

5   Neufundland gehörte auch zu den Dominions, war aber nicht Mitglied des Völkerbundes. Indien dagegen verwaltete sich nicht selbst, gehörte aber dem Völkerbund an. Vgl. C. P. Stacey, Canada and the Age of Conflict. A History of Canadian External Policies, vol. 2: 1921-1948, Toronto u.a. 1981, S. 102.

6   Auch »symbolische Politik« ist Politik und wirkmächtig, wie die kulturgeschichtlich erweiterte Politikwissenschaft argumentiert. Denn die Ausdrucksformen von Politik bilden eine integrale Komponente politischen Handelns. Um politische Zielsetzungen aufzuzeigen sowie gesellschaftliches Rezeptionsverhalten zu evaluieren, erweist es sich in der vorliegenden Studie mitunter als notwendig, zwischen der repräsentativen, also im engeren Sinne »symbolischen« Funktion von Politik und dem materiellen Ressourceneinsatz zu unterscheiden. Vgl. Gerhard Göhler, Symbolische Politik – Symbolische Praxis. Zum Symbolverständnis in der deutschen Politikwissenschaft, in: Barbara Stollberg-Rilinger (Hg.), Was heißt Kulturgeschichte des Politischen?, Berlin 2005, S. 57-69.

7   Zit. nach Stacey, Canada and the Age of Conflict, vol. 2, S. 61.

8   Vgl. Richard Veatch, Canada and the League of Nations, Toronto/Buffalo 1975, S. 41-49.

konservative als auch liberale Regierungen bei ihrer reservierten Haltung gegenüber internationalen Verpflichtungen und dem Völkerbund.[9]

Das bedeutete allerdings nicht, dass die kanadischen Regierungen ausschließlich repräsentative Politik betrieben. Wenn es aus außenpolitischen Gründen opportun erschien, wurde international, wenn auch begrenzt, Flagge gezeigt. Kanadas Vertreter waren in Genf aktiv und eben auch bei der Verwaltung des Saarterritoriums durch den Völkerbund. An die Spitze der dortigen Verwaltung hatte der Rat des Völkerbundes, das höchste Gremium in Genf, eine Regierungskommission gesetzt.[10] Sie bestand aus fünf Mitgliedern: einem Franzosen, einem im Saargebiet ansässigen Nichtfranzosen und drei weiteren Personen, die nicht aus Frankreich oder Deutschland stammen durften. Als die Kommission zusammengestellt wurde, hatte London der kanadischen Regierung angeboten, eine dieser Positionen mit einem Kanadier zu besetzen. Diese Anfrage deutet darauf hin, wie selbstverständlich die Kanadier trotz aller Souveränitätsbestrebungen noch zum britischen Empire gezählt wurden. Sie galten als »British subject[s]«[11], britische Untertanen. Ottawa akzeptierte das kurzfristig gemachte Angebot und nominierte am 25. Februar 1920 den 52-jährigen Richard Deans Waugh, einen ehemaligen Bürgermeister von Winnipeg, der damals wichtigsten Stadt im kanadischen Westen.[12] – Damit begann ein ungewöhnliches und bislang fast völlig unerforscht gebliebenes Kapitel der Geschichte der internationalen Beziehungen Kanadas in der Zwischenkriegszeit.

Die Kompetenzen der Regierungskommission des Völkerbundes waren weitreichend. Ihr wurden nämlich alle Befugnisse übertragen, die vorher das Deutsche Reich im Saargebiet besessen hatte.[13] In der Theorie wurde damit

---

9   Vgl. Walters, League of Nations, S. 48 f., 258 f.; Veatch, Canada and the League of Nations, S. 5-11, 72-91; Jack L. Granatstein u.a., Twentieth Century Canada, Toronto u.a. 1983, S. 208 f.; Hillmer/Granatstein, Empire to Umpire, S. 68-70. Generell: David MacKenzie, Before the UN: Early Canadian Involvement with International Organizations, in: Colin McCullough/Robert Teigrob (Hg.), Canada and the United Nations. Legacies, Limits, Prospects, Montreal & Kingston u.a. 2016, S. 18-23.

10 Im Anhang zum Versailler Vertrag findet sich der Begriff »Ausschuss«; später bürgerte sich die Bezeichnung »Regierungskommission« oder »Governing Commission« ein.

11 Victor Cavendish, Duke of Devonshire, Secretary of State of Colonies, an Governor General, 21.8.1923, LAC, RG 25, vol. 1354, file 1923-1101, years 1923-29.

12 Vgl. Governor General an Colonial Office, 7.2.1920 u. Governor General an Colonial Secretary, 25.2.1920, LAC, RG 25, vol. 1261, file part 1, file No. 1920-239, year 1920 f.; Richard Deans Waugh (1868-1938), online unter http://www.mhs.mb.ca/docs/people/waugh_rd.shtml (aufgerufen 10.2.2011).

13 Vgl. Maria Zenner, Parteien und Politik im Saargebiet unter dem Völkerbundsregime 1920-1935, Saarbrücken 1966, S. 32.

zum ersten Mal eine supranationale Regierung für ein Territorium installiert, die größtenteils unabhängig von Einzelstaaten handeln sollte und nur dem Völkerbund als internationalem Organ unterstand.[14] Tatsächlich tendierte die zuerst eingesetzte Regierungskommission aber dazu, den Vorstellungen Frankreichs weitgehend entgegenzukommen. Die Kritik entzündete sich vor allem am ersten Kommissionspräsidenten, dem Franzosen Victor Rault. In der Kommission gehörte der Kanadier Waugh wohl zu den entschiedensten Gegnern Raults, doch stand er überwiegend auf verlorenem Posten. Erst nach und nach konnte der französische Einfluss zurückgedrängt werden. Am 30. April 1927 beendete die französische Regierung offiziell die militärische Besetzung des Saarbeckens.[15] Fortan stütze sich die Regierungskommission bei der Aufrechterhaltung der inneren Ordnung auf einheimische Polizei-kräfte. Allerdings erhielt die Kommission das Recht zugestanden, im Notfall französische Truppen ins Land zu holen.[16] Diese Option verweist darauf, wie weitreichend die Kompetenzen der Regierungskommission waren.[17]

Waugh blieb bis August 1923 der kanadische Vertreter in der Regierungs-kommission. Dann kehrte er in seine Heimatprovinz Manitoba zurück, um, wie er schrieb, dort eine wichtige öffentliche Aufgabe in der Regierung zu übernehmen. Waugh hatte durch seine Haltung und seine Arbeit als »Finanz-minister« der Saarkommission hohes Ansehen erworben.[18] So kam es nicht überraschend, dass der britische Außenminister Lord Curzon abermals um einen kanadischen Vertreter nachsuchte. Er konnte Ottawa versichern, dass nicht nur London, sondern auch der Völkerbundrat einen kanadischen Kandidaten bevorzugen würden. Die Suche erwies sich zwar als nicht ganz einfach, doch im September 1923 wurde ein geeigneter Nachfolger präsentiert.

---

14   Für David W. Wainhouse, International Peace Observation. A History and Forecast, Balti-more 1966, S. 28 liegt die Novität in dem internationalen Charakter der Kommission. Deren Befugnisse waren jedoch nicht an die Einzelstaaten gekoppelt und somit supra-national. Vgl. Carl Creifelds, Rechtswörterbuch, 11. Aufl., München 1992, S. 1132; Lauth/Zimmerling, Internationale Beziehungen, S. 143. Der Hohe Kommissar des Völkerbundes in der Freien Stadt Danzig sollte nur Streitfragen zwischen Polen und der Freien Stadt regeln; die eigentliche Regierung lag bei den Vertretern Danzigs. Vgl. Walters, League of Nations, S. 90 f.

15   Vgl. Walters, League of Nations, S. 239-243; Zenner, Parteien und Politik, S. 42 ff., 421 f.; Wainhouse, International Peace Observation, S. 21-23.

16   Vgl. Note de la Sous-Direction de la Société des Nations, 16.11.1934, in: Documents Diplomatiques Français (DDF) 1932-1939, hg. v. Ministère des Affaires Étrangères, 1re série (1932-1935), Bd. 8, Paris 1979, S. 111-113, hier S. 111.

17   Vgl. Laing Gray Cowan, France and the Saar, 1680-1948, New York 1966 (EA 1950), S. 141 f.; Wainhouse, International Peace Observation, S. 22.

18   Vgl. Waugh an Sir Erik Drummond, Generalsekretär des Völkerbundes, 2.8.1923, LAC, RG 25, vol. 1354, file 1923-1101, years 1923-29; Cowan, France and the Saar, S. 143.

George Washington Stephens war eine ideale Besetzung, als ehemaliger Abgeordneter des Parlaments der Provinz Quebec politisch versiert und zudem mehrsprachig. Er soll Englisch, Französisch und Deutsch fließend gesprochen haben.[19]

Auch Stephens scheint dem Kurs gefolgt zu sein, eine größere Neutralität der Regierungskommission zu erreichen. Rault schied im März 1926 als Kommissionspräsident aus. Dies war ein weiteres sichtbares Zeichen, dass der partikulare französische Einfluss zurückgedrängt worden war. Als Sachwalter der neu gefundenen politischen Ausrichtung im Saarterritorium wurde der kanadische Vertreter ausgewählt, der fortan der Regierungskommission vorstand. Für einen Staat, der internationale Verpflichtungen nur höchst zurückhaltend einging, war die Ernennung von Stephens zum Kommissionspräsidenten ein großer Schritt. Die spätere internationale Reputation Kanadas als unparteiischer Makler leuchtete schon frühzeitig auf. Allerdings seien, worauf der Staatssekretär (Under Secretary of State) im kanadischen Außenministerium explizit hinwies, Stephens individuelle Fähigkeiten entscheidend gewesen.[20] Welchen positiven Eindruck die kurze kanadische Präsidentschaft hinterließ, wurde deutlich, als sich Stephens im Februar 1927 ebenfalls aus persönlichen Gründen entschloss, seine Position aufzugeben.[21]

Stephens war nicht nur bei der Bevölkerung des Saargebiets beliebt, die ihm nachtrauerte,[22] sondern auch der Völkerbundrat wünschte sich eine Fortsetzung der erfolgreichen Tätigkeit kanadischer Kommissionsmitglieder. Deshalb bat der britische Außenminister die kanadische Regierung, erneut einen Vertreter in die Saarkommission zu entsenden. Dieser sollte voraussichtlich

---

19   Vgl. Devonshire an Governor General, 21.8.1923, William Lyon Mackenzie King, Premierminister, an Sir Lomer Gouin, Justizminister, 12.9.1923, Ernest Lapointe, Fischereiminister, an Sir Joseph Pope, Under Secretary of State for External Affairs (Staatssekretär des Außenministeriums – USSEA), 14.9.1923, Walter Riddell, Canadian Advisory Officer, Genf, an Oscar Douglas Skelton, außenpolitischer Berater von Mackenzie King, 20.3.1923, LAC, RG 25, vol. 1354, file 1923-1101, years 1923-29. Skelton war anschließend von 1925 bis 1941 USSEA.

20   Skelton an Riddell, 25.3.1926, LAC, RG 25, vol. 1354, file 1923-1101, years 1923-29.

21   Vgl. Riddell an Skelton, 20.3.1926, Memorandum für Lapointe, 26.2.1927, ebd. Stephens diplomatische Leistungen wurden noch während des Zweiten Weltkrieges gewürdigt. Er sollte als Gesandter nach Tokio geschickt werden, einen Posten, den er allerdings ablehnte. Vgl. John Hilliker, Canada's Department of External Affairs, Bd. 1: The Early Years, 1909-1946, Montreal 1990, S. 116.

22   Vgl. Zeitungsausschnitt The Montreal Gazette, 26.2.1927, LAC, RG 25, vol. 1354, file 1923-1101, years 1923-29; Cowan, France and the Saar, S. 143.

wieder als Kommissionspräsident eingesetzt werden.[23] Die britische Bitte
wurde vom kanadischen Vertreter in Genf,[24] Walter A. Riddell, einem Mitbegründer der League of Nations Society in Canada,[25] sowie von Stephens
nachdrücklich unterstützt. Trotzdem behandelte das kanadische Außenministerium die Anfrage dilatorisch und sagte schließlich ab. Auch wenn
offensichtlich Schwierigkeiten bestanden, einen geeigneten Kandidaten zu
finden, so waren politische Gründe ausschlaggebend. Denn das kanadische
Außenministerium sprach sich dagegen aus, die vakante Position langfristig
mit einem Kanadier zu besetzen, und schien froh, dass die personelle Lage
einen Grund für den Rückzug bot.[26]

In der verweigerten Nominierung eines Nachfolgers von Stephens
drückte sich eine besondere Zurückhaltung bei der Besetzung exponierter
internationaler Positionen aus, die auf eine latent isolationistische Politik
hindeutete.[27] Doch war diese Ausrichtung nicht unumstritten. Jedenfalls
wurde sie nicht von allen kanadischen Politikern und Diplomaten mitgetragen.
Stephens und Riddell beispielsweise vertraten internationale Standpunkte.
Anfang November 1935, während der Debatte um ein Öl-Embargo als Reaktion
auf den Einfall Italiens in Abessinien, führte Riddell die Front der Embargo-
Befürworter im Völkerbund an, wofür er promt intern von Premierminister
William Lyon Mackenzie King und öffentlich durch den amtierenden Außenminister gemaßregelt wurde.[28] Denn die Prioritäten kanadischer Politik hatten
sich auch bis Mitte der 1930er Jahre nicht verändert, obwohl Kanada und die
übrigen Dominions mit dem Statut von Westminster 1931 endgültig die staatliche Unabhängigkeit von Großbritannien erlangt hatten. Noch immer diente
die internationale Anerkennung vornehmlich der Festigung kanadischer
Souveränität, die zum innerkanadischen *nation building* beitragen und die

---

23   Vgl. zwei Telegramme des britischen Secrectary of State for Dominion Affairs an den
      Generalgouverneur, 22.2.1927, LAC, RG 25, vol. 1354, file 1923-1101, years 1923-29; das erste
      der beiden Telegramme ist abgedruckt in Documents on Canadian External Relations
      (DCER), Bd. 4: 1926-1930, hg. v. Alex. I. Inglis, Ottawa 1971, S. 617.
24   Sein offizieller Titel lautete »Canadian Advisory Officer«.
25   Vgl. Veatch, Canada and the League of Nations, S. 45.
26   Vgl. Skeltons an den Sekretär des Generalgouverneurs, 5.3.1927, Riddell an Skelton,
      15.3.1927, Generalgouverneur an Secretary of State for Dominion Affairs, 27.4.1927, Riddell
      an DEA, 28.4.1927, DEA an kanadische Vertretung Genf, 3.5.1927, LAC, RG 25, vol. 1354,
      file 1923-1101, years 1923-29. In der Edition DCER, Bd. 4, S. 620 findet sich nur die Absage
      v. 27.4.1927, nicht aber die internen Erläuterungen für die Entscheidung der kanadischen
      Regierung.
27   Vgl. Veatch, Canada and the League of Nations, S. 11, 186.
28   Vgl. ebd., S. 143-169; Hillmer/Granatstein, Empire to Umpire, S. 118 f.

staatliche Einheit stärken sollte. Letztlich dominierte der innenpolitische Primat die Außenpolitik.[29]

Erinnerungen an den Ersten Weltkrieg und Nationsbildung

Wie stark außenpolitische Ereignisse bemüht wurden, um ein kollektives Selbstverständnis zu schaffen, zeigt auch der Umgang mit den Erfahrungen des Ersten Weltkrieges. Dabei war die Erinnerung an den Großen Krieg nicht nur ein politisches, sondern auch ein gesellschaftliches Projekt, worauf Jonathan F. Vance in seiner Studie »Death so Noble. Memory, Meaning, and the First World War« hinweist.[30] Für die Ausbildung eines gemeinsamen Narrativs war von ausschlaggebender Bedeutung, dass der Krieg mit einem Sieg endete – dem Sieg, wie mehrheitlich empfunden wurde, einer gerechten Sache. In der Erinnerung der Teilnehmer und der Memoralisierung durch die Gesellschaft erschien der Waffengang dementsprechend nicht als europäischer Hegemonialkrieg, sondern als Kampf um die Zivilisation gegen die Barbarei. Der Krieg wäre für die Menschheit und Menschlichkeit (humanity), Freiheit, Wahrheit, Gerechtigkeit und Ehre geführt worden.[31] Wie weit die Interpretation von dem Ersten Weltkrieg als einem gerechten Krieg in der Gesellschaft verwurzelt war und wie sehr doch die gesellschaftliche Elite an der Formulierung dieser Überzeugung mitwirkte, wird mit Blick auf die Haltung der Kirchen deutlich. Vance kommt zu dem Schluss: »There were few stauncher supporters of the war than Canada's clergy.«[32] Und er zitiert die Kirchenleitung der methodistischen Kirche von Kanada mit den Worten: »A war in defence of weakness against strength, a war for truth and plighted pledge, for freedom against oppression, is God's war when waged.«[33]

Die Erinnerung an den Krieg schuf eine In-Group und eine Out-Group. Gedacht wurde der Soldaten und speziell derjenigen, die an der Front gekämpft hatten.[34] Solche, die sich nicht freiwillig gemeldet hatten, wurden mit Misstrauen betrachtet. Ergo kamen sie in der nationalen

---

29 Vgl. Udo Sautter, Geschichte Kanadas, München 1992, S. 192 f.; Granatstein, Ottawa Men, S. 36 f.

30 Vgl. Jonathan F. Vance, Death so Noble. Memory, Meaning, and the First World War, Vancouver 2000, S. 261 f. et passim.

31 Vgl. ebd., S. 27 f.

32 Ebd., S. 35.

33 Zit. in: ebd.

34 Vgl. ebd., S. 120.

Meistererzählung[35] nicht vor. Die Frontsoldaten repräsentierten das Idealbild der Gesellschaft, das »band of brothers«[36]. In den Schützengräben wären sie zu einer verschworenen Gemeinschaft zusammengewachsen. Die Bande der Kameradschaft habe Bildungs- und Klassenunterschiede hinweggewischt – ein Narrativ, das auch von ehemaligen Soldaten anderer Staaten bemüht wurde.[37] Zahllose kanadische Veteranenverbände, die nach Ende des Ersten Weltkrieges gegründet worden waren, schrieben diese Lesart der Vergangenheit fort.[38] Dieses Zusammengehörigkeitsgefühl wurde in spezifischer Weise auf die kanadische Gesellschaft übertragen, da sich die Freiwilligen als Bürger-Soldaten empfanden und als solche glorifiziert wurden. Nicht der Berufs-, sondern der Milizsoldat, der aus der Mitte der Gesellschaft stammte, prägte das Bild des soldatischen Helden in der Nachkriegszeit. Er wurde gleichgesetzt mit dem archetypischen Kanadier. Sir Arthur Currie, der Kommandeur des kanadischen Expeditionskorps in Frankreich, erwies sich als die Inkarnation dieser Vorstellung. Als Milizsoldat, im Privatberuf zeitweilig Versicherungsvertreter, erreichte er den prominentesten Kommandoposten, den die kanadische Armee zu vergeben hatte. Jack Granatstein hält ihn für »den besten Soldaten, den Kanada jemals hervorbrachte«.[39]

Auf diese Narrative konnte die offizielle Memorialkultur zurückgreifen, als sie daran ging, die Erfahrungen des Ersten Weltkrieges ikonografisch zu verdichten und sie als Beitrag zur Befestigung der nationalen Einheit zu interpretieren. Wie an verschiedenen Orten visualisiert, zum Beispiel in der »Memorial Chamber« des Friedensturms des Parlamentsgebäudes, erschien der Erste Weltkrieg als lineare Fortsetzung der historischen militärischen Auseinandersetzungen um die Einheit Kanadas. Insbesondere die Schlacht auf der Abrahamebene, vor den Toren der Stadt Quebec, wurde zum Vorbild für die Zielsetzung des Großen Krieges. 1759 hatten hier britische Truppen unter General James Wolfe die französischen Verteidiger, die von Joseph Marquis de Montcalm angeführt wurden, vernichtend geschlagen. Diese Niederlage markierte das Ende des französischen Kolonialreichs im heutigen Kanada und die Zusammenführung aller Territorien unter britische Oberhoheit.[40]

---

35   Vgl. zur »Meistererzählung« als der »in einer kulturellen Gemeinschaft zu einer gegebenen Zeit dominante[n] Erzählweise des Vergangenen«: Jarausch/Sabrow, »Meistererzählung«, S. 17 et passim.

36   Vance, Death so Noble, S. 126.

37   Ernst Jünger, In Stahlgewittern, 36. Aufl., Stuttgart 1995, S. 288 f. bezeichnet seine Kompanie als »Familie«.

38   Vgl. Vance, Death so Noble, S. 128-130.

39   Granatstein, Canada's Army, S. 98 (meine Übersetzung, J.E.S.).

40   Vgl. Vance, Death so Nobel, S. 151 f.

Kein Ereignis des Ersten Weltkrieges sollte den militärischen Erfolg des kanadischen Expeditionskorps und den Prozess der Nationsbildung so repräsentieren wie die Schlacht um Vimy Ridge. In einem gemeinsamen Angriff aller vier Divisionen des Korps konnte die beherrschende und von deutschen Truppen besetzte Höhe am 12. April 1917 im raschen Zugriff genommen werden. Militärisch bedeutsam, erlangte der Erfolg doch erst durch die nationale Interpretation mythischen Charakter.[41] Gerade der britische General, der das kanadische Korps an diesem Tag befehligt hatte und 1919 als Julian Viscount Byng of Vimy in den Hochadel aufgenommen worden war, wurde 1921 zum britischen Generalgouverneur in Kanada ernannt. So konnte er mit der Autorität seiner Weltkriegserfahrung 1925 in Vancouver verkünden: »the boys at Vimy Ridge represented Canada as a whole. It was then that all of the nine provinces walked up the hill as one, all with the same ideal before them and the same goal in mind.«[42]

Seinen Platz im nationalen Gedächtnis erhielt die Schlacht insbesondere dadurch, dass Vimy Ridge als Ort für das zentrale, in Europa errichtete Denkmal zur Erinnerung an das kanadische Expeditionskorps ausgesucht wurde. 1923 stellte Frankreich Kanada Land um Vimy Ridge zur Verfügung, so dass dort ein Ehrenmal gebaut werden konnte. Aus dem Künstlerwettbewerb ging ein Vorschlag als Sieger hervor, der ein riesiges Monument vorsah. Nach langer Bauzeit wurde das »Vimy Memorial« am 26. Juli 1936 enthüllt. Über 8000 »Pilger«, wie Ted Barris schreibt, nahmen an der Zeremonie teil.[43] Hier sprach Brigadegeneral Alexander Ross, ein Veteran der Schlacht und Vorsitzender der wichtigsten kanadischen Veteranenvereinigung Canadian Legion, Worte, die bis heute als Beleg für die über den militärischen Sieg hinausgehende Reichweite des Ereignisses dienen. »I thought then«, erinnerte er sich in seiner Rede an den Tag der Schlacht, »that in those few minutes I witnessed the birth of a nation.«[44] Ob sich diese von Ross formulierte Überzeugung bereits in der Zwischenkriegszeit endgültig durchsetzte und, wie eine ebenfalls häufig gepflegte Wendung formuliert, Kanada als Kolonie den Bergrücken erklommen und als Nation wieder herabgestiegen sei, ist umstritten.[45] Wichtige Grundlagen wurden jedenfalls mit der Errichtung des Monuments gelegt.

---

41   Vgl. ebd., S. 233; Granatstein, Canada's Army, S. 111-118.

42   Zit in: Vance, Death so Nobel, S. 233.

43   Vgl. Ted Barris, Victory at Vimy. Canada comes of Age, April 9-12, 1917, Toronto 2007, S. 242-259.

44   Zit. nach Timothy C. Winegard, Here at Vimy: A Retrospective – The 90th Anniversary of the Battle of Vimy Ridge, in: Canadian Military Journal 8 (Summer 2007), 2, S. 83-85, hier S. 83.

45   Vgl. z.B. Jonathan F. Vance, The making of Vimy, National Post, 7.4.2007, online unter http://www2.canada.com/cityguides/winnipeg/info/story.html?id=12b66e51-620d-4663-

In seinem populären Buch »Vimy« folgte Pierre Berton 1986 der nationalen Meistererzählung, wie sie sich spätestens in den 60er Jahren herausgebildet hatte. Er fasste ihre Essenz, die Vimy Ridge und den Ersten Weltkrieg als einen Prozess der Staatswerdung überhöhte, mit folgenden Worten zusammen:

> It is a historical fact that Canada entered the war as a junior partner of Great Britain and emerged as an equal, her status confirmed when she, with the other dominions, was given her own vote at the League of Nations. But did this really spring from the victory at the Vimy? Or was Vimy simply used as a convenient symbol, a piece of shorthand to stand for a more complicated historical process that, in the end, was probably inevitable?
>
> Does it matter? What counts is that in the minds of Canadians Vimy took on a mythic quality in the post-war years, and Canada was short of myths. There is something a little desperate – a little wistful – in the commentary of the twenties and thirties and even later, in which Canadians assured one another over and over again that at Vimy, Canada had at last found its maturity.[46]

Als Pendant zum Monument von Vimy Ridge, das auf fremdem Boden an die kanadischen Toten des Ersten Weltkrieges erinnerte, entstand in der kanadischen Hauptstadt Ottawa direkt gegenüber dem Parlamentsgebäude das nationale Kriegsdenkmal (National War Memorial, Abb. 1.1). Ebenfalls nach jahrelanger Planungs- und Bauzeit wurde das Monument am 21. Mai 1939 in Gegenwart von König Georg VI. der Öffentlichkeit übergeben. Es umfasst 22 Bronzeplastiken, die Angehörige der verschiedenen Teilstreitkräfte darstellen. Gemeinsam ziehen sie ein schweres Feldgeschütz durch einen hoch aufgerichteten Torbogen. Die Gruppe von Soldaten, vereint durch die Anstrengung, gerichtet auf ein Ziel, wird üblicherweise als Symbol für die sich entwickelnde kanadische Nation interpretiert. Wie Georg VI. bei der Enthüllung des Denkmals vor vielleicht 100.000 Zuhörern zu verstehen gab, sollte es an mehr als an den Kriegsbeitrag und Blutzoll Kanadas erinnern. Der König betonte: »The very soul of the nation is here revealed.«[47] Mit seinen Worten

---

8e86-8b6491b85e90 (aufgerufen 11.7.2011) u. Jean Martin, Vimy, April 1917: The Birth of *which* Nation?, in: Canadian Military Journal 11 (Spring 2011), 2, S. 32-38.

46   Pierre Berton, Vimy, Toronto 1986, S. 295.

47   Zit. nach Susan Elizabeth Hart, Sculpting a Canadian Hero: Shifting Concepts of National Identity In Ottawa's Core Area Commemorations, Diss. Concordia University, Montreal 2008, S. 96.

propagierte er die öffentliche Lesart vom Ersten Weltkrieg als einer erfolgreichen Erfahrung der Nationswerdung Kanadas.[48]

Abb. 1.1   War Memorial in Ottawa, aus dieser Perspektive erkennt man die
            Hinweise auf den Einsatz kanadischer Soldaten in Afghanistan
            (Jahresangabe 2001-2014), Korea (1950-1953) und im Ersten Weltkrieg
            (1914-1918), im Hintergrund das Hotel »Château Laurier«. Foto: Jan
            Erik Schulte, 2016

---

48   Vgl. Vance, Death so Nobel, S. 45; Susan Phillips-DesRoches, Canada's National War
      Memorial: Reflection of the Past or Liberal Dream?, M.A. thesis, Carleton University,
      Ottawa 2002; Hart, Sculpting a Canadian Hero, S. 92-110, 114.

Diese Interpretation sollte, so viel kann hier schon vorweggenommen werden, durch einen ebenso prägnanten Denkmalsbau zur Erinnerung an das Peace-keeping Anfang der 90er Jahre, der von Zeitgenossen als Gegenentwurf zum National War Memorial aufgefasst wurde, herausgefordert werden.

Doch zurück zum Selbstverständnis der 30er Jahre: Die Interpretation des Ersten Weltkrieges als Akt des *nation building* beschränkte sich im britischen Empire nicht allein auf Kanada. Ein ähnliches Narrativ, das die militärischen Erfolge mit der Bildung eines Nationalbewusstseins verband, entstand auch in einem anderen Dominion, in Australien.[49] Das Versprechen von einer geeinten Nation ging allerdings zumindest in dem nordamerikanischen Staat in weiten Teilen an der Wirklichkeit vorbei. Nicht alle Kanadier konnten sich die Meistererzählung des Ersten Weltkrieges zu eigen machen. Faktisch ausgeschlossen vom Mythos der Gleichheit, entstanden in den Schützengräben, blieben die Arbeitslosen und sozial Deklassierten. Hierzu zählten auch die Ureinwohner Kanadas, die First Nations, die in großer Zahl am Weltkrieg teilgenommen hatten. Frauen wurden ebenfalls nur marginal eingebunden. Auch die nicht-britischen Einwanderer konnten sich nur begrenzt mit dem Identitätsangebot einer »nation forged in fire«, wie es später hieß, identifizieren. Tatsächlich war eine große Zahl der Freiwilligen, die im Militär gedient hatten, noch in Großbritannien geboren worden. Das Meisternarrativ war anglophon im Ursprung und in der Ausprägung. Frankophone Soldaten hatten sich in weit geringerer Zahl freiwillig gemeldet. In Quebec war die Kritik am kanadischen Kriegsbeitrag am ausgeprägtesten gewesen. Anders als suggeriert, brachte der Erste Weltkrieg die beiden großen Sprach- und Bevölkerungsgruppen nicht zusammen, sondern trennte sie.[50]

Die Probleme der gesellschaftlichen Integration in einen gemeinsamen Staat blieben bestehen. Umso mehr repräsentierten die Denkmäler die Anstrengungen, das Kriegserlebnis zu einer Erfahrung des *nation building* umzudeuten und zu instrumentalisieren. Sie verweisen auf eine zumindest partiell als unsicher aufgefasste Gegenwart und Zukunft des noch jungen kanadischen Staates. Die Gefahr, die Politiker wie Mackenzie King zu erkennen glaubten, lag nicht in einem Angriff von außen, sondern in der Desintegration des Staates von innen heraus. Diese zu verhindern, war Aufgabe aller Politik. Auch die

---

49 Vgl. Allan Converse, Armies of Empire. The 9th Australian and 50th British Divisions in Battle 1939-1945, Cambridge u.a. 2011, S. 13 f.

50 Vgl. Vance, Death so Nobel, S. 161, 258-260; Granatstein, Army, S. 146; Hart, Sculpting a Canadian Hero, S. 104, 108 f. u. Alan Gordon, Lest We Forget: Two Solitudes in War and Memory, in: Norman Hillmer/Adam Chapnick (Hg.), Canadas of the Mind. The Making and Unmaking of Canadian Nationalisms in the Twentieth Century, Montreal & Kingston u.a. 2007, S. 153-173.

Außenpolitik musste daher in erster Linie dem innerkanadischen Zusammenhalt dienen.

Die Saarkrise 1934/35

Aus diesem Grund blieb Kanada in der Saarkrise von 1934/35 auch nur ein Zaungast, allerdings ein gut informierter, wie die Akten des Außenministeriums belegen.[51] Der Ablauf der Ereignisse an der Saar zeigt prototypisch, unter welchen Bedingungen internationale Streitkräfte zur Krisenintervention bereitgestellt wurden. Es handelt sich hierbei um den entscheidenden Präzedenzfall, der in der Literatur bislang eher untergeordnet Eingang findet, obwohl er bereits Konstellationen und Probleme vorwegnahm, die für die UN-Blauhelm-Missionen zumindest während des Kalten Krieges konstitutiv wurden.

Die Krise im Saargebiet entwickelte sich als Folge der Entscheidung des Völkerbundrates, das Plebiszit, wie im Versailler Vertrag vorgesehen, Anfang 1935 abzuhalten.[52] Die Saarbevölkerung sollte darüber bestimmen, ob ihr Territorium wieder zum Deutschen Reich gehören oder an Frankreich fallen sollte. Eine dritte Möglichkeit sah vor, den *Status quo* aufrechtzuerhalten, also die Verwaltung durch den Völkerbund. Allerdings hatten sich in den vergangenen Jahren die Vorzeichen verändert. Mit der seit Januar 1933 von Adolf Hitler vollzogenen Machtübernahme im Deutschen Reich hatte der Druck auf Dienststellen, Parteien, Verbände und Individuen im Saarterritorium zugenommen, sich für den Nationalsozialismus zu erklären. Neue Mitglieder strömten in die Nationalsozialistische Deutsche Arbeiterpartei (NSDAP) an der Saar. Gewalttätige Angriffe auf Kommunisten und Sozialdemokraten sowie Boykotte gegen Juden häuften sich. Zugleich hielten sich Polizei und Justiz an der Saar bei der Verfolgung nationalsozialistischen Unrechts merklich zurück. Die internationale Regierungskommission verlor somit wesentliche Stützen für die Aufrechterhaltung der inneren Ordnung.[53]

Wenn das Kabinett in Ottawa den Wünschen Londons nachgekommen wäre, hätte an der Spitze der Regierungskommission weiterhin ein Kanadier stehen können. So fiel es jedoch dem Briten Sir Geoffrey Knox zu, als Präsident

---

51   Vgl. LAC, RG 25, vol. 1699, file 1934-227, years 1934-35.

52   Vgl. Wambaugh, The Saar Plebiscite, S. 177-181; Walters, League of Nations, S. 588-591; Zenner, Parteien und Politik, S. 302.

53   Vgl. Zenner, Parteien und Politik, S. 256-265; Gerhard Paul, »Deutsche Mutter – heim zu Dir!« Warum es mißlang, Hitler an der Saar zu schlagen. Der Saarkampf 1933-1935, Köln 1984, S. 66-91.

der Regierungskommission auf die Stationierung einer ersten internationalen Streitmacht durch den Völkerbund zu drängen. Um eine geregelte Abstimmung zu ermöglichen und einem befürchteten Putsch von NS-Getreuen vorzubeugen, erwog er allerdings zunächst, ausländische Polizisten ins Land zu holen.[54] Ohne den Vergleich mit der Situation in der zweiten Hälfte des 20. Jahrhunderts überzustrapazieren, fällt doch auf, dass Knox schon 1934 einen Einsatz von internationalen Polizeikontingenten als Wahlbeobachter andachte, wie er dann erst über ein halbes Jahrhundert später in Namibia realisiert wurde. An der Saar jedoch scheiterte dieser Versuch. Nur wenige ausländische Polizisten wurden zur Verfügung gestellt.[55] Auch Kanada erfüllte einen entsprechenden Wunsch des Generalsekretärs des Völkerbundes nicht.[56]

Die Überlegungen Knox', stattdessen Soldaten einzusetzen, trafen ebenfalls auf wenig Gegenliebe. Erst als die Gefahr wuchs, dass Unruhen im Saargebiet zu einem überstürzten Einmarsch französischer Truppen führen könnten, sank die Hemmschwelle für die Dislozierung einer internationalen Truppe. Anfang Dezember 1934 machte sich die britische Regierung diese Meinung zu eigen, wie sich in der entscheidenden Sitzung des Völkerbundrates am 5. Dezember 1934 zeigte.[57] Dort schlug Anthony Eden, der für den Völkerbund zuständige

---

54   Vgl. Memorandum on the Saar Question, Foreign Office, o.D. [Anfang September 1934], in: Documents on British Foreign Policy (DBFP) 1919-1939, hg. v. W. N. Medlicott u.a., 2nd series, vol. XII, London 1972, S. 68-73, hier S. 71 u. bes. Anm. 11; Memorandum, Foreign Office, 5.9.1934, in: ebd., S. 74-77, hier S. 74 f.; Walters, League of Nations, S. 587 f.; Zenner, Parteien und Politik, S. 263 f.; Cowan, France and the Saar, S. 164.

55   Vgl. Memorandum by the Secretary of State for Foreign Affairs, 27.11.1934, C.P. 275 (34), The National Archives (ehem. Public Record Office) Kew (TNA), CAB/24/251. Siehe auch Zeitungsausschnitt *Deutsche Allgemeine Zeitung*, 26.9.1934, Aufzeichnungen Vortragender Legationsrat Voigt, Auswärtiges Amt Berlin, 26.9.1934; auch Deutsche Gesandtschaft Luxemburg an das Auswärtige Amt, 27.8.1934, alle Politisches Archiv des Auswärtigen Amtes (PAAA), R 75528.

56   Vgl. Joseph Avenol, Generalsekretär des Völkerbundes, an DEA, 3.9.1934, LAC, RG 25, vol. 1699, file 1934-227.

57   Vgl. Memorandum by the Secretary of State for Foreign Affairs, 16.11.1934, C.P. 261 (34), TNA, CAB/24/251; Cabinet Conclusions, 28.11.1934, CAB 41(34), TNA, CAB/23/80, Bl. 249-253; Leopold von Hoesch, deutscher Botschafter in London, an Auswärtiges Amt, 19.12.1934, PAAA, R 75530; Riddell an Skelton, 6.2.1934, LAC, RG 25, vol. 1699, file 1934-227; Memorandum on the Saar question, britisches Außenministerium, o.D. [Anfang September 1934], DBFP, 2nd series, vol. XII, S. 72; C. J. Hill, Great Britain and the Saar Plebiscite of 13 January 1935, in: Journal of Contemporary History 9 (1974), 2, S. 121-142, hier S. 123, 133; David Carlton, Anthony Eden. A Biography, London 1981, S. 54 f.; Robert Rhodes James, Anthony Eden, London 1987, S. 140 f.; David Dutton, Anthony Eden. A Life and Reputation, London etc. 1997, S. 38 f.

britische Kabinettsminister, den Aufbau einer internationalen Saarstreitmacht sowie Großbritanniens Beteiligung hieran vor:[58]

> The right way to do that [die Vermeidung von Unruhen im Saarland] would appear to be by means of the introduction into the Saar, on responsibility of the Council as a whole, before the plebiscite took place, of an international force, which should not include troops of either of the two parties concerned, for the purpose of keeping order. [...] His Majesty's Government would also be prepared to supply a suitable proportion of such an international force.[59]

Unmittelbar nach Eden sprach der italienische Vertreter Baron Aloisi, der die Teilnahme italienischer Truppen zusagte.[60] Auch wenn der Völkerbundsrat den Antrag erst am 8. und 11. Dezember weiter behandelte und offiziell annahm,[61] war die internationale Streitmacht für das Saargebiet mit der Zusage dieser beiden Staaten faktisch am 5. Dezember aus der Taufe gehoben worden.

Deutschland reagierte zurückhaltend auf die Entscheidung des Völkerbundrates. Hitlers Regierung hätte es lieber gesehen, wenn nur die einheimischen, deutschen Polizeikräfte des Saarterritoriums während des Plebiszits für Sicherheit und Ordnung gesorgt hätten. Doch wollte Berlin vor allem vermeiden, dass der vermutete Sieg der Anschlussbefürworter durch den Einmarsch französischer Truppen in Gefahr geriet. Einige »neutrale internationale Kontingente«[62] erschienen als das kleinere Übel, weshalb auch Deutschland seine Zustimmung gab.[63]

Wie die diplomatischen Aktivitäten im Vorfeld der Stationierung der Internationalen Streitkräfte im Saarterritorium offenlegen, spielte die volatile Situation im Innern des Saargebietes nur eine untergeordnete und mittelbare Rolle bei der Entscheidung der europäischen Regional- und Großmächte

---

58   Vgl. Krauel an Auswärtiges Amt, 6.12.1934, PAAA, R 75528; Riddell an Skelton, 10.12.1934 mit Protokoll der Sitzung des Völkerbundsrates v. 5.12.1934, LAC, RG 25, vol. 1699, file 1934-227.

59   Protokoll der Sitzung des Völkerbundsrates v. 5.12.1934, S. 3 f., LAC, RG 25, vol. 1699, file 1934-227.

60   Vgl. Krauel an Auswärtiges Amt, 6.12.1934, PAAA, R 75528; Riddell an Skelton, 10.12.1934 mit Protokoll der Sitzung des Völkerbundsrates v. 5.12.1934, LAC, RG 25, vol. 1699, file 1934-227.

61   Vgl. Wortprotokoll der Sitzung des Völkerbundsrates v. 8.12.1934 u. Telefonische Mitteilung Krauel, aufgenommen von Voigt, 11.12.1934, PAAA, R 75529.

62   Telegramm Kostantin Freiherr von Neurath, deutscher Außenminister, 6.12.1934, PAAA, R 75528.

63   Ebd.; Telegram Bülow, 14.9.1934, PAAA, R 75528.

einzugreifen. Vielmehr fürchteten sie eine potentielle Destabilisierung Europas, die ihre ureigensten Interessen tangiert hätte. Wie später während des Kalten Krieges führten nicht die lokale oder regionale Krise, sondern die befürchteten internationalen Auswirkungen zu einem Engagement der Staatengemeinschaft im Rahmen der jeweils bestehenden internationalen Organisation.

Über die Entscheidung des Tages hinausgehend, erwartete insbesondere der kanadische Vertreter in Genf, Riddell, eine langfristige Wirkung. Am 11. Dezember 1934 schrieb er nach Ottawa:

> The British suggestion was put forward as a practical ›ad hoc‹ solution of a particular problem. [...] Already its action is being regarded as a promising beginning in applying the principle of collective security, even if on a very small scale. A good deal will doubtless be learned, in the course of the operation, of what one may call the mechanics of international military co-operation in actions of this kind, and its successful application in this case will immensely strengthen the demand for a similar application, perhaps on a larger scale, if and when the need should arise.[64]

Riddells Worte sollten sich als prophetisch erweisen, allerdings nicht mehr für den Völkerbund, sondern für das in den 30er Jahren noch nicht abzusehende militärische Engagement der Nachfolgeorganisation Vereinte Nationen.

Die Internationale Streitmacht

Auch Aufstellung und Einsatz der internationalen Streitmacht nahmen zahlreiche Überlegungen und Maßnahmen vorweg, die während des Kalten Krieges die Durchführung von Blauhelm-Missionen bestimmten. An erster Stelle ist hier die Zustimmung der Konfliktparteien zur Stationierung der internationalen Truppe zu nennen.[65] Dieser Konsens war für den Saareinsatz sowie für die meisten Blauhelm-Operationen während des Kalten Krieges konstitutiv. Im Fall der Saar-Krise stimmten Frankreich und Deutschland zu. Die Billigung des Aufnahmelandes bzw. des aufnehmenden Territoriums war 1934 leicht zu erreichen, da das Saar-Territorium bereits unter der Kontrolle des Völkerbundes stand.

---

64 Riddell an USSEA, 11.12.1934, LAC, MG 26-K, File No. L-150, 1920-34-35, Reel M-1095, Bl. 273524-273534, hier Bl. 273528.
65 Vgl. Gareis/Varvick, Die Vereinten Nationen, S. 194.

Selbst bei der Zusammensetzung der Saartruppe zeigen sich Parallelen zu den UN-Blauhelmen. Neben britischen und italienischen Verbänden spielten in den ersten Überlegungen Militärkontingente aus Belgien, den Niederlanden und der Schweiz eine Rolle. Genf favorisierte die Niederlande und Schweden. Auf jeden Fall sollte es sich bei dieser zweiten Gruppe um so genannte »neutrale« Länder handeln.[66] Einen tschechoslowakischen Beitrag lehnte Deutschland ab. Auch ein Angebot des Irischen Freistaats wurde nicht angenommen.[67] Während die Schweiz aus »technischen Gründen« ablehnte, fanden sich die Niederlande und Schweden nach einer Bedenkzeit bereit, eigene Kontingente zu stellen.[68]

Wie nach 1945 bestanden die internationalen Streitkräfte 1934/35 ebenfalls nicht nur aus Vertretern neutraler Parteien. Vielmehr beteiligten sich auch Staaten, die direkt oder indirekt eine politische Rolle im Konflikt spielten. Zur Saartruppe zählten zwei Staaten, die jeweils einem der beiden internationalen Kontrahenten nahestanden: Großbritannien war politisch enger an Frankreich gebunden, das faschistische Italien zeigte ein größeres Verständnis für das nationalsozialistische Deutschland.[69] Hinzu traten Länder, die als uninteressiert an der eigentlichen Krise, also als neutral, galten. Schweden gehörte nach 1945 ebenfalls zu den klassischen Neutralen.[70] Diese Neutralen handelten aber nicht ausschließlich altruistisch. Die Niederlande verfolgten 1934 wichtige eigene Interessen. Sie hofften, mit ihrem Beitrag den »Frieden in Westeuropa«, also im eigenen geografischen Nahraum, zu sichern. Stärker als die Großmächte artikulierten die beiden kleineren Staaten darüber hinaus idealistische Motive: Sowohl die Niederlande wie auch Schweden fühlten sich als Mitglied des Völkerbundes verpflichtet, an der Aufrechterhaltung der internationalen Ordnung mitzuwirken. Der niederländische Außenminister de

---

66   Vgl. Patteson an Simon, 6.12.1934, DBFP, 2nd Series, vol. XII, S. 301.

67   Memorandum Foreign Office, 4.12.1934 u. Patteson an Simon, 6.12.1934, DBFP, 2nd Series, vol. XII, 290 f., 301; Akten zur deutschen Auswärtigen Politik (ADAP), Serie C: 1933-1937, Bd. III,2, Göttingen 1973, S. 694 f., Fußnote 1; Michael Kennedy, Prologue to peacekeeping. Ireland and the Saar, 1934-5, in: Irish Historical Studies, 30, No. 119 (1997), S. 420-427.

68   Patteson an Simon, 6.12.1934 u. Simon an Drummond, 7.12.1934, DBFP, 2nd Series, vol. XII, S. 303 f., 309 f.; Deutsche Gesandtschaft Den Haag an Auswärtiges Amt, 10.12.1934, PAAA, R 75529; DBFP, 2nd Series, vol. XII, S. 310, Fußnote 5; Kennedy, Prologue to peacekeeping, S. 424.

69   Vgl. diverse Berichte und Schriftwechsel in PAAA, R 75528 u. R 75529.

70   Vgl. Ann-Sofie Nilsson, Swedish Peacekeeping: The Moral Superpower at Work, in: Sune Åkerman/Jack L. Granatstein (Hg.), Welfare States in Trouble. Historical Perspectives on Canada and Sweden, Umeå 1995, S. 159-170.

Graeff wies sogar stolz darauf hin, »dass zum ersten Mal der Völkerbund eine internationale Truppe zusammenstelle«.[71]

Knox hatte zunächst eine Truppenstärke von 2.000 Mann gefordert. Diese Zahl erhöhte sich im Laufe der sich intensivierenden Planungen. Bis zum 22. Dezember 1934 trafen die Soldaten der internationalen Streitmacht (»International Force«) im Saargebiet ein. Großbritannien stellte 1.500, Italien 1.300 und die Niederlande sowie Schweden jeweils 250 Mann.[72] Einzig das schwedische Kontingent musste neu zusammengestellt werden. Damit bahnte sich eine Praxis an, die Schweden auch während der Beteiligung an UN-Blauhelm-Missionen fortführte. Die für die UN vorgesehenen Einheiten wurden immer neu aus Freiwilligen rekrutiert.[73] Den Oberbefehl über die Saarstreitmacht übernahm ein international erfahrener, britischer General, Generalmajor Sir John Brind.[74]

Die internationalen Streitkräfte waren auf Anordnung des Völkerbundrates zusammengestellt und mit ihrem Auftrag versehen worden. Ebenso hatte er Großbritannien beauftragt, einen Oberkommandierenden zu stellen. Diese Personalie war also nicht, wie die italienische Delegation vorgeschlagen hatte, durch die truppenstellenden Staaten entschieden worden. Anders als Italien bemühte sich Großbritannien um eine weitgehende Legitimation des Einsatzes durch den Völkerbund.[75] Auch diese Praxis setzte sich nach 1945 fort. Die Vereinten Nationen bestellten den Einheitskommandeur, der in der Regel aus

---

71   Vgl. Deutsche Gesandtschaft in Stockholm an Auswärtiges Amt, 11.12.1934 u. Deutsche Gesandtschaft in Den Haag an Auswärtiges Amt, 14.12.1934 (hieraus die Zitate), PAAA, R 75529.

72   Vgl. Report by the Commander-in-Chief, International Force in the Saar, for the Information of the Council of the League of Nations, Lieut.-General J. E. S. Brind, 26.10.1935, Bl. 1-3, United Nations Library Geneva, League of Nations Archives and Historical Collections Section, Genf (LON Archivs, Genf), 2C/21560/15223: Plebiscite International Military Force (Box R3741), (zit. Brind-Report).

73   Vgl. Lars Ericson, The Swedish Military in League-of-Nations Operations – Vilna, the Saar and Spain, 1921-1939, in: ders. (Hg.), Solidarity and Defence. Sweden's Armed Forces in International Peace-keeping Operations during the 19th and 20th Centuries, Stockholm 1995, S. 35-52, hier S. 40; siehe auch ders., Sweden and the Saar, A Peace-keeping Operation 1934-35, in: Maintien de la paix de 1815 à aujord'hui. Actes du XXIᵉ colloque de la Commission internationale d'histoire militaire/Peacekeeping 1815 to Today. Proceedings of the XXIst Colloquium of the International Commission of Military History, Quebec 1995, S. 592-596, hier S. 593; Bertil Stjernfelt, The Sinai Peace Front. UN Peacekeeping Operations in the Middle East, 1973-1980, London/New York 1992, S. 43.

74   Vgl. Cabinet Conclusions, 12.12.1934, CAB 46(34), TNA, CAB/23/80, Bl. 316; Hill, Great Britain and the Saar Plebiscite, S. 141, Anm. 53.

75   Vgl. Mitteilung des Völkerbundes an den Rat und die Mitglieder, 11.12.1934, LAC, RG 25, vol. 1699, file 1934-227 »Saar Basin – Plebiscite«; Telefonische Mittelung Krauel, aufgenommen von Voigt, 11.12.1934, PAAA, R 75529.

einem der Staaten kam, die ein nationales Kontingent für die entsprechende Operation bereitstellten.

Tatsächlich gelang es dem Völkerbundrat, die Aufstellung und prinzipielle Zusammensetzung der Truppe im großen Umfang mitzugestalten. Die Verantwortung für den örtlichen Einsatz lag zugleich in den Händen der Regierungskommission und des Oberkommandierenden an der Saar. Außer in Notfällen, in denen der Oberbefehlshaber selbstständig entscheiden konnte, sollte er sich den Wünschen der zivilen Behörde beugen. Der Regierungskommission und nicht der internationalen Streitmacht oblag weiterhin die Verantwortung für Sicherheit und Ruhe im Saarterritorium.[76] Die Streitkräfte waren folglich auf zwei Ebenen dem Völkerbund unterstellt und verantwortlich, zum einem dem Völkerbundrat in Genf und zum anderen der Regierungskommission in Saarbrücken, wobei der Wortlaut der Anweisungen dem militärischen Oberbefehlshaber auch eigenständige Handlungsmöglichkeiten eröffnete.

Aufgabe der internationalen Streitmacht an der Saar war es, die Ordnung im Saarterritorium aufrechtzuerhalten. Völkerbundsdokumente und nationale Vertreter im Völkerbundrat verwendeten Umschreibungen wie »maintenir de l'ordre«, »maintaining order« oder »maintenance of order«[77]. Während der Ratssitzung vom 5. Dezember sprach der tschechoslowakische Vertreter und Präsident des Völkerbundrats, Edvard Beneš, sogar von »maintien de la paix«[78] und benutzte damit die heute gebräuchliche französische Übersetzung des Begriffs »Peacekeeping«. Obwohl dieser Terminus fiel, waren damit nicht die weitreichenden Konnotationen aus der zweiten Hälfte des 20. Jahrhunderts verbunden. Die Saaroperation sollte nicht in einem zwischenstaatlichen Konflikt die Kontrahenten trennen, sondern für einen wenige Wochen umfassenden Zeitraum die innere Sicherheit im Saargebiet garantieren.

Der entscheidende Test für die internationale Truppe war das Plebiszit. Um Unruhen vorzubeugen, stellten die Einheitskommandeure am Tag der Volksabstimmung Eingreiftrupps auf. Sie sollten allerdings außer Sicht der Bevölkerung bleiben, um den Eindruck von militärischen Drohgebärden zu vermeiden. In der Nacht vom 13. auf den 14. Januar 1935 transportierten Abteilungen der internationalen Streitkräfte, zum Teil martialisch anzusehen mit aufgepflanzten Bajonetten, die Wahlurnen nach Saarbrücken, wo diese zentral

---

76 Vgl. Report of the Sub-Committee approved by the Committee of the Council on December 12th, 1934, LAC, RG 25, vol. 1699, file 1934-227; Brind-Report, Bl. 3 f.

77 Krauel an Auswärtiges Amt, 6.12.1934, S. 1 u. 3, PAAA, R 75528; Riddell an Skelton, 10.12.1934 mit Protokoll der Sitzung des Völkerbundsrates v. 5.12.1934, S. 1 u. 2, LAC, RG 25, vol. 1699, file 1934-227.

78 Krauel an Auswärtiges Amt, 6.12.1934, S. 10, PAAA, R 75528.

geleert und die Stimmen gezählt wurden. Eine überwältigende Mehrheit von
rund 90 Prozent der Wähler optierte für eine Angliederung ans Deutschen
Reich.[79] Ab Mitte Februar 1935 wurden die internationalen Truppen aus dem
Saarterritorium abgezogen; am 1. März 1935 übernahm das Deutsche Reich die
Verwaltung des Territoriums.

Ihren eng begrenzten Auftrag hatten die Internationalen Streitkräfte erfüllt. Im Umfeld des Plebiszits war es zu keinen öffentlichen Ausschreitungen
gekommen. Sie hatten zudem die ordnungsgemäße Durchführung der Volksabstimmung garantiert und aktiv unterstützt. Aber gegen die bedrückende
Stimmung im Saarterritorium und die gezielte Propaganda der nationalsozialistischen Formationen, die zur Einschüchterung von Gegnern einer
Rückgliederung an das Deutsche Reich führte, wandten sich auch die aus-
ländischen Soldaten nicht. Der Wahlvorgang verlief überwiegend technisch
korrekt, wie auch kritische Zeitgenossen bezeugten, doch die Atmosphäre der
Angst verhinderte, dass es sich um eine wirklich freie Wahl handelte. International zeigte sich die Hilf- und Interessenlosigkeit der ehemaligen Sieger-
staaten des Ersten Weltkrieges, die dem Selbstbestimmungsrecht das Wort
geredet hatten, aber nur bedingt bereit waren, die Ressourcen bereitzustellen,
die eine freie Entscheidung hätte garantieren können.[80]

Unerfüllte Hoffnungen

Die Vertreter des Völkerbundes bewerteten den Einsatz der Saartruppe jedoch
als Erfolg. General Brind kam zu demselben Ergebnis. In seinem instruktiven
Abschlussbericht vom 26. Oktober 1935 hob er die Gründe hierfür hervor. Der
Erfolg der Saartruppe sei darauf zurückzuführen, dass sie vorbeugend eingesetzt worden sei und die militärische Präsenz auf potentielle Unruhestifter
abschreckend gewirkt habe. Brind lobte aber nicht nur, sondern zeigte in
seinem Bericht auch Missstände auf und gab Anregungen für zukünftige internationale Militäreinsätze. Erstaunlich präzise identifizierte er verschiedene
Problemkreise. Brind bezeichnete den Einsatz als »Experiment«. Verwaltung,
Versorgung, Finanzierung, Unterbringung hätten improvisiert werden müssen.
Für wichtige und detaillierte Vorbereitungen habe es an Zeit gefehlt. Sein

---

79   Vgl. Brind-Report, Bl. 4 f.; Wambaugh, Saar Plebiscite, S. 302-305; James K. Pollock, The
      Saar Plebiscite, in: The American Political Science Review 29 (1935), No. 2, S. 275-282, hier
      S. 281.

80   Paul, »Deutsche Mutter – heim zu Dir!«, S. 356-401; Jörg Fisch, Das Selbstbestimmungs-
      recht der Völker. Die Domestizierung einer Illusion, München 2010, S. 190 f.

Lamento hallt bis heute nach: Bis in die Gegenwart ist der ad-hoc-Charakter der Blauhelm-Missionen eines ihrer hervorstechenden Merkmale und eines der größten Probleme.[81]

Warnend hob Brind hervor, dass der militärische Einsatz nicht auf einen Zusammenbruch der staatlichen Ordnung vorbereitet gewesen sei. Glücklicherweise sei es im Saarterritorium nicht zu diesem Szenario gekommen. Zukünftige Operationen unter den Auspizien des Völkerbundes sollten sich aber nicht auf eine positive Entwicklung verlassen. Der Extremfall eines »breakdown of the civil administration« müsste antizipiert und dem Oberbefehlshaber entsprechende Handlungsvollmachten, einschließlich der Kompetenz zur Verhängung des Kriegsrechts, erteilt werden.[82] Hellsichtig erkannte Brind schon 1935 Ansätze der Problematik der »failed states« und forderte als Reaktion hierauf ein, wie heute gesagt wird, »robustes Mandat«.

Der ehemalige Oberkommandierende verstand seine Ausführungen nicht nur als Rechenschaftsbericht, sondern als Erfahrungsbericht für zukünftige Operationen. Auch die Spitze der Völkerbundverwaltung, namentlich der Untergeneralsekretär Francis Paul Walters, erwartete in der Zukunft ähnliche Einsätze. Vor allem aufgrund der ablehnenden Haltung des britischen Außenministeriums wurde der Bericht aber noch nicht einmal dem Völkerbundrat als dem zuständigen Gremium übergeben. Er verschwand im Archiv und mit ihm die Hoffnung auf weitere militärische Einsätze des Völkerbundes.[83]

In Kanada traute insbesondere Premierminister King, der in Personalunion das Außenministerium leitete, Genf keine führende Rolle bei der Lösung der europäischen Probleme zu.[84] Die Zurückhaltung der führenden Mitglieder des Völkerbundes zeigte sich nur wenige Monate später nach dem Angriff Italiens auf Abessinien, das heutige Äthiopien. Kings Einschätzungen schienen sich zu bestätigen. Kanadas weitgehend isolationistische Politik blieb auch deshalb im Grundsatz bestehen.[85] Sie sollte dazu beitragen, den nordamerikanischen

---

81 Vgl. Brind-Report, Bl. 11-14 (Zitat S. 14); zum UN-Peacekeeping vgl. William J. Durch, Running the Show: Planning and Implementation, in: ders. (Hg.), The Evolution of UN Peacekeeping. Case Studies and Comparative Analysis, New York 1993, S. 59-75.

82 Vgl. Brind-Report, Bl. 6.

83 Vgl. ebd., Bl. 1; Roger Makins, britisches Außenministerium, an Walters, 6.11.1935; Walters an Thanassis Aghnides vom Völkerbund-Sekretariat, 9.11.1935, Aghnides an Walters, 14.11.1935; Walters an Völkerbund-Generalsekretär Joseph Avenol, 27.11.1935, mit undatierter Marginalie Avenols; Walters an Aghnides, 29.11.1935; Walters an Makins, 30.11.1935; Makins an Walters, 12.12.1935, LON Archives, 2C/21560/15223: Plebiscite International Military Force (Box R3741).

84 Vgl. Veatch, Canada and the League of Nations, S. 170-174; Hillmer/Granatstein, Empire to Umpire, S. 119 f.

85 Granatstein und Bothwell zufolge gilt es, diese Einschätzung hinsichtlich des Empires zu relativieren. Kings Politik ihm gegenüber wäre nicht primär isolationistisch gewesen. Vgl.

Staat aus militärischen Konflikten herauszuhalten und zugleich gegen externe Einflüsse zu schützen, welche die innere Stabilität Kanadas bedrohen könnten. Im Gegensatz zur zweiten Hälfte des 20. Jahrhunderts erschien in der Zwischenkriegszeit ein internationales Engagement nicht als Stütze des *nation building*, sondern als dessen Bedrohung.[86] Obwohl Vertreter Kanadas im Vorfeld der Stationierung der Internationalen Streitmacht wichtige Funktionen im Saargebiet ausübten, begriffen die führenden Außenpolitiker diese nicht als Chance, sondern als Problem. Die Mitarbeit wurde daher frühzeitig abgebrochen und die Entstehung der Internationalen Streitmacht als Vorläufer des späteren UN-Peacekeeping nur noch vom Rande aus beobachtet.

Wie vollständig sich die kanadische Politik in den 30er Jahren einer Mitarbeit im Völkerbund verweigerte, musste auch der Nachfolger Riddells in Genf, Hume Wrong, erfahren. »We should not be here at all«, soll er frustriert geäußert haben, »as our instructions should be summarized as: say nothing and do nothing unless you can undo something of what was done at Geneva.«[87] Als hochrangiger Diplomat, enger Freund Lester Pearsons und 1953 kurzfristig als Staatssekretär im Auswärtigen Amt konnte Wrong schließlich nach dem Zweiten Weltkrieg eine nun multilateral ausgerichtete Außenpolitik Kanadas doch noch wesentlich mitgestalten.

Aufgrund der konfliktgeladenen Atmosphäre ging die kanadische Politik allerdings schon in der zweiten Hälfte der 30er Jahre dazu über, sich zumindest punktuell international zu engagieren. Wie Norman Hillmer und Jack Granatstein hervorheben, konnte der Völkerbund ignoriert werden, nicht aber andere Verpflichtungen. Um Kanada besser schützen zu können, erhöhte die Regierung die Verteidigungsausgaben – auch gegen den Widerstand der Opposition und von Parlamentariern aus den eigenen Reihen.[88]

Es ist hier nicht der Raum, die kanadische Außenpolitik dieser Jahre ausführlich zu analysieren. Ein Politikfeld soll aber beispielhaft herausgegriffen werden. Denn wie wenig die kanadische Regierung mit der Krise in Europa und den Gewalttaten in Deutschland zu tun haben wollte und wie sehr die kanadische Innenpolitik die Entscheidungen des Kabinetts dominierte, zeigen

---

Jack L. Granatstein/Robert Bothwell, Canadian Foreign Policy, 1935-39, in: Jack L. Granatstein (Hg.), Canadian Foreign Policy. Historical Readings, Toronto 1986, S. 125-144, hier S. 140; siehe auch J. W. Pickersgill, The Mackenzie King Record, vol. 1: 1939-1944, Toronto 1960, S. 11 f.

86   Vgl. Hector Mackenzie, Canada's Nationalist Internationalism: From the League of Nations to the United Nations, in: Norman Hillmer/Adam Chapnick (Hg.), Canadas of the Mind. The Making and Unmaking of Canadian Nationalisms in the Twentieth Century, Montreal & Kingston u.a. 2007, S. 89-109, hier S. 90.

87   Zit. nach ebd., S. 96.

88   Vgl. Hillmer/Granatstein, Empire to Umpire, S. 120-129.

beispielhaft die restriktiven Bedingungen für jüdische Asylsuchende. 1938 wurden nur 748 jüdische Flüchtlinge aufgenommen, 1939 insgesamt 1763. Die Haltung der kanadischen Regierung wurde vollends offensichtlich, als Mitte 1939 einem Flüchtlingsschiff, der »St. Lewis«, mit 907 europäischen Juden an Bord, die Landung in Kanada verweigert wurde. Jüdische Emigranten waren unerwünscht. Aus ökonomischen und sozialen Gründen war seit der Weltwirtschaftskrise die Tür für Einwanderer weitgehend geschlossen. Innenpolitisch schien eine laxere Einwanderungspolitik nicht vertretbar, humanitäre Gründe zählten kaum. Und der weit verbreitete Antisemitismus wandte sich gerade gegen die Immigration von Juden. Die als fragil begriffene kanadische Einheit hatte für King und sein Kabinett höchste Priorität. Eine größere Zahl jüdischer Flüchtlinge hätte diese nach ihrer Meinung stören können. Deshalb wurde das Schiff nach Europa zurückgeschickt.[89]

Ein erneuter Krieg, auf den die Welt ausgangs der 30er Jahre zusteuerte, erschien als besondere Herausforderung für den Zusammenhalt in Kanada. Denn im Ersten Weltkrieg hatte die Einführung der allgemeinen Wehrpflicht zu einer tiefgreifenden gesellschaftlichen Spaltung geführt, die immer noch nachwirkte. Von Britisch-Kanada gefordert, basierend auf den engen Bindungen zum Mutterland, war der verpflichtende Militärdienst in Quebec, wo die Mehrzahl nicht für ein fremdes britisches Empire in den Krieg ziehen wollte, vehement abgelehnt worden.[90] »No single issue has divided Canadians so sharply as conscription for overseas military service in time of war.«[91], schreiben Granatstein und Hitsman noch 1985. Einheit und Unabhängigkeit Kanadas würden, so die Einschätzung Kings Ende der 30er Jahre, bei einem erneuten Kriegseintritt Großbritanniens wieder auf die Probe gestellt werden. Diese zu bestehen, war Kings oberstes Ziel.[92]

Als am 1. September 1939 Verbände der deutschen Wehrmacht in Polen einmarschierten, rechnete auch das kanadische Kabinett damit, dass sich

---

89   Vgl. Irving Arabella/Harold Troper, None is too many. Canada and the Jews of Europe 1933-1948, Toronto 1983, S. 38-66; Hillmer/Granatstein, Empire to Umpire, S. 133 f.

90   Vgl. Jack L. Granatstein/J. M. Hitsman, Broken Promises. A History of Conscription in Canada, Toronto 1985, S. 60-99; Desmond Morton, A Military History of Canada, Toronto 1992, S. 151-165. Nach Stacey, Canada and the Age of Conflict, vol. 1, S. 218 beeinflusste die Krise um die allgemeine Wehrpflicht während des Ersten Weltkrieges die Außenpolitik der folgenden Jahrzehnte.

91   Granatstein/Hitsman, Broken Promises, S. 1.

92   Vgl. Hillmer/Granatstein, Empire to Umpire, S. 133, 135 f.; Heather Metcalfe, National Identity, Public Opinion and the Department of External Affairs, 1935-1939, in: Greg Donaghy/Michael K. Carroll (Hg.), In the National Interest. Canadian Foreign Policy and the Department of Foreign Affairs and International Trade, 1909-2009, Calgary 2011, S. 52-68.

der begonnene Krieg bald ausweiten würde und Kanada nicht abseits stehen könne. Kanada würde wiederum in einen europäischen Krieg hineingezogen und dessen innere Einheit abermals herausgefordert werden. Die politischen Bindungen an das britische Mutterland waren auch 1939 noch stark, die Loyalität von großen Teilen der kanadischen Bevölkerung zur britischen Krone noch ungebrochen. Es bestand kein Zweifel, dass Kanada an der Seite Großbritanniens in den Krieg eintreten würde.[93]

Zwei Tage später, am 3. September, erklärten Frankreich und Großbritannien Deutschland den Krieg. Doch anders als 1914 befand sich Kanada nicht automatisch im Kriegszustand – jedenfalls vertraten das Kabinett und die Mehrzahl der Abgeordneten des Unterhauses diese Ansicht. Die eigene Souveränität wurde, trotz aller Affinität zum Mutterland, bewusst betont. Erst hatte das kanadische Parlament zu entscheiden, das am 7. September zusammentrat. Für die kanadische Regierung war das Prozedere ausschlaggebend. Nicht nur würde die selbstständige Entscheidung über den Kriegseintritt die staatliche Unabhängigkeit, die seit dem Ersten Weltkrieg errungen worden war, bestätigen. Sondern auch innenpolitisch sollte das Votum des Parlaments zeigen, dass Kanada aufgrund eigener Interessen und nicht primär für Großbritannien in den Krieg eintrat. Eine allgemeine Wehrpflicht würde es nicht geben, versprach Ernest Lapointe, Kanadas frankophoner Justizminister. Stattdessen sollten Freiwillige geworben werden. Auf diese Weise sollte der »Burgfrieden« zwischen den beiden Sprachgruppen erhalten bleiben. Die Kriegserklärung Kanadas, die das Parlament fast einstimmig beschloss, war somit ebenso nach innen wie nach außen gerichtet. In Ottawa politisch entschieden, musste sie trotzdem in London vorgelegt werden. König Georg VI. unterzeichnete sie in seiner Funktion als Oberhaupt des kanadischen Staates am 10. September. Kanadische Soldaten würden wiederum Leib und Leben in einem zunächst als europäischen Krieg begonnenen Waffengang aufs Spiel setzen.[94] – Die Politik des Isolationismus war gescheitert; zukünftig würden neue außen- und sicherheitspolitische Konzepte gewagt werden müssen, um den internationalen Frieden und somit im Selbstverständnis der Zeitgenossen auch eine stabile innenpolitische Entwicklung zu gewährleisten.

---

93 Vgl. Granatstein/Bothwell, Canadian Foreign Policy.
94 Vgl. Text der Kriegserklärung, in: C. P. Stacey (Hg.), Historical Documents, vol. V: The Arts of War and Peace 1914-1945, Toronto 1972, S. 601 f.; Stacey, Canada and the Age of Conflict, vol. 1, S. 174 f.; Stacey, Canada and the Age of Conflict, vol. 2, S. 260-264; Hillmer/Granatstein, Empire to Umpire, S. 135 f.

KAPITEL 2

Neue Strategien und Instrumente
Multilateralismus und erste UN-Beobachtermissionen

Das feuerfeste Haus, das kanadische Politiker noch Anfang der 20er Jahre beschworen hatten, erwies sich als leicht entflammbare Hütte. Als der Zweite
Weltkrieg begann, griff Kanada erneut auf der Seite Großbritanniens in den
bevorstehenden Kampf ein. Zwar war die Regierung in Ottawa diesmal etwas
mehr auf ihre Unabhängigkeit bedacht. Doch das »Ready, ay, ready!«,[1] mit dem
der kanadische Oppositionspolitiker Winfried Laurier auf die Kriegserklärung
Londons an das Deutsche Reich im Ersten Weltkrieg reagiert hatte, war auch
1939 nicht minder laut zu hören.

Wieder stellte Kanada ein Expeditionskorps auf. Abermals produzierte die
kanadische Wirtschaft für die Alliierten und lieferte Rüstungsgüter, Rohstoffe
und Nahrungsmittel. Seit Dezember 1939 entstand auf kanadischem Territorium
zudem ein weit verzweigtes Netzwerk von Ausbildungsstützpunkten der Luftwaffe für den »British Commonwealth Air Training Plan«. Noch vor den Heeres-
einheiten beteiligte sich kanadisches Fliegendes Personal an der Verteidigung
der britischen Inseln und später an den Angriffen auf das Deutsche Reich. Als
das »Dritte Reich« zusammenbrach, gehörte die kanadische 1. Armee zu den
alliierten Großverbänden, die den Sieg in Europa errungen hatten. Fast 23.000
kanadische Soldaten starben im Zweiten Weltkrieg, über 52.000 wurden verwundet und mehr als 6.400 gerieten in Kriegsgefangenschaft.[2]

Auf dem Weg zum Multilateralismus

Anders als nach dem Ersten Weltkrieg führte der kollektive Schrecken des erneuten globalen Kampfes aber nicht dazu, dass sich die kanadische Politik aus
der internationalen Arena zurückzog. Ganz im Gegenteil versuchte Kanada
nun, sich auch international Gehör zu verschaffen. Schon vor Ende des Zweiten
Weltkrieges waren kanadische Vertreter an den Verhandlungen um eine Nach-
kriegsordnung beteiligt, allerdings immer als Juniorpartner der großen drei,
Franklin D. Roosevelt, Winston Churchill und Josef Stalin. Selbstbewusst

---

1 Zit. nach Stacey, Canada and the Age of Conflict, vol. 1, S. 176.
2 Vgl. Granatstein, Canada's Army, S. 311; siehe insgesamt ebd., S. 175-309; David J. Bercuson,
   Maple Leaf against the Axis. Canada's Second World War, Toronto 1995.

© VERLAG FERDINAND SCHÖNINGH, 2020 | DOI:10.30965/9783657787807_004

forderten kanadische Diplomaten Sitz und Stimme in den Komitees, die Kriegs-
anstrengungen koordinierten, an denen sich Kanada in herausgehobener
Weise beteiligte. Diese Forderung nach internationaler Präsenz bei Fragen, die
Kanada besonders angingen, würde zukünftig als »functional principle« oder
»functionalism« eine Leitlinie kanadischer Außenpolitik bilden.[3]

Diese neue Außenpolitik war nicht völlig ohne Vorläufer, wie die Mitarbeit
im Völkerbund gezeigt hatte. Hierauf konnte in beschränktem Maß aufgebaut
werden. Dennoch war der Gegensatz zu 1919 deutlich auszumachen, denn
erst während des Zweiten Weltkrieges wurde der Wert einer internationalen
Organisation erkannt, die zur globalen Sicherheit und Verständigung beitragen könnte. Aus diesem Grund unterstützten kanadische Politiker und
Diplomaten die Gründung der Vereinten Nationen und nahmen im April 1945
an der Konferenz von San Francisco teil, auf der die UN-Charta unterzeichnet
wurde. Auch Mackenzie King, 1945 weiterhin Regierungschef, hatte seine
Position modifiziert. In den 1920er Jahren noch ein strikter Gegner eines
militärischen Eingreifens des Völkerbundes, war er nun bereit, als *ultima
ratio* einen kollektiven Militäreinsatz zu akzeptieren. Zugleich achteten der
Premierminister und seine führenden Mitarbeiter aus dem Außenministerium
aber darauf, keine zu weitgehenden Eingriffe in die staatliche Souveränität zuzulassen.[4] Ein internationales Engagement Kanadas würde nicht automatisch
erfolgen. Kanadas Unabhängigkeit und Einfluss mussten gewahrt bleiben. Die
von den kanadischen Konferenzteilnehmern in San Francisco bevorzugte stille
Diplomatie war in dieser Hinsicht erfolgreich. Sie konnten eine angemessene
Repräsentation ihrer Interessen durchsetzen. Kanada als Mittelmacht würde
gemäß seines politischen, ökonomischen und militärischen Gewichts an Entscheidungen der Vereinten Nationen beteiligt werden.[5]

---

3   Vgl. Hillmer/Granatstein, Empire to Umpire, S. 156-160; Adam Chapnick, Peace, order, and
    good government. The »conservative« tradition in Canadian foreign policy, in: International
    Journal 60 (2005), 3, S. 635-650; hier S. 639; siehe hierzu die Rede Kings am 9.7.1943 im
    kanadischen Unterhaus, in: Jack L. Granatstein (Hg.), Canadian Foreign Policy. Historical
    Readings, Toronto 1986, S. 21-24 u. die Ausführungen eines der zeitgenössisch wichtigsten
    Diplomaten in: Holmes, The Shaping of Peace, Bd. 1, S. 235-238.
4   Vgl. John English, »A Fine Romance«: Canada and the United Nations, 1943-1957, in: Greg
    Donaghy (Hg.), Canada and the Early Cold War 1943-1957/Le Canada au début die la guerre
    froide, 1943-1957, Ottawa 1998, S. 73-89; Adam Chapnick, The Department of External Affairs
    and the United Nations Idea, 1943-1965, in: Greg Donaghy/Michael K. Carroll (Hg.), In the
    National Interest. Canadian Foreign Policy and the Department of Foreign Affairs and Inter-
    national Trade, 1909-2009, Calgary 2011, S. 81-100.
5   Vgl. mit einer Betonung eines eher begrenzten Gewichts kanadischer Außenpolitik Adam
    Chapnick, The Middle Power Project: Canada and the Founding of the United Nations,

Die Reichweite der neuen Weltorganisation blieb zunächst begrenzt. In innere Angelegenheiten konnte sie kaum eingreifen. Aus diesem Grund spielten Menschenrechte in San Francisco nur eine untergeordnete Rolle. Sie wurden – wenig erfolgreich – vor allem von südamerikanischen Staaten und US-amerikanischen Nichtregierungsorganisationen eingefordert. Kanadische Delegierte hielten sich in dieser Frage zurück. Die Souveränität der Einzelstaaten blieb in der Charta weitgehend unangetastet. Postulate dominierten, wie der Hinweis auf die Respektierung der Menschenrechte in der Präambel. Dieses Verhandlungsergebnis befürworteten auch Premierminister King und, daheim in Kanada, die Regierungschefs der einzelnen Provinzen. Menschenrechte, Einwanderungspolitik und Bildung gingen nach Kings Überzeugung ausländische Regierungen nichts an. Seine Meinung blieb in der kanadischen Delegation nicht unumstritten, doch war seine Position zu stark, als dass sich sichtbarer Widerstand regte.[6]

Auch nach dem Beitritt Kanadas zur UN blieb die kanadische Außenpolitik zurückhaltend, wenn es um internationale Verpflichtungen oder beispielsweise eine weitere Öffnung des Landes für Immigranten ging. Kings Credo aus den 20er und 30er Jahren hatte noch immer Bestand.[7] Die Abwendung vom Isolationismus der Zwischenkriegszeit erwies sich als ein längerer Prozess. Selbst nach dem Rücktritt Kings als Premierminister im November 1948 erweiterten sich die Handlungsspielräume und die Reichweite der kanadischen Diplomatie nur langsam. Dies zeigte sich exemplarisch daran, dass sich in den Komiteeberatungen zur Allgemeinen Erklärung der Menschenrechte der kanadische als einziger der westlichen Vertreter zunächst der Stimme enthalten hatte, bevor er wenige Tage später, am 10. Dezember 1948, dann in der UN-Generalversammlung doch noch diesem Kardinaldokument der Menschenrechte zustimmte. Die Vereinten Nationen entwickelten ihre eigene Dynamik, die kanadische Außenpolitik hatte jedoch noch Schwierigkeiten, damit Schritt zu halten.[8]

Vancouver/Toronto 2005. Siehe auch Boris Stipernitz, Kanada und die Gründung der Vereinten Nationen 1939-1945, Diss. Universität zu Köln 2001.

6 Vgl. Holmes, The Shaping of Peace, Bd. 1, S. 256 f.; Peter J. Opitz, Menschenrechte und Internationaler Menschenrechtsschutz im 20. Jahrhundert. Geschichte und Dokumente, München 2002, S. 49-56; Bothwell, Alliance, S. 20 f.

7 Vgl. Angelika E. Sauer, A Matter of Domestic Policy? Immigration Policy and Admission of Germans, 1945-50, in: Canadian Historical Review 74 (1993), 2, S. 226-263; Bothwell, Alliance, S. 80 f.

8 Vgl. William A. Schabas, Canada and the Adoption of the Universal Declaration of Human Rights, in: McGill Law Journal 43 (1998), S. 403-441; Lui, Why Canada Cares, S. 49-51.

Erst sukzessive übernahm die kanadische Diplomatie international größere Verpflichtungen. Hieran hatte ein Tandem besonderen Anteil, das im November 1948 die Regierungsgeschäfte übernommen hatte und in den kommenden acht Jahren die Außenpolitik wesentlich prägen sollte. Es bestand aus dem neuen Premierminister Louis St. Laurent und Außenminister Lester B. Pearson. Seine außenpolitischen Prinzipien hatte St. Laurent, damals noch selbst Außenminister, bereits am 13. Januar 1947 in einer programmatischen Rede an der Universität Toronto umrissen. Zwei Maximen charakterisierten diese Außenpolitik, die realistische und idealistische Positionen verband. Erstens dürfe sie die nationale Einheit Kanadas nicht untergraben, solle vielmehr die gemeinsame Aufgabe unterstützen, eine Nation aufzubauen (»the joint task of building a nation«[9]). Diese Forderung entsprach weitgehend den Überzeugungen und der Politik seines Lehrmeisters King und repräsentierte einen über die Parteigrenzen hinweggehenden (außen-)politischen Konsens. Zweitens basiere, so St. Laurent, die kanadische Außenpolitik auf gemeinschaftlichen Ideen und Werten. Sie müssten auch in den internationalen Beziehungen vertreten und gefördert werden:

> No foreign policy is consistent nor coherent over a period of years unless it is based upon some conception of human values. [...] These are values which lay emphasis on the importance of the individual, on the place of moral principles in the conduct of human relations, on standards of judgment which transcend mere material well-being. They have ever influenced our national life as we have built a modern state from east to west across the continent. I am equally convinced that on the basis of this common experience we should discern the same values in world affairs, and that we shall seek to protect and nurture them.[10]

Aus diesen Erkenntnissen leitete St. Laurent ab, dass Kanada internationale Verpflichtungen eingehen müsse. In Abgrenzung zum Noch-Regierungschef forderte er eine aktivere Außenpolitik. Nicht zuletzt könne, so meinte St. Laurent, wie die Vergangenheit gezeigt habe, die nationale Sicherheit nur durch internationale Vereinbarungen garantiert werden.[11]

In Übereinstimmung mit diesen Überlegungen beteiligte sich Kanada frühzeitig an den Beratungen über den Aufbau einer nordatlantischen Verteidigungsgemeinschaft. Die Verhandlungen wurden auf kanadischer Seite

---

9   Auszüge aus der Rede sind abgedruckt in: Granatstein (Hg.), Canadian Foreign Policy, S. 25-33, hier S. 25.
10 Ebd., S. 28.
11 Vgl. ebd., S. 25-28; Bothwell, Alliance, S. 52.

maßgeblich von Pearson beeinflusst, der sowohl eine militärisch-politische wie auch ökonomische Integration der beteiligten Staaten anstrebte. Während sich letztgenannter Punkt als utopisch herausstellte, obwohl er Eingang in den Nordatlantikvertrag fand, bildete die sicherheitspolitische Zusammenarbeit den Grundpfeiler für die im April 1949 errichtete NATO. Angelehnt an Artikel 51 der UN-Charta, der die Schaffung von regionalen Sicherheitsorganisationen vorsah,[12] wurde die NATO zu einem Eckstein der Außenpolitik des fest in das westliche Bündnis integrierten kanadischen Staates.[13]

Zu den Säulen der internationalen Beziehungen Kanadas gehörten in der zweiten Hälfte des 20. Jahrhunderts neben der NATO vor allem die Vereinten Nationen und, mit geringerem politischem Gewicht, auch das Commonwealth. Gerade die NATO ermöglichte es Ottawa, die Beziehungen zu den politisch, kulturell und ökonomisch wichtigsten Partnern, den USA und Großbritannien, in einem multilateralen[14] Umfeld zu pflegen und auf diese Weise vor allem die Dominanz der Vereinigten Staaten auf dem nordamerikanischen Kontinent zu reduzieren. Die regelmäßigen Treffen des Commonwealth boten ebenfalls eine Möglichkeit, die historisch gewachsenen Bindungen sowohl zum Mutterland als auch zu den übrigen Mitgliedern des ehemaligen britischen Empires aufrechtzuerhalten. Zugleich schufen sie ein Forum, auf dem sich Mitglieder aus der so genannten Ersten und Dritten Welt auch außerhalb der Vereinten Nationen auf Augenhöhe begegnen konnten. Kanadas Beziehungen insbesondere zu Indien, der aufstrebenden Regionalmacht in Asien, sollten das multilaterale Engagement Ottawas frühzeitig mitbestimmen. Zunehmend bedeutsamer und dann allgegenwärtig waren die Auswirkungen des Kalten Krieges, der zur Gründung der NATO geführt hatte und der die internationale Gemeinschaft schon kurz nach Ende des Zweiten Weltkrieges in zwei verfeindete Lager spaltete. Die entscheidenden Parameter, die in den nächsten 40 Jahren die internationalen Beziehungen und die Sicherheitspolitik nicht nur Kanadas bestimmten und die erhebliche Rückwirkungen auf die innere Entwicklung in den souveränen Staaten hatten, waren somit bereits seit Ende der 40er Jahre gesetzt.[15]

---

12 Vgl. Johannes Varwick, Die NATO. Vom Verteidigungsbündnis zur Weltpolizei?, München 2008, S. 11 f.

13 Vgl. Bothwell, Alliance, S. 62-72.

14 Multilateralismus beschreibt ein Organisationsprinzip oder eine Politik, die zu einer internationalen Kooperation von mindestens drei Staaten führt. Vgl. Fey, Multilateralismus als Strategie, S. 39 f.

15 Vgl. Margaret Doxey, Canada and the Commonwealth, in: John English/Norman Hillmer (Hg.), Making a Difference? Canada's Foreign Policy in a Changing World Order, Toronto 1992, S. 34-53; Bothwell, Alliance, S. 61 f., 71 f., 76-80.

Auf Basis dieser Weltordnung, die den Staaten zum einen erweiterte Gestaltungsmöglichkeiten im Rahmen der neuen internationalen Organisationen gab, die zum anderen aber vor allem durch den Kalten Krieg die Zusammenarbeit zwischen den Nationen erheblich erschwerte und sie in jedem der beiden verfeindeten Blöcke unter einen prinzipiellen politischen Vorbehalt stellte, schickten sich St. Laurent und Pearson an, die kanadischen Interessen und ihre Überzeugungen von einer notwendigen internationalen Kooperation aktiv zu vertreten. Für kleinere Staaten und besonders für eine Mittelmacht, als die sich Kanada zunehmend verstand, ergaben sich Handlungsspielräume besonders im Rahmen der noch jungen Vereinten Nationen.

Erste UN-Beobachtermissionen

Wenn sich die weltpolitische Situation nach 1945 auch von derjenigen bei Ende des Ersten Weltkrieges unterschied und sich die Befürworter einer neuen Weltorganisation rhetorisch vom Völkerbund zu distanzieren versuchten, so waren doch die Beziehungen und Kontinuitäten zwischen den beiden internationalen Organisationen offensichtlich – eine Erkenntnis, die sich in jüngerer Zeit wissenschaftlich durchzusetzen beginnt.[16] An Stelle des Völkerbundrates erhielt die UN einen Sicherheitsrat. Doch auch im neuen Gremium dominierten die Großmächte als ständige Mitglieder. Statt der Einstimmigkeit aller Ratsangehörigen ermöglichte nun das Veto den ständigen Mitgliedern (China, Frankreich, Großbritannien, Sowjetunion und USA) eine noch größere Kontrolle über die Entscheidungen des zentralen Gremiums der Weltorganisation. Neben Rat, Generalversammlung und Sekretariat entstanden erneut soziale und wirtschaftliche Partnerorganisationen, die eine globale Zusammenarbeit auch jenseits des engeren Feldes der Friedens- und Sicherheitspolitik förderten. Die zentralen politischen Strukturen sowie das um den Völkerbund herum aufgebaute Netz internationaler Institutionen wurden nach 1945 fortgeschrieben. Und auch die Vereinten Nationen hatten sich zunächst, wie die 1946 offiziell aufgelöste Vorläuferorganisation, mit den politisch-demographischen Folgen eines Weltkrieges zu befassen.[17]

Eine der ersten großen Herausforderungen für die Vereinten Nationen stellte die Lage in Palästina dar. Dort standen sich eine jüdische Minderheit, verstärkt durch die nach Ende des Holocaust aus Europa Geflüchteten, und

---

16   Vgl. Mazower, No Enchanted Palace, S. 15 f., 149, 194; Gerd Hankel, Die UNO. Idee und Wirklichkeit, Hamburg 2006, S. 30 f.
17   Vgl. Volger, Geschichte der Vereinten Nationen, S. 18-65.

die palästinensische Mehrheitsbevölkerung gegenüber. Die britische Mandats-macht sah sich nicht mehr in der Lage, das bereits gezündete Pulverfass zu entschärfen. Ein Teilungsplan, den die Generalversammlung der Vereinten Nationen vorgeschlagen hatte, scheiterte. Überstürzt gaben die Briten ihr Mandat zurück – ein Zeichen dafür, dass sich deren imperiale Herrschaft im Nahen Osten zunehmend auflöste.[18] Am selben Tag, dem 14. Mai 1948, er-klärte Israel seine Unabhängigkeit. Hierdurch weitete sich der Konflikt zum Ersten Nahostkrieg aus, denn weder die Palästinenser noch die angrenzenden arabischen Staaten akzeptierten den neuen israelischen Staat. Im Januar 1949 endete der Krieg mit einem Sieg und territorialen Gewinnen Israels. Mit Hilfe der Vereinten Nationen legten die Kriegsparteien Waffenstillstandslinien fest, die von einer UN-Militärmission überwacht werden sollten.

Bereits ein Jahr zuvor war in den Vereinten Nationen darüber nachgedacht worden, militärisches Personal unter UN-Flagge zur Entschärfung der Krise in Palästina heranzuziehen. Am 22. Januar 1948 unterrichtete das UN-Sekretariat die zuständige UN-Palästinakommission deshalb über verschiedene inter-nationale Militäreinsätze der Zwischenkriegszeit. Wie im Bericht vermerkt, wurden der beabsichtigte Einsatz in der Stadt Vilnius, die 1920/21 zwischen Polen und Litauen umstritten gewesen war, sowie die Stationierung der inter-nationalen Streitkräfte im Saarterritorium 1934/35 als Präzedenzfälle für die Errichtung einer UN-Militärmission angesehen. Noch bevor die UN ihre ersten militärischen Beobachter entsandte, hatte sie die Erfahrungen des Völkerbundes in ihre Überlegungen integriert.[19]

Als Folge der Beratungen in den Vereinten Nationen hatte im April 1948 eine erste Waffenstillstandskommission ihre Arbeit aufgenommen. Ihr ge-hörten auch militärische Beobachter an. Aus dieser Kommission und ihren Mitarbeitern ging 1949 die United Nations Truce Supervision Organisation (UNTSO) hervor, welche die Waffenstillstandslinien nach Ende des Ersten Nahostkriegs überwachte. Da der Ost-West-Gegensatz in Palästina noch nicht zu eindeutigen Koalitionen geführt hatte, setzte sich das erste Beobachter-kontingent 1948 – untypisch für die späteren Blauhelm-Einsätze während des Kalten Krieges – aus belgischen, französischen und amerikanischen Soldaten zusammen, die durch eine Gruppe der neutralen, schon unter dem Dach des Völkerbundes aktiven Schweden komplettiert wurden. Die UNTSO gilt als

---

18 Glen Balfour-Paul, Britain's Informal Empire in the Middle East, in: Judith M. Brown/ William Roger Louis (Hg.), The Oxford History of the British Empire, Bd. 4: The Twentieth Century, Oxford 1999, S. 490-541, hier S. 507 f.

19 Vgl. »Precedents Concerning Creation of an International Force«, working paper prepared by the Secretariat, 22.1.1948, UN-Dokument A/AC.21/W.18; Norrie MacQueen, Peacekeeping and the International System, London/New York 2006, S. 29 f., 42, 61.

erste militärische Beobachtermission der Vereinten Nationen und wird rück-
wirkend auch als erste UN-Blauhelm-Operation gezählt.[20] Da der Konflikt
noch andauert, besteht die UNTSO als am längsten dauernde UN-Operation
bis heute fort.[21]

Der frühe Palästina-Konflikt repräsentierte eine Übergangsphase in den
kanadischen Außenbeziehungen. In Übereinstimmung mit Kanadas noch
immer zurückhaltender multilateraler Politik entsandte Premierminister
King nur einen mediokren Vertreter in die UN-Palästinakommission. Es
kam daher nicht überraschend, dass kanadische Soldaten zunächst einmal
der Beobachtermission fernblieben.[22] Erst nach Kings Rücktritt übernahm
die von St. Laurent geführte Regierung eine aktivere Position bei der Lösung
des Konfliktes. Insbesondere Außenminister Pearson und der amtierende
kanadische Vertreter bei der UN, der Weltkriegsgeneral und ehemalige Verteidigungsminister Andrew McNaughton, griffen im Herbst 1948 im Rahmen
der Verhandlungen über einen Waffenstillstand in Palästina vermittelnd ein.
Mitarbeiter des kanadischen Außenministeriums waren enthusiastisch über
die Rolle, die Kanada bei den Gesprächen spielte. John Holmes, Mitglied
der kanadischen Delegation und später wichtigster UN-Berater Pearsons,
empfand die kanadischen Bemühungen als entscheidend für den Erfolg der
Verhandlungen. Für Holmes, so meint sein Biograf, der Historiker Adam
Chapnick, sei diese Episode zu einem Schlüsselerlebnis geworden. Er habe erkannt, dass Kanada tatsächlich als Brückenbauer zwischen den Großmächten
fungieren könnte.[23] Kanada als Mediator nahm Gestalt an.

Aufgrund der zunächst zurückhaltenden Position Ottawas im Palästina-
Konflikt begann Kanadas UN-Beobachter-Engagement nicht im Nahen
Osten, sondern auf einem weltpolitisch peripheren, doch nicht minder
blutigen Kriegsschauplatz. Im August 1947 entstanden Indien und Pakistan
als Nachfolgestaaten des britischen Kolonialreichs in Indien.[24] Die Grenz-
ziehung zwischen den beiden Staaten war im Wesentlichen entlang religiöser
Linien erfolgt. Doch die Region Kaschmir, mehrheitlich mit muslimischen

---

20   Mit ihr begann auch die Verwendung von Akronymen, deren Zusammenstellung un-
     einheitlich und häufig für Außenstehende völlig unverständlich blieb.
21   Vgl. Mona Ghali, United Nations Truce Supervision Organization, in: William J. Durch
     (Hg.), The Evolution of UN Peacekeeping. Case Studies and Comparative Analysis, New
     York 1993, S. 84-103; MacQueen, Peacekeeping, S. 61-65.
22   Vgl. Maloney, Canada, S. 21-23.
23   Vgl. Chapnick, Canada's Voice, S. 64-66.
24   Vgl. hierzu und zum Folgenden Karl Th. Birgisson, United Nations Military Observer
     Group in India and Pakistan, in: William J. Durch (Hg.), The Evolution of UN Peace-
     keeping. Case Studies and Comparative Analysis, New York 1993, S. 273-284.

Einwohnern besiedelt, verblieb beim hinduistisch geprägten Indien. Um dieses Territorium entwickelte sich nach Gründung der beiden Staaten ein militärischer Konflikt, in den die Vereinten Nationen vermittelnd eingriffen. Die zu diesem Zweck gegründete UN-Kommission schlug einen Waffenstillstand, eine Demilitarisierung der entsprechenden Region und eine Volksbefragung vor. Wie in Palästina spielte der Ost-West-Gegensatz zu Beginn ebenfalls keine beherrschende Rolle.[25] Umso interessierter zeigten sich Mitglieder des British Commonwealth of Nations, allen voran Großbritannien und Kanada, welche die militärische Auseinandersetzung zwischen den beiden Mitgliedsstaaten ihres Bundes zu beenden trachteten. Washington und London, nicht die UN, drängten Ottawa, als Vermittler in dem Konflikt zu agieren. Die kanadischen Verhandlungsbemühungen waren erfolgreich: General McNaughton brachte in der zweiten Jahreshälfte 1948 beide Seiten dazu, eine militärische UN-Beobachtermission zu akzeptieren. Der Waffenstillstand zwischen den verfeindeten Parteien trat am 1. Januar 1949 in Kraft.

Im selben Monat nahm die Beobachtermission, später United Nations Military Observer Group in India Pakistan (UNMOGIP) genannt, ihre Arbeit auf. Der militärische Berater der UN-Kommission für Indien und Pakistan, der belgische General Maurice Delvoie, wurde ihr erster Kommandeur. Erst drei Wochen vor Beginn des Waffenstillstandes hatte die UN um weitere Soldaten für die 40 Personen umfassende Beobachter-Truppe ersucht. Die offizielle Anfrage des UN-Generalsekretärs erreichte Außenminister Pearson am 11. Dezember 1948. Neben Kanada wurden sieben weitere Länder angeschrieben. Aus Sicht der Vereinten Nationen erschien Kanada als idealer Kandidat. Es würde englischsprachige Offiziere bereitstellen können, hatte keinen kolonialen Besitz in Asien und zudem kein direktes Interesse in der Konfliktregion.

Der kanadische Verteidigungsminister Brooke Claxton reagierte indes zurückhaltend auf das Ansinnen der UN. Gegenüber dem Außenministerium erklärte er sogar, dass auch weitere Kabinettskollegen dem Vorschlag »allergisch«[26] gegenüberstünden, Offiziere für die UN-Mission bereitzustellen. Trotzdem delegierte das Kabinett die Entscheidung über diese Frage an den Premierminister und seinen Außenminister. Damit spielte sich eine Prozedur ein, die auch in den folgenden Jahren bei Entscheidungen, welche die Militärmissionen der UN betrafen, angewandt wurde. Pearson stand der Anfrage sehr positiv gegenüber. Nur wenige Wochen nach dem Rücktritt Kings

---

25   Vgl. MacQueen, Peacekeeping, S. 67; vgl. dagegen Maloney, Canada, S. 23-29.
26   Memorandum für den Außenminister, 15.1.1949, LAC, RG 25 vol. 6214, file 5475-CX-2-40, pt. 1.1.

als Regierungschef öffnete sich die Außenpolitik Kanadas stärker für eine multilaterale Zusammenarbeit. Am 19. Januar 1949 gaben Außen- und Verteidigungsministerium gemeinsam bekannt, dass sie zunächst vier Offiziere als UN-Beobachter zur Verfügung stellen würden. Auf amerikanische und britische Anregung hin wurde der kanadische Miliz-Oberstleutnant H. H. Angle zum Stellvertreter Delvoies ernannt. Kanadas erster UN-Peacekeeping-Einsatz begann – damals war es aber nicht mehr als der begrenzte Beitrag zur zweiten militärischen Beobachtermission der Vereinten Nationen.[27]

Als Delvoie Ende des Jahres aus Altersgründen und wegen verschiedener Anschuldigungen der Konfliktparteien seinen Abschied einreichte, schlug das UN-Sekretariat vor, Angle mit dessen Nachfolge zu betrauen. Dieser Vorschlag wurde im kanadischen Außenministerium als Ausdruck der Hochachtung für die Leistung der kanadischen Militärbeobachter gewertet. Holmes, damals Angehöriger der UN-Abteilung des Außenministeriums, riet daher, der Bitte nachzukommen. Mit Zustimmung des Verteidigungsministeriums wurde Angle zum amtierenden Brigadegeneral befördert, um ihm einen dem Kommandoposten entsprechenden Rang zu verschaffen. Im Januar 1950 übernahm er seine neue Position. Nur ein halbes Jahr später, am 17. Juli, starb er bei einem Flugzeugabsturz im Einsatzgebiet. Er war der erste kanadische Befehlshaber einer militärischen UN-Mission und zugleich das erste Todesopfer des kanadischen UN-Peacekeepings.[28]

Sowohl das UN-Sekretariat wie auch die wichtigsten Verbündeten, Großbritannien und die USA, zeigten sich mit dem kanadischen Einsatz bei UNMOGIP zufrieden. Dass Ottawa bereit war, sogar den Missionschef zu stellen, verwies auf die neue, positive Haltung der Regierung St. Laurent gegenüber internationalen Verpflichtungen. Das Engagement an der indisch-pakistanischen Grenze wurde zur Eintrittskarte für die herausgehobene Beteiligung an zukünftigen multilateralen Beobachtermissionen.

---

27   Vgl. zu dem gesamten Vorgang: kanadische Delegation UNO Paris an Außenminister, 9.12.1948, UN-Generalsekretär an kanadischen Außenminister, 11.12.1948, kanadische ständige Vertretung bei der UN an Außenminister, 7.1.1949, Memorandum für den Außenminister, 15.1.1949, Pearson an Claxton, 18.1.1949, Memorandum für den amtierenden USSEA, 19.1.1949, LAC, RG 25, vol. 6214, file 5475-CX-2-40, pt. 1.1; Interview des Vf. mit Louis Delvoie, Kingston, 8.6.2009; Granatstein, Canada: Peacekeeper, S. 101 f.; Maloney, Canada, S. 25 f.; Carroll, Pearson's Peacekeepers, S. XVII f.

28   Vgl. Vorsitzender, kanadische Delegation bei der UN-Generalversammlung, an Außenminister, 23.11.1949, Memorandum von Holmes an USSEA, 25.11.1949, LAC, RG 25, vol. 6214, file 5475-CX-2-40, pt. 1.2; Granatstein, Canada: Peacekeeper, S. 102; Gaffen, In the Eye of the Storm, S. 166 f.

Multilateralismus innerhalb und jenseits der Vereinten Nationen

Auch in den kommenden Jahren zeigte sich, wie stark die kanadische Regierung gewillt war, international Verantwortung zu übernehmen und so Einfluss auszuüben. Trotz der mit Beginn des Kalten Krieges enttäuschten Erwartungen wurde an den Vereinten Nationen als wichtigem Forum für die Gestaltung der internationalen Beziehungen festgehalten. Insbesondere Pearson verfolgte diesen Kurs.

Er stand jedoch im Außenministerium nicht allein. Vielmehr fand sich dort eine Gruppe hochrangiger Diplomaten, die von ihm gefördert wurden und seine Politik unterstützten. Das gegenseitige Vertrauensverhältnis basierte darauf, dass Pearson als ehemaliger Beamter des Außenministeriums und Botschafter aus ihrer Mitte stammte. In den Worten von John Holmes: »He was one of us.«[29] 1928 war der Pfarrerssohn Pearson in den diplomatischen Dienst eingetreten. Anfang 1945 hatte er die Botschaft in Washington übernommen. Er vertrat damit die Interessen seines Landes beim nach Großbritannien wichtigsten Bündnispartner Kanadas. Schon 1946 holte ihn der damalige Behördenchef St. Laurent als (beamteten) Staatssekretär und damit stellvertretenden Minister ins Außenministerium. Als St. Laurent an die Spitze der Regierung wechselte, folgte ihm Pearson als Außenminister nach.[30]

Durch seine lange Dienstzeit war Pearson mit allen leitenden Mitarbeitern des Außenministeriums bekannt, mit vielen sogar befreundet. Hume Wrong und Norman Robertson[31] gehörten zu seinen engsten Weggefährten. Auf dem kleinen Friedhof von Wakefield, nördlich Ottawas gelegen, sind die drei fast Seite an Seite bestattet. Auch Arnold Heeney zählte zu diesem Freundeskreis. Die drei Kollegen von Pearson besetzten in den 40er und 50er Jahren jeweils die höchste Beamtenposition, die das Außenministerium zu vergeben hatte. Robertson amtierte von 1941-46 und dann wieder von 1958-64 als Staatssekretär, Heeney von 1949-52 und Wrong 1953. Zum Teil stammten die Freundschaften und Bekanntschaften noch aus der Zeit vor dem Eintritt in den diplomatischen Dienst. So waren beispielsweise schon die Eltern von Pearson und Holmes befreundet gewesen.[32] Wrong und Pearson kannten sich von der Universität Toronto, wo sie beide als Geschichtsdozenten gearbeitet

---

29   Zit. nach Chapnick, Canada's Voice, S. 94.

30   Siehe John English, Shadow of Heaven. The Life of Lester Pearson, vol. I: 1897-1948, Toronto 1989; ders., The Worldly Years.

31   Zu Robertson siehe Jack L. Granatstein, A Man of Influence. Norman A. Robertson and Canadian Statecraft 1929-68, o.O. 1981.

32   Vgl. Chapnick, Canada's Voice, S. 6, 25.

hatten.[33] Die gesellschaftlichen und familiären Hintergründe waren nicht selten ähnlich. Pearson, Wrong, Heeney und auch der Diplomat Escott Reid, amtierender Staatssekretär und wichtiger Berater Pearsons in dessen ersten Jahren als Außenminister sowie von 1952 bis 1962 zuerst Hochkommissar in Indien und dann Botschafter in Deutschland, stammten aus einem Pfarr-haushalt.[34] Traditionell waren Kanadas Kirchen transnational ausgerichtet, wie Robert Bothwell betont.[35] Der vielleicht wichtigste Vertreter Kanadas im Völkerbund, Walter A. Riddell, war selbst protestantischer Pfarrer gewesen.[36] In ihren Mittelklassewertvorstellungen und ihrer Sicht auf die Welt mögen sich viele Diplomaten und insbesondere die vier Freunde Pearson, Wrong, Heeney und Reid schon von ihren Elternhäusern her geähnelt haben.[37]

In der Interpretation der internationalen Lage stimmten die Angehörigen dieses Netzwerkes allerdings nicht immer vollständig überein. Pearson, Holmes und Reid werden eher einem idealistischen Flügel im Außenministerium zugerechnet. Robertson und Wrong dagegen sollen eher eine realistische, pragmatische Position vertreten haben.[38] Grundsätzlich waren sich die Diplomaten jedoch einig, dass nach den Erfahrungen der Zwischenkriegs-zeit und des Zweiten Weltkrieges aus nationalen und sicherheitspolitischen Erwägungen heraus eine enge internationale Vernetzung Kanadas nötig sei.[39] Vielleicht etwas überpointiert ausgedrückt, fungierte Pearson als Sprachrohr dieser führenden Generation im Außenministerium.

Es war diese Generation, die Kanada als Mittelmacht in den internationalen Beziehungen vertreten wissen wollte. Zwar wurde der Begriff »a power of middle size« vom ehemaligen Premierminister Mackenzie King geprägt,[40] doch die damit einhergehende Politik wurde prototypisch erst unter Pearson als Außen-minister umgesetzt. Als Mittelmacht positionierte sich Kanada zwischen den Groß- und Supermächten einerseits sowie den kleineren Staaten andererseits. Mittelmacht war somit zugleich die Beschreibung eines relativen politischen Gewichtes wie auch der Anspruch, dieses Gewicht adäquat zu repräsentieren.

---

33   Vgl. Lester B. Pearson, Mike. The Memoirs of the Right Honourable Lester B. Pearson, Bd. 1: 1897-1948, reprint, Toronto/Buffalo 1975, S. 71.

34   Vgl. Granatstein, The Ottawa Men, S. 6.

35   Vgl. Bothwell, Alliance, S. 22.

36   Vgl. Eileen R. Janzen, Growing to One World. The Life of J. King Gordon, Montreal & Kingston u.a. 2013, S. 39.

37   Vgl. Chapnick, Canada's Voice, S. 25.

38   Vgl. Granatstein, The Ottawa Men, S. 248 f.; Chapnick, Canada's Voice, S. 30 f., 61, 108.

39   Beispielhaft die Biografie von Reid, der in den 30er Jahren eine isolationistische Position vertrat, bevor er sich während des Zweiten Weltkrieges zu einem Befürworter des Inter-nationalismus wandelte. Vgl. Granatstein, The Ottawa Men, S. 245 f.

40   Vgl. Holmes, The Shaping of Peace, Bd. 1, S. 236.

Dies führte idealiter zu einem außenpolitischen Stil, der versuchte, Konflikte zu entschärfen und im Verein mit anderen Staaten multilateral zu handeln. Als Mittelmacht musste die kanadische Außenpolitik, wollte sie ihrem eigenen Anspruch gerecht werden, nicht nur international Positionen beziehen, sondern auch Ressourcen bereitstellen und Aufgaben übernehmen.[41]

Wie schnell die Forderung nach einem substanziellen kanadischen Militärbeitrag aufkommen konnte, zeigte sich nach dem Angriff Nordkoreas auf Südkorea am 25. Juni 1950. Auf Antrag der USA verabschiedete der Sicherheitsrat mehrere Resolutionen, die den Rückzug Nordkoreas forderten und die übrigen UN-Mitgliedsstaaten dazu aufriefen, den bewaffneten Angriff auf die südkoreanische Unabhängigkeit zurückzuweisen. Ausgestattet mit einem UN-Mandat und geführt von den USA griff eine von einer breiten Koalition getragene UN-Truppe in den Krieg ein. Nach verlustreichen Kämpfen und Millionen Todesopfern bestätigte der Waffenstillstand 1953 den *Status quo ante*.[42] Während Premierminister St. Laurent in der Tradition Mackenzie Kings keine automatischen Beistandsverpflichtungen akzeptieren wollte, meinte Pearson, den USA zumindest symbolisch sofort beistehen zu müssen. Aufgrund der eingegangenen Bündnisse und Verpflichtungen, der engen Bindung an die USA und der von Kanada unterstützten, sich zum ersten Mal bewährenden kollektiven Sicherheitsarchitektur der Vereinten Nationen sowie der Überzeugung, einer weltweiten kommunistischen Bedrohung entgegentreten zu müssen, konnte die kanadische Politik nicht abseits stehen. Nach längeren Beratungen entsandte die Regierung eine Brigade des Heeres zuzüglich zu See- und Luftstreitkräften nach Korea. Von 22.000 Soldaten, die bei den Kämpfen in Korea eingesetzt wurden, starben 1557.[43]

Auch wenn dieser Militäreinsatz später manchmal zum kanadischen Peacekeeping gezählt werden sollte, wie in dem offiziösen Buch »The Canadian Peacekeeper« von 1992,[44] so stand er doch für die Zeitgenossen eindeutig in der Tradition des Ersten und Zweiten Weltkrieges. Sichtbares Zeichen hierfür war, dass auf Ehrenmälern im ganzen Land die Namen der Korea-Gefallenen zu denen hinzugefügt wurden, die in den beiden Weltkriegen ihr Leben gelassen

---

41 Obwohl die Maximen dieser Politik weiter gegolten hätten, wäre der Begriff Mittelmacht spätestens in den 90er Jahren im kanadischen politischen Diskurs kaum noch gebraucht worden. Vgl., auch kritisch zu diesem Konzept, Nossal, The Politics of Canadian Foreign Policy, S. 53-60; Cooper, Canadian Foreign Policy, S. 19-22.

42 Vgl. Stöver, Der Kalte Krieg, S. 94-97.

43 Vgl. Hillmer/Granatstein, Empire, S. 185-188; Bothwell, Alliance, S. 82-88.

44 Vgl. John Gardam, The Canadian Peacekeeper, Burnstown, ON 1992, S. 11 f. Oberst Gardam verweist in seinem Vorwort darauf, dass seine vorgesetzte Behörde im Verteidigungsministerium das Buchprojekt genehmigt habe. Vgl. ebd., S. 6.

Abb. 2.1, 2.2   »Old City Hall Cenotaph«, Toronto, Ontario.
1925 ursprünglich zur Erinnerung an die im Ersten Weltkrieg
gefallenen Bürger Torontos errichtet, später mit Hinweisen auf
die Gefallenen des Zweiten Weltkrieges, des Koreakrieges
(1950-1953, rechts) und zuletzt auch des Peacekeepings (links
und rechts) ausgestattet. Fotos: Jan Erik Schulte, 2008

Abb. 2.3, 2.4 »War Memorial to the Unknown Soldier«, Victoria, British Columbia.
1925 ebenfalls in Erinnerung an den Ersten Weltkrieg errichtet, finden sich auf
der Vorderseite die Hinweise auf den Zweiten Weltkrieg, den Koreakrieg und den
Krieg in Afghanistan (links) sowie auf der Rückseite die Erinnerungsplakette
»IN THE SERVICE OF PEACE« (rechts). Fotos: Jan Erik Schulte, 2019

hatten. Erst seit den 90er Jahren sollte auf den Denkmälern auch summarisch
und mit einer eigenen Plakette der Toten aus den UN-Peacekeeping-Einsätzen
gedacht werden. Die Memorialkultur unterscheidet somit bis heute zwischen
dem Peacekeeping im engeren Sinne und dem Koreakrieg sowie jüngst dem
Krieg in Afghanistan (Abb. 2.1-2.4).

Der Koreakrieg trug entscheidend dazu bei, die Frontstellung zwischen
den beiden Blöcken zu zementieren. Noch während des Krieges entschied
das Kabinett St. Laurents nicht nur, eine Brigade für den Einsatz in Korea
bereitzustellen, sondern eine weitere unter NATO-Kommando nach Europa
zu schicken. Mittelfristig rückten die NATO und ein möglicher Kriegsschauplatz Europa ins Zentrum der sicherheitspolitischen und militärischen Überlegungen. Der Umfang der Streitkräfte wurde verdreifacht. Zum ersten Mal
in Friedenszeiten stationierte die kanadische Regierung einen Kampfverband außerhalb der eigenen Grenzen. Ende 1951 wurden die Soldaten der
neuen Brigade nach Deutschland eingeschifft. Zuerst in Hannover einquartiert,
wurden sie 1953 nach Soest, Werl, Hemer und Iserlohn verlegt. Erst nach Ende

des Ost-West-Konflikts wurde die Truppe 1993 aufgelöst und das Personal abgezogen.[45]

Verpflichtungen gegenüber Verbündeten und die erweiterte internationale Präsenz führten auch dazu, dass eine sich sträubende kanadische Regierung in den Krieg in Indochina hineingezogen wurde.[46] Nach der entscheidenden Niederlage französischer Truppen gegen die Viet Minh in Dien Bien Phu konnte Frankreich sein asiatisches Kolonialreich nicht mehr militärisch verteidigen. Eine nach Genf einberufene Indochina-Konferenz führte zu einem Waffenstillstand. Überraschend – vermutlich infolge chinesischer und indischer Initiative[47] – wurde Kanada neben Indien und Polen am 21. Juli 1954 eingeladen, einer Kommission beizutreten, die den Waffenstillstand überwachen sollte. Jules Léger, der Staatssekretär im Außenministerium, beteuerte vor dem Auswärtigen Ausschuss des kanadischen Parlaments, dass er von der Anfrage zunächst aus der Presse erfahren habe. Erneut scheint für die asiatischen Beteiligten am Friedensprozess das Kriterium, dass Kanada ohne Kolonialbesitz in Asien und vorderhand unbeteiligt war, entscheidend gewesen zu sein. Vor dem Hintergrund des Ost-West-Konflikts erwies es sich zudem als wichtig, die International Control Commission (ICC) paritätisch zu besetzen. Kanada und Polen repräsentierten die beiden antagonistischen Blöcke, Indien vertrat die neutrale dritte Position.

Kanadas Beteiligung bedeutete einen großen Aderlass für die beiden beteiligten Ressorts. Außenministerium und Verteidigungsministerium mussten 150 Diplomaten und Offiziere bereitstellen. Damit wurde weit über den beschränkten Rahmen hinausgegangen, der durch die Beteiligung an der UN-Mission in Indien und Pakistan gelegt worden war. Häufig für die beteiligten Diplomaten und Militärs ein frustrierendes Erlebnis, bestand die Kommission, ohne entscheidende Ergebnisse zu erzielen, nahezu zwei Jahrzehnte.[48]

Während die Internationale Kontrollkommission außerhalb des UN-Systems funktionierte, zielten kanadische Initiativen eher auf die Vereinten Nationen. Dort spielte Kanada in der ersten Hälfte der 50er Jahre eine hervorgehobene Rolle. Als persönlichen Erfolg konnte Pearson seine Wahl zum Präsidenten der UN-Generalversammlung ansehen. Nichtsdestotrotz stieg damit auch das Ansehen der kanadischen Diplomatie insgesamt. Die »Uniting

45   Vgl. Sean Maloney, War Without Battles. Canada's NATO Brigade in Germany, 1951-1993, Toronto 1997; Granatstein, Army, S. 316, 321, 335-340, 381; Bothwell, Alliance, S. 93-95.

46   Siehe hierzu die maßgebliche Studie von Douglas A. Ross, In the Interest of Peace: Canada and Vietnam 1954-1973, Toronto u.a. 1984.

47   Vgl. ebd., S. 87.

48   Vgl. insgesamt ebd.; sowie Granatstein, Army, S. 343; Bothwell, Alliance, S. 195-211; Chapnick, Canada's Voice, S. 83 f.

for Peace«-Resolution, die am 3. November 1950 von der Generalversammlung angenommen wurde, war unter anderem von Kanada eingebracht worden. Sie sollte bei einer Blockade im Sicherheitsrat die Möglichkeit bieten, die Streitfrage an die Generalversammlung zu überweisen. Und als Paul Martin, der kanadische Gesundheitsminister und Delegationsleiter, während der Generalversammlung von 1955 einen Kompromiss zustande brachte, der es erlaubte, eine große Zahl von neuen Mitgliedern aufzunehmen, die aufgrund ihrer Zuordnung oder angenommenen Nähe zu einem der Blöcke bislang erfolglos um eine Aufnahme in die Vereinten Nationen nachgesucht hatten, war die kanadische Reputation (fast) auf einem Höhepunkt angekommen.[49]

Auch in einer anderen, immer wieder kontrovers diskutierten Frage traten kanadische Diplomaten hervor: Sollten die Vereinten Nationen über eine eigene Militärformation verfügen? Diese Idee war nicht neu. Bereits in der Zwischenkriegszeit war über eine permanente internationale Polizeitruppe unter Kontrolle des Völkerbundes debattiert worden.[50] Kanadische Nachkriegsplanungen waren in dieselbe Richtung gegangen. Im Januar 1944 hatte ein interner Bericht vorgeschlagen, eine »United Nations Security Force« zu gründen, die aus Offizieren aller Mitgliedstaaten gebildet werden sollte.[51] Auch während der Beratungen, die zur Gründung der Vereinten Nationen führten, wurde über stehende UN-Streitkräfte nachgedacht. Da die Großmächte diesen Überlegungen aber ablehnend gegenüberstanden, verliefen sie im Sande.[52] 1948 wurde die Idee in veränderter Form wieder aufgegriffen. Am 17. September dieses Jahres fiel der UN-Chefunterhändler im Palästina-Konflikt, Graf Folke Bernadotte, einem Attentat zum Opfer. UN-Generalsekretär Trygve Lie nahm den Anschlag zum Anlass, um die Aufstellung einer »United Nations Guard Force« anzuregen. Deren Mitglieder sollten gefährdete Personen, die im UN-Auftrag unterwegs waren, schützen.[53] Pearson nutzte zwei Jahre später sogar den Koreakrieg, um die militärische Leistungsfähigkeit der UN langfristig zu stärken. Er warb insbesondere für eine stehende UN-Truppe.[54]

Innerhalb der kanadischen Bürokratie waren die Meinungen in dieser Frage gespalten. Insbesondere der Vorschlag von Lie, eine Guard Force zu schaffen,

---

49 Vgl. Volger, Geschichte der Vereinten Nationen, S. 80-83, 97-99; Greg Donaghy, Grit. The Life and Politics of Paul Martin Sr., Vancouver/Toronto 2015, S. 140-145.

50 Vgl. Rundschreiben, 27.12.1933, LAC, RG 25, vol. 1694, file No. 1934-120 (year 1933).

51 Chapnick, Canada's Voice, S. 36 f.

52 Vgl. John MacFarlane, Refus d'une force permanente des Nations unies, unveröffentlichtes Manuskript. John MacFarlane sei für die Überlassung des Manuskripts gedankt.

53 Vgl. Memorandum an Außenminister, 29.9.1948, Memorandum an Kabinett, 15.10.1948, LAC, RG 25, vol. 6214, file 5475-DK-40, pt. 1.1.

54 Vgl. Bothwell, Alliance, S. 86 f.

führte zu längeren und kontroversen Diskussionen. Während Angehörige des Außenministeriums das Ansinnen prinzipiell befürworteten, blieben die wichtigsten militärischen Vertreter skeptisch. Zwar reagierte das Planungskomitee der Stabschefs der kanadischen Streitkräfte positiv, doch der Generalstabschef, Generalleutnant Charles Foulkes, riet dazu, sich zurückzuhalten. Er wollte vor allem einen konkreten militärischen Beitrag Kanadas vermeiden. Seine Position sollte sich durchsetzen.[55] Aus der UN Guard Force wurde ebenso wenig etwas wie aus dem Vorschlag Pearsons, eine UN-Division für Korea zusammenzustellen. Die Kontroversen zeigen, dass schon Ende der 40er Jahre die Streitkräfte und das Verteidigungsministerium einem kanadischen Militärbeitrag zu UN-Verbänden und -Operationen weitaus zurückhaltender gegenüberstanden als das Außenministerium. Landesverteidigung und NATO-Einsatz hatten für die Streitkräfteführung Priorität, eine Beteiligung an UN-Missionen schien dagegen eher vom Wesentlichen abzulenken.

Kanada als erste Adresse für internationale Militärmissionen

Trotzdem beteiligte sich die kanadische Regierung im Juni 1954 in herausgehobener Weise, als der neue UN-Generalsekretär Dag Hammarskjöld die UNTSO personell aufstockte. Er reagierte damit auf die zunehmenden Spannungen zwischen Ägypten und Israel. Pearson und Verteidigungsminister Claxton verständigten sich darauf, nicht nur fünf Militärbeobachter, sondern, wie von Hammarskjöld erbeten, auch den Einheitskommandeur zu stellen. Damit schrieb die kanadische Regierung ihre, nach dem Rücktritt Kings, offensivere UN-Politik fort. Über diese Entscheidung wurde, worauf Maloney hinweist, im Kabinett nicht diskutiert. Mit dem Ergebnis konnten Pearson und das Außenministerium jedenfalls zufrieden sein. Wie vom Außenminister gewünscht, engagierte sich die kanadische Politik nun auch verstärkt im Nahen Osten. Bei geringem personellen und finanziellen Einsatz wurde die Position Kanadas in der UN weiter gestärkt.[56]

Als Stabschef (Chief of Staff), wie der Kommandeur der UNTSO missverständlich offiziell bezeichnet wurde, nominierte die kanadische Regierung Generalmajor Eedson Louis Millard, genannt »Tommy«, Burns. Er hatte im

---

55 Vgl. David A. Lenarcic, Turning Blue: The Departments of External Affairs and National Defence and the Making of Canadian Peacekeeping Policy, 1948-1965 (draft), o.D. (Mitte der 90er Jahre), S. 5-19, DHH, 98/32 (im Folgenden Lenarcic, Turning Blue); Maloney, Canada and UN Peacekeeping, S. 18-20.

56 Vgl. Maloney, Canada and UN Peacekeeping, S. 55.

Zweiten Weltkrieg ein kanadisches Armeekorps in Italien geführt, war nach dem Krieg aber aus dem aktiven Dienst ausgeschieden und in das Ministerium für Veteranenangelegenheiten gewechselt, wo er 1950 zum stellvertretenden Minister aufstieg. Zwischenzeitlich hatte er der kanadischen Delegation zur UN-Generalversammlung von 1949 angehört. Warum die Wahl gerade auf ihn fiel, bleibt unsicher. Grundvoraussetzung waren Erfahrungen als Truppen-kommandeur. Er selbst vermutete, dass seine Mitarbeit in der United Nations Association in Canada, der Nachfolgerin der nationalen League of Nations Association, für die kanadischen Entscheidungsträger ebenfalls attraktiv ge-wesen sein könnte. Von 1952 bis 1954 amtierte Burns sogar als UNA-Präsident. In jedem Fall brachte er Fähigkeiten und Kenntnisse mit, die für seinen neuen Posten wertvoll waren. Nach hohen militärischen Führungspositionen hatte er sowohl in der Politik als auch auf diplomatischem Parkett Erfahrungen gesammelt – in dieser Hinsicht ähnelte er General Brind, dem britischen Kommandeur der Internationalen Streitmacht im Saarterritorium 1934/35, der als Vertreter bei Abrüstungsverhandlungen fungiert hatte. Die Position als UNTSO-Stabschef bot mindestens ebenso große diplomatische wie militärische Herausforderungen. Zwischen Burns und der kanadischen Streit-kräfteführung bestand ein eher gespanntes Verhältnis. Vermutlich ging die Wahl Burns daher vor allem auf Pearson und das Außenministerium zurück.[57]

Verteidigungsminister und Streitkräfte gingen die UN-Beobachtermissionen mit verhaltenem Enthusiasmus an. Prinzipiell schienen sie die begrenzten Einsätze aber zu akzeptieren. Nachdem das Verteidigungsministerium 1949 für UNMOGIP zunächst nur Reserveoffiziere bereitgestellt hatte, wurden seit 1950 aktive Offiziere ausgesandt. Gleichwohl waren die Beobachter-missionen für höhere Chargen des Militärs offensichtlich uninteressant. Ob-wohl innerhalb von wenigen Jahren Kanadier beide UN-Kommandeursstellen in UNTSO und UNMOGIP besetzten, wurde kein aktiver Offizier benannt. Brigadegeneral Angle stammte aus der Reserve und Burns hatte seit Kriegs-ende keinerlei militärische Kommandoposten mehr bekleidet. Die treibenden Kräfte hinter dem militärischen UN-Engagement waren Pearson und das Außenministerium. Verteidigungsministerium und Streitkräfte folgten, sofern keine größeren Belastungen zu erwarten waren.

Aus sicherheitspolitischer und strategischer Sicht war es nicht verwunder-lich, dass sich die Streitkräfteführung abwartend verhielt. Denn die beiden

---

57 Vgl. Eedson L. M. Burns, Between Arab and Israeli, London u.a. 1962, S. 7; Jean Martin, Le grand oublié de la crise de Suez, le général Burns, in: Jocelyn Coulon (Hg.), Guide du maintien de la paix 2008, Outremont (Québec) 2007, S. 27-38, hier S. 28 f. Siehe auch die biografischen Angaben zu Burns in Kapitel 6.

UN-Operationen lagen nicht nur geographisch eher an der Peripherie des
Weltgeschehens. Die verfeindeten Blöcke, welche die internationalen Beziehungen bestimmten, trafen vor allem in Europa, Korea und bedingt auch
in Südostasien aufeinander. In Kaschmir und in Palästina zeigte sich der
Antagonismus der beiden Supermächte noch nicht so ausgeprägt. Deshalb
konnten sich dort die Vereinten Nationen profilieren.[58] Auch blieben die
Erfolge der Beobachtermissionen begrenzt. Sie trugen zwar zur Entspannung
der militärisch-politischen Lage bei, konnten aber die Konflikte nicht lösen.
Trotzdem erwiesen sie sich zeitgenössisch als taugliches Mittel der Krisenintervention. Nur wenn die Waffen schwiegen, bestand die Hoffnung, dass
die zugrundeliegenden Gegensätze ausgeräumt werden könnten. Gerade in
Kaschmir und in Palästina sollte sich diese Annahme allerdings mittel- und
langfristig nicht bewahrheiten.

Weltpolitisch peripher, doch als substanzieller Beitrag zum Frieden verstanden, zudem für die UN gerade vor dem Hintergrund der Veto-Blockaden
im Sicherheitsrat ein wichtiger Aktivposten, erwiesen sich die Beobachtermissionen als ideales Feld kanadischer Außenpolitik. In den Vereinten
Nationen hatte Kanada sich bereits einen Namen als Verfechter einer multilateralen Politik gemacht. Diese Position wurde durch die Beteiligung an
den Beobachtermissionen gestärkt. Das Engagement war dabei vorwiegend
symbolisch. Denn mit relativ geringem Ressourceneinsatz[59] konnte eine dis-
proportional große politische Wirkung erzielt werden. Dieses Ergebnis war
beabsichtigt, wie ein Memorandum vom 2. Mai 1956 an den amtierenden
Außenminister bestätigt, das die Bitte des UN-Generalsekretärs um fünf
weitere kanadische Militärbeobachter für UNTSO befürwortete:

> From the point of view of this Department [das Außenministerium],
> I think it is most desirable that the Canadian Government should give
> favourable consideration to this comparatively modest request from the
> Secretary-General. The work which the Truce Supervision Organization
> has had to perform and will be carrying out is of very great importance
> and provides an opportunity for a Canadian contribution to the mainte-
> nance of peace in the Middle East out of all proportion to the number
> of Canadians involved. The request for additional Canadian assistance

---

58   Vgl. MacQueen, Peacekeeping, S. 67.

59   Im Mai 1956 dienten sieben Kanadier bei UNMOGIP sowie zunächst fünf und nach einer
      Erhöhung zehn bei UNTSO. In beiden Missionen stellte Kanada das größte Kontingent,
      in UNMOGIP gemeinsam mit Australien. Vgl. kanadische UN-Vertretung an USSEA,
      26.6.1956, LAC, R 25, vol. 6948, file 5475- CX-2-40, pt. 6.

undoubtedly is a reflection of the high regard in which the work of General Burns and the other Canadians who have served or are serving with UNTSO is held.[60]

Die Argumentation überzeugte. Alle fünf zusätzlich angeforderten Soldaten wurden bewilligt.[61]

Obwohl sich die kanadische Diplomatie auf internationalem Parkett zu einer ersten Adresse entwickelte, wenn es um ein multilaterales, auch militärisches Engagement ging, blieb diese Entwicklung in der kanadischen Öffentlichkeit weitgehend unbeachtet. Zwar hatten interne Untersuchungen des Außenministeriums und Meinungsumfragen schon Mitte der 40er Jahre gezeigt, dass die Kanadier hinter einer internationalistisch ausgerichteten Politik stehen würden,[62] doch scheint damit kein größeres Interesse an der Tagespolitik verbunden gewesen zu sein. Allerdings bemühten sich Regierung und Bürokratie auch kaum, ihre Außenpolitik und insbesondere ihre Beteiligung an den UN-Beobachtermissionen ausführlich zu kommunizieren. Der Einsatz im Rahmen von UNMOGIP fand sogar ganz bewusst unter Ausschluss der Öffentlichkeit statt. Da sich im Kaschmir-Konflikt zwei Commonwealth-Mitglieder gegenüberstanden, erschien die Mission als zu peinlich, als dass hierüber öffentlich diskutiert werden sollte. Nur einmal, im Februar 1949, kam sie im Parlament zur Sprache. In den Jahresberichten des Verteidigungsministeriums fehlte jeglicher Hinweis auf UNMOGIP und die Beteiligung kanadischer Soldaten.[63]

In den ersten Jahren des aus der Rückschau als Peacekeeping zu bezeichnenden Engagements gab es in diesem Politikfeld folglich kaum Austausch zwischen Innen- und Außenpolitik. Bis zu diesem Zeitpunkt hatte sich die Beteiligung an internationalen Beobachtermissionen schon als wichtiges Instrument kanadischer Außenpolitik etabliert, auch wenn der Anstoß zum Teil nicht von Ottawa, sondern von befreundeten Staaten ausgegangen war. Zugleich blieben Öffentlichkeitsarbeit wie auch die öffentliche Wahrnehmung der prominenten und zunehmend eigenständigeren Außenpolitik in Kanada rudimentär. Deshalb waren Regierung und Bürokratie auf die einsetzende nationale Debatte über die Suez-Politik kaum vorbereitet und herrschte in der Bevölkerung eine große Unsicherheit hinsichtlich des eingeschlagenen außenpolitischen Kurses.

---

60 Memorandum an amtierenden Minister, 2.5.1956, ebd.
61 Kanadische UN-Vertretung an USSEA, 26.6.1956, ebd.
62 Granatstein, Canada: Peacekeeper, S. 96; Chapnick, Canada's Voice, S. 34.
63 Granatstein, Canada: Peacekeeper, S. 102.

KAPITEL 3

Die Suez-Krise 1956
Diplomatischer Erfolg und nationaler Disput

Der Suez-Krieg vom Herbst 1956 gehörte zu den gefährlichsten weltpolitischen Krisen des Kalten Krieges. Wie auch der Koreakrieg oder die kubanische Raketenkrise beschwor er die Gefahr einer atomaren Konfrontation der Supermächte herauf. Für die meisten Staaten stellte der Konflikt im Nahen Osten in erster Linie eine internationale Herausforderung dar. Dies galt zu Beginn auch für Kanada. Trotz der schwierigen Ausgangslage – Ottawas wichtigste Verbündete in Washington und London verfolgten konträre Strategien – meisterte die kanadische Regierung die diplomatischen Herausforderungen mit international anerkanntem Geschick.[1] Von den Regierenden mit Überraschung festgestellt, verursachte die prominente außenpolitische Haltung jedoch eine innenpolitische Krise, die das kanadische Blauhelm-Engagement in eine erste identitätspolitische Auseinandersetzung verwickelte.

Internationales Krisenmanagement Kanadas

Ausgangspunkt für die Eskalation des schwelenden internationalen Konfliktes war eine überraschende Ankündigung des ägyptischen Präsidenten Gamal Abd el-Nassar. Am 26. Juli 1956 ließ er die französisch-britische Betreibergesellschaft des Suezkanals verstaatlichen. Durch diesen Schritt weitete sich der Streit um die Kontrolle des strategisch und wirtschaftlich bedeutenden Wasserweges zu einer internationalen Krise. Die eigentlichen Ursachen waren vielfältig. Israelisch-arabischer Gegensatz, Kalter Krieg und Antagonismus der Supermächte, Einflussversuche der ehemaligen Kolonialmächte Frankreich und Großbritannien, ägyptischer Nationalismus sowie ökonomische und militärische Bedeutung der durch den Kanal führenden wichtigsten Schifffahrtsroute, die den Westen mit Erdöl versorgte, bildeten ein komplexes Krisenszenario, für das in den folgenden Monaten trotz vielfältiger Bemühungen keine diplomatische Lösung gefunden wurde.[2]

---

1 Vgl. Carroll, Pearson's Peacekeepers, S. 55.

2 Vgl. zu den britisch-französischen Positionen Hugh Thomas, The Suez Affair, London 1967; Roy Fullick/ Geoffrey Powell, Suez: The Double War, London 1979 u. Keith Kyle, Suez. Britain's End of Empire in the Middle East, London/New York 2003 (EA 1991); zur ägyptischen

© VERLAG FERDINAND SCHÖNINGH, 2020 | DOI:10.30965/9783657787807_005

Großbritannien, das erst wenige Monate zuvor die letzten Truppen aus Ägypten abgezogen hatte, und Frankreich wollten das *fait accompli* Nassers nicht hinnehmen. In Geheimverhandlungen einigten sie sich mit Israel auf ein abgestimmtes militärisches Vorgehen gegen den Nilstaat. Ein entsprechendes Protokoll wurde am 24. Oktober 1956 im französischen Sèvres unterzeichnet.[3] Daraufhin griffen am 29. Oktober 1956 israelische Truppen ägyptische Stellungen auf der Sinai-Halbinsel an. Gemäß den Absprachen stellten London und Paris den beiden Kriegsparteien ein Ultimatum, das Israel einen ungehinderten Vormarsch gestattete und eine anglo-französische Militärpräsenz am Kanal forderte. Eine Ablehnung der Forderungen, denen Ägypten offensichtlich nicht zustimmen konnte, würde zu einem militärischen Eingreifen der beiden europäischen Regierungen führen.[4]

Angriff und Ultimatum riefen weltweit Überraschung und Empörung hervor.[5] Dessen ungeachtet begannen britische und französische Flugzeuge am 31. Oktober mit der Bombardierung ägyptischen Territoriums. Vom anglofranzösischen Veto blockiert, erwies sich der am 30. Oktober auf Antrag der USA zusammengetretene UN-Sicherheitsrat als paralysiert. In dieser Situation ermöglichte die 1950 beschlossene »Uniting-for-Peace«-Resolution eine Überweisung des Falls an die UN-Generalversammlung.[6]

Auch die Mitgliedsstaaten des Commonwealth traf das Vorgehen des britischen Mutterlandes völlig unvorbereitet. Neuseeland und Australien beeilten sich, die Initiative Großbritanniens zu begrüßen, wobei die Haltung der Regierung in Canberra im eigenen Land nicht unumstritten war. Südafrika und die jüngeren Commonwealth-Mitglieder, einschließlich Indiens, kritisierten

---

Perspektive Mohamed H. Heikal, Cutting the Lion's Tail. Suez. Through Egyptians Eyes, London 1986; weiterhin die Beiträge von Jehuda L. Wallach, Mohamed Reda Moharram u. A. Orlow in: Winfried Heinemann/Norbert Wiggershaus (Hg.), Das internationale Krisenjahr 1956. Polen, Ungarn, Suez, München 1999 u. zur kanadischen Position Carroll, Pearson's Peacekeepers. Für eine frühere Fassung des vorliegenden Kapitels siehe Jan Erik Schulte, Ein nationaler Weg: Kanada und die Schaffung der UN-Blauhelme in der Suez-Krise 1956, in: Militärgeschichtliche Zeitschrift 68 (2009), 1, S. 49-74.

3   Vgl. Kyle, Suez, S. 314-331; Michael Bar-Zohar, Shimon Peres. The Biography, New York 2007, S. 134-154.

4   Vgl. Kyle, Suez, S. 347-362; Mohamed Reda Moharram, Die Suezkrise 1956. Gründe – Ereignisse – Konsequenzen, in: Winfried Heinemann/Norbert Wiggershaus (Hg.), Das internationale Krisenjahr 1956. Polen, Ungarn, Suez, München 1999, S. 197-217, hier S. 210 f.

5   Vgl. »World Reacts Sharply To Anglo-French Move«, *Globe and Mail*, 1.11.1956, S. 1 u. 3.

6   Vgl. Kyle, Suez, S. 353-355, 360-366, 392. 1950 hatten neben den USA und Kanada auch Großbritannien und Frankreich zu den Befürwortern der Resolution gehört. Vgl. Granatstein, Canada: Peacekeeper, S. 104.

dagegen in teilweise scharfen Worten Londons Forderungen. Vor aller Welt führte die Suez-Krise zu einem Riss im Gewebe des Commonwealth.[7]

Die Mitglieder des kanadischen Kabinetts reagierten uneinheitlich.[8] Premierminister St. Laurent und Außenminister Pearson fühlten sich allerdings hintergangen. Sie sollten die offizielle kanadische Reaktion bestimmen. St. Laurent lehnte die Aktion rundweg ab. Gegenüber dem britischen Vertreter in der kanadischen Hauptstadt, dem amtierenden Hochkommissar, machte er seinem Unmut Luft.[9] Der Kanadier fühlte sich brüskiert, da ihm ein erläuternder Brief seines britischen Amtskollegen Sir Anthony Eden erst nachdem die Presse bereits von dem Ultimatum berichtet hatte, zugestellt worden war.[10] Außenminister Pearson ließ die britische Regierung wissen: »our feeling of bewilderment and dismay at the decisions which they have taken [...]; decisions which came as a complete surprise to us and which had not been hinted at in any previous discussion.«[11] Gegenüber John Foster Dulles, dem US-Außenminister, bezeichnete er das britisch-französische Ultimatum als »stupid«[12]. Ottawa distanzierte sich auch öffentlich von London, allerdings in vorsichtigen Worten,[13] sollte doch das Tischtuch nicht zerschnitten werden.

Diese Haltung verfolgte die kanadische Regierung kontinuierlich während der Krise: über diplomatische Kanäle deutliche Kritik an London und öffentlich eine vorsichtige Reaktion sowie das Bemühen, die Krise zu entschärfen.

---

7   Vgl. James Eayrs (Hg.), The Commonwealth and Suez. A Documentary Survey, London 1964, S. 222-272; Escott Reid, Hungary and Suez 1956. A View From New Delhi, Oakville (ON) u.a. 1986, S. 46 f., 50 f.; Granatstein, Canada: Peacekeeper, S. 120; Keith, Suez, S. 392-396.

8   Vgl. John Hilliker/Donald Barry, Canada's Department of External Affairs, Bd. 2: Coming of Age, 1946-1968, Montreal & Kingston u.a. 1995, S. 125.

9   Vgl. James, Eden, S. 551. Siehe auch St. Laurent an Eden, 31.10.1956 u. Commonwealth and Middle East Division an SSEA (Secretary of State for External Affairs), 2.10.1956, in: DCER, Bd. 22: 1956-57, Teil I, hg. v. Greg Donaghy, Ottawa 2001, S. 187 f. u. 197 f.

10   Cabinet Conclusion, 31.10.1956, S. 3, LAC, RG 2, vol. 5775.

11   Pearson an Norman Robertson, kanadischer High Commissioner in London, 30.10.1956, in: DCER, Bd. 22, S. 179 f.; auch zit. in: Granatstein, A Man of Influence, S. 301. Da die Kapitel der Memoiren Pearsons, die sich auf die Suez-Krise beziehen, erst nach seinem Tod zusammengestellt wurden, werden sie hier nur zurückhaltend verwendet. Vgl. Pearson, Memoirs, Bd. 2, S. X f. Für einen entsprechenden Hinweis bin ich John MacFarlane, Ottawa dankbar.

12   Niederschrift eines Telefongesprächs zwischen Dulles und Pearson, 30.10.1956, in: Foreign Relations of the United States (FRUS), 1955-1957, Bd. 16: Suez Crisis July 26-December 31, 1956, hg. v. John Pl. Clennon u. Nina J. Noring, Washington 1990, S. 865.

13   Vgl. Summary of the Public Statements made by the Prime Minister and Secretary of State for External Affairs on the Middle East Crisis, o.D., LAC, MG 26 N1, vol. 39, file »Middle East – UNEF – Nov. 1956, Part 1« (Die dort angegebenen Daten »Nov. 30« und »No. 30« beinhalten einen Schreibfehler; statt November muss es Oktober heißen).

Kanadas außenpolitisches Koordinatensystem stand auf dem Spiel.[14] Die Zusammenarbeit im nordatlantischen Dreieck USA-Großbritannien-Kanada, die Vereinten Nationen, die westliche Verteidigungsorganisation NATO, das Commonwealth und letztlich der Weltfrieden schienen in Gefahr zu sein.[15] Ottawa musste folglich an einem baldigen Ende der Krise und einer Wiederherstellung des *status quo ante* gelegen sein. Zudem begriff sich die kanadische Regierung als geborener Mittler zwischen Washington und London[16] und konnte auf entsprechende jüngste Erfolge innerhalb des Commonwealth und der Vereinten Nationen verweisen.[17] Diese Reputation war notwendige Voraussetzung für das kommende Krisenmanagement. Kanada besaß also den Impetus und die Mittel für eine kraftvolle Intervention zur Lösung der Krise.

Die Reichweite der internationalen Krise und der Druck, der Ottawa zu einem raschen Eingreifen bewegte, lässt sich erst dann vollständig ergründen, wenn auch die engen, persönlichen Beziehungen zwischen Kanada und Großbritannien mit einbezogen werden. Wie stark die Krise die Gefühle der Spitzenbürokraten belastete, zeigen beispielhaft die Tagebucheinträge von Charles Ritchie, dem kanadischen Botschafter in Deutschland. Am 13., 21. und 25. November 1956 schrieb er:

> I hate being in London[18] when so much is at stake for the English and when I do not feel at one with them. I am haunted by memories of 1940 when I felt such a complete identity with the Londoners. It seems like a desertion on my part and no doubt many of my friends here think that it is a desertion of them on the part of Canada. [...]
>
> I came back to read the English papers and felt sick at heart at the pass to which British prestige has been brought, and divided between my certainty that their government's policy has been a colossal, disastrous

---

14   Vgl. John W. Holmes, The Shaping of Peace: Canada and the search for world order 1943-1957, Bd. 2, Toronto u.a. 1982, S. 356; Antony Anderson, The Diplomat. Lester Pearson and the Suez Crisis, Fredericton 2015, S. 250 f.

15   Vgl. St. Laurent an Eden, 31.10.1956, in: DCER, Bd. 22, S. 187; Granatstein, Canada: Peacekeeper, S. 121; Sean M. Maloney, Die Schaffung der United Nations Emergency Force I, November 1956 bis März 1957, in: Winfried Heinemann/Norbert Wiggershaus (Hg.), Das internationale Krisenjahr 1956. Polen, Ungarn, Suez, München 1999, S. 257-279, hier S. 259. Am 5.10.1956 drohte Moskau implizit mit einem Weltkrieg und mit einem Raketenangriff auf Großbritannien und Frankreich. Vgl. A. Orlow, Die Suezkrise: Ihre Rolle in der sowjetisch-amerikanischen Konfrontation, in: ebd., S. 219-233, hier S. 228-231.

16   Vgl. Hillmer/Granatstein, Empire to Umpire, S. 71, 126, 196.

17   Vgl. Holmes, Shaping of Peace, Bd. 2, S. 323.

18   Ritchie schrieb diesen Eintrag auf der Durchreise in London.

blunder and my emotional sympathy for the English, particularly when isolated and when so many are turning against them. [...]

I hope that in Ottawa they realize that the time has come to help to save the face of the British over Suez. [...] They should not be humiliated, and Canada should be the first to see that.[19]

Enttäuschung über London und Affinität zum britischen Mutterland erscheinen als starke Emotionen, weshalb Ottawas Minister und Bürokraten ein eigenständiges, schnelles und vermittelndes Eingreifen Kanadas als erforderlich ansahen.[20]

Pearsons Bemühungen waren aus der Situation geboren, bezogen jedoch schon zu Beginn die seit einiger Zeit virulenten Vorschläge zur Stationierung einer internationalen Truppe am Suezkanal und auf dem Sinai mit ein.[21] Hierbei konnte an die Überlegungen zu permanenten UN-Kriseninterventionskräften angeknüpft werden. Pearson war mit entsprechenden Vorschlägen bereits hervorgetreten.[22] Doch auch anderenorts war schon über eine internationale Streitmacht nachgedacht worden, die den Suezkanal kontrollieren sollte.

Der britische Regierungschef Eden scheint im Herbst 1955 erstmals eine solche Option erwogen zu haben. Ob der frühe Präzedenzfall der Internationalen Streitmacht an der Saar bei diesen Überlegungen eine Rolle spielte, ist nicht mehr nachzuvollziehen. Eden jedenfalls hatte 1934 maßgeblich zur Schaffung dieser Truppe beigetragen.[23] Eine als Puffer vorgesehene militärische Truppe für den Nahen Osten wurde bei einem Treffen des kanadischen UNTSO-Befehlshabers, Generalmajor Burns, und des stellvertretenden britischen Außenministers, Anthony Nutting, am 4. November 1955

---

19   Charles Ritchie, Diplomatic Passport. More Undiplomatic Diaries, 1946-1962, Toronto 1986 (EA 1981), S. 120-122. Ritchie betont, dass er nicht für eine Veröffentlichung geschrieben habe, brachte dann aber doch seine Tagebücher selbst heraus. Vgl. ebd., S. 1 f., 126.

20   Vgl. Granatstein, A Man of Influence, S. 300-303; English, The Worldly Years, S. 144 f.; Robert Bothwell, Canada's Moment: Lester Pearson, Canada and the World, in: Norman Hillmer (Hg.), Pearson. The Unlikely Gladiator, Montreal & Kingston u.a. 1999, S. 19-29, hier S. 26.

21   Vgl. Holmes, Shaping of Peace, Bd. 2, S. 349, 357.

22   Vgl. William R. Frye, A United Nations Peace Force, London 1957, S. 52-65; Reid, Hungary and Suez, S. 96; John MacFarlane, Sovereignty and Standby: The 1964 Conference on UN Peacekeeping Forces, in: International Peacekeeping 14 (2007), 5, S. 599-612; MacFarlane, Refus d'une force permanente.

23   Vgl. Kapitel 1; siehe auch Frye, United Nations, S. 51; MacFarlane, Refus d'une force permanente.

angesprochen.[24] Wenn man so will, war die britische Regierung somit selbst
einer der geistigen Urheber der kommenden UN-Mission. Trotz anfänglicher
Skepsis verfolgte Burns die Idee weiter, wie sein Tagebucheintrag zu einer
»›buffer‹ force« am 21. Januar 1956 belegt.[25] Bis zum Frühjahr 1956 hatten sich
neben der britischen Regierung auch Vertreter der USA, das UN-Sekretariat
und Israel zu dieser Idee geäußert. Zu einem positiven Ergebnis kamen sie
allerdings nicht.[26]

Zehn Tage nach Burns Tagebucheintrag befasste sich das kanadische
Parlament mit dieser Frage. John Diefenbaker, außenpolitischer Sprecher
der konservativen Opposition und späterer Premierminister, forderte die
liberale Regierung auf, zu einem Vorschlag für eine »international force to
protect and assure the boundaries«[27] Stellung zu nehmen. Pearson stimmte
am folgenden Tag, dem 1. Februar 1956, Diefenbaker im Prinzip zu,[28] wollte
aber einen möglichen Auftrag weitergehend verstanden wissen: »But a police
force [...], to keep the forces apart while a peace solution is being sought, to
patrol a zone between the forces is something else.«[29] Kanadische Politiker
hatten also bereits die Entsendung einer Truppe zur Trennung der Konfliktparteien thematisiert und waren prinzipiell zu einer positiven Einschätzung
gekommen.

Vor diesem Hintergrund ist es nicht überraschend, dass nach Ausbruch
der Feindseligkeiten zuerst in Kanada ernsthaft die Aufstellung einer internationalen Friedenstruppe erwogen wurde. Am Morgen des 1. November 1956,
bevor er nach New York flog, unterrichtete Pearson seine Kabinettskollegen
über Vorschläge, die auf »the provision of substantial police forces stationed
on the Israel-Arab borders to keep the peace«[30] hinausliefen. Zugleich bat der
Außenminister die britische Regierung, die ebenfalls einen entsprechenden

---

24   Vgl. Tagebuch Burns 1955 (Eintrag 4.11.1955), LAC, MG 31-G 6, vol. 7; Burns, Between Arab
     and Israeli, S. 98; Maloney, Peacekeeping, S. 56 f. Am 29.11.1956 berichtete Pearson dem
     kanadischen Parlament, dass Kanada und das Vereinigte Königreich bereits 1953 über
     eine »police force« gesprochen hätten. Vgl. Granatstein, Canada: Peacekeeper, S. 118 f.
25   Tagebuch Burns 1956 (Eintrag 21.1.1956), LAC, MG 31 G 6, vol. 7.
26   Vgl. M. F., »Towards a UN Police Force«, Winnipeg Free Press, 7.11.1956, S. 25; Burns,
     Between Arab and Israeli, S. 136-138; Granatstein, Canada: Peacekeeper, S. 119
27   Canada. Debates of the House of Commons, 3rd Session, 22nd Parliament, 31.1.1956, S. 723.
28   Vgl. Holmes, Shaping of Peace, Bd. 2, S. 357.
29   Canada. Debates of the House of Commons, 3rd Session, 22nd Parliament, 1.2.1956, S. 777.
30   Cabinet Conclusion, 1.11.1956, S. 3, LAC, RG 2, vol. 5775.

Lösungsvorschlag ausloten wollte, um eine Stellungnahme.[31] Das kanadische Krisenmanagement nahm anhand bereits diskutierter Linien Gestalt an.[32]

Kurzfristig einberufen, trat die UN-Generalversammlung am 1. November 1956 zu ihrer Notstandssitzung zusammen. Eine von den USA initiierte Resolution forderte die Konfliktparteien zu einem sofortigen Ende der Feindseligkeiten und indirekt zum Rückzug Israels sowie zu einem Ende des britisch-französischen Truppenaufmarsches auf.[33] Kanada enthielt sich der Stimme. Pearson versuchte, den Kontakt zum Mutterland nicht abbrechen zu lassen. Ziel war es, Großbritannien und Frankreich einen Ausweg »aus der Patsche«[34] aufzuzeigen, in die das Ultimatum durch die fast einhellige Ablehnung in den Hauptstädten der Welt geführt hatte.[35]

Erst nach der Abstimmung über die Resolution erhob sich Pearson und machte seinen Vorschlag zur Schaffung einer »United Nations force large enough to keep these borders [zwischen Ägypten und Israel] at peace while a political settlement is being worked out. [...] My own Government would be glad to recommend Canadian participation in such a United Nations force, a truly international peace and police force.«[36] Der Gedankengang folgte demjenigen vom 1. Februar 1956, als er im kanadischen Parlament auf Diefenbaker geantwortet hatte. US-Außenminister John Forster Dulles, der nach Pearson sprach, unterstützte auch im Namen Präsident Eisenhowers die Empfehlung und bat die kanadische Delegation, einen konkreten Vorschlag auszuarbeiten.[37] Auf diese Weise wurde mit Unterstützung der USA Kanada als Vermittler in der Krise eingeführt.

Die Zustimmung des US-Außenministers kam für die kanadischen Diplomaten nicht überraschend, hatten sich doch Dulles und Pearson kurz vor der Sitzung über die Vorgehensweise verständigt.[38] Ihre Kooperation und die enge Zusammenarbeit der beiden Delegationen in New York war Ausdruck einer während des Zweiten Weltkrieges gewachsenen und mit Beginn des

---

31   Vgl. James Eayrs, Canada in World Affairs. October 1955 to June 1957, Toronto 1959, S. 256 f.; Eayrs (Hg.), Commonwealth, S. 275; Granatstein, A Man of Influence, S. 303; John Hilliker/Greg Donaghy, Canadian Relations with the United Kingdom at the End of Empire, 1956-73, in: Phillip Buckner (Hg.), Canada and the End of Empire, Vancouver/Toronto 2005, S. 25-46, hier S. 29.

32   Ausführlich Anderson, The Diplomat, bes. S. 244-293.

33   Vgl. Volger, Geschichte der Vereinten Nationen, S. 104.

34   Zit. nach Maloney, Schaffung, S. 261; Maloney, Peacekeeping, S. 63.

35   Vgl. ebd.

36   Zit. nach Pearson, The Crisis in the Middle East, S. 10.

37   Vgl. ebd., S. 10; Holmes, Shaping of Peace, Bd. 2, S. 360.

38   Vgl. Telegramm des Ständigen Vertreters Kanadas bei der UN an SSEA, 2.11.1956, in: DCER, Bd. 22, S. 194-196.

Kalten Krieges weiter gefestigten Sicherheitspartnerschaft.[39] Pearsons Krisen-
management hätte ohne die Unterstützung Washingtons kaum gelingen
können. Die USA dagegen wäre aufgrund ihrer Stellung im antagonistischen
Weltsystem als Vermittler nicht glaubwürdig gewesen.[40] Die Arbeitsteilung,
Ottawa vor und Washington hinter den Kulissen,[41] erwies sich als erfolgreiche
Strategie.

UN-Generalsekretär Hammarskjöld, mit dem sich Pearson ebenfalls vorab
beraten hatte, war zum Zeitpunkt der ersten Notstandssitzung noch nicht
von dem Gedanken an eine internationale Militärpräsenz überzeugt.[42] Obwohl die beiden Männer sonst in großer Übereinstimmung handelten,[43] ging
der kanadische Außenminister in diesem Fall ohne direkte Unterstützung
des Generalsekretärs vor. Dagegen gibt es Anzeichen dafür, dass die britische
Regierung den kanadischen Vorschlag als Ausweg aus der Krise betrachtete.[44]
Hierzu mag beigetragen haben, dass in dieser Phase Pearson und die kanadische
Regierung noch an eine UN-Truppe dachten, die vorwiegend aus den bereits
vor Ort eingesetzten britischen und französischen Kräften gebildet werden
sollte. Möglicherweise war dies der Grund, warum Hammarskjöld Pearsons
Anregung zunächst skeptisch gegenüberstand.[45] Trotz Unterstützung durch
die USA und vorsichtiger Zustimmung durch London blieb unsicher, ob der
kanadische Vorschlag akzeptiert werden würde.[46]

---

39   Vgl. Jack L. Granatstein/Norman Hillmer, For Better or for Worse. Canada and the United
      States to the 1990s, Toronto 1991, S. 133-191; John Herd Thompson/Stephen J. Randall,
      Canada and the United States: Ambivalent Allies, Montreal & Kingston u.a. 1994, S. 184.

40   Vgl. Holmes, Shaping of Peace, Bd. 2, S. 361; auch Maloney, Peacekeeping, S. 62.

41   So warb die USA in informellen Gesprächen für den kanadischen Vorschlag. Vgl. Notiz
      eines Telefongesprächs zwischen dem UN-Generalsekretär und dem stellvertretenden
      UN-Repräsentanten der USA, Barco, 3.11.1956 u. Notiz eines Telefongesprächs zwischen
      dem stellvertretenden US-Außenminister Hoover und Barco, 3.11.1956, in: FRUS, 1955-
      1957, Bd. 16, S. 957 f., 959 f.

42   Vgl. Maloney, Peacekeeping, S. 63; Manuel Fröhlich, Dag Hammarskjöld und die Ver-
      einten Nationen. Die politische Ethik des UNO-Generalsekretärs, Paderborn u.a. 2002,
      S. 288.

43   Vgl. ebd., S. 247.

44   Vgl. Granatstein, A Man of Influence, S. 303; Kyle, Suez, S. 565 f.; Fröhlich, Hammarskjöld,
      S. 289. Robertson kommentierte Londons Reaktion auf den Vorschlag einer UN-Truppe
      mit der Bemerkung: »This is not much, but it is something.« Robertson an Pearson,
      1.11.1956, in: DCER, Bd. 22, S. 191.

45   Vgl. Brian Urquart, Hammarskjold, New York/London 1994 (EA 1972), S. 176-178; Fröhlich,
      Hammarskjöld, S. 289 f.

46   Erst am 3. November hatte sich der UN-Generalsekretär, wie Fröhlich schreibt, »unter dem
      Druck der Ereignisse und nach Klärung einiger seiner Bedenken« dazu durchgerungen,
      den Vorschlag für eine UN-Truppe zu unterstützen. Vgl. Fröhlich, Hammarskjöld, S. 290.

Bis zur Sitzung vom 3. November arbeiteten die kanadischen und amerikanischen UN-Delegationen gemeinsam an dem Resolutionsentwurf, den Pearson in die UN-Generalversammlung einbrachte. Der Vorschlag stand exemplarisch für die enge Kooperation der beiden nordamerikanischen Staaten.[47] Er entsprach im Wesentlichen einer Fassung, die der US-Repräsentant bei der UN, Henry Cabot Lodge Jr., vorgelegt und mit Pearson diskutiert hatte.[48] Es verwundert daher nicht, dass Lodge in der Generalversammlung – wie Dulles wenige Tage zuvor – die von Kanada eingebrachte Initiative begrüßte.[49] Ohne Gegenstimmen wurde Resolution 998 in den frühen Morgenstunden des 4. November angenommen. Sie forderte den Generalsekretär auf, innerhalb von 48 Stunden einen Plan vorzulegen, »for the setting up, with the consent of the nations concerned, of an emergency international United Nations Force to secure and supervise the cessation of hostilities ...«[50]

Kanadas Rat blieb auch nach der Verabschiedung der Resolution weiterhin gefragt: Pearson gehörte zu einem kleinen Beratergremium aus Vertretern von vier Staaten, die gemeinsam mit Hammarskjöld an dem geforderten Bericht für die Generalversammlung arbeiteten. Die Landung britischer und französischer Militäreinheiten am 5. November in Ägypten konnten sie nicht verhindern.[51] Doch noch am selben Tag wurde Resolution 1000 verabschiedet, die den Generalsekretär ermächtigte, die »emergency international United Nations Force« aufzustellen.[52] Zwei Tage später legte die Generalversammlung die Struktur für die UN-Truppenpräsenz endgültige fest.[53] Die United Nations Emergency Force entstand als erste UN-Blauhelmformation.

---

47 Allerdings hatte Dulles sich im Vorfeld das Recht zu einem unilateralen Vorgehen vorbehalten, sollten schnelle Entscheidungen getroffen werden müssen. Die kanadische Seite wiederum wies darauf hin, wie wichtig eine Zustimmung Londons zum Inhalt des Resolutionsentwurfs wäre. Vgl. Besprechungsnotiz, US-Außenministerium, 2.11.1956, in: FRUS, 1955-1957, Bd. 16, S. 940-942; Arnold D. P. Heeney, kanadischer USA-Botschafter, an SSEA, 2.11.1956, in: DCER, Bd. 22, S. 199-200.

48 Vgl. Telegramm des Ständigen Vertreters Kanadas bei der UN an SSEA, 4.11.1956, in: DCER, Bd. 22, S. 212 f.; Maloney, Peacekeeping, S. 65.

49 Vgl. FRUS, 1955-1957, Bd. 16, S. 964 (editorische Notiz).

50 General Assembly resolution 998 (ES-I), 4.11.1956, in: Robert C. R. Siekmann (Hg.), Basic Documents on United Nations and Related Peace-Keeping Forces, Dordrecht u.a. 1985, S. 3.

51 Dies allerdings war das erklärte Ziel Kanadas. Vgl. Permanent Representative to United Nations to SSEA, 4.11.1956, in: DCER, Bd. 22, S. 212.

52 General Assembly resolution 1000 (ES-I), 5.11.1956, in: Siekmann (Hg.), Basic Documents, S. 3.

53 Einem »Advisory Council« für den UNEF-Einsatz gehörte auch Kanada an. Vgl. General Assembly resolution 1001 (ES-I), 7.11.1956, in: ebd., S. 5 f.

Zum Befehlshaber wurde General Burns ernannt,[54] der vor Ort als Chef des kleinen, nur wenige Dutzend Beobachter umfassenden UNTSO-Kontingents wichtige Erfahrungen gesammelt hatte und, als strikt überparteilich geltend, beste Voraussetzungen für die diplomatisch heikle Mission mitbrachte.[55]

Ägypten akzeptierte noch am 5. November die UN-Resolution 1000, forderte in der Folge aber ein Mitspracherecht bei der nationalen Zusammensetzung von UNEF, was die Aufstellung der internationalen Truppe verzögerte. Ab dem 7. November ruhten im Kriegsgebiet die Waffen.[56] Am 22. Dezember verließen die französischen und britischen Verbände Ägypten. Die israelische Armee zog sich nach massiver Intervention durch die USA erst im März 1957 hinter die vor der Suezkrise gültige Waffenstillstandslinie zurück. Burns traf bereits am 8. November zu ersten Besprechungen in Kairo ein; eine Woche später folgten UNEF-Vorauskommandos, die bereits die neuen blauen Kopfbedeckungen trugen, die zum Symbol des UN-Peacekeepings werden sollten. Der erste Blauhelm-Einsatz begann.[57]

Die Gründung der UN-Blauhelme und das erfolgreiche Krisenmanagement wurden zeitgenössisch Kanada und besonders Pearson zugeschrieben.[58] Der kanadische Außenminister stand zumindest in den ersten Novembertagen konkurrenzlos im Licht der Öffentlichkeit.[59] Ad-hoc reagierend, doch kaum improvisiert, basierend auf langfristig gewachsenen Überzeugungen von kanadischer Souveränität und internationalen Verpflichtungen, personifizierte er den Anspruch der kanadischen Regierung auf eine eigenständige Außenpolitik und den Beitrag Ottawas zur Lösung der Suez-Krise.

---

54 Vgl. General Assembly resolution 1000 (ES-I), 5.11.1956 u. 1001 (ES I), 7.11.1956, in: ebd., S. 3 u. 5.

55 Vgl. Hillmer, Peacekeeping, S. 148; Martin, Le grand oublié, S. 28 f., 36 f.

56 Amerikanischer Druck auf London war hierfür entscheidend. Vgl. Bertjan Verbeek, Decision-Making in Great Britain During the Suez Crises. Small Groups and a Persistent Leader, Aldershot 2003, S. 3 f. Zur problematischen Quellenlage vgl. Kyle, Suez, S. 566 f.

57 Vgl. Burns, Between Arab and Israeli, S. 194 f.; Ghali, United Nations Emergency Force I, S. 116-123; Maloney, Peacekeeping, S. 69-75. Zum kanadischen Kontingent vgl. Fred Gaffen, In the Eye of the Storm. A History of Canadian Peacekeeping, Toronto 1987, S. 42-64; Carroll, Pearson's Peacekeepers, S. 115-118.

58 Vgl. Eden an St. Laurent, 5.11.1956, in: DCER, Bd. 22, S. 215; Escort Reid, kanadischer High Commissioner in Indien, an Pearson, 17.11.1956, LAC, MG 26 N1, vol. 39, file »Middle East – UNEF – Nov. 1956, Part 1«. Tatsächlich konnte sich Pearson mit St. Laurents Rückendeckung auch gegen diejenigen Kabinettskollegen durchsetzen, die der britischen Seite zuneigten bzw. sie zumindest nicht brüskieren wollten. Vgl. Adam Chapnick, Lester B. Pearson et le concept de la paix, in: Jocelyn Coulon (Hg.), Guide du maintien de la paix 2008, Outremont (Québec) 2007, S. 15-26, hier S. 25.

59 Vgl. Hillmer/Granatstein, Empire to Umpire, S. 203.

Geteiltes Echo: kanadische öffentliche Meinung

Da die Haltung der Regierung St. Laurent und ihres »Frontman« Pearson nicht selbstverständlich war, wurde ihr international wie national besondere Aufmerksamkeit geschenkt. Traditionell gehörte Kanada zu den engsten Verbündeten Großbritanniens. Australien und Neuseeland setzten diesen Kurs tendenziell auch in der Suez-Krise fort. Ottawa dagegen löste die kolonialen Bindungen. Suez erscheint, wie sich John English, Pearsons Biograf, ausdrückt, als »Wasserscheide« im kanadisch-britischen Verhältnis.[60]

Während das Ausland der kanadischen Initiative applaudierte,[61] führte St. Laurents und Pearsons Außenpolitik jedoch zu einer Spaltung der öffentlichen Meinung in Kanada. Die divergierenden Positionen fanden sich zuerst in den Zeitungen des Landes. Stellungnahmen zu drei Themen beherrschten ihre Leitartikel. Es ging um die britische Militäraktion (Frankreich spielte kaum eine Rolle), die Haltung Ottawas gegenüber Großbritannien und den Vorschlag Pearsons zur Schaffung einer UN-Truppe.[62]

Die einzige nationale Tageszeitung, die in Toronto erscheinende *Globe and Mail*, machte sich zum Wortführer derjenigen, die das britische Vorgehen verteidigten: »So Britain intervened – and rightly so.«[63] In das gleiche Horn stießen Zeitungen aus dem Westen Kanadas, wie der *Calgary Herald*, das *Edmonton Journal* und die *Vancouver Sun*. Liberale Zeitungen, wie der *Toronto Daily Star* und die *Winnipeg Free Press*, sowie der unabhängige *Halifax Chronicle-Herald*, verurteilten die britische und französische Intervention. Das *Ottawa Journal*, eine konservative Zeitung, lavierte zwischen einer Verurteilung der Position Londons und einer Warnung vor vorschneller Kritik.

Bei der Ablehnung des Kurses der kanadischen Regierung sind verschiedene Nuancen zu unterscheiden. Am schärfsten attackierte der *Calgary Herald* die Regierung und insbesondere St. Laurent. Die Zeitung fragte rhetorisch: »But is it all right to sell out Canada's honor, to run out on Britain openly in time of danger, to court Washington's smile so brazenly?« und kritisierte »Canada's deplorable behaviour as the senior Commonwealth partner in the United Nations, [which] undoubtedly had much to do with the strain on the Prime

---

60   Vgl. English, Worldly Years, S. 144. Siehe auch Hilliker/Donaghy, Relations, S. 30.

61   Vgl. Hillmer/Granatstein, Empire to Umpire, S. 203.

62   Vgl. zu den folgenden Absätzen José E. Igartua, ›Ready, Aye, Ready‹ No More? Canada, Britain, and the Suez Crisis in the Canadian Press, in: Phillip Buckner (Hg.), Canada and the End of Empire, Vancouver/Toronto 2005, S. 47-65, hier S. 52-57 u. Igartua, Other Quiet Revolution, S. 115-136; jüngst McCullough, Creating, S. 113-119.

63   »The End – and the Means«, *Globe and Mail*, 2.11.1956, S. 6.

Minister«.[64] Auch die *Vancouver Sun* und das *Edmonton Journal* beklagten die fehlende Unterstützung der britischen Position durch Ottawa. Die *Globe and Mail* beanstandete, dass sich Kanada in der Abstimmung über die erste UN-Resolution, die Israel, Frankreich und Großbritannien Einhalt gebieten sollte, nicht auf die britische Seite geschlagen habe: »The Canadian Government added nothing to its prestige – or to Canada's – by its conduct at this week's emergency meeting of the United Nations General Assembly.«[65] Die Haltung Washingtons galt den Leitartiklern als eine Ursache für die Krise.[66] Entgegen dem *Calgary Herald* war aber in der *Globe and Mail* die Kritik inhaltlich und sprachlich gemäßigter.

Pearsons Vorschlag, eine internationale UN-Truppe einzurichten, fand breite Zustimmung. Selbst die *Globe and Mail* sah sich gedrängt, den Plan zu unterstützen, hatte sie ein solches Vorgehen doch bereits seit längerer Zeit gefordert. Zugleich tadelte sie allerdings die bisherige Zurückhaltung der kanadischen Regierungsvertreter.[67] Der *Calgary Herald* zweifelte an der Kraft der UN, einen Frieden zwischen den Kriegsparteien herbeizuführen. Neben dem *Toronto Daily Star* und der *Winnipeg Free Press*, welche die Regierung in jeder Beziehung lobten, stimmten auch die *Vancouver Sun* sowie die konservativen Zeitungen *Ottawa Journal* und *Montreal Gazette* der Initiative des kanadischen Außenministers zu.

Im Kern beruhte die Auseinandersetzung weniger auf unterschiedlichen Einschätzungen der aktuellen Politik als vielmehr auf den voneinander abweichenden Vorstellungen von den Grundlagen kanadischer Staatlichkeit und Identität.[68] José E. Igartua betont, dass sich vor allem »English-speaking Canada« von der Haltung der Regierung St. Laurent herausgefordert fühlte. »What was at stake was its own self-definition as a British nation, for some a definition that was being abandoned, for others a definition that was being reaffirmed in spite of the failings of Britain itself.«[69] Die frankophonen Zeitungen standen, obwohl sie nicht als Foren der Debatte dienten, nicht außerhalb des nationalen Diskurses. Indem sie sich für den Regierungskurs

---

64　　Igartua, ›Ready, Aye, Ready‹ No More?, S. 52 f.

65　　»Mr. Pearson Abstains«, *Globe and Mail*, 3.11.1956, S. 6.

66　　Vgl. »The Gains«, ebd., 12.11.1956, S. 6.

67　　Vgl. »Mr. Pearson Abstains«, ebd., 3.11.1956, S. 6.

68　　Zur gesellschaftlichen Verständigung über nationale Identität vgl. Wolfgang Bergem, Nationale Identität: Fatum oder Fiktion?, in: Wolfgang Bialas (Hg.), Die nationale Identität der Deutschen. Philosophische Imaginationen und historische Mentalitäten, Frankfurt a. M. u.a. 2002, S. 15-55, hier bes. S. 45 f.

69　　Igartua, ›Ready, Aye, Ready‹ No More?, S. 57 f.

aussprachen,[70] ergriffen sie Partei für die Fraktion, die eine moralische und politische Trennung von Großbritannien sowie eine an internationalen Werten ausgerichtete Außenpolitik als Ausweis nationalen Bekenntnisses erachtete. Ein Leitartikel des *Toronto Daily Star* fasste die Gegensätze, zwar simplifizierend, doch griffig, zusammen: »The issue is simply whether Canada should in foreign affairs act as the autonomous nation it is or as the colony which it has ceased to be.« Wie in der Überschrift formuliert, lautete die Frage nach der kanadischen Identität zugespitzt: »Colony or Nation?«[71]

Die Antagonismen traten nicht nur in den Leitartikeln hervor, sondern auch in Briefen aus der Bevölkerung an Zeitungen und Politiker. Sie zeigten ein weit verbreitetes Interesse an den aktuellen außenpolitischen Entwicklungen.[72] Leserzuschriften, die in der *Globe and Mail* veröffentlicht wurden, und Schreiben, die Pearson erhielt und die in seinem Nachlass zu finden sind, beschrieben in beispielhaft klarer Diktion die unterschiedlichen Positionen.[73]

Die meisten der in der *Globe and Mail* abgedruckten Briefe unterstützten, wie die Leitartikel der Zeitung, das britische Vorgehen: »I think that your sympathetic stand in explaining and supporting the forceful action of the United Kingdom and of France was well taken and skilfully written.«[74] Ebenso häufig artikulierten die Leserbriefschreiber ihre Ablehnung der Regierungsposition: »It is to be regretted that our Government does not stand for that which is right, trusting God to look after the consequences.«[75] Ähnliche Schreiben waren auch direkt an Pearson gerichtet: »It was with great regret and amazement that I note you and St. Laurent did not back up our Commonwealth and Empire in dispute in Egypt.«[76] Kritik an der kanadischen Regierung und deren Politik manifestierte sich ebenfalls in einer Abgrenzung von den

---

70   Vgl. Eayrs, Canada, S. 187; Igartua, ›Ready, Aye, Ready‹ No More?, S. 57.

71   »Colony or Nation?«, *Toronto Daily Star*, 27.11.1956, S. 6; siehe auch Igartua, ›Ready, Aye, Ready‹ No More?, S. 55; McCullough, Creating, S. 115 f.

72   Vgl. Eayrs, Canada, S. 182 f.; Chapnick, The Middle Power Project, S. 2.

73   Die folgende Analyse stützt sich auf etwa 95 Leserbriefe, die zwischen dem 2.11. und 17.11.1956 in der *Globe and Mail* erschienen und auf rund 80 Zuschriften, die sich im Nachlass Pearsons unter LAC, MG 26 N1, vol. 38, file »Middle East – General Corresp. Nov. 1956« finden. Da die Briefe an Pearson nicht für eine Veröffentlichung bestimmt waren, wird der Name des Absenders, sofern es sich nicht um eine Person der Zeitgeschichte handelt, abgekürzt.

74   R. E. A. Morton, Toronto, Leserbrief, *Globe and Mail*, 17.11.1956, S. 7. Vgl. auch Arthur Packman, Stirling, Leserbrief, ebd., 7.11.1956, S. 6.

75   George M. Bowman, Toronto, Leserbrief, ebd., 3.11.1956, S. 6. Vgl. auch R. Thompson, Kingston, Leserbrief, ebd., 6.11.1956, S. 6.

76   W. H. H., Edmonton, an Pearson, 11.11.1956, LAC, MG 26 N1, vol. 38, file »Middle East – General Corresp. Nov. 1956«.

Vereinigten Staaten. Ein Brief an Pearson begann mit folgenden Worten: »In the light of Canadian events of the past week I hasten to inform you of my disgust at your decision to maintain your puppet position to trot along the side of Uncle Sam and scuttle the loyalty of Gt. Britain.«[77]

In einigen Fällen vermischte sich gerade die traditionelle pro-britische Haltung mit einem dezidierten Antiamerikanismus[78]: »These ranting Canadian politicians and men of little courage seem to forget that the Dominion of Canada is a living evidence that the bulk of the population here are not citizens of the American Republic and have no ultimate intention of being compelled to follow its present policy designed to bankrupt our two Mother Countries, Britain and France.«[79] Auch dieser Leserbriefschreiber verband Treue zu Großbritannien mit dem Mentekel eines amerikanischen Einmarsches: »Let us as Canadians, owing allegiance to our Queen, examine our situation and our consciences. We are being ›protected‹ by American Air power; no doubt in case of attack we would be ›liberated‹ by Americans, but what flag would then fly at our mastheads?«[80]

Kanadische nationale Identität definierte sich gemäß den Kritikern sowohl positiv durch die historischen Bindungen an Großbritannien, das Empire und das Commonwealth als auch negativ in einer klaren Abgrenzung von einer vermeintlich an den USA ausgerichteten kanadischen Außenpolitik wie auch von den Vereinigten Staaten und deren Politik selbst.

Die Gegner St. Laurents und Pearsons warfen ihnen vor, die Nation in die Arme der USA zu treiben. Gefürchtet wurde das Ende Britisch-Kanadas durch amerikanische Hand. In diesem Punkt differierten die Befürworter der kanadischen Außenpolitik besonders stark von ihren kritisch gestimmten Landsleuten. Die Befürworter sahen gerade in der Außenpolitik der liberalen Regierung die Garantie für die kanadische Unabhängigkeit.[81] Vor allem die Schreiben an Pearson machten diese Position deutlich: »I cut out a speech you made several years ago and saved it for a long time, because to me it was typical of the proper Canadian attitude. In it you said: ›We would like to see any country, no matter how friendly, tell us what to do!‹ Do you remember that

---

77   Richard U., Alberta, an Pearson, 11.11.1956, ebd.; siehe auch McCullough, Creating, S. 116.

78   Zum generellen Antagonismus Großbritannien – USA im zeitgenössischen kanadischen Denken vgl. Bothwell, Alliance, S. 121.

79   L. M. Maitland, Toronto, Leserbrief, *Globe and Mail*, 17.11.1956, S. 7. Vgl. auch Doug u. Ron McEwen, Toronto, Leserbrief, ebd., 9.11.1956, S. 6.

80   Edith Bacque, Toronto, Leserbrief, ebd., 2.11.1956, S. 6. Vgl. auch Wm. Knightley, Ottawa, ebd., 14.11.1956, S. 6.

81   Zur konträr definierten »Unabhängigkeit« der pro-britischen Fraktion vgl. auch Igartua, ›Ready, Aye, Ready‹ No More?, S. 62.

speech? It was proud and valiant and subborn and reminiscent of a Mountie standing proudly firm with his feet slightly apart, his hands behind his back, staring manfully into the viewer's eyes.«[82]

Diese Unabhängigkeit der kanadischen Position, und das ist ein weiterer Unterschied zu den Kritikern, wurde gerade in der Absetzung vom britischen Mutterland gefunden:»I think it is time that Canada should have an independent mind of her own and stop patching up Britian's mistakes and blunders.«[83] Ein weiterer Leserbriefschreiber folgerte:»For once Canada's best interests and the world's best interests must come first, not the old idea of Britannia right or wrong.«[84] Pearson las in einer Zuschrift:»It is high time that Canada made her own decisions and cut the apron strings from the old country.«[85] Erst durch die Abwendung von Großbritannien und die eigenständige Außenpolitik konnte die nationale Entwicklung vollendet werden:»For the first time in my life I am thrilled and proud to be a Canadian; I feel for the first time that we have indeed, come of age. [...]; your [Pearsons] decisive action was living testimony that we are a mature nation; able to decide for ourselves.«[86] Den Bürgern, die Pearson schrieben, auch Inhaber hoher Staatsämter,[87] gab die international beachtete und gelobte Politik Ottawas die Möglichkeit, »stolz« auf Kanada zu sein:»I just want you to know how much I appreciate as one of Canada's citizens, your efforts toward World Peace in this crisis. I am proud of Canada, and your share in her contribution.«[88] Die kanadische Außenpolitik bewirkte eine verstärkte Identifikation eines Teils seiner Einwohner mit Kanada und der als neu begriffenen Unabhängigkeit.

Im Zentrum der innenpolitischen Auseinandersetzung stand die Frage nach der Selbstdefinition der kanadischen Nation. Als Lackmustest diente die Haltung zum britischen Mutterland. Die beiden Pro- und Kontra-Positionen, welche die Debatte dominierten, sind in der qualitativen Analyse klar voneinander zu unterscheiden; die quantitative Stärke der jeweiligen Anschauung bleibt dagegen unsicher. Mit Hilfe der Leitartikel, Leserbriefe und Briefe an Politiker lässt sich der tatsächliche Rückhalt, den die differierenden

---

82   Miss Dorcas S., Rochester, an Pearson, 2.11.1956, LAC, MG 26 N1, vol. 38, file »Middle East – General Corresp. Nov. 1956«.

83   William Farrah, Ottawa, Leserbrief, *Globe and Mail*, 9.11.1956, S. 6.

84   Herbert Taylor, Belle River, Leserbrief, ebd., 5.11.1956, S. 6.

85   E. L. M., British Columbia, an Pearson, 10.11.1956, LAC, MG 26 N1, vol. 38, file »Middle East – General Corresp. Nov. 1956«.

86   Patricia C., Vancouver, an Pearson, 31.10.1945, ebd.

87   Jack Clyne, Richter am Obersten Gerichtshof von British Columbia, an Pearson, 5.11.1956, ebd.

88   Miss Lila D., Creston, B. C., an Pearson, 18.11.1956, ebd. Siehe auch F.A.K., British Columbia, an Pearson, 12.11.1956, ebd.

Einstellungen in der Bevölkerung genossen, nicht erfassen. Die Zeitungen selbst boten nur eine subjektive Auswahl der Meinungen. Über Versuche, Berichte, die nicht der Linie des Blattes entsprochen hätten, zu unterdrücken, berichteten Washington-Korrespondenten kanadischer Zeitungen.[89] Auch die abgedruckten Leserbriefe repräsentieren nur eine editierte Auswahl. Über die Unausgewogenheit der Presse beschwerten sich Leser in den Zuschriften an Pearson.[90] Aussagekräftige Meinungsumfragen, welche die Haltung der Bevölkerung zur eigenen Regierung und zu Großbritannien quantitativ erfassbar gemacht hätten, liegen ebenfalls nicht vor.[91]

Während die Haltung der kanadischen Bevölkerung zum britischen Vorgehen und der kanadischen Regierungspolitik umstritten blieb, konnte sich Pearsons Vorschlag, eine UN-Truppe zu schaffen, breiter Zustimmung erfreuen. Dies deuteten bereits die Leitartikel der Tageszeitungen an. Selbst die konservative Opposition stimmte der Entsendung einer UN-Truppe im Prinzip zu.[92] Dass auch die Bevölkerung hinter den »UN-Polizeikräften« stand, belegt eine Meinungsumfrage, die am 23. Februar 1957 veröffentlicht wurde. Zusammengefasst hieß es in der Pressemitteilung des Canadian Institute of Public Opinion (CIPO):

---

89   Vgl. Arnold D. P. Heeney an Pearson, 27.12.1956 mit anliegendem Memorandum von R. A. Farquarson, 21.12.1956, LAC, MG 26 N1, vol. 39, file »Middle East – UNEF – Dec. 1956-Jan. 1957«.

90   Vgl. J. A. F., Manitoba, an Pearson, 13.11.1956, Miss C. M. C., Vancouver, 12.11.1956, Mrs. J. A. D., Cobalt/Ontario, 13.11.1956, LAC, MG 26 N1, vol. 38, file »Middle East – General Corresp. Nov. 1956«.

91   Die in Robert Bothwell/Jan Drummond/John English, Canada since 1945: Power, Politics, and Provincialism, 2. Aufl., Toronto u.a. 1989, S. 128 angeführte und – hierauf basierend – von Denis Smith, Rogue Tory. The Life and Legend of John G. Diefenbaker, Toronto 1995, S. 206 sowie John Melady, Pearson's Prize. Canada and the Suez Crisis, Toronto 2006, S. 114 aufgegriffene Meinungsumfrage, die 43 Prozent Zustimmung zum britisch-französischen Vorgehen und 40 Prozent Ablehnung aufwies, bezog sich nur auf Toronto, Hauptstadt der pro-britischen Hochburg Ontario, und kann keinesfalls als repräsentativ für das ganz Land angesehen werden. Vgl. detailliert Eayrs, Canada, S. 186, Anm. 47; auch Hilliker/Donaghy, Relations, S. 31; Bothwell, Alliance, S. 130. Zur politischen Ausrichtung Torontos bzw. Ontarios vgl. ebd., S. 129; Hillmer/Granatstein, Empire to Umpire, S. 198. Eine weitere Meinungsumfrage fragte nur nach den Auswirkungen der britischen Politik, nicht nach der Haltung der Kanadier zum britisch-französischen Vorgehen oder zur Reaktion der kanadischen Regierung. Vgl. »U.K. foreign policy loosing friendships«. Canadian Institute of Public Opinion, Gallup Poll of Canada. Public Opinion News Service, 26.1.1957, LAC, MG 28 IV-3, vol. 960, file »Gallup Poll. Canada – General. 1957«. Mit anderer Nuance Igartua, ›Ready, Aye, Ready‹, S. 49.

92   Vgl. W. Earl Rowe (Acting Leader of the Opposition), Canada. Debates of the House of Commons, 4th (Special) Session, 22nd Parliament, 26.11.1956, S. 15.

While the great majority of Canadians like the idea of a U.N. international police force in the Middle East, they are somewhat sceptical of its success. Eight in ten adults approve the police force. Less than half this number believe it will succeed. One in four think it may be partly successful.[93]

Die Einstellung zu Großbritannien trennte die kanadische Bevölkerung; der Vorschlag, die Blauhelmtruppe zu schaffen, führte Kanadier aller Regionen und Standpunkte wieder zusammen. Bei einer durchschnittlichen Zustimmung von 79 Prozent waren mit 77 Prozent in den Atlantikprovinzen, 76 Prozent in Quebec und 76 Prozent in Ontario fast keine regionalen Unterschiede auszumachen. Selbst die Frankokanadier und die Bewohner des pro-britischen Ontario stimmten in ihrem positiven Urteil überein. In den Prärieprovinzen und in British Columbia an der Pazifikküste lag die Zustimmung mit 87 Prozent sogar noch höher.[94]

Pearson, der sich in den ersten Novembertagen vorwiegend in New York aufgehalten hatte, erkannte nach seiner Rückkehr nach Kanada die problematische Stimmungslage und versuchte dieser durch Interviews und Vorträge entgegenzuwirken.[95] Kanadische Außenpolitik musste nach innen vermittelt werden. Er setzte den Hebel genau an der Stelle an, die die Kanadier entzweite und bemühte sich, das Vorgehen der Regierung in Bezug auf Großbritannien zu erklären und zu rechtfertigen. Ottawa habe keine Politik gegen London gemacht, sondern im Gegenteil die unvermeidliche (»inevitable«[96]) Reaktion der Vereinten Nationen im Sinne Großbritanniens beeinflusst.[97] Mit dem Hinweis: »The last thing in the world we want to do is break from the United Kingdom and France on this or any other issue«[98] versuchte er die innenpolitischen Wogen zu glätten und den Kritikern, die den Verlust des britischen Erbes befürchteten, zu begegnen.

Indem er die Etablierung der UN-Blauhelmtruppe an die zurückhaltende Reaktion und unabhängige Position Kanadas in der Suez-Krise koppelte,

---

93   »Approve U.N. police force but fear for its success«. CIPO, Gallup Poll of Canada. Public Opinion News Service, 23.2.1957, LAC, MG 28 IV-3, vol. 960, file »Gallup Poll. Canada – General. 1957«.

94   Ebd.

95   Address by Pearson to the Canadian Women's Club, Toronto, 7.12.1956, S. 5 f., LAC, MG 26 N1, vol. 39, file »Middle East – UNEF – Dec. 1956-Jan. 1957«.

96   Ebd., S. 13.

97   Ebd., S. 19.

98   Answers by Lester B. Pearson to questions asked by Panel on CBC (Canadian Broadcasting Corporation) Radio Programme »Capitol Cloakroom«, 3.12.1956, S. 2, LAC, MG 26 N1, vol. 39, file »Middle East – UNEF – Dec. 1956-Jan. 1957«.

integrierte er geschickt das in Kanada akzeptierte und befürwortete Resultat des kanadischen Krisenmanagements in seine Strategie zur Verteidigung des Regierungskurses. Pearson wies sogar darauf hin, dass die Initiative Ottawas, eine UN-Truppe zu schaffen, von London sehr geschätzt wurde.[99]

Hieran anknüpfend, versuchte er vorsichtig, einen Samen für eine seit längerer Zeit von ihm verfolgte Idee zu säen.[100] Aus der improvisierten United Nations Emergency Force sollte eine permanente Streitmacht der Vereinten Nationen erwachsen. Eine solche war nicht Ziel der kurzfristigen Reaktion zu Beginn des Novembers 1956 gewesen. Pearson schien jedoch die Gunst der Stunde nutzen zu wollen. Wie schon in der Vergangenheit gehörte er auch in den folgenden Jahren weiterhin zu den bekanntesten Advokaten für eine permanente, der UN zur Verfügung stehenden Truppe.[101] Einmal mehr zeigte sich Pearson als der geschickte Verkäufer politischer Entwürfe, als der er in der Literatur gilt.[102]

So ganz mochte Pearson seine Position aber nicht in der Hilfe für Großbritannien und im altruistischen Ziel zukünftiger UN-Streitkräfte aufgehen lassen. Basis seiner Entscheidungen sei eine unabhängige kanadische Politik gewesen. Sie sollte, wenn möglich, zu einem gemeinsamen Weg mit Großbritannien und Frankreich führen:

> Now it's not, from our point of view, a question of going all the way with anybody. We try to adopt a Canadian policy in these matters and in doing so[103] we try to go all the way with our friends, and Great Britain and France are certainly our friends. If we possibly can, we do that.[104]

---

99   Vgl. »The Middle East Crisis«. Telecast by Pearson, CBC Trans-Canada Network »The Nation's Business«, 3.12.1956, S. 3, ebd.

100   Answers by Lester B. Pearson to questions asked by Panel on CBC Radio Programme »Capitol Cloakroom«, 3.12.1956, S. 4 f., ebd.; Address by Pearson to the Canadian Women's Club, Toronto, 7.12.1956, S. 22, ebd.

101   Vgl. beispielsweise A New Kind of Peace Force. A Proposal by Lester B. Pearson, in: *Maclean's. Canada's National Magazine*, 2.5.1964, S. 9-11, LAC, MG 26 N 6, vol. 9, file »U.N.-Peacekeeping, Pearsons Statements on, 1959-1966«; Keeping the Peace. Lecture by Lester B. Pearson in the Dag Hammarskjold Memorial Series at Carleton University, 7.5.1964, S. 12-15, ebd.; Hillmer, Peacekeeping, S. 149, 150; MacFarlane, Sovereignty and Standby. Zu Pearsons Versuch, die Stationierung der UNEF nur als Zwischenschritt auf dem Weg zu einer Lösung des politischen Konflikts zu benutzen, vgl. Hillmer, Peacekeeping, S. 148 f.; Chapnick, Lester B. Pearson et le concept de la paix, S. 19 f.

102   Vgl. Chapanick, Middle Power Project, S. 144.

103   Die Worte »in doing so« stehen am Rand des Originals, offensichtlich um in den Text eingefügt zu werden.

104   Answers by Lester B. Pearson to questions asked by Panel on CBC Radio Programme »Capitol Cloakroom«, 3.12.1956, S. 2, LAC, MG 26 N1, vol. 39, file »Middle East – UNEF – Dec. 1956-Jan. 1957«.

Pearson machte implizit deutlich, dass nicht traditionelle Verbindungen, sondern letztlich nur das nationale Wohl maßgebliches Kriterium für die politische Entscheidungsfindung sein konnte. In diesem Sinne widersprach er seinen Kritikern also nicht. Die kanadische Außenpolitik hatte die traditionellen Fesseln, die sie mit Großbritannien verband, endgültig abgeworfen.

Schwierige Kommunikation: Außenpolitik als Innenpolitik

Trotz der prinzipiellen Einigung über die Aufstellung von UNEF und der exemplarischen Implementierung der von der traditionellen Bindung an Großbritannien gelösten Außenpolitik schwelte die innenpolitische Krise weiter. Wie schwierig es war, die auf internationalem Parkett getroffenen Entscheidungen nach innen zu kommunizieren und welche Fallstricke aufgrund der engen Verzahnung von Außen- und Innenpolitik auslagen, wurde in der zweiten Novemberhälfte offenbar.

Neben einem Teil der kanadischen Bevölkerung konnte auch Kairo die Neuausrichtung der kanadischen Außenpolitik nicht nachvollziehen. Am 8. November 1956 teilte die ägyptische Führung General Burns ihre Vorbehalte gegen die Teilnahme eines kanadischen Truppenkontingents an UNEF mit. Da die kanadischen Soldaten denjenigen der Briten zu ähnlich sähen und sie zudem noch in einem Treueverhältnis zur britischen Königin stünden, wären sie in Ägypten nicht erwünscht. Es könne zu Missverständnissen in der ägyptischen Bevölkerung und zu Ausschreitungen gegen die Kanadier kommen.[105] Diese Argumente brachte der ägyptische UN-Delegationsleiter in New York, Omar Loutfi, auch gegenüber Pearson vor.[106]

Während des Gespräches mit Loutfi erfolgte einer der uncharakteristischen Ausbrüche Pearsons. Er verwarf in scharfen Worten die ägyptischen Begründungen.[107] Hierüber informierte er seinen Kollegen und Freund Arnold Heeney, den kanadischen Botschafter in Washington, der nach dem Telefongespräch mit Pearson notierte:

> Mr. Pearson's reaction to this approach had been very strong. The Canadian Government could not give one inch; in view of our stand in the U.N. emergency session and the independence of our policy he had

---

105 Vgl. Tagebuch Burns 1956 (Einträge 8.11. u. 9.11.1956), LAC, MG 31 G6, vol. 7; Burns, Between Arab and Israeli, S. 198. Am 10.11.1956 erfuhr auch der UN-Generalsekretär von der ägyptischen Position. Vgl. Maloney, Peacekeeping, S. 67.

106 Vgl. Heeney, Aktennotiz »Middle East Crisis; U.N. Emergency Force«, 12.12.1956, LAC, MG 26 N1, vol. 39, file »Middle East – UNEF – Nov. 1956 Part I«.

107 Vgl. Pearson, Memoirs, Bd. 2, S. 262 f.

told Loufti [sic!] the Egyptian suggestion was ›outrageous‹. The argument concerning uniforms was nonsense, since all U.N. troops wear distinctive head gear and arm bands. Under no circumstances would we accept the Egyptian request.[108]

Pearson zeigte sich enttäuscht, dass trotz der innenpolitisch heiklen und klaren Abgrenzung von Großbritannien Kanada international noch mit dem britischen Mutterland gleichgesetzt wurde. Der historische Schnitt, den St. Laurent und Pearson vollzogen hatten, wurde im Ausland nicht notwendigerweise als solcher erkannt und gewürdigt. Zudem spricht aus der emotionalen Reaktion die Zwangslage des Diplomaten, der seine Politik gegenüber der eigenen, in der Sache tief gespaltenen Bevölkerung rechtfertigen musste.[109] Außen- und Innenpolitik standen in der Suez-Krise in einem kaum entwirrbaren Abhängigkeitsverhältnis.

Hierauf deutet auch die Art und Weise hin, wie Pearson versuchte, den Konflikt mit Ägypten zu lösen und seine potentiellen, innerkanadischen Folgen zu minimieren. Das Problem wurde dadurch verschärft, dass die Regierung in einer schnellen Reaktion bereits ein kanadisches Infanteriebataillon zum Einschiffungshafen Halifax beordert hatte. Die in großer Eile[110] getroffene Maßnahme erwies sich im Nachhinein als Bumerang. Zu dem Zeitpunkt, als sie entschieden worden war, drängten aber Generalsekretär Hammarskjöld auf den schnellen Aufbau der Truppe und Burns auf die Bereitstellung von Kampfeinheiten.[111] Kanada agierte abermals im Sinne des UN-Krisenmanagements als Vorreiter.[112] Was zu Beginn der Krise Applaus verhieß, kehrte sich durch die Ablehnung der Ägypter ins Gegenteil.[113] Das erste Bataillon der »Queen's Own Rifles of Canada«, wie der traditionsreiche Name der Truppe lautete,

---

108   Heeney, Aktennotiz »Middle East Crisis; U.N. Emergency Force«, 12.12.1956, LAC, MG 26 N1, vol. 39, file »Middle East – UNEF – Nov. 1956 Part I«.

109   Vgl. ebd; Granatstein, Canada: Peacekeeper, S. 128-130; Granatstein, Canada's Army, S. 346.

110   Vgl. zum Zeitdruck, der auf den Beteiligten lastete, Fröhlich, Hammarskjöld, S. 291 f.

111   Vgl. Tagebuch Burns 1956 (Einträge 5.11. u. 8.11.1956), LAC, MG 31 G 6, vol. 7; L. B. Pearson. Press Conference, 19.11.1956, LAC, MG 26 N1, vol. 39, file »Middle East – UNEF – Nov. 1956 Part I«; Burns, Between Arab and Israeli, S. 189 f. Noch am 16.11.1956 teilte Burns Pearson mit, dass er das kanadische Infanteriebataillon brauchen würden. Vgl. Memorandum to the Prime Minister. Canadian Contribution to the United Nations Emergency Force, 19.11.1956, S. 1, LAC, MG 26 N1, vol. 39, file »Middle East – UNEF – Nov. 1956 Part I«.

112   Vgl. dagegen kritisch zur einer als kurzsichtig bezeichneten Initiative der kanadischen Regierung, Martin, Le grand oublié, S. 34.

113   Vgl. »Nasser's Nonsense«, Globe and Mail, 17.11.1956, S. 6.

wartete wochenlang vergebens und in aller Öffentlichkeit in Halifax auf seinen Marschbefehl.[114]

Das UN-Generalsekretariat sowie die Regierungen von Kanada und Ägypten kamen schließlich zu einem diplomatischen Ausgleich. Statt Kampftruppen würde Kanada logistische und nachrichtentechnische Einheiten stellen.[115] Militärisch war die Neuausrichtung sinnvoll; genau diese Verbände fehlten Burns.[116] Politisch allerdings erschien die Truppenauswahl als Niederlage. Selbst das Kabinett neigte intern zu der Meinung, dass die Nachschub- und Hauptquartiereinheiten dem Ansehen Kanadas in der Welt nicht dienlich seien.[117] In den Augen der Öffentlichkeit hatte sich Nasser durchgesetzt, wie Kommentare in Zeitungen verschiedener politischer Richtungen unterstrichen.[118] Ein geflügeltes Wort sprach von einer »typewriter army«.[119] Für einen Teil der Zeitungen und für die parlamentarische Opposition war Kanada gedemütigt worden.[120]

Die Regierung meinte, der innenpolitischen Kritik nicht standhalten zu können. Der politische Mut, den Pearson und seine Kabinettskollegen nach den Worten Granatsteins gezeigt hätten, als sie die Veränderung des kanadischen Kontingents beschlossen,[121] verließ sie angesichts der Aufgabe, die Entscheidung vor der eigenen Bevölkerung zu vertreten. Sie entschlossen sich zu einem Ablenkungsmanöver. Außenpolitik wurde gemäß innenpolitischen Wünschen inszeniert.

---

114 Vgl. »How Mobile is This?«, ebd., 16.11.1956, S. 6; Granatstein, Canada: Peacekeeper, S. 130; Hillmer/Granatstein, Empire to Umpire, S. 201. Jean Martin argumentiert überzeugend, dass der Name der Einheit keinen Einfluss auf die ägyptische Ablehnung hatte. Es ging vielmehr prinzipiell um eine kanadische Beteiligung. Vgl. Martin, Le grand oublié, S. 31-35.

115 Vgl. Granatstein, Canada: Peacekeeper, S. 131; Hillmer/Granatstein, Empire to Umpire, S. 200.

116 Vgl. Memorandum to the Prime Minister. Canadian Contribution to the United Nations Emergency Force, 19.11.1956, S. 2, LAC, MG 26 N1, vol. 39, file »Middle East – UNEF – Nov. 1956 Part I«.

117 Vgl. Cabinet Conclusion, 14.11.1956, S. 3, LAC, RG 2, vol. 5775.

118 Vgl. »Nasser Bars QOR [Queen's Own Rifles]«, Toronto Daily Star, 20.11.1956; »No!«, Globe and Mail, 20.11.1956, S. 6; George Bain, »Minding Your Business«, Globe and Mail, 20.11.1956, S. 6; »The UN Police Force«, ebd., 21.11.1956, S. 6; »Don't take dictation down«, The Gazette, 30.11.1956, S. 8.

119 So noch in Pearson, Memoirs, Bd. 2, S. 271. Vgl. auch die Karikaturen »Operation Back-Spacer«, Globe and Mail, 20.11.1956, S. 6 u. »Spirit of '56«, Winnipeg Free Press, 20.11.1956, S. 17.

120 Vgl. »No!«, Globe and Mail, 20.11.1956, S. 6; »Don't take dictation down«, The Gazette, 30.11.1956, S. 8; Rowe, Canada. Debates of the House of Commons, 4th (Special) Session, 22nd Parliament, 26.11.1956, S. 16.

121 Vgl. Granatstein, Canada: Peacekeeper, S. 135.

Im Zuge dieser Scharade veranlasste Pearson Burns, einen Brief zu formulieren und an Ottawa zu richten. Hierin forderte der General statt Kampftruppen Nachrichten- und Logistikpersonal an.[122] Die Botschaft lautete: Nicht Nasser, sondern sachliche Argumente hätten zu der veränderten Zusammensetzung des kanadischen UNEF-Kontingents geführt. Zugleich lobte der militärische Berater des UN-Generalsekretärs, General Ilmari A. E. Martola, den kanadischen militärischen Beitrag in aller Öffentlichkeit und in dem kaum zu übersehenden Bemühen, der kanadischen Regierung bei ihrer Aufgabe zu helfen, die neue Zusammensetzung der Truppe vor der eigenen Bevölkerung zu rechtfertigen.[123] Das abgekartete Spiel wurde schnell durchschaut.[124] Die *Globe and Mail* schrieb:

> The frantic scambling of the government to cover its wounded pride at the turn of events have been taken concering the composition of the United Nations Middle East police force has been a sight to behold. It has been undignified, unsuccessful, unnecessary – and more than a little laughable.[125]

Sowohl durch die widerstreitenden Anforderungen als auch durch die Vorgehensweise der kanadischen Regierung erwiesen sich Außen- und Innenpolitik als nicht kompatibel. Durch die Verschleierungstaktik wurde nichts gewonnen. Der Schaden war vermutlich sogar größer, als er im Fall einer ehrlichen Darstellung der Problemlage gewesen wäre. Denn selbst nach dem Täuschungsversuch betonten Zeitungen, die dem Regierungskurs prinzipiell zustimmten, dass die Etablierung von UNEF wichtiger sei als die Zusammensetzung des kanadischen Kontingents.[126]

Ein zweites, zeitlich direkt anschließendes Ereignis war noch deutlicher innenpolitischer Natur, auch wenn die Außenpolitik das zentrale Thema bildete. Vom 26. bis 29. November 1956 trat das kanadische Unterhaus zu einer Sondersitzung zusammen. Die Opposition nutzte diese zu einer

---

122 Vgl. Burns an Pearson, 19.11.1956, LAC, MG 26 N1, vol. 39, file »Middle East – UNEF – Nov. 1956 Part I«; Granatstein, Canada: Peacekeeper, S. 131 f., 134; Granatstein, Canada's Army, S. 346.

123 Vgl. Statement by General Ilmari A. E. Martola, UN Press Release EMF/12, 20.11.1956, LAC, MG 26 N1, vol. 39, file »Middle East – UNEF – Nov. 1956 Part I«.

124 Vgl. Clark Davey, Nasser Made Canada Look Foolish – the Step-by-Step Record, *Globe and Mail*, 21.11.1956, S. 6; ders., Canada Lauded By UN Officer For Crisis Action, ebd., 21.11.1956, S. 7.

125 George Bain, »Minding Your Business«, *Globe and Mail*, 22.11.1956, S. 6.

126 Vgl. »Nasser Bars QOR«, *Toronto Daily Star*, 20.11.1956; »Mr. Nasser's Hold-Up at Halifax«, *Winnipeg Free Press*, 20.11.1956, S. 17; Granatstein, Canada: Peacekeeper, S. 135.

Generalabrechnung mit der Regierungspolitik während der Suez-Krise. Dabei positionierte sich die Konservative Partei klar auf Seiten Großbritanniens. Howard Green, späterer Außenminister Kanadas, deklamierte:»The Canadian people know, even if the Prime Minister does not, that the United Kingdom and France have never been aggressors and are not aggressors on this occation. [...] It is high time Canada had a government which will not knife Canada's best friends in the back.«[127] In diesem Ton ging es weiter: Die Redebeiträge der konservativen Parteimitglieder spiegelten vorwiegend die Kritik wieder, die bereits die Leitartikel und Briefe aus der Bevölkerung artikuliert hatten.[128]

Die Stellung Kanadas zu Großbritannien blieb kontrovers, die Etablierung der UN-Friedenstruppe war es prinzipiell nicht. Wie zuvor die Presse, so begrüßte während der Sondersitzung des Parlaments auch die Opposition die Aufstellung von UNEF. Allerdings versuchte sie, mit Hinweis auf die Unterhaussitzungen vom 31. Januar und 1. Februar 1956, während der Diefenbaker und Pearson über die Möglichkeit einer internationalen Streitmacht für den Nahen Osten debattiert hatten, die geistige Urheberschaft für die UN-Truppe für sich zu reklamieren.[129]

Die Anklagen und Behauptungen der Opposition allein hätten vermutlich nicht zu einem neuen Gipfelpunkt in der Auseinandersetzung um die Haltung zu Großbritannien und die kanadische Rolle in der Suez-Krise geführt. Erst eine ungeschickte Formulierung St. Laurents goss Öl ins Feuer der Kritik. Im Stile eines Richters hatte er sich zu einer antikolonialen Tirade hinreißen lassen, die implizit auf Großbritannien und Frankreich zielte:»... the era when the supermen of Europe could govern the whole world has and is coming pretty close to an end.«[130] Diese Äußerung sollte St. Laurent bis ans Ende seiner Amtszeit verfolgen. Oppositionspolitiker Green ließ es sich nicht nehmen, den Begriff der»supermen« genüsslich aufzugreifen und, wie zwei Tage später auch sein Parteigenosse Diefenbaker, die damit einhergehende Haltung anzugreifen.[131] Besonders im kommenden Wahlkampf diente sie als Waffe gegen den Premierminister.[132] Denn neben der Opposition prangerten Leitartikel in Zeitungen aus dem gesamten politischen Spektrum den zornigen

---

127 Canada. Debates of the House of Commons, 4th (Special) Session, 22nd Parliament, 27.11.1956, S. 50 f.
128 Vgl. auch ebd., 26.11.1956, S. 12 f.
129 Vgl. ebd., 29.11.1956, S. 141.
130 Ebd., 27.11.1956, S. 20.
131 Vgl. ebd., 27.11.1956, S. 49, 51 u. 29.11.1956, S. 141 f.
132 Vgl. »A New National Policy«. Highlights of Progressive Conservative Policy in Verbatim Quotations From Speeches By John Diefenbaker, Wahlkampfbroschüre [1957], LAC, MG 26 M, Series III, Box 3, file 304-1957 (Mikrofilm M 5550, S. 2611-2621, hier S. 2613).

Stil und den Inhalt der Aussage des Premierministers an. Igartua hat die Pressereaktion ausführlich beschrieben.[133] Die Ablehnung war fast einhellig; der Fehltritt wurde St. Laurent persönlich angelastet. Pearson, so meinten zumindest einige Zeitungen, wäre demgegenüber durch eine wohltuende Sachlichkeit aufgefallen.[134]

St. Laurents Ausbruch markierte den Höhepunkt der innenpolitischen Debatte um die Suez-Krise. Selbst die dem Kurs des Premierministers zuneigenden Zeitungskommentatoren erschraken ob der Rigidität des Ausspruchs und der Gefühle des Politikers. Die antikoloniale Rhetorik führte der kanadischen Öffentlichkeit in aller Deutlichkeit vor Augen, dass die Haltung Ottawas gegenüber London nicht einer plötzlichen Eingebung entsprungen war. Die Bevölkerung wurde gewahr, wie weit sich zumindest in der Wahrnehmung des Regierungschefs Kanada schon von Großbritannien gelöst hatte. Mit seiner pointierten Analyse des Ergebnisses der Suez-Krise sollte er recht behalten, wie der Historiker Robert Bothwell meint: »But the prime minister had committed the primary political sin of uttering a home truth in a memorable verbal package. Not all Canadians agreed with him, or more important still, wanted to agree with him.«[135]

Die Aufstellung der United Nations Emergency Force und der kanadische Beitrag zu dieser wurden von der Debatte nicht beeinflusst. Ab Januar 1957 stellten die Kanadier mit 1100 Soldaten das größte nationale Kontingent.[136] Burns befehligte UNEF bis zum Dezember 1959. Die Blauhelme versahen bis Juni 1967 ihren Dienst entlang der israelisch-ägyptischen Grenze.[137] Nach Aufforderung durch Nasser[138] verließen sie das Land zu Beginn des Sechs-Tage-Krieges. Die Erfolgsbilanz von UNEF ist zwiespältig. Ihr war eine über

---

133   Vgl. Igartua, ›Ready, Aye, Ready‹ No More?, S. 58-62; jetzt auch McCullough, Creating, S. 117.

134   Vgl. »Bubble and Reality«, Leitartikel u. Grant Dexter, Mr. Pearson Defines His Policy, beide *Winnipeg Free Press*, 27.11.1956; Igartua, ›Ready, Aye, Ready‹ No More?, S. 61.

135   Bothwell, Alliance, S. 129.

136   Vgl. Jack L. Granatstein/Douglas Lavender, Shadows of War, Faces of Peace. Canada's Peacekeepers, Toronto 1992, S. 22. In einem undatierten Säulendiagramm aus dem Pearson-Bestand findet sich die Zahl von 1203 Angehörigen des kanadischen Kontingents, das damit über 250 Soldaten mehr stellte als das zweitgrößte, indische Kontingent. Vgl. »National Contingents UNEF«, LAC, MG 26 N1, vol. 39, file »Middle East – UNEF – Mar.-April 1957«.

137   Vgl. insgesamt Carroll, Pearson's Peacekeepers.

138   Zum »sovereign consent«, der Nasser die Möglichkeit gab, den Abzug der UNEF zu fordern, vgl. Nabil A. Elaraby, UN Peacekeeping: The Egyptian Experience, in: Henry Wiseman (Hg.), Peacekeeping, Appraisals and Proposals, New York u.a. 1983, S. 65-92, hier S. 73-76; Fröhlich, Hammarskjöld, S. 298-301; kritisch: Maloney, Peacekeeping, S. 69.

10-jährige relative Friedensperiode im Grenzgebiet zu verdanken. Den zugrunde liegenden Konflikt hatte sie aber nicht lösen können. Ihre historische
Rolle lag vor allem darin, dass sie als Präzedenzfall die Voraussetzung für
weitere Peacekeeping-Operationen der Vereinten Nationen schuf.[139]

Die Suez-Krise als innen- und außenpolitischer Katalysator

Die Suez-Krise erwies sich als Katalysator langfristig wirksamer historischer
Ereignisse. Bereits am Vorabend des Konflikts hätte die Errichtung einer
UN-Friedenstruppe»inderLuft«gelegen,schreibtNormanHillmer,kanadischer
Professor für Geschichte und Internationale Beziehungen.[140] Pearson erfand
also nicht das UN-Peacekeeping. Doch erfasste er als erster die Möglichkeiten,
die der Augenblick bot. Es wird deutlich, nicht vorausschauende Planungen,
sondern ein spezifisches internationales Szenario brachte das neue Instrument
globalen Krisenmanagements hervor. Pearsons im Verlauf der Krise auf-
keimende Hoffnung auf eine permanente UN-Streitmacht sollte dagegen enttäuscht werden. Gerade die bei der Errichtung der United Nations Emergency
Force notwendige Improvisation machte Schule: Der Ad-hoc-Charakter entwickelte sich zum Markenzeichen für die UN-Blauhelmmissionen – und folgte
in dieser Hinsicht ihrem Vorläufer im Saargebiet 20 Jahre zuvor.

    Auch auf die Aufgaben eines Vermittlers war Kanada vorbereitet. Sie
passten gut zum Selbstverständnis der kanadischen Diplomatie, die ihr Land
als Mittelmacht sah, und zu ihrer Mediatorenrolle in der UN. Aber erst die
spezifische Konstellation der Suez-Krise ermöglichte es den kanadischen
Protagonisten, ihre Stärken auszuspielen und vor den Augen der Welt einen
erfolgreichen Vermittlungsversuch zu wagen. In diesem Sinne hatte John
Holmes recht, als er frühzeitig und einflussreich davon sprach, dass die
Position als Mittler nicht langfristig vorbereitet, sondern aus der Situation
geboren wurde.[141] Letztlich gebar aber die Suez-Krise nicht die kanadische
Vermittlerrolle, sondern manifestierte sie und lenkte sie hin auf das Feld der

---

139   Vgl. Ghali, United Nations Emergency Force I, S. 124-128; Paul F. Diehl, International
        Peacekeeping, Baltimore/London 1994, S. 31; Coulon, Soldiers of Diplomacy, S. 25;
        Michael K. Carroll, From Peace(keeping) to War: The United Nations and the Withdrawal
        of UNEF, in: The Middle East Review of International Affairs 9 (2005), No. 2, Article 5, on-
        line unter http://meria.idc.aci./journal/2005/issue2/jv9n02a5.html (aufgerufen 2.2.2008).
140   Vgl. Hillmer, Peacekeeping: Canadian Invention, S. 161.
141   Vgl. Holmes, Shaping of Peace, Bd. 2, S. 349; Rob B. Byers/Michael Slack (Hg.), Canada and
        Peacekeeping: Prospects for the Future, Toronto 1983, S. 45 (Beitrag John Holmes). Für
        diesen Hinweis bedanke ich mich bei Yves Tremblay, Ottawa.

intcrnationalen Friedenssicherung und Konfliktlösung. Inhalt, nicht Methode kanadischer Außenpolitik wurde 1956 bestimmt.

Vor den Augen der kanadischen Öffentlichkeit und der internationalen Staatengemeinschaft führte die Suez-Krise zum Bruch mit der traditionellen kanadischen Außenpolitik einer weitgehenden Unterstützung der britischen Position. Vor allem die Reaktion in Kanada zeigte, als wie deutlich der Kurswechsel empfunden wurde. Dabei kam der Krise nur die Funktion des Auslösers zu, denn die dahinterstehende Überzeugung einer selbstständigen, an eigenen Werten orientierten Außenpolitik war schon längst gewachsen. St. Laurent und Pearson sowie kanadische Spitzendiplomaten zweifelten keinen Augenblick daran, dass Ottawa die Politik Londons nicht würde mittragen können. Die rhetorische Figur der »supermen« und die antikoloniale Tirade des Premierministers waren dabei offensichtlicher Ausdruck für die innere Abkehr der liberalen Führungselite vom Mutterland.

Die Regierungsposition wurde indes nicht von allen Kanadiern mitgetragen und führte zu einer Spaltung der öffentlichen Meinung.[142] Im Mittelpunkt des nationalen Diskurses stand die Frage nach den tragenden Elementen kanadischer Identität. Die Auseinandersetzung zeigte die Stärke nostalgischer Bindungen an Großbritannien und das Empire. Die Neuausrichtung kanadischer Außenpolitik seit dem Zweiten Weltkrieg forderte das traditionelle Selbstverständnis von Teilen der anglophonen Bevölkerung heraus. Außen- und Innenpolitik waren nicht abgeschlossene Sphären politischer Willensbildung, sondern eng miteinander verflochten. Der Graben zwischen pro-britischer Identität und einer als antibritisch aufgefassten Außenpolitik erwies sich während der Krise als unüberbrückbar.

Unter der Annahme, dass öffentliche Kommunikation für die Entwicklung nationaler Identität unabdingbar ist, diente die Debatte nicht nur der Feststellung von unterschiedlichen Positionen, sondern sie war zugleich Teil eines Aktualisierungsprozesses nationaler Selbstverortung. Im Dissens lag also schon der Kern für die Veränderung einer bis dato scheinbar feststehenden und kollektiv akzeptierten Identität.[143] Tatsächlich zeigt sich in der Rückschau, dass die Kritik am Regierungskurs als letztes manifestes Aufbäumen eines Wunsches nach imperialer Gemeinschaft mit Großbritannien begriffen

---

142   Vgl. McCullough, Creating, S. 118.
143   Vgl. Bergem, Nationale Identität, S. 45. Kritisch zu kollektiver Identität und Identitätspolitik Lutz Niethammer, Kollektive Identität. Heimliche Quellen einer unheimlichen Konjunktur, Reinbek b. Hamburg 2000.

werden kann.[144] Mit der Suez-Krise trat die kanadische Außenpolitik un-umkehrbar ins postkoloniale Zeitalter ein.[145]

Mit der Lösung von London verstärkte sich zugleich die Bindung an Washington. Die Krise zeigt somit nicht nur, wie weit sich Kanada schon von einer imperialen Außenpolitik emanzipiert hatte, sondern auch die starke Hinwendung zur kontinentalen Allianz mit den USA.

In Kanada wurde zwischen der Haltung der Regierung gegenüber Groß-britannien und dem Vorschlag Pearsons zur Stationierung einer UN-Polizeitruppe unterschieden. Trotz der Aufregung um die Zurückweisung der Queen's Own Rifles erntete auch die Bereitstellung eines kanadischen Truppen-kontingents überwiegend Beifall. Als Truppe positiv konnotiert, entstanden die UN-Blauhelme aber in Verbindung mit einer emotional aufgewühlten und in aller Schärfe geführten Auseinandersetzung um das Verhältnis zu London und das britische Erbe. Schon während seiner Inauguration wurde das kanadische Peacekeeping auf diese Weise mit der Neudefinition der ideellen Grundlagen der kanadischen Gesellschaft assoziiert. Da UNEF dazu beitrug, eine welt-politische Krise zumindest temporär zu lösen, erschien die kanadische Be-teiligung an militärischen UN-Einsätzen international noch stärker als zuvor und zum ersten Mal auch gesellschaftlich wahrgenommen als erfolgreiches Element kanadischer Außenpolitik. Doch blieb abzuwarten, welche Aus-wirkungen die umstrittene Instrumentalisierung des UN-Truppenbeitrags im Rahmen des postkolonialen Abnabelungsprozesses vom britischen Mutter-land auf die zukünftige außenpolitische Entscheidungsfindung und innen-politische Akzeptanz der Blauhelme haben würde.

---

144   Vgl. Granatstein/Hillmer, For Better or for Worse, S. 188.
145   Vgl. Chapnick, Middle Power Project, S. 151.

KAPITEL 4

Kontinuität

Die Regierung Diefenbaker bis zur Kongo-Mission

Suez war die eigentliche Geburtsstunde des Peacekeepings, auch wenn erste begrenzte Beobachtermissionen unter dem Dach der Vereinten Nationen bereits Jahre zuvor etabliert und maßgeblich durch kanadische Soldaten und Diplomaten unterstützt worden waren. Mit der einige Tausend Mann starken Truppe, die als Puffer zwischen den Kriegsparteien fungierte, wurde das militärische Konfliktmanagement der UN 1956 erheblich ausgeweitet und auf eine neue Stufe gehoben. Aus der Rückschau erscheint das Urteil eindeutig. Doch zeitgenössisch musste sich erst zeigen, ob sich das neue Instrument der Krisenintervention tatsächlich bewähren würde. Für die kanadische Politik des Peacekeepings galt Ähnliches. Zwar war Pearsons Initiative international gewürdigt worden, doch innenpolitisch hatte sich der Beginn des kanadischen Engagements im Rahmen von UNEF als ausgesprochen holprig erwiesen.

Die kanadischen Zeitgenossen hatten die höchst emotionale und die (anglophone) Nation spaltende Debatte um die Haltung der Regierung gegenüber Großbritannien miterlebt. Obgleich der Einsatz kanadischer Truppen im Rahmen der Blauhelme allgemein akzeptiert wurde, blieb unklar, ob die Politik, die zu dieser Beteiligung geführt hatte, in Zukunft fortgesetzt werden würde. Denn auch parteipolitisch war der bislang bestehende außenpolitische Konsens aufgegeben worden. Die konservative Opposition gehörte zu den schärfsten Kritikern der Suez-Politik der Regierung St. Laurent, die in der kommenden Unterhauswahl, nur ein halbes Jahr nach der Krise, ihren politischen Kurs verteidigen musste.

Unsichere Zukunft des kanadischen Peacekeepings

Am 10. Juni 1957 wählte die kanadische Bevölkerung ein neues Parlament. Sie entschied sich für einen politischen Richtungswechsel, der John G. Diefenbaker und ein konservatives Minderheitskabinett an die Macht brachte.[1] Die Schlappe der Liberalen kam einem politischen Erdbeben gleich. Nach 22 Jahren stellten die Konservativen zum ersten Mal wieder den Regierungschef. Welchen Einfluss die Suez-Krise und die Spaltung der öffentlichen Meinung

---

1 Vgl. Hillmer/Granatstein, Empire to Umpire, S. 207 f.

© VERLAG FERDINAND SCHÖNINGH, 2020 | DOI:10.30965/9783657787807_006

auf den Wahlausgang hatten, bleibt unsicher.[2] John Meisel, der eine umfangreiche Studie zur Wahl von 1957 vorgelegt hat, kommt zu dem Schluss, dass
es andere und weitaus wichtigere Gründe für die liberale Niederlage gegeben
habe.[3]

Jedenfalls war nicht abzusehen, ob es nicht doch zu einer umfangreichen
Revision der liberalen Außenpolitik kommen würde. Die konservative Position
während der Suez-Krise legte einen Politikwechsel nahe. Daher musste auch
die Zukunft des kanadischen Peacekeepings als durchaus offen erscheinen.[4]
»Dief the Chief«, wie der 62-jährige Prärie-Politiker von seinen Anhängern
genannt wurde, hegte eine Reihe von Grundüberzeugungen, die mit der
vergangenen Ausrichtung der internationalen Beziehungen Kanadas nicht
kompatibel waren oder zumindest eine zukünftig schärferer Gang- und Ton-
art vermuten ließen. Diefenbaker galt als ausgesprochener Verfechter des
britischen Commonwealth und traditionell enger Bindungen zum britischen
Mutterland. Er erschien als kompromisslos antikommunistisch und latent
antiamerikanisch. Seine Haltung zu den Vereinten Nationen ist weniger klar zu
bestimmen. Basil Robinson, sein langjähriger Verbindungsmann zum Außenministerium,[5] hegte die Vermutung, dass der Premierminister sich pragmatisch
an einer positiven Haltung der Kanadier zu den Vereinten Nationen orientiert
habe.[6]

Diejenigen, die einen Politikwechsel erwartet hatten, wurden zunächst
nicht enttäuscht. Schon bald nach seinem Amtsantritt versuchte Diefenbaker,
weniger aus ökonomischen denn aus politisch-ideologischen Gründen, ein
Handelsabkommen mit Großbritannien zu schließen. Auf diese Weise wollte
er die Bindungen speziell zum Mutterland und allgemein zum Commonwealth stärken. London war von dieser Offerte allerdings wenig beeindruckt.
Wirtschaftliche Gründe standen gegen den Plan Ottawas. Die Verhandlungen
wurden nach nur wenigen Monaten abgebrochen. Damit scheiterte Diefen-

---

2 Vgl. Eayrs, Canada, S. 192; Granatstein, Canada: Peacekeeper, S. 136 f.; Keating, Canada and
   World Order, S. 41; Bothwell, Alliance, S. 128-132; Hillmer/Granatstein, Empire to Umpire,
   S. 203.

3 Vgl. John Meisel, The Canadian General Election of 1957, Toronto 1963 (EA 1962), bes.
   S. 254 f., 273.

4 Die prinzipielle Offenheit der Situation und somit die Bedeutung der Regierungszeit
   Diefenbakers werden bislang eher weniger beachtet. Dazu mag auch beitragen, dass die
   Suez-Krise als Ausgangspunkt verklärt wird, von dem aus das kanadische Peacekeeping quasi
   teleologisch ablief.

5 Zu Robinsons Funktion vgl. Hilliker/Barry, Canada's Department of External Affairs, vol. 2,
   S. 142 f.

6 Vgl. H. Basil Robinson, Diefenbaker's World. A Populist in Foreign Affairs, Toronto u.a. 1989,
   S. 5.

baker gleich zu Beginn seiner Regierungszeit mit einem zentralen außenpolitischen Programmpunkt. Die überkommenen Vorstellungen einer engen
politischen, wirtschaftlichen und kulturellen Symbiose mit dem Mutterland
ließen sich nicht restaurieren. Wie sich in der Folge zeigte, führte Diefenbaker,
entgegen seinen eigenen Wünschen und Überzeugungen, die Politik der Ab-
nabelung von London fort, die St. Laurent und Pearson in der Suez-Krise so
prominent vertreten hatten.

Auch die Peacekeeping-Politik kam zu Beginn der Amtszeit Diefenbakers
unter Beschuss. Der neue Verteidigungsminister, Weltkriegsveteran General
George Pearkes, stellte die gesamten Auslandseinsätze auf den Prüfstand. Er
wandte sich explizit gegen die »peace making activity«, da, wie er äußerte,
»this sort of thing has no military value for the Canadian forces«.[7] Neben dem
Engagement im Rahmen von UNEF geriet auch die Beteiligung an den älteren
UN-Beobachtermissionen in Gefahr. Damit standen Pearkes und die ihn
unterstützende Generalität im Gegensatz zu den Diplomaten aus dem Außenministerium, die weiterhin eine prominente Rolle Kanadas beim UN-Peacekeeping befürworteten. Die aus den unterschiedlichen Positionen gespeisten
Konflikte zwischen Außen- und Verteidigungsministerium sollten sich über
die gesamte Regierungszeit Diefenbakers ziehen.[8]

Den Diplomaten wurden anfangs wenig Chancen eingeräumt, sich mit
ihren politischen Vorstellungen, die an der Politik der abgewählten liberalen
Regierung angelehnt waren, durchzusetzen. Diefenbaker erschienen die Mitarbeiter des Auswärtigen Dienstes suspekt, wähnte er in ihnen doch Partei-
gänger Pearsons und der liberalen Partei. Tatsächlich war die anfängliche
Zusammenarbeit nicht frei von Spannungen und gegenseitigem Misstrauen.
Durch einen Stau bei der Wiederbesetzung von zentralen Positionen im
Außenministerium wurde zudem die Handlungsfähigkeit der Außenamts-
bürokratie stark eingeschränkt.[9]

Rhetorische Verankerung des Peacekeepings in Kanada

Daher verwunderte es, dass sich Diefenbakers Politik gegenüber den Vereinten Nationen und den Blauhelm-Einsätzen, abgesehen von den anfänglichen Irritationen, nicht wesentlich von derjenigen des Tandems St. Laurent

---

7   Zit. nach Maloney, Canada and UN Peacekeeping, S. 86.
8   Vgl. Lenarcic, Turning Blue, Kap. »A Whole New Ballgame«; Maloney, Canada and UN Peace-
    keeping, S. 86 f.
9   Vgl. Hilliker/Barry, Canada's Department of External Affairs, vol. 2, S. 133-139, 168.

und Pearson unterschied. Vielleicht trug zu dieser Haltung bei, dass sich der neue Regierungschef als der eigentliche Vordenker des Blauhelm-Einsatzes am Suez-Kanal fühlte.[10] Der neue, tatsächlich aber alte Kurs wurde schon wenige Monate nach dem für die Konservativen glücklichen Wahlausgang eingeschlagen. Am 23. September 1957 bekannte sich der Premierminister in der UN-Generalversammlung öffentlich zur Politik der Vorgängerregierung und zum Konzept des Multilateralismus. Er lobte die friedensstiftende Funktion der Vereinten Nationen und kam speziell auf die United Nations Emergency Force zu sprechen, deren Einsatz er zum Zeitpunkt der Suez-Krise ein knappes Jahr zuvor vehement abgelehnt hatte:

> That Force has had a stabilizing and tranquillizing influence in the Middle East. I am not a newly-convinced convert to such force, for I brought the suggestion for it before the House of Commons of Canada in January of 1956. I argued at that time that such a force could prevent the outbreak of war in the area in question, which today is served by that Force. [...]
>
> The Canadian Government is naturally deeply gratified that UNEF has had so large a measure of success in its endeavours, and Canada is willing to continue its contribution as long as it is considered necessary by the United Nations.
>
> We Canadians have a special pride in the fact that a Canadian, Major-General Burns, has done his duty in so superb a manner as to have earned the approval in praise of the most objective of observers. [...]
>
> Canada is not unaware of the fact that Canadian troops make some 1,200 of the total personnel of 6,000. I repeat what I said a moment ago: Canada will continue to be a strong supporter of the continuance of UNEF until its work is done.[11]

Diefenbaker unterstützte die Vereinten Nationen auf der ganzen Linie und explizit deren Peacekeeping-Engagement im Grenzgebiet zwischen Israel und Ägypten. Mit der Ausnahme, dass er die Idee zur Etablierung der UN-Truppe für sich in Anspruch nahm, konnten selbst Pearson und die Außenamtsbürokratie mit Diefenbakers Ausführungen zufrieden sein.

Die Rede des Premierministers war aber nicht nur an ein internationales Auditorium gerichtet, sondern stärker als zunächst geplant auch an eine kanadische Zuhörerschaft. Hierauf weist eine kurzfristige Änderung am

---

10   Vgl. Maloney, Canada and Peacekeeping, S. 88.
11   UN General Assembly, 12th Session, Official Records, 683rd Plenary Meeting, 23.9.1957, S. 66 f.

Manuskript hin. Sie fällt ins Auge, wenn man die in Kanada publizierte Fassung des ursprünglichen Redemanuskripts mit der von den Vereinten Nationen verbreiteten Mitschrift der tatsächlich gehaltenen Rede vergleicht.[12] Statt eines distanzierten Hinweises darauf, dass »Kanadier einen besonderen Stolz hegten«,[13] wie es zunächst im Manuskript hieß, schloss Diefenbaker sich nun, indem er das Pronomen »we« einfügte, ausdrücklich mit ein: »We Canadians ...«. Diese Veränderung war nicht marginal. Vielmehr lenkte sie den Diskurs über das kanadische Peacekeeping in eine eindeutige Richtung. Regierung und Volk wären sich in der positiven Bewertung des Peacekeepings und speziell seines kanadischen Oberkommandierenden einig. Diese Botschaft vermittelte die Rede Diefenbakers den versammelten Repräsentanten der internationalen Gemeinschaft, aber ebenso seinen Landsleuten zuhause. Diefenbaker vereinnahmte die kanadische Öffentlichkeit für seine Position und postulierte zugleich einen Konsens, der die vergangenen Differenzen vergessen machen sollte. Um dieses zu erreichen, verließ er rhetorisch die Sphäre der pragmatischen Politik, als er von seinem und der Kanadier »Stolz« (»pride«) sprach. Die Beziehung zwischen den Bürgern Kanadas und dem kanadischen Peacekeeping war nicht nur rationaler, sondern auch emotionaler Natur, versuchte er zu suggerieren. Gerade der Begriff des »Stolzes« sollte sich in den folgenden Jahren durch die Beschreibungen des Verhältnisses zwischen den Kanadiern und ihren Blauhelm-Truppen ziehen. Das kanadische Peacekeeping erschien als mehr als nur ein außenpolitisches Instrument. Diefenbakers Ausführungen förderten diesen Interpretationsansatz.[14]

Dass es sich bei dem Bekenntnis des Premierministers vor der UN-Generalversammlung nicht lediglich um ein Strohfeuer handelte, machte Außenminister Smith nur zwei Monate später deutlich, als er an gleicher Stelle die UNEF nochmals explizit lobte: »... UNEF has made a valuable contribution to the maintenance of quiet and order in the area of its deployment.«[15] Darüber hinaus griffen beide, Diefenbaker und Smith, die bereits von Pearson vertretene Idee einer permanenten UN-Streitmacht auf. Aufgrund des Kalten Krieges und der Zurückhaltung vieler Staaten würde sich eine solche Truppe in absehbarer Zeit nicht realisieren lassen. Dies war auch den konservativen

---

12   Die in Kanada als offizieller Redetext verbreitete Fassung weist eine ganze Reihe von kleinen Abweichungen gegenüber der tatsächlich gehaltenen Rede auf. Vgl. »Canada and the United Nations. Statement by Prime Minister John G. Diefenbaker in the General Assembly of the United Nations, New York«, 23.9.1957, Statements and Speeches 57/33.

13   Ebd., S. 7.

14   Vgl. Maloney, Canada and UN Peacekeeping, S. 87 f.

15   Sidney E. Smith, Statement on UNEF, 22.11.1957, in: Statements and Speeches 57/43; siehe auch: Sidney E. Smith, Aspects of Canadian Foreign Policy, 26.11.1957, in: ebd. 57/44.

Politikern klar. Als praktische Antwort auf diesen Zustand verkündete die kanadische Regierung Anfang 1958 unilateral, dass sie eine kanadische Einheit für UN-Einsätze bereithalten würde. Diefenbakers Kabinett ging mit seinen Verpflichtungen gegenüber den Vereinten Nationen folglich sogar noch über diejenigen der liberalen Vorgängerregierung hinaus.[16]

Bereits Mitte Oktober 1957 hatten die Kanadier abermals Gelegenheit gehabt, auf einen der kanadischen Protagonisten der Suez-Krise und der Etablierung des ersten UN-Blauhelmkontingents »stolz« zu sein. Am 14. Oktober wurde ein erstaunter Pearson darüber informiert, dass er den diesjährigen Friedensnobelpreis erhalten würde.[17] Die Zeitung *Vancouver Sun* begann ihre Nachricht über die Verleihung des Nobelpreises am 16. Oktober mit den Worten: »Canadians must be proud of the honor that has come to Lester Pearson.«[18] Selbst die *Globe and Mail*, die im Vorjahr noch gegen Pearson zu Felde gezogen war, reihte sich ohne Zögern in den Kreis der Laudatoren ein. Zwar gab das Osloer Nobelpreiskomitee wie üblich keine Auskunft darüber, warum der Preis verliehen wurde, doch waren sich Politik und Öffentlichkeit in Kanada einig, dass die Rolle Pearsons im Herbst 1956 gewürdigt wurde.[19] Mit der Verkündigung der Entscheidung im Oktober und der offiziellen Verleihung des Preises am 11. Dezember wurde der kanadischen Öffentlichkeit nochmals vor Augen geführt, wie erfolgreich Pearsons Außenpolitik und die Stationierung einer Peacekeeping-Truppe am Suezkanal gewesen waren. Die Auszeichnung wurde primär der Person zugeschrieben, doch der *Regina Leader-Post* galt sie auch als »a tribute to Canada«.[20] Die Kommentare zeigten, dass das Peacekeeping zunehmend als typischer Ausdruck kanadischer Politik und kanadischen Selbstverständnisses aufgefasst wurde. Die erfolgreiche Politik und die hierfür entgegengenommene internationale Huldigung führten mittels des propagierten Gefühls des »Stolzes« zumindest zu einem Angebot gesellschaftlicher Vergemeinschaftung.

Die Ehrung Pearsons wurde durchgehend als gerechtfertigt erachtet, aber die Beiträge in den Zeitungen vergaßen auch nicht daran zu erinnern, dass die

---

16   Vgl. Maloney, Canada and UN Peacekeeping, S. 88 f.
17   Vgl. Pearson, Memoirs, Bd. 2, S. 275.
18   »An Honor Deserved«, *Vancouver Sun*, 16.10.1957, LAC, MG 26 N 1, vol. 38, folder »Nobel Peace Prize – Clippings – 1957«, pt. 2.
19   Vgl. »Nobel Judges Award Pearson 1957 Peace Prize«, *Globe and Mail*, 15.10.1957, S. 1 u. »Deserved Distinction«, ebd., 15.10.1957, S. 6; Saskatoon *Star-Phonix*, 15.10.1957 u. *Vancouver Sun*, 19.10.1957, LAC, MG 26 N 1, vol. 38, folder »Nobel Peace Prize – Clippings – 1957«, pt. 2.
20   *Regina Leader-Post*, 15.10.1957, LAC, MG 26 N 1, vol. 38, folder »Nobel Peace Prize – Clippings – 1957«, pt. 2. Siehe auch McCullough, Creating, S. 152 f.

Haltung der Regierung St. Laurent zu einer Spaltung der öffentlichen Meinung geführt hatte. Der Jubel über die Verleihung des Friedensnobelpreises an einen Kanadier erwies sich daher als freudig, aber nicht unbedingt enthusiastisch.[21] Ganz realistisch fragte der *Windsor Daily Star* am 17. Oktober, was der Preis für die politische Karriere Pearsons bedeuten würde.[22] Denn der Geehrte war im Sommer an die Stelle St. Laurents als liberaler Parteichef und Führer der Opposition im Parlament getreten.

Langfristig sind die Folgen der Preisverleihung für die Durchsetzung und Entfaltung des Peacekeepings in Kanada kaum zu überschätzen: Wie bereits in den Zeitungskommentaren angelegt, wurde der Nobelpreis zum Fluchtpunkt des kanadischen Peacekeeping-Narrativs, das sich in den kommenden Jahren entwickeln sollte und in dessen Kontext Suez-Krise und Nobelpreisverleihung zunehmend als eine Einheit erschienen. Auf die Person von Pearson wurden dabei sowohl der Beginn des Peacekeepings als außenpolitisches Instrument wie auch als gesamtgesellschaftliches Identitätsangebot projiziert.[23] Diese Entwicklung war indes nicht zwangsläufig. Sie wurde vor allem dadurch unterstützt, dass Pearson zunächst als Oppositionsführer und später als Regierungschef weiterhin im Licht der Öffentlichkeit stand. Seine politischen Funktionen halfen dabei, die Erinnerung an die kanadische Rolle in der Suez-Krise wachzuhalten. Vielleicht mehr als das punktuelle Ereignis der Verleihung des Preises führte die weitere politische Präsenz Pearsons dazu, dass *ex post* die Suez-Krise und die Haltung des damaligen Außenministers zum Höhepunkt kanadischer Außenpolitik eines »Goldenen Zeitalters« und Beginn des kanadischen Peacekeeping-Gedankens stilisiert wurden.

Kurzfristig waren die Folgen dagegen eher gering. Denn die Peacekeeping-Politik Diefenbakers und seines Kabinetts lässt sich nicht als populistische Reaktion auf die Verleihung des Friedensnobelpreises an Pearson werten.[24] Der Auftritt Diefenbakers in New York hatte einen Monat vor der Entscheidung des Osloer Nobelpreiskomitees stattgefunden. So wichtig wie die Ehrung Pearsons für die Popularisierung des kanadischen Peacekeeping-Beitrags gewesen war, so wenig Einfluss hatte sie auf die grundlegende Entscheidung der Regierung Diefenbaker, den Blauhelm-Einsatz am Suez-Kanal und damit das neuartige Instrument zur Kriegenintervention weitergehend zu unterstützen.

---

21   Vgl. Robert D. Harvey, »Suez Remembered« (Leserbrief), *Vancouver Sun*, 22.10.1957 u. *Edmonton Journal*, 16.10.1957, ebd.

22   Vgl. *Windsor Daily Star*, 17.10.1957, ebd.

23   Vgl. Melady, Pearson's Prize, S. 9, 12, 17; McCullough, Creating, S. 118 f.

24   Vgl. dagegen Maloney, Canada and UN Peacekeeping, S. 87.

Praxis des Peacekeepings: Libanon 1958

Wie ernst es Diefenbaker mit seinem Bekenntnis zum UN-Peacekeeping meinte, sollte sich bereits im folgenden Jahr zeigen. Im Frühjahr 1958 entwickelte sich im Nahen Osten eine weitere, zunächst innerstaatliche Krise, die aber schon bald, nicht zuletzt aufgrund der volatilen Situation in der Region, international Kreise zog. Schauplatz war der Libanon. Hervorgerufen durch die politischen, ökonomischen und demographischen Ungleichgewichte zwischen den christlichen und muslimischen Bevölkerungsgruppen kam es dort zu Unruhen. Diese Auseinandersetzungen wurden von der christlich dominierten Regierung unter Präsident Camille Chamoun bewusst internationalisiert. Am 22. Mai beschuldigten Vertreter Beiruts im UN-Sicherheitsrat die Vereinigte Arabische Republik – wie sich der Zusammenschluss von Ägypten und Syrien nannte –, Kombattanten in den Libanon einzuschleusen. Dieser Vorwurf stellte sich später als nicht berechtigt heraus.[25] Im Mai allerdings schien er die befürchtete Ausweitung des Konfliktes zu signalisieren.[26]

Um die Anschuldigungen zu untersuchen und so die Situation zu entschärfen, verabschiedete der Sicherheitsrat am 11. Juni eine Resolution, welche die United Nations Observation Group in Lebanon (UNOGIL) schuf. Kanada, zeitgenössisch im Sicherheitsrat vertreten, stimmte für die Resolution. Insbesondere sollte die neue Beobachtermission verhindern, dass illegal Personen oder Waffen über die Grenze in den Libanon geschmuggelt werden würden. Zunächst wurden zehn Offiziere von der in der Nähe stationierten UNTSO abgestellt, um die Arbeit im Libanon aufzunehmen. Zu dieser Gruppe gehörte auch ein kanadischer Major. Am 16. Juni bat der UN-Generalsekretär Kanada um zehn weitere Militärbeobachter. Schon einen Tag später stimmte das Kabinett zu. Die gewünschten Offiziere wurden in Marsch gesetzt. Mitte November 1958 umfasste UNOGIL fast 600 Militärbeobachter, davon 77 Kanadier. Damit stellte Kanada das größte nationale Kontingent. Nachdem sich die Beziehungen zwischen dem Libanon und der Vereinigten Arabischen Republik wieder gebessert hatten, wurden einen Monat später die meisten UN-Soldaten abgezogen und wurde die Operation abgewickelt.

Zwischenzeitlich schien die Situation im Libanon und im Nahen Osten aber außer Kontrolle zu geraten. Denn als Reaktion auf einen Putsch in Bagdad

---

25   Vgl. Ständiger Vertreter Kanadas bei der UN an SSEA, 27.6 1958, in: Documents on Canadian External Relations (DCER), Bd. 25/II, hg. v. Michael D. Stevenson, Ottawa 2004, S. 713 f.

26   Vgl. hierzu und zum Weiteren Mona Ghali, United Nations Observation Group in Lebanon, in: William J. Durch (Hg.), The Evolution of UN Peacekeeping. Case Studies and Comparative Analysis, New York 1993, S. 163-180.

schickten die USA am 15. Juli US-Marineinfanterie in den Libanon, und Großbritannien zwei Tage später Truppen nach Jordanien, in beiden Fällen auf
offiziellen Wunsch der betroffenen Regierungen. Washington und London
befürchteten, dass sich der Aufstand im Irak ausweiten und er die westliche
Position im Nahen Osten untergraben könnte. Amerikanische Versuche,
UNOGIL in eine militärische Peacekeeping-Formation umzuwandeln – ein
Vorschlag, den Kanada vorab gebilligt hatte[27] –, scheiterten im Sicherheitsrat
am sowjetischen Veto. Glücklicherweise fanden zur selben Zeit die Parteien
des Libanon einen Kompromiss und eine neue Regierung, so dass sich die
innenpolitische Lage stabilisierte. Die amerikanischen Truppen traten daraufhin den Rückzug an.[28]

Kanadas Regierung hatte prompt und positiv auf den Vorschlag reagiert,
eine UN-Beobachtermission im Libanon aufzustellen. Robinson, Diefenbakers
Verbindungsmann zum Außenministerium, vermutete, dass sein Chef
pragmatisch agiert habe. Die kanadische Politik erfüllte die in sie gesetzten
Erwartungen. Eine andersgeartete Entscheidung hätte zu außenpolitischem
Flurschaden geführt. Der Militärhistoriker Maloney betont darüber hinaus,
dass sich Diefenbaker im Prinzip mit den Alliierten einig war, die prowestlichen Staaten im Nahen Osten zu unterstützen. Kanada habe sich daher
auch aufgrund von allgemeinen strategischen Entscheidungen der NATO
prominent in UNOGIL engagiert und die jeweils notwendigen Truppenauf-
stockungen unverzüglich vorgenommen.[29] Doch auch wenn Kanada schnell
reagierte, konnte es nicht verborgen bleiben, dass – anders als in der Suez-
Krise – die Initiative von anderen Staaten ausging. So war die Resolution, die
zur Gründung von UNOGIL führte, von Schweden, einer weiteren Mittelmacht, eingebracht worden. Und die militärische Operation wurde von einem
ebenfalls schon erfahrenen Truppensteller mit Soldaten in allen bisherigen
UN-Militärmissionen geleitet, Norwegen.[30] Zumindest in der Libanon-Krise
erschienen Kanada und die Regierung in Ottawa als Mitläufer, nicht mehr als
Vorkämpfer des UN-Peacekeepings.[31]

---

27   »Soviet Union Vetoes UN Lebanon Force«, *Globe and Mail*, 19.7.1958, S. 2.
28   Canada and Peace-keeping Operations. The Lebanon 1958, 27.7.1966, Report No. 9, Di-
     rectorate of History, Canadian Forces Headquarters, DHH Archives, CFHQ, Report No. 9
     (zit. Lebanon 1958, Report No. 9).
29   Vgl. Maloney, Canada and UN Peacekeeping, S. 93-97.
30   Vgl. Ständiger Vertreter Kanadas bei der UN, C. S. A. Ritchie, an SSEA, 11.6.1958,
     Memorandum SSEA, Sidney Smith, an das Kabinett, 16.6.1958, in: DCER, Bd. 25/II,
     S. 690-695.
31   Vgl. Maloney, Canada and UN Peacekeeping, S. 96.

Parlamentarische Opposition und veröffentlichte Meinung unterstützten prinzipiell den Kurs der Regierung.[32] Gerade die *Globe and Mail*, die sich keine zwei Jahre zuvor noch kritisch gezeigt hatte, forderte nun eine schlagkräftige UN-Streitmacht. In einem Leitartikel regte sie am 26. Juni 1958 an: »The General Assembly should then do what it did in Egypt a year and a half ago – send an international force to Lebanon in which none of the major Powers is represented; [...] Further, the General Assembly should give that force real power ...«[33] Die Wendung und Neuausrichtung der *Globe and Mail* konnte kaum deutlicher artikuliert werden als mit dem positiven Hinweis auf die vergangene Entscheidung in der Suez-Krise.[34] Weniger einmütig war die Reaktion auf den Einmarsch der amerikanischen Truppen. Leserbriefe, die an die *Globe and Mail* gerichtet waren, nahmen sowohl für als auch gegen die Position Washingtons und damit implizit auch der kanadischen Regierung Stellung.[35] Interessant ist, dass in einem Leserbrief alte Wunden wieder aufgerissen wurden. Die gegenwärtige Situation im Nahen Osten, so meinte der Schreiber, resultiere aus den Fehlentscheidungen von Pearson in der Suez-Krise. Wie jetzt zu erkennen sei, habe London damals recht gehabt.[36] Noch war die Meinung zum Peacekeeping nicht einhellig. Doch scheint das kanadische Engagement im Libanon die positive Grundhaltung verstärkt zu haben, die bereits gegenüber den Blauhelm-Einsätzen bestand. Innenpolitisch stieg die Zustimmung und selbst im militärischen Umfeld fanden sich positive Beurteilungen. Acht Jahre nach der Libanon-Operation schloss ein Bericht der historischen Abteilung der kanadischen Streitkräfte mit den Worten: »For Canada, the Middle East crisis of 1958 demonstrated once again that the United Nations organization with all its imperfections, was still the vital key to this maintenance of international stability.«[37]

Begrenzte Relevanz militärischer Vorbehalte

Für die Führung der Streitkräfte blieb der Einsatz von kanadischen Truppen im Rahmen von Blauhelm-Operationen jedoch ein ungeliebtes Kind. Sie sah ihre Hauptaufgabe in der Verteidigung Kanadas im Rahmen der NATO. Im Februar 1961 ließ Verteidigungsminister Douglas Harkness einen Bericht über

---

32 Vgl. Lebanon 1958, Report No. 9, S. 7; Granatstein, Canada: Peacekeeper, S. 147.
33 »UN Troops for Lebanon?«, *Globe and Mail*, 26.6.1958, S. 6.
34 Vgl. Granatstein, Canada: Peacekeeper, S. 147.
35 Vgl. *Globe and Mail*, 17.7.1958, S. 6.
36 Vgl. Malcom F. Smith, *Globe and Mail*, 17.7.1958, S. 6.
37 Lebanon 1958, Report No. 9, S. 18.

die Aufgaben der kanadischen Verteidigungspolitik erstellen, in dem fast ausschließlich auf das nukleare Abschreckungspotenzial der nordamerikanischen Luftverteidigung eingegangen wurde. Hinsichtlich der Beteiligung an UN-Friedensmissionen fand sich in dem Bericht nur der allgemein gehaltene Hinweis, dass entsprechende Anfragen jederzeit geprüft werden würden. Das Außenministerium antwortete auf diese Herausforderung in bekannter Manier. Es betonte, dass die Beteiligung an Peacekeeping-Operationen Kanada zum einen die Möglichkeit gebe, eigenständig international zu handeln. Zugleich könnten Buschfeuer-Kriege (»brush-fire wars«) durch UN-Missionen eingedämmt werden, die anderenfalls um sich greifen und zu größeren Kriegen führen würden.[38]

Bereits ein Jahr zuvor, im Frühjahr 1960, hatte die Streitkräfteführung eine Debatte über Notfallpläne zur Evakuierung des kanadischen Anteils an der United Nations Emergency Force begonnen. Anhand dieser Diskussion lassen sich die unterschiedlichen Positionen von Verteidigungs- und Außenministerium sowie das gespannte Verhältnis zwischen beiden Behörden exemplarisch beleuchten. Wie der Vorsitzende der Stabschefs (Chairman Chiefs of Staff Committee), General Charles Foulkes, am 4. Februar 1960 schrieb, habe Kanada eine besondere Verantwortung für die Sicherheit und das Wohlergehen der kanadischen Truppen am Suez-Kanal. Diese Verantwortung könne nicht delegiert werden, auch wenn nicht übersehen werden dürfe, dass das kanadische Kontingent vollständig in der UNEF integriert sei und nicht ohne Weiteres herausgezogen werden könne. Nichtsdestotrotz würde, so Foulkes, bei einer Gefährdung der Truppen die Öffentlichkeit von der kanadischen Regierung Schritte erwarten, welche die Sicherheit der Soldaten gewährleisteten.[39] Der Chef der Luftwaffe fasste die militärische Sicht mit den Worten zusammen: »It is the RCAF [Royal Canadian Air Force] view that a national plan for the evacuation of the Canadian Component of the UNEF in an emergency is essential ...«[40]

Das Außenministerium erkannte zwar prinzipiell an, dass entsprechende Pläne für einen Abzug der UNEF aufgestellt werden müssten. Dies sei allerdings Aufgabe des Kommandeurs der UNEF sowie des UN-Generalsekretärs. Einen unilateralen Rückzug überhaupt anzudenken, wäre höchst unerwünscht, betonte Außenamts-Staatssekretär Robertson. Da Kanada in besonderem Maße

---

38   Vgl. Lenarcic, Turning Blue, Kap. »A Whole New Ballgame«.

39   Überlegungen des Vorsitzenden der Stabschefs, 4.2.1960, LAC, RG 24, vol. 21484, file
      2137:1, pt. 1; vgl. auch Foulkes an Verteidigungsminister, 2.2.1960 u. Foulkes an Robertson,
      4.2.1960, ebd.

40   Chief of Air Force, Air Marshall Hugh Campbell, an Foulkes, 29.4.1960, ebd.

mit der UNEF identifiziert würde, könnten solche Pläne zu weitreichenden Spekulationen führen. Über einen Rückzug der UNEF insgesamt könne nur der Sicherheitsrat oder die UN-Generalversammlung entscheiden.[41]

Während es der militärischen Führung primär um die Sicherheit der Truppen ging, achtete das Außenministerium vor allem auf die politischen Implikationen. Beide Seiten erkannten dabei die Relevanz der jeweils anderen Position an. Aus dem Schriftwechsel zwischen Foulkes und Robertson geht hervor, wie sich beide bemühten, dem jeweils anderen ihre Überlegungen zu erläutern und zu einem gemeinsamen Vorgehen zu kommen. Trotz aller inhaltlichen Divergenz entsteht der Eindruck einer zumindest in diesem Fall engen Abstimmung. Wie gespannt die Beziehungen allerdings waren, wurde deutlich, als infolge einer einzigen unbedachten Bemerkung eines Diplomaten die beiden Minister Pearkes und Green schon von einer generellen Meinungsverschiedenheit ihrer beiden Ministerien ausgingen – ein Eindruck, den Foulkes und Robertson jedoch ausräumen konnten.[42]

Trotz der gegenseitigen Konsultationen scheint der Informationsfluss zwischen Außen- und Verteidigungsministerium doch mitunter stockend gewesen zu sein. Dem Außenministerium war jedenfalls bekannt, dass General Burns als erster Befehlshaber der UNEF im Falle eines erneuten Krieges zwischen Ägypten und Israel einen Rückzug seiner Truppen in eine vorher festgelegte Enklave vorgesehen hatte. Dieser Notfallplan wäre auch an den neuen Befehlshaber der UNEF weitergegeben worden.[43] Foulkes wusste hiervon nichts und warf Burns vor, er habe die Sicherheit der Truppen vernachlässigt.[44] Das gestörte Verhältnis zwischen der Streitkräfteführung und Burns wird hier nochmals deutlich. Erst nach einer Rückfrage beim ehemaligen UNEF-Stabschef, dem indischen Oberst Indar Jet Rikhye, konnte der Generalstabschef des kanadischen Heeres (Chief of General Staff) S. F. Clark die Existenz des Planes bestätigen.[45]

In Absprache mit dem Verteidigungsministerium ließ sich das Außenministerium, vermittelt durch seinen UN-Botschafter Charles Ritchie, vom UN-Generalsekretär zusichern, dass eine Evakuierung der UNEF in die Verantwortlichkeit der Vereinten Nationen bzw. ihres UNEF-Befehlshabers fiele und dass entsprechende Überlegungen angestellt werden würden. Es blieb also bei einer nur allgemein gehaltenen Erklärung, die zwar das Außenministerium

---

41   Vgl. Robertson an Foulkes, 23.2.1960 u. USSEA an Foulkes, 21.12.1961, ebd.

42   Vgl. Foulkes an Verteidigungsminister, 2.2.1960, Foulkes an Robertson, 4.2.1960 u. Robertson an Foulkes, 23.2.1960, ebd.

43   Vgl. Robertson an Foulkes, 23.2.1960, ebd.

44   Vgl. Foulkes an Verteidigungsminister, 2.2.1960, ebd.

45   Vgl. Clark an Foulkes, 17.2.1960, ebd.

befriedigen konnte, das einen unilateralen Evakuierungsplan aus politischen Gründen ablehnte, nicht aber die Streitkräfteführung, die den von ihr geforderten Notfallplan nicht würde aufstellen können und die sich zudem noch ungenügend über die entsprechenden Pläne der UNEF informiert sah. Letztlich scheiterte das Militär trotz überzeugender militärischer Argumente mit seinem Vorschlag, einen eigenen Rückzugsplan aufzustellen.[46]

Die skeptische Haltung des Verteidigungsministeriums änderte indes nichts daran, dass seine Soldaten immer wieder zu den politisch gewollten UN-Friedensmissionen herangezogen wurden. Die Streitkräfteführung schien sich sogar in ihr Schicksal zu ergeben und prinzipiell anzuerkennen, dass die Friedenseinsätze zu einem Aufgabenfeld des Militärs geworden waren. Ihr Standpunkt, dass die kanadischen Streitkräfte vornehmlich ihren militärischen Bündnisverpflichtungen nachkommen müssten, war auch nach eigener Einschätzung gesellschaftlich und politisch in die Defensive geraten. Resignierend stellte im April 1961 ein Brigadegeneral in einem Schreiben an den Vorsitzenden der Stabschefs fest, dass »there is a body of opinion in the dep[artmen]t of External Affairs, and in Canada generally, which feels that Canadian defence policy should be primarily concerned with military support of the UN, rather than with NATO and NORAD.«[47]

Würde also das Peacekeeping als Tätigkeitsfeld für kanadische Soldaten nicht aufgegeben werden, musste man sich arrangieren. Die Streitkräfteführung tat dies, indem sie die Einsätze zwar nicht grundsätzlich infrage stellte, aber auf die hohen Zusatzkosten und die personellen Engpässe hinwies. Tatsächlich bedeuteten die Friedensmissionen in- und außerhalb der Vereinten Nationen einen nicht unerheblichen Aderlass für die Streitkräfte, im Besonderen bei Offizieren und Spezialisten. Nach einer Aufstellung aus dem Jahr 1957 waren zu diesem Zeitpunkt mehr als 220 Offiziere und fast 1.200 Unteroffiziere und Mannschaften auf die verschiedenen internationalen Friedensmissionen verteilt, einschließlich der Internationalen Kontrollkommission in Indochina. Um personelle Ressourcen zu schonen, bevorzugte die Streitkräfteführung den Einsatz des ohnehin schon für die UN bereitstehenden Infanteriebataillons. Wie schon die UNEF gezeigt hatte, war Kanada mit seiner hochtechnisierten Armee allerdings eher in der Lage, Spezialtruppen zu stellen, wie Funker und Logistikpersonal, als andere Staaten mit kleineren oder unterentwickelten

---

46 Vgl. Robertson an Foulkes, 25.3.1960, Foulkes an Robertson, 3.5.1960, Clark an Foulkes, 1.12.1960 u. USSEA an Foulkes, 21.12.1961, ebd.

47 Brigadier D. A. G. Waldock an Chairman, Chiefs of Staff Committee, 19.4.1961, LAC, RG 24, vol. 20713, file 2-4-1-2, pt. 1, hier zit. nach Lenarcic, Turning Blue, Kap. »A Whole New Ballgame«, S. 12.

Streitkräften. Aus diesem Grund wurden selbst innerhalb der kanadischen Streitkräfte der Option, ein Infanteriebataillon zu stellen, kaum realistische Chancen eingeräumt.[48]

UN-Mission im Kongo: Die internationale Dimension

Wie wenig das Militär die politische Entscheidung, Blauhelm-Kontingente anzubieten, beeinflussen konnte, zeigte sich 1960 in der Kongo-Krise. Sie stellte für die kanadische Regierung und ihr Peacekeeping-Engagement eine weit größere Herausforderung dar als der zwei Jahre zuvor zu Ende gegangene Libanon-Einsatz. Wie zuvor sollten aber auch im Kongo wieder kanadische Soldaten unter der blauen UN-Flagge dienen.

Die UN-Mission im Kongo entwickelte sich zu dem bis dahin umfangreichsten Einsatz von Blauhelmen. Er begann im Juli 1960 und endete vier Jahre später im Juni 1964. Bis zu 20.000 Soldaten und Zivilisten gehörten zeitweise zur Opération des Nations Unies au Congo (ONUC). Das ursprüngliche Mandat der UN-Truppe sollte dazu dienen, die belgischen Militärverbände, die im Juli 1960 wieder in die erst seit wenigen Monaten unabhängige, vormals belgische Kolonie Kongo einmarschiert waren, zu einem Abzug zu bewegen. Formal handelte es sich um einen Konflikt zwischen zwei souveränen Staaten, in den die Vereinten Nationen zur Wahrung des internationalen Friedens eingriffen. Allerdings gab es keine klaren Frontverläufe und waren, wie sich zeigen sollte, die politischen und militärischen Kräfte in der kongolesischen Hauptstadt Léopoldville wie auch in den verschiedenen Regionen uneins über den einzuschlagenden politischen Kurs. Als interstaatlicher Konflikt begonnen, wandelte sich die Krise zu einem Bürgerkrieg mit multiplen Brennpunkten – eine nicht untypische Entwicklung für diejenigen Staaten der südlichen Hemisphäre, die im Zuge der Dekolonisation ihre Unabhängigkeit errangen.[49]

Anfänglich hatte es im UN-Sicherheitsrat eine, wenn auch brüchige, Koalition zwischen den Vereinigten Staaten und der Sowjetunion gegeben, die beide auf einen Abzug der belgischen Truppen drängten und zu diesem Zweck UN-Blauhelme als Puffer und Kriseninterventionskräfte befürworteten. Nachdem die kongolesische Regierung unter Präsident Joseph Kasavubu und Premierminister Patrice Lumumba auseinandergebrochen war und die Provinz Katanga sich unter ihrem Präsidenten Moise Tshombé einseitig für unabhängig erklärt hatte, führte die Dynamik des Kalten Krieges allerdings

---

48   Vgl. Lenarcic, Turning Blue, Kap. »A Whole New Ballgame«.
49   Vgl. Reinhard Wendt, Vom Kolonialismus zur Globalisierung. Europa und die Welt seit 1500, Paderborn u.a. 2007, S. 335-349.

dazu, dass sich die beiden Großmächte und antagonistischen Blöcke jeweils einer Seite in dem innerkongolesischen Machtkampf zuwandten. Der Kongo wurde so zu einem Schlachtfeld des Ost-West-Konfliktes.

Die Vereinten Nationen versuchten, unter diesen Bedingungen eine handlungsfähige Regierung im Kongo zu etablieren und zugleich die Sezession Katangas rückgängig zu machen. Unter großem materiellen, finanziellen und personellen Aufwand gelang es den UN-Truppen, die gestellten Aufgaben zu erfüllen. Der Preis war allerdings hoch und der langfristige Erfolg gering. ONUC entwickelte sich zur ersten *mission creep*, auch wenn dieser Begriff damals noch nicht existierte. Anfangs mit einem relativ einfachen Mandat ausgestattet, das vorwiegend dazu dienen sollte, den Rückzug belgischer Truppen zu überwachen, wurde in mehreren Etappen der Auftrag der UN-Truppen so weit ausgedehnt, dass sie zuletzt fast zu einem Staat im Staate wurden, der ganz offensichtlich die Politik der Zentralregierung unter Kasavubu unterstützte. Die Mittel, die ONUC hierfür zur Verfügung standen, wurden ebenfalls sukzessive ausgeweitet. Nicht nur erhöhte die UN die Truppenstärke, sondern das Mandat, das zunächst nur die Selbstverteidigung der UN-Blauhelm-Soldaten zugelassen hatte, entwickelte sich schließlich zu einem, wie heute gesagt wird, »robusten Mandat«. Waffengewalt wurde somit zugelassen, um die gesteckten Ziele zu erreichen. Selbst Kampfjets kamen zum Einsatz. Aus der Sicht der Sowjetunion ergriff die UN eindeutig Partei, nicht zuletzt da Moskaus Favorit, Premierminister Lumumba, faktisch unter den Augen der UN-Blauhelme von feindlichen Milizen in Katanga ermordet worden war. Dag Hammarskjöld, der einen Erfolg im Kongo für die Glaubwürdigkeit der Vereinten Nationen als außerordentlich wichtig einschätzte, starb bei einem Flugzeugabsturz im Krisengebiet. Finanziell wurde der Kongo-Einsatz für die UN fast zu einem Desaster, denn die Sowjetunion und auch Frankreich verweigerten ihren Beitrag zu den horrenden Kosten, die ONUC verursachte. Über Jahre schoben die Vereinten Nationen daraufhin die entstandenen Defizite wie eine Bugwelle vor sich her.

Bis heute ist die Operation im Kongo umstritten. Sie gilt zum einen als vollständiger Fehlschlag. Nur ein Jahr nachdem die UN-Blauhelme abgezogen worden waren, etablierte Joseph-Désiré Mobutu (Mobuto Sese Seko) eine Militärdiktatur, die Jahrzehnte überdauern sollte. Ebenfalls langfristig waren die finanziellen Folgen, welche die Handlungsfähigkeit der Vereinten Nationen auf Jahre hinaus einschränkten.[50] Andererseits hätten die UN-Truppen verhindert, dass der Kongo auseinanderbrach und er in noch stärkerem Maße

---

50 Vgl. William J. Durch, The UN Operation in the Congo: 1960-1964, in: ders. (Hg.), The Evolution of UN Peacekeeping. Case Studies and Comparative Analysis, New York 1993, S. 315-352; MacQueen, Peacekeeping, S. 80-92.

in die Auseinandersetzung der beiden Blöcke hineingezogen wurde. Zeitgenössisch wurde der Einsatz durchaus positiv gewertet. Er bot zumindest
teilweise das Bild einer kraftvoll einschreitenden internationalen Ordnungs-
macht, die letztendlich die Souveränität und Integrität eines Mitgliedstaates
wiederherstellte. Für die *Globe and Mail* erschien die Kongo-Mission noch 1963
als Erfolg.[51]

Die Kongo-Operation entzieht sich zudem in jeder Beziehung einer einfachen Kategorisierung. Insbesondere die *ex post*-Zuschreibungen »klassisches
Peacekeeping« oder »Peacekeeping der ersten Generation«, zu denen auch
ONUC gezählt wird, können die historische Wirklichkeit nicht einfangen.
Denn gerade der zweite große UN-Einsatz entwickelte sich zu einer Operation,
die mehr mit dem robusten Vorgehen in intrastaatlichen Kriegen der 90er Jahre
des 20. Jahrhunderts gemein hatte als mit den Puffer-Einsätzen am Suez-Kanal
oder den Beobachtermissionen auf dem indischen Subkontinent und im Nahen
Osten. Zeitgenössisch trug ONUC dazu dabei, ein zugegebenermaßen weites
Konzept des Peacekeepings zu etablieren. Dies lässt sich begriffsgeschicht-
lich nachvollziehen. Denn da es an einem allgemein akzeptierten Sammel-
begriff mangelte, wurde zu Beginn der Kongo-Mission in Kanada noch häufig
von einem internationalen Polizeieinsatz[52] gesprochen oder sie als weitere
United Nations Emergency Force[53] bezeichnet. Erst im Verlauf der Operation
etablierte sich der Begriff Peacekeeping für alle militärischen UN-Einsätze einschließlich der schon länger bestehenden Beobachtermissionen.[54] Die Kongo-
Mission gehörte daher in mehr als einer Beziehung zu den Meilensteinen der
Entwicklung des UN-Peacekeepings – und Kanada war wiederum beteiligt.

UN-Mission im Kongo: Zögerlicher Beitrag Kanadas

Die Regierung in Ottawa besaß keine zwingenden politischen oder wirtschaftlichen Gründe, in den Kongo-Konflikt einzugreifen, schreibt Kevin A. Spooner,

51   Vgl. »The Future of the UN«, *Globe and Mail*, 18.3.1963, S. 6.
52   »Defense, a Positive Policy«, ebd., 30.7.1960, S. 6; Canada. Debates of the House of
      Commons, 3rd Session, 24th Parliament, 1.8.1960, S. 7335.
53   »To Keep the Peace«, *Globe and Mail*, 22.7.1960, S. 6; »They Look to Canada«, ebd., 2.8.1960,
      S. 6; »Footing the Bill for the Congo«, ebd., 4.8.1960, S. 6.
54   Vgl. United Nations, Report of the Secretary General on the functioning to date of the
      Yemen Observation Mission, Security Council Document S/5412, 4.9.1963, zit. nach Karl
      Th. Birgisson, United Nations Yemen Observation Mission, in: William J. Durch (Hg.), The
      Evolution of UN Peacekeeping. Case Studies and Comparative Analysis, New York 1993,
      S. 206-218, hier S. 210; Security Council Resolution 186 (1964), 4.3.1964, in: Siekmann (Hg.),
      Basic Documents, S. 147.

der eine luzide Analyse der kanadischen Kongo-Politik und des kanadischen Beitrags zum UN-Blauhelm-Kontingent vorgelegt hat. Auch fürchteten Kanadas Außenamtsbeamte zumindest zu Beginn keine kommunistische Übernahme des zentralafrikanischen Landes. Allerdings gehörte der Kongo zu den wenigen afrikanischen Staaten, zu denen Ottawa diplomatische Beziehungen unterhielt. Und mit Howard Green, dem kanadischen Außenminister, besaß das Kabinett einen dezidierten Befürworter der Vereinten Nationen und der Integration von Entwicklungsländern in das internationale System. Er habe sich durchaus, so meint Spooner, mit der Rolle Kanadas als »helpful fixer« identifiziert.[55]

Ohne klare politische Vorgaben und auf Basis eines eher allgemeinen Interesses an der Lage in Zentralafrika beobachteten die kanadischen Diplomaten die Entwicklung im Kongo und im UN-Hauptquartier in New York zunächst einmal nur von der Seitenlinie aus. Generalsekretär Hammarskjöld stand den eingehenden Forderungen der kongolesischen Regierung nach militärischem UN-Personal zur Entschärfung der Krise aufgeschlossen gegenüber. Einschränkend hatte die Regierung in Léopoldville bereits mitgeteilt, dass nur Soldaten aus neutralen Ländern infrage kämen. Der kanadische UN-Botschafter Ritchie ging daher davon aus, dass auch Kanada als NATO-Mitglied nicht erwünscht war. Zur gleichen Zeit machte der Generalsekretär jedoch eine Andeutung, die sehr wohl auf Kanada bezogen sein konnte und in Ottawa für Irritationen und Verstimmung sorgte. Am 13. Juli ließ Hammarskjöld verlauten, dass er hoffe, asiatische und afrikanische Länder würden sich an der UN-Truppe beteiligen sowie auch »a trans-Atlantic French speaking country«.[56]

Anders als Ritchie, der hiermit Haiti verband, scheint Diefenbaker, als er von der Andeutung hörte, sofort davon ausgegangen zu sein, dass Hammarskjöld öffentlich kanadische Truppen gefordert habe. Laut Robinson sei der Regierungschef daraufhin aus der Haut gefahren. Er forderte, dass keinesfalls der Eindruck entstehen dürfe, dass Kanada Soldaten bereitstellen würde. Hammarskjöld solle gebeten werden, die missverständliche Formulierung nicht mehr zu verwenden.[57]

Diefenbakers Reaktion habe aber nicht eine generelle Ablehnung eines kanadischen Beitrags signalisiert, meint Spooner. Der Regierungschef wollte vor allem vermeiden, unter Zugzwang gesetzt zu werden. Zudem mag den dezidiert anglophonen Politiker der implizite Hinweis auf den zweisprachen

---

55   Vgl. Spooner, Congo, S. 7, 29 f.
56   Zit nach ebd. S. 35.
57   Vgl. ebd., S. 38 f.

Charakter seines Heimatlandes irritiert haben.[58] Diefenbakers anfängliche Ablehnung habe jedenfalls klargestellt, dass es keinen Automatismus einer kanadischen Teilnahme gäbe. Doch auch in der Folgezeit, nachdem das Ansinnen der Vereinten Nationen konkretisiert worden war, verhielt sich die kanadische Regierung zurückhaltend. Die Verhandlungen mit der UN dauerten fast einen Monat, bevor das Kabinett grünes Licht gab und zunächst rund 250 Nachrichtensoldaten bereitstellte.

Möglicherweise nahm Diefenbaker auch irrigerweise an, dass Hammarskjöld kanadische Kampftruppen wollte, was der Premierminister vehement ablehnte. Der Streitkräfteführung wäre eine solche Anfrage indes entgegengekommen, hoffte sie doch darauf, das für UN-Einsätze vorgemerkte Infanteriebataillon einzusetzen. Spezialisten waren demgegenüber schwieriger zusammenzuziehen und mussten vielen verschiedenen Einheiten entnommen werden. Gerade Funker und Nachrichtenpersonal waren nicht in ausreichender Zahl vorhanden. Die Situation wurde noch dadurch verschärft, dass vorwiegend zweisprachige Soldaten eingesetzt werden sollten. Da sich die politische Führung aber von Anfang an gegen Kampftruppen ausgesprochen hatte und auch die UN kanadische Spezialtruppen bevorzugte, blieben die Wünsche des Militärs unberücksichtigt. Wie schon zuvor verwies die Streitkräfteführung auf die problematische Personallage, um dann die angeforderten Truppen bereitzustellen.

Die kanadischen UN-Soldaten wurden vorwiegend der neu aufgestellten 57. Nachrichteneinheit (No. 57 Canadian Signal Squadron) zugeordnet und auf die verschiedenen Hauptquartiere der ONUC-Brigaden im Kongo aufgeteilt. Zudem erhielten höherrangige Offiziere wichtige Positionen im UN-Oberkommando in Léopoldville. Mit ihrem bilingualen Personal, das zwischen den vielfach nur Englisch sprechenden UN-Verbänden und den überwiegend frankophonen Kongolesen vermitteln konnte, übernahm das kanadische Kontingent eine wichtige Scharnierfunktion.[59]

Im Verlauf der Operation erhielt die Streitkräfteführung, vermittelt durch das Außenministerium, zahlreiche weitere Anfragen der Vereinten Nationen nach einzelnen oder kleinen Gruppen von Spezialisten und Offizieren. In der Anfangsphase der Kongo-Mission wurden die meisten dieser Bitten erfüllt. In der mittleren Phase ab Anfang bzw. spätestens seit Herbst 1961[60], als sich das Aufgabengebiet ausdehnte und Erfolg sowie Ende der Operation nicht abzusehen waren, lehnte die militärische Führung die Anforderungen zunehmend

---

58   Vgl. ebd., S. 39.
59   Vgl. ebd., S. 73-75.
60   Vgl. Durch, Congo, S. 327 f.

ab. Insbesondere weigerten sich Verteidigungsminister Harkness und die Streitkräfteführung im Dezember 1961, einen Ersatz für den kanadischen Offizier zu stellen, der bislang die prominente und wichtige Position eines UN-Kommandeurs für die Lufteinsätze eingenommen hatte. Obwohl Green und das Außenministerium baten, diese Entscheidung zu überdenken, ließ sich die Führung der Streitkräfte nicht umstimmen.[61]

Vermutlich wollte das Verteidigungsministerium nicht nur knappe Ressourcen an zweisprachigen Offizieren schonen, sondern die eigenen Kräfte möglichst aus Kampfhandlungen heraushalten. Denn Verteidigungsbürokratie und Militärs standen dem immer robusteren Auftreten der UN-Soldaten im Kongo weitgehend ablehnend gegenüber. Da unter der UN-Flagge auch Kampf-jets bereitgestellt werden sollten, würde der UN-Kommandeur für die Luft-einsätze zunehmend die militärischen Luftschläge koordinieren müssen. Der Rückzug von Air Commodore (Brigadegeneral) H. A. Morrison signalisierte somit auch, wie wenig die kanadische militärische Führung mit dieser Aus-weitung des Mandats übereinstimmte. Obgleich das Außenministerium in diesem speziellen Fall meinte, die zentrale militärische Funktion nicht auf-geben zu dürfen, stimmten die beiden Behörden ansonsten in ihrer generellen Beurteilung der Lage überein. Auch in den Fällen, in denen militärische Gewalt primär dazu eingesetzt werden sollte, humanitäre Ziele zu erreichen, äußerte der kanadische Botschafter bei der UN, Ritchie, seine Vorbehalte. Während Green sich dazu durchrang, die militärischen Kampfeinsätze als notwendiges Übel zu akzeptieren, blieben die Diplomaten weiterhin skeptisch.[62]

Erst als sich die Kampfeinsätze und die Kongo-Operation insgesamt dem Ende zuneigten, war Ottawa wieder bereit, herausgehobene Positionen zu besetzen. Die Streitkräfteführung stellte ONUC als Stabschef den hoch dekorierten Brigadegeneral Jacques Alfred Dextraze zur Verfügung, einen künftigen Generalstabschef (Chief of the Defence Staff) Kanadas.[63] Anders als in den 50er Jahren galt dem Militär ein UN-Kommando offensichtlich nicht mehr als zweitrangig. Wenn auch nur in der letzten Phase, so zeigte die kanadische Regierung mit dieser Ernennung, wie umfassend sie die UN-Friedenseinsätze unterstützte und welch prominente Rolle kanadische Soldaten noch immer spielten. Auf diese Weise wurde die Position des kanadischen Peacekeepings, die durch die internationale Anerkennung des

---

61   Vgl. Spooner, Congo, S. 179-181.
62   Vgl. ebd., S. 218 f.
63   Vgl. ebd., S. 209. Dextraze stand von 1972 bis 1977 als Generalstabschef an der Spitze der
      kanadischen Streitkräfte. Vgl. »Jadex«. General Jacques Alfred Dextraze, online unter
      http://www.army.forces.gc.ca/DLCD-DCSFT/JADEXPapers_e.asp (aufgerufen 23.9.2011).

besonnenen und wichtigen Einsatzes der kanadischen UN-Soldaten im Kongo bereits gestärkt worden war,[64] zusätzlich unterstützt.

Zustimmung der Parteien im Unterhaus

In Kanada wurde der Kurs der Regierung weitgehend befürwortet. Im Parlament entzündete sich die Kritik nicht daran, dass kanadische Blauhelme bereitgestellt wurden, sondern dass Diefenbakers Kabinett so lange gezögert hatte. Am 1. August 1960 warf der Sprecher der kleinen Oppositionspartei, der sozialistischen Co-operative Commonwealth Federation (CCF), der Regierung vor: »This group [die CCF] was somewhat concerned at what seemed to be hesitation on Canada's part in taking action. We looked for the ›ready, aye, ready‹ attitude especially on the part of this government.«[65] An dieser Einschätzung hatten auch die beschwichtigenden Versuche von konservativen Regierungsmitgliedern nichts ändern können, die in den vorhergehenden Wochen einerseits darauf verwiesen hatten, dass vorwiegend afrikanische Truppen beteiligt werden sollten, und andererseits bekundeten, wie bedeutsam die »peace-keeping machinery«[66] der Vereinten Nationen sei.

   Als am 1. August 1960 das Unterhaus schließlich ein Votum über die Entscheidung der Regierung, kanadische Truppen unter UN-Banner in den Kongo zu schicken, abgab, zeigte sich allerdings, wie breit die Unterstützung war. Es konnte nicht überraschen, dass Pearson, als liberaler Parteichef der Führer der offiziellen Opposition im Parlament, das kanadische Engagement prinzipiell guthieß. Wobei er nicht versäumte, darauf hinzuweisen, dass die Grundlagen für den gegenwärtigen Einsatz 1956 durch die United Nations Emergency Force gelegt worden seien – er also seine eigene Rolle besonders herausstrich.[67] Noch bedingungsloser und über den aktuellen Anlass hinausgehend, stellte sich die zweite Oppositionspartei hinter das Prinzip des Peacekeepings und die kanadische ONUC-Teilnahme. Für die CCF erläuterte der Abgeordnete Herbert Wilfried Herridge die Position seiner Partei. Dabei lenkte er den Blick nicht nur auf die außenpolitischen Konstellationen, sondern stellte auch innenpolitische Forderungen auf:

---

64   Vgl. Gaffen, Eye of the Storm, S. 232-237; Spooner, Congo, S. 75-78, 210 f.
65   Canada. Debates of the House of Commons, 3rd Session, 24th Parliament, 1.8.1960, S. 7338.
66   Zit. nach Spooner, Congo, S. 42.
67   Vgl. Canada. Debates of the House of Commons, 3rd Session, 24th Parliament, 1.8.1960,
       S. 7335.

When this force goes to the Congo, I make this suggestion to the Prime Minister, let us make certain that its activities are made known to the Canadian people; let us see that interest is aroused in the activities of this force, this defence of peace. Let us be sure that its activities are made known to our high school children and to our public school children of age sufficient to understand. Let us speak with some pride of our participation in this organization; let us have a continuing interest as the result of information by the government of Canada given through the press and other agencies. We must arouse public interest and pride in our participation in this very important work which I'm quite sure many people do not fully appreciate at the present time.[68]

Der CCP reicht es nicht aus, das Peacekeeping als erfolgreiches Instrument zur Krisenbewältigung und Friedenssicherung international und in der kanadischen Außenpolitik verankert zu wissen. Anders als in den frühen 50er Jahren sollte der kanadische Beitrag auch innenpolitisch herausgestellt und gesellschaftlich vermittelt werden. Über Diefenbakers Rhetorik der gesellschaftlichen Vereinnahmung hinausgehend, schlug Herridge als praktische Maßnahme ein Bildungs- und Informationsprogramm vor, das gerade Schülern den Wert des nationalen Blauhelm-Engagements nahebringen sollte. Dabei sollten sich die Kanadier nicht nur kognitiv, sondern auch emotional dem kanadischen Peacekeeping annähern. Wie schon Diefenbaker drei Jahre zuvor, forderte auch Herridge dazu auf, »stolz« auf die kanadischen UN-Blauhelme zu sein. Es ging also nicht nur darum, um Verständnis für die Blauhelm-Einsätze zu werben, sondern um eine Identifikation mit dem kanadischen (Truppen-)Beitrag sowie implizit um eine nationale Vergemeinschaftung durch das Peacekeeping.

Wie weit die Abgeordneten der anderen Parteien mit den konkreten Vorschlägen der CCP übereinstimmten, muss dahingestellt bleiben. Die Debatte im Unterhaus zeigte auf jeden Fall, dass im Bezug auf die UN-Friedenseinsätze der außenpolitische Konsens wiederhergestellt worden war. Die abschließende Stimmabgabe machte dies nochmals deutlich. Es handelte sich hierbei um das erste parlamentarische Votum zu einem neuen UN-Blauhelmeinsatz nach der Suezkrise von 1956. Die Abstimmung war also mehr als eine Momentaufnahme, sie würde vielmehr symbolisch die Haltung der Parteien zum kanadischen Peacekeeping ausdrücken. Das Ergebnis hätte nicht eindeutiger ausfallen können: Von der linken bis zur rechten Seite des kanadischen Parteienspektrums begrüßten die anwesenden Abgeordneten den kanadischen Beitrag

---

68   Ebd., S. 7340.

zur militärischen Kongo-Mission der Vereinten Nationen. Es gab nicht eine einzige Gegenstimme.[69]

Die veröffentlichte Meinung

Auch die öffentliche Meinung, so weit sie sich in Zeitungen niederschlug, stand prinzipiell hinter der Entscheidung, kanadische UN-Blauhelme in den Kongo zu schicken.[70] Vor allem die nationale Tageszeitung *Globe and Mail* erwies sich als entschiedene Befürworterin der Kongo-Mission. Deren Leitartikel lassen eine Agenda erkennen, die zwei wesentliche Aspekte umfasste. Erstens forderte die Zeitung frühzeitig und kontinuierlich den Einsatz einer UN-Friedenstruppe, insbesondere von kanadischen UN-Soldaten. Am 12. Juli 1960 fragte sie im Titel eines Leitartikels: »Where Are the UN Police?«[71] Gut drei Wochen später urteilte sie harsch: »... any member which is not willing to support the United Nations effort in Africa is not willing to support, does not really want or belief in, the United Nations. Such members should be shown the way out.«[72] Unzufrieden mit der eigenen Regierung, kritisierte sie zudem deren als zögerlich aufgefasste Haltung.[73] Am 14. Juli warf sie der Regierung vor: »This is too passive, too negative.« Denn wenn Kanada voranginge, würden weitere Staaten folgen und Truppen für die »peace-making force« zur Verfügung stellen. Zumindest müsse Kanada seinen Beitrag leisten: »Canada should be stating clearly its will and wish to join other peaceful nations in going to Africa and restoring the peace.«[74] In diesem Tenor ging es die nächsten Tage weiter.[75] Als Diefenbaker und sein Kabinett sich endlich dazu entschlossen hatten, das angefragte Nachrichtenpersonal bereitzustellen, urteilte die Zeitung: »The Canadian Government made a poor showing in the matter of military aid for the Congo. Canada should have been the very first country to offer troops for the African UNEF; instead, Canada tags behind little Ireland ...«[76]

Selbst als sich in den nächsten Monaten und Jahren der Einsatz der kanadischen Blauhelme und überhaupt des UN-Peacekeepings im Kongo

---

69   Vgl. ebd. S. 7348 f.; Spooner, Congo, S. 60 f.

70   Vgl. McCullough, Creating, S. 119 f., 123 f.

71   »Where Are the UN Police?«, *Globe and Mail*, 12.7.1960, S. 6.

72   »Footing the Bill for the Congo«, ebd., 4.8.1960, S. 6.

73   Vgl. »To Keep the Peace«, ebd., 22.7.1960, S. 6.

74   »Canada's Defense Duty«, ebd., 14.7.1960, S. 6.

75   Vgl. »Waiting for Conscription«, ebd., 20.7.1960, S. 6.

76   »They Look to Canada«, ebd., 2.8.1960, S. 6.

als problematisch herausstellte, stand die *Globe and Mail* weiter hinter der Mission. Als kanadische Soldaten angegriffen wurden, mahnte die Zeitung, im Gegensatz zu anderen Pressetiteln, zur Zurückhaltung. Wie auch der *Toronto Daily Star* war sie überzeugt, dass trotz des Zwischenfalls die kanadischen Armeeangehörigen im Kongo bleiben sollten.[77] Und als der Kongo-Konflikt sich zu einer finanziellen Krise der Vereinten Nationen auswuchs, forderte die *Globe and Mail* zwar eine Reform, stellte aber die Friedenseinsätze nicht prinzipiell infrage.

Die auch längerfristig und über den speziellen Anlass hinausgehende positive Haltung der *Globe and Mail* lässt sich nicht zuletzt auf den zweiten Punkt ihrer Agenda zurückführen, der im Juli 1960 ebenfalls in Leitartikeln vertreten wurde. In deutlichen Worten forderte die Zeitung dazu auf, eine permanente UN-Streitmacht zu bilden. Sie konnte sich damit in Einklang mit den Forderungen sowohl von Pearson als auch von Diefenbaker fühlen und mit Überlegungen, die auch in zahlreichen anderen Zeitungen angestellt wurden.[78] Die *Globe and Mail* vertrat also eine Meinung, die breite öffentliche Zustimmung verhieß. Auch in der Frage einer stehenden UN-Truppe sollte sich Kanada an die Spitze der Bewegung setzen, drängte die Zeitung.[79] Dabei idealisierten ihre Beiträge die kanadische internationale Rolle: »As a Middle Power which has never held any colonies, which itself has made the transition from colony to nation, Canada has an important role to play in relation to the new nations that are so rapidly being formed out of one-time colonies. [...] It is not the Congolese alone who regard us as ›honest and sincere people‹. We have this reputation everywhere; ...«[80] Mit diesen Ausführungen trug die Zeitung dazu bei, ein Selbstbild zu verbreiten, dass die kanadische Diplomatie und implizit Kanada insgesamt als selbstlos, antikolonial und nicht aggressiv wahrnahm.[81] Mit solchen Eigenschaften ausgestattet, schienen die kanadische Politik und ihre Botschafter, die kanadischen UN-Blauhelmtruppen, als ideale Peacekeeper. In dieser Argumentation lag der Samen für einen schleichenden Übergang verborgen, von einer Idealisierung der kanadischen Politik zu einer Idealisierung eines kanadischen (National)-Charakters.

Dieser Prozess stand aber erst am Anfang. Die Leserbriefe, welche die *Globe and Mail* im Juli 1960 abdruckte, zeigen jedenfalls ein breites Spektrum an Reaktionen auf die Kongo-Krise und eine mögliche Beteiligung von kanadischen

---

77   Vgl. Spooner, Congo, S. 77.
78   Vgl. »Canada's Role in UN – as the Press Sees It«, *Globe and Mail*, 9.8.1960, S. 6.
79   Vgl. »Where Are the UN Police?«, ebd., 12.7.1960, S. 6 ; »Defence, a Positive Policy«, ebd., 30.7.1960, S. 6.
80   »They Look to Canada«, ebd., 2.8.1960, S. 6.
81   Vgl. McCullough, Creating, S. 122 f.

Soldaten an einer UN-Blauhelmmission. Am 25. Juli lobte ein Leserbriefschreiber Außenminister Green für seine Zurückhaltung.[82] Zwei Tage später
kritisierte ein anderer Leser die Regierung wegen ihres Zögerns.[83] Wiederum
einen Tag später rechnete ein Leserbriefschreiber mit der Haltung der Ver-
einten Nationen in der aktuellen Krise sowie zugleich im zurückliegenden
Konflikt um den Suezkanal ab.[84] Dieses Schreiben zeigt: Auch die alten
Schlachten waren offensichtlich noch nicht vollends geschlagen. Als der
Bürgerkrieg im Kongo sich ausweitete und die Vereinten Nationen sowie ihre
Truppen sich immer weiter in diesem Kampf verstrickten, fanden sich in den
Spalten der *Globe and Mail* weiterhin kritische, pragmatische und idealistische
Meinungsäußerungen von Lesern.[85] Das UN-Peacekeeping blieb unter den
Lesern der *Globe and Mail* umstritten, jedenfalls unter denjenigen, deren
Leserbriefe abgedruckt wurden. Zumindest ein Teil der Leserbriefschreiber
bekannte sich allerdings klar zum Kurs, der auch von der Chefredaktion der
von ihnen gelesenen Zeitung verfolgt wurde. Wie zeitgenössische Äußerungen
unterschiedlicher Organisationen und Individuen deutlich machten, fand sich
die Spannbreite der in der *Globe and Mail* abgedruckten Meinung auch in der
weiteren Öffentlichkeit wieder.[86]

Einfluss der öffentlichen Meinung

Während die Positionen der Presse wie auch deren Forderungen klar hervor-
treten, bleibt unsicher, ob und inwieweit die veröffentlichte sowie, allgemeiner,
die öffentliche Meinung Einfluss auf den politischen und militärischen
Willensbildungsprozess nehmen konnte. Die Quellenlage ist ungünstig.
Meinungsumfragen sind nicht vorhanden. Eine quantitative Analyse der
Haltung der Bevölkerung ist daher nicht möglich. Zugleich finden sich nur
wenige Aussagen, die Rückschlüsse zulassen, wie Politiker, Bürokraten und
Militärs die Bedeutung der öffentlichen Meinung einschätzten und auf sie
reagierten. Da diese Hinweise nicht immer im Zusammenhang mit konkreten
Entscheidungen standen, müssen zudem größere Zeiträume evaluiert werden.
    Um trotz der diffizilen Quellensituation zu einer differenzierten Einschätzung
zu kommen, bietet es sich an, die politische Entscheidungsfindung als längeren

---

82   Vgl. Thomas A. Sutton, Toronto, Leserbrief, *Globe and Mail*, 25.7.1960, S. 6.
83   Vgl. T. J. Murry, Scarboro, Leserbrief, ebd., 27.7.1960, S. 6.
84   Vgl. S. G. Myrans, Oakville, Leserbrief, ebd., 28.7.1960, S. 6.
85   Vgl. G. C. Schaeffer, Welland, Leserbrief, ebd., 2.8.1960, S. 6; T. Helsby, Oakville, Leserbrief,
      ebd., 4.10.1962, S. 6; Reuben Schafer, Toronto, Leserbrief, ebd., 28.3.1963, S. 6.
86   Vgl. Spooner, Congo, S. 91 f.

Prozess und unterteilt in mehrere Phasen zu begreifen. Einen solchen Ansatz bietet Christopher Page in seiner politikwissenschaftlichen Arbeit, die Funktion und Bedeutung der Meinungsforschung für das kanadische Regierungshandeln zu bestimmen sucht. Er unterteilt den politischen Prozess dabei in folgende Stadien: (1) agenda-setting, (2) development and study of policy alternatives, (3) selection of policy, (4) implementation/communication[87] und (5) evaluation.[88]

Bislang wurde die Bedeutung der öffentlichen Meinung für die politische Entscheidungsfindung während der Regierungszeit Diefenbakers vorwiegend im Zusammenhang mit der Kongo-Krise diskutiert, wobei sich unterschiedliche Bewertungen ergaben. Granatstein misst der öffentlichen Meinung eine relativ große Bedeutung bei. Sie habe dazu geführt, dass sich die Regierung stärker als ursprünglich geplant engagierte. Als Motiv für den öffentlichen Druck macht er ein nationales Selbstbild aus, dem offensichtlich durch eine Beteiligung an der UN-Mission entsprochen werden musste. Spooner dagegen argumentiert, dass die öffentliche Meinung zwar durchaus Diefenbaker und sein Kabinett beeinflusst habe. Aber sie sei nur ein Faktor unter mehreren und keinesfalls der entscheidende gewesen. Zudem könne man die Motive für die öffentliche Reaktion nicht einzig und vornehmlich auf ein kanadisches Selbstbild zurückführen. Insbesondere die Furcht davor, dass die Kommunisten das Chaos im Kongo würden ausnutzen können, habe die Fantasie der Öffentlichkeit beflügelt.[89] Die differierenden Einschätzungen zeigen, wie schwierig es ist, die Bedeutung der öffentlichen Meinung – tatsächlich der veröffentlichten Meinung – für die konkrete Entscheidung, also die »selection of policy«, zu bestimmen.

Werden über den Einzelfall hinausgehende politische Grundüberzeugungen, die langfristigen Vorbereitungen von politisch-militärischen Entscheidungen sowie deren Nachbereitung (die Stadien 1 und 2 sowie 4 und 5 des Modells von Page) mit einbezogen, dann lassen sich eindeutigere Befunde herausdestillieren. Denn es deutet sich an, dass Politiker, Beamte und Soldaten davon ausgingen, dass die Mehrheit der kanadischen Bevölkerung den UN-Blauhelmeinsätzen und der Beteiligung kanadischer Soldaten generell positiv

---

87   Zu fragen wäre, ob »communication« nicht eigentlich ein eigener Unterpunkt ist.

88   Vgl. Christopher Page, The Roles of Public Opinion Research in Canadian Government, Toronto u.a. 2006, S. 54 f. und Kapitel 4 seiner Arbeit. Vgl. auch die etwas andere Phaseneinteilung, die in Erin Carrière/Marc O'Reilly/Richard Vengroff, »In the Service of Peace«: Reflexive Multilateralism and the Canadian Experience in Bosnia, in: Richard Sobel/Eric Shiraev (Hg.), International Public Opinion and the Bosnia Crisis, Lanham (MD) 2003, S. 1-32, hier S. 7 genannt wird.

89   Vgl. Spooner, Congo, S. 8, 46.

gegenüberstünde. Hierauf verweisen Kommentare, die nicht mit konkreten Entscheidungen in Verbindung standen. Als noch eindeutiger erweist sich jedoch der Versuch, nach der Entscheidung für den Einsatz von Blauhelmen die Bevölkerung hinter sich zu scharen. Anders als in den frühen 50er Jahren fühlten sich Regierung und Politiker gedrängt, ihre eigenen politischen Positionen plebiszitär zu legitimieren. Insbesondere fällt auf, dass Abgeordnete von Regierung und Opposition in der Kongo-Krise unisono beteuerten, die Unterstützung der Bevölkerung für das Blauhelm-Engagement zu haben. Pearson deklamierte: »I think all Canadians will be happy to back up anything the Canadian government may do to play our own part in this essential work.«[90] Die politische Rhetorik legte dabei offen, als wie wichtig es erachtet wurde, die Öffentlichkeit in dieser Sache möglichst geschlossen hinter sich zu wissen. Es reichte also nicht aus, den parlamentarischen Gegner zu überzeugen oder zu dominieren. Vielmehr war das Peacekeeping eine im weitesten Sinne nationale Angelegenheit, bei der die Bevölkerung zumindest als virtueller Akteur auftrat, dessen antizipierte Zustimmung öffentlich propagiert werden musste. Es galt, die Blauhelm-Politik innenpolitisch zu vermitteln und zu verankern.

Anfänge einer Traditionsbildung

Diefenbaker wurde zweimal wiedergewählt: zunächst 1958 mit einer satten Mehrheit; seit Juni 1962 stand er dann abermals wie 1957 an der Spitze eines konservativen Minderheitskabinetts. Schon vorher, als Oppositionspolitiker, hatte er ein ausgeprägtes Interesse an außenpolitischen Fragen gezeigt.[91] Doch scheint sein aggressiver Politikstil erfolgreichen diplomatischen Bemühungen im Weg gestanden zu haben.[92] Seit den 60er Jahren kam er innen- und außenpolitisch stärker unter Beschuss.[93] Bothwell schreibt, dass der Premierminister zunehmend unsicherer und zaudernder agierte.[94] Hierüber konnten auch prominente internationale Auftritte nicht hinwegtäuschen. So verwies er im September 1960 in einer vielbeachteten Rede vor der Generalversammlung

---

90   Canada. Debates of the House of Commons, 3rd Session, 24th Parliament, 1.8.1960, S. 7333. Pearson bezog sich hierbei nicht nur auf den UN-Militäreinsatz, sondern auch auf mögliche administrative und technische Hilfe für den Kongo. Siehe auch Diefenbakers Ausführungen in ebd., S. 7329.

91   Vgl. Robinson, Diefenbaker's World, S. 3 f.; Hilliker/Barry, Canada's Department of External Affairs, Bd. 2, S. 134.

92   Vgl. Hilliker/Barry, Canada's Department of External Affairs, vol. 2, S. 134.

93   Vgl. Smith, Rogue Tory, S. 367-510.

94   Vgl. Bothwell, Alliance, S. 178.

der Vereinten Nationen die sowjetische Aggressionspolitik in ihre Schranken, wobei er Nikita Chruschtschows Ansprache völlig undiplomatisch ein »gigantic propaganda drama of destructive misrepresentation«[95] nannte. Nicht überraschend verließ daraufhin der sowjetische Delegierte den Saal.[96] Und im britischen Commonwealth setzte Diefenbaker sich kompromisslos für eine Aufhebung der Apartheid in Südafrika ein.[97] In der kontinentalen Sicherheitspartnerschaft mit den Vereinigten Staaten sowie in der NATO zeigte er eine weniger glückliche Hand. Seine zögerliche Unterstützung der amerikanischen Position in der Kuba-Krise von 1962 unterminierte seine außenpolitische Stellung im In- und Ausland.[98] Diefenbakers lavierende Position und seine sich widersprechenden Äußerungen im innenpolitischen Streit um die Ausrüstung von kanadischen Flugzeugen und Kurzstreckenraketen mit Nuklearsprengköpfen stürzte schließlich sein Minderheitskabinett und kostete ihn den Sieg bei den vorgezogenen Unterhauswahlen vom April 1963.[99]

Da seine Außenpolitik gemischte Resultate erzielte und zum Ende seiner Amtszeit vor allem Irritationen hervorrief, darf Diefenbakers Einfluss auf die internationalen Beziehungen und die Peacekeeping-Einsätze nicht überbewertet werden. Auch wenn er noch in seinen Memoiren die Vereinten Nationen als Eckstein seiner Außenpolitik bezeichnete, so hielt er sich doch mit eigenen Vorschlägen zurück.[100] In den drei Fällen, in denen kanadische Soldaten sich an neu etablierten Friedensmissionen beteiligten, stand Ottawa in der zweiten Reihe. Beim Einsatz im Libanon reagierte Diefenbaker schnell, gehörte aber nicht zu den Initiatoren dieser Mission. In der Kongo-Krise ließen er und sein Kabinett viel Zeit verstreichen. Fast scheint es, als ob das Verteidigungsministerium und die Streitkräfteführung schneller beschlossen hätten, Truppen in den Kongo zu schicken, als die Regierungsspitze. Wenn auch, wie Spooner hervorhebt, der Regierungschef prinzipiell bereit war, kanadische Blauhelme nach Afrika zu entsenden, so kann diese Haltung doch nicht darüber hinwegtäuschen, dass die kanadische Regierung zögerte, spät eingriff, geringen Einfluss entfaltete und – zumindest in der Außenwahrnehmung – von der nationalen Presse getrieben wurde. Nicht anders sah es 1962 aus, als die Regierung zwei Militärflugzeuge mit Personal für die United Nations Security Force (UNSF) der United Nations Temporary Executive Authority (UNTEA)

---

95 Zit. nach *Globe and Mail*, 27.9.1960, S. 12.
96 Vgl. Smith, Rogue Tory, S. 172-177.
97 Vgl. ebd., S. 253-366.
98 Vgl. Bothwell, Alliance, S. 169.
99 Vgl. Hillmer/Granatstein, Empire to Umpire, S. 228 f.; Bothwell, Alliance, S. 178.
100 Vgl. John G. Diefenbaker, One Canada. Memoirs of The Right Honourable John G. Diefenbaker, vol. 2, Scarborough (ON) 1978 [EA 1976], S. 100.

bereitstellte. UNTEA sollte den Übergang der niederländischen Kolonie Westneuguinea an Indonesien erleichtern. Ottawa entsprach einer Anfrage der Niederländer, hatte aber weder ein eigenes Interesse an der Region noch ein Konzept für die Beteiligung an der Mission.[101] Dabei wurde mit Westneuguinea zum ersten Mal ein Territorium zeitweise von den Vereinten Nationen verwaltet, ähnlich dem Saargebiet durch den Völkerbund 20 Jahre zuvor.[102] Kanada agierte nicht, sondern reagierte – auf diesen kurzen Nenner lässt sich unter außenpolitischer Perspektive die Peacekeeping-Politik der Regierung Diefenbaker bringen.

Zugleich verstetigte sich jedoch während der Regierungszeit Diefenbakers die kanadische Politik gegenüber den Friedenseinsätzen. Kanada blieb, wie in den 50er Jahren und speziell seit der Suez-Krise, einer der wichtigsten Truppensteller. Dass sich auch die konservative Regierung mit zum Teil substanziellen Kräften an neuen Missionen beteiligte, wurde außen- und innenpolitisch dankbar und zustimmend registriert. Kanada galt weiterhin und vielleicht mehr denn je als verlässlicher Partner und Stütze des UN-Peacekeepings. Als die neu gewählte konservative Regierung 1957 die Möglichkeit hatte, sich vom Peacekeeping zu distanzieren, setzte sie stattdessen auf Kontinuität. Auf diese Weise trug sie dazu bei, den parteipolitischen Konsens in der Außenpolitik wiederherzustellen[103] und die Spaltung der öffentlichen Meinung, wie sie sich in der Suez-Krise gezeigt hatte, zurückzuführen. Erst dadurch, dass die konservative Regierung die Blauhelm-Politik fortschrieb, etablierte sie diese als zentrales und innenpolitisch weitgehend akzeptiertes Instrument kanadischer Außenpolitik. Nicht ungerechtfertigt und quasi als Nachruf auf das konservative Engagement im Rahmen der Friedenseinsätze, schrieb die *Globe and Mail* am 18. März 1963 in einem Leitartikel von Kanada als einer Nation, »that has taken a traditional interest and part in UN peace-keeping activities, ...«[104] Zu diesem Zeitpunkt und nicht zuletzt aufgrund von Diefenbakers Politik konnte das Peacekeeping bereits als kanadische Tradition angesehen werden.

In der Wahrnehmung der Regierenden stand die kanadische Bevölkerung hinter den Friedensmissionen. Insbesondere die *Globe and Mail* trug dazu bei, diesen Eindruck zu verbreiten. Als traditionell konservatives Blatt schienen ihre Leitartikel, die mittlerweile die Friedenseinsätze vehement befürworteten, einen breiten Konsens zu repräsentieren, der nicht nur von den Liberalen

---

101   Vgl. Maloney, Canada and UN Peacekeeping, S. 143-147.

102   Vgl. William J. Durch, UN Temporary Executive Authority, in: ders. (Hg.), The Evolution of UN Peacekeeping. Case Studies and Comparative Analysis, New York 1993, S. 285-298.

103   Vgl. Cooper, Canadian Foreign Policy, S. 180; Karsten Jung, Of Peace and Power. Promoting Canadian Interests through Peacekeeping, Frankfurt/M. u.a. 2009, S. 40.

104   »The Future of the UN«, *Globe and Mail*, 18.3.1963, S. 6.

mitgetragen werden konnte, sondern auch im linken politischen Spektrum anschlussfähig war. Anknüpfend an eine politische Rhetorik, die von rechts bis links gepflegt wurde und eine emotionale Bindung der Kanadier an das eigene Peacekeeping-Engagement förderte, idealisierte die *Globe and Mail* kanadische Werte und projizierte sie auf die eigenen UN-Blauhelmsoldaten. Sie erschienen als Botschafter des kanadischen Wesens in der Welt. Dieser Prozess einer nationalistischen Überformung, der partiell an die innenpolitische Debatte in der Suez-Krise anknüpfen konnte, stand allerdings in den frühen 6oer Jahren erst am Anfang. Die künftige Entwicklung musste zeigen, ob sich das Peacekeeping weiterhin als politisches Instrument bewähren würde und sich im Anschluss hieran die kanadische Gesellschaft mit den Friedenseinsätzen identifizieren konnte.

KAPITEL 5

Avantgarde
Zypern-Krise und Peacekeeping-Konferenz 1964

In den Hauptstädten der Verbündeten, vor allem in Washington und London, war die Erleichterung spürbar, als Lester Pearson auf die internationale Bühne zurückkehrte. Diefenbakers erratische Aussagen zur nuklearen Bewaffnung der kanadischen Streitkräfte und dessen von anti-amerikanischer Rhetorik geprägter Wahlkampf hatten dieses Gefühl noch verstärkt. Am 8. April 1963 musste er sich knapp einem noch immer unerfahren wirkenden Wahlkämpfer Pearson geschlagen geben, der fortan einem liberalen Minderheitskabinett als Premierminister vorstand.[1]

Pearson knüpfte dort an, wo er als Außenminister aufgehört hatte. Er stellte die guten Beziehungen zu den Vereinigten Staaten wieder her, machte seinen Antrittsbesuch in London und band Kanada wieder enger an das nordatlantische Verteidigungsbündnis. Wie er es im Wahlkampf angekündigt hatte, ließ er kanadische Raketen mit Atomsprengköpfen ausstatten. In dieser Frage musste er sich allerdings eine 180-Grad-Wendung vorwerfen lassen, denn zunächst war sich seine Partei mit Diefenbaker einig gewesen, die zusätzliche nukleare Bewaffnung abzulehnen.[2] Der Kalte Krieg befand sich auf einem Höhepunkt – eine »Tauwetter«-Periode sollte erst mit US-Präsident John F. Kennedys »Friedensrede« im Juni 1963 einsetzen[3] – und auch innenpolitisch konnte man mit einer auf militärische Stärke und Abschreckung bedachten Verteidigungspolitik punkten.[4]

Die NATO und das nordamerikanische Luftverteidigungsprogramm NORAD bildeten weiterhin die Pfeiler der kanadischen Sicherheitspolitik und die zentralen Aufgabenbereiche für die Streitkräfte. Über die Prioritätensetzung war sich der Premierminister prinzipiell mit seinen beiden wichtigsten Mitarbeitern, Außenminister Paul Martin und Verteidigungsminister Paul Hellyer,

---

1   Vgl. English, The Worldly Years, S. 256-270; Hillmer/Granatstein, Empire to Umpire, S. 223-228, 231 f.

2   In den Worten von Historiker Alvin Finkel war Pearson in dieser Frage ein »flip flopping leader«. Vgl. Alvin Finkel, Our Lives. Canada after 1945, Toronto 1997, S. 177.

3   Klaus Schwabe, Weltmacht und Weltordnung. Amerikanische Außenpolitik von 1898 bis zur Gegenwart. Eine Jahrhundertgeschichte, Paderborn u.a. 2006, S. 293-295; Stöver, Der Kalte Krieg, S. 388, 395.

4   Vgl. English, The Worldly Years, S. 243-252, 268 f.; Bothwell, Alliance, S. 169-177; Hillmer/Granatstein, Empire to Umpire, S. 227-230.

© VERLAG FERDINAND SCHÖNINGH, 2020 | DOI:10.30965/9783657787807_007

einig. Peacekeeping gehörte auf die außenpolitische wie auch sicherheitspolitische Agenda, stand aber nicht ganz oben. Die Prioritätenliste entsprach
somit derjenigen der alten liberalen Regierung St. Laurent und im Prinzip auch
derjenigen Diefenbakers. Das politische Koordinatensystem blieb also grundsätzlich gleich. Dennoch zeigte sich in den kommenden Monaten, dass die
neue Regierung gewillt war, dem Peacekeeping strukturell und in der (außen-)
politischen Praxis breiteren Raum zu geben.

Politische Initiativen

Dabei ging es zunächst darum, Altlasten abzutragen. Aus dem noch andauernden Einsatz der 20.000 Mann starken ONUC im Kongo entwickelte
sich eine der größten strukturellen Krisen der Vereinten Nationen. Da einige
Mitglieder, namentlich die Sowjetunion und Frankreich, sich nicht an der
Finanzierung der Operation beteiligten und entsprechende Gelder zurück-
hielten, war die Finanzausstattung der UN insgesamt gefährdet. Eine ihrer
wichtigen Aufgaben sah die kanadische Diplomatie daher darin, zur Lösung
dieses Problems beizutragen. Entsprechende Vorstöße hatten die kanadischen
Vertreter am UN-Sitz in New York bereits unter der Diefenbaker-Regierung
unternommen. Unter dem neuen, auch in UN-Angelegenheiten bereits erfahrenen Außenminister Paul Martin[5] wurden diese Anstrengungen verstärkt.
Zum einen reduzierten die kanadischen Streitkräfte durch eine vorsichtige
Zurücknahme kleinerer Kontingente ihre Kosten. Zum anderen drängten
die kanadischen Diplomaten auf eine generelle Lösung. Kanada war dabei
bereit, kurzfristig höhere Beiträge zu zahlen. Martin setzte sich aber vor allem
dafür ein, die Vereinten Nationen langfristig auf eine solide finanzielle Basis
zu stellen. Er schlug vor, die Peacekeeping-Ausgaben, so sie eine bestimmte
Höhe überschritten, durch freiwillige Beiträge wohlhabenderer Staaten zu
decken. Damit wäre den Staaten, die ihre Kritik an den horrenden Peace-
keeping-Kosten damit verbanden, ihre normalen Mitgliedsbeiträge zurückzuhalten, die Argumentationsgrundlage entzogen worden. Die kanadische
Regierung erklärte frühzeitig, prinzipiell diese freiwilligen Beiträge leisten zu
wollen. Allerdings konnte sich der kanadische Vorschlag nicht durchsetzen.
Weder kurz- noch mittelfristig wurde eine Lösung gefunden. Die Vereinten

---

5   Vgl. Hilliker/Barry, Canada's Department of External Affairs, vol. 2, S. 252 f.; Hillmer/Granat-
    stein, Empire to Umpire, S. 232; vgl. dagegen Maloney, Canada and UN Peacekeeping, S. 164.

Nationen blieben auf ihren Schulden sitzen, was ihren Handlungsspielraum, nicht zuletzt für weitere Blauhelm-Missionen, erheblich einschränkte.[6]

Obwohl die Zukunft der Vereinten Nationen und implizit der Friedensein-sätze eher düster aussah, wurde in Kanada die Position des Peacekeepings institutionell gestärkt. Die Initiative kam von einer Seite, die üblicherweise die Bedeutung der Blauhelm-Einsätze zu minimieren trachtete. Tatsäch-lich waren die Friedensoperationen auch nicht primäres Ziel des Vorstoßes aus dem Verteidigungsministerium. Vielmehr sollte die Struktur der Streit-kräfte insgesamt an die neue Verteidigungsdoktrin angepasst werden, die eine schnelle und flexibel einsetzbare Truppe forderte. Im Verteidigungsweiß-buch von 1964 sah Minister Hellyer vor, die drei Teilstreitkräfte aufzulösen, um mobile Einheiten zentral koordiniert, schnell und passgenau als Antwort auf unterschiedliche Bedrohungsszenarien und Anforderungen einsetzen zu können.[7] Diese Forderung führte zu einem völligen Umbau der Streitkräfte, der nur gegen erhebliche innerorganisatorische Widerstände durchgesetzt werden konnte und bis heute als militärischer Kulturschock nachwirkt.[8] Die neue Ausrichtung und Zusammenstellung der Truppe bewirkte auch, dass das Peacekeeping als integraler Aufgabenbestandteil in die Streitkräftedoktrin und -struktur integriert wurde. Denn Blauhelm-Einsätze beruhten, so zeigte es die Erfahrung, ebenfalls auf dem schnellen Einsatz mobiler Truppenverbände, die sich flexibel dem jeweiligen Umfeld anpassen mussten. »... Canadian forces will be trained and equipped in a way which will permit immediate and effective response to United Nations requirements.«[9], war im Weißbuch zu lesen. Hellyers Weißbuch machte deutlich, wie sich die Zeit gewandelt hatte. 1957 hatte der damalige Verteidigungsminister noch einen völligen Rückzug vom Peacekeeping gefordert, da die entsprechenden Einsätze militärisch wert-los seien. Sieben Jahre später nahm das Weißbuch die Friedenseinsätze in eine 5-Punkte-Prioritätenliste der zentralen Aufgaben und Strukturen der Streit-kräfte auf.[10]

Doch nicht nur strukturell veränderten sich die Gewichte. Auch innerhalb der militärischen Führung schien ein Umdenken eingesetzt zu haben. General-leutnant a.D. Guy Simmonds, der ehemalige Chef des Heeresstabes (Chief of the General Staff), konfrontierte die Mitglieder eines Sonderausschusses des

---

6   Vgl. »The Future of the UN«, *Globe and Mail*, 18.3.1963, S. 6; »Paying for Peace«, ebd.,
     3.6.1963, S. 6; Maloney, Canada and UN Peacekeeping, S. 167.

7   Vgl. White Paper on Defence 1964, in: Douglas Bland (Hg.), Canada's National Defence,
     vol. 1, Kingston (ON) 1997, S. 57-65 (Einleitung), 67-109.

8   Vgl. Granatstein, Canada's Army, S. 353-358.

9   White Paper on Defence 1964, in: Bland (Hg.), Canada's National Defence, Bd. 1, S. 99.

10   Vgl. ebd., S. 100.

Unterhauses, der sich mit Verteidigungspolitik befasste, mit einer bemerkenswerten Einschätzung:

> I believe that a role which is suited to a country of our size and having regard to the financial burdens possible to be borne out over a lengthy term, would be at tri-service force whose main objective was peace-keeping.[11]

Obwohl unklar blieb, was genau Simmonds unter Peacekeeping verstand, waren seine Ausführungen doch sehr weitgehend und entsprachen nicht der bekannten Argumentation der Streitkräfteführung. Sein ehemaliger Vorgesetzter, General a.D. Charles Foulkes, versuchte daher, die Bedeutung des Peacekeeping-Engagements zu relativieren.[12] Aber auch er sah sich veranlasst, vor dem Parlamentsausschuss zuzugeben: »... it should be constant Canadian policy to make our armed forces available for United Nations service as required.«[13] Die ehemalige Streitkräfteführung schien sich damit abgefunden zu haben, dass Blauhelm-Einsätze zu den wichtigen Aufgaben des Militärs geworden waren, oder meinte zumindest vor den Parlamentariern, eine entsprechende Überzeugung an den Tag legen zu müssen – wobei Simmonds Ausführungen weit über ein auch aus diplomatischen Gründen notwendig erscheinendes Maß der Anbiederung an die von der zivilen politischen Führung akzeptierten Friedenseinsätze hinausgingen.

Weder aus dem Weißbuch noch den Ausschussberatungen konnte allerdings abgeleitet werden, dass die kanadischen Streitkräfte primär für UN-Friedensmissionen bereitstehen sollten. Verteidigungsminister Hellyer blieb in der praktischen Umsetzung seiner Politik dem Peacekeeping gegenüber letztlich skeptisch und stellte sich auf diese Weise in die Tradition seiner Vorgänger im Amt. Und auch der Parlamentsausschuss riet, doch primär nationale Interessen zu berücksichtigen. Insbesondere sah er die Diskussionen und Meinungsäußerungen kritisch, die darauf hinzielten, eine permanente UN-Armee zu schaffen.[14]

Eine stehende UN-Streitmacht wurde aber gerade von Pearson seit Langem gefordert. Auch Martin entwickelte diesbezügliche Initiativen. So bekundete er sein Interesse an einer Vereinbarung zwischen Norwegen, Schweden und Dänemark, die eine 3.000 Mann starke Truppe, bestehend aus Kontingenten der einzelnen Staaten, aufbauen und für UN-Einsätze bereithalten wollten.

---

11   Zit. nach Maloney, Canada and UN Peacekeeping, S. 177.
12   Vgl. Maloney, Canada and UN Peacekeeping, S. 177.
13   Zit. nach Maloney, Canada and UN Peacekeeping, S. 177.
14   Vgl. Maloney, Canada and UN Peacekeeping, S. 180 f.

Neben Kanada entwickelten sich die skandinavischen Staaten zu den eifrigsten Unterstützern der UN-Friedensordnung. Der Militärverband würde außerhalb des UN-Systems bereitgestellt werden, aber für UN-Aufgaben zur Verfügung stehen. Denn zeitgenössisch war es nicht möglich, innerhalb der Vereinten Nationen eine stehende Armee zu schaffen.[15] Tatsächlich entstanden die »Nordic UN stand-by forces« unter Einschluss von Finnland, aber ohne eine kanadische Beteiligung.[16] In einem Leitartikel der *Globe and Mail* vom 19. Juni 1963 wurden der Vorstoß der Skandinavier sowie Martins Reaktion explizit begrüßt und zugleich Kanadas Peacekeeping-Engagement hervorgehoben:

> Canada has been among the principal contributors to these UN forces [die UN-Blauhelme], and Canadian delegates at the United Nations have never ceased to press for the creation of a more permanent military arrangement. It seems unlikely, however, that anything much can be achieved along these lines within the world body in the foreseeable future, so a new approach to the problem from outside may be appropriate.[17]

Dieser Artikel deutet an, wie öffentlichkeitswirksam Appelle waren, die eine permanente UN-Militärformation forderten, und wie weitgehend die einzige nationale Tageszeitung Kanadas, die *Globe and Mail*, mit der Regierungsposition übereinstimmte. Martins so positiv bewertete Überlegungen rundeten das Bild ab, das sich bald nach dem Regierungswechsel gezeigt hatte. Anders als die Vorgängerregierung versuchte das Kabinett Pearson wieder die internationale Peacekeeping-Agenda mitzubestimmen, anstatt überwiegend nur auf Anfragen zu reagieren. Ottawa hatte sich rhetorisch zurückgemeldet; doch wie sah die Praxis aus?

Der erste Praxistest: Jemen 1963

Der erste Praxistest für die Peacekeeping-Politik der neuen Regierung kam früher als erwartet. Im Jemen, an der Südwestspitze der arabischen Halbinsel, war im September 1962 ein Bürgerkrieg zwischen einem arabisch-nationalistischen

---

15   Vgl. »Peace Keepers«, *Globe and Mail*, 19.6.1963, S. 6.

16   Vgl. Josianne Tercinet, »Les politiques nationals en matière de la paix«, in: Arès. Défense et sécurité. Annuaire de las Societé pour le Développement des Etudes de Défense et de Sécurité Internationale 17 (1998), 41, S. 25-35, hier S. 29 f.; allgemeiner: Peter Viggo Jakobsen, The Nordic Peacekeeping Model: Rise, Fall, Resurgence?, in: International Peacekeeping 13 (2006), 3, S. 381-395.

17   »Peace Keepers«, *Globe and Mail*, 19.6.1963, S. 6.

Militärregime und den Anhängern der von ihm gestürzten traditionellen, theo-
kratisch begründeten Monarchie ausgebrochen. Die Auseinandersetzungen
drohten auf die angrenzenden Territorien überzugreifen. Hierbei bestand die
Gefahr, dass die strategisch wichtige Region am Eingang des Roten Meeres zu
einem Schlachtfeld des Kalten Krieges werden würde. Denn die jemenitischen
Rivalen wurden militärisch und politisch von außerhalb unterstützt: das
Militär von der Vereinigten Arabischen Republik, wie sich Ägypten auch nach
der 1961 erfolgten Trennung von Syrien weiter nannte, und die Monarchisten
von Saudi-Arabien. Zudem bedrohte der Jemen die angrenzende britische
Kolonie und damit vor allem den gleichnamigen Militärstützpunkt Aden.
Scharmützel an der jemenitisch-saudischen Grenze gaben schließlich den An-
lass, die Vereinten Nationen zu Hilfe zu holen.[18]

Insbesondere die Vereinigten Staaten waren daran interessiert, dass sich
der Konflikt nicht ausweiten und es zu einer direkten Konfrontation zwischen
dem prowestlichen Saudi-Arabien und dem von der Sowjetunion gestützten
Ägypten kommen würde. Ihr Ziel war es, den Krieg auf die innerstaatliche Auseinandersetzung zu beschränken. Da die neue jemenitische Regierung im Gefühl ihres Sieges über die Monarchisten zustimmte, trug auch die Sowjetunion
die Entscheidung mit, die am 11. Juni 1963 im Sicherheitsrat getroffen wurde.
Beide Supermächte hatten kein Interesse an einer internationalen Eskalation
der volatilen Situation und nahmen daher die Dienste der Vereinten Nationen
an. Die Sicherheitsratsresolution wies den Generalsekretär an, eine UN-
Beobachtermission, United Nations Yemen Observation Mission (UNYOM), zu
gründen. Sie sollte eine Demilitarisierung des umstrittenen Grenzabschnittes
und den vereinbarten Rückzug Ägyptens und Saudi-Arabiens aus den inneren
Angelegenheiten des Jemen überwachen, aber nicht in den innerstaatlichen
Konflikt eingreifen. Dementsprechend ließ der Generalsekretär gegenüber
dem Sicherheitsrat verlauten: »UNYOM's functions are limited to observing,
certifying and reporting. This operation has no peace-keeping role beyond this
[...] UNYOM [...] is not concerned with Yemen's internal affairs ...«[19]

Frühzeitig war erkennbar, dass die nur 200 Mann starke, personell und
materiell zu gering ausgestattete und unterfinanzierte Beobachtermission ihr
Mandat nicht würde erfüllen können. Das Terrain erwies sich als zu schwierig
und die regionalen Beteiligten waren nicht wirklich daran interessiert, den
Status quo zu verändern. Von den Supermächten war keine praktische Hilfe zu
erwarten. Ihnen reicht es aus, wenn der Konflikt begrenzt werden würde. Der
leitende Militärbeobachter, Generalmajor Carl von Horn aus Schweden, der

---

18   Vgl. insgesamt Birgisson, Yemen.
19   Zit. nach Birgisson, Yemen, S. 210.

vorher bereits die UN-Missionen im Kongo und in Palästina kommandiert hatte, bezeichnete UNYOM in der Rückschau als eine »kalkulierte Täuschung«.[20]

Warum also nahmen kanadische Soldaten an der von Anfang an unsicheren und wenig prestigeträchtigen Operation teil? Der Staatssekretär im Außenministerium, Robertson, warnte in typisch diplomatischem Understatement, es gäbe »no assurance that the intended operation will achieve its objective«.[21] Air Chief Marshall (General) Frank Miller, der Vorsitzende der Stabschefs,[22] sprach sich gegen jegliche kanadische Beteiligung aus. Auch Verteidigungsminister Hellyer bemühte sich, den kanadischen Beitrag so gering wie nur möglich zu halten. Doch wogen Bündnisverpflichtungen schwerer als die Bedenken. Dies machte Pearson, sekundiert von Martin, deutlich. Die Vereinigten Staaten hatten die Gründung der UN-Mission gefordert und auch Großbritannien stand ihr, nicht zuletzt wegen ihres Stützpunktes in Aden, positiv gegenüber. Wie schon zuvor fehlte es auch der neuen Mission an technischen Spezialeinheiten. Die Soldaten mussten zudem schnell bereitgestellt werden. Kanada war aus Sicht seiner Verbündeten der ideale Kandidat. Mit einigen Flugzeugen und rund 50 Luftwaffensoldaten blieb der Einsatz maßvoll. Er war allerdings nicht unwichtig, stellten doch die Kanadier das gesamte Lufttransportkommando und überhaupt ein Viertel des Personals. Die restlichen 150 Mann wurden zeitweilig vom jugoslawischen UNEF-Kontingent abgezogen. Wie schon im Libanon, so engagierte sich Kanada auch im Jemen vorwiegend aufgrund amerikanischer Bitten und um zu verhindern, dass einer der sprichwörtlichen »Buschfeuer-Kriege« zu einer unkontrollierten Blockkonfrontation führen würde. Genau eine solche Situation stellte die Nische für das Peacekeeping der Vereinten Nationen dar. Und wenn Kanada die UN-Strukturen stützen konnte, wie Robertson hoffte, während zugleich die Bündnisverpflichtungen erfüllt wurden, dann musste es Ottawa als umso attraktiver erscheinen, ein kleines Kontingent zu stellen.[23]

Inwieweit UNYOM als Erfolg oder Misserfolg gewertet werden kann, ist weiterhin umstritten. Das eigentliche Mandat wurde nicht erfüllt. Im September 1964, nach rund 18 Monaten, verließen die Blauhelme wieder das Land, ohne dass sich Ägypten und Saudi-Arabien aus dem Konflikt

---

20   Carl von Horn, Soldiering for Peace, London 1966, S. 353 (im Original: »calculated deceit«).

21   Zit. nach Maloney, Canada and UN Peacekeeping, S. 172.

22   Im August 1964, nach der Vereinigung der drei Teilstreitkräfte, übernahm Miller die neue Position des Generalstabschefs (Chief of the Defence Staff). Vgl. Ray Stouffer, Air Chief Marshal Frank Miller – A Civilian and Military Leader, in: Canadian Military Journal 10 (2010), 2, S. 41-51.

23   Vgl. Granatstein, Canada: Peacekeeper, S. 167-169; Maloney, Canada and UN Peacekeeping, S. 171-175; Carroll, Pragmatic Peacekeeping, S. 53-56.

zurückgezogen hatten. Der Bürgerkrieg ging unvermindert weiter und wurde erst 1970 durch lokale Abmachungen beendet.[24] Auf der Habenseite lässt sich feststellen, und dieses Argument verficht insbesondere Norrie MacQueen, dass der Konflikt mithilfe von UNYOM politisch und geographisch begrenzt wurde. Somit habe die Mission ihr strategisches Ziel erreicht und einmal mehr die Nützlichkeit des UN-Peacekeepings bewiesen.[25]

Zypern 1964: Kanadische Motive

Während UNYOM in der kanadischen Öffentlichkeit kaum beachtet wurde und die Operation hierin den Beobachtermissionen der 50er Jahre ähnelte, rief Kanadas Beitrag zum folgenden UN-Friedenseinsatz im In- und Ausland umfassende Reaktionen hervor. Im März 1964 stationierten die Vereinten Nationen eine Blauhelm-Truppe auf Zypern. Ottawa spielte dabei eine herausgehobene Rolle. Der Einsatz wurde als neuer Höhepunkt kanadischer Außenpolitik wahrgenommen. In den vorausgegangenen, langwierigen Verhandlungen zeigte sich die ganze Bandbreite der Motive und Bedingungen des Peacekeepings in Kanada sowie der Kommunikationsstrategien unterschiedlicher Akteure. Deren Überlegungen lassen den Stellenwert, den das Blauhelm-Engagement Mitte der 60er Jahre für Politik, Bürokratie, Militär und Medien hatte, exemplarisch hervortreten.

Bei der neuen Krise handelte es sich wiederum um eine Spätfolge der europäischen Kolonialpolitik und um einen Mehrebenenkonflikt, der durch die Ost-West-Konfrontation verschärft wurde. 1960 hatte Zypern von Großbritannien die Unabhängigkeit erhalten. Aufgrund der strategischen Bedeutung der Insel wurden davon einige souveräne Basen ausgenommen, in denen britische Truppen lagen. Zypern blieb somit ein zentrales Glied in der weiterhin weltumspannenden Kette britischer Militärstützpunkte.[26] Auf der Insel lebten eine Mehrheit griechischsprachiger Einwohner und eine Minderheit türkischer Zyprioten, die etwa 18 % der Bevölkerung ausmachten. Zwischen den ethnischen Gruppen war es schon vor 1960 zu blutigen Auseinandersetzungen gekommen. Eine Fraktion innerhalb der griechischen Einwohnerschaft befürwortete einen Anschluss an das griechische Festland. Diese

---

24 Vgl. Birgisson, Yemen, S. 115 f.
25 Vgl. MacQueen, Peacekeeping, S. 104-106.
26 Neben Zypern auch Gibraltar, Malta, Freetown (Sierra Leone), Kano (Nigeria), Mombassa (Kenia), Aden und Singapur. Vgl. William Roger Louis, The Dissolution of the British Empire, in: Judith M. Brown/ders. (Hg.), The Oxford History of the British Empire, Bd. 4: The Twentieth Century, Oxford 1999, S. 329-356, hier S. 344.

Bestrebungen wurden nicht nur von den türkisch sprechenden Zyprioten, sondern auch von der Türkei zurückgewiesen. Um die inneren Gegensätze in Schach zu halten und die beiden Staaten, die sich als Schutzmächte der jeweiligen Ethnien gerierten, einzubeziehen, hatten 1959 nicht nur die alte Kolonialmacht Großbritannien, sondern auch Griechenland und die Türkei die Unabhängigkeit der Mittelmeerinsel und eine Verfassung garantiert, die den beiden Bevölkerungsgruppen genau zugemessene politische Rechte gab.

Die 1963 heraufziehende Krise besaß also unterschiedliche Komponenten: eine innerstaatliche Auseinandersetzung zwischen den beiden ethnischen Gruppen, einen regionalen Antagonismus zweier NATO-Partner, der die politische und militärische Stabilität der Südostflanke der nordatlantischen Allianz bedrohte, und Großbritanniens strategisches Interesse an den militärischen Basen. Hinzu kam, dass zumindest nach Auffassung westlicher Staaten, der Kommunismus zunehmend Anhänger unter der griechisch-sprachigen Bevölkerung auf Zypern gewann und sich die Regierung in Nikosia enger an die Sowjetunion anlehnte. Vor dem Hintergrund des Kalten Krieges ergaben sich somit gleich mehrere Ansatzpunkte für eine mögliche internationale Ausweitung der Konflikte und eine Blockkonfrontation.

Als der griechisch-zypriotische Präsident Zyperns, Erzbischof Makarios, im November 1963 eine radikale Reform der Verfassung vorschlug, wurde dies als Angriff auf die Minderheitsrechte der türkischsprachigen Einwohner auf-gefasst. Es kam zu Zwischenfällen zwischen den beiden Bevölkerungsgruppen. Die Türkei entschloss sich zu militärischen Drohgebärden, die wiederum Griechenland auf den Plan rufen mussten. Vor Ort bemühten sich britische Truppen darum, die Kämpfe zwischen den beiden ethnischen Gemein-schaften einzudämmen. London saß offensichtlich zwischen allen Stühlen. Die britische Regierung versuchte daher, die Verantwortung zu teilen und eine internationale Friedenstruppe für Zypern zusammenzustellen.[27]

Um den Sicherheitsrat zu umgehen und somit der Sowjetunion kein Mit-spracherecht einzuräumen, schlug London eine NATO-Truppe vor. Alle Mitglieder der atlantischen Gemeinschaft, außer Island und Luxemburg, die über praktisch keine Streitkräfte verfügten, wurden gebeten, sich zu be-teiligen. Washington unterstützte den Vorstoß. Aufgrund des Kalten Krieges schütze die USA bis Mitte der 60er Jahre generell das britische Empire und

---

27   Vgl. insgesamt Alan James, Keeping the Peace in the Cyprus Crisis of 1963-64, Houndmills, Basingstoke 2002 sowie Karl Th. Birgisson, United Nations Peacekeeping Force in Cyprus, in: William J. Durch (Hg.), The Evolution of UN Peacekeeping. Case Studies and Comparative Analysis, New York 1993, S. 219-236, hier S. 219-221; Maloney, Canada and UN Peacekeeping, S. 187-203; MacQueen, Peacekeeping, S. 92-95.

Commonwealth.[28] 10.000 NATO-Soldaten sollten auf der Insel eingesetzt werden. 4.000 würden die Briten stellen, jeweils 1.200 waren für die USA, Deutschland, Frankreich und Italien vorgesehen. Kanada sollte, wie Belgien und die Niederlande, Portugal und die skandinavischen Länder, ein Kontingent von 750 Mann beitragen.[29]

Auf diese Weise wurde auch Kanada in den Konflikt einbezogen. Es gab gute Gründe dafür teilzunehmen: die mögliche Konfrontation zweier NATO-Partner, Großbritanniens strategisches Interesse an den Basen, sowjetische Infiltrationsversuche und Zyperns Mitgliedschaft im Commonwealth.[30] Nicht zuletzt standen mit Großbritannien und den Vereinigten Staaten die beiden wichtigsten Bündnispartner Kanadas hinter dem Vorschlag. Und dennoch reagierte Außenminister Martin zurückhaltend. Am 31. Januar 1964 machte er gegenüber den Botschaftern der USA und Großbritanniens Einwände geltend, die wie Ausflüchte wirkten. So verwies er auf die kanadische Haushaltssituation, die keinen Spielraum für eine eigene Truppenpräsenz ließe, und beteuerte, dass die kanadischen Streitkräfte durch andere Peacekeeping-Aktivitäten bereits überlastet wären – ein Argument, das sonst üblicherweise nur das Verteidigungsministerium anführte. Martin fühlte sich insbesondere unwohl bei dem Gedanken, dass es sich nicht um eine UN-Operation handelte.[31]

Zwar war die Bündnissolidarität einmal mehr wichtiger als mögliche Einwände und auch kanadische Truppen bereiteten sich auf einen Einsatz vor, doch wurde aus dem Vorstoß der Briten nichts. Präsident Makarios lehnte eine NATO-Truppe kategorisch ab. Eine Commonwealth-Friedensmission blieb ebenfalls ein Gedankenspiel. Für die zypriotische Regierung schien nur eine UN-Streitmacht akzeptabel. Selbst hier stellte Makarios Bedingungen: Amerikaner und Moslems wären nicht willkommen. Dies schränkte den Kreis der Truppensteller weiter ein.[32]

---

28   Vgl. Louis, Dissolution, S. 354; Brian Howard Harrison, Seeking a Role. The United
      Kingdom, 1951-1970, Oxford 2009, S. 102 f.
29   Vgl. Memorandum für den amtierenden USSEA, 1.2.1964, LAC, RG 25, vol. 10130, file 21-14-
      1-CYP, pt. 1.
30   Vgl. Geoffrey S. Murray, Chef der United Nations Division des Außenministeriums,
      an Arnold Smith, Assistant Unter-Secretary und ehemaliger Botschafter in Kairo und
      Moskau, 12.2.1964, LAC, RG 25, vol. 10130, file 21-14-1-CYP, pt. 2; Berichtsentwurf, 7.3.1964,
      LAC, RG 25, vol. 10130, file 21-14-1-CYP, pt. 4; United Nations Request for Canadian
      Contribution to a Peace-Keeping Force for Cyprus, 10.3.1964, ebd.
31   Vgl. Memorandum für den amtierenden USSEA, 1.2.1964, LAC, RG 25, vol. 10130, file 21-
      14-1-CYP, pt. 1. Anders die frühere Interpretation von Granatstein, Canada: Peacekeeper,
      S. 172.
32   Vgl. Cabinet Minutes, 4.2.1964, S. 2-4, LAC, RG 2, vol. 6264; Maloney, Canada and UN
      Peacekeeping, S. 198-203.

Kanadische Diplomaten scheinen von Anfang an davon ausgegangen zu sein, dass ihr Land zu diesem engeren Kreis gehörte. Doch unter welchen Bedingungen sollte sich Kanada beteiligen? Im Februar und März 1964 wurden im Außenministerium Argumente für oder wider eine Beteiligung erwogen. Zwar erschienen bündnispolitische und strategische Gründe weiterhin als wichtig, doch wurde im gleichen Atemzug eine Friedensmission vehement abgelehnt, welche die UN nur als Feigenblatt gebrauche und die unter starkem britischen Einfluss stünde. Obwohl eine reale Gefahr für die nordatlantische Allianz bestand, setzten die Diplomaten nicht primär auf einen NATO- oder von Großbritannien geführten Einsatz, sondern auf die Vereinten Nationen – und dies nicht zuvorderst aus taktischen Gründen. Vielmehr gingen die Außenamtsbeamten davon aus, dass Kanadas Potenzial am besten im Rahmen der UN zum Tragen gebracht werden sollte und nur ein solcher Einsatz der Rolle Kanadas in der Welt entsprechen würde.[33]

In den internen Berichten und Schreiben des Außenministeriums wiesen Mitarbeiter immer wieder darauf hin, dass das kanadische Image Schaden nehmen könnte, wenn sich kanadische Truppen an der »falschen« Operation beteiligen. Ebenso schädlich wäre es, wenn sich Ottawa einem Einsatz im Rahmen einer UN-Friedenstruppe verweigern würde. In den Akten finden sich Hinweise auf »our position in the world«[34], »Canada's image in the United Nations«[35], »Canada's reputation«, »Canada's record in espousing the peacekeeping potential of the United Nations«[36] oder »Canada's leadership in this field«[37]. Das international entstandene und selbst genährte Bild von Kanada als einem traditionellen Peacekeeper wurde offensichtlich selbst zu einem Grund dafür, an UN-Missionen teilzunehmen und zugleich Operationen unter anderer Führung zu meiden. Symbolische Politik erwies sich als mindestens ebenso wirkungsmächtig wie vermeintlich realpolitisch fundierte bündnispolitische Erwägungen.

Die innenpolitische Situation in Zypern spielte in den Überlegungen notwendigerweise ebenfalls eine wichtige Rolle. Unisono warnten die Beamten aus dem Außenministerium vor der unkalkulierbaren Lage und den fehlenden

---

33 Vgl. G. S. Murray an Arnold Smith, 12.2.1964, LAC, RG 25, vol. 10130, file 21-14-1-CYP, pt. 2; Berichtsentwurf, 7.3.1964, LAC, RG 25, vol. 10130, file 21-14-1-CYP, pt. 4.

34 Andrew an Außenministerium, 13.2.1964, LAC, RG 25, vol. 10130, file 21-14-1-CYP, pt. 2. Ich bedanke mich bei Dr. Andrew Burtch vom Canadian War Museum, Ottawa für den Hinweis auf dieses und die folgenden Dokumente.

35 G. S. Murray an Arnold Smith, 12.2.1964, LAC, RG 25, vol. 10130, file 21-14-1-CYP, pt. 2.

36 Berichtsentwurf, 7.3.1964, LAC, RG 25, vol. 10130, file 21-14-1-CYP, pt. 4.

37 United Nations Request for Canadian Contribution to a Peace-Keeping Force for Cyprus, 10.3.1964, ebd.

Rezepten für eine Lösung der ethnischen Divergenzen.[38] Zugleich rief das Leid, das die zivile Bevölkerung ertragen musste, dazu auf, den Kämpfen ein Ende zu setzen. Dies erkennend, legte Geoffrey S. Murray, Leiter der United Nations Division im Außenministerium, ein für die frühen 60er Jahre außergewöhnlich großes Gewicht auf die humanitäre Dimension des Konfliktes: »In any event, there are strong humanitarian reasons for preventing bloodshed in Cyprus, which has already suffered so much. Most of the objectives mentioned in this paragraph would be sufficient reason for bringing United Nations machinery into play.«[39]

Murray gehörte zu den erfahrensten UN-Diplomaten Kanadas. Seine Biografie macht deutlich, wie eng die Verbindungen zwischen dem kanadischen Auswärtigen Dienst und der Weltorganisation am Hudson River waren. Nicht nur hatte er von 1955-1958 der Permanenten Mission Kanadas am UN-Sitz angehört und Pearson während der Suez-Krise als Berater gedient. Darüber hinaus war er in den folgenden beiden Jahren zu den Vereinten Nationen abgeordnet worden. In dieser Funktion reiste er 1958 an der Seite Generalsekretär Hammarskjölds in den Nahen Osten. Nach seiner Rückkehr aus New York übernahm Murray 1960 die United Nations Division in Ottawa.[40]

Wie sich zeigte, hatte er die Relevanz humanitärer Aspekte richtig eingeschätzt. Doch wurde der humanitäre Auftrag noch nicht im Mandat für die UN-Truppe festgeschrieben, er entwickelte sich vielmehr aus der Praxis vor Ort.[41] In den Resolutionen, die Peacekeeping-Missionen begründeten, sollten humanitäre Fragen erst seit den 70er Jahren eine Rolle spielen.[42] Und nicht vor dem Ende des Ost-West-Konflikts erwies sich dieses Motiv als stark genug, um allein oder primär einen UN-Einsatz zu legitimieren. Murray war in diesem Sinne seiner Zeit weit voraus.[43]

---

38   Vgl. Andrew an Außenministerium, 13.2.1964, LAC, RG 25, vol. 10130, file 21-14-1-CYP, pt. 2; United Nations Request for Canadian Contribution to a Peace-Keeping Force for Cyprus, 10.3.1964, LAC, RG 25, vol. 10130, file 21-14-1-CYP, pt. 4; Cabinet Minutes, 13.3.1964, S. 3, LAC, RG 2, vol. 6264.

39   G. S. Murray an Arnold Smith, 12.2.1964, LAC, RG 25, vol. 10130, file 21-14-1-CYP, pt. 2.

40   Vgl. Canadian Who's Who 2001, Bd. 36, hg. v. Elizabeth Lumley, Toronto u.a. 2001, S. 946.

41   Vgl. Alan James, Peacekeeping in International Politics, Houndmills, Basingstoke 1990, S. 227.

42   So 1974 im modifizierten Mandat für UNFICYP. Vgl. Birgisson, Cyprus, S. 224.

43   Auch die Menschenrechte spielten zu diesem Zeitpunkt als Element internationaler Politik eine relativ geringe Rolle. Erst seit den 1970er Jahren stieg ihre Bedeutung sowohl in den internationalen Beziehungen wie auch in Kanada deutlich an. Vgl. Eckel, Ambivalenz, S. 805, 808 ff. et passim; Dominique Clément, Human Rights in Canada. A History, Waterloo (ON) 2016, S. 97 ff.

Zeitgenössisch waren innenpolitische Überlegungen bedeutsamer, die Politiker und Diplomaten erstaunlich deutlich artikulierten. Sie befassten sich vorwiegend mit einem Problemkreis: der nationalen Einheit Kanadas. Diese dürfe nicht gefährdet, sondern solle durch eine Beteiligung an einer UN-Mission befördert werden. Erstens müsse der Eindruck vermieden werden, dass kanadische Soldaten für das koloniale Mutterland die Kastanien aus dem Feuer holten. Aus diesem Grund wurde auch ein Einsatz unter britischem Oberkommando abgelehnt. Es bestünde ansonsten die Gefahr, dass insbesondere in Quebec Ottawa nur als Erfüllungsgehilfe Londons angesehen werden würde.[44]

Zweitens wurde im Kabinett darüber diskutiert, ob die gegenwärtige Stand-By-Formation, das frankophone Königliche 22. Regiment, eingesetzt werden könnte. Möglicherweise würde es zu einem Aufschrei frankophoner Separatisten kommen, wenn eine französischsprachige Einheit für vermeintlich britische Zwecke verwandt werden sollte. Pearson persönlich entschied, weiterhin das 22. Regiment bereitzuhalten.[45] Insbesondere Generalgouverneur Georges Vanier unterstützte diese Position. Als erster frankokanadischer Generalgouverneur und ehemaliger Kommandeur dieses Regiments brachte Vanier seine Meinung deutlich zum Ausdruck, wie in einem Aktenvermerk für den Außenminister berichtet wurde:

> In his [des Generalgouverneurs] view, any move to substitute another Regiment for the Royal Twenty-Second now on standby duty would have obvious political implications and should be avoided. On the other hand, he believed that the Canadian force contribution which included a generous mixture of French and English-speaking Canadian soldiers would be an appropriate reflection of the cooperative federalism we are trying to build in Canada.[46]

Nicht zuletzt müsse drittens der Tatsache Rechnung getragen werden, dass Kanadas Reputation auf dem Spiel stünde. Würde sich die Regierung nicht an dem Peacekeeping-Einsatz beteiligen, könnte dies, wie in einem Berichtsentwurf aus dem Außenministerium formuliert wurde, »tarnish our reputation

---

44 Vgl. G. S. Murray an Arnold Smith, 12.2.1964, LAC, RG 25, vol. 10130, file 21-14-1-CYP, pt. 2; Berichtsentwurf, 7.3.1964, LAC, RG 25, vol. 10130, file 21-14-1-CYP, pt. 4.

45 Vgl. Maloney, Canada and UN Peacekeeping, S. 200.

46 Ross Campbell, Assistant Under-Secretary, zuständig für die Vereinten Nationen, Verteidigung und Abrüstung, an SSEA, 6.3.1964, LAC, RG 25, vol. 10130, file 21-14-1-CYP, pt. 4. Zum Aufgabenbereich von Campbell siehe Hilliker/Barry, Canada's Department of External Affairs, vol. 2, S. 261.

abroad and possibly strenghten the divisive forces within Confederation.«[47] Anders als während der Regierungszeit Diefenbakers spielte der politische Primat des innerkanadischen Zusammenhalts auch in der Außenpolitik wieder eine größere Rolle. Hierzu trugen die traditionelle Ausrichtung liberaler Politik bei, aber auch die dezidierten Vorstellungen Premierminister Pearsons und nicht zuletzt die zeitgenössisch deutlicher artikulierten nationalistischen Forderungen aus Quebec selbst. Zumindest teilweise wurde nach Meinung von Politikern und Diplomaten das UN-Peacekeeping zu einem Vehikel, mit dem die nationale Einheit gefördert werden könnte.

Kanada als Vorreiter: Politik und ihre Wahrnehmung

Am 4. März 1964 verabschiedete der Sicherheitsrat seine Resolution 186.[48] Er legte damit das Mandat fest, unter dem die zu gründende Blauhelm-Truppe agieren würde. Zum ersten Mal wurde ein UN-Kontingent explizit beauftragt, in einem innerstaatlichen Konflikt zu vermitteln. Auch finanziell betrat das Mandat Neuland: Aufgrund der UN-Finanzkrise mussten die Truppensteller selbst für ihre Kosten aufkommen. Mit Rücksicht auf die zypriotische Regierung, die den Einsatz befürwortete, versagte auch die Sowjetunion nicht ihre Unterstützung.[49]

Das Mandat lag vor; doch die United Nations Force in Cyprus (UNFICYP) genannte Truppe musste erst zusammengestellt werden. Diese Aufgabe fiel UN-Generalsekretär Sithu U Thant zu. Großbritannien sollte aus praktischen Gründen das größte Kontingent stellen. Für eine UN-Truppe benötigte der Generalsekretär aber noch weitere Soldaten von Staaten, die in dem Konflikt nicht prominent hervorgetreten waren. Unmittelbar nach der Sitzung des Sicherheitsrates wandte er sich an den kanadischen UN-Botschafter Tremblay und bat Kanada, ein verstärktes Bataillon bereitzustellen. Tremblay hatte Mühe, einem allzu optimistischen Eindruck des Generalsekretärs entgegenzutreten, der wohl aufgrund der traditionellen Rolle Kanadas fest damit rechnete, das gewünschte Kontingent zu erhalten.[50]

In den nächsten zehn Tagen wurde hinter den Kulissen heftig darum gerungen, welche Staaten sich unter welchen Bedingungen an der Friedenstruppe

---

47   Berichtsentwurf, 7.3.1964, LAC, RG 25, vol. 10130, file 21-14-1-CYP, pt. 4.

48   Vgl. Security Council resolution 186 (1964), 4.3.1964, in: Siekmann (Hg.), Basic Documents, S. 147.

49   Vgl. Birgisson, Cyprus, S. 223-225.

50   Vgl. Permanent Mission in New York an Außenministerium, 4.3.1964, LAC, RG 25, vol. 10130, file 21-14-1-CYP, pt. 4.

beteiligen könnten. Aus innenpolitischen Gründen hatte Pearson bereits im Februar eine Reihe von Bedingungen aufgestellt, wie ein klares Mandat, eine realistische Möglichkeit, dieses durchzuführen, einen klar begrenzten Zeitraum für die Operation und finanzielle Zugeständnisse.[51] Diese Forderungen waren, wie sich zeigte, nicht alle zu erreichen und erschwerten Kanadas Verhandlungsposition.[52] Vor allem aber zeigte sich, dass kein Staat vorpreschen und ein militärisches Kontingent zusagen wollte. In den Hauptstädten Schwedens, Finnlands, Irlands und Kanadas warteten die Regierungschefs und Außenminister darauf, dass jeweils ein anderer den ersten Schritt täte.[53]

Der gordische Knoten wurde schließlich von Außenminister Martin durchschlagen.[54] In Absprache mit seinem Premierminister sagt er eine kanadische Beteiligung zu, wenn auch andere Staaten mitzögen und dadurch UNFICYP errichtet werden könnte. Am 12. März machte Pearson die kanadische Position öffentlich.[55] Einen Tag später stimmte auch das Parlament zu.[56] Zuvor hatte sich Martin intensiv darum bemüht, Irland, Finnland und Schweden zu einer positiven Haltung zu bewegen. Insbesondere Schweden hatte daraufhin signalisiert, dass es sich aller Voraussicht nach beteiligen würde. Am 13. März bekundeten schließlich die drei weiteren Staaten öffentlich, dass sie Kontingente für die Friedenstruppe bereitstellen würden. UNFICYP nahm Gestalt an.[57]

Die Einigung war umso dringlicher geworden, als aufgrund der sich weiter verschlechternden Lage auf der Insel die Türkei eine Invasion vorbereitete.

---

51 Vgl. Canada. Debates of the House of Commons, 2nd Session, 26th Parliament, 13.3.1964, S. 913; Granatstein, Canada: Peacekeeper, S. 172; Maloney, Canada and UN Peacekeeping, S. 203.

52 Vgl. Berichtsentwurf, 7.3.1964, LAC, RG 25, vol. 10130, file 21-14-1-CYP, pt. 4; James, Cyprus, S. 107.

53 Ishizuka, Ireland, S. 67.

54 Für James, Cyprus, S. 110 f. kam der entscheidende Anstoß von Finnland. Zudem schrieb zeitgenössisch die *Irish Times* der irischen Regierung zu, die Initiative ergriffen zu haben, obwohl der irische Premierminister erst einen Tag nach seinem kanadischen Kollegen öffentlich erklärte, ein Bataillon bereitzustellen. Vgl. Ishizuka, Ireland, S. 68-70. Zur entscheidenden Initiative Martins vgl. Donaghy, Grit, S. 211-215.

55 Vgl. House of Commons, 12.3.1964, Hansard Report, Auszug in: LAC, RG 25, vol. 10130, file 21-14-1-CYP, pt. 5; Cabinet Minutes, 12.3.1964, S. 2 u. 13.3.1964, S. 2, LAC, RG 2, vol. 6264.

56 Vgl. Canada. Debates of the House of Commons, 2nd Session, 26th Parliament, 13.3.1964, S. 926.

57 Vgl. Memorandum Malcolm Bow, Special Assistant to SSEA, an Marcel Cadieux, amtierender Staatssekretär, 11.3.1964; Memorandum R. C. (Ross Campbell?) für USSEA, 12.3.1964; Telegramm Außenministerium an Botschaft Tel Aviv, 13.3.1964; Memorandum für Martin, 13.3.1964, alle LAC, RG 25, vol. 10130, file 21-14-1-CYP, pt. 5; Maloney, Canada and UN Peacekeeping, S. 204; James, Cyprus, S. 109; Ishizuka, Ireland, S. 68-70.

Eine militärische Auseinandersetzung mit dem NATO-Partner Griechenland rückte näher. Noch am 12. März hatte US-Präsident Johnson Pearson zu einer schnellen Entscheidung gedrängt. Ottawas Vorreiterrolle war daher fraglos auch bündnispolitisch und strategisch motiviert.[58] Zugleich beeinflussten innen- und außenpolitische Erwartungen, die sich auf die in der Vergangenheit von Kanada gezeigte Haltung bezogen, die Position Ottawas. Die Regierung musste diesen Vorstellungen entsprechen, wollte sie weiterhin ihre Führungsposition im internationalen Peacekeeping behaupten und dem potenziellen Vorwurf entgegentreten, ihr Zögern würde zu einem Misserfolg der Vereinten Nationen beitragen.[59] Die Fremdwahrnehmung wie auch vor allem das selbst aufgebaute und akzeptierte Bild von Kanadas maßgebender und traditioneller Position im internationalen Peacekeeping führte zu den kanadischen Initiativen und schließlich zur Beteiligung an der Zypern-Mission. Kanada musste, in Martins Worten, »maintain its traditional support for U.N. peacekeeping efforts«.[60] Die kanadischen Entscheidungen und Haltungen in der Zypern-Krise beruhten also auf einem Mix von Gründen, die sowohl im engeren Sinne realpolitisch motiviert waren als auch die nicht minder wirkungsmächtigen individuellen wie kollektiven Erwartungen und Wahrnehmungen umfassten.

Eine klassisch diplomatiegeschichtliche Herangehensweise in Kombination mit einem kulturgeschichtlich erweiterten politikhistorischen Ansatz – oder politikwissenschaftlich formuliert, eine Bündelung von realpolitischer und konstruktivistischer Zugriffsweise – hilft, die besondere Bedeutung eines weiteren Ereignisses zu erfassen, das die Stellung Kanadas als Vorreiter des Peacekeepings augenfällig machte. Denn nicht nur waren kanadische Diplomaten maßgeblich daran beteiligt, nationale Kontingente für die Blauhelm-Operation einzuwerben, sondern ein kanadisches Vorauskommando etablierte bereits am 17. März symbolisch die neue UN-Mission in Zypern.[61] Ungeachtet der Tatsache, dass mit den auf der Insel stationierten britischen Truppen schon ein wesentliches Element von UNFICYP vor Ort war,[62] erschienen die kanadischen Soldaten als die eigentliche Vorhut der

---

58   Vgl. Memorandum to file v. Pearson, 12.3.1964, LAC, MG 26 N3, vol. 270, file 820.21,
      pt. 1; Cabinet Minutes, 13.3.1964, S. 2, LAC, RG 2, vol. 6264; Telegramm von Martin an
      kanadische Botschaft Ankara, 13.3.1964, LAC, RG 25, vol. 10130, file 21-14-1-CYP, pt. 5;
      Maloney, Canada and UN Peacekeeping, S. 204; James, Cyprus, S. 108.
59   Vgl. United Nations Request for Canadian Contribution to a Peace-Keeping Force
      for Cyprus, 10.3.1964, LAC, RG 25, vol. 10130, file 21-14-1-CYP, pt. 4; Memorandum
      (Confidential) Bow an Cadieux, 11.3.1964, LAC, RG 25, vol. 10130, file 21-14-1-CYP, pt. 5;
      Cabinet Minutes, 10.3.1964, S. 3 u. 12.3.1964, S. 2, LAC, RG 2, vol. 6264; James, Cyprus, S. 107.
60   Cabinet Minutes, 10.3.1964, S. 2, LAC, RG 2, vol. 6264.
61   Vgl. Maloney, Canada and UN Peacekeeping, S. 204 f.
62   Vgl. James, Cyprus, S. 111.

neuen Friedensstreitmacht. Und tatsächlich signalisierte erst ihr Eintreffen den Konfliktparteien, dass sich die Weltgemeinschaft in der Gestalt einer UN-Friedenstruppe der Krise angenommen hatte. Als die per Lufttransport schnell herangeschafften, nur leichtbewaffneten kanadischen Soldaten zypriotischen Boden betraten, galt auch die türkische Invasionsgefahr als gebannt. Symbolpolitik erwies sich als Realpolitik.[63]

Zu dem diplomatischen und militärischen gesellte sich damit der Public-Relations-Erfolg. Im eigenen Land und vor den Augen der Welt erschienen die kanadischen Soldaten als Avantgarde des Peacekeepings. In ihrem Aufmacher »Cyprus Tension Eases After Canadians Land« berichtete die nationale Tageszeitung *Globe and Mail* am 16. März 1964 auf ihrer ersten Seite über das Vorauskommando des kanadischen 22. Regiments.[64] Fast wortgleich titelte die größte französischsprachige Tageszeitung in Kanada, *La Presse*: »Après L'arrivée de l'avant-garde canadienne: La tension s'est sensiblement relâchée à Chypre«.[65] Flächendeckend hätten die Zeitungen, so McCullough, »enthusiastisch« das schnelle kanadische Eingreifen gelobt.[66] Getreu seiner bisher gezeigten Haltung gegenüber dem Einsatz des frankophonen Regiments beschwor Generalgouverneur Vanier die Soldaten, die er auf dem Rollfeld Loretteville außerhalb von Quebec City verabschiedete, ein Beispiel kanadischer Einheit zu geben (»Be an example of unity for the troops of other nations ...«) und als Botschafter ihres Landes in Zypern aufzutreten.[67] Über ihre eigentliche Aufgabe hinaus wurden sie zum Inbegriff der kanadischen Gesellschaft und zum Vertreter Kanadas in der Welt stilisiert. Wenn auch Zeitungsbeiträge die dem Regiment zugewiesene Rolle als Stifter nationaler Einheit kritisch sahen,[68] so schien sich doch die Bevölkerung mit diesem Einsatz und seinen Soldaten zu identifizieren. Begeistert verabschiedete sie in Quebec ihr Regiment. Die *Globe and Mail* berichtete:

---

63   Vgl. Mergel, Überlegungen, S. 594. Im Sinne einer Kulturgeschichte des Politischen fallen symbolische und reale Politik zusammen, da Realpolitik Symbolpolitik sein muss, um, wie Mergel schreibt, verstanden zu werden. Hiervon ausgehend, zeigen sich beim beschriebenen Ereignis der Landung des kanadischen Vorauskommandos zwei Elemente, um nicht zu sagen Ebenen von realer Politik, die erst im Zusammenspiel die beabsichtigte Wirkung entfalteten. Es musste physisch eine wenn auch zunächst kleine Truppe Präsenz zeigen, der die Entschärfung des Konfliktes zugetraut wurde, und dieses Zutrauen musste plakativ kommuniziert werden. Politik benötigte in diesem Fall also sowohl eine materielle Grundlage wie eine erfolgreiche Kommunikationsstrategie.

64   *Globe and Mail*, 16.3.1964, S. 1.

65   *La Presse*, 16.3.1964, S. 25.

66   McCullough, Creating, S. 124.

67   Zit. nach *Globe and Mail*, 16.3.1964, S. 1.

68   Vgl. McCullough, Creating, S. 125 f.

Roads to the airport were blocked by a massive traffic jam as Quebeckers converged on the area to watch the departure. More than a mile away from the airport, automobiles, most of them crowded with people, stood bumper to bumper, moving only inches at a time.[69]

Auch international war die Begeisterung über die kanadische Initiative zu spüren. Die *New York Times* schrieb unter dem Titel »First U.N. Troops arrive in Cpyrus; Tension Ebbs as an Advance Party of Canadians Land«: »The first blue-bereted troops of the United Nations peace force arrive in Cyprus tonight as the threat of an imminent intervention by Turkey was lifted.«[70] Selbst auf politischer Ebene war die internationale Anerkennung überwältigend. Laut Pearsons Memoiren teilte ihm Präsident Johnson mit: »You'll never know what this has meant, having those Canadians off to Cyprus and being there tomorrow.«[71] Der britische Premierminister Sir Alec Douglas-Home schrieb Pearson: »The decision of the Canadian Government to contribute a contingent was decisive in the creation of the International Force ...«[72] Und U Thant betonte gegenüber Martin: »Canada had saved the situation.«[73]

Der Eindruck einer hervorgehobenen kanadischen Rolle drängte sich dem Betrachter aber nicht nur aufgrund der öffentlich bekannten und breit rezipierten Ereignisse auf. Vielmehr wurde diese Vorstellung von der kanadischen Regierung, allen voran durch Außenminister Martin, offensiv unterstützt. Er war es, der das kanadische Peacekeeper-Image zu erhalten und zu überhöhen trachtete. In Reden vor kanadischem Publikum betonte er die Führungsrolle Kanadas.[74] Obwohl Ottawa vor der Sicherheitsratsresolution und auch während der Verhandlung um die Aufstellung von UNFICYP zunächst zurückhaltend agiert hatte, behauptete der Außenminister gegenüber den Vertretern anderer Staaten wie auch der eigenen Bevölkerung, dass

---

69 *Globe and Mail*, 16.3.1964, S. 1.

70 *New York Times*, 15.3.1964, S. 3.

71 Lester B. Pearson, Mike. The Memoirs of the Right Honourable Lester B. Pearson, Bd. 3: 1957-68, hg. v. John A. Munro und Alex. I. Inglis, Toronto 1975, S. 135, hier zit. nach Maloney, Canada and UN Peacekeeping, S. 205. Siehe auch James, Cyprus, S. 109. Der Tenor des Zitats wird unterstützt vom Schreiben v. Max Freedman, kanadischer Journalist und Berater von Johnson, an Pearson, 20.3.1964, LAC, MG 26 N 3, vol. 270, file 820.21 Conf.

72 Sir Alex Douglas-Home an Pearson, 18.3.1964, LAC, MG 26 N 3, vol. 270, file 820.21 Conf.

73 Zit. nach Maloney, Canada and UN Peacekeeping, S. 206.

74 Vgl. »The United Nations in an Era of Limited Peace«, Text of the Speech by the SSEA, Paul Martin, to the Empire Club, Toronto, 2.4.1964, Bl. 2 f., Statements and Speeches, 64/7; Text of a speech made by the SSEA, Paul Martin, to the United Nations Association, Ottawa, 4.5.1964, ebd., 64/11.

ein kanadischer Beitrag von Anfang an klar gewesen sei.[75] Er verstieg sich gegenüber dem schwedischen Botschafter sogar zu der kontrafaktischen Behauptung: »In fact, the Canadian attitude was that when we were asked to serve on a United Nations force, we regarded this as our duty.«[76] Martin ebnete damit die Ausschläge der tatsächlich nicht so geradlinig verlaufenden Entwicklung ein.[77]

In der Folge wurde kolportiert, dass Martins Haltung nicht allein politischen und altruistischen Motiven entsprungen sei, sondern dass er auf einen weiteren Friedensnobelpreis für die Aufstellung einer UN-Truppe geschielt habe.[78] Ob dies der Fall war oder nicht, Martin vermittelte jedenfalls der internationalen wie nationalen Öffentlichkeit das Bild Kanadas als dem immer bereitstehenden und archetypischen Peacekeeper.[79] Damit unterstützte er selbst eine symbolische Praxis kanadischer Politik, die Ottawas Haltung während der Krise bereits erheblich mitbestimmt hatte.

Über die Fraktionsgrenzen hinweg akzeptierten die Parlamentarier die Position der Regierung. Sie erkannten an, dass das Kabinett Pearson, allen voran Außenminister Martin, maßgeblich zum Aufbau der UN-Truppe in Zypern beigetragen habe.[80] Diese Auffassung spiegelte auch die veröffentlichte Meinung wider. Leitartikel in der *Globe and Mail* hatten während der Krise wiederholt gefordert, eine UN-Friedenstruppe aufzustellen, und die Regierung gedrängt, hierbei eine Führungsposition zu übernehmen: »Canada should be well to the front of it with men, materials and money.«[81] Auch der *Globe and Mail* galten die kanadischen Soldaten, die per Lufttransport nach Zypern geschafft worden waren, als »Speerspitze« der UN-Mission. Wie seit Jahren wurde abermals darauf hingewiesen, dass die Kanadier auf ihr Land und ihre Peacekeeping-Tradition »stolz« sein könnten.[82] Kanada erschien

75   Vgl. Memorandum Bow an Cadieux, 11.3.1964, LAC, RG 25, vol. 10130, file 21-14-1-CYP, pt. 5; »UN Peace-Keeping Operation in Cyprus«, Notes for a Speech by the SSEA, Paul Martin, to the Canadian Club in Brantford, Ontario, 19.3.1964, Bl. 6, Statements and Speeches 64/4.

76   Memorandum Bow an Cadieux, 11.3.1964, LAC, RG 25, vol. 10130, file 21-14-1-CYP, pt. 5.

77   Siehe auch James, Cyprus, S. 107.

78   Vgl. Guy Cormier, »Martin Lebon, Grégoire Levilain«, *La Presse*, 20.3.1964, S. 4; James, Cyprus, S. 108-110; Bothwell, Alliance, S. 261.

79   Vgl. »Canada at the Geneva Disarmament Table«, Statement to the Eighteen-Nation Disarmament Committee in Geneva on March 26, 1964, by SSEA, Paul Martin, Bl. 7, Statement and Speeches, 64/6.

80   Vgl. Canada. Debates of the House of Commons, 2nd Session, 26th Parliament, 13.3.1964, S. 925.

81   »Canadians for Cyprus«, *Globe and Mail*, 12.2.1964, S. 6; vgl. auch »Cyprus: Why the Delay?«, ebd., 10.3.1964, S. 6.

82   »Cyprus: Why the Delay?«, ebd., 10.3.1964, S. 6; »Mission to Cyprus«, ebd., 16.3.1964, S. 6.

auch der *Globe and Mail* als Avantgarde des Peacekeepings: »... there are few
countries with resources, the readiness and the reputation to be able to meet
the UN's need from time to time for peacekeeping forces. Canada takes pride
in being among the foremost of the few.«[83]

Zwar trat aufgrund der weiterhin gewaltbereiten Situation in Zypern und des
mangelnden Erfolgs einer Verhandlungslösung bald auch in den kanadischen
Medien Ernüchterung ein.[84] Tatsächlich existiert diese UN-Mission noch
heute. Das generell positive Bild vom eigenen Staat und seinen Blauhelmen
blieb zeitgenössisch allerdings bestehen.[85] Hierzu trug auch eine von der
eigenen Regierung getragene Initiative bei, die im selben Jahr, 1964, die Rolle
Kanadas als Vorkämpfer des UN-Peacekeepings nochmals betonte.

Die Peacekeeping-Konferenz in Ottawa

Die Zypern-Krise hatte einmal mehr gezeigt, wie schwierig es war, eine UN-
Blauhelmtruppe *ad hoc* zu errichten und jedes Mal neu aus militärischen Einheiten unterschiedlicher Truppensteller zusammenzusetzen. Lester B. Pearson
war in der Vergangenheit mehrfach mit Appellen an die Öffentlichkeit getreten, eine permanente UN-Militärformation zu schaffen. Auf diese Weise
hatte er sich national wie international immer wieder ins Gespräch gebracht
und war als ein Vorkämpfer des UN-Peacekeepings hervorgetreten, auch wenn
die Forderung solange wohlfeil bleiben musste, wie im antagonistischen internationalen Systemen des Kalten Krieges eine stehende UN-Truppe als eine Veränderung des labilen Mächtegleichgewichts gewertet werden konnte.[86] Bereits
vor den jüngsten Erfahrungen bei der Aufstellung von UNFICYP hatte Pearson
seine Strategie modifiziert und, aufbauend auf dem von Diefenbaker eingeführten kanadischen »stand-by«-Bataillon, ein Militärarrangement ähnlich
dem der skandinavischen Staaten postuliert. Erste entsprechende Hinweise
konnten seiner Rede während der Vollversammlung der Vereinten Nationen

---

83   »Among Friends«, ebd., 26.5.1964, S. 6.
84   Vgl. z.B. »Handicapped Policemen«, ebd., 30.3.1964, S. 6; »Nonsense on Cyprus«, ebd.,
      7.4.1964, S. 6; »Cardboard Soldiers«, ebd., 9.4.1964, S. 6; »Deepening Crisis«, ebd., 6.7.1964,
      S. 6; siehe auch die reservierte Haltung in *La Presse*, z.B. Cyrille Felteau, »Après avoir
      tergiversé, le Canada s'en va-t-à Chypre«, *La Presse*, 14.3.1964, S. 5; Guy Cormier, »Martin
      Lebon, Grégoire Levilain«, ebd., 20.3.1964, S. 4.
85   Vgl. »First, where are we going?«, *Globe and Mail*, 25.3.1967, S. 6.
86   Vgl. MacFarlane, Sovereignty and Standby, S. 600-602.

am 9. September 1963 entnommen werden.[87] Nach der Zypern-Krise verstärkte
er seine Bemühungen. Im Mai 1964 vertrat er seine Position prominent in der
Öffentlichkeit, zunächst im kanadischen Nachrichtenmagazin *Maclean's*, dem
Spiegel vergleichbar, und fünf Tage später in seiner Rede während der prestigeträchtigen Dag Hammarskjöld Memorial Series an der Carleton University
in Ottawa.[88] Kanada, so behauptete er, wäre prädestiniert, die Initiative zu
ergreifen:

> As a leading middle power, with a well-known record of support for United
> Nations peace-keeping operations in widely spread theaters, Canada is in a
> unique position to take the initiative. It is prepared to do so.[89]

Den Worten folgten tatsächlich Taten. Die kanadische Regierung initiierte
und organisierte eine internationale Peacekeeping-Konferenz, die vom 2. bis
5. November 1964 in Ottawa stattfand.

Erste, allgemein gehaltene Überlegungen hatte der Premierminister bereits
in seiner Rede am 9. September 1963 in New York angestellt: »... we propose that
there should be an examination by interested governments of the problems
and techniques of peace-keeping-operations.«[90] Konkrete Planungen für
eine Tagung gab es zu diesem Zeitpunkt allerdings noch nicht. Erst über
einen Monat später brachte ein ähnlicher Vorschlag des ehemaligen Oberkommandierenden der UN-Blauhelme am Suezkanal, General Burns, den Ball
ins Rollen. Außenamts-Staatssekretär Robertson berichtete seinem Minister
am 29. Oktober 1963 von Burns Überlegungen und schlug vor, die Initiative
zu ergreifen, da der Premierminister bereits vor der UN-Vollversammlung
entsprechend argumentiert habe.[91] Der eigentliche Anstoß kam also von der
Arbeitsebene des Ministeriums. Burns war zu diesem Zeitpunkt im Auftrag des

---

87   Vgl. Lester B. Pearson, Eighteenth Session: An Assembly of Opportunity, in: Statements
      and Speeches 63/19.
88   »A New Kind of Peace Force. A Proposal by Lester B. Pearson«, in: *Maclean's. Canada's
      National Magazine*, 2.5.1964, S. 9-11 u. Lecture by Pearson in the Dag Hammarskold
      Memorial Series, Carleton University, 7.5.1964, LAC, MG 26, N 6, vol. 9, folder »U.N.-
      Peacekeeping, Pearsons Statements on, 1959-1966«.
89   »A New Kind of Peace Force. A Proposal by Lester B. Pearson«, in: *Maclean's. Canada's
      National Magazine*, 2.5.1964, S. 9-11, hier S. 11, LAC, MG 26, N 6, vol. 9, folder »U.N.-
      Peacekeeping, Pearsons Statements on, 1959-1966«.
90   Lester B. Pearson, Eighteenth Session: An Assembly of Opportunity, in: Statements and
      Speeches 63/19, S. 4.
91   Vgl. Robertson, Memorandum for the Minister, 29.10.1963, LAC, RG 25, vol. 10131, file 21-14-
      1-2, Pt. 1.1.

Außenministeriums kanadischer Vertreter bei den Abrüstungsverhandlungen in Genf.[92]

Martin machte sich den Vorschlag zu eigen und sicherte sich auch die Unterstützung Pearsons.[93] Die Konferenz sollte interessierte Regierungen in einer konstruktiven Arbeitsatmosphäre zusammenbringen. Zunächst wurde neben Kanada an Norwegen, Schweden, Dänemark, Finnland und die Niederlande gedacht, doch Pearson hatte bereits frühzeitig zur Diskussion gestellt, ob nicht auch ein lateinamerikanisches Land teilnehmen sollte. Vermutlich um das Zustandekommen des Treffens nicht zu gefährden, würde es nur ein »minimum of publicity« erhalten, wie Pearson in einem Schreiben vom 29. Oktober festlegte.[94] Insbesondere Verteidigungsminister Hellyer beurteilte die Erfolgsaussichten als gering. Er wäre »not overly-optimistic that any startling progress would be made at such a conference«, wie er Pearson schrieb, doch stimmt er zu, dass die Zusammenkunft ein Schritt in die richtige Richtung sei, Kanada die Initiative ergreifen solle und Mitarbeiter seines Ministeriums gemeinsam mit denjenigen des Außenministeriums die Konferenz vorbereiten sollten.[95] Die Veranstaltung diente nicht primär dazu, das Image Kanadas in der breiteren Öffentlichkeit zu stärken; doch zeigten schon die ersten Überlegungen, wie selbstbewusst kanadische Politiker und Diplomaten eine Führungsrolle im internationalen Peacekeeping beanspruchten.

Als die Pläne Ottawas bekannt wurden, reagierte die Führung der Sowjetunion verschnupft. Wie der Historiker John MacFarlane schreibt, befürchtete Moskau nicht nur, dass der Sicherheitsrat und damit der Einfluss der UdSSR ausgehebelt werden sollte, sondern es erschien dem Kreml auch als höchst suspekt, dass allein vier der sechs eingeladenen Staaten NATO-Mitglieder waren. Da während des Kalten Krieges die Peacekeeping-Aktivitäten kaum gegen die Interessen einer der Supermächte durchgeführt werden konnten und auch das UN-Sekretariat sowie die Regierungen in Washington, London, Stockholm und Helsinki die enge Begrenzung des Teilnehmerkreises kritisierten, wurde der Zuschnitt der Konferenz verändert. Zum einen sollten sämtliche politischen und finanziellen Fragen ausgeklammert und nur praktische und technische Probleme angesprochen werden. Zum anderen wurde nun eine Einladung an alle Staaten ausgesprochen, die bislang mindestens 100 Soldaten

---

92   Vgl. The Canadian Who's Who, Bd. 12: 1970-1972, Toronto 1972, S. 147 f.

93   Vgl. handschriftl. Notiz auf dem Memorandum for the Minister, 29.10.1963, LAC, RG 25, vol. 10131, file 21-14-1-2, Pt. 1.1; Memorandum for the Prime Minister, 29.10.1963, ebd.; Pearson an Hellyer, 29.10.1963, ebd.; Memorandum from the Office of the SSEA to the Under-Secretary, 4.11.1963, ebd.

94   Pearson an Hellyer, 29.10.1963, ebd.

95   Hellyer an Pearson, 15.11.1963, ebd.

für UN-Blauhelm-Operationen bereitgestellt hatten. Mindestens die Hälfte der fünf bis sechs Teilnehmer eines jeden Staates sollten Offiziere sein, die bereits an UN-Einsätzen teilgenommen hatten. Auf diese Weise wurde der praktische Charakter der Konferenz betont.[96]

Von 29 eingeladenen Staaten nahmen 23 an der Konferenz in Ottawa teil. Hierzu gehörten neben dem Gastgeberland Kanada noch Brasilien, Dänemark, Finnland, Ghana, Irland, Indien, Iran, Italien, Kolumbien, Liberia, Malaysia, Marokko, Neuseeland, die Niederlande, Nigeria, Norwegen, Pakistan, Senegal, Sierra Leone, Schweden, Tunesien und die Vereinigte Arabische Republik (Ägypten). Äthiopien, Indonesien, Guinea, Jugoslawien, Mali und der Sudan antworteten nicht oder sagten ab. Die Vereinten Nationen schickten mit General Indar Jit Rikhye, dem militärischen Berater des UN-Generalsekretärs, einen hochrangigen Beobachter. Argentinien, Australien und Österreich hätten ebenfalls gern Einladungen erhalten, erfüllten aber nicht die aufgestellten Kriterien.[97]

Während der Konferenz wurden in drei Arbeitsgruppen Themen wie Ausbildung, Ausrüstung, Logistik, Personalverwaltung und Öffentlichkeitsarbeit beraten. Wenn auch, wie vorab festgelegt, keine Entscheidungen getroffen wurden, scheinen die Beteiligten doch zahlreiche Problemkreise angesprochen zu haben und darin bestärkt worden zu sein, Truppen speziell für den UN-Dienst vorzuhalten. Es war überhaupt eine Leistung, so viele Staaten zusammengebracht zu haben. Die Konferenz unterstrich auf diese Weise die Bedeutung des UN-Instruments des Peacekeepings. Insbesondere ging von ihr der Vorschlag aus, innerhalb der UN ein 33-Nationen-Komitee zu etablieren, das sämtliche Aspekte des Peacekeepings bearbeiten sollte. Konkrete Ergebnisse konnten darüber hinaus jedoch nicht vorgewiesen werden, und ein norwegischer Delegierter meinte, dass kaum neue Einsichten vermittelt worden seien. Vor allem aber zeigte sich, dass die Staaten, einschließlich Kanadas, nicht bereit waren, Souveränitätsrechte an die UN abzugeben. Truppen würden für eine UN-Operation vorgemerkt werden, doch die Entscheidungen über einen Einsatz würden weiterhin bei den nationalen Regierungen und Parlamenten liegen. Einen wirklichen Schritt vorwärts hin zu einer permanenten UN-Streitmacht hatte die Konferenz nicht gebracht.[98]

---

96   Vgl. Report on meeting of military experts to consider the technical aspects of United Nations Peace Keeping Operations, o.D. (Entwurf), Bl. 4 f., LAC, RG 25, vol. 10131, file 21-14-1-2, Pt. 1.2; MacFarlane, Sovereignty and Standby, S. 602 f.

97   Vgl. Report on meeting of military experts to consider the technical aspects of United Nations Peace Keeping Operations, o.D. (Entwurf), Bl. 6 f., LAC, RG 25, vol. 10131, file 21-14-1-2, Pt. 1.2.

98   Vgl. hierzu und weitergehend MacFarlane, Sovereignty and Standby, S. 603-608.

Auch wenn die Erfolge, wie vorab antizipiert, nicht überragend waren, hatte sich die Konferenz besonders aus der Sicht des kanadischen Außenministeriums gelohnt. Sie hatte gezeigt, dass Kanadas Führungsrolle im Peacekeeping international akzeptiert wurde.[99] Diese war bereits wenige Monate zuvor durch den UN-Generalsekretär persönlich hervorgehoben worden. In seiner Rede vor beiden Häusern des Parlaments hatte er am 26. Mai 1964 in Ottawa betont:

> From the earliest years of the United Nations, Canada has been one of the most stalwart supporters both of the general activities and of peacekeeping operations of the Organization. The first of the peace-keeping forces, the United Nations Emergency Force in the Middle East, was largely a result of the efforts of your prime minister, Mr. Lester Pearson, [...]
>
> The first Commander of UNEF was a Canadian, Lieutenant-General Burns, who served the United Nations with great distinction. [...]
>
> It is clear from this very fine record of Canadian participation in every stage of the development and operation of United Nations peace keeping that successive Canadian Governments have shown the greatest understanding and support of these pioneer efforts. This is why Canada has been one of the foremost exponents of principle and practice of stand-by units for United Nations use. I could have no better opportunity than this location to pay my very warm tribute to the Canadian government and people for the leading roles they have taken in these United Nations activities, [...][100]

Vor diesem Hintergrund nimmt es nicht wunder, dass die Konferenz doch eine größere mediale Resonanz erfuhr, als dies die kanadische Regierung zunächst vorgesehen hatte. Aber vielleicht schlugen auch zwei Herzen in der Brust der führenden Politiker. Denn gerade Pearsons Rede an der Carleton University erzeugte die Aufmerksamkeit für das kanadische Vorgehen,[101] die der Premierminister eigentlich gemäß seinen eigenen Vorgaben zu vermeiden

---

99   Vgl. ebd., S. 607. Carroll verweist darauf, dass aus der Tagung in Ottawa das UN Special Committee on Peacekeeping Operations hervorging. Vgl. Carroll, Pragmatic Peacekeeping, S. 61 f.

100 Text of Address by Secretary-General U Thant to Joint Meeting of Both Houses of Canadian Parliament on 26 May 1964, UN Press Release SG/SM/76, 26.5.1964, LAC, RG 25, vol. 10131, file 21-14-1-2, Pt. 1.2.

101 Vgl. Report on meeting of military experts to consider the technical aspects of United Nations Peace Keeping Operations, o.D. (Entwurf), Bl. 4, ebd.

suchte. In den Akten des Außenministeriums finden sich Hinweise auf Artikel, die in der *New York Times* und in zwei schwedischen Zeitungen erschienen.[102] Das *Svenska Dagbladet* billigte Kanada ganz explizit zu, dass es die Initiative übernommen habe.[103] In Kanada pries die *Globe and Mail* die Konferenz als »Meisterleistung« kanadischer Diplomatie und verwies darauf, dass es sich bei der Zusammenkunft um ein Novum in der internationalen Geschichte handele.[104] Und einige Tage später, am 3. November, war in einem Leitartikel der gleichen Zeitung zu lesen: »Canada has every reason to take pride in being host to representatives of the nations that do the world's dirty work.« Und entgegen den offiziellen Verlautbarungen[105] hoffte der Beitrag darauf, dass das Treffen in Ottawa helfen würde, eine permanente UN-Streitmacht zu etablieren.[106]

Ganz unzweifelhaft war es Pearson und seinem Kabinett gelungen, Kanada in nur gut eineinhalb Jahren ihrer Regierungszeit erneut als Vorreiter des UN-Peacekeepings zu etablieren. Gerade in der kanadischen Öffentlichkeit waren damit hochgesteckte Erwartungen verknüpft. Dabei setzte das liberale Kabinett zunächst prinzipiell nur die Politik der Vorgängerregierungen fort. Wie zuvor wurden die jeweiligen Anfragen der UN individuell beraten. Eine Teilnahme an den Missionen war nicht automatisch. Doch führten Bündnisverpflichtungen, die honoriert werden mussten, dazu, dass kanadische Truppen auch an Blauhelm-Missionen teilnahmen, die im besten Fall als problematisch angesehen wurden. Über Diefenbakers Regierungshandeln hinausgehend, erhielt das Peacekeeping unter Pearson situativ und strukturell aber ein größeres Gewicht. Sein Kabinett, vor allem Außenminister Martin, agierte offensiver und, wie die Peacekeeping-Konferenz zeigte, bisweilen sogar proaktiv.

Die herausgehobene Position Kanadas wurde international und in der kanadischen Öffentlichkeit anerkannt. Pearson und seiner Regierung gelang es aber nicht nur, eine bedeutende Rolle zu spielen, sondern auch diese deutlich zu vermitteln. Kanada wurde als Vorkämpfer des Peacekeepings und als archetypischer Proponent »verkauft«. Auf diese Weise sollte Kanadas

---

102   Vgl. Memorandum von United Nations Division an W. H. Barton, 2.10.1964, LAC, RG 25, vol. 10131, file 21-14-1-2, Pt. 3.1; kanadische Botschaft Stockholm an USSEA, 5.10.1964, mit Anlagen, ebd.

103   Vgl. »23 Nations in Expert Meeting about UN Service«, Svenska Dagbladet, 3.10.1964 (englische Übersetzung), ebd.

104   Stanley Westall, »Ottawa's Diplomantic Feat for Peace«, *Globe and Mail*, 16.10.1964, S. 6.

105   Vgl. Draft of statement by the Minister to Press Conference on Monday, October 26, 1964, 24.10.1964, LAC, RG 25, vol. 10131, file 21-14-1-2, Pt. 4.2.

106   »Military Minds Meet With Peaceful Intent«, *Globe and Mail*, 3.11.1964, S. 6; siehe auch den Leserbrief von T. Helsby aus Oakville (Ontario), »United Nations«, ebd., 7.11.1964, S. 6.

außenpolitisches Gewicht gestärkt werden. Zugleich bildete das Image ein innenpolitisches Kapital, wähnten sich doch Politiker und Bürokraten in Übereinstimmung mit der Mehrheitsmeinung. Die symbolische Politik der Regierung war somit in einem erweiterten Sinne realpolitisch fundiert. Dabei setzten sich die liberalen Politiker aber selbst unter Erfolgsdruck, mussten sie doch die durch ihre eigene Propaganda gesteigerten öffentlichen Erwartungen erfüllen. Schon die Zypern-Krise zeigte, wie stark das Bild die Entscheidungen beeinflussen konnte: Um der als traditionell wahrgenommenen Peace-keeping-Politik zu genügen, musste sich Kanada an der neuen Mission führend beteiligen. Symbolpolitik im engeren Sinne, politische Kommunikation und klassische Machtpolitik beeinflussten sich gegenseitig und sind, wie die neue Politikgeschichte zeigt, nicht mehr voneinander zu trennen.

Das Bild von Kanada als Avantgarde des Peacekeepings wurde dabei nicht nur von der Regierung postuliert und in der Presse verbreitet. Darüber hinaus entstand in Kanada ein Netzwerk, das den Peacekeeping-Gedanken auch jenseits der situativen Highlights dauerhafter in der kanadischen Gesellschaft verankerte. Diese Entwicklung lief nicht nur komplementär zur Regierungspolitik ab, sondern war mit ihr vielfach verknüpft, wie das folgende Kapitel zeigt.

KAPITEL 6

Peacekeeping-Netzwerk und neue Nationalismen
Die 60er Jahre

Bis in die 60er Jahre hatte sich das Peacekeeping als wichtiges außenpolitisches Instrument Ottawas etabliert. Besonders in den Medien zeigte sich, dass zumindest Teile der kanadischen Bevölkerung diese Politik akzeptiert hatten und zunehmend die UN-Blauhelm-Einsätze als typischen Ausdruck kanadischen Handelns in der Welt interpretierten. Diese zunehmende Identifikation mit dem Peacekeeping war aber nicht nur das Resultat von politischen Sonntagsreden und einer als erfolgreich angesehenen Außenpolitik. Vielmehr lässt sie sich auch als Ergebnis der Bemühungen einer Reihe von Individuen und institutionellen Akteuren interpretieren, die miteinander verbunden waren und in ihrer Gesamtheit als Peacekeeping-Netzwerk wirkten. Ihre Versuche, das Peacekeeping als eine eigenständige und originär kanadische Antwort auf die Herausforderungen der internationalen Konstellationen zu vermitteln, fielen auf umso fruchtbareren Boden, als in den 60er Jahren in Kanada sowohl neue Nationalismen erwachten wie auch ältere Selbstverständnisse herausgefordert wurden. Die gesellschaftliche Atmosphäre dieser Dekade bildete somit die Folie, vor deren Hintergrund sich der von ausgewählten Akteuren vorangetriebene zivilgesellschaftliche Peacekeeping-Diskurs entfaltete.

Neue Nationalismen und Kanadisierung

Die 60er Jahre waren eine »rebellische« Dekade; sie erzeugten zugleich neue Unsicherheiten und Aufbruchsstimmungen. Europa nicht unähnlich, erlebte auch Kanada, wie eine Generation die Fesseln der als eng und konservativ empfundenen 50er Jahre abstreifte. Studenten- und gewerkschaftliche Proteste, neue soziale Bewegungen, Wertewandel und ein offensichtlicher Linksruck bestimmten die Wahrnehmung der Zeitgenossen.[1] Eine neue Friedensbewegung verschaffte sich Gehör. Vor dem Hintergrund des Kalten Krieges artikulierte sie die Angst der Menschen vor dem nuklearen Holocaust. Die »Bombe« erschien als Menetekel einer säkularen Apokalypse und wurde so zu einem Auslöser

---

[1] Vgl. Bryan D. Palmer, Canada's 1960s. The Ironies of Identity in a Rebellious Era, Toronto u.a. 2009; Lara Campbell/Dominique Clément/Gregory S. Kealey (Hg.), Debating Dissent. Canada and the Sixties, Toronto u.a. 2012; auch Finkel, Our Lives.

© VERLAG FERDINAND SCHÖNINGH, 2020 | DOI:10.30965/9783657787807_008

zivilgesellschaftlicher Selbstorganisation. Hieran anknüpfend entstand auch in Kanada eine Anti-Vietnam-Bewegung, die nicht nur den Krieg des großen Nachbarn in Südostasien verurteilte, sondern zugleich die politische und gesellschaftliche Distanz zum führenden NATO-Partner betonte.[2]

In Kanada begannen oder verschärften sich in diesem Jahrzehnt gesellschaftliche und nationale Selbstfindungsprozesse, die zum Teil bis in die Gegenwart fortdauern. Nicht nur wurde die Geschichte und politisch-gesellschaftliche Stellung der indigenen Bevölkerung im kanadischen Staat intensiver als zuvor diskutiert sowie von Führern der First Nations ein neuer Nationalismus artikuliert.[3] Sondern auch die beiden großen sprachlich voneinander geschiedenen Gemeinschaften, die Anglophonen und die überwiegend in Quebec beheimateten Frankophonen, mussten sich politisch und historisch neu verorten. Als wie umwälzend die Veränderungen erscheinen, zeigt sich darin, dass gerade in jüngerer Zeit beide Entwicklungen als »revolutionär« bezeichnet werden. Schon seit Längerem begrifflich kanonisiert, gelten die Geschehnisse in Quebec als »Stille Revolution« (»Révolution tranquille«, »Quiet Revolution«). Auf der Basis eines soliden wirtschaftlichen Wachstums gelang dort in den 60er Jahren der Ausbruch aus einer klerikal bestimmten Gesellschaft in eine säkulare Moderne. Zugleich, und besonders dies barg politischen Sprengstoff, wurde der Ruf nach politischer und nationaler Unabhängigkeit Quebecs immer lauter.[4] Auch auf der anderen Seite der sprachlichen Scheidelinie kam es zu identitätspolitischen Veränderungen. Die nicht nur politischen, sondern auch kulturellen Abnabelungsprozesse vom britischen

---

2 Vgl. Interview des Vf. mit Ernie Regehr, 27.10.2008 in Waterloo, ON; Bothwell, Alliance, S. 161; Matthew McKenzie Bryant Roth, Crossing Borders: The Toronto Anti-Draft Programme and the Canadian Anti-Vietnam War Movement, M.A. thesis, University of Waterloo, 2008, online unter http://hdl.handle.net/10012/4108 (aufgerufen 23.3.2012); Tarah Brookfield, Cold War Comforts. Canadian Women, Child Safty and Global Insecurity, Waterloo (ON) 2012, S. 71-97; David Langille, The Long March of the Canadian Peace Movement, in: Canadian Dimensions. Magazine, 2.5.2008, online unter http://canadiandimension.com/article/1751 (aufgerufen 23.3.2012). Zur Friedensbewegung insgesamt: Lara Campbell/Michael Dawson/ Gatherine Gidney (Hg.), Worth Fighting For: Canada's Tradition of War Resistance from 1812 to the War on Terror, Toronto 2015.

3 Vgl. Michael D. Behiels, Aboriginal Nationalism in the Ascendancy: The Assembly of First Nations' First Campaign for the Inherent Right to Self-Government, 1968-1987, in: Norman Hillmer/Adam Chapnick, Canadas of the Mind. The Making and Unmaking of Canadian Nationalisms in the Twentieth Century, Montreal & Kingston u.a. 2007, S. 260-286; Palmer, Canada's 1960s, S. 367-411.

4 Vgl. John Dickinson/Brian Young, A short history of Quebec, 3. Aufl., Montreal/Kingston u.a. 2003, S. 305-344; als dezidierter Rückblick, der auch den Begriff »Revolution« hinterfragt vgl. Donald Cuccioletta/Martin Lubin, The Quebec Quiet Revolution: A Noisy Evolution, in: Michael D. Behiels/Matthew Hayday (Hg.), Contemporary Quebec. Selected Readings and Commentaries, Montreal & Kingston u.a. 2011, S. 182-196.

Mutterland gelten neuerdings, wie José Igartua schreibt, als »The Other Quiet Révolution«. Englisch-Kanada habe sich, so der Autor, in den 6oer Jahren ebenfalls dramatisch gewandelt und eine eigene, nationale Identität entwickelt.[5] Wie sehr diese Debatte noch im Fluss ist und Igartuas Thesen umstritten sind, zeigt C. P. Champions Replik. Er sieht Wandlungs- und Änderungsprozesses, nicht aber ein Ende der britischen Tradition in Kanada.[6] Der Diskurs um nationale Identität, so viel wird offensichtlich, wurde in den 6oer Jahren intensiv geführt und betraf in unterschiedlichen Facetten die Mehrheit der kanadischen Bevölkerung. Dass die Suche nach nationaler Identität keine Ex-post-Konstruktion ist, zeigt Blair Frasers 1967 geschriebene Monographie über Kanadas Geschichte seit dem Zweiten Weltkrieg, der er den Titel »The Search for Identity. Canada, 1945-1967«[7] gab.

Vor diesem Hintergrund erschien es für die Regierung Pearson von höchster Priorität, die staatliche Einheit zu schützen und zu diesem Zweck ein gemeinsames kanadisches Selbstverständnis zu propagieren. Diese Aufgabe stellte sich als im wahrsten Sinne des Wortes »nationales Projekt« dar, denn es sollte eine eigene, dezidiert kanadische Identität hervorbringen. Die Politik Pearsons reihte sich damit in eine Tradition staatlichen Handelns ein, das auch in der Vergangenheit eine »Kanadisierung« gefördert hatte. Grundlagen und Zielsetzungen waren dabei allerdings Veränderungen unterworfen. Hatten die frühen »Nation-builders« ihren kanadischen Nationalismus noch primär in einer britischen Welt verorten wollen,[8] ein Anspruch, dem auch Diefenbaker und seine konservative Partei anhingen, so versuchten die Liberalen spätestens seit St. Laurent ein Kanada jenseits des britischen Erbes zu schaffen. In dieser liberalen Kontinuität stand auch Pearson.[9]

In seine Regierungszeit fiel 1967 nicht nur die Jahrhundertfeier (»Centenniel«) kanadischer Eigenständigkeit als Ausdruck von Einheit und gesellschaftlichem Optimismus, sondern auch die fast zeitgleich offenbar werdende Spaltung des Landes. Schlaglichtartig wurde diese deutlich, als der französische Staatspräsident Charles de Gaulle während seines Staatsbesuchs im selben Jahr vom Balkon des Montrealer Rathauses einer jubelnden Menge zurief: »Vive le Québec libre!« De Gaulles Aufruf führte nicht nur zu einer dramatischen Verschlechterung der diplomatischen Beziehungen zwischen Kanada und Frankreich, sondern gab auch der Unabhängigkeitsbewegung

---

5 Igartua, Other Quiet Revolution.
6 Vgl. C. P. Champion, The Strange Demise of British Canada. The Liberals and Canadian Nationalism, 1964-1968, Montreal & Kingston u.a. 2010.
7 Blair Fraser, The Search for Identity. Canada, 1945-1967, New York/Toronto 1967. Das Buch war in der Provinz Ontario als Geschichtsschulbuch zugelassen.
8 Vgl. Edwardson, Canadian Content, S. 1-15 et passim.
9 Champion, Demise, S. 40 bezeichnet diese Politik als »neo-nationalist«.

weiteren Auftrieb. Pearson, der die Bemerkung unmissverständlich zurück-
wies, konnte doch nicht verhindern, dass er als brüskiert und machtlos dastand.
Im folgenden Jahr gründete der ehemalige liberale Quebecer Abgeordnete und
spätere Ministerpräsident René Lévesque die Parti Québécois, welche die Unabhängigkeit der Provinz forderte.[10]

Dabei hatte gerade Pearson versucht, die beiden »Nationen«, wie er selbst
sagte,[11] zusammenzuführen. Nicht zuletzt ließ er kurz nach seinem Amtsantritt eine Kommission einrichten, die die Zweisprachigkeit Kanadas fördern
sollte, die »Royal Commission on Bilingualism and Biculturalism«.[12] Seine
symbolträchtigste Handlung bestand jedoch darin, 1965 eine neue, dezidiert
kanadische Staatsflagge einzuführen. Er setzte damit eine alte liberale
Forderung um, die allerdings in den Jahren zuvor ein wenig in Vergessen-
heit geraten war. Bis zu diesem Zeitpunkt war der britische »Union Jack«
Kanadas offizielle Staatsflagge gewesen. Inoffiziell bestand allerdings schon
seit fast 100 Jahren eine zweite Flagge, die heraldisch sowohl das britische als
auch das französische Erbe repräsentierte. Sie schmückte ausländische Vertretungen Kanadas und hatte als Flagge der kanadischen Streitkräfte während
des Zweiten Weltkrieges gegolten. Das »Red Ensign«, wie sie aufgrund der
dominierenden roten Farbe genannt wurde, trug aber noch immer den Union
Jack prominent in der linken oberen Ecke (Abb. 6.1). Pearson schlug nun eine
Flagge vor, bar jeden Hinweises auf andere Traditionen. Sie sollte das Ahornblatt als kanadisches Symbol prominent im Zentrum führen.

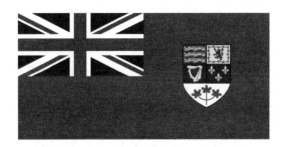

Abb. 6.1
»Red Ensign« 1957-1965
Früherer Fassungen wiesen leichte
Abweichungen auf

---

10   Vgl. English, The Worldly Years, S. 340-345; Bothwell, Alliance, S. 249-259, Sean Mills, The
      Empire Within. Postcolonial Thought and Political Activism in Sixties Montreal, Montreal
      & Kingston u.a. 2010, S. 65 f. Siehe auch J. F. Bosher, The Gaullist Attack on Canada 1967-
      1997, Montreal & Kingston u.a. 1999 u. Felix de Taillez, »Amour sacré de la Patrie« – de
      Gaulle in Neufrankreich. Symbolik, Rhetorik und Geschichtskonzept seiner Reden in
      Québec 1967, München 2011.
11   Vgl. zum genauen Verständnis dieser von Pearson benutzten Begrifflichkeit Denis Stairs,
      Lester B. Pearson and the Meaning of Politics, in: Norman Hillmer (Hg.), Pearson. The
      Unlikely Gladiator, Montreal/Kingston 1999, S. 30-50, hier S. 49.
12   Vgl. Bothwell/Drummond/English, Canada since 1945, S. 289 f.; Igartua, Other Quiet
      Revolution, S. 193-222.

Seine Kampagne für die neue Flagge begann Pearson am 17. Mai 1964 mit einer viel beachteten und kontroversen Rede während der Jahreshauptversammlung der wichtigsten Veteranenorganisation, der Royal Canadian Legion. Die Veteranen, zu denen Pearson, der im Ersten Weltkrieg gekämpft hatte, selbst gehörte, lehnten mehrheitlich und lautstark seinen Vorschlag ab. Pearson wurde für diese Rede in der »Höhle des Löwen« persönlich Achtung gezollt, aber die folgende Flaggendebatte zeigte auf, wie stark die Befürworter einer symbolischen Bindung an das britische Mutterland im anglophonen Kanada waren. Insbesondere Diefenbaker und die Konservativen wetterten gegen den Vorschlag. In den Zeitungen fanden sich Pro- und Contra-Positionen analog zur nationalen Debatte während der Suez-Krise. Im Parlament allerdings wurde die neue Flagge am 15. Dezember 1964 mit der Stimmenmehrheit der liberalen und weiterer links von der Mitte stehender Abgeordneten angenommen. Die Flagge wich von dem von Pearson vorgeschlagenen Modell ab und zeigte das heute bekannte rote Ahornblatt auf weißem Grund, links und rechts durch zwei roten Balken begrenzt. Sie repräsentieren die beiden Meere, den Atlantik und den Pazifik, an die Kanada geographisch stößt (Abb. 6.2).

Abb. 6.2
»Maple Leaf«
Kanadische Flagge seit 1965

Ob diese Flagge zeitgenössisch zur Stärkung der kanadischen Einheit beitrug, ist zumindest fraglich. Die Debatte jedenfalls spaltete Englisch-Kanada. In Quebec dagegen scheinen die Federalisten, die auf eine gemeinsame Zukunft mit dem Rest Kanadas hofften, ihr kaum Beachtung geschenkt zu haben, und diejenigen, die die Unabhängigkeit wollten, präferierten weiterhin die »Fleurdelisé«, die Flagge der Provinz Quebec, die einen Bezug zu Frankreich und zum frankokanadischen Erbe aufweist.[13]

Befürwortern und Gegnern war dabei klar: Die Flagge sollte nicht nur die Einheit des Landes, sondern auch ein neues Kanada symbolisieren. Für eine

---

13   Vgl. insges. English, The Worldly Years, S. 288-292; Igartua, Other Quite Revolution, S. 171-192; Champion, Demise, S. 165-196; Gregory A. Johnson, The Last Gasp of Empire: The 1964 Flag Debate Revised, in: Phillip Buckner (Hg.), Canada and the End of Empire, Vancouver/Toronto 2005, S. 232-250.

Rede notierte sich Pearson, dass die Flagge »... will symbolize and be a true reflection of the new Canada and, as such, will strengthen national unity and give us a deeper sense of national identity and pride.«[14] Igartua urteilt: »The flag debate marked the end of the British view of Canada.«[15] Auch wenn diese Sicht nicht unumstritten ist, Champion beispielsweise die neue Flagge als Fortsetzung der britischen Tradition interpretiert,[16] wollten sich doch gerade Pearson und seine Mitstreiter um der zukünftigen Einheit willen von den alten Wurzeln lösen. Ziel war eine neue nationale Identität – und gerade aus diesem Grund wurde die Flagge so vehement bekämpft.

Im Zusammenhang mit deren Etablierung wird bis heute eine kleine Begebenheit kolportiert, die zwar für die Flaggenfrage nicht konstitutiv ist, aber auf die identitätspolitische Bedeutung des Peacekeepings hinweist. Im Zentrum stehen die historischen Erfahrungen des Mannes, der als Initiator sowohl der neuen kanadischen Flagge als auch des Peacekeepings gilt, Lester Pearson. Ohne dass es wirklich nachprüfbare Belege für diese Ansicht gibt, wird bis in die Gegenwart davon ausgegangen, dass in Pearson während der Suez-Krise von 1956 die Überzeugung gereift sei, dass Kanada eine neue Flagge bräuchte. Es wären die britischen Insignien und der Union Jack als Element des Red Ensign gewesen, den die kanadischen Soldaten auf ihren Uniformen führten, die Ägypten veranlasst hätten, zunächst ein kanadisches Kontingent als Teil der UN-Friedenstruppe abzulehnen.[17] Tatsächlich sind Äußerungen Pearsons überliefert, die anerkennen, dass die kanadischen Uniformen und militärischen Bezeichnungen zu eng an denen der Briten angelehnt gewesen seien.[18] Eine eindeutige Verbindung zwischen dieser für das kanadische Selbstbewusstsein neuralgischen Episode während des Suez-Konfliktes und der Aufstellung der UN-Friedenstruppe auf der einen und der Flaggen-Frage auf der anderen Seite scheint allerdings erst zu einem späteren Zeitpunkt gezogen

---

14   Notes for the Prime Minister's Speech in the Flag Debate, 15.6.1964, NAC, MG 26 N 6, vol. 11, file »Flag Issue. Notes made by the Prime Minister June 1964-June 1965«.
15   Igartua, Other Quite Revolution, S. 192.
16   Vgl. Champion, Demise, S. 193-196.
17   Vgl. English, The Worldly Years, S. 141, 289; Igartua, Other Quite Revolution, S. 175.
18   Vgl. Pearson, Memoirs, Bd. 2, S. 262 f. Wie schon in Kapitel 3 angemerkt, wurden die Kapitel der Memoiren Pearsons, die sich auf die Suez-Krise beziehen, erst nach seinem Tod zusammengestellt. Allerdings finden sich auch in Schreiben, die während der Suez-Krise an Pearson gerichtet wurden, zumindestens zweimal Hinweise auf eine »distinctive national flag« und eine »real Canadian Flag, independent of the Union Jack«. Vgl. L. A. M., Edmonton, an Pearson, 12.11.1956 u. E. L. M., British Columbia, an Pearson, 10.11.1956, NAC, MG 26 N1, vol. 38, folder »Middle East – General Corresp. Nov. 1956«.

worden zu sein.[19] Umso eindeutiger kommt heute dieser Zusammenhang daher. Unmissverständlich erklärt Igartua, und er steht hier stellvertretend für ähnliche Meinungen, die in der wissenschaftlichen Literatur und beispielsweise an Schulen vertreten werden:[20] »Pearson's decision to give Canada a new flag devoid of any symbol of Canada's European roots arose out of the Suez crisis.«[21]

Der Beginn des kanadischen Peacekeepings verbindet sich somit auf zweierlei Weise mit dem nationalen Identitätsdiskurs. Erstens rückte bereits die 1956 öffentlich geführte Debatte um die Haltung der Regierung in der Suez-Krise die UN-Blauhelme ins Zentrum der Auseinandersetzung um das kanadische Selbstverständnis. Zweitens wird auch die Entstehung des zentralen staatlichen Symbols Kanadas, der Ahorn-Flagge, im nationalen Narrativ mit der Gründungsgeschichte der UN-Friedenstruppe verwoben. Wie die neuere Mythenforschung argumentiert, bleibt es für die identitätspolitische Bedeutung des politischen Mythos zweitrangig, ob sich die historischen Verbindungen verifizieren lassen.[22] Im nationalen Narrativ jedenfalls erscheint das kanadische Peacekeeping zugleich als Ausdruck und Legitimation eines postkolonialen Selbstverständnisses, das sich in den 50er Jahren artikulierte und in den 60er Jahren durchsetzte.

»Old Boys«-Netzwerk

Während unsicher bleibt, welche Rolle Pearson dabei spielte, die neue Nationalflagge historisch mittels Erfahrungen aus der Suez-Krise zu legitimieren, nahm er fraglos die herausragende Position in dem sich in den 60er Jahren etablierenden Netzwerk von Politikern, Beamten, Soldaten, Wissenschaftlern

---

19   So findet sich im 1967 herausgegebenen Band von Fraser, Search for Identity, S. 234-247 im Kapitel »The Great Flag Debate: Maple Leaf Rampant« kein Hinweis auf die Suez-Krise.

20   Vgl. English, The Worldly Years, S. 141, 289; Johnson, The Last Gasp of Empire, S. 242 f. Siehe z.B. auch den Unterrichtsvorschlag »Great Flag Debate« auf der Homepage des Limestone District School Board in Ontario: »Canada's flag was the Red Ensign. In the upper left corner was the British Union Jack. To the Egyptians, it appeared that Canada was flying the flag of the invading nation. A new Canadian flag was needed. Prime Minister Lester B. Pearson established a committee to present design options. [...]« Online unter http://fcweb.limestone.on.ca/~stridef/History%20of%20Canada/Unit%204%20-%20 Lesson%206%20-%20Flag%20Debate.pdf (aufgerufen 18.2.2012); Todd Babiak, Canadian Flag, auf der Homepage »101 things Canadians should know about Canada«, online unter http://www.101things.ca/topten.php?item=3 (aufgerufen 18.2.2012).

21   Igartua, Other Quite Revolution, S. 173.

22   Vgl. Flood, Political Myth, S. 41-53; Münkler, Wirtschaftswunder, S. 41-43.

und Honoratioren ein, welche die Idee des Peacekeepings fest in der kanadischen Gesellschaft verankern wollten. Dabei entstammten die nach Pearson bekanntesten Fürsprecher seinem engsten Umfeld. Neben Außenminister Martin, der während der Zypern-Krise die quasi naturgegebene Rolle Kanadas als UN-Peacekeeper hervorgehoben hatte, gehörten hierzu noch der ehemalige UN-General Burns und Pearsons vormals wichtigster diplomatischer Berater für die Vereinten Nationen, John Holmes.[23] Die beiden letztgenannten galten in den 60er Jahren intern wie international als die professionellen Aushängeschilder und offiziösen Kommentatoren des kanadischen Peacekeepings und zählten somit zu den Mitgliedern des Honoratiorennetzwerkes, die besonders öffentlichkeitswirksam agierten.

Generalleutnant E. L. M. Burns erschien von den 50er zumindest bis Ende der 70er Jahre als der archetypische kanadische Peacekeeper. Als ehemaliger Kommandeur von UNTSO und UNEF I repräsentierte er während dieser Zeit wie kein zweiter, außer Pearson, das Blauhelm-Engagement seines Landes. 1897 in der Provinz Quebec geboren, diente der Berufssoldat im Ersten und Zweiten Weltkrieg.[24] Obwohl er 1943 in Italien ein Armeekorps kommandierte und 1956 als erster Befehlshaber die neu gegründeten Blauhelme mit aufbaute, bleiben seine militärischen Leistungen bis heute umstritten. Schon während des Zweiten Weltkrieges wurden seine Fähigkeiten als Einheitsführer kritisiert – einer Beurteilung, der sich die Historiographie überwiegend anschloss.[25] Dass er in den 50er und 60er Jahren im Auftrag des Außenministeriums agierte, und eben nicht als aktiver Offizier diente, scheint die Distanz zu seinen militärischen Peers noch vergrößert zu haben. Erst 1958 wurde er zum Generalleutnant befördert. Nach seinem Tod 1985 und spätestens mit dem explosionsartigen Anwachsen der Blauhelm-Missionen seit Ende des Kalten Krieges, die neue kanadische Peacekeeper-Heroen hervorbrachten, schien Burns vergessen. In den letzten Jahren bemüht sich jedoch die Militärgeschichtsschreibung den

---

23   Hierzu ist beispielsweise auch John King Gordon zu rechnen, ein ehemaliger UN-Mitarbeiter, Politikprofessor, Freund und Studienkollege von Pearson, guter Bekannter von Holmes und ehemaliger Mitarbeiter von Burns in Ägypten. Vgl. Janzen, Growing to One World, S. 33, 252-271, 346-349, 354. Siehe auch weiter unten in diesem Kapitel und in Kapitel 8.

24   Vgl. hierzu und zum folgenden The Canadian Who's Who 1970-1972, S. 147 f.

25   Vgl. Jack L. Granatstein, The Generals. The Canadian Army's Senior Commanders in the Second World War, Toronto 1993, S. 116-144; Bercuson, Maple Leaf, S. 192 f.; John P. Johnston, E. L. M. Burns – A Crisis of Command, in: Canadian Military Journal 7 (Spring 2006), 1, S. 49-56.

»grand oublié«, wie Jean Martin schreibt, oder »The Forgotten«, so die Worte von Sean M. Maloney, zu rehabilitieren.[26]

Auch wenn er sich selbst als einen schlechten Redner bezeichnete, gehörte Burns als Berater hinter den Kulissen, als kanadischer Repräsentant auf internationalem Parkett und als gesuchter Experte in der Öffentlichkeit zu den herausragenden Persönlichkeiten, die das Peacekeeping in den 60er Jahren politisch und gesellschaftlich fest in Kanada verankerten. Burns war ein Freund Pearsons. Sie hatten sich während des Zweiten Weltkrieges in London kennen gelernt und hielten bis zum Tod Pearsons Kontakt miteinander.[27] Burns Expertise war international wie national anerkannt. Während der Kongo-Krise wurde er zeitweise als ONUC-Kommandeur gehandelt.[28] Seine Initiative, die 1964 zur Peacekeeping-Konferenz in Ottawa führte, zeigt, welch großes Gewicht sein Ratschlag auch im eigenen Land hatte. Obwohl er eigentlich als Botschafter und Berater des Außenministeriums in Abrüstungsfragen fungierte, repräsentierte er beispielsweise sein Land auf der großen nichtstaatlichen Peacekeeping-Tagung in Oslo, die am 20. und 21. Februar 1964 vom Nobel-Institut und vom norwegischen Institut für Internationale Angelegenheiten veranstaltet wurde. Hier trat er gemeinsam mit John Holmes und dem Leiter der UN-Abteilung des Außenministeriums, Geoffrey Murray, auf.[29]

Burns war auch außerhalb des unmittelbaren Regierungsapparats gut vernetzt. Bereits 1952 bis 1954 hatte er als Präsident an der Spitze der United Nations Association in Canada gestanden, der Nicht-Regierungsorganisation, die in den 60er Jahren wichtige Impulse für die Verbreitung des Peacekeeping-Gedankens in Kanada geben sollte. Die Verbindungen zur UNA blieben bestehen. Zwischenzeitlich amtierte er als einer von mehreren Ehren-Vizepräsidenten, und 1981 erhielt er die UNA-«Pearson Peace Medal« aus den Händen des Generalgouverneurs.[30] Einer breiteren Öffentlichkeit wurde Burns durch seine Bücher über militärische und sicherheitspolitische Themen sowie nicht zuletzt über seine Erfahrungen als UN-Kommandeur im Nahen Osten bekannt. In den englischsprachigen Geschichtsschulbüchern Kanadas fehlte bis in

---

26 Sean M. Maloney, The Forgotten: Lieutenant General E. L. M. »Tommy« Burns and UN Peacekeeping in the Middle East, in: Canadian Army Journal 9 (Summer 2006), 2, S. 79-95; Will Lofgren, In Defence of »Tommy« Burns, in: Canadian Military Journal 7 (Winter 2006-2007), 4, S. 92-94; Martin, Le grand oublié.

27 Vgl. Interview Peter Stursberg mit Burns, 16.5.1978, LAC, MG 31-D78, vol. 28, file 6; Maloney, The Forgotten.

28 Vgl. Spooner, Congo, S. 184.

29 Vgl. United Nations Division an H. Basil Robinson, 20.8.1964, LAC, RG 25, vol. 10131, file 21-14-1-2, Pt. 2.1.

30 Pearson Peace Medal > Lt-Gen. E. L. M. Burns (1981), online unter http://www.unac.org/en/news_events/pearson/1981.asp (aufgerufen 27.2.2012).

die 8oer Jahre selten ein Hinweis auf Burns oder ein entsprechendes Foto als
Peacekeeper. Für die Medien blieb er ein gesuchter Gesprächspartner. Dort
vertrat er eine realistische Ansicht des UN-Peacekeepings und betonte vor
allem die außenpolitischen Interessen Kanadas, die für eine Beteiligung an den
UN-Missionen sprächen.[31] Seine Position war folglich weniger emotional als
diejenige von Paul Martin, doch vermittelte auch er der Bevölkerung den Eindruck, dass das Peacekeeping zu Kanada gehörte. Nicht zuletzt trat auch Burns
als Idealist in Erscheinung. Denn als UNEF-Kommandeur hatte er sich eine
spezielle (Fantasie-)Uniform in UN-Blau schneidern lassen, die er im Dienst
trug. Die Geschichte der UN-Blauhelme kennt keinen ähnlichen Fall. Alle Angehörigen nationaler Kontingente trugen ansonsten weiter ihre heimischen
Militäruniformen. Für den Militärhistoriker Jean Martin gilt Burns daher als
erster und einziger wirklicher UN-Soldat: »E. L. M. Burns est sans doute le
premier et, à bien des égards, aussi le dernier vrai soldat des Nations Unies.«[32]

Noch mehr als Burns fungierte John Wendell Holmes als Schnittstelle und
Scharnier zwischen Politik, Verwaltung, Wissenschaft und Öffentlichkeit. 1910
in London (Ontario) geboren, hatte der ehemalige College-Dozent als enger
Freund und Mitarbeiter Pearsons während des »Golden Age« der kanadischen
Außenpolitik im Außenministerium eine steile Karriere gemacht. Im Zuge
der von den Vereinigten Staaten nach Norden schwappenden Spionage-
und McCarthy-Hysterie wurde Holmes 1960 aufgrund von homosexuellen
Neigungen als Sicherheitsrisiko eingestuft und ihm der Abschied nahegelegt.
Als bekannter Diplomat, er hatte zeitweilig die Geschäfte des Staatssekretärs
geführt, und namhafter UN-Experte wechsel er im selben Jahr auf den Chef-
sessel des Canadian Institute of International Affairs (CIIA) in Toronto, des
damals wichtigsten außenpolitischen Diskussionsforums Kanadas. 14 Jahre
lang sollte er die Geschicke dieses Instituts bestimmen.[33] Von hier aus war
es ihm möglich, als Politikberater, Wissenschaftsmanager und politischer
Kommentator eine in den 6oer und den frühen 7oer Jahren einzigartige

---

31   Vgl. Sunday Magazine, 4.11.1973, CBC Radio Archives, Toronto, Accession# 731104-02/00,
      Location# 731103-05, Box: 950719-14(16); Burns, Between Arab and Israeli; ders, General
      Mud. Memoirs of Two World Wars, Toronto 1970; ders. Defence in the Nuclear Age. An
      Introduction for Canadians, Toronto/Vancouver 1976. Zu den Schulbüchern vgl. Kapitel 9.
32   Vgl. Martin, Le grand oublié, S. 36 f.
33   Zunächst als Präsident und dann von 1965-1974 als Generaldirektor, eine Position die
      extra für ihn geschaffen wurde. – Das 1928 gegründete und 2007 aufgelöste CIIA war eine
      Gesellschaft, deren ehrenamtliche Mitglieder sich über ganz Kanada verteilten. Sie waren
      in einzelne Zweigstellen organisiert, die neben der Zentrale in Toronto den Schwerpunkt
      der Tätigkeit des Instituts bildeten.

Prominenz zu erlangen.[34] Sein Biograf Adam Chapnick nennt ihn nicht umsonst »Canada's Voice«. Holmes Interessen waren breit gefächert, sie kreisten aber immer um die Frage nach Kanadas Stellung in der internationalen Politik. Er war einer der wichtigsten Vertreter der »Middle Power«-Doktrin. In seinem Denken spielten die Vereinten Nationen und hierbei das UN-Peacekeeping eine prominente Rolle.[35]

Als Vertreter einer Wissenschaftsinstitution und Nicht-Regierungsorganisation hielt er dennoch Kontakt zu seinen Freunden und ehemaligen Kollegen aus dem Außenministerium und der Regierung. Hier zeigte sich, wie engmaschig das Netzwerk aus Diplomaten und Außenpolitikern geblieben war, das sich nach dem Zweiten Weltkrieg konstituiert hatte, und wie sehr sich deren Meinungsführerschaft hielt. So wurde das politische und sprachliche Dogma von der Mittelmacht wie auch die daran anknüpfende Überzeugung von einem zumindest partiell eigenständigen kanadischen Weg in der Außenpolitik nicht nur von Holmes postuliert, sondern von den Mitgliedern dieses Netzwerkes geteilt. Holmes befand sich im regelmäßigen Austausch mit Pearson und Außenminister Martin. Er stand Behördenmitarbeitern als Ansprechpartner zur Verfügung, bat diese um Hilfe oder versorgte sie proaktiv mit Informationen.[36] Sein Einfluss war nicht primär institutionell begründet, sondern durch seine enge persönliche Verbindung zu politischen und administrativen Entscheidungs- und Einflussträgern. So riet er unter Verweis auf die zuvor eingeholte Zustimmung Pearsons dem zuständigen UN-Abteilungsleiter Murray, doch offizielle kanadische Vertreter (Militärs und Außenamtsbeamte) zur Peacekeeping-Konferenz nach Oslo zu schicken – ein Vorschlag, der bereitwillig aufgegriffen wurde. Die Abstimmung gerade im Vorfeld der Tagung blieb eng. Murray bat ihn vorab um einen Gedankenaustausch: »It may be worthwhile for us to have some discussion before hand, ...«[37] – Doch nicht nur Beamte, sondern auch Militärs schätzten Holmes Meinung. So wurde er häufig aufgefordert, Vorträge im Rahmen der Offiziersausbildung

---

34   Selbst UN-Generalsekretär U Thant lud ihn zum Essen ein. Vgl. Holmes an Martin,
       22.5.1964, LAC, RG 25, vol. 10134, 21-14-2-1, pt. 1.

35   Vgl. Chapnick, Canada's Voice.

36   Vgl. Memorandum William H. Barton, UN Division, an H. Basil Robinson, 9.12.1964, Paul
       Martin an Holmes, 10.6.1964, Memorandum Cadieux an Minister, 11.6.1964, Holmes an
       Martin, 22.5.1964, LAC, RG 25, vol. 10134, 21-14-2-1, pt. 1; Chapnick, Canada's Voice, S. 136,
       180 f.

37   Murray an Holmes, 7.11.1963, Trinity College Archives (TCA), John Holmes fonds, F2260,
       box 10, file 17; vgl. Holmes an Murray, 18.10.1963 u. Holmes an Murray, 19.3.1964, ebd.; siehe
       auch Murray an Holmes, 15.6.1964 u. United Nations Division an Robinson, 20.8.1964,
       LAC, RG 25, vol. 10131, file 21-14-1-2, Pt. 2.1.

der kanadischen Streitkräfte, namentlich am Canadian Army Staff College in Kingston, zu halten.[38]

Seinen langfristig wichtigsten Einfluss entfaltete er allerdings im akademischen Bereich. In Kooperation mit Kollegen an den Universitäten förderte er den noch jungen Wissenschaftszweig der Internationalen Beziehungen und legte den Grundstein für die Disziplin der »Strategischen Studien«.[39] Holmes bemühte sich darum, Institute zu schaffen und Sponsorengelder einzuwerben. Anfang 1965 versuchte er beispielsweise ein »Research Fellowship in Peace-Keeping Studies« zu initiieren, das gemeinsam von der Queen's University in Kingston (Ontario) und seinem CIIA getragen werden sollte[40] – als Teil eines größeren Projektes zum Aufbau eines Zentrums für Strategische Studien an der Universität in Kingston, für dessen Errichtung er wiederum Kollegen aus dem Außenministerium zu gewinnen suchte.[41]

Auch wenn sich seine Bemühungen nicht auf das Feld des Peacekeepings beschränkten, so gelang es ihm doch gerade hier, ein akademisches Netzwerk aufzubauen, junge Forscher zu ermutigen, sich dieses Themenfeldes anzunehmen, und erste Publikationen zu initiieren. John Holmes war der Nestor der sozialwissenschaftlichen Peacekeeping-Forschung in Kanada.[42] Sein CIIA bot das zeitgenössisch einzige Forum für die wissenschaftliche Auseinandersetzung mit diesem Thema.[43] Die erste große Studie zum kanadischen Peacekeeping, »Peacekeeping. International Challenge and Canadian Response« (1968),[44] entstand unter seiner Ägide als Publikation des CIIA, als quasi-Herausgeber betreut von Alastair Taylor, Politikprofessor an der Queen's University. Taylor, ein ehemaliger Mitarbeiter des UN-Sekretariats, war in Oxford mit einer Arbeit promoviert worden, die 1960 unter dem Titel »Indonesian Independence and the United Nations« erschien und mit einem Vorwort von Lester Pearson versehen war. Obwohl er nicht mehr für die UN arbeitete,

---

38   Vgl. Bestandsübersicht der Veröffentlichungen, Reden etc. (Stand: Oktober 2008), TCA, John Holmes fonds, F2260; Chapnick, Canada's Voice, S 182.

39   Vgl. Chapnick, Canada's Voice, S. 135.

40   Ein gemeinsames »Fellowship in Defence Studies« zwischen dem CIIA und der Carleton University war bereits angelaufen. Vgl. Holmes an J. A. Corry, Principal Queen's University, 26.11.1964, LAC, RG 25, vol. 10134, 21-14-2-1, pt. 1.

41   Vgl. Holmes an Dr. Alastair Taylor, 26.2.1965, Excerpt from Memorandum, 17.2.1965, Holmes an Taylor, 26.2.1965, TCA, John Holmes fonds, F2260, box 34, file 6; Albert E. Ritchie, Deputy USSEA an Holmes, 11.12.1964, Holmes an Corry, 26.11.1964, LAC, RG 25, vol. 10134, 21-14-2-1, pt. 1.

42   Vgl. Holmes an Martin, 22.5.1964, LAC, RG 25, vol. 10134, 21-14-2-1, pt. 1.

43   Vgl. Interview des Vf. mit Jack Granatstein, Toronto, 11.6.2009; Chapnick, Canada's Voice, S. 135.

44   Taylor u.a., Peacekeeping.

bekannte Taylor in seinem Vorwort: »... the author remains bound by both associations and beliefs to the Organization he joined in 1946.«[45]

Im Rahmen ihres Sammelbandes »entdeckten« beide – Holmes und Taylor – auch einen jungen Leutnant und Historiker aus dem »Directorate of History« des Verteidigungsministeriums, Jack Granatstein, über den Taylor im Juli 1965 etwas paternalistisch urteilte: »He should prove a valuable addition to the team ...«[46] Granatstein würde in den kommenden Jahren als Professor und wichtigster kanadischer Militärhistoriker von sich Reden machen. Seine populären Veröffentlichungen, auch über das Peacekeeping, erreichten einen breiten Leserkreis. Während er zunächst den kanadischen Beitrag zu den Friedensmissionen begrüßt hatte, wandte er sich zuletzt vehement gegen diese Tradition. Anfang des neuen Millenniums galt er als einer der schärfsten Kritiker des Peacekeepings, denn es habe das kanadische Militär, wie er schrieb, »umgebracht«.[47]

Zu den Wissenschaftlern, die Holmes förderte oder mit denen er zusammenarbeitete, gehörten auch die Politikprofessoren David Cox (Queen's University), Henry Wiseman (University of Guelph in Ontario) und Douglas Ross (Simon Fraser University in British Columbia), die alle umfangreiche Arbeiten zum Peacekeeping veröffentlichten.[48] Ross hatte bei Holmes an der Universität Toronto promoviert. Seine Dissertation erschien 1984 unter dem Titel »In the Interests of Peace: Canada and Vietnam, 1954-1973«.[49] Wie diese Themenwahl verdeutlicht, verengte sich das Peacekeeping im zeitgenössischen akademischen Diskurs und im Verständnis von Holmes nicht auf den Einsatz von UN-Blauhelmen. Gerade die International Control Commission in Indochina, an der sich Kanada seit 1954 beteiligte, wurde frühzeitig als Teil der kanadischen Peacekeeping-Politik begriffen.[50] Das populäre Bild, welches das Peacekeeping mit den Blauhelm-Einsätzen der Vereinten Nationen gleichsetzte, entsprach also nicht völlig dem in Politik und Wissenschaft vorherrschenden

---

45 Vgl. Alastair Taylor, Indonesian Independence and the United Nations, Ithaca, (NY) 1960 (Zitat auf S. XIX); Canadian Who's Who 2001, S. 1265.

46 Taylor an Holmes, 1.7.1965, TCA, John Holmes fonds, F2260, box 34, file 6.

47 Vgl. Interview des Vf. mit Jack Granatstein, Toronto, 11.6.2009; Granatstein, Who killed the Canadian Military?, S. 34 et passim; Canadian Who's Who 2001, S. 518.

48 Vgl. Taylor an Holmes, 27.2.1965, TCA, John Holmes fonds, F2260, box 34, file 6; Henry Wiseman, Peacekeeping: début or dénouement?, Toronto 1972 (Behind the Headlines, hg. v. Canadian Institute of International Affairs 31, 1/2); ders. (Hg.), Peacekeeping. Appraisals and Proposals, New York u.a. 1983. Wie Taylor und Granatstein gehörte auch Cox zu den Autoren von Taylor u.a., Peacekeeping.

49 Ross, In the Interests of Peace.

50 Vgl. Granatstein, Canada: Peacekeeper, S. 107; siehe auch Holmes an G.R.B., 7.7.1975, TCA, John Holmes fonds, F2260, box 34, file 1.

Verständnis. Schon 30 Jahre vor der quantitativen und qualitativen Ausweitung des Peacekeepings nach Ende des Kalten Krieges und der damit einhergehenden Neudefinition der Friedenseinsätze zeigte sich, dass der Begriff historisch und je nach diskursivem Zusammenhang unterschiedlich gebraucht wurde.

Einer breiten Öffentlichkeit wurde Holmes durch seine regelmäßigen Kommentare im kanadischen Rundfunk bekannt. Zu seinen Zeiten hatte die Canadian Broadcasting Corporation (CBC) praktisch das Radiomonopol in Kanada. Den politisch Interessierten werden daher Holmes Stimme und Ansichten vertraut gewesen sein. Insbesondere im CBC-Programm »Weekend Review« war Holmes ein häufiger Gast. Auch dort sprach er vorwiegend zu außenpolitischen Themen, unter anderem zu den Vereinten Nationen und zu deren Blauhelm-Operationen. Seine Popularität wurde noch dadurch gesteigert, dass er auf zahllosen Veranstaltungen Vorträge hielt und dabei viele verschiedene Formate bediente. Dazu gehörten wissenschaftliche Referate auf internationalen Tagungen ebenso wie Vorträge vor Clubs und in Schulen.[51] Wie Burns vertrat auch Holmes eine durchaus realistische Sicht auf das Peacekeeping und die Vereinten Nationen. Er verschwieg dabei nicht deren Fehler, wurde aber ebenso wenig müde, für sie als beste Instrumente der zeitgenössischen internationalen Ordnung zu werben.[52] Sicherlich nicht nur unbewusst verklärte er zugleich die Rolle Kanadas, wenn er behauptete: »Canada has always placed the United Nations as the first priority in its foreign policy.«[53] Und er warf sein Gewicht in die Waagschale, wenn er die führende Position seines Landes in den Vereinten Nationen und beim Peacekeeping betonte: »Canada has been a leader in the early development of the UN, particularly in peace-keeping.«[54] Holmes ging es darum, in unterschiedlichen Diskursen ein Verständnis für eine eigenständige kanadische Außenpolitik zu wecken.

---

51   Vgl. Bestandsübersicht der Veröffentlichungen, Reden etc. (Stand: Oktober 2008), TCA, John Holmes fonds, F2260; Chapnick, Canada's Voice, S. 181 f.

52   Z. B. Commentary by John Holmes, United Nations Association, Metropolitan Toronto Branch, o.J. (1974), TCA, John Holmes fonds, F2260, box 21, file 2, pt. 1; »CBC Broadcast United Nations Day«, 24.10.1960, TCA, John Holmes fonds, F2260, box 21, file 2, pt. 3.

53   Diese Aussage in Holmes CBC-Kommentar zum Außenpolitik-Weißbuch der Regierung Trudeau mag auch gegen die antizipierte Abwendung von der UN gerichtet gewesen sein. Vgl. Manuskript »The White Paper: the United Nations«, CBC International, 2.7.1970, TCA, John Holmes fonds, F2260, box 21, file 2, pt. 1. Zu etwas zurückgenommeneren Aussagen Holmes vgl. Chapnick, Canada's Voice, S. 151 f.

54   Manuskript »UN. Twenty-Fifth Anniversary«, 8.10.1970, TCA, John Holmes fonds, F2260, box 21, file 2, pt. 1. Siehe auch den Vorlesungskommentar zu einem Seminar, das Holmes 1977/78 zur kanadischen Außenpolitik anbot: »In the autumn of 1956 Canada took the initiative in the UN General Assembly to establish United Nations Emergency Force to

Die UN-Blauhelm-Einsätze konnten dabei zumindest bis Mitte der 6oer Jahre als allgemein bekanntes und positiv eingeschätztes Beispiel herangezogen werden.

In den identitätspolitisch umkämpften 6oer Jahren leistete Holmes seinen Beitrag zur Schaffung und Stabilisierung eines kanadischen Selbstverständnisses, das sich sowohl von der britischen Tradition als auch vom übermächtigen Nachbarn im Süden abgrenzte. Kanada war in Holmes Vorstellung in jeder Beziehung eine Mittelmacht.[55] Seine Position passte nicht nur zu Pearsons außen- und identitätspolitischen Vorstellungen, sondern auch zu den verschiedenen gesellschaftlichen Strömungen von Antiamerikanismus, Anti-Vietnam-Protesten und Pazifismus, selbst wenn er sie nicht explizit bediente.[56]

Nationale Narrative: Antiamerikanismus und »Friedvolles Königreich«

Denn die »Kanadisierung« blieb in den 6oer Jahren nicht nur bei einer Abgrenzung vom Erbe der alten Kolonialmacht stehen. Vielmehr gesellte sich zu der antibritischen noch eine antiamerikanische Stoßrichtung kanadischen Nationalismus. Dieser »new nationalism« war keine staatliche »Erfindung«, sondern wurde von anglophonen gesellschaftlichen Eliten getragen, fand aber auch dezidierte Fürsprecher in Pearsons Kabinett. Dabei war der kanadische Antiamerikanismus nicht originär für die 6oer Jahre, vielmehr hatte er eine lange Tradition. Seine Wurzeln reichen weit in die Kolonialgeschichte zurück bis zum amerikanischen Unabhängigkeitskrieg, vor dem »Loyalisten«, also königstreue Bewohner der 13 Vereinigten Staaten, nach Norden flüchteten, und zum britisch-amerikanischen Krieg von 1812, der Kämpfe auf beiden Seiten der Grenze zwischen den britischen Kolonien in Nordamerika und den Vereinigten Staaten sah.[57]

Der Antiamerikanismus der 6oer Jahre speiste sich aus einem ökonomischen Unterlegenheitsgefühl gegenüber den Vereinigten Staaten, vor

---

intervene in the Middle East between the Arabs and Israelis.« TCA, John Holmes fonds, F2260, box 26, file 13.

55 Vgl. »The Canadian Position in Vietnam«, CBC Weekend Review, 14.3.1965, TCA, John Holmes fonds, F2260, box 21, file 2, pt. 1.

56 Zu Holmes differenzierter Sicht auf die US-Außenpolitik vgl. Chapnick, Canada's Voice, S. 213-215.

57 Vgl. R. Arthur Bowler, The War of 1812, in: J. M. Bumsted (Hg.), Interpreting Canada's Past, Bd. 1: Pre-Confederation, 2. Aufl., Oxford, 1993, S. 314-339. Siehe insgesamt Jack L. Granatstein, Yankee Go Home? Canadians and Anti-Americanism, Toronto 1996.

allem aus der Furcht vor amerikanischen Finanzinvestitionen. Wie 1967 eine Umfrage zeigte, meinte eine deutliche Mehrheit der Bevölkerung, dass amerikanische Mehrheitsbeteiligungen an kanadischen Unternehmen die kanadische Unabhängigkeit bedrohen würden. Einer der prominentesten Vertreter dieses »new nationalism«, der eben diesen Investitionen einen Riegel vorschieben wollte, war Walter Gordon, zeitweilig Finanzminister in Pearsons Kabinett.[58] Zu denen, die den amerikanischen Einfluss beklagten, gehörten aber auch Wissenschaftler und Kulturschaffende, nicht zuletzt die bekannteste kanadische Autorin Margaret Atwood. Für sie und andere ging eine koloniale Dominanz nicht mehr von London, sondern von Washington aus. Ihr Nationalismus richtete sich folglich vorwiegend gegen den südlichen Nachbarn. Das Gefühl, der amerikanischen Kulturindustrie unterlegen zu sein, lässt sich beispielhaft in den Versuchen erkennen, in den Medien mehr kanadische Themen zu platzieren. Doch blieben zeitgenössisch Fernsehen, die Filmindustrie, Radioprogramme und Verlage, wie Ryan Edwardson urteilt, »an overrun market, a dumping ground for foreign goods«.[59]

In diese Abgrenzungsversuche passte die zunehmend deutlicher artikulierte Ablehnung des Vietnam-Krieges. Eine genuine Sorge um den nicht enden wollenden Konflikt in Südostasien verband sich dabei mit einer dezidiert anti-amerikanischen Ausrichtung. Die Anti-Vietnam-Bewegung in Kanada war somit auch Ausdruck eines spezifischen kanadischen Nationalismus.[60] Diesen schien auch Pearson zu bedienen, der, nach langem Zögern und der zunächst häufig vorgetragenen Einschätzung, dass es sich bei der amerikanischen Vietnam-Operation um »peacemaking« oder »peacekeeping« handele,[61] nun öffentlich gegen den Krieg Stellung bezog. Dass er dies am 2. April 1965 aus-gerechnet während eines Besuchs in den Vereinigten Staaten auf dem Campus der Temple University in Philadelphia tat, führte zu deutlichen Ver-stimmungen mit den USA und speziell ihrem Präsidenten Lyndon B. Johnson. Zuhause allerdings, da konnte sich Pearson sicher sein, hatte er den Nerv der Bevölkerung getroffen. – Ein wirklicher Kurswechsel war damit indes nicht ver-bunden. Zwar wurden öffentlich kritischere Töne artikuliert. Diese änderten

---

58   Vgl. Stephen Azzi, Walter Gordon and the Rise of Canadian Nationalism, Montreal & Kingston u.a. 1999.

59   Vgl. Edwardson, Canadian Content, S. 113-159 et passim., Zitat S. 133; Stephen Azzi, The Nationalist Moment in English Canada, in: Lara Campbell/Dominique Clément/ Gregory S. Kealey (Hg.), Debating Dissent. Canada and the Sixties, Toronto u.a. 2012, S. 213-228.

60   Vgl. Azzi, The Nationalist Moment, S. 216.

61   Vgl. Ross, In the Interests of Peace, S. 255. Diese Formulierung gebrauchte Pearson noch-mals in seiner Rede an der Temple University. Vgl. ebd., S. 258.

jedoch nichts daran, dass die kanadische Regierung auch weiterhin prinzipiell den Kurs des amerikanischen Bündnispartners unterstützte.[62]

Als Ausdruck eines spezifischen kanadischen, vor allem englischsprachigen Selbstverständnisses entstand ebenfalls in den 60er Jahren eine weitere prominente Selbstbeschreibung. Auch sie lässt sich als Abgrenzungsversuch gegenüber Großbritannien und vor allem den Vereinigten Staaten interpretieren und knüpfte an die Anti-Vietnam- und vor allem die Friedensbewegung an. Zugleich distanzierte sie sich von einem der Gründungsmythen Kanadas, der »nation forged in fire« – also der Nation, die im Feuer der beiden Weltkriege entstanden sei.[63] Für Edwardson ist sie ein Bestandteil des »new nationalism«.[64] Sie kann aber genauso als Reaktion auf den nuklearen »Overkill« und der damit einhergehenden Vision einer atomaren Vernichtung wie auch als Weiterentwicklung der Forderung nach einer Demilitarisierung Kanadas interpretiert werden.[65]

Es geht um das Bild des »Peaceable Kingdom«, das zuerst 1970 von William Kilborn in seiner Anthology »Canada. A Guide to the Peaceable Kingdom« beschworen wurde. Es wird als Gegenentwurf porträtiert zu »world wars, cold wars, depression and racial divisions, self-doubts and alien dominations, ...« Denn, schrieb Kilborn in seiner Einleitung, »I cannot help feeling, [...] that Canada, merely by existing, does offer a way and a hope, an alternative to insanity, in so far as there is a way and a hope for any of us in an insane world.« Kanada selbst erscheint als Prophet dieser besseren Zeit: »... this Canada of ours, might be a guide to other peoples who seek a path to the peaceable kingdom.« Und doch wollte der Herausgeber nicht primär Kanadas Licht in der Welt leuchten lassen. Vielmehr richtete sich sein Blick nach innen, propagierte er – in dezidierter Abgrenzung zum mächtigen Verbündeten im Süden – das »Friedliebende Königreich« als Kern eines erneuerten kanadischen Nationalismus und einer einzigartigen, in Gegenwart und Zukunft entstehenden kanadischen Identität.[66]

---

62   Vgl. ebd., S. 255-275; English, The Worldly Years, S. 357-369; Finkel, Our Lives, S. 153 f.; Bothwell, Alliance, S. 212-236; Chapnick, Canada's Voice, S. 166 f., 213.

63   So der Titel des Buches von Jack L. Granatstein/Desmond Morton, A Nation Forged in Fire. Canadians and the Second World War 1939-1945, Toronto 1989.

64   Vgl. Edwardson, Canadian Content, S. 138.

65   Vgl. James M. Minifie, Peacemaker or Powdermonkey. Canada's Role in a Revolutionary World, Toronto 1960.

66   Vgl. (einschl. der Zitate) William Kilbourn, Introduction, in: ders. (Hg.), Canada. A Guide to the Peaceable Kingdom, Toronto 1970, S. XI-XVIII, hier S. XI f.; Edwardson, Canadian Content, S. 16, 138.

Die Idee des »Peaceable Kingdom« lebt bis heute fort.[67] Sie ähnelt derjenigen von der pazifistischen Nation des Mit-Peacekeepers Schweden, die als eine der Quellen des UN-Engagements des skandinavischen Staates gilt.[68] Zeitgenössisch war die kanadische Vorstellung in eine gesellschaftliche und literarische Strömung eingebettet, die den friedliebenden Charakter der Kanadier betonte. Hierzu gehört auch die Abwendung vom Image des draufgängerischen kanadischen Soldaten. Sie wurde explizit in George Stanleys vielgelesener Militärgeschichte »Canada's Soldiers. The Military History of an Unmilitary People« vorgenommen, die zuerst 1954 und 1974 in einer dritten Auflage erschien. Der Untertitel war Programm; das erste Kapitel begann mit den Worten: »Canadians, French- and English-speaking, are not a military people.«[69]

In den 60er Jahren wurden ältere Angebote kollektiver Identifikation modifiziert oder beiseitegeschoben und neue Vorschläge artikuliert. Insbesondere Englisch-Kanada rückte vom britischen Erbe ab. Um die Lücke im identifikatorischen Korsett von Gesellschaft und Staat zu füllen,[70] wurden als originär kanadisch angesehene Erfahrungen und Symbole angeboten. Zugleich wurden die Grenzen zum südlichen Nachbarn deutlicher gezogen und das antiamerikanische Narrativ betont. Neu entstand die nationale Meistererzählung von einem friedlichen, konsensorientierten Kanada – einem Staat und einer Gesellschaft, die letztendlich die Mission hätten, dieses Vorbild in die Welt zu tragen.

Pro UN und Peacekeeping: United Nations Association in Canada

Das Bild eines unabhängigen kanadischen Staates, der eine eigenständige Außenpolitik insbesondere in Abgrenzung zu den Vereinigten Staaten verfolgte und auf eine konsensorientierte internationale Ordnung setzte,[71] wurde

---

67   Vgl. Edwardson, Canadian Content, S. 138; Justin Massie/Stéphane Roussel, Au service de l'unité: Le rôle des mythes en politique étrangère canadienne, in: Canadian Foreign Policy/La politique étrangère du Canada 14 (spring 2008), No. 2, S. 67-93, hier S. 77.

68   Vgl. Nilsson, Swedish Peacekeeping, S. 149.

69   George F. G. Stanley, Canada's Soldiers. The Military History of an Unmilitary People, Toronto 1954, S. 1. Dabei bleibt allerdings der Gründungsmythos unangetastet, dass die kanadische Nation aus den vergangenen Waffengängen entstanden sein. Vgl. ebd., S. 375 f. Siehe auch ders., Canada's Soldiers. The Military History of an Unmilitary People, 3. Aufl., Toronto 1974, S. 1, 444.

70   Zu dieser Lücke vgl. Igartua, Other Quite Revolution, S. 165-168.

71   Vgl. Peacekeeping in Canadian Foreign Policy. A Position Paper prepared for the Conference on Peacekeeping, Queen's University, 24.-26.2.1967, insbes. S. 25 f., LAC, MG 28-I 202, vol. 6, folder »Trudeau, Right Honorable Pierre E. – correspondence 1968-69«.

auch von der wichtigsten zivilgesellschaftlichen Organisation getragen, die sich die Förderung der Vereinten Nationen auf ihre Fahnen geschrieben hatte, der United Nations Association in Canada (UNA). Als Paradebeispiel für diese Politik und die erfolgreichen Bemühungen der Vereinten Nationen um eine friedliche Weltordnung galt der UNA das UN-Peacekeeping. So hieß es in der Einleitung zu deren 1965 herausgegebenen Informationsbroschüre »The Future of UN Peace-keeping«: »It deals with a subject of paramount importance to the life and future of the United Nations.«[72]

Wie Holmes agierte auch die UNA als Schnittstelle zwischen verschiedenen Netzwerken und gesellschaftlichen Gruppen. Sie verband Politik, Bürokratie, Wissenschaft und Zivilgesellschaft. Aus der League of Nations Association hervorgegangen,[73] beruhte sie auf dem freiwilligen Engagement ihrer überwiegend weiblichen Mitglieder,[74] aufgeteilt auf lokale Dependancen und koordiniert von einem kleinen hauptamtlichen Stab zunächst in Ottawa. Sie war und ist Teil der weltweiten Organisation der »World Federation of United Nations Associations« (WFUNA), deren nationale Mitgliedsorganisationen bis heute die Arbeit der UN in ihren Heimatländern unterstützen. In den ersten Jahren nach dem Zweiten Weltkrieg kam es in Kanada zu einem steilen Anstieg der Mitgliederzahlen von 2.600 Personen im Jahr 1946 auf bereits 4.800 im Jahr 1948. 1949 existierten 27 Zweigstellen. Die nächsten Jahre sahen nur noch eine geringere, aber weiterhin kontinuierliche Zunahme. Erst in der ersten Hälfte der 60er Jahre kam es zu einem weiteren signifikanten Anstieg bis auf 9.620 Mitglieder (1963), der vor allem auf die Zunahme von institutionellen und studentischen Mitgliedern zurückging. Damit war zugleich der Höhepunkt erreicht. Wie sich zeigte, waren die Zahlen ein guter Seismograph: Sie reflektierten die politische Großwetterlage und das Ansehen der Vereinten Nationen in der kanadischen Gesellschaft. Nach dem erzwungenen Rückzug der UNEF aus Ägypten 1967 und dem damit einhergehenden Vertrauensverlust ging auch die Zahl der Personen, die sich zur UNA hielten, dramatisch zurück. 1970 waren dies nur noch 5.606 Individuen, Familien und Institutionen.[75]

Wenn auch die freiwillige Mitarbeit Grundstock der Arbeit der UNA blieb, so konnte der nachhaltigste Einfluss doch erst in Zusammenarbeit mit der Regierung und der Bürokratie auf Bundes- und Provinzebene entfaltet

---

72 The Future of UN Peace-keeping. A Policy Paper of the United Nations Association in Canada (1965).

73 Im Mai 1945 wurde ihr Name in United Nations Society und am 26.7.1947 United Nations Association geändert. Vgl. Hal Archer, History of UNAC 1946-1986, o.D., unveröffentl. Manuskript, UNA Archives Ottawa.

74 Vgl. Brookfield, Cold War, S. 102, 115.

75 Vgl. Archer, History of UNAC, UNA Archives Ottawa; siehe insgesamt Brookfield, Cold War, S. 113-120.

werden. In dieser Beziehung war die UNA in den 60er Jahren optimal aufgestellt. Sie hielt eine enge Verbindung zur Bundesregierung, die 1969 fast
ein Drittel des Gesamtetats der UNA durch Zuschüsse trug.[76] Die UNA war
auch personell erstklassig vernetzt. Dies begann bei den Spitzen des Staates
und setzte sich bis in die Provinzen fort.[77] Ihr 1963-er Briefkopf las sich wie
ein »Who is Who« kanadischer Politik und Gesellschaft. Als Schirmherr
fungierte Generalgouverneur Vanier, als Ehrenpräsident Premierminister
Pearson; Ehren-Vizepräsidenten waren der erste in Kanada geborene Generalgouverneur und bekannteste kanadische Philanthrop Vincent Massey – ein
dezidierter Verfechter des kanadischen Nationalismus und der kanadischen
Souveränität[78] –, der amtierende liberale Außenminister Paul Martin, die
konservativen Minister a.D. Donald Fleming und Howard Green, der ehe-
malige Vorsitzende der sozialdemokratischen Co-operative Commonwealth
Federation und Mitglied der Nachfolgepartei New Demokratic Party Major
James Coldwell, der Vorsitzende des kanadischen Gewerkschaftsbundes
(Canadian Labour Congress) Claude Jodoin, der Juraprofessor und vor-
malige Präsident der kanadischen Hochschulrektorenkonferenz (National
Conference of Canadian Universities) Norman A. M. MacKenzie[79], der liberale
Parlamentsabgeordnete Marvin Gelber und Generalleutnant Burns.[80]

Auch auf der Arbeitsebene waren die Verbindungen, speziell zum Außenministerium, ausgezeichnet. William Barton, von 1964 bis 1970 UN-Abteilungsleiter, und dessen Mitarbeiter Geoffrey Pearson, Sohn von Premierminister
Lester Pearson und von 1975-1978 Generaldirektor für UN-Angelegenheiten
(Bureau of UN Affairs), gehörten der UNA an. Geoffrey Pearson amtierte von
1999 bis 2003 sogar als UNA-Präsident, wie 20 Jahre zuvor, von 1979 bis 1982,

---

76   Vgl. Robin Skuce, Co-Director, an Government Grants Committee, c/o Fredericton, N. B.,
      3.12.1969, LAC, MG 28-I 202, vol. 22, folder »New Brunswick – Dept. of Education –
      correspondence 1959-70«.
77   Wichtiger Funktionsträger aus den Provinzen war Prof. Colwyn Williams, von 1970-1971
      UNA-Präsident. Er unterrichtete an der University of Saskatchewan und hatte zeitweilig
      der North Saskatchewan Branch der UNA vorgestanden. Der spätere UNA-Präsident John
      Humphrey, lehrte als Rechtsprofessor an der McGill University in Montreal und leitete
      kurzfristig die dortige UNA-Dependance. Vgl. G. W. Leckie, UNA North Saskatchewan
      Branch, an UN-Division, DEA, 17.12.1964, LAC, RG 25, vol. 10134, 21-14-2-1, pt. 1; Archer,
      History of UNAC, Anlage »National Presidents«, UNA Archives Ottawa; Canadian Who's
      Who 1980, S. 467.
78   Vgl. Karen A. Finlay, The Force of Culture. Vincent Massey and Canadian Sovereignty,
      Toronto u.a. 2004.
79   Vgl. Canadian Who's Who 1980, S. 610.
80   Vgl. »Support UN Peace Force«, UNA-Pressemitteilung 30.9.1963, LAC, RG 25, vol. 10134,
      21-14-2-1, pt. 1.

sein Diplomatenkollege, der ehemalige kanadische UN-Botschafter George Ignatieff. Zwei UNA-Präsidenten aus den 6oer und 7oer Jahren konnten auf eine längere UN-Karriere zurückblicken: John-Peter Humphrey leitete von 1946-1966 die Menschenrechtsabteilung des UN-Sekretariats, und auch John King Gordon gehörte von 1950 bis 1961 dem UN-Sekretariat an, unter anderem als Direktor des UN-Informationszentrums für den Nahen Osten in Kairo.[81]

Ausgeprägt waren auch die individuellen, institutionellen und inhaltlichen Beziehungen zum CIIA: Seit Holmes dort die Leitung übernommen hatte, gab das CIIA Schriften von Humphrey, Barton, Gordon und Ignatieff heraus, zudem auch von Robert W. Reford, einem bekannten Journalisten, von 1971 bis 1978 Geschäftsführender Direktor (Executive Director) des CIIA und von 1985 bis 1987 UNA-Präsident.[82] Gordon gehörte darüber hinaus zu den Initiatoren der jährlichen »Banff Conference on World Affairs«, die 1963 bis 1969 in Kooperation von UNA und CIIA stattfand und auf der Premierminister Pearson 1964 die Eröffnungsrede hielt. Den Höhepunkt erreichte die Konferenzreihe 1965. 120 Teilnehmer nahmen in diesem Jahr an der Tagung teil, die unter dem Titel »Canada's Role as a Middle Power« stand.[83] Damit war ein zentrales Thema gefunden worden, das nicht nur Holmes entschieden vertrat, sondern das auch von Diplomaten, UNA-Aktivisten und CIIA-Mitgliedern breit unterstützt wurde.

Vorträge und Konferenzen sowie ein Bildungsprogramm, das sich vorwiegend an Schulen richtete, bildeten zwei wichtige Pfeiler der UNA-Öffentlichkeitsarbeit. Hierdurch wurden Mitglieder, allgemein Interessierte, Lehrer und Schüler über die Vereinten Nationen informiert. Dabei spielte das Peacekeeping thematisch eine wichtige Rolle. Im Rahmen der zuerst genannten Veranstaltungen kooperierte die UNA eng mit Politikern und Beamten des Außenministeriums sowie Wissenschaftlern und nicht zuletzt dem CIIA. Außenminister Martin legitimierte den jährlichen finanziellen Zuschuss an die UNA mit dem Hinweis, dass diese die Politik der Regierung zu verbreiten

81 Vgl. Archer, History of UNAC, Anlage »National Presidents«, UNA Archives Ottawa; The Canadian Who's Who, Bd. 10: 1964-1966, Toronto 1966, S. 414; Who's Who 1980, S. 467; Who's Who 2001, S. 76, 1012.

82 John P. Humphrey, The United Nations and human rights, Toronto 1963; William H. Barton, Who will pay for peace? The UN crisis, Toronto 1965; John King Gordon (Hg.), Canada's role as a middle power. Papers given at the third annual Banff Conference on World Development, August 1965, Toronto (1966); George Ignatieff, General A. G. L. McNaughton. A soldier in diplomacy, Toronto 1967; Robert W. Reford, Making defence policy in Canada, Toronto 1963; ders., Merchant of death?, Toronto 1968; ders., Canada and three crises, Toronto (1968). Zu Reford vgl. Archer, History of UNAC, Anlage »National Presidents«, UNA Archives Ottawa; Canadian Who's Who 1980, S. 813.

83 Vgl. Janzen, Growing to One World, S. 346-349.

half.[84] Da sich deren Positionen Mitte der 60er Jahre tatsächlich weitgehend deckten,[85] was wohl nicht zuletzt auf die personellen Verflechtungen zurückzuführen ist, verwundert es nicht, dass auf den UNA-Seminaren Diplomaten ein Forum erhielten, um ihre Sicht auf die kanadischen Außenbeziehungen und die Vereinten Nationen darzulegen. Martin, Murray, Barton und Geoffrey Pearson waren gern gesehene Gäste. Aber auch Holmes hielt des Öfteren Vorträge auf Versammlungen der UNA-Dependancen.[86] Wenn Martin nur wenige Wochen nach dem Höhepunkt der Zypern-Krise eine Rede vor UNA-Mitgliedern in Ottawa hielt, dann zeichnete er diese symbolisch aus und half damit, die UNA als *in-group* zu konstituieren, die selbst den einfachen Mitgliedern die Möglichkeit gab, sich nahe an den politischen Entscheidungsabläufen und -trägern zu wähnen.[87] Umso einfacher musste es fallen, auf den Veranstaltungen Multiplikatoren für die gemeinsame Position zu finden, die darauf ausgerichtet war, die eigenständige und besondere Rolle Kanadas in den internationalen Beziehungen und speziell bezogen auf die Vereinten Nationen zu betonen. Auf diese direkte Weise, als Kommunikation unter Anwesenden,[88] wurde auch die Ansicht von Kanada als einem Modell-Peacekeeper in die Gesellschaft hineingetragen, wobei offensichtlich schwierig zu evaluieren ist, inwieweit die verbreiteten Meinungen letztlich von den jeweiligen Auditorien akzeptiert wurden.

Auch das groß angelegte Bildungsprogramm der UNA[89] entstand in Zusammenarbeit mit den öffentlichen Verwaltungen, in diesem Fall vorwiegend auf Provinzebene. Denn wenn Schulen erreicht werden sollten, musste die Kulturhoheit der Provinzen beachtet werden. Die UNA unternahm eine Reihe

---

84   Vgl. Text of a speech made by the Secretary of State for External Affairs, the Honourable Paul Martin, to the Ottawa Branch of the United Nations Association, Ottawa, May 4, 1964, Statements and Speeches 64/11.

85   Z. B. forderte auch die UNA stehende UN-Streitkräfte. Vgl. »Support UN Peace Force«, UNA-Pressemitteilung 30.9.1963, LAC, RG 25, vol. 10134, 21-14-2-1, pt. 1.

86   Vgl. Lieutenant-Colonel R. B. Tackaberry, Canadian Forces HQ Ottawa, an Geoffrey Pearson, 27.6.1966, LAC, RG 25, vol. 10134, 21-14-2-1, pt. 2; Bestandsübersicht der Veröffentlichungen, Reden etc. (Stand: Oktober 2008), TCA, John Holmes fonds, F2260; Chapnick, Canada's Voice, S. 145 f., 169 f.

87   Vgl. Text of a speech made by the Secretary of State for External Affairs, the Honourable Paul Martin, to the Ottawa Branch of the United Nations Association, Ottawa, May 4, 1964, Statements and Speeches 64/11.

88   Die direkte Kommunikation hebt die Distanz, welche die indirekte, schriftliche Kommunikation beinhaltet, auf, bleibt aber, da sie komplexer ist, prinzipiell unverbindlicher. Vgl. Rudolf Schlögel, Kommunikation und Vergesellschaftung unter Anwesenden. Formen des Sozialen und ihre Transformation in der Frühen Neuzeit, in: Geschichte und Gesellschaft 34 (2008), S. 155-224, hier bes. S. 164-166, 177.

89   Vgl. Brookfield, Cold War, S. 118.

von Initiativen, um allgemein über die Vereinten Nationen aufzuklären, deren
Rolle hervorzuheben und nicht zuletzt über die UN-Blauhelme sowie den
kanadischen Peacekeeping-Beitrag zu informieren. Hierzu gehörten zum Beispiel Vorschläge, den »UN Day«, also den 24. Oktober, in den Schulen zu be-
gehen. Die einfachste Möglichkeit, um im wahrsten Sinne des Wortes Flagge zu
zeigen, wäre es, die UN-Flagge aufzuziehen, riet ein Schreiben vom August 1965.
Eine »Model UN General Assembly«, also ein Rollenspiel von Schülern, die als
Repräsentanten verschiedener Länder eine Sitzung der Generalversammlung
nachstellten, wäre dagegen ein ambitioniertes Projekt. Als Thema könne unter
anderem über die Finanzierung von Peacekeeping-Operationen gesprochen
werden, lautete ein entsprechender Vorschlag. Themenvorschläge für Reden
anlässlich des UN-Days umfassten insbesondere elaborierte Hinweise auf das
Peacekeeping, sowohl allgemein als auch bezogen auf einzelne Operationen,
wobei der prinzipielle Erfolg der Maßnahmen herausgestellt werden sollte.[90]

Um die Lehrer adäquat zu unterstützen und ihre Informationen an die
Bildungs-Curricula anzupassen, verfolgten die UNA und ihre einzelnen
Dependancen, wie an den Schulen über die Vereinten Nationen gelehrt wurde.
Dabei konnten sie bis Mitte der 60er Jahre eine positive Entwicklung feststellen, wenn auch die Fortschritte in den einzelnen Provinzen unterschiedlich ausfielen. In Ontario und Saskatchewan wurde in neuen Kursen verstärkt
über die Vereinten Nationen unterrichtet. Zumindest in Ontario war an dieser
Entwicklung auch ein Mitglied des »Educational Policy Committee« der UNA
beteiligt, der in der für Lehrpläne und Schulbücher zuständigen »Curriculum
and Text-Books Branch« der Provinzverwaltung arbeitete.[91] Auch in British
Columbia gehörten Fragen zur UN zum Kanon der Prüfungsaufgaben des
dortigen Bildungsministeriums. Dabei wurden offensichtlich nicht nur Kenntnisse abgefragt, sondern die Schüler animiert, eine positive Haltung gegenüber der UN und Kanadas Außenpolitik einzunehmen. Das Peacekeeping
wurde prinzipiell als erfolgreich und Kanadas UN-Politik als »one of the major
cornerstones of Canadian foreign policy« dargestellt. Um die allgemein positive

---

90   Vgl. Observing ›UN Day‹ in the Schools, UNA National Office, August 1965, LAC, MG 28
      I 202, vol. 22, folder »Model General Assemblies Observing UN Day in Schools – 1965«;
      24 October 1965 – 20th Anniversary of the United Nations. Suggestions for Speakers,
      o.D., S. 6 f., LAC, MG 28 I 202, vol. 22, folder »Mount Allison University-Seminar Atlantic
      Provinces – correspondence 1967«.

91   Vgl. Teaching about UN in the Primary School. The Canadian Scene, UNA-Working
      Paper der WFUNA Delegation to World Confederation of Organizations of the Teaching
      Profession Meeting, Paris, 31.7.-7.8.1964 u. Teaching about the United Nations. Progress
      Made since 1959. Canada. Report prepared by the Canadian Education Association,
      25.6.1963, LAC, MG 28 I 202, vol. 22, folder »Miscellaneous Reports on ›Teaching About‹
      1963«.

Rolle Kanadas in der Welt zu betonen, wurde zudem auf dessen Beitrag zur Entwicklungshilfe hingewiesen, wobei ein unterschwellig paternalistischer Ton als zeittypisch auffällt, wenn von den »rückständigen und unterentwickelten Ländern der Welt« (»the backward and underdeveloped countries of the world«) gesprochen wird.[92]

Das vermutlich mit Abstand erfolgreichste Instrument, mit dem die UNA über Jahre Zehntausende von Lehrern und Schülern erreichte, war die vierseitige Broschüre *World Review*, die zehnmal im Jahr erschien. In diesem Faltblatt wurden aktuelle Ereignisse, die mit der UN in Beziehung standen, knapp und pointiert angesprochen und zentrale UN-Institutionen vorgestellt. Hierunter waren auch regelmäßig Themen, die das Peacekeeping mit einbezogen. Die *World Review* wurde zum Selbstkostenpreis von einzelnen Provinzen angefordert und kostenlos an den weiterführenden Schulen (High Schools), und hierbei vor allem an Lehrer als die entscheidenden Bildungsmultiplikatoren, verteilt. 1963 nahmen beispielsweise die Bildungsministerien von British Columbia, Manitoba, Ontario, New Brunswick, Nova Scotia und Prince Edward Island an diesem Programm teil. 1969 waren es acht Provinzen, welche die *World Review* und deren französische Übersetzung *La Revue Mondiale* bezogen. Die Auflage stand in diesem Jahr bei 76.000 Exemplaren. Damit erreichte die *World Review* die Mehrzahl der englischsprachigen Sekundarschulen in Kanada und *La Revue Mondiale* zumindest die französischsprachigen Schulen in New Brunswick. Die Broschüre entwickelte sich sogar in gewissem Umfang zu einem Exportschlager. So konnte der UNA-Geschäftsführer (National Director) 1962 darauf verweisen, dass sie in Indien und Neuseeland nachgedruckt wurde und in Nigeria, Gabun, Dahomey sowie im Tschad, im Kongo und in Madagaskar zirkulierte.[93]

Knotenpunkt und Meinungsführerschaft: Die UN-Abteilung im Außenministerium

Im April 1964 erschien eine Ausgabe der World Review, die sich ausschließlich mit »The Men in the Blue Berets. UN Peace-keeping: the Experience to

---

92   Vgl. (einschl. d. Zitate) Sample Questions on the United Nations from former B.C. Department of Education Examinations, 14.8.1963, ebd.

93   Vgl. Teaching about UN in the Primary School. The Canadian Scene, UNA-Working Paper der WFUNA Delegation to World Confederation of Organizations of the Teaching Profession Meeting, Paris, 31.7.-7.8.1964, ebd. u. insges. LAC, MG 28 I 202, vol. 22, folder »New Brunswick – Dept. of Education – correspondence 1959-70« u. folder »Nova Socotia – Dept. of Education – correspondence 1959-69«.

Date« beschäftigte. Sie war vom Rechtsprofessor Colwyn Williams, einem späteren UNA-Präsidenten, verfasst worden. Es handelte sich dabei um eine ausgewogene Darstellung. Trotzdem wurden einige für das sich entwickelnde kanadische Peacekeeping-Narrativ wichtige Sprachregelungen reproduziert und somit Kanadas Rolle und Fähigkeiten im internationalen Peacekeeping besonders hervorgehoben. Hierzu gehörten die Hinweise, dass die erste wirkliche UN-Streitmacht auf Lester Pearsons Initiative zurückgegangen sei und die kanadischen Blauhelme in den UN-Missionen allein schon aufgrund ihrer erstklassigen Ausrüstung unverzichtbare Funktionen übernähmen. Letztgenannte Aussage fand sich sinngemäß auch im kanadischen Verteidigungsweißbuch von 1964.[94] Zudem wurde das Peacekeeping als wichtigster Ausdruck der kanadischen Unterstützung der Vereinten Nationen bezeichnet. In diesem Zusammenhang und um sein Argument zu unterstreichen, verwies der Autor darauf, dass kanadische Soldaten bis dato an fast allen Peacekeeping-Operationen teilgenommen hätten. Dieser durchaus korrekte und ebenfalls bereits im Verteidigungsweißbuch zu findende Hinweis[95] sollte in den folgenden Jahrzehnten immer wieder bemüht werden, um die Bedeutung Kanadas für das Peacekeeping herauszustreichen und um diese Tradition als Argument für eine weitere Beteiligung an UN-Blauhelm-Einsätzen ins Feld zu führen. Außenminister Martin hatte die letztgenannte Argumentationslinie während der Zypern-Krise prototyptisch vorgegeben. Professor Williams bediente in seiner Broschüre also einige der Thesen, die dazu beitragen sollten, das Peacekeeping als spezifischen Ausdruck Kanadas und der kanadischen Rolle in der Welt in der kanadischen Gesellschaft zu verankern.[96]

Nicht nur inhaltlich, sondern auch von ihrer Entstehungsgeschichte her zeigte die Broschüre, wie sehr die UNA zumindest in diesem Fall die Position der Regierung bzw. des Außenministeriums und im weiteren Sinne auch diejenige des UN-Sekretariats reproduzierte. Denn der Beitrag basierte, wie im Außenministerium aufmerksam vermerkt wurde, auf zwei Referaten von General Rikhye, dem Militärberater des UN-Generalsekretärs, und Geoffrey Murray von der UN-Abteilung des Außenministeriums, die diese im Mai 1963 während eines Seminars in Saskatoon, der Heimatstadt von Professor Williams, gehalten hatten.[97]

---

94 Vgl. White Paper on Defence 1964, in: Bland (Hg.), Canada's National Defence, Bd. 1, S. 87.

95 Vgl. ebd., S. 86. Siehe auch J. O. Parry, UN Division, an Williams, 24.8.1964, LAC, RG 25, vol. 10134, 21-14-2-1, pt. 1.

96 Vgl. The Men in the Blue Berets. UN Peace-keeping: the Experience to Date. World Review April 1964, LAC, RG 25, vol. 10134, 21-14-2-1, pt. 1.

97 Vgl. Memorandum, Information Division an United Nations Division, 7.4.1964, mit handschr. Notizen, LAC, RG 25, vol. 10134, 21-14-2-1, pt. 1.

Überhaupt erwies sich die UN-Abteilung im Außenministerium als eine Clearingstelle oder, in den Worten der neueren Netzwerkforschung, als ein »Broker«[98] des Peacekeeping-Netzwerkes. Denn während John Holmes individuell Personen verband, diente die UN-Abteilung institutionell als wichtige Anlaufstelle für die Verbreitung des Peacekeeping-Gedankens auch und gerade nach innen. An sie wurden Anfragen aus der Bevölkerung, von Schulen und von Nicht-Regierungsorganisationen gerichtet, wie der UNA, der World Federalists of Canada oder der damals einflussreichen Wohltätigkeits-organisation Imperial Order Daughters of the Empire (IODE). Die Abteilung arbeitete mit dem Verteidigungsministerium zusammen, um die Öffentlich-keitsarbeit hinsichtlich des Peacekeepings zu koordinieren.[99] Hierbei zeigte sich, dass auch die Streitkräfte daran interessiert waren, in der Bevölkerung das Interesse für das kanadische Peacekeeping zu wecken oder zu erhalten. Zu-mindest auf der Arbeitsebene scheinen die beiden Ministerien Mitte der 6oer Jahre vertrauensvoll kooperiert zu haben. Nicht zuletzt wandten sich schließ-lich auch Wissenschaftler mit ihren Fragen an die Außenamtsbeamten.[100]

Dabei übernahm die Abteilung in gewisser Weise die Meinungsführerschaft, wie sich am Beispiel der *World Review*-Ausgabe zu den Blauhelmen zeigt. Oder sie fungierte als Korrektiv, zum Beispiel wenn sie das Manuskript eines Wissen-schaftlers gegenlas. So wünschte der Politologe Professor Peyton V. Lyon vom »lieben Geoff« (»Dear Geoff«) im Dezember 1964 eine schnelle Durchsicht eines Beitrags zu »Canadian foreign and defence policy 1964« – einen Ge-fallen, den ihm Geoffrey Pearson tat. In seinem Manuskript bezeichnete Lyon Kanada als »enthusiastic UN peace-keeper« und betonte den »idealism of Canadians«. Er identifizierte die Außenpolitik allgemein und das Peacekeeping

---

98   Vgl. Wolfgang Seibel/Jörg Raab, Verfolgungsnetzwerke. Zur Messung von Arbeitsteilung und Machtdifferenzierung in den Verfolgungsapparaten des Holocaust, in: Kölner Zeit-schrift für Soziologie und Sozialpsychologie 55 (2003), 2, S. 197-230, hier S. 205, 215.

99   Zum Einfluss von Verteidigungs Jan Erik Schulte- und Außenministerium auf die Produktion von Peacekeeping-Filmen in den 5oer und 6oer Jahren vgl. McCullough, Creating, S. 85-93.

100 Vgl. G. W. Lecki, UNA North Saskatchewan, an J. O. Parry, UN Division, DEA, 17.12.1964, Parry an Colonel H. Tellier, DND, 28.12.1964; Parry an Leckie, 28.12.1964, Memorandum Barton an H. Basil Robinson, 9.12.1964, Barton an Prof. Norman J. Padelford, Massachusetts Institute of Technology, 22.9.1964, Colwyn Williams an Murray, 5.8.1964, LAC, RG 25, vol. 10134, 21-14-2-1, pt. 1; Colonel G. G. Bell, DND, an Barton, 7.11.1966, Jessie Skippon, IODE, an Barton, 22.11.1966, Barton an Skippon, 24.8.1966, T. F. M. Newton, Historical Division, DEA, an UN Division, DEA, 16.8.1966, Barton an Granatstein, 7.9.1965, Memorandum Defence Liaison (1) Division, DEA, an H. Basil Robinson, 29.6.1966; C. S. Burchill, Präsident World Federalists of Canada, an Geoffrey Pearson, 23.2.1965 u. weitere Dokumente in ebd., vol. 10134, 21-14-2-1, pt. 2.

im Besonderen als Mittel, um die Existenz einer eigenständigen kanadischen Nation zu legitimieren. Und obwohl er Kanada die Führungsrolle bei der als »immensly difficult« herausgestellten Zypern-Mission zuschrieb,[101] empfand Geoffrey Pearson den gesamten Beitrag als zu negativ. »My only general comment would be«, schrieb er, »that you are perhaps a bit too skeptical of peace-keeping and Canada's efforts to play a part.«[102]

Diese Episode zeigte abermals, wie weitgehend zentrale Stereotype des sich bildenden Peacekeeping-Narrativs auch von Wissenschaftlern reproduziert wurden: Eine spezifische Außenpolitik und besonders die kanadischen Blauhelme erschienen als Ausdruck nationaler Eigenständigkeit. Als Idealisten wären die Kanadier besonders dafür geschaffen, das UN-Peacekeeping zu unterstützen. Peacekeeping war also mehr als ein außenpolitisches Instrument, es versinnbildlichte die kanadische Nation und ihre Werte. Darüber, dass dieses nicht mehr nur für die Außenpolitik, sondern auch für das nationale Selbstverständnis wichtige Bild positiv besetzt wurde, wachte nicht zuletzt die UN-Abteilung im Außenministerium.

Aufbruch- und Katerstimmung

Auch über den engeren Kreis des Peacekeeping-Netzwerkes hinaus scheinen die kanadischen Beiträge zu den UN-Blauhelm-Operationen auf breite Akzeptanz gestoßen zu sein. Dies deutete sich in Presseartikeln und Zeitungskommentaren an. Zudem drückten Individuen und Nichtregierungsorganisationen gegenüber Pearson ihre Zustimmung zu seiner Politik aus, wobei gerade aus der Friedensbewegung eine positive Resonanz kam. In den Schreiben an den Premierminister wurden wichtige Elemente des Peacekeeping-Narrativs wiederholt: Pearson als Gründungsvater der Blauhelme, die Abgrenzung von den USA, Kanada als neutraler Mediator, eine altruistische Unterstützung der UN, der Wunsch nach einer stehenden UN-Streitmacht wie auch nach kanadischen Streitkräften, die vorwiegend für Peacekeeping-Aufgaben bereitstünden, und »Canada's tradition in world peace-keeping«, wie der Geschäftsführende Direktor der World Federalists of Canada schrieb.[103] In der Friedensbewegung

---

101 Vgl. (einschl. d. Zitate) Manuskript Lyons, o.D. u. Anschreiben Lyon an Geoffrey Pearson, 10.12.1964, LAC, RG 25, vol. 10134, 21-14-2-1, pt. 1.

102 Geoffrey Pearson an Lyon, 17.12.1964, ebd.

103 Vgl. ›Weak Link‹, William Mitchell, North Vancouver, Leserbrief, *Vancouver Sun*, 9.9.1963, LAC, MG 26 N3, vol. 270, file 820 Conf., u. die direkt an Pearson gerichteten Schreiben v. President Voice of Women Manitoba Branch, Winnipeg, 13.5.1965, William D. W., Victoria, B. C., 20.5.1964, Mr and Mrs. Paul Le B., Victoria, B. C., 23.5.1964,

galt das Peacekeeping als nationaler Ausbruch aus dem Rüstungswettlauf und dem nuklearen Overkill. »In a world threatened by nuclear destruction this [Peacekeeping] is the only kind of military action that makes sense.«, ließ die Zweigstelle Ottawa der »Canadian campaign for nuclear disarmament« verlauten.[104] Zugleich drängten zivilgesellschaftliche Organisationen die Regierung, die Blauhelme noch weitergehender zu unterstützen.[105] Ein Kirchenkomitee regte an, eine UN »peace-keeping force between north and south Viet Nam« einzusetzen.[106] Und Behördenvertreter aus den Provinzen wandten sich mit zum Teil unpraktischen, aber offensichtlich aufrichtigen Vorschlägen an das Außenministerium. So wurde beispielsweise erwogen, einige Quadratmeilen kanadischen Territoriums der UN zu schenken, damit diese dort eine Peacekeeping-Truppe aufbauen könne.[107]

Gerade die mit der Thematik befassten Wissenschaftler, als Multiplikatoren besonders wichtig, scheinen sich mit dem Peacekeeping identifiziert und ihm als Ausdruck kanadischer Unabhängigkeit und nationaler Einheit große Bedeutung beigemessen zu haben. Ihre Ansichten deckten sich mit denjenigen weiter Teile der Bevölkerung. Fast konnte man den Eindruck gewinnen, dass der Versuch, das Peacekeeping-Narrativ in die Gesellschaft hinein zu vermitteln, über die begrenzten Ziele der Initiatoren hinausgegangen war und eine von ihnen zumindest verwundert wahrgenommene Eigendynamik entwickelt hatte. Außenamts-Staatssekretär Marcel Cadieux stellte jedenfalls in einem Tagungsbericht für seinen Minister etwas erstaunt fest:

One of the interesting developments at the Conference[108] was the strong support for peace-keeping shown by nearly all of the non-governmental representatives [die Wissenschafter]. Many of those[109] envisaged peace-

---

Henk W. Hoppener, Executive Director, National Executive, World Federalists of Canada, 20.4.1964, Canadian campaign for nuclear disarmament, Ottawa branch, 25.3.1964; alle LAC, MG 26 N3, vol. 270, file 820.2. Siehe auch LAC, MG 26 N3, vol. 270, file 820.21, pt. 1 mit weiteren, zu über zwei Dritteln positiven Schreiben speziell zur Zypern-Krise.

104   Canadian campaign for nuclear disarmament, Ottawa branch, 25.3.1964, LAC, MG 26 N3, vol. 270, file 820.2.

105   Vgl. Memorandum Cadieux an SSEA, 16.10.1964, LAC, RG 25, vol. 10134, 21-14-2-1, pt. 1.

106   Resolution Edmonton Committee on the Church and International Affairs, United Church, 26.3.[1965], LAC, MG 26 N3, vol. 270, file 820.2.

107   Vgl. Roy W. Balston, Director Medicine Hat Regional Planning Commission, Alberta, an Alderman Mrs. H. Beny Gibson, Coin des Caps, Quebec, 4.12.1964, Memorandum v. Max H. Wershof, Assistant USSEA, 16.12.1964, LAC, RG 25, vol. 10134, 21-14-2-1, pt. 1.

108   Sie fand vom 24.-26.2.1967 in Kingston statt, war vom CIIA und der Queen's University organisiert und von Diplomaten, Militärs und Wissenschaftlern besucht worden.

109   Oder »these«. Der Text ist hier schlecht lesbar.

keeping as a defence and foreign policy role for Canada which would do much to give this country a sense of purpose and independence and would be a considerable unifying force internally. It was also clear that many members of the academic community considered U.N. peace-keeping as a much more morally worthwhile activity than alternative roles in defence and foreign policy.[110]

Die offensichtlich erfolgreiche Politik, ein Bewusstsein für die besondere Funktion des Peacekeepings in der kanadischen Gesellschaft zu schaffen, und die weit verbreitete positive Haltung gegenüber der Aussendung kanadischer Blauhelm-Soldaten erhielten allerdings einen dramatischen Dämpfer, als die ägyptische Regierung im Mai 1967 ultimativ befahl, die United Nations Emergency Force aus Ägypten abzuziehen. Diese Aufforderung und der über-stürzte Abzug wurden als schwere Niederlage Kanadas und des UN-Peace-keepings insgesamt angesehen. Auf der internationalen Bühne wurde diskutiert, ob Ägypten überhaupt das Recht habe, den Abzug der UN-Truppen zu fordern. Die schnelle Entscheidung des UN-Generalsekretärs, sich den Forderungen aus Kairo zu beugen, wurde international und auch in Kanada zum Teil scharf kritisiert. Die kanadische Regierung und vor Ort ihr Vertreter, UN-Botschafter Ignatieff, verwiesen darauf, dass eine einmal gegebene Zu-stimmung nicht unilateral zurückgezogen werden könne, sondern die General-versammlung der Vereinten Nationen mitentscheiden müsse. Für Kanada wurde die Situation noch dadurch verschärft, dass die ägyptische Regierung am 27. Mai das kanadische Kontingent aufforderte, ihr Land innerhalb von 48 Stunden zu verlassen. Obwohl es dem kanadischen Militär gelang, ihre Angehörigen zügig abzuziehen[111] und dadurch Verluste bei dem unmittelbar danach beginnenden Sechs-Tage-Krieg zu vermeiden, blieb der kanadische Stolz angekratzt. UNEF hatte fast elf Jahre lang den Frieden in der Region

---

110 Memorandum Cadieux an Minister, 8.3.1967, LAC, RG 25, vol. 10132, file 21-14-2, Pt. 2. Zu den Teilnehmern gehörten unter anderem Lloyd Axworthy, College-Dozent aus Winnipeg und zukünftiger liberaler Außenminister, John King Gordon von der Uni-versity of Alberta, späterer UNA-Präsident, Jack Granatstein, John Holmes, Peyton Lyon, Robert Reford, damals vom *Ottawa Citizen*, und Henry Wiseman. Vgl. Tagungsprogramm und Teilnehmerliste »Conference on Peacekeeping«, 24.-26.2.1967, ebd. Zur Position von Axworthy und dessen Beziehung zu Holmes siehe Chapnick, Canada's Voice, S. 171 f.

111 Tatsächlich verließen die letzten kanadischen Truppen am 31.5.1967 per Lufttransport Ägypten. Vgl. DEA an kanadische Botschaft in Kairo, 1.6.1967, LAC, RG 24, vol. 10643, file 21-14-6-UNEF-1, pt. 4.

aufrechterhalten, entschlossenen Kriegsparteien allerdings, so urteilt der Historiker Michael K. Carroll, konnte sie wenig entgegensetzen.[112]

Da es der UN in den vergangenen Jahren zudem nicht gelungen war, die verfeindeten Parteien auf Zypern zu einer friedlichen Koexistenz zu bewegen und somit das UN-Kontingent auf unbestimmte Zeit an die Insel gefesselt schien, schlitterte das UN-Peacekeeping in eine große Krise. Zudem kam es gerade 1967 wieder vermehrt zu Feuergefechten auf der Insel. Nicht zuletzt deshalb reduzierte Ottawa seine dort dislozierten UN-Truppen um die Hälfte.[113] Auch in Kanada waren daher Töne zu hören, welche die Blauhelm-Operationen generell kritisierten und einen Abgesang auf das Peacekeeping anstimmten. Dieser Kritik schlossen sich zumindest die Teile des Establishments und der Bevölkerung an, die sich öffentlich artikulierten.[114]

Unter Pearson als Premierminister war Kanada nicht nur wieder als Avantgarde des Peacekeeping aufgetreten, sondern während seiner Amtszeit erlebte diese Politik und die damit einhergehende Überzeugung von der besonderen außenpolitischen Rolle Kanadas ihren bis dahin größten Rückschlag. Vor dem Hintergrund der bis dato als erfolgreich wahrgenommenen Außenpolitik des liberalen Kabinetts war es einem Peacekeeping-Netzwerk jedoch bereits gelungen, ein zunehmend eindeutigeres Peacekeeping-Narrativ auf breiter Front und in unterschiedlichen gesellschaftlichen Teilöffentlichkeiten zu verbreiten. Häufig handelte es sich dabei zwar noch um einen Elitendiskurs.[115] Aber auch darüber hinaus wurden, gerade durch die Bildungsinitiativen der UNA, weite Bevölkerungskreise angesprochen. Ob und welche Rolle das Peacekeeping künftig in der kanadischen Politik spielen würde, hing daher nicht nur von den politischen Entscheidungsträgern ab, sondern auch von der Frage, inwieweit sich gesellschaftliche Eliten und Nichtregierungsorganisationen sowie darüber hinaus im weiteren Sinne die Zivilgesellschaft mittel- und langfristig mit dem Peacekeeping identifizieren würden. Die Chancen hierfür standen nicht schlecht. Denn trotz der Enttäuschung des Jahres 1967 dockten Peacekeeping-Politik und Peacekeeping-Narrativ an die neuen Nationalismen und gesellschaftlichen Selbstverortungsstrategien an, die besonders seit den 6oer Jahren in Abgrenzung von Großbritannien und den Vereinigten Staaten die kanadische Eigenständigkeit betonten. Die Grundlagen für die

---

112   Vgl. Ignatieff an DEA 18.5.1967 u. Memorandum for Minister, 18.5.1967, LAC, RG 24, vol. 10642, file 21-14-6-UNEF-1, pt. 2; Maloney, Canada and UN Peacekeeping, S. 229-235; Carroll, Pearson's Peacekeepers, S. 161-181, bes. S. 181; Bothwell, Alliance, S. 266-269.

113   Vgl. insges. Maloney, Canada and UN Peacekeeping, S. 224-229.

114   Vgl. ebd., S. 235; Donaghy, Grit, S. 281; McCullough, Creating, S. 128-130.

115   Siehe auch Chapnick, Canada's Voice, S. 174 f.

Weiterentwicklung des Peacekeepings sowohl als außenpolitisches Instrument als auch als Ausdruck kanadischer Selbstwahrnehmung waren damit gelegt. Allerdings war die Stärke der Krise von 1967 noch nicht abzusehen, vor allem auch, da der neue Regierungschef Pierre Elliott Trudeau eine Abkehr von der bisherigen Außenpolitik und dem von ihm verachteten Bild von Kanada als dem »helpful fixer« propagierte.[116]

---

116 Vgl. John English, Just Watch Me. The Life of Pierre Elliott Trudeau, vol. 2: 1968-2000, Toronto 2010, S. 62.

KAPITEL 7

Neue Rhetorik und traditionelle Praxis
Die Ära Trudeau

»Trudeaumania« – mit diesem Wort wird die fast hysterische Begeisterung breiter Bevölkerungsgruppen für Pierre Elliott Trudeau beschrieben, der im April 1968 die Nachfolge Pearsons als liberaler Parteichef und Premierminister Kanadas antrat. Auf ihn projizierten sich Vorstellungen vom Idealbild eines Politikers, der die Veränderungen der 6oer Jahre repräsentierte. Mit 48 Jahren für einen Regierungschef relativ jung, sportlich, abenteuerlustig, bilingual, weitgereist und ledig strahlte er eine Energie aus, die die alte politische Elite verblassen ließ. In Montreal geboren, Sohn eines erfolgreichen frankophonen Geschäftsmannes, hatte sich der Juraprofessor frühzeitig politisch im linken Spektrum engagiert. Der Regierung Pearson gehörte er zunächst als dessen Parlamentssekretär (parliamentary secretary) an und danach als Justizminister. Auch wenn die überschwängliche öffentliche Euphorie bald nachzulassen begann, konnten Trudeau und seine Politik doch über lange Jahre überzeugen, so dass er, abgesehen von der kurzen Phase eines konservativen Regierungsintermezzos 1979/80, bis zum Juni 1984 die Geschicke Kanadas lenkte.[1]

Neue Rhetorik

Nach einhelliger Meinung dominierten innenpolitische Themen die Regierungszeit Trudeaus. Auf diesem Feld lagen auch bewusst seine Prioritäten und langfristigen Ziele. Seine Außenpolitik sei dagegen eher sprunghaft und ohne kohärente Linie gewesen. Sie habe sich im Kreise gedreht, meinen Jack Granatstein und Robert Bothwell, die ihrem Buch über Trudeaus Außenpolitik daher den Titel »Pirouette« gaben, eine Anspielung auf eine Tanzeinlage des Premierministers bei einem Besuch in Großbritannien.[2] Wenn also die äußeren Beziehungen als unstet erschienen, stellt sich besonders die Frage nach den Auswirkungen auf das seit Ende der 4oer Jahre international und national

---

1 Siehe das zweibändige biografische Standardwerk v. John English, Citizen of the World. The Life of Pierre Elliott Trudeau, vol. 1: 1919-1968, Toronto 2007 u. Englisch, Trudeau 1968-2000.
2 Vgl. Jack L. Granatstein/Robert Bothwell, Pirouette. Pierre Trudeau and Canadian Foreign Policy, Toronto u.a. 1990.

© VERLAG FERDINAND SCHÖNINGH, 2020 | DOI:10.30965/9783657787807_009

als beständig und verlässlich wahrgenommene Peacekeeping-Engagement Kanadas. Wie sah es mit dieser »Tradition« in der Ära Trudeau aus?

Zumindest zu Beginn seiner Amtszeit schien die Außenpolitik eine durchaus beachtenswerte Rolle zu spielen.[3] Bereits einen Monat nachdem er seinen Amtssitz am Sussex Drive bezogen hatte, trat Trudeau mit einer programmatischen Rede über »Canada and the World« an die Öffentlichkeit. Dabei suchte er sich von der bisherigen Politik abzusetzen. Zwar lobte er explizit seinen Vorgänger Pearson und die »brillante Bilanz« kanadischer Außenpolitik, betonte aber im gleichen Atemzug, dass aufgrund der veränderten Weltlage eine neue Bewertung unumgänglich sei. Kanada dürfe nicht mehr über seine Verhältnisse leben, sondern müsse die eigenen Ressourcen klar im Blick behalten. Im Zentrum stünden »Canada's current interests, objectives and priorities«. Verpflichtungen gegenüber der NATO, der nordamerikanischen Luftverteidigungsorganisation NORAD und den Vereinten Nationen müssten ebenso auf den Prüfstand kommen wie die Beziehungen zu den Vereinigten Staaten und überhaupt Kanadas relative Position im Ost-West-Konflikt. Um die Neuausrichtung voranzutreiben, strebte Trudeau eine umfassende Überprüfung der außenpolitischen Prioritäten an.

Der Premierminister stellte das »Eigeninteresse« (»self-interest«) seines Landes in den Mittelpunkt. Außenpolitik sollte ausdrücklich zur innenpolitischen Stabilisierung beitragen:

> But at the present time [...] our paramount interest is to ensure the political survival of Canada as a federal and bilingual sovereign state. This means strengthening Canadian unity as a basically North American country. It means reflecting in our foreign relations the cultural diversity and bilingualism of Canada as faithfully as possible.

Trudeau bezeichnete diesen Ansatz, der letztlich nicht neu war, sondern mit einigem Auf und Ab eine der Konstanten kanadischer Außenpolitik darstellte,[4] als »realistisch« und »pragmatisch«. Tatsächlich funktionierte seine Rhetorik aber auf zwei Ebenen. Einerseits propagierte er die ausschließlich interessengeleitete Außenpolitik, andererseits forderte er zu einer emotionalen Identifikation mit Kanada und dessen internationaler Rolle auf. Er bediente dabei die Skepsis gegenüber den Vereinigten Staaten, wenn er auf eine Zusammenarbeit setzte, »without diminishing our Canadian identity and sovereign independence«. Zugleich hob er hervor, dass Herkunft und »Charakter« der

---

3   Vgl. English, Trudeau 1968-2000, S. 60.
4   Vgl. Bothwell, Alliance, S. 237.

Kanadier sie im besonderen Maße dazu befähigen würden, international den Frieden zu fördern und zu einer gerechten Welt beizutragen. Sie könnten »stolz« auf ihr Land sein, und die Außenpolitik müsse eine solche sein, die »Canadians of all origins, languages and cultures would be proud to support.«[5]

Welche Gestalt diese Außen- und Sicherheitspolitik annehmen sollte, die Trudeau im Mai 1968 in groben Umrissen zeichnete, war aber zunächst nicht klar und sollte in den nächsten zwei Jahren behördenintern diskutiert werden. Dabei kristallisierten sich innerhalb der Verwaltung und im Kabinett unterschiedliche Ansätze und Schwerpunkte heraus. Zwischen 1968 und 1970 sei die Regierung sogar »at war with itself over Canadian national security policy«[6] gewesen, meint Maloney. Die unterschiedlichen Positionen wurden besonders an der Rolle deutlich, die dem Peacekeeping zugedacht wurde.

Eine wichtige, aber – wie sich zeigen sollte – nicht unbedingt immer maßgebliche Position vertrat die Außenamtsbürokratie.[7] Sie wünschte die Fortsetzung der bisherigen, als erfolgreich angesehenen Politik. Mitchell Sharp, der neue Außenminister, unterstützte diesen mittleren Kurs – auch wenn er, im Einklang mit Trudeau, größere Zurückhaltung forderte. Für Sharp hielten sich, wie er in einer Rede auf der Jahreshauptversammlung der World Federalists of Canada im Juni 1968 herausstellte, die Erfolge und Misserfolge der Vereinten Nationen und gerade des Peacekeepings die Waage. Keinesfalls dürften beide in Bausch und Bogen verdammt werden. Vielleicht erschwere die langfristige Gewöhnung an eine Blauhelm-Truppe politische Lösungen, wie in Zypern; generell trügen die Friedensmissionen aber dazu bei, kriegerische Situationen zu entschärfen. Peacekeeping bliebe auch in Zukunft eine wichtige Aufgabe. Dessen Mechanismen sollten nicht abgeschafft, sondern verbessert werden. Aus diesem Grund schlug er eine Reihe von Punkten vor, die beachtet werden müssten, um künftig erfolgreich Missionen durchführen zu können:

> We should emphasize the importance of a peacekeeping operation having a clearly defined and feasible mandate; of obtaining full co-operation from the host government; of spreading the responsibilities for peacekeeping as equitably amongst the international community as circumstances will allow in each case; of dividing the costs fairly; and of making

---

5   Canada and the World. A Policy Statement by Prime Minister Pierre Elliott Trudeau issued on May 29, 1968, Statements and Speeches 68/17.

6   Maloney, Canada and UN Peacekeeping, S. 238.

7   Zum Einflussverlust und zu den strukturellen Problemen des auswärtigen Dienstes zu Beginn der Regierungszeit Trudeaus vgl. John Hilliker/Mary Halloran/Greg Donaghy, Canada's Department of External Affairs, Bd. 3: Innovation and Adaptation, 1968-1984, Toronto u.a. 2017 S. 3-86.

as efficient as possible the lines of communication and authority between the Council, the Secretary-General and the force commander.[8]

Sharps Ansatz unterschied sich somit in punkto Peacekeeping kaum von der
Politik der Vorgängerregierung. Gerade Pearson hatte im Vorfeld der Zypern-
Krise ähnliche Kriterien aufgestellt.

Im Hintergrund stritten aber noch zwei andere Positionen um die
Meinungsführerschaft. Dass sich verschiedene Ansichten prominent und
einflussreich artikulieren konnten, ergab sich aus der Art und Weise, wie
Trudeau politische Expertisen gerade auf dem Feld der Außenpolitik ein-
holte. Er ließ sich nicht nur vom Außenministerium beraten, sondern ermöglichte auch Angehörigen seines eigenen Büros, des Prime Minister's Office,
sowie des Kabinettssekretariats, des Privy Council Office, Einfluss auf die
außenpolitische Entscheidungsfindung zu nehmen. In seiner Skepsis gegenüber der Außenamtsbürokratie scheint Trudeau sich zumindest zu Beginn
nicht prinzipiell von der Haltung Diefenbakers in der gleichen Phase seiner
Amtszeit unterschieden zu haben. In den ersten Jahren seiner Regierungszeit stützte sich Trudeau häufig auf Ivan Head, einen vormaligen Beamten
des Außenministeriums, der im Prime Minister's Office als außenpolitischer
Berater fungierte.[9] Zudem hörte er im Besonderen auf den aufstrebenden
Diplomaten Allan Gotlieb, einen späteren Staatssekretär und kanadischen
Botschafter in Washington, der 1968 zumindest bezüglich des Peacekeepings
eine andere Position vertrat als die Mehrheit seiner Kollegen. Nach Gotliebs
Ansicht fehlten dem kanadischen Peacekeeping die Prioritäten; zudem wären
dessen Kräfte überdehnt. Im Gegensatz zu Gotliebs »realistischer« Politiksicht
habe, wie der Historiker und Trudeau-Biograf John English meint, Ivan Head
eine »idealistische« Position vertreten. Die unter seiner Kontrolle und im Auftrag Trudeaus entstandene Studie »Canadian Defence Policy – A Study« schlug
eine Reduzierung der Streitkräfte um 50 Prozent vor, einen weitgehenden
Rückzug aus der NATO, ein Ende der Ausrüstung der Truppen mit Nuklearwaffen sowie im Gegenzug eine stärkere Betonung der Heimatverteidigung
und des Peacekeepings.[10]

Das Ergebnis des von Trudeau angekündigten Überprüfungsprozesses
und der internen Diskussionen war ein neues Weißbuch, das unter dem Titel

---

8   Towards World Order. Address by Mitchell Sharp to the National Conference of the World
    Federalists of Canada, 7.6.1968, Statements and Speeches 68/14.
9   Vgl. Nossal, Politics, S. 134-139.
10 Vgl. English, Trudeau 1968-2000, S. 59-63, 67 f.; Bothwell, Alliance, S. 278; Canadian Who's
    Who 2001, S. 511.

»Foreign Policy for Canadians« 1970 als mehrbändige Broschüre erschien. Es stellte gewissermaßen den Kompromiss der unterschiedlichen Positionen dar, blieb aus diesem Grund allerdings teilweise recht vage und bot Interpretationsspielraum. Im Weißbuch wurden die Kernbereiche der »Pearsonian« Außenpolitik, einschließlich des Peacekeepings, an den Rand gedrängt. Die Vereinten Nationen büßten rhetorisch ihre wichtige Rolle ein. In einer Linie mit der Rede Trudeaus im Mai 1968 wurde nochmals betont, dass die nationalen Interessen die Außenpolitik bestimmen würden. Tatsächlich ging das Weißbuch sogar noch darüber hinaus. Außenpolitik wäre die nach außen gerichtete Projektion der nationalen Politik, hieß es dort.[11] – Genau dieser Tenor des Weißbuchs wurde auch erkannt. Frank H. Epp, Mitglied des National Policy/ Political Action Committee der World Federalists of Canada, strich in einem Kommentar heraus, dass der Eindruck dominiere, »that the Government is bent on pursuing a strong nationalistic ›Canada-first‹ policy.«[12]

In seiner Antwort auf ein Schreiben des Primas der Anglikanischen Kirche in Kanada fasste Außenminister Sharp die Essenz des Weißbuches noch einmal pointiert zusammen. Er schrieb am 20. Juni 1971, dass die mehrbändige Broschüre

... take the position that the Government's point of view in foreign affairs should be firmly based on the values, interests and outlook of Canadians generally. To the extent that this holds true, our foreign policy objectives will be seen as an extension of our national objectives.

Bezogen auf das Peacekeeping relativierte er partiell die größere Zurückhaltung des Weißbuchs und nutzte den weiterhin gegebenen Interpretationsspielraum:

We are not a great military power upon whose decisions the great issues of peace and war so much depend. However, we have made and continue to make a contribution to U.N. peacekeeping operations wherever they have been undertaken.[13]

---

11 Vgl. Bothwell, Alliance, S. 292 f.

12 Frank H. Epp, Government proposes new international role based on independence and sovereignty. The White Paper on Foreign Policy, 29.6.1970, Archives of Ontario, F 795: World Federalists of Canada Papers, Container 142, Box 66: WFC Records Series E – National Secretary's Files Jim Armstrong, 1970-73, file NP/PAC.

13 Sharp an den Primas der Anglikanischen Kirche, Reverent Scott, 20.6.1971, LAC, MG 32 B41, vol. 42, file 1: 4-2 Petitions from the Public. Foreign Policy (includes N.A.T.O.) 1971.

Da die Ziele des Weißbuchs während der Regierungszeit Trudeaus nicht widerrufen wurden, musste die Bevölkerung als gegeben annehmen, dass die kanadischen internationalen Beziehungen innenpolitische Themen sowie kanadische Interessen, Überzeugungen und Werte repräsentieren und widerspiegeln würden – und dass auch das Peacekeeping, wenngleich zurückhaltender als zuvor angewandt, diese Politik repräsentiere.

Einige Tendenzen des Weißbuchs wurden umgesetzt. So reduzierte die Regierung ihre quantitative Beteiligung an den NATO-Streitkräften in Europa. Etwa die Hälfte der Truppen wurde abgezogen. Auch positionierte sich Ottawa durch die Anerkennung Chinas und 1972 durch die Propagierung, wenn auch letztlich nicht erfolgte Implementierung eines sogenannten »Dritten Weges« (»third option«), der die politische und ökonomische Abhängigkeit von den USA reduzieren sollte, neu.[14] Diese Neujustierungen erfolgten und waren nur möglich vor dem Hintergrund einer zurückgehenden Spannung zwischen den Blöcken. Die Entwicklungshilfe wurde, wie Trudeau ebenfalls bereits 1968 angekündigt hatte, erhöht; zugleich wurden damit die Beziehungen zur sogenannten »Dritten Welt« ausgebaut. Im Großen und Ganzen setzte aber das Kabinett Trudeau die Außenpolitik der Vorgängerregierung fort. Die Beziehungen zu den Vereinigten Staaten und zur NATO blieben eng, und Kanada spielte weiterhin in den Vereinten Nationen eine wichtige, wenn auch vielleicht nicht mehr so proaktive Rolle.[15] Die neue Rhetorik blieb, aber eine neue Politik kam nicht.

Peacekeeping und Krisenmanagement im Innern

Wie von Trudeau selbst angekündigt, erschien es ihm als sein wichtigstes politisches Ziel, die nationale Einheit zu erhalten. Diese Aussage war nicht nur eine Wahlkampfparole. Denn tatsächlich sollte während seiner Regierungszeit der Zusammenhalt Kanadas aufs Äußerste herausgefordert werden. Schauplatz hierfür war die Provinz Quebec, wo die nationalistische und separatistische Stimmung beständig zunahm. Obwohl die 1970 gewählte liberale Provinzregierung unter Robert Bourassa zu Zugeständnissen zum Beispiel in der Sprachenfrage bereit war, kam es 1976 zu einem Regierungswechsel, der zum ersten Mal die dezidiert nach der staatlichen Unabhängigkeit strebende Parti québécois in Quebec City an die Macht brachte. Sie initiierte nur vier Jahre

---

14   Vgl. Hillmer/Granatstein, Empire to Umpire, S. 255-265.
15   Vgl. insgesamt Bothwell, Alliance, S. 278-294 et passim; pointiert Hillmer/Granatstein, Empire to Umpire, S. 272.

später das erste Unabhängigkeitsreferendum. Nach einem hitzigen Wahlkampf, in den sich die Bundesliberalen und Trudeau persönlich einschalteten,
lehnte die Bevölkerung im Referendum vom Mai 1980 mit 59,6 Prozent der
Stimmen eine Unabhängigkeit der Provinz ab. Es zeigte sich nun, dass nicht
nur Kanada gespalten war, sondern auch in der Provinz Quebec eindeutig
antagonistische Positionen vertreten wurden. Denn während die Mehrheit der
frankophonen Einwohner für die Unabhängigkeit gestimmt hatte, sprach sich
die überwältigende Zahl der nicht frankophonen Bewohner dagegen aus. Das
Auseinanderbrechen des Staates war zwar abgewendet, doch verdeutlichte
das Referendum, dass seit der Mitte der Regierungszeit Trudeaus eine legal
vollzogene Sezession Quebecs als durchaus realisierbare Option erscheinen
musste. Wie realistisch eine Desintegration Kanadas war, hatte sich zudem
schon wenige Jahre zuvor gezeigt. Zumindest im Bewusstsein der Zeitgenossen
bestand zu diesem Zeitpunkt sogar die Gefahr eines Bürgerkriegs.[16]

Denn im Oktober 1970 hatte die linksradikale Front de libération du
Québec (FLQ) zunächst einen britischen Konsularbeamten und danach
den Arbeitsminister des Kabinetts Bourassa, Pierre Laporte, gekidnappt. Da
die Bundesregierung befürchtete, dass es sich nicht nur um die Aktion einer
kleinen terroristischen Gruppe handelte, sondern dass diese vor allem von
intellektuellen Kreisen aus Quebec Unterstützung erfuhre, ließ sie am 16.
Oktober 1970 das Kriegsrecht ausrufen. Bereits zu Beginn der Krise waren in
Ottawa Soldaten an strategisch wichtigen Positionen aufgezogen und zum
Schutz von Politikern eingeteilt worden. Nun patrouillierten sie auch in
Montreal und weiteren Städten Quebecs. Zugleich nahm die Polizei Hunderte
als Sympathisanten der Terroristen eingestufte Quebecer fest. Am Tag
nachdem das Kriegsrecht verkündet worden war, erreichte die Krise ihren
dramatischen Höhepunkt, als die Kidnapper Arbeitsminister Laporte er-
mordeten. Der Konsularbeamte James Cross wurde einige Tage später frei-
gelassen, nachdem dessen Kidnappern, einer anderen Zelle der FLQ, freies
Geleit nach Kuba zugesichert worden war. Die Krise und vor allem die Ermordung Laportes führten zu einer Distanzierung der gemäßigten Separatisten
von den gewaltsamen Aktivitäten. Die harte Haltung Trudeaus und seines
Kabinetts gegenüber den Kidnappern wurde in Kanada mehrheitlich begrüßt
und auch in weiten Teilen der Quebecer Bevölkerung verstanden. Doch die
Einführung des Kriegsrechts und die, wie sich zeigen sollte, überwiegend un-
gerechtfertigte Verhaftung Hunderter politisch Andersdenkender vertieften
das Misstrauen der Quebecer gegenüber der Bundesregierung in Ottawa.[17]

16   Dickinson/Young, Quebec, S. 321-327.
17   Vgl. English, Trudeau 1968-2000, S. 73-97.

Die kanadischen Streitkräfte, gerade auch das frankophone 22. Regiment, hatten sich während der Krise nicht nur als zuverlässig, sondern als schnell einsatzbereit und professionell agierend präsentiert. Allein in Montreal dienten 7.500 Soldaten. Nur ein einziger Militärangehöriger kam ums Leben, und dieser starb bei einem Unfall. Der Einsatz im Inneren erwies sich als Erfolg. Er habe, wie Granatstein schreibt, der Moral der Streitkräfte gutgetan. Deren Hoffnung, dass in der Folge die von der Regierung beabsichtigte Kürzung des Verteidigungsetats zurückgenommen werden würde, erwies sich allerdings als Trugschluss.[18]

Regierungsintern wurde das zurückhaltende, aber bestimmte Verhalten der Soldaten mit den Erfahrungen erklärt, die sie während der Peacekeeping-Einsätze gesammelt hätten. »There was some discussion of the useful training in crowd control which peacekeeping operations provided for Canadian troops – the high degree of discipline and self-control which our soldiers displayed during the 1970 Quebec crisis was a reflection of this training.«, waren sich die teilnehmenden Minister einer Sitzung des Kabinettskomitees für auswärtige Angelegenheiten und Verteidigung einig.[19] Nicht nur erwies sich die Außenpolitik als verlängerter Arm der Innenpolitik, zugleich erwarben die Soldaten, wie angenommen wurde, beim auswärtigen Einsatz im Rahmen des Peacekeepings wichtige Erfahrungen für innenpolitische Krisensituationen.

Diese Einschätzung fand sich 20 Jahre später nochmals bestätigt. Während einer Konfrontation mit Angehörigen der First Nations in Quebec, bei der bereits ein Polizist sein Leben verloren hatte, wurden kanadische Streitkräfte, namentlich wiederum das 22. Regiment, herangezogen, um die Situation zu beruhigen. Diese als Oka-Krise bekannt gewordene Konfrontation dauerte vom März bis zum September 1990 an. Verhandlungen und Druck führten schließlich dazu, dass die Angehörigen der indianischen Nation der Mohawks aufgaben. Auch das professionelle Verhalten der Soldaten in dieser Situation wurde auf die Erfahrungen des Peacekeepings zurückgeführt. Peter Worthington, ein Journalist, der laut Granatstein dem Militär häufig kritisch gegenüberstand, applaudierte den Streitkräften und schrieb, dass diese »literally, the world's expert in easing tense, volatile situations …« seien. Die Gleichsetzung von Peacekeeping und kanadischen Streitkräften hatte durch den Einsatz im Innern zusätzliche Nahrung erhalten.[20]

---

18   Vgl. Granatstein, Canada's Army, S. 365-367.

19   Cyprus – Canadian Participation in the United Nations Force in Cyprus (Cab. Doc. 680-74, circulated), Cabinet Committee on External Policy and Defence, 28.11.1974, LAC, RG 55, vol. 48, file 5693-12, pt. 1.

20   Vgl. Granatstein, Canada's Army, S. 379 f., Zitat S. 380.

Konsequentes Handeln: Indochina

Anfang der 70er Jahre ließ das Peacekeeping die Mitglieder der Regierung Trudeau allerdings nicht in größere Begeisterungsstürme verfallen. Dies galt auch für eine Operation, die nicht unter dem Dach der Vereinten Nationen stattfand, aber im zeitgenössischen Diskurs zum Peacekeeping gerechnet wurde. Es handelte sich dabei um die Beteiligung Kanadas an der International Control Commission (ICC) in Indochina. Praktisch von Beginn an hatten kanadische Politiker und Diplomaten die Kommission als fruchtloses Unterfangen wahrgenommen. Der Personaleinsatz erschien als zu umfangreich, Resultate gab es nicht. Vielmehr weitete sich der Krieg in Indochina aus. Dass die Regierung Trudeau den kanadischen Beitrag zur ICC lieber heute als morgen beenden wollte, war verständlich, wenn auch wenig originell, hatten sich doch auch die Vorgängerregierungen nur primär wegen der Bündnisverpflichtungen gegenüber den Vereinigten Staaten an ihre ursprüngliche Zusage gebunden gefühlt.

1972/73 schien es jedoch allmählich klar zu werden, dass die USA den Krieg in Vietnam nicht würden gewinnen können. Ziel war es nun, einen Waffenstillstand zu erlangen, die amerikanischen Truppen abzuziehen und in einem Friedensvertrag zwischen Nord- und Südvietnam dem Süden eine Chance zu eröffnen, als eigenständiger Staat zu überleben. Die massiven amerikanischen Luftangriffe auf Hanoi, die in der zweiten Dezemberhälfte 1972 zahlreiche zivile Todesopfer forderten und als »Christmas bombing« zu trauriger Berühmtheit gelangten, waren nicht mehr als das letzte Zucken in einem ohnehin schon verlorenen Krieg, führten aber dazu, dass sich die öffentliche Meinung und auch zahlreiche Regierungen noch dezidierter gegen den Kampf in Südostasien wandten. Hierzu gehörte auch die kanadische Regierung, die im Unterhaus eine Amerika-kritische Resolution unterstützte, was kurzzeitig zu einer erneuten Eiszeit in den Beziehungen zwischen den beiden Staaten führte.

Trotz des Bombardements und des abgekühlten Verhältnisses zwischen den beiden nordamerikanischen Alliierten gingen nicht nur die Verhandlungen um einen Waffenstillstand in Indochina weiter, sondern Kanada spielte weiterhin bei den Überlegungen, eine neue Kontrollkommission einzurichten, eine wichtige Rolle. Nachdem die Verhandlungen der Kriegsparteien am 23. Januar 1973 in Paris erfolgreich abgeschlossen werden konnten, sagte aus Gründen der Bündnissolidarität auch die Trudeau-Regierung zu, Personal bereitzustellen, auch wenn diese Politik eigentlich den verkündeten außenpolitischen Prinzipien zuwiderlief. Denn direkte, zumal innenpolitische Interessen lagen nicht vor. Allerdings beeilte sich die Regierung mitzuteilen, dass die etwa 290 Zivilisten und Soldaten, die sich nach Südostasien auf den Weg machten, der

neuen International Commission for Control und Supervision (ICCS) nur kurzfristig zur Verfügung gestellt werden würden. Entsprechende Hinweise, dass es
sich nur um eine Mission von begrenzter Dauer handele, waren allerdings vor
allem im Zusammenhang mit UN-Operationen häufig gegeben worden.[21]

Im Fall der ICCS zeigte es sich indes schon nach kurzer Zeit, dass weder die
Mitglieder der Kommission untereinander erfolgreich kooperierten, noch die
nordvietnamesische Regierung sich einbinden lassen wollte. Beim Abschuss
eines ICCS-Hubschraubers verlor zudem ein kanadischer Armeehaupt-
mann sein Leben. Im Juli 1973 löste daraufhin die kanadische Regierung ihr
Versprechen ein, nur in einer erfolgreichen Kommission mitzuarbeiten und
zog ihr Personal ab. Dabei setzte sie sich über einen eindeutigen Wunsch des
US-Präsidenten Richard Nixon hinweg, der Trudeau persönlich gebeten hatte,
dass kanadische Engagement zu verlängern.[22] Auch wenn sie den wichtigsten
Alliierten verärgern mussten, schienen Trudeau und sein Außenminister
Sharp die neue Außenpolitik, die der Regierungschef bei seinem Amtsantritt
angekündigt hatte, umsetzen zu wollen. Und doch bemühten sie sich, das Bild
Kanadas als eines zuverlässigen internationalen Akteurs und eines Teilnehmers
an Friedensoperationen aufrechtzuerhalten. Als er die Entscheidung der
Regierung bekannt gab, verwies Sharp explizit auf die als herausragend wahr-
genommene Reputation und nährte implizit die Hoffnung, dass kanadische
Soldaten sich auch zukünftig an Friedensmissionen beteiligen würden:

> The decision is a serious one and the Government so regards it. Canada
> has a reputation, I believe, for responsibility in international affairs. We
> have served in more peacekeeping and peace-observer roles than any
> other country and we remain ready to serve wherever we can be effective.[23]

Als Erklärung im Unterhaus waren seine Ausführungen zunächst einmal
auch an die kanadische Bevölkerung gerichtet, die, zumindest in der Wahrnehmung des Redners, offensichtlich von ihrer Regierung eine beherztere Teilnahme an Friedensmissionen erwartete. Sharps Worte zielten aber auch auf
die internationale Öffentlichkeit, versuchte er doch die im Sinne der reinen

---

21   Vgl. insgesamt Bothwell, Alliance, S. 326-331; Hilliker/Halloran/Donaghy, Canada's
      Department of External Affairs, Bd. 3, S. 142-145.
22   Vgl. mehrere Schreiben in LAC, MG 26 O11, vol. 24, file 13: 820.2 – Secret - Canada and the
      United Nations – Peace Keeping Operations 1973; Hilliker/Halloran/Donaghy, Canada's
      Department of External Affairs, Bd. 3, S. 145 f.
23   »Canada withdraws from the ICCS«. A statement in the House of Commons by the
      Secretary of State for External Affairs, the Honourable Mitchell Sharp, 31.5.1973, S. 1, State-
      ments and Speeches 73/16.

Lehre der neuen kanadischen Außenpolitik konsequente Entscheidung in die traditionelle Rhetorik kanadischer Regierungen seit den 50er Jahren zu integrieren.

Wie deutlich sich Außenminister Sharp für eine nur leicht abgeschwächte traditionelle Rolle des kanadischen Peacekeepings aussprach, zeigte sich nur wenige Monate später am 25. September 1973, als er vor der Generalversammlung der Vereinten Nationen sprach, wo er betonte: »Canada remains prepared to play its part in peace-keeping and peace observation.«[24] In derselben Rede brach er zudem eine Lanze für eine Prärogative der UN als internationales Forum zur Konfliktlösung. Rhetorisch hatte sich die Regierung Trudeau, zumindest wenn man den Aussagen ihres Außenministers folgt, wieder einer Außenpolitik im Stile von Pearson angenähert.

Wenn auch aus dem Außenministerium kritische Stimmen zu vernehmen waren, die in der Frage der Kontrollkommission auf ein weiteres Entgegenkommen gegenüber den USA gehofft hatten,[25] so war doch die Stimmung in der kanadischen Bevölkerung auf Seiten der Regierung. In einer Meinungsumfrage, die im August 1973 in der Tageszeitung *Ottawa Citizen* veröffentlicht wurde, unterstützten 84 Prozent der Befragten den Abzug. Offensichtlich herrschte die Ansicht vor, dass sich Kanada aus dem »schmutzigen« Krieg der USA heraushalten sollte, wenn nicht die Vereinten Nationen um Hilfe bitten würden. In einer Resolution der kanadischen Sektion der Gewerkschaft der internationalen Automobilarbeiter (Canadian UAW[26] Council) forderte diese von der kanadischen Regierung, »to have nothing to do with the Vietnam War, before, during or after the fact, and we ask Ottawa to refuse to take part in even a post-ceasefire supervisory body in Vietnam except upon the specific request of the United Nations.«[27] – Das diplomatische Engagement in Indochina wie auch der Rückzug zeigten, dass außenpolitische Verpflichtungen nicht einfach ignoriert werden konnten, die kanadische Regierung aber zugleich bemüht war, das nationale Interesse wie angekündigt eng zu definieren und Rücksichten auf innenpolitische Konstellationen zu nehmen.

---

24 »United Nations Record – Need for Collective Sense of Urgency«. An Address by the Honourable Mitchell Sharp, Secretary of State for External Affairs, at the General Assembly of the United Nations, New York, 25.9.1973, S. 2, Statements and Speeches, 73/18.

25 Vgl. z.B. das Telegramm des kanadischen Botschafters in Washington und ehemaligen Staatssekretärs im Außenministerium, Marcel Cadieux, 22.3.1973, LAC, MG 26 O11, vol. 24, file 13: 820.2 – Secret – Canada and the United Nations – Peace Keeping Operations 1973.

26 International Union United Automobile, Aerospace Agricultural Implement Workers of America.

27 Resolution #3 als Anlage des Schreibens von Jim Peters, Secretary Canadian UAW Council, an Trudeau, 25.1.1973, LAC, MG 26 O7, vol. 467, file 820.2: 1972-1975; vgl. auch Zeitungsausschnitt Ottawa Citizen, 18.[9.?]8.1973, ebd.

Traditionelle Politik im Nahen Osten: Neue
UN-Peacekeeping-Operationen

Wie Sharp im September 1973 in seiner Rede vor der UN-Generalversammlung deutlich gemacht hatte und auch die Reaktionen aus der Bevölkerung zum Rückzug aus der ICCS zeigten, würde eine Anfrage der Vereinten Nationen kaum so einfach abgelehnt werden können. Tatsächlich erwies sich noch vor Jahresende, wie weitgehend das kanadische Kabinett bereit war, sich, wenn auch ohne große Begeisterung, an neuen Peacekeeping-Operationen unter der blauen Flagge der UN zu beteiligen. Die internationalen Zwänge bestimmten in diesen Fällen ganz wesentlich das Regierungshandeln; innenpolitische Gründe wurden im Gegensatz zur außenpolitischen Programmatik vielfach erst später rhetorisch nachgeschoben.

Der Yom Kippur-Krieg erwies sich als der erste Lackmustest für die Blauhelm-Politik der Regierung Trudeau. Unter Ausnutzung des jüdischen Feiertags starteten am 6. Oktober 1973 ägyptische und syrische Truppen einen überraschenden Angriff auf israelische Stellungen und Streitkräfte. Nach anfänglichen Erfolgen der arabischen Verbände begannen die Vereinigten Staaten mit großangelegten Waffenlieferungen an Israel. In der Folge wandte sich das Kriegsglück. Aufgrund der »Tauwetter«-Periode in den amerikanisch-sowjetischen Beziehungen und obgleich die Supermächte kurzzeitig mit den atomaren Säbeln gerasselt hatten, konnte der sich verselbstständigenden internationalen Eskalation zügig Einhalt geboten werden. Letztlich war den Regierungen in Moskau und Washington daran gelegen, den Krieg im Nahen Osten schnellstmöglich zu beenden, ohne allerdings ihre jeweiligen Verbündeten vor Ort zu benachteiligen. In Rahmen seiner sogenannten »Shuttle«-Diplomatie besuchte der US-Außenminister Henry Kissinger in rascher Folge die Hauptstädte der wichtigsten Beteiligten. Hierbei gelang es ihm, die amerikanischen und sowjetischen Positionen anzunähern. Im Ergebnis kam eine Einigung zustande, die Jerusalem und Kairo faktisch als *fait accompli* präsentiert wurde: eine sofortige Feuereinstellung basierend auf mehreren mittlerweile verabschiedeten Resolutionen des UN-Sicherheitsrates. Der zwischenzeitlich von der ägyptischen Seite aufgebrachte Vorschlag, eine gemeinsame Friedenstruppe aus sowjetischen und amerikanischen Soldaten zu bilden, wurde von der US-Regierung aus Furcht davor, dass sich die Sowjets auf diese Weise im Nahen Osten festsetzen könnten, abgelehnt. Umso wichtiger war es für Nixon und Kissinger, ohne Verzögerung eine internationale UN-Peacekeeping-Truppe zusammenzustellen. Den Auftrag hierfür erteilte der Sicherheitsrat mit seiner Resolution 340 vom 25. Oktober 1973, die den Generalsekretär ermächtigte, eine »United Nations Emergency Force«

(UNEF II) aufzustellen, der – wie üblich – keine permanenten Mitglieder des Sicherheitsrates angehören durften.[28]

Die Zeit drängte auch aus einem anderen Grund. Denn als Reaktion auf die US-Hilfe und den darauf folgenden israelischen Vormarsch hatten die öl-produzierenden arabischen Staaten am 20. Oktober ein Ölembargo gegen die Vereinigten Staaten ausgesprochen und zugleich ihre Förderung erheblich reduziert, so dass es in den westlichen Staaten zu Engpässen und extremen Preissteigerungen kam.

Bereits einen Tag nach Verabschiedung der Resolution 340 landeten erste UN-Soldaten in Ägypten. Sie waren von UNFICYP ausgesandt worden und sollten als Vorauskommando für UNEF II dienen. Jeweils 200 Soldaten stellten die österreichischen, finnischen und schwedischen Kontingente auf Zypern bereit. Zum Kommandeur dieses Vorauskommandos wurde Oberst Clay Beattie, stellvertretender Stabschef von UNFICYP und Kommandeur des kanadischen Kontingents auf Zypern, ernannt. Der inneren Logik der militärischen Operation folgend, war somit noch vor einer prinzipiellen Zu-stimmung Kanadas zu einer neuen Peacekeeping-Mission einer ihrer Offiziere kurzzeitig prominent vor Ort eingesetzt. Abgesehen von den genannten Soldaten mussten die übrigen UN-Blauhelme, die UNEF II auf eine Stärke von 7.000 Mann bringen sollte, aber erst noch eingeworben werden.[29]

Am Tag als die ersten UN-Militärangehörigen in Ägypten landeten, waren auch die kanadischen Vertreter in New York vom UN-Sekretariat angesprochen worden. 700-800 kanadische Soldaten sollten logistische Aufgaben über-nehmen, so lautete der Plan. Eine schnelle Rückfrage des Außenministeriums beim Verteidigungsministerium ergab, dass eine Lufttransporteinheit problem-los bereitgestellt werden könnte, es aber an weiteren Spezialisten hapern würde. Wie schon in den Jahren zuvor mantraartig wiederholt, wünschte das Militär den Einsatz eines zusammenhängenden Bataillons.

Obwohl also noch nicht klar war, ob die ägyptische Regierung kanadische Soldaten akzeptieren würde, begannen bereits die Vorbereitungen für den Einsatz. So unverbindlich die ersten Erkundigungen des UN-Sekretariats zu-nächst auch waren, so ernst wurden sie jedoch genommen. Einer offiziellen

---

28 Security Council resolution 340 (1973) of 25 October 1973, in: Siekmann, Basic Documents, S. 185; vg l. Mona Ghali, United Nations Emergency Force II, in: William J. Durch (Hg.), The Evolution of UN Peacekeeping. Case Studies and Comparative Analysis, New York 1993, S. 131-151, hier S. 131-137.

29 Vgl. Clayton E. Beattie mit Michael S. Baxendale, The Bulletproof Flag. Canadian Peace-keeping Forces and the War in Cyprus, Ottawa 2007, S. 33-38. Siehe auch Robert A. Gravelle; Different Shades of Blue: Peacekeeping by Confrontation. The Canadian Contingent in Cyprus 1964-1975, PhD thesis, University of Ottawa, 1995.

Anfrage würde man weder ausweichen noch sie abschlägig bescheiden können, meinte Außen-Staatssekretär A. Edgar Ritchie. Denn der zuvor von Sharp aufgestellte Kriterienkatalog war erfüllt worden. Seinem Minister riet er noch am 26. Oktober 1973: »It would therefore appear virtually impossible for the Government to refuse a formal request from the Secretary-General, provided he is able to confirm our acceptability to the Egyptians.«[30]

Die zu Anfang der Regierungszeit Trudeaus aufgestellten Bedingungen für eine Teilnahme an UN-Blauhelmoperationen erwiesen sich nun als zweischneidiges Schwert. Einmal erfüllt, konnte eine Anfrage auf Truppenstellung kaum abgelehnt werden. Vermutlich auch aus diesem Grund waren sich sowohl Außenministerium als auch Kabinett schnell einig, kanadische Soldaten für die UN-Mission bereitzustellen. Trotzdem dauerten die Verhandlungen noch bis Ende November, denn die Sowjetunion forderte als Pendant zu den Truppen des NATO-Staates Kanada ein ebenso umfangreiches Kontingent aus einem Warschauer-Pakt-Staat. Aber auch dieses Problem wurde schließlich gelöst. Kanadische und polnische Soldaten würden gemeinsam die logistische Komponente von UNEF II bilden. Im November 1973 stellte Kanada nach Finnland und Schweden mit 481 Truppenangehörigen das drittgrößte Kontingent der zunächst fast 2.600 UN-Blauhelme. Ein halbes Jahr später bildeten die 1.076 kanadischen Soldaten schon das größte Kontingent von UNEF II, und so sollte es auch die nächsten zwei Jahre bleiben.

1973 war noch nicht abzusehen, dass UNEF II eine der erfolgreichsten UN-Missionen werden würde. Den Blauhelmen gelang es, wie schon ihren Vorgängern in UNEF I, die Situation zu beruhigen. Anders als im Zeitraum zwischen 1956 und 1967 bewegten sich allerdings die beiden verfeindeten Parteien aufeinander zu. Im September 1978 verständigten sich der ägyptische Präsident und der israelische Premierminister unter Vermittlung des US-Präsidenten Jimmy Carter in Camp David auf einen Friedensvertrag, der im März des folgenden Jahres unterzeichnet wurde. Die Aufgabe von UNEF II endete praktisch mit dem Friedensvertrag; im Juli 1979 lief das Mandat aus.

Da sich inzwischen die Blockkonfrontation wieder verschärft hatte und ein Veto der Sowjetunion befürchtet wurde, kam es nicht zur Aufstellung einer weiteren UN-Einheit, die den Friedensplan begleitete. An deren Stelle wurde außerhalb des UN-Systems eine Multinationale Beobachtertruppe (MFO)

---

30   Vgl. hierzu und insgesamt Memorandum von Ritchie an Außenminister, 23.10.1973, LAC, RG 25, vol. 10644, file 21-14-6-UNEF-1, pt. 5.

aufgestellt, die personell und logistisch maßgeblich von den Vereinigten Staaten unterstützt und kontrolliert wurde.[31]

Wie zu ihren besten Zeiten schienen 1973 die kanadischen UN-Blauhelme als unverzichtbarer Bestandteil einer UN-Friedensmission gesetzt zu sein. Diese Wahrnehmung musste sich aufdrängen, da sich das UN-Sekretariat umgehend an die örtlich akkreditierten kanadischen Diplomaten gewandt hatte und Kanada als enger Verbündeter und NATO-Repräsentant einer maßgeblich von den Vereinigten Staaten konzipierten UN-Friedenstruppe beitrat. Ein Telefonat zwischen Kissinger und dem neuen UN-Generalsekretär Kurt Waldheim, dessen Wortlaut der ehemalige US-Außenminister in einem seiner Bücher abgedruckt hat, deutet allerdings in eine andere Richtung. Das Gespräch fand am 25. Oktober 1973 statt und es war, wenn man der Wiedergabe von Kissinger trauen mag, zu diesem Zeitpunkt für die US-Regierung wichtiger, kein osteuropäisches Land in UNEF II zu wissen als eine Beteiligung Kanadas durchzusetzen. Denn als Waldheim darauf hinwies, dass der kanadische Beitrag zu einem Problem werden könnte, falls die USA kein osteuropäisches Land akzeptieren würden, antwortete Kissinger: »We will trade Canada.«[32] Der kanadische Beitrag, so wichtig er auch aus praktischer Sicht gewesen sein mag, erwies sich in diesem Augenblick nur als Spielball im Rahmen des internationalen Spiels der Supermächte.

Während es durch das Eingreifen der Supermächte an der ägyptisch-israelischen Demarkationslinie bereits im Herbst 1973 zu einem Waffenstillstand kam, schleppte sich die militärische Auseinandersetzung zwischen Israel und Syrien noch bis zum Mai 1974 hin. Abermals gelang es Kissinger im Zuge seiner Reisediplomatie, die verfeindeten Parteien zur Einstellung der Kämpfe zu bewegen. Auch wenn die am 31. Mai unterzeichnete Vereinbarung nicht von den Vereinten Nationen vermittelt worden war, so wurde doch durch den Sicherheitsrat am selben Tag eine Resolution verabschiedet, die bis zu 1.250 UN-Soldaten als Beobachter in das Krisengebiet zu schicken erlaubte. Wie selbstverständlich gehörten zu den frühesten Mitgliedern der United Nations Disengagement Observer Force (UNDOF) wiederum kanadische Soldaten. Da Israel weiterhin die Golan-Höhen besetzt hält und zwischen den beiden

---

31   Vgl. Memorandum von A. W. Robertson, Director Legal Advisory Division, DEA, 22.11.1973, LAC, RG 25, vol. 10644, file 21-14-6-UNEF-1, pt. 5; Memorandum of Understanding UNEF, 43.11.1973 und weitere Dokumente in LAC, RG 25, vol. 10650, file 21-14-6-UNEF-1973, pt. 1; Ghali, UNEF II.

32   Henry Kissinger, Crises. The Anatomy of Two Major Foreign Policy Crises, New York u.a. 2004, S. 359. Schließlich wurde doch ein polnisches Kontingent akzeptiert, vgl. Hilliker/ Halloran/Donaghy, Canada's Department of External Affairs, Bd. 3, S. 165.

Staaten keine endgültige Einigung erzielt werden konnte, besteht die UN-Mission bis heute.[33]

Innerhalb von wenigen Monaten schien die kanadische Regierung ihre zunächst artikulierte zurückhaltende Position gegenüber den Vereinten Nationen und deren Peacekeeping-Engagement aufgegeben zu haben. Doch so eindeutig war die Haltung des Kabinetts Trudeau nicht gewesen. Außenminister Sharp hatte seit Beginn seiner Amtszeit eine Politik verfolgt, die sich in Bezug auf die Blauhelm-Einsätze nicht gravierend von derjenigen Pearsons unterschieden hatte. Wenn die geforderten Bedingungen erfüllt werden könnten, so der Außenminister, dann wären auch weitere Peacekeeping-Missionen mit kanadischer Beteiligung möglich. Was er allerdings nicht deutlich artikuliert hatte, aber sowohl im Rahmen der ICCS wie auch der neuen Blauhelm-Missionen im Nahen Osten zum Tragen kam, waren die Bündnisverpflichtungen, denen sich die kanadische Politik häufig nicht entziehen konnte. Jenseits aller objektiven Kriterien sah sich die Regierung in Ottawa jeweils einem erhöhten Druck ausgesetzt, wenn die Vereinigten Staaten Friedensmissionen forderten, die deren eigene Politik unterstützen sollten.

Zypern 1974: Wieder an vorderster Front

Auf den ersten Blick erscheint es wie ein Widerspruch, wenn zur selben Zeit, als die kanadische Regierung Hunderte Soldaten in den Nahen Osten schickte, sie zugleich versuchte, ihr Blauhelm-Engagement auf Zypern zu reduzieren. Doch ging es im Nahen Osten um eine akute Krise und neu aufgestellte UN-Verbände, während der Zypern-Einsatz von den Verantwortlichen vor Ort und in Ottawa zunehmend als frustrierende Erfahrung empfunden wurde. Auch wenn die Außenpolitiker und Außenamtsbeamten im Detail andere Vorstellungen verfolgten, so waren sich doch alle einig, dass UNFICYP zwar einen brüchigen Frieden auf der Insel aufrechterhielt, doch keine dauerhafte Verständigung hervorgebracht hatte. In den Stellungnahmen des Außenministeriums tauchte zudem immer wieder der Hinweis auf, dass die UN-Truppe sogar einen Kompromiss erschweren würde, da sie einen bequemen *Status quo* geschaffen habe. Nicht nur Kanada, sondern auch andere Truppensteller erhöhten daher den Druck auf das UN-Sekretariat, die Blauhelmmission auf Zypern zu reorganisieren. In der zweiten Hälfte des Jahres

---

33   Vgl. Mona Ghali, United Nations Disengagement Observer Force, in: William J. Durch (Hg.), The Evolution of UN Peacekeeping. Case Studies and Comparative Analysis, New York 1993, S. 152-180.

1973 wurde sogar davon gesprochen, die Peacekeeping-Truppe in Richtung einer Beobachtermission zu verkleinern. Tatsächlich erfolgten danach erste Truppenreduzierungen.[34]

Diese Überlegungen und die begonnenen Maßnahmen wurden aber nach nur wenigen Monaten von der Wirklichkeit überrollt. Eine militärische Auseinandersetzung auf Zypern sollte erneut das Prestige der kanadischen Peacekeeping-Soldaten erhöhen und zu einer substanziellen Aufstockung der dortigen kanadischen Truppen beitragen: Obwohl Hinweise auf einen möglichen Staatsstreich gegen die zypriotische Regierung von Erzbischof Makarios vorlagen, traf er die UN-Truppen dann doch weitgehend unvorbereitet. Mit Rückendeckung der Militärjunta in Athen stürzte am 15. Juli 1974 ein Militärputsch die bisherige Regierung in Nikosia. Die Türkei reagierte umgehend und landete am 20. Juli mit rund 40.000 Soldaten auf der Insel. Weder hatten die UN-Blauhelme, die auf Zypern stationiert waren, das Mandat, sich gegen die türkische Invasion zu stellen, noch verfügten sie über die Mittel. Trotzdem kamen sie, einfach durch ihre Anwesenheit vor Ort, zwischen Hammer und Amboss. Die Lage des kanadischen Kontingents war dabei besonders exponiert, denn es hielt den »Schlüsselsektor Nikosia« (»key Nicosia sector«).[35] Obwohl ihr Mandat eigentlich nur Schusswaffengebrauch zur Selbstverteidigung vorsah, interpretierten die kanadischen Soldaten unter ihrem Kommandeur Beattie diese Erlaubnis großzügig. Sie setzten ihre militärische Präsenz ein, um Flüchtlingen zu helfen, vor allem aber besetzten sie den strategisch wichtigen internationalen Flughafen von Nikosia, den sie unter Einsatz von Waffengewalt gegen türkische Angriffe verteidigten. Als klassische »Puffer-Streitmacht« stoppten sie den türkischen Vormarsch und erlaubten eine Verhandlungslösung, die schließlich zu einem Waffenstillstand führte.[36]

Die rund 480 kanadischen Soldaten, die bei Beginn der Invasion auf Zypern stationiert waren, gehörten überwiegend dem Canadian Airborne Regiment an, einer kanadischen Eliteeinheit. Anfang August erhielten sie Verstärkungen, die das Kontingent auf rund 950 Soldaten erhöhten. Zwei der Männer starben während der Gefechte, 17 wurden verwundet.[37] In der Heimat wurde ihr Einsatz als »heldenhaft« (»heroic«) wahrgenommen, wie die *Globe*

---

34 Vgl. Sharp an Verteidigungsminister James Richardson, 13.9.1973, LAC, MG 26 O7, vol. 467, file 820.2 Pers+Conf: 1973; siehe auch weitere Dokumente in LAC, RG 25, vol. 10646, file 21-14-6-UNFICYP-1, pt. 26.

35 Memorandum von C. J. Marshall, Defence Relations Division, DEA, 26.4.1974, LAC, RG 25, vol. 10646, file 21-14-6-UNFICYP-1, pt. 26.

36 Beattie, The Bulletproof Flag; MacQueen, Peacekeeping, S. 99.

37 Gaffen, In the Eye of the Storm, S. 97-105; Beattie, The Bulletproof Flag.

and Mail schrieb[38] – ein Eindruck, der durch den indischen Kommandeur von UNFICYP, Generalmajor Dewan Prem Chand, noch verstärkt wurde. Wie ebenfalls in der *Globe and Mail* abgedruckt, lobte er jeden einzelnen der kanadischen UN-Soldaten und betonte: »They carried out such a difficult task in such an excellent manner«.[39]

Das Heldenepos war aber nur ein Teil der Geschichte, wenn auch derjenige, der in der kanadischen Öffentlichkeit breit rezipiert wurde. Hinter dieser Einschätzung und den öffentlich gemachten Verwundetenschicksalen[40] traten die individuellen Traumatisierungen der Soldaten zurück. Fred Gaffen gibt in seiner populärwissenschaftlichen Darstellung kanadischer Peacekeeping-Einsätze Auszüge aus dem Tagebuch eines hochrangigen Unteroffiziers (Warrant Officer) wieder, der einige Monate nach der Invasion, am 17. Dezember 1974, aus dem noch immer kriegerischen Alltag berichtete:

> Corporal Watkins, Corporal Ritchie and Roman Catholic padre good shot at. Watkins had three shooting incidents on this tour. Each time he would return to the barracks a nervous wreck. I gave him some rum and he always went out in good humour next day.[41]

In Gaffens Darstellung, welche die Tapferkeit und Professionalität der kanadischen Peacekeeper hervorhob, sollte diese Episode vermutlich ein Schlaglicht auf den männlich-lakonischen Umgang mit der Gefahr werfen. Tatsächlich zeigte sich hier aber die Hilflosigkeit der Kameraden und des Militärs sowie – zumindest in den 80er Jahren als das Buch erschien – das Unverständnis der Gesellschaft gegenüber traumatisierten Soldaten. Erst über 20 Jahre später sollten die Traumatisierungen auch von Peacekeepern ernster genommen werden.

Der UN-Einsatz während des Zypern-Krieges im Sommer 1974 nahm auch in anderer Beziehung die Problematiken bzw. Maßnahmen des UN-Peacekeeping der 90er Jahre vorweg. Der Begriff »robustes Mandat« war in den 70er Jahren noch nicht geprägt, doch die zeitgenössischen Debatten kreisten genau um die Frage, wie viel Gewalt die UN-Soldaten einsetzen durften und sollten. Schon zeitgenössisch wurde zwischen »peace-keeping« und

---

38   »Hope for stronger sons«, *Globe and Mail*, 17.8.1974, S. 6.
39   »Peacekeeping role of Canada warmly praised by UN general«, ebd., 26.8.1974, S. 3.
40   »›Multiply the worst pain you've had by 2‹: Canadian UN troops describe their wounds«, ebd., 29.7.1974, S. 9.
41   Gaffen, In the Eye of the Storm, S. 106.

»peace-enforcing« unterschieden.[42] Auf dem Höhepunkt der Kämpfe kam es insbesondere zu einer Auseinandersetzung zwischen den Soldaten vor Ort und dem UN-Sekretariat. Während Generalsekretär Waldheim jede politische Kritik durch eine enge Auslegung des Mandats zu vermeiden suchte, ging der Kommandeur von UNFICYP so weit, sich das Recht auf den Einsatz der Waffen selbst vorzubehalten. Wie Beattie direkt an das Hauptquartier der kanadischen Streitkräfte in Ottawa berichtete, verwirrte die unklare Regelung die Truppen vor Ort. Er bat um eine umgehende Klärung.[43]

Doch nicht nur hinsichtlich des »robusten Mandats« kann die Situation vom Sommer 1974 als Vorbote der Peacekeeping-Operationen nach Ende des Kalten Krieges angesehen werden. Nachdem die kanadischen Soldaten mit der Besetzung des Flughafens von Nikosia Fakten geschaffen hatten, reagierte der Kommandeur von UNFICYP und erklärte den Flughafen zur »UN protected area«. Dies war das erste Mal, dass die UN bzw. eine UN-Truppe ein solches Territorium auswies. Im Notfall und wenn keine anderen Maßnahmen helfen würden, hätten, so die Befehle des UN-Kommandeurs an seine Einheiten, diese einem Angriff auf den Flugplatz mit Waffengewalt zu begegnen.[44]

Und auch ein dritter Aspekt sollte die UN-Blauhelm-Missionen der 90er Jahre bestimmen: die humanitären Aufgaben. Schon UNEF II waren die Unterstützung des Internationalen Roten Kreuzes sowie weiterer humanitärer Tätigkeitsfelder vor allem im Rahmen des Gefangenenaustausches und bei der Versorgung der eingekesselten 3. ägyptischen Armee zur Aufgabe gemacht worden. Hierbei ging es allerdings vorwiegend um Kombattanten. Auf Zypern führte die dramatische Lage der Zivilbevölkerung im Zuge der türkischen Invasion zu einer erheblichen Ausweitung der praktischen humanitären Hilfe, welche die UN-Truppe gewährte. Die Expansion des Aufgabenbereichs wurde schließlich auch offiziell sanktioniert und in das neue Mandat für UNFICYP einbezogen. Diese Situation besteht bis heute im Wesentlichen fort: Seit der Invasion ist Zypern in zwei Teile geteilt, einen türkisch-zypriotischen Norden und einen griechisch-zypriotischen Süden. Mitten durch die Insel verläuft eine Pufferzone, die von den Blauhelmen bewacht wird, die sogenannte »grüne Linie«. Neben diesem Wachauftrag obliegt der UN-Truppe, Konflikte

---

42 John Gellner, »Are Canadians keeping peace or enforcing it?«, *Globe and Mail*, 1.8.1974, S. 7.

43 Vgl. Permanente Vertretung in New York an Außenministerium, 16.8.1974, Kanadisches Kontingent Nikosia an Hauptquartier der Streitkräfte Ottawa, 19.8.1974, Kanadisches Kontingent Nikosia an Hauptquartier der Streitkräfte Ottawa, 21.8.1974, LAC, RG 25, vol. 10646, file 21-14-6-UNFICP-1, pt. 26.

44 Vgl. Excerpts from Force Commander's Directives to Force and District Commanders, UNFICYP, 27.9.1974, S. 4 f., LAC, RG 25, vol. 10646, file 21-14-6-UNFICP-1, pt. 27.

zu entschärfen und – wie Mitte der 70er Jahre festgelegt – humanitäre Hilfs-
leistungen zu gewähren.[45]

Führt man sich die Invasion und den Waffeneinsatz Mitte 1974 nochmals
vor Augen, dann wird deutlich, dass die kanadischen Soldaten zu dieser Zeit
auf Zypern schon Erfahrungen machten, mit denen die meisten anderen
Truppensteller erst in den 90er Jahren im Rahmen der Blauhelm-Operationen
nach Ende des Kalten Krieges konfrontiert wurden.

Doch welche Motive hatten 1974 dazu geführt, dass die kanadische Regierung
weitere Truppen nach Zypern entsandte? Sicherlich beruhte das abermals verstärkte Engagement zunächst einmal auf der spezifischen Situation vor Ort.
UNFICYP benötigte eine größere Zahl Soldaten, um die eigenen Positionen
zu halten und die Lage zu stabilisieren. Wenn das kanadische Kabinett
UNFICYP nicht preisgeben wollte, musste umgehend gehandelt werden. Wie
Trudeaus außenpolitischer Berater Ivan Head argumentierte, würden sich vor
dem Hintergrund der veränderten Sachlage zudem neue Möglichkeiten für
eine Lösung der gesamten Krise ergeben. Im Gegensatz zu den offensichtlich
zögernden Diplomaten im Außenministerium befürwortete Head die erbetene
Aufstockung der Truppenpräsenz, wofür er zunächst einmal eine im engeren
Sinne politische Begründung lieferte. Um seiner Überzeugung Nachdruck zu
verleihen, griff er allerdings gegenüber dem Premierminister auch auf eine
Reihe von eher ideellen Argumentationsmustern zurück:

> Other UN contributors appear to be meeting the request. We shouldn't be
> odd man out. The Canadian Armed Forces are ready and would welcome
> the assignment. Their reputation in Cyprus is incredibly high. They are
> superb professionals and recognized as the back-bone of the operation.[46]

Wie schon unter Pearson und nicht minder unter Diefenbaker waren die
Gründe, die zu einer Beteiligung an UN-Peacekeeping-Missionen führten, vielfältig. Auch unter Trudeau scheinen, trotz anders lautender Rhetorik vor allem
zu Beginn seiner Amtszeit, die Blauhelmeinsätze weiterhin prinzipiell positiv
beurteilt worden zu sein. Der Verdreifachung der Zahl kanadischer Truppen,
die bei UN-Operationen eingesetzt wurden, in den Jahren 1973 und 1974 lagen

---

45   Vgl. z.B. Kanadisches Kontingent Nikosia an Hauptquartier der Streitkräfte Ottawa,
      23.7.1974, Memorandum Ritchie für den Minister, 3.9.1974 (einschließlich Anlage),
      Excerpts from Force Commander's Directives to Force and District Commanders,
      UNFICYP, 27.9.1974, S. 4 f., LAC, RG 25, vol. 10646, file 21-14-6-UNFICP-1, pt. 27; Ghali,
      UNEF II, S. 137; Birgisson, UNFICYP, S. 224; MacQueen, Peacekeeping, S. 99 f.

46   Memorandum Head an Premierminister, 24.7.1974, LAC, MG 26 O7, vol. 467, file 820.21:
      1974.

zudem bündnispolitische Überlegungen, situative Zwänge, die durch die vergangenen Beteiligungen erweckten Erwartungen und nicht zuletzt das geschaffene Selbstbild zu Grunde.

Business as usual

Seit 1973/74 floss das kanadische Peacekeeping in der Praxis wieder im breiten Bett der vom ehemaligen Außen- und Premierminister Pearson in den 50er und 60er Jahren vorgegebenen UN-Politik. Wie unter Diefenbaker so war auch unter Trudeau die Politik weniger proaktiv, doch prinzipiell willig, kanadische Blauhelmsoldaten für UN-Missionen bereitzustellen. Gemäß einer Auflistung des Außenministeriums gehörten am 11. August 1971 insgesamt 618 kanadische Soldaten drei Friedensmissionen an. Dies war ungefähr der Umfang, den Trudeau von seinem Vorgänger übernommen hatte. Nach den Ereignissen der Jahre 1973 und 1974 stieg diese Zahl steil an und blieb trotz einiger Truppenreduktionen auf einem hohen Niveau stehen. Ein Bericht aus dem Außenministerium wies im Mai 1977 eine Gesamtstärke von 1.614 kanadischen UN-Friedenstruppen aus: 900 Mann UNEF II, 170 UNDOF, 20 UNTSO, 515 UNFICYP und 9 UNMOGIP.[47] Kanada war damit weltweit Truppensteller Nummer eins; kein anderes Land setzte mehr Soldaten bei UN-Blauhelmoperationen ein. Die Stärkemeldung war dabei keine Momentaufnahme. Vielmehr hatte die Regierung bereits im November 1975 festgelegt, dass die Streitkräfte vorbereitet sein sollten, bis zu 2.000 UN-Blauhelme bereitzustellen.[48]

Die prinzipiell positive Haltung und die auch weiterhin bestehende Bereitschaft, Blauhelm-Soldaten in Krisenregionen zu schicken, zeigte sich sowohl bei der Errichtung einer weiteren Friedensmission im Libanon wie auch bei der Vorbereitung der damals nicht zustande gekommenen Operation in Namibia. Die Motive der kanadischen Regierung waren weiterhin vielfältig, wenn auch nicht unumstritten, und durchaus pragmatischer Natur.

Als die Vereinigten Staaten nach dem Einmarsch israelischer Truppen im Libanon im März 1978 im Sicherheitsrat eine Resolution zum Einsatz einer UN-Friedenstruppe durchsetzten, zeigte sich in Kanada wieder der alte Gegensatz zwischen dem Außen- und dem Verteidigungsministerium. Während

---

47 Vgl. Aufstellung der Stärke der UN-Peacekeeping-Missionen, 11.8.1971, LAC, RG 25, vol. 10133, file 21-14-2, pt. 8; Draft Discussion Paper, 2.5.1977, S. 7, 9, 11, LAC, RG 25, vol. 10634, file 21-14-1, pt. 9.

48 Vgl. Brief on Peacekeeping, 26.6.1978, LAC, RG 25, vol. 10633, file 21-14-1, pt. 11.

ersteres einem Einsatz kanadischer Soldaten eher wohlwollend gegenüberstand, lehnte letzteres insbesondere die Entsendung von Spezialisten entschieden ab. Die Regierung war offensichtlich unschlüssig. Hinter verschlossenen Türen stufte das zuständige Kabinettskomitee für Planung und Prioritäten die Operation als heikel ein, und auch im Außenministerium schien nicht jeder überzeugt, dass die Mission erfolgreich sein würde. Doch fanden sich gerade dort Stimmen, die auf die traditionelle Peacekeeping-Rolle der kanadischen Streitkräfte, auf die öffentliche Zustimmung und auf die internationale Erwartungshaltung hinwiesen, die nicht außer Acht gelassen werden dürften. Letztlich führte aber erst ein Anstoß von außen zu einer eindeutigen Entscheidung. UN-Generalsekretär Waldheim rief persönlich bei Trudeau an und bat um eine kanadische Beteiligung. Dieser Bitte wollte sich der kanadische Regierungschef nicht verschließen: Das kanadische Militär hatte das erbetene Kommunikationspersonal für die United Nations Interim Force in Lebanon (UNIFIL) bereitzustellen. Rund 90 Mann wurden Richtung Libanon in Marsch gesetzt.[49]

Ebenfalls 1978 schienen sich die Verhandlungen mit Südafrika zu konkretisieren, in Namibia, dem ehemaligen Deutsch-Südwestafrika, unter der Aufsicht der Vereinten Nationen freie Wahlen durchzuführen. Auf diese Weise sollte das Land, das bislang von Südafrika verwaltet wurde, in die Unabhängigkeit geführt werden. Zum Schutz und zur Kontrolle der Wahlen sollten der UN Transitional Assistance Group (UNTAG) Blauhelm-Soldaten beigegeben werden. Als Mitglied der Kontaktgruppe, der neben Kanada noch Frankreich, die Bundesrepublik Deutschland, Großbritannien und die USA angehörten und die den Friedensplan vorgelegt hatte, fühlten sich Regierung und Außenministerium verpflichtet, einen kanadischen Beitrag zur UN-Truppe zumindest wohlwollend zu prüfen. Auch das Verteidigungsministerium ging davon aus, dass kanadische Soldaten bereitgestellt werden würden. Es plädierte allerdings dafür, weniger das vom UN-Sekretariat angefragte Infanteriebataillon zu stellen, sondern eine dann natürlich wesentlich kleinere Zahl von militärischen Beobachtern.[50] Aus der Operation in Namibia wurde

49   Vgl. ebd. u. Memorandum K. Goldschlag, DEA, 10.4.1978, John M. Fraser, Middle East
      Division, an Goldschlag, 11.4.1978 und weitere Dokumente in LAC, RG 25, vol. 10642, file
      21-14-6-UNIFIL, pt. 1 sowie Memorandum Geoffrey Pearson, Director General Bureau
      of United Nations Affairs, DEA, 20.4.1978, LAC, RG 25, vol. 10642, file 21-14-6-UNIFIL,
      pt. 2. Zur Operation siehe Mona Ghali, United Nations Interim Force in Lebanon:
      1978-Present, in: William J. Durch (Hg.), The Evolution of UN Peacekeeping. Case Studies
      and Comparative Analysis, New York 1993, S. 181-205.

50   Vgl. Memorandum Gotlieb, 18.7.1978, J. D. L. Rose, Defence Relation Division, DEA,
      19.7.1978, Proposed Statement for Proceedings on Adjournment Motion Canadian

zum damaligen Zeitpunkt aber nichts. Erst zehn Jahre später akzeptierten die Parteien die 1978 verabschiedete Resolution des Sicherheitsrates.[51] Trotzdem wird deutlich, dass die kanadische Regierung auch 1978 bereit war, aus außenpolitischen Erwägungen heraus kanadische UN-Soldaten in größerer Zahl bereitzustellen.

Ganz pragmatisch wurden an die Blauhelm-Politik noch weitere politische Überlegungen geknüpft. So diente Trudeau UNIFIL als vorgeschobener Grund, um mit dem französischen Staatspräsidenten Valery Giscard d'Estaing einen politischen Dialog zu beginnen. Der Vorschlag, UNIFIL, zu der auch französische Truppen gehörten, auf diese Weise zu nutzen, kam vom Außen-Staatssekretär Gotlieb.[52] Und mit der Bereitschaft, sich an den Blauhelmen in Namibia zu beteiligen, verband ebenfalls Gotlieb die Forderung, einen hohen Kommandoposten mit einem kanadischen Offizier zu besetzen, vorzugsweise die Position des Stabschefs.[53] Zudem sollte, wie ebenfalls im Außenministerium diskutiert wurde, das UN-Peacekeeping ganz generell als positiv herausgestellt werden, damit Kanadas Beitrag als umso wichtiger empfunden werden würde.[54]

Einen Hinweis auf die engen Verbindungen zwischen Außenpolitik und Innenpolitik gibt eine Aktennotiz (Memorandum) für den Staatssekretär des Außenministeriums, die am 1. August 1975 verfasst wurde: Israel würde die kanadische Beteiligung an UNEF II als essenziell ansehen. Dies könne der kanadischen Regierung ein gewisses Druckmittel in die Hand geben, um auf die israelische Außenpolitik einzuwirken. Eine mögliche Drohung mit einer Truppenreduzierung sei allerdings innenpolitisch nicht durchsetzbar, da es »a body of opinion in Canada« gäbe, »which will apply strong pressure on the government to make sure that the Canadian presence is not weakened or withdrawn and this would be even more true if the weakening or the withdrawal appeared to be designed to bring about a change in Israeli foreign policy.« Aufgrund der Interdependenz zwischen Außen- und Innenpolitik sei

---

Peacekeeping Forces, 7.12.1978, Defence Relations Division an Bureau of Defence and Arms Control Affairs, DEA, 26.1.1979, LAC, RG 25, vol. 10633, file 21-14-1, pt. 11.

51 Vgl. Virginia Page Fortna, United Nations Transition Assistance Group in Namibia, in: William J. Durch (Hg.), The Evolution of UN Peacekeeping. Case Studies and Comparative Analysis, New York 1993, S. 353-375.

52 Vgl. Memorandum von Gotlieb an Minister, 12.4.1978, Außenminister Jamieson an Trudeau, 12.4.1978, Telegramm Trudeau an Giscard d'Estaing, 13.4.1978, LAC, RG 25, vol. 10633, file 21-14-1, pt. 11.

53 Vgl. Memorandum Gotlieb, 18.7.1978, LAC, RG 25, vol. 10633, file 21-14-1, pt. 11.

54 Vgl. G[ordon] Riddell, Bureau of Defence and Arms Control Affairs, DEA, an Geoffrey Pearson, 9.6.1978, LAC, RG 25, vol. 10633, file 21-14-1, pt. 11.

der Handlungsspielraum der kanadischen Diplomatie trotz guter Ausgangs-
basis relativ begrenzt.[55]

Es waren also sowohl realpolitische als auch eher weiche Faktoren, die bei
der Unterstützung und Instrumentalisierung des Peacekeepings eine Rolle
spielten. Anders als zu Beginn der Regierungszeit Trudeaus wurde an der
prinzipiellen Bedeutung des Peacekeepings für die kanadische Außenpolitik
nicht mehr gezweifelt. Auch lag die Expertise für diese Politik seit 1978 wieder
weitgehend in den Händen der Diplomaten, nachdem Head das Büro des
Premierministers verlassen hatte und von einem Berufsdiplomaten aus dem
Außenministerium ersetzt worden war.[56] Kriterienkataloge, wie derjenige
des ehemaligen Außenministers Sharp, sollten nur noch allgemeine Richtlinien geben. Nicht formale Merkmale dominierten, sondern die politische Beurteilung des Einzelfalls. Wohl nicht zuletzt um ihren Einfluss durchzusetzen,
plädierten die Diplomaten für ein Vorgehen, bei dem ihre Erfahrungen und
Kompetenzen als unerlässlich erschienen.[57]

Dabei tauchte in den Argumentationen immer häufiger ein traditioneller
Grund auf, der aus der Perspektive der Verantwortlichen für die Beteiligung
an Blauhelm-Operationen sprach: Außenamtsbeamte, Militärs und Regierung
waren sich einig, dass die kanadische Bevölkerung dem Peacekeeping generell
positiv gegenüberstand. Dieser Faktor wurde häufig betont, beispielsweise als
Argument des Außenministeriums gegen Truppenreduzierungen, die vom Verteidigungsministerium angeregt wurden.[58] Für eine Beurteilung dieses Argu-
ments ist es dabei unerheblich, ob die einzelnen Beamten an die generelle
Unterstützung durch die Bevölkerung wirklich glaubten. Offensichtlich wurde
aber angenommen, dass die Validität dieser Behauptung allgemein akzeptiert
war. In einem internen Diskussionspapier aus dem Außenministerium ist
unter dem Datum vom 19. September 1979 zu lesen:

> Canadians, generally, have accepted and approved – if not explicitly,
> at least tacitly – Canadian participation in peacekeeping missions.
> They seem to grasp rather readily the utility and professionalism of
> the Canadian Forces in carrying out such activities. For ›non-military-
> minded‹ Canadians, peacekeeping appears to be seen as excellent use

---

55 Vgl. (einschließlich des Zitats) Memorandum von R. L. Rogers an den Staatssekretär,
    1.8.1975, LAC, RG 25, vol. 10650, file 21-14-6-UNEF-1973, pt. 3.
56 Vgl. Nossal, The Politics of Canadian Foreign Policy, S. 138.
57 Vgl. Geoffrey Pearson an Riddell, 6.4.1978, Geoffrey Pearson an Riddell, 26.5.1978, Riddell
    an Geoffrey Pearson, 9.6.1978, LAC, RG 25, vol. 10633, file 21-14-1, pt. 11.
58 Vgl. Bureau of Defence and Arms Control Affairs, 2.5.1975, LAC, RG 25, vol. 10634, file 21-
    14-1, pt. 9; Allan J. MacEachen an James Richardson, 21.5.1975, ebd.

of military forces. For the Canadian Forces, peacekeeping has been a high profile activity, particularly over the past 15 years and, accordingly, it has and continues to receive considerable public exposure through the media.[59]

Die kanadische Bevölkerung wurde also häufig als eine Art stiller Teilhaber der kanadischen Peacekeeping-Politik mitgedacht. Inwieweit sich die Politiker und Bürokraten hiervon beeinflussen ließen, ist schwer zu eruieren. Dass die Bürger aber als wichtige Unterstützer angesehen wurden, die das Peacekeeping auch aus prinzipiellen Erwägungen heraus gutheißen sollten, darüber geben eine Reihe öffentlicher Erklärungen während der Regierungszeit Trudeaus Auskunft.[60]

Zur Verschmelzung von traditioneller und neuer Rhetorik

Vor allem die Außenminister trugen in den 70er Jahren dazu bei, eine ganz bestimmte Sicht auf das kanadische Peacekeeping zu propagieren. Dabei mussten sie davon ausgehen, dass die Bevölkerung ihren Staat weiterhin als einen der wichtigsten Unterstützer und Truppensteller des internationalen UN-Peacekeepings wahrnahm. Denn in Glättung der internationalen Zwänge und Auseinandersetzungen transportierte die regierungsamtliche Rhetorik vor allem, wie selbstverständlich die Entscheidungen gewesen seien und wie stark sie einem spezifisch kanadischen (innenpolitischen) Selbstverständnis entsprungen wären. Es habe überhaupt nicht zur Debatte gestanden, nicht an UNEF II teilzunehmen, vermittelte Sharp in seinen Ausführungen im Unterhaus am 4. November 1973. Und obwohl er betonte, dass die kanadische Regierung nicht aktiv einen Beitrag gesucht habe, so schien seine Rede doch darauf hinzudeuten, dass es einen Automatismus gegeben habe:

Given the circumstances [...], there could be no doubt in anyone's mind that never had an emergency measure of this nature been so evidently and urgently necessary. While Canada did not seek participation in the emergency force, we were determined that, once we were invited, it

---

59 Discussion Paper, 19.9.1979, S. 11, LAC, RG 25, vol. 10639, file 21-14-2, pt. 11.
60 Vgl. Memorandum von Ritchie an Minister, 29.10.1973, LAC, RG 25, vol. 10644, file 21-14-6-UNEF-1, pt. 5; Memorandum von Gotlieb an Minister, 22.1.1979 und anliegende Memoranda, LAC, RG 25, vol. 10633, file 21-14-1, pt. 11.

would be a success, and I am sure this is a point of view that would be supported by all parties in the House.[61]

Gerade der kanadische Beitrag sei somit nicht nur selbstverständlich gewesen, sondern von höchster Wichtigkeit, so Sharp weiter, worauf er in seiner Rede gleich zweimal hinwies.

Nur eine Woche später verfolgte Sharp in seiner Antwort auf eine kritische Zuschrift aus der Bevölkerung eine noch explizitere Position, die inhaltlich und rhetorisch das Selbstverständnis des kanadischen Peacekeepings aus den 50er und 60er Jahren fortschrieb:

> I do not believe, however, that it follows that these efforts will hinder or hamper our task of nation building in Canada. While we should not overemphasize the importance of Canada's role in the history of peacekeeping, I think that Canadians have good cause for pride in the part that our peacekeeping forces have played over the years in working for world peace.[62]

Im Juli 1975 schlug sein Nachfolger als Außenminister, Allan J. MacEachen, in dieselbe Kerbe, als er in seiner Rede vor dem UN-Seminar der Mount Allison University in Sackville, New Brunswick hervorhob:

> As a result of this lengthy and intensive experience Canada has become recognized as the peacekeeper *par excellence* with an international reputation for objectivity and professional competence.[63]

Kanada war also der archetypische Peacekeeper, der für den Weltfrieden stritt. Diese Essenz vermittelten die Äußerungen der Spitzenvertreter kanadischer Außenpolitik. Doch wurde dieses Bild nicht nur auf die internationale Bühne projiziert. Vielmehr wurde es als Abbild kanadischer Innenpolitik interpretiert, so wie es bereits zu Beginn der Regierungszeit Trudeaus verkündet worden war. Dass dieser Ansatz nichts von seiner Aktualität eingebüßt hatte, zeigte eine Passage aus einer Rede des neuen Außenministers Don Jamieson, in der er im Dezember 1976 betonte, »that our domestic, our national objectives, are

---

61   Vgl. hierzu und zum Weiteren Rede Sharps, House of Commons, 14.11.1973, Statements and Speeches 73/23.

62   Sharp an W. B. G., 6.12.1973, LAC, RG 25, vol. 10639, file 21-14-2-1, pt. 4.

63   Notes for a Speech by the Secretary of State for External Affairs, the Honourable Allan J. MacEachen, 4.7.1975, S. 2, Statements (and Speeches), ohne Nummer (Kursiv im Original).

in a sense reflected in our foreign policy and that our foreign policy is designed to shore up and reinforce or domestic goals.«[64] Im Selbstverständnis dieser Politik erschien Kanada als eine friedvolle Gesellschaft oder doch zumindest als eine, die sich auf dem Weg in eine friedvolle Zukunft befand. Anschließend an die Debatten der 6oer Jahre konnte das Peacekeeping in diesem Sinne als ein Reflex des kanadischen »peaceable kingdom« wahrgenommen werden.

Letztlich erwies sich das kanadische Peacekeeping als zentrales Abbild kanadischen Wesens. Anders konnte die Rede Jamiesons im März 1978 vor dem Empire Club in Toronto kaum interpretiert werden, in der er behauptete:

> ... we have, of course, been the Number One peacekeeping country in the world. I make reference to that because it is again a rather central point of Canada's foreign policy. On many occasions over the years the question has been asked: Is this an appropriate role for Canada? [...] and each time the conclusion has been that it is something that not only fits our capabilities as Canadians but it is something that also fits our character as Canadians... .[65]

Die auch schon vorher von Regierung und Medien geforderte Identifizierung mit dem kanadischen Peacekeeping wurde während der Regierungszeit von Pierre Trudeau noch gesteigert. Unterstützt durch eine Politik, die in offensichtlicher Kontinuität zu den Vorgängerregierungen stand und dem Peacekeeping weiterhin eine prominente Rolle in der Außenpolitik zuwies, wurde das Peacekeeping nicht nur als international notwendig, sinnvoll und erfolgreich verkauft. Sondern es wurde auch weiterhin die emotionale Bindung (»Stolz«) der Kanadier gefordert und darüber hinaus zugleich – gemäß der neuen außenpolitischen Rhetorik Trudeaus – das Peacekeeping als Ausdruck zentraler kanadischer Werte, wie Frieden, Überparteilichkeit und Professionalität, sowie letztlich kanadischen Selbstverständnisses verkündet. Peacekeeping und die kanadische Identität waren eins, so wurde suggeriert, und befruchteten sich gegenseitig.

Unter Berücksichtigung der Entwicklung der Politik, der politischen Rhetorik, des Peacekeeping-Netzwerkes und der öffentlichen Meinung seit den 5oer Jahren gibt es guten Grund zur Annahme, dass die Bevölkerung weiterhin

---

64   Speech by the Secretary of State for External Affairs, the Honourable Don Jamieson, to the Canadian Institute of International Affairs, Toronto, December 3, 1976, S. 11, Statements (and Speeches), ohne Nummer.

65   »Canadian Foreign Policy: A 1978 Perspective«. A Speech by the Secretary of State for External Affairs, the Honourable Don Jamieson, to the Empire Club, Toronto, March 2, 1978, Statements and Speeches 78/2.

dem Peacekeeping positiv gegenüberstand und es als spezifisch kanadische Rolle in der Welt wahrnahm. Doch stellt sich die Frage, ob auch die immer weitergehenden identitätspolitischen Interpretationen, welche die führenden Vertreter der kanadischen Außenpolitik seit Mitte der 70er Jahre vertraten, auf fruchtbaren Boden fielen. Um dies zu ergründen sowie um den Stellenwert und die Art des Blauhelm-Diskurses in der kanadischen Gesellschaft näher zu bestimmen, beschäftigt sich das folgende Kapitel mit ausgewählten zivilgesellschaftlichen Akteuren und deren Haltung zum Peacekeeping.

KAPITEL 8

Zivilgesellschaftlicher Konsens
Peacekeeping als Ausdruck nationaler Selbstbeschreibung

In den 70er und 80er Jahren setzt sich der Prozess der Ausdifferenzierung der kanadischen Gesellschaft weiter fort. Das britische Erbe trat als vergemeinschaftende Tradition zunehmend in den Hintergrund, und der Gegensatz zwischen der frankophonen Bevölkerung in Quebec und der Zentralregierung in Ottawa bedrohte nicht nur die staatliche Einheit, sondern machte auch gesellschaftliche Bruchlinien sichtbar. Im selben Zeitraum kamen verstärkt Einwanderer nach Kanada, die keiner der beiden großen Sprachgruppen angehörten oder überhaupt aus dem europäischen Kulturkreis stammten, der bislang Ausgangspunkt für die weitaus meisten Immigranten gewesen war. Die Regierung Trudeau reagierte auf die innergesellschaftlichen und immigrationsspezifischen Wandlungsprozesse mit der Propagierung eines speziellen, bereits unter der Vorgängerregierung artikulierten Konzeptes zur Integration gerade auch der Neubürger. Im »Multikulturalismus« sollten sich die Traditionen aller Zuwanderer aufgehoben fühlen, und ihr jeweiliges kulturelles Erbe sollte zu einem neuen Verständnis von gesellschaftlicher Identität in einem pluralen, offiziell aber dezidiert zweisprachigen Kanada beitragen. Als »kanadisches Mosaik« unterschied sich das Gesellschaftsmodell dabei von demjenigen des »Schmelztiegels« (»melting pot«), als der die USA galt.[1] Die gesellschaftliche Unsicherheit wurde noch durch internationale Entwicklungen verstärkt, die auf die innenpolitische Wahrnehmung rückwirkten. Nach einer vorübergehenden Entspannung zwischen den Blöcken kam es Ende der 70er Jahre zu einer erneuten Eiszeit. Als Höhepunkt dieses »Zweiten Kalten Krieges« erschien schon den Zeitgenossen der so genannte NATO-Doppelbeschluss von 1979, der die Stationierung neuer Mittelstreckenraketen sowie Marschflugkörper

---

1 Vgl. Valerie Knowles, Strangers at our Gates. Canadian Immigration and Immigration Policy, 1540-2006, überarb. Neuaufl., Toronto 2007, S. 199-233. Zu einer Kritik des Multikulturalismus-Konzeptes unter der Maßgabe, dass es weiter kulturelle Unterschiede festschrieb und tatsächlich eine einheitliche Gesellschaft anstrebte, vgl. Richard J. F. Day, Multiculturalism and the History of Canadian Diversity, Toronto u.a. 2000, S. 146-199; zur Kritik von Seiten der französischsprechenden und indigenen Bevölkerungsgruppen vgl. Cole Harris, Making Native Space. Colonialism, Resistance, and Reserves in British Columbia, Vancouver/Toronto 2002, S. 302. Zu Ähnlichkeiten zwischen dem kanadischen Multikulturalismus und dem US-Integrationsmodell vgl. Alain-G. Gagnon/Raffaele Iacovino, Interkulturalismus in Québec: Identitäten im Fluss, in: Alain-G. Gagnon (Hg.), Québec: Staat und Gesellschaft, Deutsche Erstausgabe hg. v. Ingo Kolboom/Boris Vormann, Heidelberg 2011, S. 145-166.

© VERLAG FERDINAND SCHÖNINGH, 2020 | DOI:10.30965/9783657787807_010

in Europa, also die Eskalation des Rüstungswettlaufs, und zugleich damit verbunden ein Angebot von Abrüstungsverhandlungen vorsah. In den Bevölkerungen der betroffenen Staaten, so auch in Kanada, ging wieder die Angst vor einem nuklearen Holocaust um. In diesem Zusammenhang ist auch die letztlich erfolglose, aber breit rezipierte »Friedensreise« (»peace mission«) Premierminister Trudeaus 1983/84 zu sehen.[2] Den Kanadiern wurden also in diesen Jahren die internationalen Verflechtungen, Abhängigkeiten und Gefahren besonders eindringlich vor Augen geführt, was eigentlich ein idealer Nährboden für den traditionellen Peacekeeping-Diskurs war. Doch wirkten das Trauma der »Vertreibung« der kanadischen Blauhelme vom Suez-Kanal 1967 und damit einhergehend die Skepsis gegenüber den Vereinten Nationen und deren Peacekeeping-Missionen zumindest in den ersten Jahren der Amtszeit Trudeaus noch deutlich nach.

In kritischer Distanz: Die Globe and Mail in den 70er Jahren

Insbesondere das kanadische Leitmedium *Globe and Mail*, zeitgenössisch die einzige überregionale Tageszeitung Kanadas, rückte von der zuvor gezeigten, weitgehend positiven Einstellung zum nationalen Blauhelm-Engagement ab. Ausgehend von der »demütigenden Erfahrung« (»humiliating experience«)[3] während des Endes von UNEF I artikulierten die Leitartikler der Zeitung ihre Skepsis gegenüber alten und neuen Missionen. Sie unterstützten den zurückhaltenden Kurs der Regierung, die Anfang 1973 nur widerwillig erneut Personal für die internationale Kontrollkommission in Vietnam bereitstellte,[4] und applaudierten dem von Außenminister Sharp im Mai 1973 verkündeten Rückzug aus diesem, zeitgenössisch als »Peacekeeping« klassifizierten Engagement:

> The Canadian Government's January decision to participate in Vietnam on a trial basis was correct. So now is the decision to withdraw in refusal to share in the misuse of the peacekeeping concept.[5]

---

2 Vgl. Stöver, Der Kalte Krieg, S. 410-436; Hillmer/Granatstein, Empire to Umpire, S. 270-272; Bothwell, Alliance, S. 354-370, 380-386; Philipp Gassert/Tim Geiger/Hermann Wentker (Hg.), Zweiter Kalter Krieg und Friedensbewegung. Der NATO-Doppelbeschluss in deutsch-deutscher und internationaler Perspektive, München 2011.

3 »Peacekeeping only by rule«, *Globe and Mail*, 5.6.1970, S. 6; vgl. »Ottawa has its secrets, too«, ebd., 2.7.1971, S. 6.

4 »Prepare for peacekeeping«, ebd., 16.12.1972, S. 6.

5 »And so, sadder and wiser …«, ebd., 30.5.1973, S. 6.

Ähnlich argumentierte die Zeitung als es deutlich wurde, dass Ende 1973 mit UNEF II wieder eine UN-Truppe für das israelisch-ägyptische Grenzgebiet aufgebaut werden sollte. Doch warf sie nun der Regierung und insbesondere Sharp vor, blauäugig und womöglich aus Eitelkeit heraus erneut ein unkalkulierbares Risiko einzugehen. Ein Leitartikel begann am 26. Oktober 1973 mit den Worten:»Canada must not, this time, allow itself to be swept by vanity into a peacekeeping role in the Middle East.«[6]

Als besonders kritisch erwies sich die *Globe and Mail*, sobald es um die Peacekeeping-Operation auf Zypern ging. Wie das kanadische Kabinett und die Regierungen weiterer beteiligter Staaten forderte auch die Zeitung Anfang 1974 eine Truppenreduktion bzw. die Umwandlung in eine Beobachtermission. Anders als Trudeau und seine Minister plädierten die Leitartikler während des Putsches und der türkischen Invasion im Sommer 1974 aber nicht für eine weitere Verstärkung von UNFICYP. Zwar lobten sie die Haltung und den Einsatz der kanadischen Blauhelme auf Zypern, doch verwarfen sie die Mission als mehr denn je erfolglos. Ihre Kritik gipfelte in der Forderung, die kanadischen Soldaten endlich nach Hause zu bringen. So titelte ein Leitartikel vom 26. Juli 1974 unmissverständlich:»The Canadian presence in Cyprus should end«.[7] Dieser Linie blieb die Zeitung in den nächsten Jahren treu. Auch nachdem die Krise von Mitte 1974 überwunden und die Insel faktisch geteilt worden war, hinterfragte die *Globe and Mail* in ihren Leitartikeln, wie sinnvoll eigentlich der dortige Blauhelm-Einsatz sei. Selbst wenn die UN-Mission nicht beendet werden könne, so sei es doch an der Zeit, die kanadischen Truppen, die seit Beginn der Operation 1964 beteiligt waren, zurückzuziehen. »Bring the boys home«, war auch 1975 noch die eindeutige Forderung der Zeitung, und im Dezember 1978 endete ein Leitartikel, der sich mit der Lage auf Zypern beschäftigte, mit dem Appell:»After 14 years, enough is enough.«[8]

Die grundsätzliche Position blieb während der 70er Jahre gleich, doch fanden sich immer wieder auch positive Stimmen, die einzelne Missionen befürworteten oder generell die traditionelle Politik verteidigten. So betonte ein Leitartikel aus dem Jahr 1970:»Canada is one of the pioneer peacekeepers, and it is a role in which, despite our middle-power status, we can give valuable

---

6 »Caution seeps away«, ebd., 26.10.1973, S. 6.

7 »The Canadian presence in Cyprus should end«, ebd., 23.7.1974, S. 6; vgl. auch »Cyprus coup raises another international risk«, ebd., 17.7.1974, S. 6; »Mr. Richardson weigh's role in Cyprus«, ebd., 6.11.1974, S. 6.

8 »Bring the boys home«, ebd., 13.6.1975, S. 6 u. »Another chance for Cyprus«, ebd., 4.12.1978, S. 6; vgl. auch »Facing facts in Cyprus«, ebd., 11.6.1976, S. 6.

service to the world community.«[9] Wenn auch vorsichtig, so unterstützte beispielsweise 1978 ein Leitartikler einen möglichen kanadischen Beitrag zur UN-
Operation im Libanon.[10] Die Zeitung druckt auch weiterhin Leserbriefe ab, die
sich mit den kanadischen Blauhelmen beschäftigten. Hierunter befanden sich
sowohl solche, die die UN-Missionen kritisierten, als auch auffällig oft andere,
die sie befürworteten.[11] Sicherlich waren das Peacekeeping und die einzelnen
Missionen nicht das beherrschende Thema der Leitartikel und Leserbriefe.
Die UN-Operationen standen vor allem während einzelner Krisen im Mittelpunkt. Doch bildete gerade die immer wieder verlängerte Mission auf Zypern
ein durchgehendes Thema in den 70er Jahren, wobei sich zeigte, dass die
kanadische Regierung seit 1973/74 nicht auf die Unterstützung der *Globe and
Mail* für ihre nunmehr wieder traditionelle Blauhelm-Politik hoffen konnte.

Die Relevanz zivilgesellschaftlicher Akteure

Die skeptische Haltung der *Globe and Mail* und die Zurückhaltung anderer
Medien[12] wurde allerdings nicht von allen gesellschaftlichen Akteuren geteilt. Ein differenzierteres Bild entsteht, wenn neben den Medien auch die
zeitgenössischen Positionen von repräsentativen zivilgesellschaftlichen
Institutionen, Verbänden und Bewegungen mit einbezogen werden. Um
welche Zusammenschlüsse geht es hierbei? Auch wenn die Definition von
Zivilgesellschaft nicht einheitlich ist, so werden doch hierunter überwiegend
eine Sphäre und eine Form sozialen Handelns verstanden, die zwischen
Staat, Wirtschaft und Privatsphäre angesiedelt ist. Die hierzu zählenden
Organisationen reichen von »Nachbarschaftshilfen, Stadtteilinitiativen
und Friedensdemonstrationen über Vereine, Stiftungen und mäzenatisches
Handeln bis zu Nichtregierungsorganisationen [...] und neuen Aushandlungs-
mechanismen auf transnationaler Ebene.« Entsprechende Assoziationen sind
selbst organisiert und weitgehend autonom, sie handeln im öffentlichen Raum

---

9   »Middle East peacekeepers«, ebd., 27.8.1970, S. 6; vgl. auch »Job for us«, 4.3.1970, S. 6;
    »Temporary is a long time«, ebd., 18.12.1971, S. 6.

10 Vgl. »Questions over Lebanon«, ebd., 23.3.1978, S. 6; skeptisch zu dem Truppenbeitrag:
    »A long and bloody role«, 20.3.1978, ebd., S. 6.

11 Vgl. z.B. F. R. Berchem, Toronto, »Peacekeeping«, Leserbrief, ebd., 15.6.1970, S. 6;
    A. J. Langley, Toronto, »Canada's defences«, Leserbrief, ebd., 2.10.1972, S. 6; Martin
    Shadwick, Willowdale, »Armed services«, Leserbrief, ebd., 4.11.1974, S. 6; Rosamond
    Cunnington, Hamilton, »Peace force«, Leserbrief, ebd., 9.1.1978, S. 6.

12 Der National Film Board produzierte beispielsweise, anders als in den Jahren zuvor, von
    1965-1980 keinen einzigen Film über das Peacekeeping. Vgl. McCullough, Creating, S. 98.

und bedienen sich idealiter friedlicher Mittel. Inhaltlich beziehen sie sich ausgehend von jeweils eigenen Interessen im weitesten Sinne »auf das allgemeine
Wohl«. Zivilgesellschaftliches Handeln lässt sich dabei nicht immer klar von
staatlichem, marktbezogenem oder familiärem Handeln trennen.[13] Gerade
die Medien erweisen sich als hybrid, indem sie Charakteristika unterschiedlicher Sphären in sich vereinen: »... some institutions, such as the media, while
essentially based on market organizations, nonetheless have significant civil
society elements.«[14] Somit bewegte sich beispielsweise auch die *Globe and
Mail* in dem Grenzraum zwischen Markt und Zivilgesellschaft.

Zivilgesellschaftliche Organisationen bündeln kollektive Interessen und
artikulieren sie im öffentlichen Raum. Auf diese Weise bilden sie allgemein
zugänglich Meinungen und Ansichten größerer gesellschaftlicher Segmente
ab. Im vorliegenden Kontext können Stellungnahmen zivilgesellschaftlicher
Zusammenschlüsse helfen, die gesellschaftlichen Positionen im kanadischen
Peacekeeping-Diskurs in größerer Breite darzustellen – selbst wenn, wie in
diesem Kapitel, diese nur schlaglichtartig aufgezeigt werden. Im Folgenden
stehen die 70er und 80er Jahre im Mittelpunkt. Doch werden auch zeitlich
darüberhinausgehende Hinweise aufgegriffen, um langfristige Entwicklungslinien nachzuzeichnen.

Die United Nations Association in Canada: Vom Abseits wieder ins Zentrum

Die United Nations Association in Canada gehört zweifelsohne zu den Nichtregierungsorganisationen, die sich aktiv in den Peacekeeping-Diskurs ein-
brachten. Wie die Blauhelm-Einsätze insgesamt durchlief sie Ende der 60er
und Anfang der 70er Jahre eine Periode struktureller Probleme und reduzierter
politischer Relevanz. Die Probleme waren zum Teil hausgemacht. Während die
UNA in den 60er Jahren politisch gut vernetzt war und ihre Positionen, gestützt
auf vielfältige Aktivitäten, breit in die Bevölkerung hinein verbreiten konnte,
zehrte dieser Umstand zugleich an den finanziellen und organisatorischen
Ressourcen der Organisation. Das Engagement war schlicht zu umfangreich.

---

13 Vgl. Dieter Gosewinkel/Dieter Rucht/Wolfgang van den Daele/Jürgen Kocka, Ein-
    leitung: Zivilgesellschaft – national und transnational, in: dies. (Hg.), Zivilgesellschaft –
    national und transnational, Berlin 2004, S. 11-26 (Zitate S. 11); Betz, Zivilgesellschaft in
    Entwicklungsländern, S. 9-11; frühzeitig: Wolfgang Merkel/Hans-Joachim Lauth, System-
    wechsel und Zivilgesellschaft: Welche Zivilgesellschaft braucht die Demokratie?, in: Aus
    Politik und Zeitgeschichte, B 6-7/98, S. 3-12, bes. S. 3-8.
14 Helmut K Anheier, Civil Society. Measurement, Evaluation, Policy, London 2004, S. 27.

Ausgangs der 6oer Jahre verschlechterte sich die finanzielle Lage so sehr und erwies sich die Fluktuation in maßgeblichen Positionen zeitweise als so gravierend, dass schließlich Ende 1971 sogar das Zentralbüro in Ottawa geschlossen und die hauptamtlichen Mitarbeiter entlassen werden mussten.[15]

Erschwerend kam hinzu, dass die UNA vor dem Hintergrund des Rückzugs von UNEF I aus Ägypten gegen eine dezidiert artikulierte öffentliche Skepsis gegenüber den Blauhelm-Einsätzen ankämpfen musste.[16] Der Übergang von Pearson zu Trudeau verschärfte diese Situation. Bereits in die Defensive gedrängt, musste sich die UNA nun auch noch gegen die UN-skeptische Außenpolitik der neuen Regierung wehren. Trotz der innerorganisatorischen Schwierigkeiten konnte sich die UNA durch kritische Eingaben an das Unterhaus an der Debatte um das 1970 erschienene außenpolitische Weißbuch beteiligen. Die Kritik richtete sich maßgeblich gegen die aus Sicht zumindest des zuständigen UNA-Komitees dominierende ökonomische Orientierung. Stattdessen forderte es eine Stärkung der Fähigkeiten zum Peacekeeping: »After consideration and reconsideration of the White Paper emphasis on the primacy of economic growth our Council recommence at least equal emphasis being laid on Canadian leadership towards improved peace keeping capabilities which may not in the short run appear to directly affect our economic growth.«[17]

Auch nach der vorübergehenden Schließung des Büros in Ottawa arbeitete die Organisation in den über das ganze Land verteilten Außenstellen weiter. Hier trugen ehrenamtliche Mitarbeiterinnen und Mitarbeiter die Arbeit. An nationale Kampagnen und größere Veranstaltungen war aber kaum zu denken. Durch die Einsparungen konsolidierte sich indes die finanzielle Lage seit 1973. Bereits im Oktober 1972 war das Hauptbüro praktisch wieder eröffnet worden. Unter der energischen Leitung von John King Gordon, eines gut vernetzten ehemaligen Mitarbeiters des UN-Sekretariats und Professors für Internationale Beziehungen an der Universität Ottawa, wagte sich die UNA einige Jahre später wieder an größere Projekte. Gordon stand von 1974 bis 1977 als Präsident (»National President«) an der Spitze der UNA[18] – zu einer Zeit, als auch die kanadische Regierung rhetorisch wie praktisch wieder die UN-Friedensmissionen unterstützte. Gordon verband in seiner Person ein fast

---

15   Vgl. Archer, History of UNAC, UNA Archives Ottawa.

16   Vgl. Text of a CBC Viewpoint by Peter Trueman, National Director UNA, 6.6.1967, LAC, MG 28 I 202, vol. 6, file »Trueman, P. – Speeches + reports 1966-67«.

17   UNA, Brief to the Standing Committee on External Affairs and National Defence of the House of Commons, 21.5.1971, S. 2 (des Textkorpus), LAC, MG 28 I 202, vol. 2, file »Government Briefs – correspondence + memoranda – 1970-71«.

18   Vgl. Archer, History of UNAC, UNA Archives Ottawa.

50 Jahre lang währendes Engagement für internationale Organisationen und die Zusammenarbeit mit den wichtigsten frühen Protagonisten kanadischer Völkerbunds-, UN- und Peacekeeping-Politik: Durch Kanadas ständigen Vertreter in Genf, Riddell, hatte Gordon in den 20er Jahren die Arbeit einer Weltorganisation erstmals kennengelernt, 1956/57 stand er Burns als Leiter der UNEF-Presseabteilung in Ägypten zur Seite, nach seiner Rückkehr nach Kanada 1962 erneuerte er seine Freundschaft zu seinem Studienkollegen Lester Pearson und kooperierte hinfort intensiv mit John Holmes, damals Präsident des CIIA. Doch auch in den 70er Jahren waren seine Verbindungen noch ausgezeichnet.[19] Als er während seiner Amtszeit als UNA-Präsident zum »Order of Canada«, der höchsten kanadischen Zivilauszeichnung, vorgeschlagen wurde, gehörte zu den Unterstützern kein geringerer als Ivan Head, der außenpolitische Berater von Premierminister Trudeau.[20]

Gordon suchte die UNA programmatisch als Teil der neu entstehenden nationalen und internationalen Nichtregierungsorganisations-Bewegung zu verorten: Globale Probleme, wie der nukleare Overkill, doch auch Umweltschutz, Bevölkerungswachstum und Nahrungsmittelknappheit müssten und würden, so der UNA-Präsident, durch NGOs in Kooperation mit staatlichen Institutionen angepackt werden. Die Aufgabe der UNA sei es, über die globalen Probleme aufzuklären; doch als ebenso wichtig erachtete er, gemeinsam mit anderen NGOs oder der Regierung Lösungsvorschläge zu erarbeiten. Es gelte, isolationistischen Bestrebungen zu wehren und »indications of a new interest in responsible international participation on the part of young Canadians« zu fördern. Um auf der nationalen Ebene agieren zu können, forderte der Präsident die Einrichtung eines handlungsfähigen Zentralbüros mit einem Geschäftsführer (»National Director«) an der Spitze.[21]

Die erste große Veranstaltung, mit der die UNA aus dem Schatten der vergangenen Probleme heraustrat, war 1977 eine Konferenz in Winnipeg, die thematisch die Ziele von Gordon aufgriff. Unter dem Konferenztitel »The United Nations and the New World Order: The Management of Global Change« versammelten sich rund 300 Teilnehmer, darunter zahlreiche Diplomaten und der Generalsekretär des Commonwealth. In der aus der Tagung hervorgegangenen Publikation der UNA fanden sich Aufsätze des UN-Generalsekretärs Kurt

---

19 Vgl. Janzen, Growing to One World, S. 33, 252-271, 346-349, 354, 362.

20 Vgl. Geoffrey Grenville-Mood, Executive Director, an Ivan L. Head, 13.12.1976, LAC, MG 28 I 202, vol. 49, file 1: »National Office – President Gordon, J. King Gordon – Order of Canada – corr + other related material, 1976-77«.

21 J. King Gordon, The United Nations Association in the Mid-Seventies, o.D., LAC, MG 28 I 202, vol. 49, file 1: »National Office – President Gordon, J. King Gordon – Order of Canada – corr + other related material, 1976-77« (einschl. der Zitate).

Waldheim, des amtierenden kanadischen Premierministers Allan MacEachen, des Generalsekretärs des Commonwealth Shridath Ramphal, des für die UN-Blauhelme zuständigen UN-Untergeneralsekretärs Brian Urquhart, des ständigen Vertreters Kanadas bei den Vereinten Nationen William Barton, von John Holmes, von einem Mitglied der Chefredaktion der *Globe and Mail* und weiteren in- und ausländische Diplomaten sowie Funktionären von NGOs.

Für die Organisation der Veranstaltung war hauptsächlich Nancy Gordon verantwortlich gewesen, die Schwiegertochter von J. King Gordon, eine ehemalige Mitarbeiterin des kanadischen Auswärtigen Amtes, die dieses – wie damals üblich – nach ihrer Heirat verlassen hatte. Nancy Gordon übernahm von 1977 bis 1978 kurzzeitig die Position des Geschäftsführers der UNA und leitete von 1980 bis 1984 deren Informationsabteilung. Sie blieb der Organisation auch nach ihrem Ausscheiden aus dem hauptamtlichen Dienst weiter verbunden und amtierte von 2002 bis 2006 als ehrenamtliche Präsidentin.[22]

Thematisch erwies sich die UNA seit Ende der 70er Jahre als breiter aufgestellt. Neben entwicklungspolitischen Themen wurden auch der Rüstungswettlauf sowie die erneuerte Angst vor einem Atomkrieg aufgegriffen. In dieser Frage überlappten sich die Interessen der UNA und der neuen Friedensbewegung in Kanada. Seit Ende der 70er Jahre trat die UNA auch wieder verstärkt mit eigenen Publikationen an die Öffentlichkeit. Hierzu gehörten das vierteljährlich erscheinende »bulletin«, aus aktuellen Anlässen erstellte Broschüren und die Hintergrundberichte für die Medien, »Briefing Paper« genannt. Hierin wurden besonders die Leistungen Kanadas im Rahmen von UN-Aktivitäten hervorgehoben. Teilweise wurden einzelne Publikationen in enger Kooperation mit dem Außenministerium herausgegeben.[23]

Das UN-Peacekeeping bzw. der kanadische Beitrag blieben ein wichtiges Thema der UNA. Der Hintergrundbericht vom März 1984 informierte über »Canada at the United Nations«; unter dem Titel »Canada's Major Contributions to the United Nations« fand sich dort als erstes eine lange Erläuterung zum Peacekeeping. Im Oktober desselben Jahres gab die UNA sogar einen Hintergrundbericht heraus, der sich nur mit dem Peacekeeping

---

22   Vgl. Interview des Vf. mit Nancy Gordon, Ottawa, 15.6.2009; Archer, History of UNAC, UNA Archives Ottawa; Canada and the United Nations in a Changing World. The Report of a Conference held in Winnipeg, Manitoba May 12-14, 1977, UNA Archives Ottawa; Canadian Who's Who 2001, S. 509.

23   Vgl. z.B. die Einladung und die internen Notizen für die Buchvorstellung »Canadians and the United Nations« von Clyde Sanger, herausgegeben vom Außenministerium und vorgestellt am 8.11.1988 von der UNA, UNA Archives Ottawa. Siehe allgemein Interview des Vf. mit Joan Broughton, Ottawa, 16.9.2008; Archer, History of UNAC, UNA Archives Ottawa.

beschäftigte und ebenfalls ausführlich die kanadische Rolle thematisierte. Wichtige, schon als traditionell anzusehende Narrative wurden hier wiederholt: Kanada beteilige sich bereits seit 1945 an Peacekeeping-Operationen, habe als einziger Staat an allen Missionen teilgenommen, und die Initiative für den ersten großen Blauhelm-Einsatz wäre von Lester Pearson ausgegangen, der dafür den Nobelpreis erhalten habe. Peacekeeping sei ein wichtiges Element kanadischer Außenpolitik und gehöre zu den vier zentralen Aufgaben der Streitkräfte. Als einer von wenigen Staaten stelle Kanada ein Bataillon speziell für UN-Einsätze bereit. International habe das Engagement den Status und das Prestige Kanadas gehoben, Kanada würde als unparteilich angesehen, und die kanadischen Soldaten seien als erfahrene Peacekeeper bekannt. Die »Tradition« des kanadischen Peacekeepings werde, so der Hintergrundbericht zum Peacekeeping, auch gegenwärtig noch fortgeschrieben.[24]

In der UNA fokussierte sich die Traditionsbildung besonders auf Pearson. Anlässlich seines Todes im Dezember 1972 verteilte die UNA eine kleine Broschüre, geschrieben von Gordon. Sie war so erfolgreich, dass der *Ottawa Citizen*, die Tageszeitung der kanadischen Hauptstadt, sie noch einmal nachdruckte.[25] Zur Verstetigung der Tradition der Erinnerung an Pearson stiftete die UNA 1979 die »Pearson Peace Medal«. Sie wird an Personen verliehen, die sich auf Feldern verdient gemacht haben, die auch Pearson zugeschrieben werden. Besondere Bedeutung erlangte die Medaille dadurch, dass sie vom kanadischen Generalgouverneur persönlich am United Nations-Tag, dem 24. Oktober, verliehen wird. Eine Reihe von Diplomaten, wie der ehemalige kanadische UN-Botschafter George Ignatieff, und Persönlichkeiten des öffentlichen Lebens gehören zu den Trägern. Als dritter Ausgezeichneter erhielt sie 1981 der ehemalige UN-Kommandeur Burns; 2004 wurde sie an Generalleutnant a.D. Roméo Dallaire vergeben, den vormaligen Befehlshaber der UN-Truppen in Ruanda. Mit der Verleihung der Medaille wurde nicht nur Pearsons Lebenswerk geehrt, sondern auch seiner zentralen Funktion bei der Etablierung des UN-Peacekeepings immer wieder neu gedacht. Zugleich profitierte die UNA, indem sie sich quasi zum Nachlassverwalter der UN-Politik Pearsons stilisierte. Dessen Rolle hervorzuheben, wurde somit zu einem notwendig integralen Bestandteil der Öffentlichkeitsarbeit der UNA.[26]

---

24 Vgl. Briefing Paper »Canada at the United Nations«, März 1984, S. 2 f. u. (einschließlich des Zitats) Briefing Paper »Peacekeeping«, Oktober 1984, bes. S. 6, UNA Archives Ottawa.

25 Vgl. John King Gordon, Mike, hg. v. UNA, 3.1.1973, Nachdruck *Ottawa Citizen*.

26 Vgl. Pearson Peace Medal, online unter www.unac.org/en/news_events/pearson/index. asp (aufgerufen 4.3.2008).

Friedensbewegung: Das Beispiel des »Ploughshares Monitor«

Auch bei den Mitgliedern etablierter Nichtregierungsorganisationen, wie der UNA, schürte die eskalierende Konfrontation zwischen den Blöcken seit Mitte der 70er Jahre erneut Ängste vor einer sich immer schneller drehenden Rüstungsspirale und einem Atomkrieg. Im Umfeld des NATO-Doppelbeschlusses von 1979 etablierten sich jedoch vor allem neue Organisationen, Verbände und Gruppierungen, die schließlich gemeinsam als »Friedensbewegung« wahrgenommen wurden. Diese zivilgesellschaftlichen Zusammenschlüsse waren ein Phänomen der gesamten westlichen Welt. Sie hatten Vorläufer in frühen pazifistischen und zum Teil auch marxistischen Bewegungen sowie in den Friedensbewegungen der 50er und 60er Jahre. Auch in Kanada finden sich diese Vorgänger. Zum Teil werden die Wurzeln bis ins 18. und 19. Jahrhundert und zu religiösen Gemeinschaften, wie den Mennoniten und den Quäkern, zurückverfolgt. In den 50er und frühen 60er Jahren wandten sich Friedensgruppen gegen die atomare Aufrüstung und ganz explizit gegen den Test von Nuklearwaffen. Eine der bekanntesten kanadischen Aktivisten-gruppen dieser Zeit waren die »Voice of Women«. Wie in anderen Staaten der westlichen Hemisphäre entstand auch in Kanada in den 60er Jahren eine Bewegung gegen den Krieg in Vietnam, die sich zum Teil explizit gegen zu enge Beziehungen zu den Vereinigten Staaten richtete. Diese beiden jüngeren Bewegungen gelten als Wegbereiter der Friedensbewegung der 80er Jahre, die vor allem quantitativ die Vorläufer weit in den Schatten stellte.

Die Furcht vor einem nuklearen Armageddon führte Anfang der 80er Jahre zu einem explosionsartigen Anwachsen der Zahl von Gruppen, die zur Friedensbewegung gerechnet wurden. Am Ende der Dekade bestanden in Kanada rund 2.000 dieser Zusammenschlüsse und Vereine. Auf eine längere Geschichte konnte der »Canadian Peace Congress« zurückblicken, der bereits 1948 gegründet worden war und Ende der achtziger Jahre etwa 10.000 Mitglieder zählte. Die neuen Gruppierungen waren unterschiedlich groß und zum Teil örtlich oder regional begrenzt. Zu den wichtigen nationalen Verbänden gehörten die »Canadian Physicians for the Prevention of Nuclear War« (CPPNW), 1980 gegründet, mit über 6.000 Mitgliedern, und die »Operation Dismantle« von 1977 mit 9.000 Mitgliedern. Die »Canadian Peace Alliance« (CPA) entstand 1985 als Dachorganisation von über 400 Gruppen.

Wie weit verbreitet beispielsweise die Forderung war, Kanada zu einer atomwaffenfreien Zone zu machen, zeigte eine Unterschriftenkampagne, die 1984 430.000 Unterschriften für dieses Ziel sammeln konnte. Im selben Jahr, am 28. April, versammelten sich gemäß zeitgenössischen Schätzungen zwischen 85.000 und 115.000 Menschen bei Vancouvers drittem »March of

Peace«. Die Friedensbewegung mobilisierte weitaus mehr Menschen als die einzelnen Friedensgruppen Mitglieder zählten. Doch mit dem Ende des Kalten Krieges geriet auch die kanadische Friedensbewegung in eine Legitimationskrise und der Großteil der Gruppen löste sich auf oder verschwand in der Bedeutungslosigkeit.

Das »Project Ploughshares« gehört zu den bekanntesten Organisationen der kanadischen Friedensbewegung. Anders als die meisten Gruppen besteht sie noch heute. Ploughshares wurde bereits 1976, vor dem eigentlichen Boom der Friedensbewegung, gegründet und umfasste Ende der 80er Jahre, je nach Angabe, zwischen 7.500 und 10.000 Mitglieder. Das »Projekt« weist christliche Wurzeln auf und wird vom Canadian Council of Churches unterstützt, dem größten ökumenischen Zusammenschluss christlicher Kirchen in Kanada. Von Beginn an thematisierte Ploughshares Abrüstungsfragen. Im Rahmen der Konsultationen zwischen Regierung bzw. Ministerialverwaltung und NGOs wurde es in den 80er Jahren bis Mitte der 90er Jahre regelmäßig als wichtiger Gesprächspartner eingeladen. Einer der Mitbegründer, Ernie Regehr, zählte zu den führenden zivilgesellschaftlichen Abrüstungsexperten Kanadas. Er hob auch das Mitgliedermagazin, den »Ploughshares Monitor«, 1978 mit aus der Taufe und fungierte lange Jahre als Co-Herausgeber. Der Ploughshares Monitor wiederum gehört zu den ältesten Periodika der kanadischen Friedensbewegung und ist das einzige, das bis in die Gegenwart ohne Unterbrechung veröffentlicht wird. Es eignet sich daher besonders gut für eine langfristige Analyse der Haltung der Friedensbewegung im Allgemeinen und des Project Ploughshares im Besonderen zu den kanadischen UN-Blauhelmeinsätzen.[27]

Das UN-Peacekeeping und der kanadische Beitrag hierzu waren während der 80er und 90er Jahre immer wieder Thema im Ploughshares Monitor. Vom Ende des Kalten Krieges bis Mitte der 90er Jahre fand dabei insbesondere eine ausführliche Diskussion der Bedeutung des Peacekeepings im Rahmen einer von der Friedensbewegung gewünschten Neuausrichtung der kanadischen Streitkräfte statt. Doch schon seit Ende der 70er Jahre repräsentierten die kanadischen Blauhelm-Einsätze einen der wenigen von der Friedensbewegung akzeptierten Aufgabenbereiche des Militärs.

Trotzdem wurde im Ploughshares Monitor das weit verbreitete Selbstbild kritisiert, das Kanada als friedvollen Staat und Friedensstifter gerade auch in

---

27   Vgl. Interview des Vf. mit Ernie Regehr, Waterloo, 27.10.2008; Judy Wells, What stimulated high Vancouver turnout?, The Peace Calendar 2 (1984), Nr. 5, online unter tpc. peacemagazine.org (aufgerufen 10.5.2013); Ploughshares Monitor 5, Nr. 2 (Juni 1984), S. 17; Grant Birks, Project Ploughshares turns 20, Ploughshares Monitor 17, Nr. 1 (März 1996), S. 3-5; Kristen Ostling, The Peace Movement and the Security Debate in Canada, M.A. thesis, Carleton University, Ottawa, January 1991, S. 71-78, Bestand LAC.

Abgrenzung zu den Vereinigten Staaten zeigte. Dem wäre, so der Ploughshares Monitor, nicht so, was die weitere Aufrüstung der Streitkräfte und die Waffenverkäufe Kanadas in alle Welt und speziell an die USA bewiesen. Auch die Redakteure und Autoren des Ploughshares Monitor nahmen zwar an, dass sich die in den 70er Jahren formulierten Vorstellungen von Kanada als einem »Peaceable Kingdom« oder einer überwiegend friedvollen Gesellschaft, die diese Charakteristika auch in ihrem nach außen gerichteten Handeln fortschrieb, als Selbstbeschreibung durchgesetzt habe, doch versuchten sie dieses Bild als Schimäre zu entlarven.[28]

Von dem negativen Image, das der kanadischen Verteidigungs- und Sicherheitspolitik in den Kreisen der Friedensbewegung anhaftete, wurde in den 80er Jahren indes das Peacekeeping durchgängig ausgenommen. Im Ploughshares Monitor vom Dezember 1980 forderte eine abgedruckte Petition beispielsweise die Etablierung einer permanenten UN-Peacekeeping-Streitmacht; ein Jahr später wurde positiv über einen Besuch General Burns' bei einem zivilgesellschaftlichen Zusammenschluss für unbewaffnete internationale Friedenseinsätze berichtet, den »Peace Brigades International«.[29] Von 1985 bis 1987 sprach sich Ernie Regehr in mehreren Berichten und Artikeln für ein stärkeres Engagement im Peacekeeping aus. Wie viele Politiker nahm auch er an, dass in Kanada ein gesellschaftlicher Konsens bestehe, der den Einsatz von Blauhelmen gutheiße. Pointiert schrieb er im März 1987 den Regierenden ins Stammbuch: »Peacekeeping must, therefore, be made a high priority of Canadian defence policy.«[30]

Mitunter wurde nicht nur auf die positive Bewertung des Peacekeepings in der Gesellschaft hingewiesen, sondern explizit ein Zusammenhang zwischen kanadischem *nation building* und den Blauhelmen hergestellt. In einem Beitrag zur zukünftigen Rolle der kanadischen Armee gab Robert B. McClure, der ehemalige »Moderator« der United Church of Canada, preis: »It is then, our success in this role of ›peace keeping‹ that I have seen personally and which

---

28   Vgl. Swords und Ploughshares, Ploughshares Monitor 1, Nr. 1 (April 1978), S. 5; Project Ploughshares. A Working Group on Canadian Military Policy, ebd. 2, Nr. 2 (April/Mai 1979), S. 1.

29   Vgl. Peacemakers' Association of Nations, 7.12.1980: Declaration by 22 Candian Peace groups in Ottawa, ebd. 3, Nr. 3 (Dezember 1980), S. 7; Peace Brigades International, Ploughshares Monitor Newsreport Nr. 2 (Dezember 1981), S. 5; siehe auch Tony Law, Ploughshares Monitor 6, Nr. 3 (September 1985), S. 5-8, hier S. 7.

30   Ernie Regehr, Alternatives for the Next Decade. Defence policy and arms export, ebd. 8, Nr. 1 (März 1987), S. 15 f., hier S. 16. Vgl. auch ders., Economic Conversion, ebd. 6, Nr. 3 (September 1985), S. 9-13, hier S. 9 f.; ders., Peace and Security, ebd. 6, Nr. 4 (Dezember 1985), S. 9-16, hier S. 13; ders., Should Canada Have Military Forces in Peacetime? The Defence White Paper, ebd. 8, Nr. 2 (Juni 1987), S. 26 f., hier S. 27.

I have found very inspiring to my sense of patriotism.«[31] Wie weit verbreitet diese Meinung war, ist nicht abzuschätzen. Doch kann es zumindest als Hinweis auf allgemein virulente Gefühle verstanden werden, wenn der ehemalige Moderator – also Vorsitzende bzw. Präses – der größten protestantischen Kirche in Kanada meinte, einer solchen Überzeugung in einem Periodikum der Friedensbewegung Ausdruck verleihen zu können.

In seinem Beitrag forderte McClure eine weitgehende Pazifizierung der kanadischen Streitkräfte. Zwar sollten kanadische Soldaten beispielsweise für die Blauhelm-Mission in Zypern bewaffnet werden, ansonsten wäre es allerdings besser, sie unbewaffnet als internationale Katastrophenschutztruppe einzusetzen und mit »bull-dozers and mobile cranes, and pumps« auszurüsten.[32] Die pazifistischen Tendenzen sind offenkundig, wenn auch vor dem Hintergrund der damaligen Weltlage wenig realistisch. Ein prinzipieller Pazifismus war zwar auch in der kirchlich beheimateten Friedensbewegung zu finden, aber er dominierte dort nicht notwendigerweise. Selbst McClure forderte nicht die komplette Abschaffung der Streitkräfte oder deren vollständige Entwaffnung. Ernie Regehr erinnerte sich im Interview, dass zumindest bei Gründung des Project Ploughshares in kirchlichen Kreisen neben pazifistischen Überlegungen auch das Bewusstsein von einem »Gerechten Krieg« verbreitet war.[33] Wie es scheint, erfüllten die Blauhelme eine Brückenfunktion, indem sie die Vorstellungen, die bewaffnete Streitkräfte als legitim ansahen, mit denjenigen, die sie als Gefahr für den Frieden wahrnahmen, verbanden.

Die durch das Project Ploughshares vertretenen Positionen und die im Ploughshares Monitor abgedruckten Meinungen zum Peacekeeping waren auch über die Friedensbewegung hinaus anschlussfähig. Eine Petition, die 1982 ein atomwaffenfreies Kanada forderte und vom ehemaligen NDP-Parlamentarier Andrew Brewin in Zusammenarbeit mit dem Ploughshares-Education Secretary initiiert worden war, lobte u.a. Kanadas Rolle bei den Blauhelm-Einsätzen und unterstützte eine permanente UN-Friedenstruppe. Zu den Unterzeichnern gehörten beispielsweise die literarische Ikone Kanadas Margaret Atwood, General Burns, Ex-Minister Walter Gordon, verschiedene weitere Politiker und Diplomaten sowie der Primas der Anglikanischen Kirche von Kanada, der Moderator der United Church of Canada und der Präsident

---

31   Robert McClure, »… building a better world« Alternatives for the Canadian Armed Forces, ebd. 4, Nr. 3 (diese Ausgabe wird irrtümlich mit der Nr. 4 bezeichnet), (September 1982), S. 8.

32   Ebd.

33   Vgl. Interview des Vf. mit Ernie Regehr, Waterloo, 27.10.2008.

des kanadischen Gewerkschaftsbundes Canadian Labour Congress.[34] Auch das Komitee, das über die Preisträger für die Pearson Peace Medal der UNA befand, schien eine enge Verbindung zwischen dem Project Ploughshares und den Idealen Lester Pearsons zu erkennen. Kurz hintereinander, 1987 und 1990, wurden Mitarbeiter von Ploughshares mit der Friedensmedaille geehrt.[35]

Nach dem Ende des Kalten Krieges wurden die Forderungen, die Streitkräfte vorwiegend auf Peacekeeping-Aufgaben vorzubereiten, immer deutlicher. Doch das Militär schien zumindest aus dem Blickwinkel der Friedensbewegung die Zeichen der Zeit nicht zu erkennen. Die neue Zeit stellte aber nicht nur Anforderungen an die Soldaten, sondern auch an die Friedensbewegung. Im Ploughshares Monitor wurde zwar nicht diskutiert, ob Kanada sich an Friedensmissionen beteiligen sollte, denn diese Tatsache galt als ausgemacht. Doch war nicht klar, welche Mandate akzeptabel wären: »peacekeeping« oder sogar »peacemaking« bzw. »peace enforcement«. Die veränderten Schwerpunkte zeigten sich auch in einer semantischen Verschiebung, die wiederum darauf verweist, wie zeitbedingt das Verständnis von den Begriffen war. Hatte in den 60er Jahren »peacemaking« auf eine Verhandlungslösung hingewiesen, so bezeichnete derselbe Begriff in den 90er Jahren ein militärisches Eingreifen. Robuste Interventionen und friedensschaffende Maßnahmen waren gemäß den Beiträgen im Ploughshares Monitor nicht unumstritten, wurden aber in begrenztem Umfang akzeptiert.[36] So konnte im September 1994 quasi als Zusammenfassung der entsprechenden Diskussion formuliert werden:

The international role of the Canadian Armed forces should be limited to those operations that contribute to peacebuilding, such as peacekeeping, humanitarian intervention, and limited enforcement operations ...[37]

Zumindest für den Teil der Friedensbewegung, der in den 90er Jahren noch aktiv war und sich durch den Ploughshares Monitor repräsentiert fand,

---

34   Vgl. ›Group of 78‹ Supports NWFZ. Canadian Foreign Policy in the 1980s, Ploughshares
      Monitor 4, Nr. 1 (März 1982), S. 4.
35   Vgl. ebd. 8, Nr. 4 (Dezember 1987), S. 27; ebd. 12, Nr. 1 (März 1991), S. 8.
36   Vgl. Stephen Lewis, Canada as Peacemaker, ebd. 11, Nr. 1 (März 1990), S. 13-16, hier S. 13; Bill
      Robinson, Why is Canada still fighting the Cold War, ebd. 12, Nr. 2 (Juni 1991), S. 10 f.; Ernie
      Regehr, ebd. 15, Nr. 1 (März 1994), S. 3-6; Bill Robinson, Old ideas in new packages, ebd. 15,
      Nr. 4 (Dezember 1994), S. 1, 3-6; Ernie Regehr, The challenge of peacebuilding. Rebuilding
      peace in war-torn and war-threatened societies, ebd. 16, Nr. 4 (Dezember 1995), S. 1, 3-8;
      Bill Robinson, Exploding the myths. Canada and military spending, ebd. 19, Nr. 1 (März
      1998), S. 17 f.; Ernie Regehr, Defence and human security, ebd. 20, Nr. 4 (Dezember 1999),
      S. 2-6.
37   Ebd. 15, Nr. 3 (September 1994), S. 14.

waren selbst die ausgeweiteten UN-Friedensoperationen nicht prinzipiell problematisch. Die kanadische Friedensbewegung unterstützte – so kann zusammengefasst werden – das kanadische Peacekeeping kontinuierlich seit den 70er Jahren und forderte ebenso lange Blauhelm-Einsätze als *Ultima Ratio* der Streitkräfte.

Die christlichen Kirchen am Beispiel der United Church of Canada

Aufgrund der besonderen Nähe des Project Ploughshares zu den christlichen Konfessionen fanden sich deren Positionen teilweise explizit im Ploughshares Monitor wieder. Dabei werden die inhaltlichen Übereinstimmungen zwischen Friedensbewegung und den Kirchen deutlich. Allein aufgrund der Anzahl ihrer Mitglieder repräsentierten diese allerdings ein weitaus breiteres gesellschaftliches Segment als die Friedensbewegung. Dass die Kirchen bei ihren Forderungen nach Frieden und Abrüstung sowie in ihrer Haltung zum UN-Peacekeeping zudem mit einer Stimme sprachen, zeigt ein offener Brief von elf kanadischen Kirchenführern, der im Februar 1988 Premierminister Brian Mulroney überreicht wurde. Das Schreiben hatten die Vorsitzenden der wichtigsten christlichen Kirchen unterzeichnet, so der katholischen Bischofskonferenz, der anglikanischen Kirche und der protestantischen United Church of Canada. Hierin wurde die Regierung eindeutig aufgefordert, das Peacekeeping verstärkt zu unterstützen:

> To maintain peace and enhance international security, Canada should focus increased effort on disarmament and arms control, international cooperation and the peaceful settlement of disputes, and peacekeeping, ...[38]

Für die United Church of Canada, die größte protestantische Kirche und nach der römisch-katholischen Kirche die zweitgrößte christliche Gemeinschaft in Kanada,[39] stellte die öffentlichkeitswirksame Forderung keinen einmaligen

---

38 Ebd. 9, Nr. 1 (März 1988), S. 1, 4-6, hier S. 1.

39 In den 60er Jahren gehörten mehr als 1 Million Mitglieder der United Church an, Mitte der 80er Jahre immer noch fast 900.000 und 1991 zum ersten Mal unter 800.000; gemäß den offiziellen Angaben zählten 2006 noch rund 558.000 Personen zur Kirche. Hinzu treten eine größere Zahl von Personen, die die Gottesdienste besuchen und weitere pastorale Angebote annehmen, ohne offiziell Mitglieder zu sein. Mitte der 60er Jahre sollen sich über 2,5 Millionen »Persons under pastoral care« befunden haben, Mitte der 70er Jahre etwa 2,1 Millionen, 1992 unter 2 Millionen und 2006 unter 1,5 Millionen. Vgl. Brian Clarke/ Stuart Macdonald, Working Paper – United Church of Canada Statistics (version 1.7,

Akt der Unterstützung des Peacekeepings dar. Vielmehr war sie Ausdruck einer langfristig positiven Haltung. Seit Ende der 50er Jahre, also mit Gründung der ersten Blauhelm-Missionen, galt das Peacekeeping als probates Mittel internationaler Konfliktlösung und als positiver Beitrag Kanadas zum Weltfrieden. Doch standen die Blauhelme nicht ganz oben auf der internationalen Agenda der United Church. In den 60er Jahren waren Abrüstung und Entwicklungshilfe die beherrschenden Themen, in den 70er Jahren kam noch die Sorge um die Menschenrechte dazu. Wie ein roter Faden durchzogen allerdings der Konflikt im Nahen Osten, das Existenzrecht Israels und die politisch sowie sozial prekäre Lage der Palästinenser die Beratungen des Internationalen Ausschusses der United Church. Die Blauhelm-Einsätze waren somit indirekt immer präsent.[40]

Wenn sie erwähnt wurden, fanden die Einsätze der kanadischen UN-Soldaten Zustimmung. In den Protokollen der Generalsynode (»General Council«) von 1958 wurde die Aufstellung der United Nations Emergency Force gelobt und die besondere Rolle Kanadas sowie speziell Pearsons hervorgehoben. Sechs Jahre später fand sich in der entsprechenden Publikation der Generalsynode schon der zentrale Topos von Kanada als archetypischem Peacekeeper wieder, indem darauf hingewiesen wurde, dass sich das Land praktisch an jeder Peacekeeping-Operation beteiligt habe. Zu diesem Zeitpunkt wurde die Beteiligung am Korea-Krieg noch als Peacekeeping gewertet. Mitte der 60er Jahre verschob sich der Fokus, ohne die prinzipiell positive Haltung zu gefährden. Der Begriff »peace-keeping«, so die Forderung, die während der Generalsynode von 1966 aufgestellt wurde, müsse verstärkt zivile Maßnahmen und solche der Entwicklungshilfe umfassen.[41] Nach der Etablierung von UNEF II fand die

---

January 6, 2011), http://individual.utoronto.ca/clarkemacdonald/clarkemacdonald/ Welcome_files/unitedchurch.pdf (aufgerufen 30.5.2013).

40   Vgl. Minutes. Committee on the Church and International Affairs, 25.10.1973, United Church Archives, Finding Aid 60, Series 1: Acc 88.088C, file 2-4; Minutes. Executive, Committee on the Church and International Affairs, 6.9.1973, ebd.; Proposed brief on the Arab-Israeli problem and the Plight of the Palestinians to the Prime Minister of Canada on behalf of the United Church of Canada, o.D., United Church Archives, Finding Aid 60, Series 3, Correspondence of the Secretary on Specific Topics, 1972-1978: Acc 82.250C, file 7-8; Peace, Justice and Reconciliation in the Arab-Israeli Conflict. A Christian and Canadian Perspective. The Report of a Study Group established by the Ecumenical Forum of Canada, March 1978, ebd.; The United Church of Canada, Record of Proceedings of Eighteenths General Council, September, 1958, S. 137; The United Church of Canada, 23 General Council. Record of Proceedings, August 27-September 4, 1968, S. 442 f.; The United Church of Canada, 26th General Council. Record of Proceedings, August 18th-August 24th, 1974, S. 328 f.

41   Vgl. The United Church of Canada, Record of Proceedings of Eighteenths General Council, September, 1958, S. 137; The United Church of Canada, 21 General Council. Record

26. Generalsynode 1974 deutlich lobende Worte für den kanadischen Beitrag. Die Synode drückt ihre Zustimmung aus, für »Canada's readiness in October, 1973, to supply peace-keeping personnel and equipment, and appreciation of those Canadians serving in the Middle East«.[42]

Zumindest in den offiziellen Berichten scheinen die Blauhelme in den folgenden Jahren an Bedeutung verloren zu haben. Dies korrespondierte Ausgangs der 70er Jahre mit einer erneuten Eiszeit in den Ost-West-Beziehungen, was dazu führte, dass die Vereinten Nationen bis 1988 keine neuen Peacekeeping-Missionen mehr etablieren konnten. Gegen Ende des Jahrzehnts hatte sich die internationale Situation gewandelt und auch die Generalsynode von 1990 griff das Peacekeeping wieder als Thema auf. In diesem Jahr wurde zudem zum ersten Mal dezidiert eine emotionale Reaktion der Kanadier auf das Blauhelm-Engagement ihres Staates gefordert. Sie könnten »stolz« auf ihre Truppen sein: »Canadians can take pride in, for example, the work of Canadian troops in peace-keeping forces over the years in Cyprus, the Sinai, Lebanon, the Golan Heights, and Jerusalem.«[43] Die beiden folgenden Generalsynoden von 1992 und 1994 zeigten dann ganz exemplarisch, wie die christlichen Kirchen um ihre Haltung zum Gewalteinsatz in Peacekeeping-Missionen rangen bzw. zu welchem Ergebnis sie kamen. Diese Debatte, wovon sich in den Protokollen der Generalsynoden nur die Endergebnisse finden, wurde parallel auch in der Friedensbewegung geführt, worauf einzelne Beiträge im Ploughshares Monitor hinweisen. Ernie Regehr betont, wie schwer sich die United Church mit der Akzeptanz des so genannten robusten Mandats tat.[44] Genau dieser langwierige Prozess schlug sich auch in sukzessiven Protokollen nieder. 1992 fand sich noch die Forderung, bei UN-Missionen Gewalt nur zur Selbstverteidigung einzusetzen. Zwei Jahre später wurde sowohl Peacekeeping wie auch »Peacemaking« unterstützt, wobei »Peacemaking« nun auch »as a last resort, forceful separation of combatants« umfasste.[45] Namentlich der kanadische Beitrag zum UN-Peacekeeping in Bosnien-Herzegowina fand Zustimmung; zugleich wurde von der kanadischen Regierung der Aufbau eines internationalen

---

of Proceedings, September 9-17, 1964, S. 422; The United Church of Canada, 22 General Council. Record of Proceedings, September 7-16, 1966, S. 237 f.

42   The United Church of Canada, 26th General Council. Record of Proceedings, August 18th-August 24th, 1974, S. 329.

43   The United Church of Canada, Record of Proceedings of Thirty-third General Council, August 14th to 23rd, 1990, S. 570.

44   Vgl. Interview des Vf. mit Ernie Regehr, Waterloo, 27.10.2008.

45   The United Church of Canada, Record of Proceedings of Thirty-fifth General Council, August 19-28, 1994, S. 468 f., hier S. 469; vgl. auch The United Church of Canada, Record of Proceedings of Thirty-fourth General Council, August 14th to 22nd, 1992, S. 151.

Trainingszentrums für Peacekeeping und »Peacemaking« gefordert.[46] Auch
die christlichen Kirchen, wie hier anhand der United Church exemplifiziert,
unterstützten das kanadische UN-Peacekeeping und zwar von Beginn an und
einschließlich der robuster werdenden Missionen der frühen 90er Jahre.

Canadian Labour Congress

Der Canadian Labour Congress (CLC), die Dachorganisation der meisten
kanadischen Gewerkschaften, gehörte zu den Netzwerken, die schon in
den 60er Jahren die Politik der Vereinten Nationen bzw. das Engagement
der United Nations Association unterstützten, in den 80er Jahren mit der
Friedensbewegung die Aufrüstung bekämpften und aufgrund des besonderen
Zuschnitts ihrer Mitgliederschaft sowie ihrer internationalen Verbindungen
wie die kanadischen Kirchen weltweit Entwicklungsprojekte und soziale
Gleichbehandlung forderten. 1956 durch den Zusammenschluss von zwei ge-
werkschaftlichen Dachverbänden gegründet, repräsentierten die Mitglieds-
gewerkschaften des CLC 1980 rund 38 Prozent aller kanadischen Arbeiter,
Mitte der 90er Jahre waren es 2,3 Millionen Einzelmitglieder. Gegenwärtig ver-
tritt er immerhin noch fast ein Drittel aller Arbeiter.[47] Damit gehört der CLC
zu den größten zivilgesellschaftlichen Vereinigungen in Kanada.

Aufgrund der schwierigen Quellenlage kann die genaue Position des CLC
zum Peacekeeping erst in den 90er Jahren bestimmt werden. Ähnlich wie
die United Church scheint aber auch der Gewerkschaftsbund dem Peacekeeping wie auch dem kanadischen Blauhelm-Einsatz prinzipiell wohlwollend gegenübergestanden zu haben. In den 90er Jahren jedenfalls wurde
eine entsprechende Haltung vertreten. In dieser Dekade war der CLC zudem
ein gesuchter Gesprächspartner bei den häufigen Konsultationen zwischen
Regierung bzw. Ministerialverwaltung und Think Tanks auf der einen Seite und
Nichtregierungsorganisationen auf der anderen. Im Rahmen einer Anhörung
des gemeinsamen Sonderausschusses des Senats und des Unterhauses hinsichtlich der kanadischen Außen- und Verteidigungspolitik brachte der CLC
seine Position gegenüber dem Peacekeeping klar zum Ausdruck. Die Ontario

---

46   Vgl. The United Church of Canada, Record of Proceedings of Thirty-fifth General Council,
     August 19-28, 1994, S. 469.

47   Vgl. Presentation by the Canadian Labour Congress to the House of Commons. A
     CLC Brief to the Special Joined Committee regarding »Canadian Foreign and Defence
     Policies«, June 1, 1994, S. 2, CLC Archives (zit. CLC Presentation, 1.6.1994); Canadian
     Labour Congress (CLC). Artikel, in: Encyclopaedia Britannica: Encyclopaedia Britannica
     Online, online unter www.britannica.com (aufgerufen 17.5.2013).

Federation of Labour, quasi die Regionalorganisation des CLC in Ontario, verwies in ihrer Eingabe vom 16. Juni 1994 auf Kanadas »long and honourable history of involvement in peacekeeping«. Kanada habe auf diesem Feld eine besondere Reputation gewonnen und könne auf Erfahrungen verweisen, die der Weltgemeinschaft auch weiterhin zur Verfügung gestellt werden sollten. Das Konzept des »peacemaking« wäre dagegen wenig erfolgreich. Gerade für die Kanadier, die in Bosnien eingesetzt worden seien, sei diese Operation frustrierend gewesen. Hier müssten die Mitgliedstaaten der UN zu einer klareren Politik kommen. Nichtsdestotrotz sollte Kanada auch weiterhin seine Erfahrungen im Peacekeeping anbieten.[48]

Interessanter als die prinzipielle Zustimmung, die durch die Provinzialorganisation artikuliert wurde, war die Eingabe des CLC vom 1. Juni 1994. Die Gewerkschaftszentrale wies dem Peacekeeping eine Aufgabe zu, die weit über die eines außenpolitischen Instruments hinausging. Sie entwickelte ein Panorama, in welchem dem Peacekeeping eine zentrale Rolle für das *nation building* in Kanada und für die Vermittlung von kanadischen Werten nach innen und außen zugeschrieben wurde. Paradigmatisch betonte die Eingabe:

> We believe that Canada has a very particular role to play on the world stage. We also believe that the articulation of our foreign policy and defence goals plays a vital role in the process of defining our nation. Those we meet within the international community want to know: ›what is Canada saying; what are our values; and what are our priorities?‹ These are the same questions Canadians ask of themselves.
>
> The question of Canadian identity is reflected in the popular call for the government to pursue a ›made in Canada‹ course which is distinctive. We agree with this sentiment. However, we think that if this means Canada's foreign and defence policies should be ›distinctive‹ from that of the United States for example, the government must ensure that such policies are ›distinctively better,‹ and not ›distinctively worse.‹ [...]
>
> We believe that Canada's positive values must be better reflected in our foreign and defence policies and in the process, our priorities would naturally emerge. [...]
>
> And finally, Canada has a long tradition of tolerance for cultural diversity. [...] Once again, Canada is particularly suited to the promotion

---

48   Vgl. Presentation of the Ontario Federation of Labour to the Special Joined Committee of the Senate and House of Commons on Canada's Defence Policy, June 16, 1994, S. 7 (einschl. des Zitats), CLC Archives.

of peaceful co-existence and should play a leading role in multilateral peace-keeping and peace-making efforts aimed at this goal.[49]

Beim Lesen dieser Zeilen hört man von Ferne das Echo der außenpolitischen Rhetorik der Trudeau-Ära. Eine wertebasierte Außen- und Sicherheitspolitik, so die Argumentation des CLC, diene der nationalen Selbstvergewisserung und der internationalen Profilschärfung wie der Abgrenzung von den Vereinigten Staaten. Zugleich könnten die als traditionell kanonisierten kanadischen Werte von Toleranz und Multikulturalismus als Essenz kanadischer Außenpolitik in die Welt exportiert werden. Außen- und Innenpolitik bedingten und befruchteten sich in dieser Lesart gegenseitig. Für die Verbreitung des »Peaceable Kingdom« erschien das kanadische Peacekeeping als ideales Vehikel, das zugleich die nach außen vermittelten Tugenden nach innen zurückstrahlte.

Die Eingabe des CLC wirft ein Schlaglicht auf eine identitätspolitische Instrumentalisierung des Peacekeepings. Sie sollte allerdings nicht überinterpretiert werden. Einzig mit diesem einen Hinweis kann auch keine eindeutige Linie von der Trudeau-Rhetorik der 70er Jahre bis zur Mitte der 90er Jahre gezogen werden. Allerdings ist es bezeichnend, dass die Bedeutung des Peacekeepings für die nationale Selbstwahrnehmung auch von anderer Seite artikuliert wurde, wie das Beispiel des ehemaligen Moderators der United Church in seinem Beitrag für den Ploughshares Monitor zeigt. Jedenfalls wurde diese Auffassung nicht nur regierungsamtlich verbreitet, sondern in den 80er und 90er Jahren auch von zivilgesellschaftlichen Akteuren vertreten und öffentlich kommuniziert. Diese Beobachtung unterstreicht, dass das Peacekeeping im zivilgesellschaftlichen Diskurs ebenfalls längst nicht mehr nur als außen- und sicherheitspolitisches Instrument aufgefasst wurde, sondern als Ausdruck kanadischer Identität.

Die Parti québécois

Der Canadian Labour Congress besaß eine starke regionale Organisation in der Provinz Quebec, mehrheitlich gehörten dem Gesamtverband allerdings anglophone Mitglieder an. Um einen Eindruck von der Haltung der frankophonen Zivilgesellschaft zum Peacekeeping zu erhalten, soll daher eine Vereinigung herausgegriffen werden, die ausschließlich in Quebec beheimatet ist. Hier bietet sich ein an dieser Stelle allerdings nur kursorischer Blick auf die Parti québécois (PQ) an, die 1968 gegründete Partei, die für die Unabhängigkeit

---

49   CLC Presentation, 1.6.1994, S. 4 f.

Quebecs eintritt und wie keine zweite Organisation in den letzten drei Dekaden des 20. Jahrhunderts die frankophone Bevölkerung von Quebec
repräsentierte. Auch Parteien sind zum Teil zivilgesellschaftlich konstituiert.
Die Mitgliedschaft in ihnen ist freiwillig, sie sind relativ unabhängig von den
Sphären Familie und Markt und verfolgen gemeinschaftlich Interessen, die im
weitesten Sinne auf das Gemeinwohl ausgerichtet sind.[50] Offensichtlich gibt es
aber deutliche Überschneidungen mit der Sphäre des Staates; wie die Medien
sind daher auch die Parteien »Zwitterwesen«. Zivilgesellschaftliche Mechanismen sind in Parteien stärker ausgeprägt, wenn sie sich in der Opposition
befinden, und schwächer, wenn die entsprechende Partei an der Regierung beteiligt ist und deren Vertreter die staatlichen Steuerungsleistungen erbringen.[51]
Die Parti québécois stellte im betrachteten Zeitraum von 1976 bis 1985 und von
1994 bis 2003 den Regierungschef in Quebec.

Als maßgeblicher gesellschaftlicher Akteur kann die PQ exemplarisch für
die zivilgesellschaftliche Position zum Peacekeeping in Quebec herangezogen
werden. Es erweist sich indes schon bei einer kursorischen Betrachtung der
Parteiprogramme, die der vorliegenden Analyse zugrunde liegen, dass die
Blauhelme auf der politischen Agenda der PQ nicht besonders prominent
vertreten waren. Dies hing nicht ursächlich mit einer spezifischen Haltung
zu diesem politischen Instrument zusammen, sondern mit der Tatsache, dass
außenpolitische Fragen keinen hervorgehobenen Platz in den Plänen der PQ
einnahmen. Innenpolitische Themen dominierten und beeinflussten zudem
noch die außen-, verteidigungs- und sicherheitspolitischen Vorstellungen
der Separatistenpartei. Die relative Bedeutung des Peacekeepings hing somit
auch von den sich im Zeitablauf und aufgrund veränderter innenpolitischer
Konstellationen wandelnden außenpolitischen Zielvorstellungen ab.

Zwischen der Gründung der PQ und der Mitte der 90er Jahre lassen sich
vier Phasen außen- und sicherheitspolitischer Präferenzen unterscheiden. In
der ersten Phase (1968-1976) verfolgte die PQ gemäß ihren Programmen einen
neutralistischen Kurs, der stark von pazifistischen Überlegungen beeinflusst
war. In der zweiten Phase (1976-1980) erfolgte ein Kurswechsel, der mit einer
graduellen Akzeptanz des nordatlantischen Verteidigungsbündnisses einher-
ging. Diese Periode in der außenpolitischen Programmatik der PQ stand im
Schatten des ersten Unabhängigkeitsreferendums in Quebec und des Versuchs
der Partei, sich außenpolitisch wie auch gegenüber den Quebecern als verlässlicher internationaler Bündnispartner zu profilieren. Nach dem Scheitern des

---

50 Vgl. Anheier, Civil Society, S. 23.
51 Vgl. Michael Ehrke, Zivilgesellschaft und Sozialdemokratie, Bonn 2000, S. 23 [Electronic
    ed. Bonn 2001], online unter library.fes.de/fulltext/id/00870toc.htm (aufgerufen 29.5.2013).

Referendums im Jahr 1980 fiel die Diskussion innerhalb der PQ wieder in die älteren Muster zurück. Wiederum dominierten pazifistische Überlegungen; NATO und die nordamerikanische Luftverteidigungsorganisation NORAD wurden weitgehend abgelehnt (1980-1990). In der vierten Phase (1990-1995) bereitete sich die PQ abermals auf ein Referendum vor. Parallel hierzu wurde erneut eine größere Nähe zur NATO herausgestellt.[52]

Dieser Wackelkurs führte zu Spannungen innerhalb der Partei. Pazifisten und – nach Stéphane Roussel – »Idealisten«[53] kritisierten deren pragmatischen verteidigungs- und sicherheitspolitischen Weg. Sie konnten sich dabei auf die Überzeugung stützen, dass die Mehrheit der Quebecer eine pazifistische Politik befürwortete.[54] Diese Meinung wiederum beruhte auf einer weit verbreiteten Selbsteinschätzung von Quebec als einer friedvollen Gesellschaft mit einer antimilitärischen Tradition – eine Perzeption, die in den letzten Jahren allerdings hinterfragt wird.[55] Zumindest bis in die 90er Jahre, vermutlich sogar bis in die Gegenwart, führten diese Vorstellungen zu einer im Vergleich mit den übrigen Einwohnern Kanadas häufig skeptischeren Haltung gegenüber militärischen Auslands- und besonders Kampfeinsätzen.[56]

Diese Selbstbeschreibung schlug sich auch in den frühen Parteiprogrammen der PQ nieder. Diejenigen von 1970 und 1971 akzeptierten zwar prinzipiell die militärische Landesverteidigung, begriffen aber Quebec primär als »nation pacifiste«. Im Rahmen der Außen- und Sicherheitspolitik artikulierten die Programme ihre Unterstützung für die Vereinten Nationen und ein unspezifisches »Corps de paix«.[57] Erst 1973 wurde explizit die Beteiligung kanadischer Streitkräfte an den UN-Peacekeeping-Missionen befürwortet: »... unités de défense territoriale, également disponibles à des fins non militaires [...] et

---

52 Vgl. Stéphane Roussel (unter Mitarbeit v. Chantal Robichaud), L'élargissement virtuel. L'évolution du discours souverainiste à l'égard de l'OTAN, in: Cahiers d'histoire 20 (Winter 2001), 2, S. 147-193.

53 Ebd.

54 Vgl. Jean-Sébastien Rioux, Two Solitudies: Quebecers' Attitudes Regarding Canadian Security and Defence Policy. Prepared for the Canadian Defence and Foreign Affairs Institute's »Research Paper Series«, 23.2.2005 (unveröffentlichtes Manuskript).

55 Vgl. Stéphane Roussel/Jean-Christophe Boucher, The Myth of the Pacific Society: Quebec's Contemporary Strategic Culture, in: American Review of Canadian Studies 38 (2008), 2, S. 165-187; siehe auch Antoine Robitaille, Quebecers: a pacifist people?, in: Inroads. The Canadian Journal of Opinion 14 (Winter/Spring 2004), S. 62-75.

56 Vgl. Rioux, Two Solitudies, S. 22 f.; Roussel/Boucher, Myth, S. 174.

57 PQ, Programme, édition 1970, S. 96; PQ, Le programme - l'action politique – les statues et réglements, édition 1971, S. 28 f. Die Programme konnten in der Sammlung der Professur von Stéphane Roussel an der Université du Québec à Montréal eingesehen werden. Stéphane Roussel sei für die Erlaubnis zur Einsichtnahme gedankt.

pouvant collaborer avec l'Organisation des Nations Unies dans sa mission de gardienne de la paix.«[58]

Seit dieser Zeit gehörten Peacekeeping-Beiträge im Rahmen der Vereinten Nationen zum außenpolitischen Konzept der Separatistenbewegung. Selbst in den »pazifistischen« Phasen des PQ-Programms blieb das UN-Peacekeeping unumstritten. Gleiches gilt für die Perioden, die sich sicherheitspolitisch an NATO und NORAD ausrichteten. Auch 1978 verwies das Programm in denselben Worten wie 1973 auf die Zusammenarbeit mit der UN bei deren Friedensmissionen.[59] Wie schwer sich die Partei bei ihrem Eiertanz zwischen pazifistischer Grundeinstellung und pragmatischer Sicherheitspolitik indes tat und welche Rolle dem Peacekeeping dabei zugewiesen wurde, machte insbesondere ein Minderheitsvotum des Bloc québécois, des politischen Arms der PQ auf nationaler Ebene,[60] im Parlament von Ottawa deutlich. Um sich weder für die eine noch andere Position aussprechen zu müssen, regte der Bloc 1994 an, dass »le Canada incite L'OTON à modifier sa mission afin de se consacrer essentiellement à la mise en oeuvre de missions de paix sous le mandat de L'ONU.«[61] Auf diese Weise sollte die Zustimmung zur NATO-Mitgliedschaft zugleich die traditionelle PQ-Forderung nach Friedenseinsätzen unter UN-Mandat erfüllen. Wie die konsequente Ausrichtung der NATO vorwiegend auf eine UN-Unterstützung politisch zu erreichen wäre, blieb in dem Votum allerdings ausgeblendet.

Peacekeeping-Einsätze erwiesen sich somit als kleinster gemeinsamer Nenner. Pazifisten und Pragmatiker konnten sich bei der Forderung nach einer Beteiligung an UN-Friedensmissionen gleichermaßen wiederfinden. Wenn auch wohl mit weniger Enthusiasmus als in anglophonen zivilgesellschaftlichen Verbindungen, so stand doch auch die PQ seit ihrer Gründung den UN-Blauhelm-Einsätzen durchgängig positiv gegenüber.[62]

---

58   PQ, Le programme - l'action politique – les statues et réglements, édition 1973, S. 9; siehe auch PQ, Le programme - l'action politique – les statues et réglements, édition 1975, S. 9 f.

59   Vgl. PQ, Programme officiel du Parti Québécois. Edition 1978, S. 12.

60   Vgl. Alain-G. Gagnon/Jacques Hérivault, The Bloc Québécois: Charting New Territories?, in: Alain-G. Gagnon/A. Brian Tanguay (Hg.), Canadian Parties in Transition, 3. Aufl., Peterborough (ON) 2007, S. 111-136.

61   Zit. nach Roussel, L'élargissement virtuel, S. 177.

62   Vgl. Stéphane Roussel/Charles-Alexandre Théorêt, Une stratégie distincte? La culture stratégique canadienne et le mouvement souverainiste québécois (1968-1996), in: Stéphane Roussel (Hg.), Culture stratégique et politique de défense. L'expérience canadienne, Outremont (Québec) 2007, S. 183-199, bes. S. 199.

Stimmen aus der Bevölkerung

Die genannten zivilgesellschaftlichen Zusammenschlüsse repräsentierten wichtige gesellschaftliche Segmente. Inwieweit deren Mitglieder die jeweiligen Positionen zum Peacekeeping teilten, ist offensichtlich schwer zu eruieren. Eine Reihe von Schreiben, die das Außenministerium erreichten, deuten jedoch darauf hin, dass die zivilgesellschaftlichen Organisationen in der Essenz durchaus die Meinung der kanadischen Bevölkerung wiedergaben. In den Akten des Außenministeriums finden sich für die Jahre 1982 und 1983 Zuschriften von über 60 Schülern, überwiegend der Medicine Hat High School in Medicine Hat, Alberta, in denen sie zum Teil ausgesprochen differenziert zum kanadischen Peacekeeping Stellung nehmen. Die Briefe wurden im Rahmen einer Schüleraufgabe erstellt und individuell unterschrieben.[63]

Zwar kann die Repräsentativität dieser Meinungsäußerungen empirisch nicht eindeutig erhärtet werden; für diesen Zeitraum finden sich keine und überhaupt für die Periode des Kalten Krieges nur höchst sporadisch aussagekräftige Meinungsumfragen zum Peacekeeping. Doch lassen einige Hinweise dennoch den exemplarischen Charakter der Stellungnahmen hervortreten. Zu den wenigen Umfragen aus der Zeit des Kalten Krieges gehört eine vom November 1973. Kanadas wichtigstes Meinungsforschungsinstitut, das Canadian Institute of Public Opinion (Gallup Poll), hatte sich nach der Haltung zur Entsendung kanadischer UN-Blauhelme an den Suez-Kanal erkundigt. 55 Prozent der Befragten befürworteten einen solchen Einsatz, 29 Prozent bewerteten ihn negativ und 16 Prozent hatten keine Präferenz.[64] Zu diesem Zeitpunkt sprach sich also eine absolute Mehrheit für eine Beteiligung kanadischer Soldaten an der nachmalig UNEF II genannten Peacekeeping-Truppe aus.

Dass die Meinungen der Jugendlichen aus Medicine Hat – es handelte sich überwiegend um Schüler der zehnten Jahrgangsstufe – nicht nur objektiv genau diesem Trend entsprachen, sondern auch zeitgenössisch subjektiv als

---

63   Außenminister MacGuigan erhielt von der Medicine Hat High School am 9.1.1982 21 Schülerbriefe, vom 1.-8.3.1982 weitere 25 einzelne Briefe und am 1.10.1982 ein Schreiben einer 10. Klasse von derselben Schule unterschrieben von 20 Schülerinnen und Schülern. Unter dem Datum vom 7(?).6.1983 erreichte ihn das Anschreiben einer Lehrerin aus einer Schule in Fort Saskatchewan, Alberta. Diesem Schreiben waren ebenfalls Ausarbeitungen der Schüler beigegeben, die sich allerdings nicht in der Akte finden. Vgl. die Zuschriften in LAC, RG 25, vol. 12664, file 21-14-2-1, pt. 5; sowie die Schreiben vom 1.10.1982 u. 7.6.1983 in LAC, RG 25, vol. 11491, file 21-14-1, pt. 13 u. vol. 12559, file 21-14-1, pt. 14. (Die Namen der Schüler werden hier nur mit den Initialen wiedergegeben.)

64   Vgl. Documentation for CIPO Poll 362, November 1973, Q8B, Carleton University, Social Science Data Archives, online unter http://www.library.carleton.ca/ssdata/surveys/doc/gllp-73-nov362-doc (aufgerufen 24.3.2008).

repräsentativ aufgefasst wurden, verdeutlichte eines der Antwortschreiben des zuständigen Abteilungsleiters aus dem Außenministerium. Der Direktor der »Defence Relations Division«, Tom C. Hammond, schrieb am 19. März 1982 an die Schüler:

> I note, for example, that 56 percent of you are strongly in favour of Canada's role in peacekeeping, 30 percent are opposed and 14 percent have mixed feelings. These figures probably are an average of the views held by Canadians as a whole.[65]

Mit einiger Berechtigung können also die vertretenen Positionen als exemplarisch für die Haltung vieler Kanadier angenommen werden. Diejenigen Schüler, die ausweislich ihrer Schreiben vom Januar und März 1982 dem Peacekeeping eher kritisch gegenüberstanden, führten folgende Argumente an: die hohen Kosten für die Auslandseinsätze, die Gefahr für Leib und Leben der kanadischen Soldaten und die letztlich erfolglose Politik des Peacekeepings, die nur kurzfristig zu einem Frieden führen würde. Die angesprochene Schwierigkeit, dass die Blauhelme aus sich heraus keinen dauerhaften Frieden schaffen könnten, wurde in den zeitgenössischen Medien immer wieder am Beispiel von Zypern diskutiert.[66] Die Schüler artikulierten somit eine allgemein bekannte Problemlage. An die genannten Kritikpunkte schloss sich in den Schreiben der Schüler die Forderung an, dass sich andere Staaten in größerem Umfang an den Friedensmissionen beteiligen sollten.[67] Das Schreiben eines Schülers an Außenminister MacGuigan vom 9. Januar 1982 fasst einige der zentralen Punkte zusammen:

> I feel that Canada should not be a peace keeper [sic]. My first reason is that it is too expensive for the Canadian tax payer [sic]. Secondly, when we do help the countries that do need peacekeeping, the peace usually does not last that long. [...] In closing, Canada has kept peace in the world for years. It is about time that other countries joined in and gave Canada a break.[68]

---

65   Hammond an die Schüler, 19.3.1982, LAC, RG 25, vol. 12664, file 21-14-2-1, pt. 5.

66   Vgl. »A green line in Cyprus«. Leitartikel, *Globe and Mail*, 17.11.1983, S. 6.

67   Vgl. K. M., 9.1.1982, M. V., 9.1.1982, B. E., 1.3.1982, R. T., 8.3.1982, K. A., 8.3.1982, S. D., 8.3.1982, B. H., 8.3.1982, R. S., 8.3.1982, LAC, RG 25, vol. 12664, file 21-14-2-1, pt. 5.

68   S. S., 9.1.1982, ebd.

Zahlreich waren die Argumente, die für ein weiteres kanadisches Engagement im Rahmen der Blauhelme ins Feld geführt wurden. Häufig wurden altruistische Gründe genannt: Die UN-Blauhelmeinsätze wären wichtig für die Welt, würden Kämpfe beenden, die Gefahr eines Atomkrieges reduzieren und allgemein zum Weltfrieden beitragen.[69] In den beiden letztgenannten Argumenten schlug sich die allgemein vorhandene Sorge nieder, welche die erneute Blockkonfrontation im Rahmen des Zweiten Kalten Krieges ausgelöst hatte. Um des Friedens willen, den die Blauhelme schaffen könnten, waren einige der Briefschreiber explizit bereit, die entstehenden Kosten zu tragen: »Even though it costs Canada a large amount of money, we are willing to pay it, if it means peace in the world.«[70]

Die als positiv empfundenen Resultate führten mitunter zu einer gewissen Heroisierung des kanadischen Beitrags. Dieselbe Briefschreiberin empfand: »If it wasn't for Canada the world would not be as good a place to be.«[71] In diesen Zusammenhang wurden auch einige der klassischen Stereotypen wiederholt, die in der Öffentlichkeit kursierten. Kanada wäre der »most experienced peacekeeper in the world«[72], »honest«[73], »peaceful and totally impartial«[74]. Als Fazit ihrer positiven Beurteilung des kanadischen Peacekeepings formulierte eine Schülerin: »As a Canadian citizen I am proud of our record.«[75] »Stolz« waren auch andere Schüler, doch wurde der Begriff eher selten verwandt.[76]

Der Einsatz der eigenen Peacekeeper habe für Kanada auch direkt positive Resultate hervorgebracht. Er habe die internationale Reputation des Landes gehoben,[77] oder in den Worten eines der Schüler: »It helps Canada's world image«.[78]

Zwei weitere Aspekte waren jedoch für die Schüler wichtiger: Die Beteiligung an den UN-Friedensmissionen würde erstens Kanadas nationale Identität schärfen und zweitens ihren Staat von den USA abgrenzen sowie unabhängiger machen. In den meisten Briefen wurden diese beiden Aspekte

---

69 Zum Beispiel: P. L., P. S., S. Y., T. T., P. C., D. R., alle 9.1.1982, J. C., 1.3.1982, K. G., S. P., M. S., C. O., K. P., alle 8.3.1982, ebd.

70 K. G., 8.3.1982, ebd.

71 Ebd.

72 G. P., 9.1.1982, ebd. In einem Artikel der *Globe and Mail* findet sich im Januar 1978 folgende Formulierung: »Canada is the international peacekeeper par excellence.« Arnold Simoni, »Canada urged to push special peace force«, *Globe and Mail*, 4.1.1978, S. 7.

73 M. R., 9.1.1982, LAC, RG 25, vol. 12664, file 21-14-2-1, pt. 5.

74 J. S., 8.3.1982, ebd.

75 M. A., 1.3.1982, ebd.

76 Vgl. B. S., 9.1.1982, J. S., 8.3.1982, ebd.

77 S. F., 1.3.1982, ebd.

78 D. R., 9.1.1982, ebd.

miteinander verknüpft. Sie sind das eigentlich Bemerkenswerte in den Zuschriften an den Außenminister, denn sie gehen weit über eine Beurteilung des Peacekeepings als außen- und sicherheitspolitisches Instrument hinaus.

Die verwandten Formulierungen lassen dabei keinen Zweifel daran aufkommen, als wie bedeutsam den Schülern diese Folge des Peacekeepings erschien und wie sehr sie sich mit ihren Aussagen identifizierten. Etwa ein Drittel der Zuschriften hob die Bedeutung der Identitätsbildung hervor. »Peacekeeping improves our identity in the eyes of the rest of the world.«[79], war in einem Brief zu lesen, und in einem anderen stand ganz explizit: »The most important fact that encourages me to believe and support peacekeeping, is that it gives Canada a sense of identity, ...«[80] Für viele Briefschreiber fiel die Identitätsbildung mit der Herausbildung nationaler Unabhängigkeit zusammen. Beides würde zugleich durch die Blauhelm-Einsätze gefördert: »Canadian identity and independence is recognized because of our role in peacekeeping.«[81] Innen- und Außenpolitik standen dabei in einem sich gegenseitig befruchtenden Wechselverhältnis. Eine Schülerin formulierte diesen Zusammenhang wie folgt:

> We have a good reputation as being honest, impartial and a reputation as a peacekeeper helps Canada's identity. Peacekeeping really serves domestic Canadian purposes and with it we can influence policies and their implementation, as well as enhancing Canada's influence and prestige.[82]

Dass das Peacekeeping-Engagement dabei half, Kanada von den USA abzugrenzen, meinten rund 20 Prozent der Briefschreiber. Die Ausbildung einer eigenen Identität und die Distanzierung von dem südlichen Nachbarn wurden dabei häufig als zwei Seiten einer Medaille aufgefasst. Die Bereitstellung von kanadischen UN-Truppen würde deutlich machen, dass »we are different from the United States« und »not just another part of the United States«[83]. Dies zeige, dass Kanada nicht von der nuklearen Supermacht USA kontrolliert würde.[84] In diesem Argument schien der implizite Gegensatz zwischen einem friedvollen Kanada und einem hochgerüsteten Nachbarn südlich der Grenze auf. Selbst eine Schülerin, die das Peacekeeping eher negativ beurteilte,

---

79   B. L., 9.1.1982, ebd.
80   G. S., 8.3.1982, ebd.
81   L. M., 9.1.1982, ebd.
82   M. R., 9.1.1982, ebd.
83   P. S. u. S. Y., beide 9.1.1982, ebd.
84   A. V., 9.1.1982, ebd.

meinte, »peacekeeping has given Canada a good reputation for independence from the United States«.[85]

Die Ausführungen der Schüler zeigen auf, dass das kanadische Peacekeeping-Narrativ auf zwei grundlegenden nationalen Erzählungen aufbauen konnte. Die eine charakterisierte Kanada als friedvoll und Frieden bringend – eine Überzeugung, die im anglophonen Kanada seit den 60er Jahren gewachsen und auch im frankophonen Quebec beheimatet war. Die andere Erzählung ist älter. Sie betonte, dass zur nationalen Selbstbeschreibung die Abgrenzung von den Vereinigten Staaten notwendig sei. Gerade vor dem Hintergrund des erneuten Wettrüstens Anfang der 80er Jahre konnte das kanadische Peacekeeping beide Erzählungen bedienen und war nicht nur in der Friedensbewegung, sondern in weiten Teilen der Zivilgesellschaft anschlussfähig. Das Peacekeeping erschien als Ausdruck eines besonderen Friedenswillens, der sich vom waffenstarrenden Nachbarn auffällig unterschied.

Zugleich konnte das Peacekeeping-Narrativ an den vielleicht wichtigsten kanadischen Gründungsmythos des 20. Jahrhunderts anknüpfen, der »nation forged in fire«. Er bezog sich darauf, dass die kanadische Nation in den beiden Weltkriegen entstanden sei. Die kanadischen »Friedenssoldaten« vereinten beides, die jüngere als friedlich charakterisierte Tradition Kanadas und die ältere, die den wehrhaften Charakter der Nation betonte. Herfried Münkler verweist in seiner Theorie vom politischen Mythos darauf, dass dieser sich an bestehende Mythen und Narrative annähern müsse, um erfolgreich zu sein. Offensichtlich konnte das kanadische Peacekeeping-Narrativ als Angebot zur kanadischen Selbstbeschreibung an mindestens drei nationale Erzählstränge anknüpfen.

Doch war das Peacekeeping weder als außenpolitisches Instrument noch als nationales Deutungsangebot ein Selbstläufer. Der als Vertreibung aufgefasst Rückzug der kanadischen Blauhelme vom Suez-Kanal 1967 und die folgende und sich über Jahre hinziehende internationale wie nationale Krise des Peacekeepings zeigten, dass die öffentliche Wahrnehmung durchaus von im engeren Sinne realpolitischen Ereignissen abhing. Erst die neu errichteten Operationen der Jahre 1973 und 1974 sowie die veränderte Politik der Regierung Trudeau, welche die ältere Politik Pearsons mit der außenpolitischen Werterhetorik der Trudeau-Ära verband, rückte die Peacekeeping-Politik und damit einhergehend den Peacekeeping-Gedanken verstärkt in den Mittelpunkt kanadischer Selbstwahrnehmung. Unterstützt durch das weiter bestehende

---

85   T. F., 8.3.1982, ebd.

Peacekeeping-Netzwerk und durch sympathisierende Beiträge in Medien,[86] konnte sich hierauf aufbauend dann in den 8oer Jahren, auch ohne dass das Peacekeeping größere praktische Erfolge verbuchte, und infolge der durch den Zweiten Kalten Krieg hervorgebrachten besonderen Friedenssehnsucht, ein Peacekeeping-Narrativ durchsetzen und an bestehende nationale Narrative anknüpfen, das scheinbar ideal zur nationalen Selbstbeschreibung taugte.

Dieser Prozess der Entstehung und Durchsetzung des kanadischen Peacekeeping-Narrativs, der in diesem Kapitel zunächst einmal nur schlaglichtartig beleuchtet werden konnte, wird im folgenden Kapitel an einem Beispiel längsschnittartig und zudem im Vergleich der beiden großen Sprachgruppen analysiert, was die Entwicklungsschritte, Dynamiken und retardierenden Momente noch deutlicher hervortreten lässt.

---

86 In einem Radiobeitrag aus dem Juli 1979 wurde Kanada beispielsweise als »superpower of peacekeeping« bezeichnet. Sunday Magazine, 29.7.1979, CBC Radio Archives, Toronto, Accession# 790729-03/00, Location# 20040201-40(04), Box: 20040201-40.

KAPITEL 9

Asymmetrische Entwicklung
Anglophone und frankophone Peacekeeping-Narrative

Von Regierung und Bürokratie maßgeblich mitbestimmt, getragen von zivilgesellschaftlichen Akteuren und Medien sowie beeinflusst durch die Entwicklung der UN-Blauhelm-Missionen entstand in Kanada ein Narrativ, das
die politische und gesellschaftliche Relevanz des Peacekeepings zu erklären
und zu vermitteln suchte. Der damit verbundene Diskurs wurde weit in die
Gesellschaft hineingetragen. Reaktionen der sich artikulierenden Öffentlichkeit zeigten exemplarisch, wie weit verbreitet die Beschäftigung mit dem
kanadischen Peacekeeping-Engagement war.

An diese Beispiele lässt sich anknüpfen, wenn im Folgenden die Rezeption
des Peacekeepingdiskurses längsschnittartig über einen Zeitraum von mehr
als 40 Jahren bis Anfang des 21. Jahrhunderts untersucht und die Analyse somit
auf eine breite Basis gestellt wird. Im Mittelpunkt steht die Frage, wie weit die
gesellschaftliche Bindung an die Meistererzählung und an die hierdurch vermittelten identitätspolitischen Angebote reichte. Um für die kanadische Gesellschaft zu einer aussagekräftigen und repräsentativen Antwort zu gelangen,
müssen beide großen Sprachgruppen in die Untersuchung mit einbezogen
werden.

Es gibt gewichtige Gründe, den Blick zugleich auf die anglophone Bevölkerungsmehrheit und die frankophone Minderheit zu richten. Denn die
kanadische Innenpolitik wurde im letzten Drittel des 20. Jahrhunderts wesentlich vom Gegensatz zwischen der mehrheitlich frankophonen Provinz Quebec
und dem überwiegend englischsprachigen Rest Kanadas geprägt. Kern der
Auseinandersetzung war die aus Quebec stammende Forderung nach der Unabhängigkeit der Provinz vom übrigen Kanada. Die politische Konfrontation
führte beinahe zum Auseinanderbrechen des kanadischen Staates. In zwei
Referenden 1980 und 1995 konnten sich die Befürworter einer Einheit nur
knapp behaupten.[1]

Gesellschaftliche Differenz sowie geographische Verteilung der beiden
Sprachgruppen sind ein Erbe der kolonialen Epoche. Die Eroberung der
französischen Besitzungen im heutigen Kanada durch die Briten während
des Siebenjährigen Krieges von 1756-1763 führte in der Folge nicht zu einer

---

1   Vgl. Kenneth McRoberts, Misconceiving Canada. The Struggle for National Unity, Don Mills
    u.a. (ON) 1997, S. 222-244.

© VERLAG FERDINAND SCHÖNINGH, 2020 | DOI:10.30965/9783657787807_011

Verschmelzung der britisch- und französischstämmigen Bevölkerungsteile, sondern zu einer sozialen, kulturellen und wirtschaftlichen Abgrenzung. Die politische Herrschaft der britischen Führung und die englischsprachig dominierte Ausdehnung Kanadas begrenzte die frankophone Bevölkerung im Wesentlichen auf ihr historisches Kernterritorium, die Provinz Quebec.[2]

Die Konföderation von 1867, das Staatswerden Kanadas, schrieb den bilingualen Charakter des neuen Staates fest.[3] Diese Festlegung war nicht nur politisch gewollt, sondern auch demographisch geboten. Im Jahr der Unabhängigkeit lebte immerhin ein Drittel der gesamten kanadischen Bevölkerung in der Provinz Quebec.[4] Gut 130 Jahre später, im Jahr 2000, war der Anteil Quebecs an der Gesamtbevölkerung auf rund 24 Prozent zurückgegangen.[5] Hierzu gehörten auch eine englischsprachige Minderheit, die 2001 etwa 8 Prozent der Einwohner Quebecs stellte, sowie etwa 10 Prozent Allophone, deren Muttersprache weder Englisch noch Französisch war.[6] Konstitutionell zweisprachig war und ist einzig die Provinz New Brunswick.[7] Selbst dort gaben allerdings die meisten Einwohner Englisch als ihre Muttersprache an.[8] Trotzdem blieb die frankophone Bevölkerung demographisch bedeutsam. Fast jeder vierte Kanadier gab 2001 Französisch als seine Muttersprache an.[9]

---

2   Für eine detaillierte Geschichte Quebecs, geschrieben von einem der wichtigsten Schulbuchautoren Quebecs seit der »Stillen Revolution«, siehe Jacques Lacoursière, Histoire Populaire du Québec, 4 Bde., Sillery (QC) 1995-1997; knapper: Dickinson/Young, Quebec.

3   Vgl. The British North America Act, 1867, Art. 133, in: Dave De Brou/Bill Waiser (Hg.), Documenting Canada. A History of Modern Canada in Documents, Saskatoon, SA 1992, S. 16.

4   Vgl. Sautter, Geschichte Kanadas, S. 267.

5   Vgl. Statistics Canada. Table 051-0001 - Estimates of population, by age group and sex for July 1, Canada, provinces and territories, annual (persons unless otherwise noted), CANSIM (database), Using E-STAT (distributor), online unter http://estat.statcan.gc.ca/cgi-win/cnsmcgi. exe?Lang=E&EST-Fi=EStat/English/CII_1-eng.htm (aufgerufen 18.8.2009).

6   Vgl. Census 2001, Mother Tongue, online unter http://www12.statcan.ca/english/census01/ products/highlight/LanguageComposition/Page.cfm?Lang=E&Geo=PR&View=1a&Table=1a &StartRec=1&Sort=2&B1=Counts&B2=Both (aufgerufen 18.8.2009).

7   Vgl. Canada Act 1982, Part I Canadian Charter of Rights and Freedom, Art. 16(2), in: Brou/ Waiser (Hg.), Documenting Canada, S. 604.

8   Vgl. Statistics Canada, 2006 Census of Population, online unter: http://www40.statcan.gc.ca/ l01/cst01/demo11b-eng.htm (zuletzt geändert 11.12.2007), (aufgerufen 17.8.2009).

9   Nach dem Census von 2001 gehörten 17,6 Mio. Kanadier zur englischen und 6,7 Mio. zur französischen Sprachgruppe. 0,1 Mio. bezeichneten Englisch und Französisch gleichermaßen als ihre Muttersprache und 5,2 Millionen Einwohner zählten zur Sprachgruppe der Allophonen, die andere Muttersprachen angaben. Vgl. Census 2001, Mother Tongue, online unter http://www12.statcan.ca/english/census01/products/highlight/LanguageComposition/Page. cfm?Lang=E&Geo=PR&View=1a&Table=1a&StartRec=1&Sort=2&B1=Counts&B2=Both (aufgerufen 18.8.2009).

Angesichts der politischen, gesellschaftlichen und kulturellen Differenzen zwischen den beiden Sprachgruppen und vor allem zwischen der Provinz Quebec und dem Rest Kanadas sowie der politischen und demographischen Bedeutung der frankophonen Einwohnerschaft kann die Rezeption des Peacekeeping-Diskurses nur unter Berücksichtigung der beiden Sprachgruppen angemessen analysiert werden. Hieran anschließend stellt sich implizit die Frage nach einer möglichen innerkanadischen Differenzierung der Rezeption entlang kulturell-sprachlicher Trennlinien.

Schulbuchanalyse: Ontario und Quebec im Vergleich

Eine gute Möglichkeit, den methodisch nicht einfach zu beantwortenden Fragen nachzugehen, bietet eine inhaltliche Auswertung kanadischer Geschichtsschulbücher. José E. Igartua hat auf Lehrbücher der Provinz Ontario bis 1970 zurückgegriffen, um seine These von einer Veränderung nationaler Identitäten im englischsprachigen Kanada zu untermauern, und Colin McCullough hat parallel zu der hier vorgenommenen Analyse seine eigene Bewertung der Entwicklung des Peacekeeping-Narrativs in kanadischen Schulbüchern veröffentlicht.[10] Eine Auswertung von Schulbüchern bietet zwei Vorteile. Zum einen kann in den aufeinanderfolgenden Schulbuchgenerationen die Entwicklung von Themen über einen längeren Zeitraum beobachtet werden. Zum anderen spiegeln die in Geschichtsschulbüchern behandelten Themen in demokratischen und pluralen Gesellschaften einen historischen Minimalkonsens wider, dessen Kenntnis für ein Funktionieren in der jeweiligen Gesellschaft als notwendig erachtet wird. Mit anderen Worten: Schulbücher sind Resultate gesellschaftlicher Kommunikation und Abbilder sozial verhandelter Übereinkünfte. Als solche geben sie Hinweise auf die in der Gesellschaft virulenten Themen und deren Bewertung. Diese Einschätzung gilt insbesondere für Themen mit Gegenwartsbezug.

Mit Blick auf die Peacekeeping-Rezeption ermöglicht die Untersuchung von Schulbüchern eine, wenn auch vorsichtige, Annäherung an die Art und Weise, in der sich die beiden Sprachgruppen mit dem kanadischen Blauhelm-Engagement und dessen Identifikationsangebot auseinandersetzten. Allerdings dürfen Inhalte von Schulbüchern nicht mit dem gleichgesetzt werden, was tatsächlich in den Klassenräumen gelehrt wird und noch weniger mit dem, was

---

10   Vgl. Igartua, Other Quiet Revolution, S. 63-88; McCullough, Creating, S. 53-79.

die einzelnen Schüler gelernt haben. Eine Schulbuchanalyse bietet folglich nur bedingt Einblicke in den schulischen Mikrokosmos.[11]

Eine repräsentative Analyse kanadischer Geschichtsschulbücher kann sich auf die in Ontario und Quebec zugelassenen Lehrbücher konzentrieren.[12] Zwar bestimmen in Kanada die Provinzen Kultur- und Schulpolitik in eigener Verantwortung. Doch wurden zum einen Schulbücher über Provinzgrenzen eingesetzt. Zum anderen lebten von den 50er Jahren bis zur Jahrhundertwende konstant etwa 62 Prozent der kanadischen Einwohner in den beiden großen Provinzen, also fast zwei Drittel der kanadischen Bevölkerung. Hierzu gehörten eine sehr große Mehrheit der frankophonen und fast die Hälfte der anglophonen Einwohner Kanadas.[13]

Als Quellen dienen Schulbücher, die zwischen Ende der 1950er-Jahre und dem Beginn des 21. Jahrhunderts erschienen und in einer der beiden Provinzen zugelassen waren, sowie vereinzelt weitere Lehrmaterialen. Ergänzend werden Geschichtscurricula der Bildungsministerien aus Toronto und Quebec City herangezogen. In Ontario führte bis 1995 eine als »Circular 14« genannte Liste alle in der Provinz zugelassenen Schulbücher auf; seit 1995 erscheinen diese Angaben unter dem Namen »Trillium List« in der jeweils aktuellsten Form auf der Hompage des Erziehungsministeriums.[14] In Quebec gab das Erziehungsministerium eine unter wechselnden Namen firmierende Liste heraus, die den gleichen Zweck erfüllte.[15]

Die untersuchten Geschichtsschulbücher waren im Regelfall für die Sekundarstufe zugelassen. In Ontario umfasste diese Stufe die Klassen 7 bis 12. Bis Anfang des 21. Jahrhunderts konnte optional eine 13. Klasse besucht

---

11   Vgl. McCullough, Creating, S. 54 f.

12   Vgl. Igartua, Other Quiet Revolution, S. 64; McCullough, Creating, S. 53 f.

13   Vgl. Sautter, Geschichte Kanadas, S. 267; Statistics Canada. Table 051-0001 - Estimates of population, by age group and sex for July 1, Canada, provinces and territories, annual (persons unless otherwise noted), CANSIM (database), Using E-STAT (distributor), on-line unter http://estat.statcan.gc.ca/cgi-win/cnsmcgi.exe?Lang=E&EST-Fi=EStat/English/CII_1-eng.htm (aufgerufen 18.8.2009).

14   Online unter http://www.curriculum.org/occ/trillium (aufgerufen 19.8.2009).

15   Z. B. Ministère de l'éducation, Liste des manuels scolaires et de matériel didactique pour l'année 1971-72; Ministère de l'éducation (Hg.), Enseignement général, enseignement professionnel. Manuels agréé par le ministère de l'Éducation pour les écoles de langue française 1977/1978, Québec 1977; Matériel didactique autorisé par le ministre de l'Éducation pour le secondaire général et professionnel 1982-1983; Matériel didactique autorisé en fonction des nouveaux programmes d'études par le ministre de l'Éducation pour le secondaire général, 1986-1987; Liste des matériel didactique approuvé par le ministre de l'Éducation. Enseignement secondaire. Formation générale 1992-1993; Ministre de l'Éducation, Le matériel didactique approuvé pour l'enseignement secondaire (formation générale), 1997-1998.

werden. Hiernach war ein Universitätsstudium möglich. Der Ausbildungsweg
der Schüler in Quebec endete bereits nach elf Schuljahren. Vor dem Übergang
zur Universität mussten die Schüler allerdings zwei bis drei Jahre lang zusätzlich ein »Collège d'enseignement général et professionel« (Cégep) besuchen.
Aus Gründen der Vergleichbarkeit wurden Lehrbücher der Collège-Stufe ebenfalls für die Analyse herangezogen.

In Ontario stand der Unterricht über die Geschichte der Zeit nach dem
Zweiten Weltkrieg üblicherweise in den Jahrgangsstufen 9-10 sowie 11-13 auf
dem Lehrplan. In den zugehörigen Schulbüchern fanden sich Ausführungen
zum Peacekeeping häufig in Kapiteln, die sich mit internationaler Geschichte,
mit Außenbeziehungen oder – vor allen in den 60er Jahren – mit den Vereinten Nationen beschäftigten.[16] Prinzipiell gehörten die Friedenseinsätze
auch in Quebecs Schulbüchern in die Sektionen, die sich internationalen
Themen widmeten. Allerdings nahmen außenpolitische Fragen nur geringen
Raum ein, es dominierten fast durchgehend Darstellungen innenpolitischer
Zusammenhänge.

Im Rahmen der vorliegenden Untersuchung konzentriert sich das Er-
kenntnisinteresse auf zwei Sachverhalte: (1) auf die wesentlichen Elemente
der Darstellung der Geschichte des (kanadischen) Peacekeepings und (2)
auf die Wertungen und Stellungnahmen zum Peacekeeping. Die Analyse ist
als synchroner Vergleich der Geschichtsschulbücher aus Ontario und Quebec
angelegt. Auf diese Weise können zum einen die individuelle Rezeption des
kanadischen Peacekeeping-Engagements durch die beiden Sprachgruppen
betrachtet sowie zum anderen Unterschiede und Gemeinsamkeiten in der
Darstellung offengelegt werden. Zugleich ermöglicht es der Vergleich, die Bedeutung einzelner Aspekte oder zeitlicher Abläufe des Peacekeepingdiskurses
innerhalb der einzelnen Sprachgruppen präziser zu bestimmen.[17] Im
Folgenden werden zunächst die anglophonen Schulbücher aus Ontario untersucht und dann in einem zweiten Schritt wird das in Quebec eingesetzte Lehr-
material hiermit verglichen.

---

16   Vgl. z.B. Alfred Birnie Hodgetts, Decisive Decades, Thomas Nelson & Sons: o.O., o.D.
      [1960]; John Trueman u.a., Modern Perspectives, The Ryerson Press: Toronto/Winnipeg/
      Vancouver 1969. In den Kurzzitaten werden die Schulbücher im Folgenden mit Er-
      scheinungsjahr angegeben.

17   Vgl. zum historischen Vergleich Hartmut Kaelble, Der historische Vergleich. Eine Ein-
      führung zum 19. und 20. Jahrhundert, Frankfurt/M. u. New York 1999.

Kanonisierung des Peacekeeping-Narrativs in Englisch-Kanada

Im November 1956 machte Lester B. Pearson seinen berühmt gewordenen Vorschlag zur Etablierung einer UN-Friedenstruppe am Suez-Kanal. Ein Jahr später erhielt er den Friedensnobelpreis. In den beiden Geschichtscurricula der Provinz Ontario für die Mittelstufe, die 1959 und 1961 herausgegeben wurden, fanden sich noch keine expliziten Hinweise auf diese Ereignisse. Unter dem noch frischen Eindruck der Erfahrungen des Zweiten Weltkriegs maßen beide Lehrpläne allerdings dem Unterricht über die Vereinten Nationen besondere Bedeutung zu, deren politische und moralische Rolle eloquent beschrieben wurde:

> ... these years [nach 1945] have witnessed the organization of the United Nations. To it at San Francisco was assigned the herculean task of maintaining the peace and general welfare of the world but at a time when a stable peace had not yet been achieved. It is imperative that pupils should become familiar with the operation of the agencies of this body and examine and assess its efforts. They should recognize that this is an age calling for restraint and patience on the one hand and conviction and effort on the other. They should feel their personal responsibility in helping humanity in its efforts to prevent the annihilation of civilization by finding a modus vivendi through such an organization as the United Nations. They should see that the democratic way of life calls for the highest qualities of mind and heart and that to the extent the United Nations recognizes the legitimate claims of both the individual and the state it challenges the loyalty and service of our age.
>
> No greater responsibility rests on the teacher than to guide his pupils through this period with judgment and understanding.[18]

Die in Geschichtsschulbüchern der 6oer Jahre zu findenden Themeneinheiten zum UN-Peacekeeping müssen vor dem Hintergrund dieser grundsätzlich positiven Beurteilung der Vereinten Nationen gesehen werden.[19] Obwohl im

18   Ontario Department of Education, Senior Division. History. Grades 11, 12, 13. Curriculum S. 9, 1959, S. 24. Vgl. mit identischer Wortwahl Ontario Department of Education, Senior Division. History. Grades 11, 12, 13. Curriculum S. 9, 1961, S. 25.

19   Vgl. Aileen Garland, Canada. Then and Now, based on a A First Book of Candian History by W. Stewart Wallace, The Macmillan Company of Canada Limited: o.O. 1954, S. 376-378 (weitere Auflagen bis 1964); George W. Brown/J. M. S. Careless (Hg.), Canada and the World. Spotlight on Canada Series, J. M. Dent & Sons: Toronto/Vancouver 1954, S. 416-419 (weitere Auflagen bis 1960).

Curriculum nicht direkt gefordert, fanden sich in den Geschichtsschulbüchern, die nach der Suez-Krise erstmalig aufgelegt wurden, Passagen über die Errichtung und weitere Entwicklung der UN-Blauhelme. Alfred Birnie Hodgetts »Decisive Decades« von 1960 sei sogar, wie der Autor schrieb, »the direct, but accidental, outcome of the Suez crisis.«[20] Die kanadische Rolle wurde durchgängig hervorgehoben. Zum Teil waren die Beschreibungen neutral gehalten.[21] Meistens mischten sich jedoch positive Töne in die Darstellungen. So fanden sich in einem 1962 herausgegebenen Schulbuch lobende Worte über die »Selbstkontrolle«, »Ausbildung« und »Disziplin« der im Kongo eingesetzten kanadischen Soldaten.[22] Kanada habe mit dem Aufbau einer UN-Truppe das »effektive System« zur Eindämmung der Suez-Krise vorgeschlagen, urteilte ein anderes Lehrwerk.[23] Bei den Schilderungen kam es auch zu Übertreibungen, wie beispielweise der Behauptung, der UN-Verband am Suez-Kanal habe überwiegend aus kanadischen Soldaten bestanden.[24]

Pearson erschien als zentraler Protagonist der Suez-Krise. Seine Führungsrolle bei der Etablierung der Blauhelme wurde betont;[25] selten fehlte der Hinweis auf den Nobelpreis.[26] In den Schulbüchern finden sich Formulierungen, wie »Pearson took the lead ...«[27] oder »Pearson worked hard to find a peaceful solution ...«[28]. Professor Edgar McInnes von der York University in Toronto wies in seinem Geschichtsbuch »The North American Nations« auf Pearsons

---

20 Hodgetts, Decisive Decades, 1960 (Vorwort).

21 Vgl. Hugh W. Peart/John Schaffter, The Winds of Change. A History of Canada and Canadians in the Twentieth Century, The Ryerson Press: Toronto 1961, S. 438, 448; Kenneth W. McNaught/Ramay Cook, Canada and the United States. A Modern Study, Clarke, Irwin & Company: Toronto/Vancouver 1963, S. 481-483; französischsprachig: Lucien Brault, Le Canada au xxᵉ siècle, Thomas Nelson & Sons: Toronto 1965, S. 284-293.

22 Gerald W. L. Nicholson et al., Three Nations. Canada – Great Britain – The United States of America in the Twentieth Century, McClelland and Stewart: Toronto 1962 (weitere Auflage 1969), S. 374.

23 E. C. Carter, World Problems, W. J. Gage: Scarborough 1962, S. 136.

24 Vgl. Hodgetts, Decisive Decades, 1960, S. 548, auch in Überarbeitung von 1973: Alfred Birnie Hodgetts/J. D. Burns, Decisive Decades. A History of the Twentieth Century for Canadians, revised edition, Thomas Nelson & Sons: Don Mills (ON) 1973, S. 495.

25 Vgl. Peart/Schaffer, Winds of Change, 1961, S. 440; John C. Ricker u.a., The Modern Era, Clarke, Irwin & Company: Toronto/Vancouver, überarb. Auflage 1962 (Erstauflage 1960), S. 366 f.; Paul Fox, Battlefront – The Fight for Liberty, Holt, Rinehart and Winston of Canada: o.O 1965, S. 316 f.; John Saywell, Canada Past and Present, Clarke, Irwin & Company: Toronto/Vancouver 1969, S. 53.

26 Hodgetts, Decisive Decades, 1960, S. 548; Peart/Schaffer, Winds of Change, 1961, S. 440; Robert Spencer, The West and a Wider World, Clarke, Irwin & Company: Toronto/Vancouver 1966, S. 436.

27 Hodgetts, Decisive Decades, 1960, S. 548.

28 Ricker u.a., The Modern Era, 1962, S. 366.

»constructive contribution«[29] hin. Wie McCullough schreibt, wurde eine spezifische Sichtweise vermittelt, die den kanadischen Anteil an der Lösung der Krise hervorhob.[30] Nicht-kanadische Vorkämpfer des UN-Peacekeepings finden kaum Erwähnung. Ausnahmsweise liest man: »Much of the credit of the success [...] was due to Pearson [...] and to Secretary-General Dag Hammarskjöld«.[31]

Neben Pearson erfreute sich der zweite Kanadier, der bei der Errichtung von UNEF I eine entscheidende Rolle spielte, großer Beliebtheit. In kaum einem Schulbuch fehlte ein Hinweis auf General Burns.[32] Hinzu kamen Fotografien,[33] in einem Fall pittoresk vor einem in UN-Weiß gestrichenen Militärfahrzeug.[34] Burns prägte seit den 60er Jahren das populäre Bild vom kanadischen UN-Peacekeeper. Erst 30 Jahre später fand die Öffentlichkeit in Generalmajor Lewis MacKenzie, UN-Kommandeur in Sarajevo, und Generalmajor Roméo Dallaire, Befehlshaber des UN-Kontingents in Ruanda, ähnlich prominente kanadische UN-Peacekeeping-Heroen.[35]

In den 70er Jahren ließ das Bildungsministerium von Ontario zum ersten Mal auch in den Geschichtscurricula die Suez-Krise, Kanadas Peacekeeping-Rolle und einzelne Blauhelm-Einsätze exemplarisch hervorheben.[36] Diese Entwicklung korrespondierte mit der seit 1973 abermals zunehmenden Bedeutung des Peacekeepings im nationalen und internationalen Diskurs.[37] Den besonderen Wert, den das Bildungsministerium darauf legte, den kanadischen

---

29 Edgar McInnis, The North American Nations, J. M. Dent & Sons: Toronto/Vancouver 1963, S. 366.

30 Vgl. McCullough, Creating, S. 57.

31 John Trueman u.a., Modern Perspectives, The Ryerson Press: Toronto/Winnipeg/Vancouver 1969, S. 650.

32 Vgl. Ricker u.a., The Modern Era, 1962, S. 366; E. C. Carter, World Problems, 1962, S. 136 f.; Spencer, The West and a Wider World, 1966, S. 436; Partricia M. Johnson, Canada Since 1867. Selected Historical Sources, McClelland and Stewart: Toronto 1968, S. 87; Saywell, Canada Past and Present, 1969, S. 53.

33 Vgl. Ricker u.a., The Modern Era, 1962, S. 365; siehe auch aus den 70er Jahren Allan S. Evans/Lawrence Diachun, Canada: Towards Tomorrow, McGraw-Hill Ryerson: Toronto u.a. 1976, S. 232.

34 Vgl. Brault, Le Canada au xxe siècle, 1965, S. 285.

35 Vgl. Carl F. Smith u.a., Canada Today, Prentice Hall Canada: Scarborough, 3. Aufl. 1996, S. 405; Angelo Bolotta u.a., Canada. Face of a Nation, Gage: Toronto 2000, S. 355, 357.

36 Ministry of Education Ontario, People and Politics. Authorized by the Minister of Education, Senior Division 1972, S. 12; Ministry of Education Ontario, History. Intermediate Division. Authorized by the Minister of Education Thomas L. Wells, 1973, S. 15, 20.

37 Kanada beteiligte sich 1973 und 1974 an den beiden neu aufgestellten UN-Kontingenten auf dem Sinai und den Golan-Höhen sowie verstärkte seine Truppenpräsenz nach der türkischen Invasion Zyperns 1974.

Beitrag zum Peacekeeping zu thematisieren, unterstreicht eine weitere offizielle Publikation. In der Serie »Curriculum Ideas for Teachers« stellte das Ministerium 1978 den Lehrern für die Mittelstufe in beiden offiziellen Schulsprachen extra ein Heft »Canadian Military: Evolution of a Peacekeeper« bzw. – für die frankophone Minderheit in Ontario – »Les Forces armée canadiennes. Évolution de leur rôle dans le maintien de la paix« bereit. Hierin wurden grundlegende Vorschläge für eine Unterrichtseinheit zur Suez- und Zypern-Krise gemacht sowie eine Diskussion über »zukünftige Alternativen« angeregt. In einem Rollenspiel, in dem Schüler auch Pearson und Burns verkörperten, sollte eine fiktive Konferenz während der Suez-Krise nachgestellt werden.[38]

Ende der 80er Jahre fand sich nach der Überarbeitung des Geschichtscurriculums nur noch im Lehrplan für die Oberstufe ein direkter Hinweis auf das Peacekeeping: »Students should develop an understanding of [...] the peace-keeping role of the United Nations, with particular reference to Canada's role«.[39] Im Curriculum für die Klassen 9 und 10 tauchten Hinweise auf das Peacekeeping erst wieder 1999 auf;[40] 2004 fand sich auch eine entsprechende Frage im Curriculum für die Klassen 7 und 8.[41] In den Oberstufencurricula von 2000 und 2005 dienten die kanadischen Blauhelm-Einsätze als primäres Beispiel für die internationale und multilaterale Politik Kanadas.[42] Wenn auch nicht immer als verpflichtender Lehrstoff ausgewiesen, empfahlen die Geschichtscurricula seit 1973 durchgängig entweder für die Mittel- oder für die Oberstufe (seit 1999 für Mittel- und Oberstufe) einen Unterricht über die Beteiligung Kanadas an UN-Friedensmissionen.

Die Geschichtsschulbücher setzten diese Vorgaben um. Pearson und Burns, die Suez-Krise und der Nobelpreis bildeten wesentliche Elemente des Narrativs, das bereits in den 60er Jahren grundgelegt worden war. Zumindest teilweise

---

38 Vgl. Ministry of Education, Curriculum Ideas for Teachers. History Intermediate Division, 8: The Canadian Military: Evolution of a Peacekeeper, 1978; Ministére de l'Éducation, Suggestions aux enseignants. Histoire [...]le intermédiaire 8: Les Forces armée canadiennes. Évolution de leur rôle dans le maintien de la paix, 1978.

39 Ministry of Education Ontario, Curriculum Guideline History and Contemporary Studies. Part C: Senior Division. Grades 11 and 12, 1987, S. 109.

40 Vgl. Ontario Ministry of Education and Training, The Ontario Curriculum. Canadian and World Studies, Grades 9 and 10, 1999, S. 29, 39.

41 Vgl. Ontario Ministry of Education, The Ontario Curriculum. Social Studies, Grades 1 to 6. History and Geography, Grades 7 and 8, revised 2004, S. 48.

42 Vgl. Ontario Ministry of Education, The Ontario Curriculum. Canadian and World Studies, Grades 11 and 12, 2000, S. 136, 147, 154; Ontario Ministry of Education, The Ontario Curriculum. Canadian and World Studies, Grades 11 and 12, revised 2005, S. 164, 172 f.; 184.

spiegelten sich diese Elemente in den Curricula wider.[43] Im Besonderen stehen jedoch die Schulbücher von den 70er Jahren bis Anfang des 21. Jahrhunderts in dieser Kontinuität. Im Narrativ bleibt die kanadische Führerschaft bei der Etablierung der UN-Blauhelme unbestritten.[44] Die kanadische Rolle in der Suez-Krise und vor allem Pearsons Leistung, die mit dem Nobelpreis gekrönt worden sei, wurden – unterstützt von Autoren aus unterschiedlichen politischen Lagern[45] – praktisch kanonisiert.[46] Pearson war aus dem Themenbereich UN-Blauhelme nicht mehr wegzudenken. Abbildungen zeigten ihn zunächst vor den Vereinten Nationen, in den Schulbüchern der 80er Jahre ausschließlich beim Empfang des Nobelpreises.[47] Erst in diesen Jahren scheint in den Schulbüchern die auch visuelle Manifestation des Friedensnobelpreises Pearsons als zentraler Bestandteil des kanadischen Peacekeeping-Narrativs

---

43   Vgl. Ministry of Education Ontario, People and Politics. Authorized by the Minister of Education, Senior Division 1972, S. 12; Ontario Ministry of Education, The Ontario Curriculum. Social Studies, Grades 1 to 6. History and Geography, Grades 7 and 8, revised 2004, S. 48; Ontario Ministry of Education, The Ontario Curriculum. Canadian and World Studies, Grades 9 and 10, revised 2005, S. 56; Ontario Ministry of Education, The Ontario Curriculum. Canadian and World Studies, Grades 11 and 12, revised 2005, S. 172, 184.

44   Vgl. John S. Moir/Robert E. Saunders, Northern Destiny. A History of Canada, J. M. Dent & Sons: o.O. 1970, S. 528 f.; E. A. Mitchner u.a., Forging a Destiny: Canada since 1945, Gade Educational: o.O. 1976, S. 31, 35; Allan S. Evans/I. L. Martinello, Canada's Century, McGraw-Hill Ryerson: Toronto u.a. 1978, S. 419; Ian Hundey, Canada: Builders of the Nation, Gage: Toronto, 2. Aufl. 1991, S. 297 f.

45   Vgl. McCullough, Creating, S. 58 f., 65.

46   Vgl. Ronald C. Kirbyson/Elizabeth Peterson, In Search of Canada, vol. 2, Prentice-Hall of Canada: Scarborough 1977, S. 482 f.; Fred McFadden u.a., Canada. The Twentieth Century, Fitzhenry & Whiteside: Toronto 1982, S. 217; Ronald C. Kirbyson (Hg.), Discovering Canada. Shaping an Identity, Prentice-Hall Canada: Scarborough 1983, S. 235-237, 239; Daniel Francis/Sonia Riddoch, Our Canada. A Social and Political History, McClelland and Stewart: Toronto 1985, S. 406; John English, Years of Growth 1948-1967, Grolier Limited: Toronto 1986, S. 50 f.; Angus L. Scully, Canada Today, Prentice-Hall: Scarborough, 2. Aufl. 1988, S. 381 f., 390; Hundey, Canada: Builders of the Nation, 1991, S. 287; Diane Eaton/ Garfield Newman, Canada. A Nation Unfolding, McGraw-Hill Ryerson: Toronto u.a. 1994, S. 293, 301; Smith u.a., Canada Today, 1996, S. 402; Bolotta u.a., Canada. Face of a Nation, 2000, S. 190 f.; Ian Hundey u.a., Canadian History. Patterns and Transformations, Irwin: Toronto 2003, S. 438 f.

47   Z. B. McInnis, The North American Nations, 1963, S. 366; Allan D. Hux/Frederick E. Jarman, Canada: A Growing Concern, Globe/Modern Curriculum Press: Toronto 1981, S. 191; Kirbyson (Hg.), Discovering Canada, 1983, S. 239; English, Years of Growth 1986, S. 51; Gillian Bartlett/Janice Galivan, Canada. History in the Making, John Wiley & Sons: Toronto u.a. 1986, S. 460; Bradley J. Cruxton/W. Douglas Wilson, Spotlight Canada, Oxford University Press: Toronto, Neuauflage 1988, S. 301; sicher auch McCullough, Creating, S. 61.

erfolgt zu sein.[48] Wie in den 6oer Jahren auch durfte Burns in den folgenden Jahrzehnten in den Darstellungen zum UN-Peacekeeping nicht fehlen.[49]

Die Tradierung des in den 6oer Jahren entwickelten Peacekeeping-Kanons mag durch die teilweise lange Benutzungsdauer von Lehrwerken erleichtert worden sein. Mehrere Bücher aus den 6oer Jahren waren, zum Teil in Neuauflagen, bis Anfang der 8oer Jahre in Gebrauch. Eine Neuauflage blieb sogar bis 1994 zugelassen.[50]

Auch die positive Bewertung der militärischen Leistung der kanadischen Blauhelm-Soldaten wurde bis Anfang des 21. Jahrhunderts fortgeschrieben. »Geduld und Mut«[51] habe die Truppe ausgezeichnet. Die besonderen Fähigkeiten des kanadischen Militärs und die während der UN-Friedensmissionen gesammelten Erfahrungen wurden herausgestellt.[52] Diese Wahrnehmung habe zur weltweiten Anerkennung der kanadischen Streitkräfte und letztlich Kanadas geführt.[53] Das Lob des Militärs stand im Kontext eines als national bedeutend empfundenen Kriegseinsatzes im Ersten und Zweiten Weltkrieg.[54] »Decisive Decades« von 1960 betitelte das Kapitel über den Ersten Weltkrieg mit den Worten »Canada's Baptism of Fire«[55]. Mit der Macht externer Autoritäten behauptete »Canada Today« 1996: »Historians have argued that at Vimy, Canada truely became a nation.«[56] Das Peacekeeping-Narrativ erhielt also Anschluss an den militärischen Gründungsmythos Kanadas.

---

48 Diese Konzentration auf den Nobelpreis wirkt bis in die Anfang des 21. Jahrhunderts eingeführten Schulbücher fort. Vgl. Bradley J. Cruxton/W. Douglas Wilson, Spotlight Canada, Oxford University Press: Toronto, 3. Aufl. 1996, S. 261; Bolotta u.a., Canada. Face of a Nation, 2000, S. 191; Hundey u.a., Canadian History, 2003, S. 439.

49 Vgl. Evans/Diachun, Canada: Towards Tomorrow, 1976, S. 232; Mitchner u.a., Forging a Destiny, 1976, S. 35. Kirbyson/Peterson, In Search of Canada, vol. 2, 1977, S. 483; McFadden u.a., Canada, 1982, S. 207, 217; Francis/Riddoch, Our Canada, 1985, S. 406; Scully, Canada Today, 1988, S. 390.

50 Vgl. Hodgetts, Decisive Decades, 1960 u. Hodgetts/Burns, Decisive Decades, 1973 (bis 1980 in Ontario zugelassen); Trueman, Modern Perspectives, 1969 (bis 1980 zugelassen); Saywell, Canada Past and Present, 1969 u. John Saywell, Canada Past and Present, Irwin Publishing: Toronto, Neuauflage 1983 (bis 1994 zugelassen).

51 »Canadian troops have served with patience and courage.« McFadden u.a., Canada, 1982, S. 207.

52 Vgl. Evans/Diachun, Canada: Towards Tomorrow, 1976, S. 232; Kirbyson/Peterson, In Search of Canada, vol. 2, 1977, S. 484; Kirbyson (Hg.), Discovering Canada, 1983, S. 233; Bolotta u.a., Canada. Face of a Nation, 2000, S. 375.

53 Vgl. Evans/Diachun, Canada: Towards Tomorrow, 1976, S. 232; Bolotta u.a., Canada. Face of a Nation, 2000, S. 354.

54 Vgl. Garland, Canada. Then and Now, 1954, S. 376-379; Saywell, Canada Past and Present, 1983, S. 76.

55 Hodgetts, Decisive Decades, 1960, S. 196.

56 Smith u.a., Canada Today, 1996, S. 363.

Ebenso fand die Teilnahme kanadischer Truppen an immer neuen UN-Missionen ihren Niederschlag in den Schulbüchern. Lehrwerke boten einen Überblick über sämtliche Blauhelm-Einsätze und charakterisierten die kanadische Beteiligung.[57] Schon in den frühen 70er Jahren erschien auch in Schulbüchern eine Aussage, die im politischen Diskurs bis in die 90er Jahren wie ein Mantra wiederholte wurde: Kanada habe an jeder UN-Blauhelm-Mission teilgenommen.[58] Diese Behauptung wurde auch dann noch repetiert, als sie sich, vom Gang der Ereignisse überholt, als falsch erwiesen hatte.[59]

Das Urteil über die UN-Friedenseinsätze fiel in den Schulbüchern ins-gesamt positiv aus.[60] Ein Lehrerheft bezeichnete sie sogar als »remarkably successful«[61]. »Canada Today« ließ in einem abgedruckten Interview einen kanadischen UN-Botschafter das Peacekeeping quasi *ex cathedra* als erfolg-reich erklären.[62] Die ambivalente Geschichte des kanadischen Peace-keepings wurde nur in einigen Schulbüchern aufgegriffen. Kritik an den Blauhelm-Missionen unterlag auch politischen Konjunkturen. Hier zeigen sich große Unterschiede zwischen den Schulbüchern. Nur wenige Lehrbücher berichteten über die hitzige innenpolitische Debatte, die Pearsons Vorschlag zur Lösung der Suez-Krise im November 1957 begleitete.[63] In einem Werk von 1996 wurde faktenwidrig behauptet: »In the Suez crisis, Canadian troops were readily accepted by both sides and became part of this peacekeeping force.«[64] Dabei hatte die zunächst ablehnende Haltung der ägyptischen Regierung die innenpolitische Krise in Kanada tatsächlich noch verstärkt.

Ähnliches gilt für den 1967 erfolgten Rückzug der United Nations Emergency Force aus Ägypten. Entweder wurde die Tatsache übergangen oder in ihrer Dramatik heruntergespielt.[65] Die UN-Mission am Suez-Kanal blieb in den

---

57   Vgl. Evans/Diachun, Canada: Towards Tomorrow, 1976, S. 216-232; Kirbyson (Hg.), Discovering Canada, 1983, S. 232-240; Scully, Canada Today, 1988, S. 390 f.

58   Vgl. Moir/Saunders, Northern Destiny, 1970, S. 528; Evans/Diachun, Canada: Towards Tomorrow, 1976, S. 232; McFadden u.a., Canada, 1982, S. 226.

59   Vgl. Bolotta u.a., Canada. Face of a Nation, 2000, S. 375.

60   Vgl. Trueman, Modern Perspectives, 1969, S. 657. Mitchner u.a., Forging a Destiny, 1976, S. 38.

61   E. A. Mitchner/M. B. Demaine, Teacher's Guide to Forging a Destiny: Canada since 1945, Gage Educational Publishing: Toronto 1977, S. 14.

62   Vgl. Scully, Canada Today, 1988, S. 393.

63   Vgl. Hodgetts, Decisive Decades, 1960, S. 547; Hodgetts/Burns, Decisive Decades, 1973, S. 994 f.; English, Years of Growth, 1986, S. 50 f., abschwächend: Moir/Saunders, Northern Destiny, 1970, S. 526; siehe auch McCullough, Creating, S. 60, 65.

64   Smith u.a., Canada Today, 1996, S. 402.

65   Zu Letztgenanntem vgl. McFadden u.a., Canada, 1982, S. 217; Bolotta u.a., Canada. Face of a Nation, 2000, S. 191.

Schulbüchern eine Erfolgsgeschichte; das Narrativ wurde nicht gestört. Nur ausnahmsweise nahmen Schulbücher zum Ende von UNEF I kritisch Stellung.[66] Meistens handelte es sich dabei um Lehrbücher, die zeitnah und unter dem Eindruck des Ereignisses entstanden waren: »The expulsion of UNEF seemed to shatter the Canadian public's faith in peacekeeping.«[67] Im Zusammenhang mit der Krise von 1967 stellte dasselbe Buch, »Canada Past and Present«, sogar das Peacekeeping insgesamt infrage.[68] Dieser kritische Tenor beherrschte auch einige Lehrbücher aus den 70er Jahren, die sich offensichtlich die zunächst skeptische Rhetorik der Trudeau-Regierung zum Maßstab genommen hatten.[69] Die negative Stimmung blieb allerdings eine Momentaufnahme. In der Neuauflage von »Canada Past und Present« von 1983 wurden, trotz eines weiterhin zutage tretenden kritischen Grundtenors, die UN-Blauhelm-Einsätze wieder explizit unterstützt.[70] Der Schock von 1967 stellte sich als Episode dar, welche die generelle Zustimmung zum kanadischen Peacekeeping nicht erschüttern konnte.[71]

Kritik am UN-Peacekeeping wurde darüber hinaus selten formuliert oder wie in »Canada Today« implizit maginalisiert: »There has been debate in some circles in Canada about whether or not we should continue to make such contributions [Peacekeeping-Truppen].«[72] Eine mehrseitige Diskussion fand sich ausnahmsweise in »Canada: Towards Tomorrow« von 1976.[73] Auch die Kongo-Mission wurde als Erfolgsgeschichte dargestellt, die Problematiken weitgehend übergangen.[74] Ein Bericht über die infolge des Kongo-Einsatzes zerrütteten Finanzen der Vereinten Nationen blieb eine Ausnahmeerscheinung.[75] Selbst die Lehrbücher die, seit Mitte der 90er Jahre entstanden, mithin die

---

66   Knapp: Evans/Diachun, Canada: Towards Tomorrow, 1976, S. 226; pointiert: Michael Bliss, Years of Change, Grolier: Toronto 1986, S. 23.

67   Saywell, Canada Past and Present, 1969, S. 55.

68   Vgl. ebd., S. 54 f.

69   Vgl. Margaret Conrad/John Ricker, 20th Century Canada, Clarke, Irwin & Company: Toronto/Vancouver 1974, S. 90; Kirbyson/Peterson, In Search of Canada, vol. 2, 1977, S. 484; Evans/Martinello, Canada's Century, 1978, S. 444, 451.

70   Vgl. Saywell, Canada Past and Present, 1983, S. 80.

71   Vgl. Kirbyson/Peterson, In Search of Canada, vol. 2, 1977, S. 485; McCullough, Creating, S. 62.

72   Scully, Canada Today, 1988, S. 392.

73   Vgl. Evans/Diachun, Canada: Towards Tomorrow, 1976, S. 230-232. Allerdings bieten neuere Lehrbücher den Schülern mehr Raum zur eigenständigen, folglich auch kritischen Reflexion. Vgl. Kirbyson (Hg.), Discovering Canada, 1983, S. 240; Bartlett/Galivan, Canada. History in the Making, 1986, S. 461.

74   Brault, Le Canada au XXᵉ siècle, 1965, S. 293; Trueman, Modern Perspectives, 1969, S. 652; Mitchner u.a., Forging a Destiny, 1976, S. 24; Scully, Canada Today, 1988, S. 391 f.

75   Vgl. Evans/Diachun, Canada: Towards Tomorrow, 1976, S. 228.

zeitgenössische Krise des Peacekeepings mit aufnehmen mussten, transportierten weiterhin ein mit Abstrichen positives Bild. »Canada. Face of a Nation« von 2000 ging ausnahmsweise verhältnismäßig offen mit dem innenpolitischen Schock infolge der Ermordung eines einheimischen Teenagers durch eine kanadische UN-Peacekeeping-Einheit in Somalia um.[76] Auch in »Spotlight Canada« von 1996 sowie in »Canadian History« von 2003 fokussierte sich die Kritik auf Somalia.[77] Das Scheitern der UN-Blauhelme im jugoslawischen Bürgerkrieg wurde dagegen kaum thematisiert,[78] die Verantwortung für den Genozid in Ruanda nicht mit der dort stationierten und von einem kanadischen General kommandierten UN-Mission in Verbindung gebracht.[79] Ganz im Gegenteil avancierte der Kommandeur, General Roméo Dallaire, der an der persönlichen Erfahrung fast zerbrochen wäre, zu einem neuen Vorbild für das kanadische Peacekeeping.[80]

Entwicklung der anglophonen Peacekeeping-Identität

Hatten die Schulbücher in den 6oer Jahren trotz überwiegend positiver Darstellung der UN-Blauhelme nur implizit eine Identifikation mit dem kanadischen Peacekeeping gefördert, so wurde diese gegen Ende der Dekade verstärkt eingefordert. Die kanadische Bevölkerung, so wurde argumentiert, könne »stolz« auf die sich etablierende Blauhelm-Tradition sein. Dem Leser wurde aufgetragen, sich nicht mehr nur kognitiv mit dem politisch-militärischen Engagement auseinanderzusetzen, sondern sich ihm positiv-emotional anzunähern. Die rhetorische Figur des auf die UN-Friedenseinsätze stolzen Kanadiers erschien bis in die 8oer Jahre,[81] in einem Fall sogar noch

---

76   Vgl. Bolotta u.a., Canada. Face of a Nation, 2000, S. 354 f. Zum historischen Hintergrund siehe David Bercuson, Significant Incident. Canada's Army, the Airborne, and the Murder in Somalia, Toronto 1996, S. 1-14, 159-239; Coulon, Soldiers of Diplomacy, S. 71-100.

77   Vgl. Cruxton/Wilson, Spotlight Canada 1996, S. 364 f.; Hundey u.a., Canadian History 2003, S. 439; ohne Hinweis auf den Mord: Smith u.a., Canada Today, 1996, S. 400.

78   Vgl. die vorgenannten Schulbücher.

79   Vgl. Don Bogle u.a., Canada. Continuity and Change. A History of Our Country from 1900 to the Present, Fitzhenry & Whiteside: Markham (ON), Neuauflage 2000, S. 467.

80   Vgl. Carl F. Smith u.a.: Teacher's Guide. Canada Today, Prentice Hall Canada: Scarborough, 3. Aufl. 1996, S. 268; Ontario Ministry of Education and Training, The Ontario Curriculum. Canadian and World Studies, Grades 11 and 12, revised 2005, S. 156, 166. McCullough, Creating, S. 74-77 sieht dagegen in den seit der Mitte der 9oer Jahre neu erschienenen Schulbüchern eine erheblich kritischere Haltung zum Peacekeeping.

81   Vgl. Blair Fraser, The Search for Identity. Canada: Postwar to Present, Doubleday: New York/Toronto 1967, S. 157; Kirbyson/Peterson, In Search of Canada, vol. 2, 1977, S. 485;

Anfang des 21. Jahrhunderts. Ein frühes Beispiel findet sich in »Canada Past and Present« von 1969. Dieses Schulbuch war von 1970 bis 1982 und in einer Neuauflage von 1984 bis 1994 in Ontario zugelassen. Die folgende Passage ist in beiden Auflagen abgedruckt:

> It was a proud moment for Canada when in 1957 Lester B. Pearson, Canada's Secretary of State for External Affairs, stood up to receive the Nobel Peace Prize. Mr. Pearson's fertile mind, quiet diplomacy and unflinching determination had helped to prevent a crisis in the Middle East from becoming a third world war. The prize proved that Canada, not one of the great powers, did have an important role to play in world affairs, other than sending its troops to the slaughtered on battlefields around the world. For the nation's spokesman had been listened to at the United Nations in New York and in the capitals of the great powers.[82]

Ausgehend von der gegen Ende der 60er Jahre entstandenen Forderung nach einer Identifikation mit der kanadischen UN-Blauhelm-Politik wurde in den 70er Jahren zunehmend eine Gleichsetzung von Peacekeeping mit einem angenommenen kanadischen Nationalcharakter betrieben. In diese Richtung wies bereits das Geschichts-Curriculum von 1973, worin zu lesen war: »War exercises a strange fascination upon even peace-loving societies. Canada has a world reputation for peace keeping; ...«[83] Kanadas apodiktisch behauptete Friedensliebe, die Trudeau Ende der 60er Jahre als Argument für eine internationale Nichteinmischungspolitik herangezogen hatte, stand nun in unmittelbarer, eine kausale Nachbarschaft suggerierender Nähe zum Peacekeeping-Engagement Kanadas.

Die Gründe für die Blauhelm-Politik wurden in den neukonzeptionierten Schulbüchern der 70er Jahre weniger in den jeweiligen historischen Konstellationen gesucht, sondern in überzeitlichen Grundkonstanten kanadischer Geschichte und kanadischen Charakters. Kanada erschien als »unparteiische Nation«[84], seine »fairness«[85] und die – tatsächlich nicht

---

Henry Regehr u.a., Candians in the Twentieth Century, McGraw-Hill Ryerson: Toronto 1987, S. 200 f.

82 Saywell, Canada Past and Present, 1969, S. 51; Saywell, Canada Past and Present, 1983, S. 76.

83 Ministry of Education Ontario, History. Intermediate Division. Authorized by the Minister of Education Thomas L. Wells, 1973, S. 15.

84 Iain R. Munro u.a., Canadian Studies. Self and Society, Wiley: Toronto 1975, S. 274.

85 Evans/Diachun, Canada: Towards Tomorrow, 1976, S. 232.

existierende[86] – Neutralität wurden herausgestellt.[87] Diese Zuschreibungen korrespondierten mit dem Hinweis auf Kanada als friedensliebendem Staat: »... Canada's foreign policy has been preoccupied above all with the maintenance of world peace ...«[88]

In »Canada's Century« von 1978 wurden die wertorientierten Begründungen für die kanadische Peacekeeping-Rolle exemplarisch vorgebracht und die Identifikation des Lesers mit dem Peacekeeping durch das ihn einschließende Kollektivpronomen »we«[89] besonders verstärkt:

> Canada is an ideal country for this type of role [Peacekeeping]. We have a reputation for being quite impartial (fair-minded). [...] Our government is keenly interested in peace. [...] As a result, Canada has been very active in truce supervision and peace-keeping for the United Nations. We now are known throughout the world for this role. You could say it has become part of Canada's ›identity‹.[90]

In der Essenz lautete die Kernthese: Die auf kanadischen Werten basierende Beteiligung an den UN-Friedensmissionen wäre Teil des kanadischen Selbstverständnisses geworden.

Diese Argumentation war in den größeren Diskurs um die kanadische Identität eingebunden, der in den 70er Jahren auch in den Schulbüchern einen prominenten Platz einnahm. Im Zuge der politischen und ideellen Ablösung vom britischen Mutterland, die bis Ende der 60er Jahre weitgehend abgeschlossen war,[91] und der Durchsetzung des in den 70er Jahren staatlich geförderten Multikulturalismus-Paradigmas[92] erschien es notwendig, sich national bzw. gesellschaftlich verbindender Traditionen und Wertvorstellungen neu zu versichern. Das Peacekeeping, das mit als kanadisch identifizierten Werten übereinzustimmen schien, bot sich als Antwort auf die Frage an, die ein Lehrbuch von 1975 in kaum zu überbietender Klarheit stellte: »The

---

86   Kanada war als Mitglied der NATO und enger Verbündeter der USA politisch und militärisch vollständig in die westliche Welt integriert.

87   Vgl. Richard Howard u.a., Canada Since Confederation, Copp Clark: Toronto 1976, S. 250.

88   Moir/Saunders, Northern Destiny, 1970, S. 528.

89   Siehe auch McCullough, Creating, S. 58.

90   Evans/Martinello, Canada's Century, 1978, S. 417.

91   Vgl. Igartua, Other Quiet Revolution. Für Palmer, Canada's 1960s, S. 415 f. hatte Kanada bereits Mitte der Dekade« seine britische Identität verloren.

92   Wobei sich die Idee des Multikulturalismus selbst zu einem Bestandteil kanadischer Identität entwickelte. Vgl. Elke Winter, Bridging Unequal Relations, Ethnic Diversity, and the Dream of Unified Nationhood: Multiculturalism in Canada, in: Zeitschrift für Kanada-Studien 27 (2007), 1, S. 38-57, hier S. 51.

Canadian Identity: What is It?«[93] Die Suche nach der kanadischen Identität blieb indes nicht auf die 70er Jahre beschränkt. Bis in die jüngere Zeit nimmt sie in den Geschichtscurricula Ontarios einen wichtigen Platz ein.[94]

Der Diskurs um das kanadische Selbstverständnis verschränkte sich in den Schulbüchern seit Ende der 70er und in den 80er Jahren mit einer verstärkten Absetzbewegung von den Vereinigten Staaten und einem latenten Antiamerikanismus: »The United States is not an enemy country. Yet, it still threatens our independence in many ways«.[95] Ähnlich scharf, wenn auch in eine rhetorische Frage verpackt, formulierte 1986 Michael Bliss: »Had Canada won its independence from Great Britain only to become a colony or satellite of the United States, a kind of branch-plant of American culture?«[96] »Spotlight Canada« konstatierte 1988: »There is a touch of anti-Americanism in our Canadian identity.«[97] Die Neudefinition kanadischer postkolonialer Identität und die Abgrenzung von den USA gingen offensichtlich Hand in Hand.

Auch in den 80er Jahren setzte sich die Gleichsetzung von kanadischen Werten und kanadischem Peacekeeping fort.[98] Nicht unbeeinflusst von der politischen Großwetterlage mit dem sich erneut verschärfenden Kalten Krieg erlangte nun die Friedensthematik eine besonders große Bedeutung. Entsprechende Unterrichtsschwerpunkte wurden auch von Lehrern gefordert.[99] Kanada und die kanadische Gesellschaft erschienen, so der fast einhellige Tenor, generell als friedvoll und als Vorkämpfer für den weltweiten Frieden sowie für internationale Konfliktlösungsstrategien.[100] »Canada is a very peaceable nation. [...] Canadians are not warlike people«, behauptete 1986 »Canada. History in the Making«.[101] Pearson avancierte zu einem der »Heroes of peace«.[102] Peacekeeping galt in diesem Zusammenhang als Verkörperung der kanadischen Friedenssuche, beispielsweise in »Years of Change« von 1986, wo für die Zeit bis 1967 festgestellt wurde: »Normally Canada worked

93   Munro u.a., Canadian Studies, 1975, S. 64.
94   Vgl. Ontario Ministry of Education and Training, The Ontario Curriculum. Canadian and World Studies, Grades 9 and 10, 1999, S. 28; dass., The Ontario Curriculum. Canadian and World Studies, Grades 9 and 10, revised 2005, S. 46, 55; dass., The Ontario Curriculum. Canadian and World Studies, Grades 9 and 10, revised 2013, S. 103-140.
95   Evans/Martinello, Canada's Century, 1978, S. 283; vgl. auch Munro, Canadian Studies, 1975, S. 74 f.
96   Bliss, Years of Change, 1986.
97   Cruxton/Wilson, Spotlight Canada, 1988, S. 440.
98   Vgl. Kirbyson (Hg.), Discovering Canada, 1983, S. 233.
99   Vgl. McCullough, Creating, S. 68-70.
100   Vgl. das Kapitel »Canada and Peace« in: Scully, Canada Today, 1988, S. 377 ff.
101   Bartlett/Galivan, Canada. History in the Making, 1986, S. 457.
102   Scully, Canada Today, 1988, S. 381.

for peace throughout the world, especially at the United Nations, where it was particularly interested in supporting ›peacekeeping‹ ventures.«[103] In »Discovering Canada« von 1983 ist Kanada, wie ein Untertitel ausweist, »Peace-keeper to the World«[104]. In völliger Verkennung der tatsächlichen Rolle Ottawas in der Zeit vor dem Zweiten Weltkrieg wurde »a reputation in the world as a peacemaker« bis zum Völkerbund zurückverfolgt.[105]

Bis in die 90er Jahre hatte sich das Friedensparadigma unumstritten durchgesetzt. Wie McCullough schreibt, erschien das Peacekeeping als Vorbild sowohl für internationale Konfliktlösungen wie auch für das individuelle Zusammenleben innerhalb der kanadischen Gesellschaft.[106] Das Peacekeeping bildete einen integralen Bestandteil der Tradition der friedensliebenden Nation.[107] Von der »peaceable nation« war es denn auch nur ein kleiner Schritt zur »peacekeeping nation«[108]. Für Schulbücher, die Anfang des neuen Jahrhunderts erschienen, bildete das Peacekeeping daher ganz selbstverständlich eine Facette der kanadischen Identität.[109] Die faktische Krise des Peacekeepings Mitte der 90er Jahre und der Rückzug Kanadas aus den UN-Blauhelm-Einsätzen,[110] die in den Lehrbüchern nur begrenzt Aufnahme fanden, konnten die ideelle Identifikation mit dem Peacekeeping nicht maßgeblich beeinflussen.

Die in Ontario zugelassenen Schulbücher aus der zweiten Hälfte des 20. Jahrhunderts spiegeln, so weit soll an dieser Stelle schon vorgegriffen werden, die Entwicklung des Peacekeeping-Mythos wider, also eines von der Realität partiell abgelösten und an angenommenen überzeitlichen kanadischen Werten angebundenen nationalen Identifikationsangebots. Das narrative Element dieses politischen Mythos, das als nationale Meistererzählung begriffen werden kann, konstituierte sich in zwei Schritten. Zuerst etablierte

---

103   Bliss, Years of Change, 1986, S. 17.

104   Kirbyson (Hg.), Discovering Canada, 1983, S. 232.

105   Bartlett/Galivan, Canada. History in the Making, 1986, S. 457.

106   Vgl. McCullough, Creating, S. 67, 70 f.

107   Vgl. Ian M. Hundey/Michael L. Magarrey, Canada: Understanding Your Past, Irwin Publishing: Toronto 1990, S. 186; Eaton/Newman, Canada. A Nation Unfolding, 1994, S. 293, 299; Smith u.a., Canada Today, 1996, S. 387, S. 392 ff.

108   Hundey u.a., Canadian History, 2003, S. 438.

109   Vgl. Bolotta u.a., Canada. Face of a Nation, 2000, S. 369; Hundey u.a., Canadian History, 2003, S. 438.

110   Vgl. Oliver Claas, Kanada – der Peacekeeper par excellence im Wandel, in: Wilfried v. Bredow (Hg.), Die Außenpolitik Kanadas, Wiesbaden 2003, S. 262-277; Dorn, Canadian Peacekeeping, S. 12-16, 23. Einen Überblick über die UN-Blauhelm-Operation nach Ende des Kalten Krieges bietet MacQueen, Peacekeeping and the International System, Kap. 7-10. Siehe auch Kap. 13 in der vorliegenden Studie.

sich bereits in den 60er Jahren ein historisches Narrativ von der Gründung der UN-Blauhelme, das in den folgenden Jahrzehnten kanonisiert und durch weitere ebenfalls positiv konnotierte und unhinterfragbare historische »Wahrheiten« ergänzt wurde.

Hierauf aufbauend erschien das Peacekeeping seit den 70er Jahren nicht mehr primär als ein außenpolitisches Instrument, sondern als Ausdruck kanadischer Wertvorstellungen. Diese veränderte Wahrnehmung des kanadischen Engagements entsprach der zeitgleich von der Regierung Trudeau vermittelten außenpolitischen Sprachregelung. In den 80er Jahren wurde vor allem der friedliebende Charakter Kanadas betont. Die Entwicklung der 70er und 80er Jahre setzte sich bis Anfang des 21. Jahrhunderts fort, wobei die in den Unterrichtstexten kaum transparent gemachte Krise, in der sich das Peacekeeping in den 90er Jahren befand, die in den Lehrbüchern vermittelte Deckungsgleichheit von kanadischen Blauhelm-Einsätzen und nationaler Identität nicht wesentlich beeinflussen konnte.

Schulbücher erweisen sich aber nicht nur als Reflexion gesellschaftlicher Entwicklungen. Zugleich sind sie Gestalter des Geschichtsbewusstseins in der Gesellschaft.[111] Als solche trugen sie in der zweiten Hälfte des 20. Jahrhunderts mit zur Etablierung des kanadischen Peacekeeping-Narrativs[112] und schließlich des Peacekeeping-Mythos bei. Aufgrund der fehlenden empirischen Basis für den tatsächlichen Einsatz der Bücher, für die Frequenz der Unterrichtseinheiten zu den UN-Blauhelmen in den Schulstunden sowie für die Rezeption durch die Schüler muss die Reichweite der Verbreitung von Narrativ und Mythos jedoch unsicher bleiben. Dass sie nicht unbedeutend war, legt die fast flächendeckende Behandlung des Peacekeepings in den Geschichtsschulbüchern der Provinz Ontario von den 60er Jahren bis zum Beginn des 21. Jahrhunderts allerdings durchaus nahe.

Untergeordnete Bedeutung des Peacekeepings in Quebec

Anders als in Ontario diente in Quebec die Suez-Krise nicht als Initialzündung für eine Auseinandersetzung mit der spezifischen Rolle Kanadas bei

---

111 Zum Geschichtsbewusstsein siehe Karl-Ernst Jeismann, Geschichtsbewusstsein als zentrale Kategorie der Geschichtsdidaktik, in: Gerhard Schneider (Hg.), Geschichtsbewusstsein und historisch-politisches Lernen, Pfaffenweiler 1988, S. 1-24; Bernd Schönemann, Geschichtsdidaktik und Geschichtskultur, in: ders./Bernd Mütter/Uwe Uffelmann (Hg.), Geschichtskultur. Theorie – Empirie – Pragmatik, Weinheim 2000, S. 26-58, hier S. 44-46.

112 Vgl. McCullough, Creating, S. 78.

der Etablierung der UN-Blauhelme. Bis weit in die 60er Jahre hinein war für die frankophonen Geschichtsschulbücher Peacekeeping kaum ein Thema.[113] Diese Beobachtung gilt auch für Lehrwerke, welche die Geschichte der Vereinten Nationen und die internationalen Beziehungen Kanadas beschrieben.[114]

Eine Ausnahme bildete »Histoire du Canada par les textes« von 1963. Im zweiten Band fand sich eine ausführliche Dokumentation zur Suez-Krise. Selbst St. Laurents zumindest im englischsprachigen Kanada als fatal eingestufte, despektierliche Bemerkung zu den »supermen of Europe« fehlte an dieser Stelle nicht. In seiner Einleitung zu den Quellen wies der Autor, Michel Brunet, auf die auch nach Ende des Zweiten Weltkriegs noch vorhandenen unterschiedlichen außenpolitischen Anschauungen hin: Während die frankophone Bevölkerung zum Isolationismus tendiere, jedenfalls keine enge Anbindung an Großbritannien wünsche, bevorzuge die anglophone Bevölkerung noch immer die Nähe zum englischen Mutterland. Die Entscheidung der Regierung St. Laurent, während der Suez-Krise von 1956 nicht Großbritannien zu unterstützen und zugleich Truppen für die internationale Militäraktion bereitzustellen, sei von Frankokanadiern nicht nur zustimmend, sondern geradezu enthusiastisch aufgenommen worden: »Sie sahen dies fast als eine Unabhängigkeitserklärung gegenüber Großbritannien an!«[115] Während anglophone Schulbücher die innenpolitische Komponente der Krise nicht oder überwiegend zurückhaltend darstellten, stand sie in diesem Dokumentenband im Mittelpunkt.

Erst im Zuge der »Stillen Revolution« kam es 1964 zur Einrichtung eines provinzialen Bildungsministeriums, welches zukünftig über die Zulassung der Schulbücher zu entscheiden hatte. Damit löste eine säkulare Aufsichtsbehörde die bis dahin bestehende unumschränkte konfessionelle Kontrolle über das Schulwesen ab. Als ein Ergebnis dieser als Modernisierungsschub aufgefassten Entwicklung entstanden zahlreiche neue Lehrbücher. Eine Reihe von Geschichtsschulbüchern öffnete sich außenpolitischen Fragen und wies

---

113 Vgl. Albert Tessier, Québec – Canada. Histoire du Canada, tome II (1763-1958), Editions du pélican: Québec 1958; Paul-Emile Farley/Gustave Lamarche, Histoire du Canada, Editions du renouveau pédagogique inc.: Montréal, 4. Aufl. 1966.

114 Vgl. Alphonse Grypinich, L'histoire de notre pays. Histoire du Canada. 8e et 9e années, Librairie Saint-Viateur: Montréal 1958, S. 361-363; indentisch: ders., L'histoire de notre pays. Histoire du Canada. 8e et 9e années, Éditions du renouveau pédagogique: Montréal 1967, S. 361-363; Hermann Plante/Louis Martel, Mon pays. Synthèse d'histoire du Canada, Editions du pélican: Québec, 2. Aufl. 1960 (Erstauflage 1956), S. 390 f.; identisch: dies., Mon pays. Synthèse d'histoire du Canada, Editions du pélican: Québec, 3. Aufl. 1963, S. 390 f.

115 »Ils y voyaient presque une déclaration d'indépendance à l'égard de la Grande-Bretagne!« Michel Brunet, Histoire du Canada par les textes, tome 2 (1855-1960), Fides: Montréal/ Paris 1963, S. 216 f. (Zitat auf S. 217).

in diesem Zusammenhang zumindest kurz auf die Suez-Krise und deren Bedeutung hin. Allerdings wurden die Blauhelm-Operationen nicht flächendeckend thematisiert, da sich viele der neuen Lehrwerke auf innenpolitische Themen konzentrierten.[116]

Eines der einflussreichsten Geschichtsschulbücher der 6oer und 7oer Jahre bezog jedoch, wenn auch in knapper Form, die Gründungphase des Peacekeepings in seine Darstellung der kanadischen Geschichte mit ein. »Histoire 1534-1968« erschien 1968[117] als grundlegende Überarbeitung eines bereits 1933 veröffentlichten Schulbuchs.[118] Seit 1969 wurde es unter dem Titel »Canada-Québec – Synthèse historique« verlegt. Es erlebte in den 7oer Jahren zahlreiche Auflagen.[119] Die beiden Autoren Denis Vaugeois und Jacques Lacoursière gehörten 1963 zu den Gründern des bis heute existierenden Verlags »Boréal Express«, der auch das neue Schulbuch herausgab. Vaugeois saß von 1976 bis 1985 für die Partie québécois im Provinzparlament, der Assemblée nationale du Québec. Von 1978 bis 1981 amtierte er als Kultusminister von Quebec. Auch nach seinem Abschied aus der aktiven Parteipolitik gehörte Vaugeois zu den einflussreichsten Kulturpolitikern und Verlegern Kanadas.[120] »Canada-Québec – Synthèse historique« zeigt beispielhaft, wie weitgehend Schulbuchautoren in

---

116 Vgl. André Lefebvre, Initiation à l'histoire à partir du monde actuel. L'histoire au cours secondaire à partir du monde actuel, Guérin: Montréal 1971; ders., Histoire de la civilisation à partir du monde actuel. L'histoire au cours secondaire à partir du monde actuel, Guérin: Montréal 1972; ders., Histoire du Canada à partir du Québec actuel. L'histoire au cours secondaire à partir du monde actuel, Guérin: Montréal 1973. Im letztgenannten Buch wird die Außenpolitik integriert, ohne allerdings auf die kanadischen Blauhelm-Einsätze einzugehen. Vgl. weiterhin Fernande Guay, Le Canada et son histoire. Cahier de recherches et de travaux pratiques, Brault et Bouthillier: Montréal 1976; Une équipe de professeurs, Les Canadiens et leur histoire. Bd. 2: Crise et changement, Guérin: Montréal 1979. Obwohl im Dokumentenband von Lefebvre die Suez- und die Kongo-Krise erwähnt werden, fehlt jeder Hinweis auf die UN-Blauhelme oder eine kanadische Beteiligung. Vgl. André Lefebvre, Histoire du monde actuel. L'Histoire au cours secondaire à partir du monde actuel, Guérin: Montréal 1974, S. 144 f.

117 Denis Vaugeois/Jacques Lacoursière, Histoire 1534-1968, Editions du renouveau pédagogique: Montréal 1968.

118 Das von zwei Priestern veröffentlichte Schulbuch endete auch in der 4. Auflage mit der Nachkriegszeit des Ersten Weltkriegs. Vgl. Farley/Lamarche, Histoire du Canada, 1966.

119 Denis Vaugeois/Jacques Lacoursière, Canada-Québec - Synthèse historique, Editions du renouveau pédagogique: Montréal 1969. Angaben zu den weiteren Auflagen von 1970, 1971, 1973, 1976, 1977, 1978, 1984, 2000 und 2001 finden sich im Katalog der Library and Archives Canada online unter http://www.collectionscanada.gc.ca/ (aufgerufen 31.8.2009).

120 Vgl. die Angaben auf der Verlagshomepage, online unter http://www.editionsboreal. qc.ca/fr-boreal.php (aufgerufen 31.8.2009) u. die Biografie auf der Seite der Nationalversammlung von Quebec unter http://www.assnat.qc.ca/fr/deputes/vaugeois-denis-5689/ biographie.html (zuletzt geändert August 2014, aufgerufen 1.9.2014).

den sich seit den 60er Jahren vollziehenden Umgestaltungsprozess in Quebec eingebunden waren.

Die Auflagen des Lehrbuchs, die in den 60er und 70er Jahren erschienen, wiesen knapp und gleichlautend darauf hin, dass Pearson zur Lösung der Suez-Krise den Aufbau einer Friedenstruppe (»Force de Paix«) vorgeschlagen habe. Auf diese Weise seien die Spannungen zwischen Arabern und Israelis abgebaut worden. Pearson habe hierfür den Friedensnobelpreis erhalten. Die Kriegsbeteiligung von Großbritannien und Frankreich wurde ebenso ausgespart wie die Bereitstellung von kanadischen Truppen bei dieser und weiteren Blauhelm-Missionen.[121]

Auch andere Lehr- und Arbeitsbücher behandelten Fragen des Peacekeepings meistens höchst selektiv. In »Histoire des Canadas« von 1971 wurde die Suez-Krise nur kursorisch erwähnt, aber darauf hingewiesen, dass Kanada seit dieser Zeit einen Teil seiner Streitkräfte für die Vereinten Nationen bereithielte.[122] Das Schüler-Arbeitsbuch »Histoire 512. Le monde contemporain« von 1977 stellte Fragen und gab Informationen zu mehreren UN-Blauhelm-Operationen. Hinweise auf Pearson oder auf die Beteiligung von kanadischen Soldaten fehlten völlig: der Einsatz der UN-Streitkräfte am Suez-Kanal sei 1956 auf Druck der Vereinigten Staaten und der Sowjetunion zustande gekommen. Ein anglophoner Autor hätte sich dagegen kaum die Möglichkeit entgehen lassen, auf die kanadische Rolle zu verweisen. Den frankophonen Autoren erschienen sowohl Pearson als auch die kanadische Außenpolitik als unwichtig oder unwillkommen.[123]

»Notre Histoire. Québec – Canada« von 1972 berichtete indes ausführlich über die Suez-Krise und Pearsons Beitrag sowie über das kanadische Truppenkontingent und die kontroverse Parlamentsdebatte vom November 1956. In einem Nebensatz wurde darauf hingewiesen, dass das kriegerische Gehabe Englands die Entrüstung vieler Kanadier hervorgerufen habe. Neben der politischen sollte auch die emotionale Distanzierung der kanadischen

---

121 Vgl. Vaugeois/Lacoursière, Histoire 1534-1968, 1968, S. 535 f. In den folgenden Auflagen wurden nur innenpolitische Aspekte aktualisiert; die Passagen über die Suez-Krise und die Gründung der Blauhelme blieben unverändert. Vgl. Vaugeois/Lacoursière, Canada-Québec - Synthèse historique, 1970, S. 535 f., 1973, S. 535 f. u. 1977, S. 535 f.

122 Vgl. Rosario Bilodeau u.a., Histoire des Canadas, Hutubise HMH: Montréal 1971, S. 583; siehe auch Rosario Bilodeau/Gisèle Morin, La défense, Éditions Hurtubise HMH: Montréal 1976, S. 48.

123 Vgl. André Francoeur/Rodolphe Chartrand/Robert Savoie, Histoire 512. Le monde contemporain, Guérin: Montréal 1977, S. 92, 107-115. Ähnlich auch das in Frankreich verlegte und in Quebec zugelassene Geschichtsschulbuch von Jacques Drimaracci u.a., Le monde depuis 1945. Histoire – géographie. Préparation au B.E.P. 2e année, Librairie Belin: Paris 1970, S. 42.

Bevölkerung von Großbritannien herausgestellt werden. Durch die verkürzt wiedergegebene Debatte musste es den Schülern erscheinen, als ob der Abnabelungsprozess von Großbritannien auf große Zustimmung gestoßen wäre.[124] Die Suez-Krise avancierte so zum gesamtkanadischen Symbol für die Unabhängigkeit vom britischen Mutterland.

Aufgrund der geringen Größe des Schulbuchmarktes in Quebec konnte die Literaturnachfrage jedoch nicht allein in der Provinz befriedigt werden. Ein Teil der Lehrbücher musste importiert werden. Lehrmaterialen für die anglophone Minderheit Quebecs entstammten zumeist den englischsprechenden Provinzen Kanadas. Von dort kamen auch französische Übersetzungen englischer Vorlagen. Die in Englisch-Kanada vorherrschende Sicht der Ereignisse fand auf diese Weise Eingang auch in die französischsprachigen Schulen in Quebec. »Canada – Unité et diversité« von 1971 entsprach bezüglich der Suez-Krise und des Einsatzes kanadischer Blauhelme der englischen Originalausgabe und somit dem anglophonen Peacekeeping-Narrativ.[125] Hierzu gehörte besonders die Laudatio auf Pearson: »Ce fut L. B. Pearson [...] qui, par un travail incessant dans les coulisses des Nations unies, dénoua la crise.«[126] Anders als die Mehrzahl anglophoner Lehrmaterialien wies das Schulbuch allerdings auf die gespaltene öffentliche Meinung in Kanada während der Suez-Krise hin[127] und bediente damit den frankophonen Diskurs über die innenpolitischen Zusammenhänge der Gründungsphase des Peacekeepings.

Während die in Englisch-Kanada konzeptionierten Schulbücher das anglophone Narrativ in die Provinz Quebec trugen, negierte eine Kategorie von Lehrwerken die kanadische Geschichte des Peacekeepings vollständig. Ein Teil der in Quebec in den 60er und 70er Jahren benutzten Schulbücher stammte aus Frankreich. Hauptsächlich für den dortigen Markt erstellt, präsentierten

---

124 Vgl. Jacques Lacoursière/Claude Bouchard, Notre Histoire. Québec – Canada, Bd. 12: Sur la scène du monde, 1951-1960, Édition Format: Montréal 1972, S. 1113 f. Siehe auch McCullough, Creating, S. 65.

125 Vgl. Paul-G. Cornell/Jean Hamelin/Fernand Ouellet/Marcel Trudel, Canada. Unité et diversité. Édition revue et augmentée, Holt, Rinehart et Winston: Montréal 1971, S. 524-526; dies., Canada. Unity in Diversity, Holt, Rinehart and Winston: Toronto/Montreal 1967, S. 479-481. Auf die heikle Aufgabe einer Übersetzung verweist der Titel, der in der englischen Originalfassung die Verschiedenheit der Einheit unterordnet, anders als in der französischen Fassung, welche die Verschiedenheit der Einheit nebenordnet.

126 Cornell/Hamelin/Ouellet/Trudel, Canada. Unité et diversité, 1971, S. 525. Im englischen Original: »It was L. B. Pearson [...] working tirelessly behind the scenes at the United Nations, who secured a thawing of the many tensions.« Cornell/Hamelin/Ouellet/Trudel, Canada. Unity in Diversity, 1969, S. 481.

127 Vgl. Cornell/Hamelin/Ouellet/Trudel, Canada. Unity in Diversity, 1969, S. 481; dies., Canada. Unité et diversité, 1971, S. 525.

sie zwar teilweise die Entwicklung der UN-Blauhelme, gingen aber überhaupt nicht auf die kanadische Problematik ein. Pearson und der kanadische
Truppenbeitrag, geschweige denn die innenpolitischen Friktionen, fehlten
völlig.[128]

Von der Nichtbeachtung zur Annäherung an das anglophone Narrativ

Selbst die zurückhaltenden Hinweise der 60er und 70er Jahre fehlten in fast
allen Schulbüchern, die von Mitte der 80er Jahre bis Mitte der 90er Jahre neu
herausgegeben wurden.[129] Hierzu trug eine 1982 durchgeführte Reform des
Kurssystems bei. Die neue Struktur verpflichtete die Schüler, in der achten
und zehnten Klasse (2e und 4e Secondaire) zwei als »Histoire général« und
»Histoire du Québec et du Canada« bezeichnete Geschichtskurse zu belegen.
Im erstgenannten Kurs wurde nur allgemein und im großen Überblick in
die Weltgeschichte eingeführt.[130] Der zweite Kurs stellte die Geschichte der
Provinz Quebec in den Mittelpunkt: »Le programme d'histoire du Québec et
du Canada centre son étude sur la compréhension de l'évolution de la société
québécoise dans le contexte canadien, nord-américain et occidental.«[131] Im
geringeren Maße wurde kanadische Innenpolitik vermittelt. Außenpolitische
Fragestellungen fehlten weitgehend. Das Peacekeeping verschwand in der
Folge aus den meisten Lehrwerken.[132] Internationale Geschichte wurde in

---

128   Vgl. L. Genet u.a., Le Monde Contemporain, Hatier: Paris 1962; Jacques Bouillon/Pierre
      Sorlin/Jean Rudel, Le Monde contemporain, Bordas: Paris 1968; G. Danguillaume/
      M. Rouable, Connaissance du monde contemporain. 1ère année. Classes préparatoires au
      B.E.P., Dunod: Paris 1969; Drimaracci u.a., Le monde depuis 1945, 1970; Marcel Giraud,
      Histoire du Canada, Presses Universitaires de France: Paris, 5. Aufl. 1971; Denis François
      u.a., L'èpoque contemporaine, Bordas: Paris-Montréal 1971.

129   Vgl. auch McCullough, Creating, S. 74 f.

130   Vgl. Gouvernement du Québec, Ministère de l'Éducation, Programme d'études. Histoire
      générale. 2e Secondaire. Formation générale, o.O. 1982. Siehe hierzu folgende Lehrbücher:
      Michel Gohier/Luc Guay, Histoire et civilisations de la préhistoire à nos jours, Lidec:
      Montréal 1985. Bernhard Defaudon/Normand Robidoux, Histoire générale, Guérin:
      Toronto/Montréal 1985; Lorraine Létourneau, L'Histoire et toi, Beauchemin: Montréal
      1985.

131   Gouvernement du Québec, Ministère de l'Éducation, Programme d'études. Historie du
      Québec et du Canada. 4e Secondaire. Formation générale et professionnelle, o.O. 1982, S. 12.

132   Vgl. Gérard Cachat, A la recherche de mes racines, Lidec: Montréal 1984; André Francoeur/
      Claude Jeannotte/Robert Savoie, Mon nouveau programme d'études en histoire du
      Québec et du Canada, 4e Secondaire, Guérin: Montréal/Toronto, 2. Aufl. 1985; Yolande
      Capistran u.a., Le Canada, 1867-aujourd'hui, Guérin: Montréal/Toronto 1989; Raymond

ein Wahlfach für die elfte Klasse (5ᵉ Secondaire), »Le 20ᵉ siècle, Histoire et civilisations«, ausgelagert.[133]

Der neue Zuschnitt der Geschichtsvermittlung entstand unter den Auspizien der Parti québécois, die seit 1976 in Quebec City regierte. Ihr primäres politisches Ziel war es, Quebec in die Unabhängigkeit zu führen. Die Reorganisation des Kurssystems kann als mittelfristige Folge des Regierungswechsels und der neuen Politik gedeutet werden. Offensichtlich sollte ein hauptsächlich auf Quebec zielendes Geschichtsbewusstsein geschaffen werden.

Erst ab Mitte der 90er Jahre kehrte die Peacekeeping-Thematik wieder in größerem Umfang in die Lehrbücher zurück. Vermutlich stand die neue Prominenz des Peacekeepings im Zusammenhang mit der medialen Omnipräsenz der UN-Blauhelme seit dem Ausgang des Kalten Krieges und besonders mit Beginn der Friedensmission in Jugoslawien 1992.[134] Publikationen, die direkt auf den Kurs »Histoire du Québec et du Canada« zugeschnitten waren, sparten diesen Themenkreis allerdings auch weiterhin aus.[135] Die Geschichte der UN-Blauhelme blieb im Wesentlichen auf den Optionalbereich oder das Collège beschränkt. Hierbei unterschiedenen sich zwei Perspektiven. Die eine konzentrierte sich auf die internationale Geschichte des Peacekeepings und ignorierte die kanadische Beteiligung; die andere bezog die kanadischen Erfahrungen mit ein.

Bédard/Cardin, Jean-Francois/Fortin, René: Une histoire à suivre ... Cahier d'activités, 4ᵉ Secondaire, Éditions HRW: Laval 1993. Eine Ausnahme bildet Claude Bouchard/Lagassé, Robert: Nouvelle-France, Canada, Québec. Histoire du Québec et du Canada, Beauchemin: Montréal 1986, S. 275. Eine Ausnahme aus der Zeit Anfang der 80er Jahre ist die Neuauflage des Lehrerbuchs von Robert Lagassé, Histoire contemporaine. Histoire 512: Le monde contemporain. Cahier du maître, Brault & Bouthillier: Montréal 1981.

133 Vgl. Gouvernement du Québec, Ministère de l'Éducation, Secondaire. Le 20ᵉ siècle, Histoire et civilisations. Option. 5ᵉ année, o.O. 1988.

134 Gerade über den Jugoslawien-Krieg wurde häufig ausführlich berichtet. Vgl. Jean-Pierre Charland, Le Canada, un pays en évolution. Manuel d'apprentissage, Lidec: Montréal 1994, S. 529; Georges Langlois u.a., Histoire du XXᵉ siècle, Beauchemin: Laval 1994, S. 405 f.; ders. u.a.: Histoire du XXᵉ siècle, Beauchemin: Laval, 2. Aufl. 1999, S. 562; Hélène Séguin/Thibault, Benoît: Le monde contemporain. Cahier d'activités. 5e secondaire, Lidec: Montréal 1999, S. 166-168; Georges Langlois/Gilles Villemure, Histoire de la civilisation occidentale, Beauchemin: Laval, 3. Aufl. 2000, S. 327; Dominic Roy, Histoire du XXᵉ siècle. Perspectives internationales, Modulo: Mont-Royal (Québec) 2003.

135 Vgl. Jean-Pierre Charland/Jacques Saint-Pierre, À l'aube du XXIᵉ siècle. Histoire du Québec et du Canada. Manuel de l'élève, 4ᵉ Secondaire, Lidec: Montréal 1997; Yves Bourdon/Jean Lamarre, Histoire du Québec et du Canada. Une société nord-américaine, Beauchemin: Laval 1998; Emily Jane Faries/Sarah Pashagumskum, Une histoire du Québec et du Canada, Commission scolaire Crie: Chisasibi 2002.

Zur ersten, kleineren Gruppe gehörten einige Collège-Bücher. »Histoire de la civilisation occidentale« von 1995 stellte, wie in den 60er Jahren, die Suez-Krise ohne kanadische Beteiligung dar.[136] »Histoire du XXe siécle. Affrontements et changements« von 2002 diskutierte ausgewogen Erfolge und Misserfolge des Peacekeepings, ließ allerdings sowohl hierbei als auch beim Hinweis auf die Gründung der Blauhelme 1956 eine Bemerkung zum kanadischen Beitrag vermissen.[137] »Civilisation occidentale. Histoire et héritages« von 1995 ignorierte im Text ebenfalls die kanadischen Blauhelme, bot aber unkommentiert ein Foto eines UN-Jeeps mit kanadischer Flagge.[138] Der visuell transportierte Subtext einer kanadischen Beteiligung am Peacekeeping fand keine Entsprechung oder weitere Erklärung im Textkorpus.

Eine größere Zahl neuerer Schulbücher deutete die kanadische Beteiligung zumindest an oder gab sogar längere Zusammenfassungen. Pearsons Eingreifen wurde fast durchgehend hervorgehoben.[139] Schon das 1988 erschienene pädagogische Begleitheft zum Curriculum des Optionalkurses »Le 20e siècle, Histoire et civilisations« hatte auf ihn verwiesen.[140] »Canada 2000. Histoire« von 1994 lobte explizit seine »hervorragende Arbeit«.[141] Teilweise fand auch der Pearson verliehene Friedensnobelpreis Erwähnung.[142] Ein Collège-Lehrbuch von 2003 bot sogar eine Kurzbiografie des ehemaligen Premierministers an.[143] General Burns blieb dagegen unbeachtet. Die Lösung der Suez-Krise erschien sowohl als Erfolg Pearsons als auch der kanadischen

136   Yves Tessier, Histoire de la civilisation occidentale, Guérin: o.O. 1995, S. 398.

137   Vgl. Marc Simard, Histoire du XXe siècle. Affrontements et changements, Chenelière/McGraw-Hill: Montréal/Toronto, 2. Aufl. 2002 (Erstausgabe 1997), S. 283, 349 f. Siehe auch das aus Frankreich stammende Lehrbuch Jean-Michel Gaillard (Hg.), Histoire. T[es] L-ES, Bréal: Rosny-sous-Bois 2004, S. 170.

138   Pierre Angrignon/Jacques G. Ruelland, Civilisation Occidentale. Histoire et Héritages, Les Éditions de la Chenelière: Montréal 1995, S. 435.

139   Vgl. Langlois u.a., Histoire du XXe siècle, 1994, S. 297 f. u. 2. Aufl. 1999, S. 225 f.; Roy, Histoire du XXe siècle, 2003, S. 316. In Langlois u.a., Histoire du XXe siècle, 1994, S. 298 u. 2. Aufl. 1999, S. 226 wurde die Gründung der UN-Blauhelme fälschlicherweise auf einen Entscheid des Sicherheitsrates und nicht auf einen Beschluss der UN-Generalversammlung zurückgeführt. Vgl. (einschließlich des Fehlers) auch die dritte Auflage v. ders., Histoire du temps présent. De 1900 à nos jours, Beauchemin: Laval, 3. Aufl. 2004, S. 266. Roy, Histoire du XXe siècle, 2003, S. 316 nahm an, dass Pearson während der Suez-Krise Präsident der UN-Generalversammlung gewesen wäre. Diese Position hatte er allerdings bereits 1952 innegehabt.

140   Vgl. Gouvernement du Québec. Ministère de l'Éducation, Guide pédagogique. Secondaire. Le 20e Siècle, Histoire et Civilisations. Option 5e Année, 1988, S. 267.

141   Cosimo Cinanni/Pierre Jacques: Canada 2000. Histoire. Manuel d'apprentissage, Lidec: Montréal 1994, S. 364.

142   Vgl. ebd., S. 364.

143   Vgl. Roy, Histoire du XXe siècle, 2003, S. 316.

Außenpolitik. In diesem Kontext wurde erstmals eine Identifikation mit dem kanadischen Vorgehen in der Krise angeregt: »Notre pays connut son heure de gloire lors de la crise du canal de Suez.«[144] Seit Mitte der 90er Jahre schritt die Heroisierung Pearsons und der kanadischen Rolle in der Suez-Krise langsam auch in Quebec voran.[145] Eine vorsichtige Annäherung an ein gesamtkanadisches Peacekeeping-Narrativ, das zu einer die Sprachbarrieren überschreitenden Identifikation einlud, war auf den Weg gebracht.

Diese Entwicklung wurde zusätzlich dadurch unterstützt, dass einige Schulbücher den Einsatz kanadischer UN-Blauhelme nun umfangreicher darstellten und auch lobten.[146] Wie in anglophonen Schulbüchern wurde ebenfalls in einem frankokanadischen Lehrwerk darauf hingewiesen, dass sich Kanada während des Kalten Krieges an allen Blauhelm-Missionen beteiligt habe.[147] Und selbst Darstellungen, die eine Diskussion des kanadischen militärischen Beitrags vermieden, nahmen implizit auf ihn Bezug. In zwei 1999 und 2004 erschienenen Auflagen eines von Georges Langlois herausgegebenen Lehrbuches fanden sich Fotos von kanadischen Blauhelmsoldaten beim Einsatz im ehemaligen Jugoslawien. Obwohl die Abgebildeten in der Bildzeile als kanadische Soldaten identifiziert wurden, fehlten im Textkorpus weitere Hinweise auf die kanadische Beteiligung.[148] Die Fotos boten somit eine eigene, erweiterte Geschichtserzählung von einer kanadischen Truppenpräsenz an.[149]

Über eine rein neutrale Darstellung hinausgehend, erfuhr das kanadische Militär auch explizit Lob. Unkommentiert wurde aus dem Verteidigungsweißbuch von 1987 zitiert: »Les militaires canadiens ont servi avec distinction dans le cadre des opérations de maintien de la paix organisées par les Nations

---

144 Cinanni/Jacques, Canada 2000, 1994, S. 364.

145 Hierzu trugen auch die Schulbücher bei, die aus dem Englischen übersetzt worden waren. Vgl. M. Dale Davis, Profil du XXe siècle, Guérin: Montréal/Toronto 1994, S. 178-182; John Fielding u.a., Le Canada au XXe siècle. Une histoire à découvrir, Beauchemin: Laval 2001, S. 276-278, 426-434.

146 Vgl. Charland, Le Canada, 1994, S. 508-510, 529. Auch Cinanni/Jacques, Canada 2000, 1994, S. 364 f. Siehe auch als zusätzlich bereitgestelltes Material La présence Canadienne dans le monde/Guerre, Paix et sécurité, élaboré par le Groupe d'évaluation des programmes sociaux Queen's University pour Reflets du Patrimoine. La Fondation CRB/The CRB Foundation Heritage Project, Montréal 1997.

147 Vgl. Charland, Le Canada, 1994, S. 509.

148 Vgl. Langlois u.a., Histoire du XXe siècle, 1999, S. 410; Langlois, Histoire du temps présent, 2004, S. 319.

149 Vgl. auch Angrignon/Ruelland, Civilisation Occidentale, S. 435. In diesem Werk gab sogar die Bildzeile nicht darüber Auskunft, dass es sich bei dem Foto um einen kanadischen UN-Militärjeep handelte. Allerdings war die kanadische Flagge auf dem Kotflügel klar zu erkennen.

unies depuis la fin de la Deuxième Guerre mondiale.«[150] Und im Kontext des
Einsatzes in Jugoslawien hieß es: »La bravoure des soldats canadiennes a été
remarquée.«[151] General Lewis MacKenzie wurde besonders hervorgehoben.[152]
Die positive Beurteilung der militärischen Leistungen stellte insofern eine
Novität dar, als die anglophone Tradition eines positiven Verhältnisses zu
den kanadischen Streitkräften in frankophonen Geschichtsschulbüchern ansonsten kaum zu finden ist.

Moral, Werte und Friedensliebe bildeten auch in frankophonen Schulbüchern und Curricula eine Erklärung für das Blauhelm-Engagement und die
Ausrichtung der kanadischen Außenpolitik. Hier setzte sich eine Entwicklung
fort, die bereits in den 70er Jahren in englischsprachigen Lehrwerken begonnen
hatte: Das Peacekeeping wurde als beispielhaft für kanadische Versuche aufgefasst, den Frieden zu fördern.[153] Die Vereinten Nationen und Kanada seien
»Gardien du paix«.[154] Kanada erschien als »›force morale‹ dans le monde«
und als »›conscience‹ de l'humanité«[155] sowie als »conciliateur«[156]. Wie in
anglophonen Schulbüchern wurden hier Stereotype eines angenommenen
kanadischen Nationalcharakters transportiert. Niemals habe Kanada Kolonien
besessen.[157] Wenn auch vorderhand als neutrale Aussage daherkommend,
hieß es doch zwischen den Zeilen: Kanada besitze eine moralisch und
politisch einwandfreie Vergangenheit und sei als Vermittler akzeptabel. Mit
einer Spitze gegen die Vereinigten Staaten bot »Canada 2000« 1994 folgende
Selbstbeschreibung Kanadas an: »Une puissance moyenne, c'est-à-dire ni un
super grand menacant et jouant les Rambo, ni un pay complètement satellite,
dépendant du voisin américain.«[158] Kanadische Identität wurde, auch in der
Abgrenzung, ähnlich wie in anglophonen Lehrwerken definiert.

---

150   Cinanni/Jacques, Canada 2000, 1994, S. 352.
151   Charland, Le Canada, 1994, S. 529.
152   Vgl. ebd.
153   Vgl. Gouvernement du Québec. Ministère de l'Éducation, Guide pédagogique. Secondaire.
      Le 20ᵉ Siècle, Histoire et Civilisations. Option 5e Année, 1988, S. 267.
154   Cinanni/Jacques, Canada 2000, 1994, S. 363.
155   Ebd., S. 318.
156   Charland, Le Canada, 1994, S. 510.
157   Vgl. Cinanni/Jacques, Canada 2000, 1994, S. 318.
158   Ebd., S. 319. Zur Einschätzung Kanadas als Mittelmacht (»Middle Power«) vgl. auch die
      anglophonen Schulbücher Mitchner u.a., Forging a Destiny, 1976, S. 31; Hundey, Canada:
      Builders of the Nation, 1991, S. 297; Eaton/Newman, Canada. A Nation Unfolding, 1994,
      S. 292; siehe auch Ontario Ministry of Education and Training, The Ontario Curriculum.
      Canadian and World Studies, Grades 11 and 12, revised 2005, S. 173.

Die Bewertung zwar nicht des kanadischen Blauhelm-Einsatzes, der überwiegend positiv konnotiert blieb,[159] aber des UN-Peacekeepings insgesamt
verschlechterte sich seit Mitte der 90er Jahre. Hatten zunächst zustimmende
Äußerungen überwogen,[160] so mischten sich zunehmend kritischere Töne in
die Darstellungen. Die zahlreichen Misserfolge von UN-Missionen in Jugoslawien, Somalia und Ruanda trugen zu dieser Entwicklung bei.[161] Beispielhaft lässt sich dies an den fortgesetzten Überarbeitungen eines zuerst 1994
aufgelegten Schulbuchs erkennen. Sie reflektierten zeitversetzt die veränderte
Wahrnehmung des Peacekeepings durch die frankokanadische Gesellschaft:
von einem dezidierten oder auch vorsichtigen Optimismus über eine Periode
des Zweifelns zu einer negativen Einschätzung der Rolle der UN und der
Blauhelme.[162]

Während sich der Peacekeeping-Diskurs in den Schulbüchern der Provinz
Ontario kontinuierlich weiterentwickelte, stellte sich die Genese in den Lehrwerken aus Quebec differenzierter dar. Hinweise auf den kanadischen Beitrag
zu den UN-Friedensmissionen sowie zum Peacekeeping insgesamt unterlagen mehreren Konjunkturen. Die frankophonen Schulbücher der 60er und
70er Jahre übten hinsichtlich der Person Pearsons und der kanadischen Rolle
während der Suez-Krise große Zurückhaltung – schlossen also ein wesentliches Element des anglophonen Narrativs aus. Ab Mitte der 80er bis Mitte der
90er Jahre verschwanden die äußeren Beziehungen und damit die kanadischen
UN-Einsätze praktisch aus den Schulbüchern. Nach dem Scheitern des zweiten
Unabhängigkeitsreferendums 1995 veränderte sich das politische Klima in
Quebec, da eine Trennung vom übrigen Kanada nun in weite Ferne rückte.
Seit dieser Zeit, teilweise aber auch schon vorher, spielte das Peacekeeping in
den Schulbüchern wieder eine wichtigere Rolle. Auch wurde das kanadische
Engagement nun deutlicher hervorgehoben. Im beschränkten Maß griffen
Schulbücher Elemente des anglophonen Narrativs auf. Am deutlichsten wurde
dies in Bezug auf die Behandlung Pearsons und der Suez-Krise. Langsam
etablierte sich auch in frankophonen Schulbüchern ein Peacekeeping-Kanon,
der sich an den anglophonen Vorläufern orientierte.

---

159   Vgl. Charland, Le Canada, 1994, S. 508-510, 529; Cinanni/Jacques, Canada 2000, 1994,
      S. 364 f. Eine Ausnahme bildete der von kanadischen UN-Soldaten verübte Mord in
      Somalia. Vgl. Fielding u.a., Le Canada au XXᵉ siècle, 2001, S. 432 f.
160   Vgl. Cinanni/Jacques, Canada 2000, 1994, S. 366.
161   Vgl. Marc Simard/Christian Laville, Histoire de la civilisation occidentale, Éditions du
      renouveau pédagogique: Saint-Laurent (Québec) 2000, S. 442 f.
162   Vgl. Langlois u.a., Histoire du XXᵉ siècle, 1994, S. 562 u. 2. Aufl. 1999, S. 562; Langlois,
      Histoire du temps présent, 3. Aufl. 2004, S. 316. Siehe auch das aus dem Englischen über-
      setzte Schulbuch v. Fielding u.a., Le Canada au XXᵉ siècle, 2001, S. 428-434.

Eine Identifikation mit dem kanadischen Peacekeeping wurde zunächst nicht angeboten. Erst jüngere Schulbücher betonten kanadische Werte in der Außenpolitik und argumentierten emotional in Bezug auf Pearsons und Kanadas Rolle in der Suez-Krise. Die als Reaktion auf die missglückten Blauhelm-Missionen seit Ende der 90er Jahre vorgebrachten Klagen richteten sich weniger an die kanadische Adresse als an die Vereinten Nationen. Hinsichtlich des eigenen Peacekeeping-Engagements hatte sich auch in Französisch-Kanada ein positives Bild etabliert. Wenn auch die Tiefe der Empfindungen unterschiedlich war, so näherten sich doch seit Mitte der 90er Jahre die beiden Sprachgruppen hinsichtlich der Beurteilung der Bedeutung des kanadischen Peacekeepings zunehmend an.

Geschichtsschulbücher sind Träger des Geschichtsbewusstseins einer Gesellschaft. Inwieweit sie dieses im Einzelfall beeinflussen können, ist empirisch schwierig zu verifizieren. Sie geben jedoch zumindest wichtige Hinweise auf die vorherrschenden Orientierungsangebote in einer Gesellschaft. Englisch-Kanada stand dem Peacekeeping demnach überwiegend positiv gegenüber. Im Zuge der Ablösung von den britischen Identifikationsangeboten wurden politische und zivilgesellschaftliche Anregungen von der anglophonen Öffentlichkeit rezipiert. Der Diskurs, der als kanadisch erkannte Werte mit den Blauhelm-Einsätzen gleichsetzte, führte seit den 70er Jahren zu einer zunehmenden Identifizierung mit den eigenen Friedenseinsätzen. Historisch verortbar, aber letztlich als überzeitlicher Bestandteil kanadischer Identität verstanden, blieb das Peacekeeping als politischer Mythos von der realen Krise der UN-Blauhelme weitgehend unberührt. In Französisch-Kanada entwickelte sich die positive Haltung zu den kanadischen Friedenseinsätzen im Vergleich zum anglokanadischen Beispiel zeitversetzt und über einen längeren Zeitraum. Während die Regierungspolitik auf Bundesebene und die anglophone Mehrheitsgesellschaft in den 70er Jahren das Peacekeeping als integrative gesamtkanadische Tradition entdeckten, trachtete Quebec durch Abgrenzung nach einem spezifisch eigenen Selbstverständnis. Erst seit den 90er Jahren wird das identifikatorische Potenzial des Peacekeepings auch in Quebec hervorgehoben. Zwar kann bis Anfang des 21. Jahrhunderts noch nicht von einer gemeinsamen Peacekeeping-Identität gesprochen werden. Doch haben sich die Auffassungen von der Geschichte und der Bedeutung des kanadischen UN-Blauhelm-Engagements so weit angeglichen, dass das Peacekeeping als politisch-ideelles Band zwischen den beiden insbesondere durch ihre Sprachen abgegrenzten kanadischen Gesellschaften begriffen werden kann.

KAPITEL 10

Der koloniale Blick
Ikonographie des kanadischen Peacekeepings

»Canadians are proud of Canada's peaceful, non-imperial, and non-colonial past. [...] Canada has actively pursued and defended the role of peacekeepers.«[1] Diese Aussagen fanden sich noch 2011 unter dem Titel »A Tradition of Peace« auf der Homepage der United Nations Association in Canada. Im Zusammenhang mit den Blauhelm-Einsätzen wurde dieser Topos von einem Kanada ohne Vergangenheit als Kolonialmacht spätestens seit den 60er Jahren regelmäßig bemüht. Er fand sich in Reden von Politikern, Berichten von Diplomaten, Schulbüchern, Leitartikeln in Zeitungen und Leserzuschriften.[2] Hiermit und mit dem Hinweis, dass Kanada selbst auf eine Geschichte als Kolonie zurückblicke, wurde erklärt, warum kanadische Blauhelm-Soldaten besonders geeignet seien, in internationalen Krisensituationen als Vermittler aufzutreten. Denn die meisten Peacekeeping-Einsätze fanden während und auch nach der Zeit des Kalten Krieges in vormaligen europäischen Kolonien statt.

Die Selbsteinschätzung einer vom Kolonialismus freien Vergangenheit kam indes nicht nur als ein Teil-Narrativ des kanadischen Peacekeeping-Diskurses daher, sondern galt ganz allgemein als unumstrittener Bestandteil der Nationalgeschichte. Erst in den letzten Jahren und bezogen auf das eigene Staatsgebiet ist dieser Topos massiv unter Druck geraten. Denn wenn auch auf kanadischem Territorium kein Vernichtungsfeldzug gegen die indigene Bevölkerung geführt wurde, so wurden deren Rechte und Rechtstitel gleichwohl vielfältig missachtet. Dies gilt gleichermaßen für die First Nations, die Métis[3] und die Inuit. Bis heute gehören sie zu den marginalisierten Bevölkerungsgruppen des kanadischen »Mosaiks«.[4]

---

1 Background Info »Canada and The United Nations«, online unter http://www.unac.org/learn/wrld/background/cu.htm (aufgerufen 13.11.2011).
2 Vgl. z.B. »They Look to Canada«, *Globe and Mail*, 2.8.1960, S. 6; Kirbyson (Hg.), Discovering Canada, 1983, S. 233; C. O. Spencer, The Prospects for Peacekeeping, April 1988, S. 5, LAC, RG 25, vol. 11491, file 21-14-1, pt. 15; Cinanni/Jacques, Canada 2000, 1994, S. 318; Bothwell, Alliance, S. 8; Janice Gross Stein/Eugene Lang, The Unexpected War. Canada in Kandahar, Toronto 2007, S. 105.
3 Administrativ zunächst eine Fremdbezeichnung für eine Person »of mixed white and Indian ancestry«, die nicht als »Indianer« galt, gilt heute die individuelle Selbstbeschreibung als primäres Kriterium der Zugehörigkeit. Vgl. Dickason/Newbigging, Indigenous Peoples, S. 276.
4 Vgl. Frideres/Gadacz, Aboriginal Peoples, bes. Kap. 1; Harris, Making Native Space; Grace Li Xiu Woo, Ghost Dancing with Colonialism. Decolonization and Indigenous Rights at the Supreme Court of Canada, Vancouver/Toronto 2011.

© VERLAG FERDINAND SCHÖNINGH, 2020 | DOI:10.30965/9783657787807_012

Wenn sich also die nicht-koloniale Historie partiell als Schimäre erweist, dann stellt sich auch die Frage nach dem Engagement der kanadischen Friedenstruppen im Zuge der Dekolonisation in Afrika und Asien neu. Wiederum ist der Blick dabei zugleich nach außen und nach innen zu richten, da es sowohl um die diplomatisch-militärischen Wirkungszusammenhänge geht, als auch um den gesellschaftlichen Diskurs und um die Beziehungen beider zueinander.

Dekolonisation und Peacekeeping

Peacekeeping-Operationen hätten im Zuge der Dekolonisation eine wichtige und positive Funktion erfüllt, wird jüngst argumentiert. Sie hätten die anti-koloniale Politik der Vereinten Nationen umgesetzt, indem sie unparteilich agierend Konflikte entschärften. Die Blauhelme seien Vorkämpfer für eine neue Weltordnung gewesen. Seit dem Ende des Kalten Krieges stünden da-gegen nicht die Interessen der Konfliktparteien, sondern diejenigen der inter-venierenden Mächte im Mittelpunkt. Robert A. Rubinstein spricht von einem »Return of Imperial Policing«. Um die aktuelle Situation zu beleuchten, stellt er einen augenfälligen Gegensatz zu den ersten Jahrzehnten des Peace-keepings her.[5] Dabei scheint es, dass die Frühgeschichte im Lichte der Gegen-wart idealisiert wird.

Denn das Interesse der europäischen Kolonialmächte, allen voran Groß-britanniens, an den ersten Beobachter- und Peacekeeping-Missionen war erheblich. Sie sollten den »fallout« der britischen, niederländischen oder belgischen Kolonialpolitik reduzieren, der sich während der Dekolonisation in kriegerischen Auseinandersetzungen niederschlug. Dabei ging es nicht nur darum, im Sinne eines UN-Multilateralismus oder im Rahmen der Kriseninter-vention während des Kalten Krieges militärische Konflikte in oder zwischen neu entstandenen Staaten zu beenden. In vielen Fällen kam hinzu, dass die Kolonialmächte aus eigenen Motiven einen geregelten Übergang der ehe-maligen Kolonien in die Unabhängigkeit wünschten, um so ihren Einfluss in den Regionen sowie, im britischen Fall, zusätzlich im Commonwealth zu erhalten.[6] Der letzte britische Vizekönig Indiens, Louis Lord Mountbatten, der die Verhandlungen mit Indien und Pakistan über deren Unabhängigkeit führte,

---

5   Vgl. Robert A. Rubinstein, Peacekeeping and the Return of Imperial Policing, in: Inter-national Peacekeeping 17 (August 2010), No. 4, S. 457-470.

6   Vgl. Harrison, Seeking a Role, S. 101.

sah, wie der britische Historiker William Roger Louis schreibt, das »Common-wealth as the continuation of British imperialism by other means.«[7]

Bisherige Verbindungen zwischen Metropolen und Peripherie blieben häufig bestehen, nicht zuletzt infolge von Strukturschwächen, die sich während der kolonialen Herrschaft herausgebildet hatten. Auch nach der Unabhängig-keit machten sich weiterhin die politischen, wirtschaftlichen oder kulturellen Einflüsse der ehemaligen Kolonialmächte bemerkbar. Die formelle Herrschaft wandelte sich nicht selten zu einem »informal empire« – eine Entwicklung, die von zeitgenössischen Autoren mit dem Begriff des Neokolonialismus be-legt wurde.[8]

Zugespitzt formuliert können einzelne Blauhelmeinsätze, wie im Grenz-gebiet zwischen Indien und Pakistan, in Palästina und am Suezkanal sowie auf Zypern, als Fortsetzung einer westlich-paternalistischen Politik sowie in den konkreten Fällen auch als Versuch zur Fortschreibung einer modifizierten, indirekt administrierten Pax Britannica gesehen werden. Indem die Vereinten Nationen bemüht wurden, zeigte sich aber zugleich, wie schwach die britische Position schon geworden war.[9] Die endgültige Auflösung des Empire war in den 1960er-Jahren abgeschlossen, die ökonomischen Verbindungen wurden je lockerer, desto weiter sich Großbritannien der Europäischen Wirtschafts-gemeinschaft annäherte.[10]

Haltung und Handlungen der Vereinten Nationen sind in diesem Zeitraum nicht einfach einer Seite zuzuordnen. Wie das Beispiel der ersten »United Nations Mission of Technical Assistance« in Haiti 1948 zeigt, war deren An-spruch ein genuin demokratischer und postkolonialer. Zugleich wurde die Hilfe durch westliche Experten und Staaten aber in einem paternalistischen Sinne für die »unterentwickelte« und »zurückgebliebene« Welt gewährt, wobei zu-mindest das Bewusstsein für ein Gefälle und eine Ungleichheit zwischen den (ehemaligen) Imperien und den vormaligen Kolonien fortbestand.[11] Auch als

---

7   Louis, The Dissolution of the British Empire, S. 335.
8   Vgl. z.B. Kwame Nkrumah, Neo-Colonialism. The Last Stage of Capitalism, London 1965, das sich allerdings vorwiegend auf die ökonomische Sphäre bezog; Robert J. C. Young, Postcolonialism. An Historical Introduction, Oxford u.a. 2001, S. 44-49; Wendt, Vom Kolonialismus zur Globalisierung, S. 325 f. Kritisch: Ichiro Maekawa, Neo-Colonialism Reconsidered: A Case Study of East Africa in the 1960s and 1970s, in: The Journal of Imperial and Commonwealth History 43 (2015), 2, S. 317-341.
9   Vgl. Stephen Blackwell, British Military Intervention and the Struggle for Jordan. King Hussein, Nasser and the Middle East Crisis, 1955-1958, New York/London 2009.
10   Vgl. Brian R. Tomlinson, Imperialism and After: The Economy of the Empire on the Periphery, in: Judith M. Brown/William Roger Louis (Hg.), The Oxford History of the British Empire, Bd. 4: The Twentieth Century, Oxford 1999, S. 357-378, hier S. 358.
11   Vgl. Amrith/Sluga, New Histories of the United Nations, S. 261-265.

Peacekeeper waren die Vereinten Nationen nicht einfach ein neutraler Akteur. Denn im Vorfeld der Beobachtermissionen in Palästina und im indisch-pakistanischen Raum hatte die Organisation eine entscheidende Rolle bei den Verhandlungen gespielt, die über die dann umstrittenen Grenzen bestimmten. In diesem Sinn waren die Vereinten Nationen ein eigenständiger internationaler »Player«, dem es auch um seine eigene Reputation gehen musste.[12]

Den kanadischen Politikern und Bürokraten war bewusst und die Bevölkerung dafür sensibilisiert, dass die meisten Blauhelm-Operationen während des Kalten Krieges in Regionen stattfanden, die vorher unter britischer Kontrolle gestanden hatten und an denen London weiterhin interessiert war. Diese Beobachtung gilt sowohl für den indisch-pakistanischen Grenzraum wie auch für den Nahen Osten und für Zypern. Nicht selten kamen die Anregungen, Ottawa möge sich an bestimmten Missionen beteiligen, aus London. Obwohl die kanadischen Regierungen den Prozess der Dekolonisation unterstützten, wünschten sie vor allem keine Störung im nordamerikanischen Dreieck. Deshalb versuchten sie mit den Partnern in Washington und London Schritt zu halten und, wenn möglich, deren Vorschläge aufzugreifen.[13] Aus außen- wie innenpolitischen Gründen durfte Kanada jedoch nicht als Handlanger britischer Imperialpolitik erscheinen. Ein solcher Eindruck hätte das Bild Kanadas als internationaler Vermittler und uneigennütziger Makler nachhaltig gestört. Es dürfe nicht sein, warnte der hochrangige Außenamtsbeamte Murray während der Zypern-Krise von 1964, dass »we may find ourselves out in the cold with the neo-colonialists«.[14] Im eigenen Land galt es, die englandkritische anglophone Bevölkerung zu beruhigen und vor allem gegenüber den frankophonen Einwohnern jeden Anschein zu vermeiden, kanadische Soldaten würden im britischen Interesse ihr Leben riskieren.[15]

Auch wenn britische und vor allem amerikanische Interessen häufig die Vorbereitung von Blauhelm-Missionen dominierten, konnten sie diese nicht nach eigenem Gutdünken instrumentalisieren. Zum einen verbanden die Vereinten Nationen divergierende Kräfte, zum anderen verfolgte auch das UN-Sekretariat eine eigene Politik, die auf die Stärkung der Organisation abzielte. Nicht zuletzt hatten die Konfliktparteien, je nach Lage, mehr oder weniger Einfluss auf die Zusammensetzung und das Mandat der Truppe. So wurde, obwohl London die Einrichtung einer Beobachtermission an der indisch-pakistanischen

---

12   Vgl. ebd., S. 259 f.
13   Vgl. David MacKenzie, Canada, the North Atlantic Triangle, and the Empire, in: Judith M. Brown/William Roger Louis (Hg.), The Oxford History of the British Empire, Bd. 4: The Twentieth Century, Oxford 1999, S. 574-596, hier S. 593.
14   G. S. Murray an Arnold Smith, 12.2.1964, LAC, RG 25, vol. 10130, file 21-14-1-CYP, pt. 2.
15   Vgl. den Abschnitt über die Zypern-Krise in Kapitel 5.

Grenze unterstützt hatte, aufgrund eines Vetos aus Neu-Delhi kein britischer Militärbeobachter eingesetzt.[16] Demgegenüber waren kanadische Soldaten offensichtlich willkommener.

Die kanadische Blauhelm-Politik gegenüber ehemaligen Kolonien stand somit in einem Spannungsverhältnis, das durch die innen- und außenpolitischen Interessen sowie die Ansprüche der Bündnispartner, der sich entwickelnden Staaten[17] und der UN hervorgerufen wurde. In der internationalen Wahrnehmung und dem eigenen Anspruch gemäß erschien Kanada nicht primär als Erfüllungsgehilfe imperialer Politik, wenn auch bisweilen, wie in der Suez-Krise von 1956, die kanadischen Truppen mit denjenigen des britischen Mutterlandes gleichgesetzt wurden. Trotz der außenpolitischen Gemengelage setzte sich im Innern die eingangs zitierte Behauptung einer vom Kolonialismus freien Vergangenheit, die als Qualitätskriterium kanadischer Blauhelm-Einsätze galt, in der öffentlichen Rhetorik durch.

Der hierin zum Ausdruck kommende antikoloniale Habitus lässt sich allerdings nicht per se auf den gesamten innenpolitischen Diskurs übertragen. Zum Teil wurden nämlich koloniale Stereotype, wenn auch vielleicht unbewusst, aber nichtsdestotrotz wirkungsmächtig, fortgeschrieben, wie eine Analyse der fotografischen Repräsentation der Friedensmissionen in der kanadischen Öffentlichkeit zeigt.

Visual History

Fotos begleiten seit der Suez-Krise die mediale Präsentation von UN-Blauhelm-Operationen kanadischer Soldaten. Dabei entwickelte sich eine Ikonographie, die zum einen den Veränderungen der Einsatzbedingungen Rechnung trug, zum anderen langfristig bestimmte Stereotype fortschrieb. In Schulbüchern, Monographien und Periodika unterstützten die Fotos nicht nur das geschriebene Wort, sondern es destillierte sich eine eigene Bildsprache heraus, die zum Teil sogar im Gegensatz zum Tenor der umgebenden Textstellen stand. Die Ikonographie des kanadischen UN-Peacekeepings bietet somit einen eigenständigen Einblick in die Präsentation und gesellschaftliche

---

16 Vgl. Briscoe, Britain and UN Peacekeeping, S. 30-33.
17 Auch aus der Sicht der indischen Politik unterstützten die UN-Blauhelme den Prozess der Dekolonisation. Vgl. Dipankar Banerjee, India, in: Alex J. Bellamy/Paul D. Williams (Hg.), Providing Peacekeepers. The Politics, Challenges, and Future of United Nations Peacekeeping Contributions, Oxford 2013, S. 225-244, hier S. 227.

Wahrnehmung des nationalen Blauhelm-Engagements von der Mitte des 20. bis ins frühe 21. Jahrhundert.

Bilder erschaffen eine eigene Wirklichkeit. Sie illustrieren nicht nur Geschriebenes oder Gesagtes. In der Folge des Ende der 1990er-Jahre in den Geisteswissenschaften ausgerufenen »pictorial turn«[18] (»visual turn« oder »iconic turn«) wird die historische Relevanz von Bildern gerade über ihren subjektiven Gehalt begriffen. Fotos sind keine objektiven Abbildungen von Realität. Sie drücken eine bestimmte Weltwahrnehmung des Fotografen aus und spiegeln die Sicht seiner Zeit wider. Fotos sind aber nicht nur passiv subjektive Interpretationen von Vergangenheit, sondern sie können aktiv das Verständnis von Geschichte und Gegenwart beeinflussen. Bilder, so schreibt Gerhard Paul in seiner »Visual History«, sind Medien, »die Sehweisen konditionieren, Wahrnehmungsmuster prägen, historische Deutungsweisen transportieren«.[19] Insbesondere Fotos, die medial verbreitet werden, können gesellschaftliche Normen formieren helfen.[20] Gerade bei der Konstruktion von Identitäten wird bildlichen Darstellungen eine besondere Bedeutung beigemessen.[21]

Die historische Interpretation von Fotos ist daher – wie diejenige von Schriftquellen – ein komplexer methodischer Prozess. Nicht nur der realkundliche Gehalt, sondern – so weit bekannt – die Entstehungs- und Überlieferungsumstände, die Form der Bildbearbeitung und Präsentation sowie die Bildlegende, umgebende Textstellen und Art des Publikationsmediums fließen in die Analyse ein. Gefragt wird nach Produzenten, Rezipienten und dem Gebrauch von Bildern. Je nach Fragestellung treten unterschiedliche methodische Herangehensweisen in den Vordergrund.[22]

Der folgenden Untersuchung liegen zum einen Geschichtsschulbücher zugrunde. Anders als in der vorangegangenen Schulbuchanalyse[23] steht nun die Bildauswahl im Zentrum. Wie Texte repräsentieren auch die Fotos in den

---

18   Vgl. William J. T. Mitchell, Der Pictorial Turn, in: Christian Kravagna (Hg.), Privileg Blick. Kritik der visuellen Kultur, Berlin 1997, S. 15-40.

19   Gerhard Paul, Von der Historischen Bildkunde zur Visual History. Eine Einführung, in: ders. (Hg.), Visual History. Ein Studienbuch, Göttingen 2006, S. 7-36, hier S. 25.

20   Vgl. Jens Jäger, Fotografie und Geschichte, Frankfurt/New York 2009, S. 14 f.

21   Vgl. Bernd Roeck, Visual turn? Kulturgeschichte und die Bilder, in: Geschichte und Gesellschaft 29 (2003), S. 294-315, hier S. 296.

22   Vgl. Heike Talkenberger, Von der Illustration zur Interpretation: Das Bild als historische Quelle. Methodische Überlegungen zur Historischen Bildkunde, in: Zeitschrift für historische Forschung 21 (1994), S. 289-313; Jens Jäger, Photographie: Bilder der Neuzeit. Einführung in die Historische Bildforschung, Tübingen 2000, S. 69-72; Paul, Visual History, S. 21-25.

23   Siehe das vorherige Kapitel.

Unterrichtsmaterialien konsensfähige gesellschaftliche Sehweisen. Heike
Talkenberger schreibt in ihren Überlegungen zur »Historischen Bildkunde«,
dass das historische Bewusstsein sogar »vornehmlich über Filme und die
Bilder in Schulbüchern« geprägt wird.[24] Zum anderen werden Publikationen
aus dem Bereich des Verteidigungsministeriums herangezogen. Vor allem die
frühen Fotos, die Schulbücher bebilderten und Soldaten zeigten, stammten
häufig aus den Bildarchiven des Militärs. Die in den militärischen Veröffent-
lichungen abgedruckten Fotografien präsentierten daher nicht nur die
spezifische Sicht der Soldaten, sondern auch frühzeitig einen Kanon des
»Zeigbaren«. Sie sind also als prägende Muster von besonderer Bedeutung.
Der öffentlich alimentierte kanadische National Film Board produzierte einige
Filme zum Peacekeeping, die jüngst von McCullough ausgewertet wurden.[25]
Sie ermöglichen es, auch bewegte Bilder in die Analyse mit einzubeziehen.
Zusammengenommen erlauben es Schulbücher und Publikationen aus dem
militärischen Umfeld, unter Einschluss ausgewählter Filmausschnitte, über die
individuellen Bildakte hinausgehend mittels Rekurs auf umfangreichere Bild-
korpora gesellschaftliche Wahrnehmungsmuster und deren Veränderungen
im Zeitablauf erkennbar zu machen.[26] In diesem Sinn steht weniger das Bild
selbst als seine Wirkung im Mittelpunkt.[27] Dabei gilt es allerdings zu beachten,
dass die individuelle Wahrnehmung von Fotos methodisch kaum zu fassen ist,
ähnlich wie bei der Analyse von Schulbüchern das Rezeptionsverhalten von
Schülerinnen und Schülern.

Die Fotos, die das im wahrsten Sinne des Wortes »Image« des kanadischen
UN-Peacekeepings prägten, lassen sich in wenige Grundtypen und Themen-
bereiche, hier Sujets genannt, auffächern. Einzelne Motive oder Bilder
avancierten zu Ikonen, die stellvertretend für eine Interpretation der Realität
des Peacekeepings standen. Im Zeitablauf veränderten sich Sujets und Motive,
ohne notwendigerweise bestehende Bildwelten vollständig abzulösen.

Die moderne und die archaische Welt

Anlässlich des 100. »Geburtstages« des kanadischen Staates erschien 1967 ein
Buch, das die Geschichte seines Militärs reich bebildert Revue passieren ließ.
Verlegt von der historischen Abteilung der Streitkräfte repräsentierte dieses

---

24   Talkenberger, Illustration, S. 289.
25   Vgl. McCullough, Creating, S. 80-110.
26   Vgl. ebd., S. 297; Jäger, Photographie, S. 77-79; Jäger, Fotografie und Geschichte, S. 89-91.
27   Vgl. Jäger, Photographie, S. 81.

Werk eine offizielle Sicht auf Vergangenheit und Gegenwart der bewaffneten Macht. Der Herausgeber, ein Oberstleutnant, widmete auch dem Peacekeeping Text und Bild. Schon Mitte 1967 nahmen die Blauhelme offensichtlich eine nicht zu vernachlässigende Rolle im Selbstverständnis der Streitkräfte ein oder wurden zumindest als wichtig für die Außendarstellung empfunden, wenn als Adressat eine breite Öffentlichkeit angenommen werden kann.[28]

In dem Band finden sich gleich vier Fotos, die zeigen, wie motorisierte kanadische Blauhelm-Patrouillen auf Einheimische mit Kamelen treffen.[29] Es handelt sich hierbei um ein typisches Motiv.[30] Auf diese Weise wurde besonders der Alltag kanadischer Soldaten in Ägypten während UNEF I visualisiert; auch Geschichtsschulbücher zumindest in der Provinz Ontario druckten dieselben oder ähnliche Fotos ab.[31] Rezipienten, die sich für das Militär interessierten, und Schüler erhielten also eine ähnliche Bildauswahl präsentiert. Auf dem hier gezeigten Foto, das bis Ende der 80er Jahre in militärischen Publikationen abgedruckt wurde,[32] erblickt der Betrachter ein Wüstenszenario (Abb. 10.1). Im Vordergrund fahren zwei weiß gestrichene Geländewagen mit Soldaten ins Bild. Über den Fahrzeugen weht die Flagge der Vereinten Nationen. Die weiße Farbe der Wagen und die Fahnen kennzeichnen die Soldaten eindeutig als Blauhelme. Rechts kommt eine Person ins Bild, die ein Kamel führt. Der wehende weiße Umhang, vermutlich ein Burnus, und die ebenfalls weiße Kopfbedeckung, die als Turban wahrgenommen werden kann, vermitteln den Eindruck, dass es sich um eine einheimische Zivilperson handelt. Über die Nationalität der Fahrer und Beifahrer klärt erst die Bildbeschreibung auf. Nach dieser gehörten die Soldaten zu einer kanadischen Aufklärungseinheit von UNEF I. Der Zivilist wird als »einsamer Wanderer in der Wüste Sinai«[33]

28   Donald J. Goodspeed (Hg.), The Armed Forces of Canada 1867-1967. A Century of Achievement, Directorate of History, Canadian Forces Headquarters: Ottawa 1967. Die französischsprachige Fassung erschien unter dem Titel: ders. (Hg.), Les forces armées du Canada: un siècle de grande réalisations, Direction des services historiques, quartier général de forces canadiennes: Ottawa 1967. Zur Adressatenbezogenheit von Bildanalysen vgl. Jäger, Photographie, S. 81.

29   Vgl. Goodspeed (Hg.), The Armed Forces of Canada, S. 245 f., 255, 257.

30   Dieses Motiv fand sich auch in Filmen und politischen Cartoons. Vgl. McCullough, Creating S. 96 f., 145.

31   Vgl. Evans/Martinello, Canada's Century, 1978, S. 419; Allan S. Evans/I. L. Martinello, Canada's Century, McGraw-Hill Ryerson: Toronto u.a., 2. Aufl. 1988, S. 363 u. die Analyse von Abb. 10.2 weiter unten.

32   Vgl. Henry Wiseman, Has New Life Been breathed Into U.N. Peace-keeping?, in: Canadian Defence Quarterly/Revue canadienne de défense 5 (Sommer 1975), 1, S. 22-28, hier S. 23; Paul D. Manson, Peacekeeping in Canadian Foreign and Defence Policy, in: ebd. 19 (Sommer 1989), 1, S. 7-12, hier S. 12.

33   Goodspeed (Hg.), Armed Forces, S. 246: »a solitary traveller in the Sinai desert«.

Troopers of the Ca-
nadian reconnaissance
squadron with UNEF
meet a solitary trav-
eller in the Sinai de-
sert.

(D.N.D. photo)

246

Abb. 10.1   Begegnung zwischen einer kanadischen UN-Patrouille und einem
             Einheimischen, der ein Kamel am Zügel führt, in der Sinai-Wüste. Foto: DND.
             Quelle: Donald J. Goodspeed (Hg.), The Armed Forces of Canada 1867-1967. A
             Century of Achievement, Directorate of History, Canadian Forces Headquarters:
             Ottawa 1967, S. 246

umschrieben. Das Foto wurde wahrscheinlich von einem Angehörigen des kanadischen Militärs oder in dessen Auftrag aufgenommen, da die Rechte für die Abbildung beim Verteidigungsministerium lagen.

Das anvisierte kanadische Publikum konnte sich auf verschiedene Weise mit den Soldaten identifizieren.[34] Erstens handelte es sich um Landsleute, außerdem nahm der Betrachter die gleiche Perspektive wie die Blauhelme ein. Quasi hinter den Fahrzeugen stehend, als Teil der Patrouille blickte er in dieselbe Richtung und auf die weiß gekleidete Person. Er sah ein Szenario, das der Herausgeber und offensichtlich auch verschiedene Schulbuchautoren als typisch für den Orient präsentiert wissen wollten: Ein Einheimischer, in traditionelle Gewänder gekleidet, trifft mit einem archaischen »Wüstenschiff« auf die moderne Welt in Gestalt von motorisierten kanadischen Soldaten. Die Landschaft, in der das Zusammentreffen stattfindet, ist weit entfernt von der Lebenswirklichkeit der meisten Kanadier, es handelt sich um eine Wüste und somit um einen exotischen Ort. Die Interpretationen, die das Foto anbot,

---

34   Vgl. McCullough, Creating, S. 98; Zur Identitätsstiftung im »Mutterland« als Funktion der
      Kolonialfotografie vgl. Jäger, Photographie, S. 143-145.

waren mitnichten neu, vielmehr konnten sie beim Betrachter auf ein Vorwissen zurückgreifen, das nicht nur aus den Märchen von »1001 Nacht« gespeist wurde, sondern einem hegemonialen westlichen Orientdiskurs entstammte.[35]

Mit diesem Diskurs beschäftigen sich insbesondere die interdisziplinären »postkolonialen Studien«, die untersuchen, wie westliche Industriestaaten die ehemaligen Kolonien wahrnehmen und welche Interdependenzen sich hieraus ergeben.[36] Als einer der wichtigen Wegbereiter dieser Forschungsrichtung gilt der Literaturwissenschaftler Edward W. Said, der den »Orientdiskurs« in seinem zuerst 1978 erschienenen Buch »Orientalism« erfolgreich hinterfragt hat. Er stellte hierin die westliche wissenschaftliche und literarische Auseinandersetzung mit dem sogenannten Orient als zutiefst subjektiv und selbstreferenziell dar.[37] Obwohl immer wieder kritisiert, gilt »Orientalismus«, wie der Titel im Deutschen lautet, bis heute als eines der zentralen Referenzwerke der »Postcolonial Studies«.[38] Da Said sich gerade mit der Frage der Wahrnehmung des Orients beschäftigte, der für die kanadischen Blauhelmsoldaten während des Kalten Krieges das hauptsächliche Operationsgebiet darstellte, können – trotz einer selektiven Auswahl des Erkenntnisgegenstandes – Saids Interpretationen helfen, die Fotos und ikonenhaften Bildmotive einzuordnen, die üblicherweise die Texte über die Einsätze kanadischer Blauhelme begleiteten.

Das Foto, welches das Zusammentreffen von motorisierten kanadischen Soldaten und Einheimischem mit Kamel zeigt, transportierte auch im Detail Werturteile, die Said als konstitutiv für den westlichen Orientdiskurs ausmachte. Es wurde ein Gegensatz konstruiert, der, wie Said schreibt, »den islamischen Orient stets der Antike, den Westen dagegen der Moderne« zuordnet.[39] In diesem Sinne fand sich auf dem Foto auf der einen Seite der Fortschritt in Form von modernen Geländewagen, auf der anderen Seite verwies das antike Transportmittel des Kamels auf den »Mythos vom kulturellen Stillstand der Semiten«[40]. Im Buch »Orientalismus« gilt der »kamelreitende«[41] Araber als typischer Ausdruck des pejorativen Orientbildes in der Öffentlichkeit. Dieser

---

35   Zur Abhängigkeit der Wahrnehmung von Fotos von bestimmten Diskursen vgl. ebd., S. 79-81 und zur Bedeutung der diskursiven Einbettung vgl. Jäger, Fotografie und Geschichte, S. 92 f.; exemplarisch: Cornelia Brink, Ikonen der Vernichtung. Öffentlicher Gebrauch von Fotografien aus nationalsozialistischen Konzentrationslagern nach 1945, Berlin 1998, S. 10-12.

36   Vgl. Young, Postcolonialism.

37   Edward W. Said, Orientalismus, 3. Aufl., Frankfurt/M. 2012.

38   Vgl. Young, Postcolonialism, S. 383-394; Doris Bachmann-Medick, Cultural Turns. Neuorientierungen in den Kulturwissenschaften, 4. Aufl., Reinbek bei Hamburg 2010, S. 188 f.

39   Said, Orientalismus, S. 309.

40   Ebd., S. 353.

41   Ebd., S. 130 f.; siehe auch ebd. S. 328.

»Kontrast zwischen Ost und West«[42] diene dazu, die »Rückständigkeit« des Orients und die eigene »Überlegenheit«[43] zu bekräftigen. Es ginge also nicht um eine wertfreie Andersartigkeit, sondern um eine Über- und Unterordnung. Folgt man dem vorgeschlagenen Analyserahmen, dann reproduzierte der westliche Betrachter des Fotos, der die Perspektive der Blauhelme einnahm, die typische Weltsicht, die ihm der westliche Überlegenheitsdiskurs vorgegeben hatte – ein Diskurs, dessen Bedeutung für die eigene Weltwahrnehmung sich der Einzelne schwer entziehen kann –, auch wenn zugleich die Blauhelm-Einsätze rhetorisch als antikolonial gekennzeichnet wurden.

Die Einordnung dieses und der folgenden Fotos in diesen Diskurs verdeutlicht nicht nur die Subjektivität und Selektivität des Blicks, sondern es zeigt sich zugleich, wie deutlich die kanadische Wahrnehmung in einen grenzüberschreitenden, westlich dominierten Interpretationszusammenhang eingebunden war. Die Sicht selbst auf das Peacekeeping kanadischer Soldaten war offensichtlich nicht nur Ausdruck kanadischer Präferenzen, sondern wesentlich transnational präformiert.

Dass das bislang besprochene Foto kein Einzelfall war und wie präzise sich Saids Interpretationen wiederfinden lassen, zeigen auch die von McCullough ausgewerteten Filme des National Film Board[44] sowie ein weiteres Foto, das ebenfalls Kamele als Lasttiere präsentierte und aus dem Bestand des Verteidigungsministeriums stammte. Es fand sich in unterschiedlichen Publikationen, sowohl im genannten Jubiläumsband wie auch bis Anfang der 70er Jahre in Schulbüchern[45] und noch Anfang der 90er Jahre in einem Bildband über das kanadische Peacekeeping.[46] Das Foto zeigt einen Einheimischen, auf einem Esel reitend, als Teil einer Kamel-Karawane. Kanadische Soldaten in einem weißen UN-Geländewagen beobachten die Szenerie. Auch diese Abbildung entstammte dem Orientalismus-Diskurs: Moderne trifft auf Antike.[47] Eine solche Interpretation wurde durch die Bildunterschrift in dem Schulbuch »Battlefront – The Fight for Liberty« unterstützt, aus dessen 1965

---

42   Ebd., S. 294.

43   Ebd., S. 16.

44   Vgl. McCullough, Creating, S. 89 f., 93, 96-98. Dem Tenor der Fotos und Filme entsprachen auch zahlreiche kanadische Zeitungsartikel, die im Rahmen des Peacekeeping-Einsatzes im Kongo Anfang der 60er Jahre das Land und seine Bevölkerung charakterisierten. Vgl. ebd., S. 120 f.

45   Vgl. Goodspeed (Hg.), Armed Forces, S. 257; Moir/Saunders, Northern Destiny, 1970, S. 527; siehe auch Abb. 10.2.

46   Vgl. Jack L. Granatstein/Douglas Lavender (Hg.), Shadows of War, Faces of Peace. Canada's Peacekeepers, Toronto 1992, S. 30.

47   Im Sinne der semiotischen Bildanalyse dient das Kamel als wiederkehrendes Zeichen für diese Lesart. Vgl. Jäger, Photographie, S. 82 f.; Talkenberger, Illustration, S. 303.

erschienener Ausgabe das abgebildete Foto stammt (Abb. 10.2). Dort liest man
in kaum zu überbietender Klarheit: »New world meets old.« Der genaue Ort
spielt keine Rolle. Nur das Land, der Jemen, wird erläuternd genannt. Es ging
darum, ein Stereotyp zu wiederholen, nicht darum, ein historisches Ereignis zu
beschreiben. In anderen Publikationen wird zumindest darauf hingewiesen,
dass im Hintergrund die Mauern der jemenitischen Hauptstadt Sanaa zu
sehen sind. Trotzdem wird auch in diesen Veröffentlichungen – gleich wie die
Bildunterschrift lautet – die Permanenz des »kulturellen Stillstands« unterstrichen. Durch die verwitterten Stadtmauern erscheint die Landschaft zugleich als altertümlich und überholt wie auch als pittoresk und exotisch.

National Defence Photo

New world meets old. UN Observer Mission in
Yemen pulls up to let a camel train go by.

Abb. 10.2   Kanadische Soldaten in einem UN-Geländewagen außerhalb der Stadtmauern
              von Sanaa im Jemen. Foto: DND. Quelle: Paul Fox, Battlefront – The Fight for
              Liberty, Holt, Rinehart and Winston of Canada: o.O 1965, S. 323

Eine Bilderfolge zum UN-Peacekeeping, die in einem Schulbuch aus dem Jahr
1977 auf zwei benachbarten Seiten abgedruckt wurde und zu der auch das genannte, allerdings leicht anders beschnittene Foto gehörte, vereinigte in einer
Sequenz typische koloniale Vorstellungen: grandiose Landschaftsaufnahmen,
Menschengetümmel in einem orientalischen Basar und eben archaische Wirt-
schaftsweise.[48] Die Einheimischen, auch der auf einem Esel Reitende, dienen

---

48   Vgl. Moir/Saunders, Northern Destiny, 1970, S. 526 f.

in all diesen Fotos aus den UN-Einsatzgebieten nur als Staffage. Sie erscheinen nicht als Individuen, sondern geben den Abbildungen »Lokalkolorit«, was typisch für die »Kolonialfotografie« ist.[49] Die Fotos vermitteln das Bild von Rückwärtsgewandtheit und Exotik; moderne Industrieanlagen und Fortbewegungsmittel oder hoch bewaffnete einheimische Soldaten werden nicht gezeigt. Überhaupt kommt es zu keinem wirklichen Kontakt zwischen Einheimischen und Blauhelm-Soldaten. Diese Beobachtung trifft auf die Mehrzahl der vor allem in Schulbüchern abgedruckten Blauhelm-Fotos zu. Insgesamt vermitteln die Bilder den Eindruck einer kulturellen und individuellen Distanz zwischen den »Weißen« und den »Kolonialen«.[50]

Das Sujet des Einheimischen mit archaischem Transportmittel fand sich allerdings nicht nur auf Aufnahmen, die frühe Blauhelm-Missionen in vormaligen Kolonien abbildeten, sondern es wurde auch auf den Einsatz in Jugoslawien nach Ende des Kalten Krieges angewandt. Das Motiv wurde also auf einen anderen geographischen Raum übertragen, der zunächst nichts mit Saids Untersuchung zu tun hatte. In seiner Kritik an dessen Werk verweist der Historiker Jürgen Osterhammel indes gerade auf die Allgemeingültigkeit der Beobachtungen von Said. »Ausgrenzung, Distanzierung und Objektivierung von Fremden«[51] ginge über den Orient hinaus und würde auch Gruppen in Europa betreffen. Im Sinne dieser Erweiterung können die Ergebnisse von Said auch auf die fotografischen Abbildungen von Blauhelm-Einsätzen in anderen Regionen übertragen werden. Auf dem Foto, das 2000 in einem Schulbuch abgedruckt wurde, findet sich im Vordergrund ein Pferdewagen mit einem männlichen und einem weiblichen Passagier (Abb. 10.3). Die Frau trägt weite Hosen und ein Kopftuch, Kleidungsstücke, die in der westlichen Vorstellungswelt üblicherweise mit Muslimas assoziiert werden. Im Hintergrund fährt auf derselben Straße ein gepanzertes weißes Spähfahrzeug, auf dem die Aufschrift »UN« noch zu erkennen ist. Neben dem Kanonenrohr findet sich die kanadische Flagge aufgemalt. Über die Bedeutung der kanadischen Präsenz klärt der umgebende Text auf, der das Foto in eine Kontinuität herausragender kanadischer Peacekeeping-Einsätze einordnet (»Canadian soldiers have been

---

49 Vgl. Horst Gründer, Der Kolonialismus der Bilder. Das deutsche Beispiel, in: Günter Bernhardt (Hg.), Die Ferne im Blick. Westfälisch-lippische Sammlungen zur Fotografie aus Mission und Kolonien, Münster 2000, S. 227-243, hier S. 233.

50 Vgl. auch das Foto, das eine motorisierte UNEF-Patrouille und im Vordergrund eine vorbeiziehende Ziegenherde 1957 auf dem Sinai zeigt. Granatstein/Lavender (Hg.), Shadows of War, S. 23; siehe zudem die von McCullough, Creating, S. 156-160 ausgewerteten politischen Cartoons zum Peacekeeping-Einsatz im Kongo.

51 Jürgen Osterhammel, Edward W. Said und die »Orientalismus«-Debatte. Ein Rückblick, in: Asien-Afrika-Lateinamerika 25 (1997), S. 597-607, hier S. 603.

*Canadian peacekeepers pass a horse-drawn carriage in Bosnia-
Herzegovina. Most transportation in Bosnia is done without
motorized vehicles because of a lack of gasoline.*

Abb. 10.3   Ein kanadisches UN-Panzerspähfahrzeug passiert einen Pferdewagen in
               Bosnien-Herzegowina. Quelle: Don Bogle u.a., Canada. Continuity and Change.
               A History of Our Country from 1900 to the Present, Fitzhenry & Whiteside:
               Markham, ON, Neuauflage 2000, S. 467

leading members of almost every UN peace-keeping force.«). Wie die Bildunterschrift informiert, handelt es sich um eine Szene aus Bosnien-Herzegowina.
Da Benzin rar sei, so die Erläuterung, wären nichtmotorisierte Fahrzeuge in
diesem Land die bevorzugten Transportmittel. Abermals transportierte die
Bildwelt die Vorstellung von westlicher Moderne und einer östlichen – hier
südosteuropäischen –, archaischen Lebensweise.

Der erhöhte Beobachter

Nicht nur Distanz, sondern im besonderen Ober- und Unterordnung[52] vermittelten ein weiteres Sujet, das sich ebenfalls häufig in Publikationen fand. Der

---

52   Siehe auch McCullough, Creating, S. 89.

genannte Jubiläumsband bietet auch hierfür ein Beispiel. Es handelt sich um den erhöhten Beobachter, der auch physisch über den Konfliktparteien steht. Das farbige Foto zeigt eine Wüstenlandschaft, im Hintergrund kahle Felsen und Berge, ein unwirkliches Terrain (Abb. 10.4).[53] Der Himmel erscheint riesig, seine tiefblaue Farbgebung korrespondiert mit dem zentralen Motiv der Abbildung. Zwei Soldaten stehen im Vordergrund, wachsam, umgeben von einer steinernen Brustwehr. Auf ihre Zugehörigkeit verweisen die blauen Helme und unübersehbar die UN-Flagge, die über dem Vorposten an einem Flaggenmast weht. Weitere Personen sind nicht zu sehen. Kompositorisch bilden die beiden Soldaten und die wehende Flagge ein Dreieck, die Flagge befindet sich genau in der oberen Bildmitte. Auch dieses Foto entstammte dem Bestand des kanadischen Verteidigungsministeriums.

Welche Konnotationen ergeben sich durch die Abbildung? Ohne die nebenstehende Bildzeile kann die Nationalität der beiden Soldaten nicht erschlossen werden. Doch repräsentieren Haltung und Aufgaben unterschiedliche Tätigkeitsbereiche. Der rechte Blauhelm-Angehörige schaut durch ein Fernglas, beobachtet offensichtlich die Umgebung. Er ist der aktivere, derjenige, auf den es ankommt. Er vollführt die zentrale Aufgabe, die gemeinhin den Peacekeeping-Missionen zugeschrieben wurde, er beobachtet. Die Bildzeile macht dann deutlich: Derjenige, der Wache schiebt, gehört dem indonesischen Kontingent an, der Beobachter dem kanadischen.

Auf den ersten Blick wird deutlich, dass es sich um einen Vorposten in der Einöde handelt, vermutlich an einem heißen Ort. Da den kanadischen Zeitgenossen die Einsatzbereiche der beiden großen Peacekeeping-Operationen des Jahres 1967 bekannt waren, Suez und Zypern, wird vermutlich die Zuordnung auch ohne Berücksichtigung der Bildzeile leicht gefallen sein. Der Landstrich, der kontrolliert wurde, also in diesem Fall die Sinai-Wüste, erscheint auf dem Foto menschenleer. Der Vorposten befindet sich an einer erhöhten Stelle, von dort aus kann das Land übersehen werden. Es ist der Feldherrnhügel, der Übersicht verleiht. Der erhöhte Beobachter, also der kanadische Soldat, blickt von oben herab auf das ihn umgebende Land. Sein Blick fällt auf ein umkämpftes Territorium in der »Dritten Welt«, dem die Blauhelme Frieden bringen sollen. Das Foto perpetuiert damit das koloniale Stereotyp von der Überlegenheit der Kolonialherren.

Fotos, die das Sujet des erhöhten Beobachters aufgreifen, finden sich in größerer Zahl in Schulbüchern und auch in Szenen des Dokumentarfilms

---

53   Vgl. auch den Abdruck eines anderen Fotos offensichtlich aus derselben Serie in jüngerer Zeit in: Jack L. Granatstein/Dean F. Oliver, The Oxford Companion to Canadian Military History, Don Mills (ON) 2011, S. 326 (Artikel Peacekeeping). Dieses Foto stammt aus dem Canadian War Museum, George Metcalf Archival Collection, CWM 19910238-130.

Abb. 10.4   Ein kanadischer Soldat (mit Fernglas) und ein indonesischer Angehöriger von
              UNEF I beobachten die israelische Grenze von einem Außenposten in der
              östlichen Sinai-Wüste aus. Foto: DND. Quelle: Donald J. Goodspeed (Hg.), The
              Armed Forces of Canada 1867-1967. A Century of Achievement, Directorate of
              History Canadian Forces Headquarters: Ottawa 1967, S. 250

»The Thin Blue Line« von 1958, der vom National Film Board unter Rückgriff auf Bildmaterial des Verteidigungsministeriums produziert worden war.[54] Die Motive variieren, doch handelt es sich im Regelfall um einzelne oder eine Gruppe von Soldaten, die auf die Umgebung herabblicken. Einheimische sind nicht zu sehen.[55] Typisch ist ein Foto, das einen kanadischen Soldaten zeigt, der in der zypriotischen Hauptstadt Nikosia steht und auf die Dächer der Stadt herabsieht (Abb. 10.5). In der Ferne sind Minarette zu erkennen, also schaut der Militärangehörige auf den türkischen Teil von Nikosia. Auch hier wird, geographisch und kulturell an der Schnittstelle zwischen Europa und Asien, der Topos vom überlegenen Blick des Okzidents auf den Orient aufgegriffen.

Figure 64.3 *A soldier of the Royal Canadian Regiment on outpost duty on top of a building in the divided city of Nicosia, Cyprus, 1970.*

Abb. 10.5 Ein kanadischer UN-Soldat blickt auf die Dächer von Nikosia, 1970. Quelle: Gillian Bartlett/Janice Galivan, Canada. History in the Making, John Wiley & Sons: Toronto u.a. 1986, S. 459

Wie gezeigt stehen die Soldaten häufig entweder auf natürlichen Erhebungen oder auf Bauwerken. Diese beiden Motive werden durch ein drittes ergänzt. Hierbei blicken UN-Blauhelme, auf bzw. in einem Fahrzeug stehend, auf eine

---

54 Vgl. McCullough, Creating, S. 85-88.
55 Vgl. Moir/Saunders, Northern Destiny, 1970, S. 528; Evans/Diachun, Canada: Towards Tomorrow, 1976, S. 216.

"BETWEEN ARAB AND ISRAELI"   (D.N.D. photo)
A ferret scout car of the Reconnaissance Squadron, Royal Canadian Dragoons, patrolling the Egyptian-Israeli border.

Abb. 10.6   Ein kanadisches Spähfahrzeug von UNEF I an der Grenze zwischen Ägypten
             und Israel. Foto: DND. Quelle: Donald J. Goodspeed (Hg.), The Armed Forces of
             Canada 1867-1967. A Century of Achievement, Directorate of History, Canadian
             Forces Headquarters: Ottawa 1967, S. 253

überwiegend menschenleere Umgebung.[56] Das bekannteste dieser Bilder entwickelte sich, wenn auch in leicht differierenden Versionen, zu der Ikone des
kanadischen UN-Einsatzes in Ägypten während UNEF I.[57] Auf dem Foto sieht
man ein kleines, gepanzertes und weiß gestrichenes Aufklärungsfahrzeug,

56   Vgl. Saywell, Canada Past and Present, 1983, S. 79; Kirbyson (Hg.), Discovering Canada,
      1983, S. 238; Hundey, Canada: Builders of the Nation, 1991, S. 297. Im weiteren Sinne ge-
      hören hierzu auch Fotos, die kanadische UN-Soldaten in gepanzerten Fahrzeugen bei
      Patrouillefahrten im Einsatzgebiet zeigen. Vgl. Kirbyson/Peterson, In Search of Canada,
      vol. 2, 1977, S. 484. Vgl. auch McCullough, Creating, S. 86.
57   Vgl. Saywell, Canada Past and Present, 1969, S. 54; Howard u.a., Canada Since
      Confederation, 1976, S. 250; Desmond Morton, Towards Tomorrow. Canada in a Changing
      World. History, Harcourt Brace Jowanowich: Toronto u.a. 1988, S. 145; Hundey/Magarrey,
      Canada: Understanding Your Past, 1990, S. 189. Siehe auch die Veröffentlichung eines Aus-
      schnitts des Fotos in English, »A Fine Romance«, S. 85, einem Aufsatz aus dem Jahr 1998.

das vor einem typischen Savannenbaum mit schirmförmiger Krone steht
(Abb. 10.6). Die Landschaft erscheint ansonsten öde. Zwei Soldaten schauen
aus der Dachluke heraus, einer blickt durch ein Fernglas, der andere hält
ein auf dem Fahrzeug montiertes Maschinengewehr. Auch hier findet sich
die typische Konstellation des Beobachters und seiner Wache. Ursprünglich
handelt es sich um ein Farbfoto, als solches ist es auch in dem schon mehrfach genannten Jubiläumsband abgedruckt. Die blauen Kopfbedeckungen
sind dabei gut zu erkennen; die Farbe wird vom blauen Himmel des weiten
Horizonts aufgenommen. Das in dem Band gezeigte Foto wurde mit einer
Bildzeile versehen, die den Titel des Erinnerungsberichtes des ehemaligen
UNEF-Kommandeurs Burns zitierte: »Between Arab and Israeli«. So wird die
Interpretation von den kanadischen Soldaten als Vermittler und als überpartei-
liche Instanz unterstützt, die das Verhalten der Kontrahenten beobachtend
kontrollierte. Dabei erweist sich dieses Fotomotiv bis heute als so repräsentativ
für den Einsatz auf dem Sinai, dass es sogar unlängst auf dem Umschlag einer
aktuellen wissenschaftlichen Monographie über die kanadische Beteiligung
an UNEF I abgedruckt wurde.[58]

Der Samariter

Die Bedeutung des dritten vorherrschenden Sujets nahm im Zeitablauf zu. Es
handelt sich dabei um das Bild vom helfenden kanadischen Blauhelm-Soldaten.
Ein solches fand sich bereits in der Jubiläumsausgabe der Streitkräfte-Historie
von 1967. Es bildet einen kanadischen Sanitätsunteroffizier ab, der einem
kongolesischen Baby eine Penicillinspritze verabreicht. Daneben steht eine
Frau, die ein Kopftuch trägt, vermutlich die Mutter. Es zeigt die Hilfsbereit-
schaft der Soldaten, vermittelt zugleich aber durch deren Haltung eine gewisse
Distanz zwischen den Beteiligten (Abb. 10.7). Dieses Foto bebilderte auch
einen Beitrag in einem Geschichtsschulbuch, das in der Provinz Ontario zugelassen war.[59]
    Eine weitere Abbildung, die 1976 ebenfalls in einem Schulbuch abgedruckt
wurde, überwindet diese Distanz ein Stück weit, indem sie einen kanadischen
Militärangehörigen inmitten einer Gruppe von traditionell Gekleideten zeigt,

---

58   Vgl. Carroll, Pearson's Peacekeepers, Cover u. S. 110; in dem Band finden sich auch eine
       Version von Abb. 10.4, allerdings von einem differierenden Blickwinkel aus fotografiert,
       und ein Foto, auf dem ein Kamel gezeigt wird. Vgl. ebd., S. 99, 101.

59   Vgl. Moir/Saunders, Northern Destiny, 1970, S. 530.

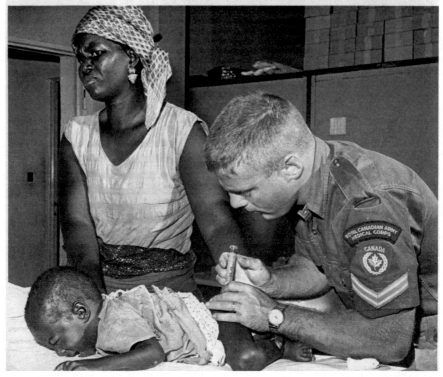

A Royal Canadian Medical Corps corporal attached to No. 57 Canadian Signal Unit in Leopoldville administers penicillin to a sick Congolese baby.
(D.N.D. photo)

Abb. 10.7   Ein kanadischer Sanitäter gibt einem Baby eine Penicillinspritze in Léopold-
              ville, Kongo. Foto: DND. Quelle: Donald J. Goodspeed (Hg.), The Armed Forces of
              Canada 1867-1967. A Century of Achievement, Directorate of History Canadian
              Forces Headquarters: Ottawa 1967, S. 249

die auf den Betrachter wie Beduinen wirken. Ihnen wird Wasser gebracht.[60]
Trotz der menschlichen Nähe, die visuell angedeutet wird, transportierte auch
dieses Foto die typische westliche Weltsicht auf den Orient, indem Menschen
in traditioneller, aus westlicher Sicht altertümlicher Kleidung präsentiert
werden, denen der fortschrittlichere Westen hilft.

   Das Sujet des Soldaten, der eine humanitäre Aufgabe übernimmt, wurde
also bereits seit den 6oer Jahren verwandt. Fotos mit entsprechenden Motiven
blieben allerdings eher Ausnahmen. Dies änderte sich nach Ende des Kalten
Krieges, vor allem seit Beginn der 9oer Jahre. Der helfende UN-Soldat wurde
visuell zum Inbegriff des Peacekeepings. Dies hing damit zusammen, dass
die Peacekeeping-Operationen nun regelmäßig auch humanitäre Mandate

---

60   Vgl. Howard u.a., Canada Since Confederation, 1976, S. 262.

Figure 14–17 Canadian peacekeepers on duty in Croatia

Abb. 10.8   Kanadische Blauhelme mit einer Kiste Stoffbären in Kroatien. Quelle:
             Carl F. Smith u.a., Canada Today, Prentice Hall Canada: Scarborough, 3. Aufl. 1996,
             S. 406

beinhalteten. Die Fotos repräsentierten somit die gewandelte Einsatzstruktur. Sie waren aber auch zugleich Teil eines nationalen wie transnationalen, positiv besetzten Humanitätsdiskurses. Eingebunden in diesen Diskurs verhießen die entsprechenden Aufnahmen öffentliche Zustimmung. Sie waren nicht so kontrovers wie beispielsweise kriegerische Fotos, welche die Problematik der Einsätze und die Gefährdungen, denen die UN-Soldaten ausgesetzt waren, ungleich realitätsnäher aufscheinen ließen. Indem der humanitäre Auftrag visuell vom Rand ins Zentrum der öffentlichen Wahrnehmung rückte, wurde zwar ein wichtiges Element der Missionen herausgegriffen, aber insgesamt ein einseitiges Bild der Realität in den Einsatzräumen gezeigt. Auch in diesem Fall erweisen sich die Fotos nicht als Abbild, sondern als eine spezifische Interpretation der Wirklichkeit.

Zu den typischen Fotos, in denen UN-Soldaten als Samariter erscheinen, gehört eines, das sich im Geschichtsschulbuch »Canada Today« findet und zwei Angehörige der kanadischen Streitkräfte beim Transport von Stofftieren zeigt (Abb. 10.8). Tatsächlich wird häufig berichtet, wie kanadische Militärangehörige

Einheimischen, vielfach Kindern, halfen.[61] Ein Beobachter schrieb in einem Leserbrief über die kanadischen UN-Soldaten in Bosnien: »Most of all, I was touched by their empathy and good will to the local population despite the impossible circumstances in which they found themselves.«[62] Die Tatsache als solche ist unbestritten. Prominent in einem Schulbuch platziert, wurde mittels des genannten Fotos allerdings eine bestimmte, eingeschränkte Sicht auf die Jugoslawien-Operation visuell vorgegeben, die zudem die Aussage im umgebenden Text, der die Gefahren und Probleme des Dienstes ansprach, konterkarierte: Die humanitäre Aufgabe stünde im Mittelpunkt, nicht die lebensgefährlichen Aspekte des Einsatzes. Die Szenerie ist friedlich, es herrscht Einvernehmen zwischen den Beteiligten. Die Soldaten und zumindest der männliche Zivilist, der am rechten Bildrand zu sehen ist, zeigen freundliche Mienen. In der Bildzeile erfährt der Betrachter, dass es sich bei der Tätigkeit der beiden Soldaten um ihren Dienst handelte, also in diesem Fall nicht um ein freiwilliges Engagement. Auch andere, ähnlich konzipierte Fotos visualisieren, wie kanadische Soldaten den Schwächsten in der Gesellschaft beistanden, den Kindern.[63] Der Auftrag der Kanadier in Kroatien bzw. allgemein im Rahmen von UN-Einsätzen konnte kaum deutlicher moralisch legitimiert werden, als mit dem Hinweis auf die Hilfe für notleidende Kinder.

Ähnlich argumentierte auch ein Werbeplakat, das die kanadischen Streitkräfte konzipierten und das einen behelmten UN-Soldaten mit einem Kind auf dem linken Arm und einer Handfeuerwaffe in der rechten Hand zeigte (Abb. 10.9). Anders als die übrigen Motive, die helfende Blauhelme in den Mittelpunkt rücken, wird dieser Militärangehörige als angespannt dargestellt. Das Kind, ein blonder Junge, weint; seine rechte Hand ist hilflos geöffnet, links trägt er ein weißes Stofftier. Der Soldat ist offensichtlich in einer schnellen Bewegung begriffen, die Situation erscheint gefährlich. Soldatischer Einsatz unter Gefahr und die Hilfe für die Schwächsten wird hier in einem Bild visuell verbunden. Ob das Plakat aufgehängt wurde oder ob es erfolgreich war, ist nicht bekannt.[64] Es reduzierte jedenfalls für den Betrachter die kanadischen

---

61 In Calgary wurde sogar einem dieser Soldaten ein Denkmal gesetzt. Vgl. Kapitel 12 dieser Arbeit.

62 Louis Gentile, Toronto, »Peacekeeping: What a billion dollars buys«, Leserbrief, *Globe and Mail*, 12.3.1994, S. D7.

63 Vgl. z.B. Sentinel 26 (1990), 6, S. 37; Sentinel 28 (1992), 5, S. 3; Sentinel 29 (1993), 1, Titelbild; Sentinel 29 (1993), 2, rückwärtiges Cover; Sentinel 29 (1993), 4, S. 2 f., 10 f.; Sentinel 29 (1993), 5, S. 8, rückwärtiges Cover; Sentinel 30 (1994), 2, S. 7.

64 Nachfragen im Verteidigungsministerium ergaben, dass keine entsprechenden Angaben oder Motive anderer Plakate überliefert sind. Siehe stattdessen ein Informationsfaltblatt des Verteidigungsministeriums »Canada's International Alliances and Commitments«,

Abb. 10.9
Werbeplakat der kanadischen
Streitkräfte, als Folie in der
Anlage zu einer Broschüre für
den französischsprachigen
Schulunterricht. Quelle:
Transparents. La présence
Canadienne dans le monde/
Guerre, Paix et sécurité, élaboré
par le Groupe d'évaluation des
programmes sociaux Queen's
University pour Reflets du
Patrimoine. La Fondation CRB/
The CRB Foundation Heritage
Project, Montréal 1997. Aus dem
Bestand der Abteilung
Didacthèque der Bibliothek
der Universität Laval

Streitkräfte auf eine einzige Tätigkeit, das Peacekeeping, das zudem noch als
humanitärer Einsatz charakterisiert wurde. Zugleich war es eingebunden in die
zumindest Anfang der 90er Jahre vorherrschende Bildsprache vom helfenden
kanadischen UN-Soldaten.

Die Fotos, die in den Humanitätsdiskurs der 90er Jahre eingebettet waren,
unterscheiden sich von denjenigen, die hauptsächlich dem Orientalismus-
Diskurs zugehören, dadurch, dass sich die abgebildeten kanadischen Soldaten
explizit um Leben, Gesundheit und Wohlergehen der Einheimischen
kümmerten. Aber auch die »neuen« Motive stellten den aktiven westlichen,
kanadischen Militärangehörigen passive und dankbare Einheimische gegenüber. Ober- und Unterordnung waren abgeschwächt, doch die Zuordnungen
und Rollen blieben eindeutig definiert. Ein wirkliches Miteinander und eine
Begegnung auf gleicher Ebene gab es nicht. Auf diese Weise wurde auch
im Sujet des helfenden Soldaten die paternalistische Weltsicht, die dem

---

das auf S. 3 einen Soldaten zeigt, der ein Kind mit einer Flasche füttert, und das im Bestand des Archivs der UNAC vorliegt.

transnationalen Orientalismus-Diskurs innewohnte, zumindest im Ansatz
weitergeführt.

Transnationaler Diskurs und nationale Identität

Neben den genannten drei Sujets wurden auch immer Fotos publiziert, die
andere Themen zum Inhalt hatten und beispielsweise kanadische Blauhelme
im militärischen Einsatz oder bei Lagebesprechungen zeigten. In den 90er
Jahren erschienen diese Motive häufiger. Dabei standen die kanadischen
Soldaten weiterhin im Mittelpunkt; tatsächlich fehlten die Einheimischen
weitgehend. Erst auf den Fotos jüngeren Datums sind des Öfteren Bewohner
aus den Einsatzgebieten abgebildet.[65] Dennoch richtete sich der Fokus auch
dann überwiegend auf die »eigenen« Soldaten.

Nur in Ausnahmefällen fanden Fotos Eingang in Publikationen, auf denen
ein wirkliches Miteinander zwischen kanadischem Militär und Bevölkerung
im Einsatzgebiet erkennbar wird. Ein solches druckte das Militärmagazin
»Sentinel« 1992 und erneut 1994 ab.[66] Auf dem Foto sieht man, wie sich ein
Soldat und eine Frau mit Kopftuch die Hände reichen (Abb. 10.10). Es ist dabei
weder klar zu erkennen, ob etwas übergeben wird, noch wer Empfänger und
wer der Gebende ist. Eine Überordnung des Soldaten existiert nicht. Denn der
Soldat, ohne Kopfbedeckung zivilistenähnlicher, steht tiefer und wendet sich
der höher sitzenden Frau mit ausgestrecktem Arm zu. Erst die Bildzeile am
oberen Rand erläutert, dass der kanadische Soldat der Frau etwas von seiner
Verpflegung abgibt. Auch dieses Foto gehört also zum Sujet des Samariters.
Doch ist dieses erstens ohne Begleittext nicht zu erkennen und zweitens ent-
hält die Abbildung keine klare Hierarchie, denn das Händereichen als Ausdruck der Zusammengehörigkeit steht im Mittelpunkt.[67]

---

65   Vgl. Sentinel 25 (1989), Nr. 1. Diese Ausgabe, die sich in großer Breite mit dem UN-
      Peacekeeping beschäftigte, zeigt eine beispielhafte Vielfalt verschiedener Motive aus der
      Zeit nach Ende des Kalten Krieges. Vgl. auch die Titelblätter von Sentinel 28 (1992), Nr. 4
      u. 5, die kanadische Blauhelme im Einsatz jeweils in einer zerstörten Umgebung zeigen.
      Für frühe Fotos, die UN-Blauhelme im Einsatz oder bei Besprechungen visualisieren,
      vgl. z.B. Brault, Le Canada au xxᵉ siècle, 1965, S. 292 u. Evans/Diachun, Canada: Towards
      Tomorrow, 1976, S. 230. Außergewöhnlich ist ein Foto in Mitchner u.a., Forging a Destiny,
      1976, S. 38, das einen auf Zypern verwundeten kanadischen UN-Soldaten zeigt.

66   Vgl. Sentinel 30 (1994), 2, S. 48. Hierbei handelte es sich um die letzte Ausgabe des
      Sentinel. Die Zeitschrift wurde danach eingestellt.

67   Vgl. Douglas Martin, No ›Rainbow‹ at Sarajevo, in: Sentinel 28 (1992), Nr. 4, S. 2-5, hier S. 2 f.

Abb. 10.10   Gemäß der Bildzeile überreicht Master Seaman Monty Penney einen
               Teil seiner Rationen einer Familie nahe Sarajevo. Foto: Sergeant
               Christian Coulombe (Foto-Nr. ISC92-5130). Quelle: Sentinel 28 (1992),
               Nr. 4, S. 2 f.

Abgesehen von solchen Ausnahmen folgte die Mehrzahl der Abbildungen
dem traditionellen Foto- und Interpretationskanon. Die zugehörigen Fotos
wiesen in der Tat einen »kolonialen Blick«[68] auf, der jedoch eben nicht nur
typisch kanadisch, sondern typisch westlich war. Auch die Wahrnehmung
des »eigenen« Peacekeepings, des Einsatzes von kanadischen Soldaten, war
somit vielfach in ein grenzüberschreitendes, im wahrsten Sinne des Wortes
transnationales Weltbild eingebettet, das implizit und explizit die okzidentale
Superiorität betonte. Indem Differenzen und Hierarchien aufgestellt wurden,
grenzten die Fotos zudem das »Eigene« von einem »Anderen« ab. Gerade

---

68   Vgl. den Aufsatztitel von David Bate, Fotografie und der koloniale Blick, in: Herta Wolf
       (Hg.), Diskurse der Fotografie. Fotografie am Ende des fotografischen Zeitalters, Bd. 2,
       Frankfurt/M. 2003, S. 115-132.

durch diese Konstruktion des »Anderen« trugen auch die Blauhelm-Fotos auf eine spezifische Weise zur kanadischen Identitätsbildung bei.[69]

Dabei darf allerdings nicht vergessen werden, dass sich eine Bildsprache herausgebildet hatte, die – stärker in den 5oer bis 8oer Jahren, aber auch darüber hinaus – die differenziertere politische und militärische Praxis sowie vor allem das antikoloniale kanadische Selbstbild zumindest tendenziell konterkarierte. Unterschiedliche Wahrnehmungen, die letztlich nicht kompatibel waren, bestanden also nebeneinander. Auch die Selbstdeutungsstrategien, welche die kanadischen Blauhelme ins Zentrum rückten, waren nicht homogen bzw. boten vielfältige Anschlussmöglichkeiten, die gerade vor dem Hintergrund des sich auflösenden Ost-West-Gegensatzes am Ende der 8oer Jahre ein breites Spektrum an politischen, militärischen und gesellschaftlichen Aktivitäten ermöglichten.

---

69   Eine solche Weltsicht versuchen gerade die Postcolonial Studies zu hinterfragen und auf-
      zulösen. Vgl. Bachmann-Medick, Cultural Turns, S. 206 f. Dass Kolonialfotografie häufig,
      aber nicht immer und ausschließlich der gesellschaftlichen Grenzziehung dient, betont
      Jäger, Fotografie und Geschichte, S. 176 f. Vgl. auch dessen Kapitelüberschrift »Das Andere
      und das Eigene: Reisefotografie, Kolonialfotografie, Fremde und Heimat«. Ebd., S. 168.

KAPITEL 11

Erfüllung einer Tradition
An der Spitze des Peacekeepings in der Wendezeit

Das Ende seiner Ära läutete Pierre Elliott Trudeau selbst ein. Am 28. Februar 1984 unternahm der Premierminister seinen berühmten »Spaziergang im Schnee«. Dort soll er die Entscheidung getroffen haben, zurückzutreten, oder, wie er später in seinen Memoiren schrieb: »It was time to go home.«[1] Ende Juni übergab er die Amtsgeschäfte an John Turner, seinem Nachfolger als Chef der Liberalen Partei Kanadas. Offensichtlich voll Siegesgewissheit setzte Turner umgehend Neuwahlen an. Doch die Rechnung ging nicht auf. Überraschend errangen die Konservative Partei (genauer: die Progressive Conservative Party) und ihr Spitzenkandidat Brian Mulroney im September 1984 einen überwältigenden Wahlsieg. Obwohl die Außen- und Sicherheitspolitik im Wahlkampf nur eine untergeordnete Rolle gespielt hatte und Mulroney in dieser Frage kaum hervorgetreten war, ließen sich doch zwei grundlegende Axiome herausdestillieren: eine atmosphärische und vor allem weitgehende ökonomische Annäherung an die USA[2] sowie die Aufrüstung der Streitkräfte. Die Politik Trudeaus schien auf den Kopf gestellt zu werden.[3]

Axiome konservativer Außenpolitik

Tatsächlich gelang es Mulroney die Beziehungen zu den Vereinigten Staaten deutlich zu verbessern. Als Ausweis der nunmehr noch engeren Partnerschaft gilt das Freihandelsabkommen, das nach langwierigen Verhandlungen am 2. Januar 1988 von Premierminister Mulroney und Präsident Ronald Reagan unterzeichnet wurde. Praktisch alle Zollgrenzen und Handelsbeschränkungen

---

1 Pierre Elliott Trudeau, Memoirs, 3. Aufl., Toronto 1994, S. 342. Vgl. English, Just Watch Me, S. 602 f.

2 Allerdings erteilte Mulroney in seinen Wahlkampfreden einem Freihandelsabkommen eine Absage, was ein interessantes Licht auf die unklaren Wahlkampfpositionen wirft, denn dieses Abkommen, während seiner Amtszeit als Premierminister geschlossen, zählte später zu seinen größten außenpolitischen Erfolgen. Vgl. Nelson Michaud/Kim Richard Nossal, The Conservative Era in Canadian Foreign Policy, 1984-93, in: dies. (Hg.), Diplomatic Departures: The Conservative Era in Canadian Foreign Policy, 1984-93, Vancouver/Toronto 2001, S. 3-24, hier S. 9.

3 Vgl. Michaud/Nossal, Conservative Era; Hillmer/Granatstein, Empire to Umpire, S. 273 f.; English, Just Watch Me, S. 612-614.

© VERLAG FERDINAND SCHÖNINGH, 2020 | DOI:10.30965/9783657787807_013

sollten fallen. Doch nicht nur ökonomisch, sondern auch politisch richtete sich der Blick auf den eigenen Kontinent. 1990 trat Kanada der Organization of American States (OAS) bei, nachdem Mulroneys Vorgänger über 40 Jahre lang eine Mitgliedschaft aus Furcht vor der Dominanz der USA in diesem Gremium gescheut hatten.[4]

Während die Annäherung an den Partner südlich der Grenze vorherzusehen gewesen war, kam es überraschend, dass die konservative Regierung international dezidiert für den Schutz der Menschenrechte eintrat und immer wieder harsche Sanktionen bei Menschenrechtsverletzungen forderte. Diese Position wurde explizit von Mulroney verfolgt. Sie kam besonders in dessen Haltung zur Apartheid in Südafrika zum Ausdruck, plädierte er doch für weit härtere ökonomische Zwangsmaßnahmen als die Regierungschefs der anderen großen Industriestaaten.[5] Analysen der konservativen Außenpolitik gehen davon aus, dass die Regierung nur wenige festgefügte außenpolitische Pläne und Motive verfolgte, sondern vornehmlich auf die vorgegebenen internationalen Situationen reagierte. Die Menschenrechtspolitik sei hierfür ein Beispiel.[6]

Dagegen gehörten die Forderungen, das Militär neu aus- und aufzurüsten, zum Kern des konservativen Selbstverständnisses und vorherigen Oppositionsprogramms. Wie allgemein zugegeben wurde, waren die 82.000 Mann starken Streitkräfte in einem schlechten Zustand und personell unterbesetzt. Besonders die Ausrüstung entsprach schon längst nicht mehr modernen Standards. Doch blieben die praktischen Maßnahmen des neuen Kabinetts weit hinter den Erwartungen zurück. Das längst geplante Weißbuch erschien erst 1987. Verantwortet vom neuen Verteidigungsminister Perrin Beatty – dem dritten Ressortchef innerhalb von zweieinhalb Jahren –, sollte es die Wende bringen und die Neuausrichtung der Streitkräfte vorantreiben.[7]

Nach fast zwei Jahrzehnten wurde zum ersten Mal wieder ein Verteidigungsweißbuch herausgegeben. Dessen sicherheitspolitisches Credo war ein klarer antisowjetischer Kurs und insofern nochmals eine dezidierte

---

4 Vgl. Michaud/Nossal, Conservative Era, S. 11-13; Denis Stairs, Architects or Engineers? The Conservatives and Foreign Policy, in: Nelson Michaud/Kim Richard Nossal (Hg.), Diplomatic Departures: The Conservative Era in Canadian Foreign Policy, 1984-93, Vancouver/Toronto 2001, S. 25-42, hier S. 28-33; Hillmer/Granatstein, Empire to Umpire, S. 288-299.

5 Vgl. Michaud/Nossal, Conservative Era, S. 18 f.; Stairs, Architects or Engineers?, S. 35.

6 Vgl. vor allem Stairs, Architects or Engineers?; auch Lui, Why Canada Cares, S. 156 f.

7 Vgl. Nelson Michaud, Bureaucratic Politics and the Making of the 1987 Defence White Paper, in: ders./ Kim Richard Nossal (Hg.), Diplomatic Departures: The Conservative Era in Canadian Foreign Policy, 1984-93, Vancouver/Toronto 2001, S. 260-275.

Abkehr zumindest von der älteren Politik Trudeaus.[8] Das Dokument verwarf
die Hoffnung auf Entspannung und setzte auf militärische Stärke: »... violence
is ever-present and [...] those who do not look to their own military forces can
become the victims of the forces of others.«[9]

Das Weißbuch atmete aus jeder Faser die Rhetorik des Kalten Krieges. Die
Ankündigung atomangetriebene, aber konventionell bewaffnete U-Boote an-
zuschaffen, erntete selbst bei wohlmeinenden Kommentatoren Kopfschütteln,
bei den Angehörigen der Friedensbewegung und denjenigen, welche die unter
Michail Gorbatschow in der Sowjetunion einsetzenden Veränderungen bereits
als Silberstreif einer zukünftigen internationalen Entspannungspolitik am
Horizont ausmachten, führte die Kalter-Krieger-Attitüde zu einem Sturm der
Entrüstung. Wie Trudeaus Friedensinitiative in den Jahren 1983/84 kam auch
das Weißbuch zur Unzeit. Hatte wenige Jahre zuvor Trudeau erfolglos gegen
die Windmühlenflügel des sich wieder verhärtenden Ost-West-Konfliktes gekämpft, so sollte das Weißbuch ein ähnliches Schicksal erleiden. Die Tinte auf
dem Papier war noch nicht ganz getrocknet, da führte die neu erwachte Kooperationsbereitschaft der Supermächte und der folgende Zusammenbruch
des »Ostblocks« zu einer völlig neuen internationalen Lage, die das Weißbuch
zur Makulatur werden ließ.

Der Verlust des Feindbildes, die sich hierdurch ergebende neue sicherheitspolitische Lage und das immer mehr anschwellende Haushaltsdefizit
bewirkten schließlich, dass schon 1989 die im Weißbuch vorgesehenen An-
schaffungen gestrichen und spätestens 1992 die Streitkräfte statt von erhöhten
Zuwendungen von massiven Kürzungen betroffen wurden. Die Sparmaß-
nahmen führten vor dem Hintergrund des gewandelten Bedrohungsszenarios
sogar dazu, dass 1993 die in Deutschland unter NATO-Kommando stationierte
kanadische Brigade vollständig abgezogen wurde – ein Schritt, den schon die
Regierung Trudeau erwogen, aber sich nicht zu vollziehen getraut hatte.[10]

---

8   Norrin M. Ripsman, Big Eyes and Empty Pockets: The Two Phases of Conservative
     Defence Policy, in: Nelson Michaud/Kim Richard Nossal (Hg.), Diplomatic Departures:
     The Conservative Era in Canadian Foreign Policy, 1984-93, Vancouver/Toronto 2001, S. 100-
     112, hier S. 104 betont, dass das Weißbuch zwar im Gegensatz zu den Positionen der frühen
     Trudeau-Regierung Anfang der 70er Jahre stand; Trudeau sei aber Mitte bis Ende der 70er
     Jahre wieder auf einen Kurs der traditionellen Unterstützung von NATO und NORAD
     eingeschwenkt. Im Ton und nicht im Inhalt habe sich das Weißbuch von der Sicherheits-
     politik der späten Trudeau-Jahre unterschieden.

9   Challenge and Commitment. A Defence Policy for Canada, Ottawa 1987, in: Bland (Hg.),
     Canada's National Defence, vol. 1, S. 191-280, hier S. 279.

10   Vgl. David G. Haglund/Peter L. Jones, Canada, the »Lessons« of Peacekeeping, and
     Central America, Kingston 1989, S. 1 (Centre for International Relations Occasional Paper,

Peacekeeping: »business as usual«

Die auf den Kalten Krieg fokussierten sicherheitspolitischen Überlegungen führten dazu, dass das Peacekeeping im Verteidigungsweißbuch weitgehend ignoriert wurde, auch wenn sich dort ein Lippenbekenntnis zu den traditionellen Positionen fand.[11] Auf die praktische Politik hatte die kurzlebige Rhetorik des Weißbuchs indes keinen Einfluss. Die internationalen Spielräume waren während der ersten Amtsperiode Mulroneys sowieso gering, da der wiederaufgeflammte Ost-West-Konflikt die Aufstellung neuer UN-Kontingente vereitelt hatte. Es dominierte »business as usual«.

Rolle und Stärke der UN-Friedensmissionen sowie des kanadischen Beitrags hierzu blieben bis 1988 nahezu konstant. Seit dem Ende von UNEF II 1979 bestanden nur noch fünf UN-Missionen. Hierzu zählten die drei Operationen im Nahen Osten: UNTSO an den Grenzen Israels, UNDOF auf den Golan-Höhen und UNIFIL im Libanon. UNMOGIP stand weiterhin in Kaschmir und UNFICYP auf Zypern. Kanadische Soldaten gehörten, nachdem sie sich nur für sechs Monate am Einsatz im Libanon beteiligt hatten und 1979 aus Kaschmir abgezogen worden waren, nunmehr noch drei Missionen an. In UNTSO stellten sie Anfang der 80er Jahre 20, in UNDOF 220 und auf Zypern 515 UN-Blauhelme. Am 1. August 1987 lauteten die entsprechenden Zahlen 24, 228 und 522 Mann. Zu diesem Zeitpunkt rangierte Kanada unter den 23 Truppenstellern, die in den fünf UN-Missionen insgesamt 9.703 Soldaten einsetzten, mit 774 Soldaten auf Platz 6, hinter Schweden, Finnland, Norwegen, Ghana und Österreich. Kanadas Beitrag war also substantiell, aber zumindest quantitativ nicht überragend.[12]

Wie unter den Vorgängern üblich, verlängerte auch das konservative Kabinett regelmäßig die auslaufenden Mandate ihrer UN-Soldaten. Als Routine erwies sich nun, dass Außen- und Verteidigungsministerium um höhere Kommandoposten bei den UN-Missionen nachsuchten. Längst vorbei waren die Zeiten der 40er und 50er Jahre, als Berufsoffiziere nur zurückhaltend für führende

---

33); Michaud/Nossal, Conservative Era, S. 13-15; Stairs, Architects or Engineers?, S. 33-35; Ripsman, Big Eyes; Hillmer/Granatstein, Empire to Umpire, S. 274-279.

11   Vgl. Ripsman, Big Eyes, S. 103.

12   Vgl. Annex 1 zu dem Bericht »Canada and Peacekeeping – An Overview«, o.D., verantwortlich: Lieutenant-Colonel R. G. Edwards, Defence Relations Division, DEA, LAC, RG 25, vol. 12559, file 21-14-1, pt. 14; Summary of United Nations Peace-Keeping Forces by Countries as at 1 August 1987, ebd., vol. 11491, file 21-14-1, pt. 15; Gardam, The Canadian Peacekeeper, S. 16-18, 48 f. Manon Tessier und Michel Fortmann geben an, dass Ende 1984 740 kanadische Blauhelme eingesetzt worden seien. Vgl. Tessier/Fortmann, Conservative Approach, S. 116.

Aufgaben bei den Blauhelmen freigegeben wurden. Im Februar 1985 bat beispielsweise das Verteidigungsministerium das Außenministerium, sich dafür einzusetzen, dass ein kanadischer Offizier die Position des Stabschefs in UNDOF übernehmen könnte. Dieser Vorschlag wurde von den Diplomaten wärmstens befürwortet: »Pursuing this appointment is consistent with our attempts to obtain more senior positions for Canadians in United Nations organizations.«[13] Nachdem sich die kanadische Diplomatie auf höherer Ebene bei den Vereinten Nationen für dieses Ansinnen eingesetzt und vermutlich auch eine Einigung mit Österreich erzielt hatte, das zunächst den Stabschef stellen sollte, wurde dem kanadischen Antrag stattgegeben. Kanada würde den Stabschef und Österreich den stellvertretenden Stabschef stellen, nach 18 Monaten sollten die Positionen getauscht werden. Der kanadische Brigadegeneral Yuill übernahm daraufhin die Position des Stabschefs und im Zuge seiner Stationierung auf den Golan-Höhen im Juni 1986 auch für kurze Zeit interimistisch das Kommando über UNDOF, bevor ein neuer Kommandeur eintraf.[14]

Im Gegensatz zu seinem Kabinettskollegen aus dem Verteidigungsministerium erwies sich der neue Chef im Außenministerium dem Peacekeeping gegenüber als prinzipiell aufgeschlossener. Joe Clark gehörte zu den Schwergewichten in der konservativen Partei. 1979/80 hatte er kurze Zeit einem konservativen Minderheitskabinett vorgestanden, doch war er danach im Rennen um den Parteivorsitz Mulroney unterlegen. Er wurde dem moderaten bis fortschrittlichen Flügel seiner Partei zugerechnet. Seine Ernennung galt als Ausweis dafür, dass die neue Regierung einen multilateralen außenpolitischen Kurs verfolgen würde.[15]

Wenn auch inhaltlich, beispielsweise durch die neue Amerikapolitik, von der Vorgängerregierung teilweise weit entfernt, entsprach doch Clarks außenpolitische Rhetorik weitgehend dem bekannten liberalen Stil. Auch er unterstrich, dass »the fundamental values in which Canadians believe should be reflected in Canadian foreign policy«.[16] Nicht anders als seine Vorgänger im Amt

---

13 J. R. Francis, Acting Director General, International Security and Arms Control, DEA, an die Ständige Vertretung Kanadas bei der UN in New York, 28.2.1985, LAC, RG 25, vol. 14573, file 21-14-6-UNDOF, pt. 6.

14 Vgl. zu den genannten Vorgängen LAC, RG 25, vol. 14573, file 21-14-6-UNDOF, pt. 6 u. vol. 16085, file 21-14-6-UNDOF, pt. 7 (beide Akten wurden unter ATIP geöffnet und nur teilweise freigegeben); Gardam, The Canadian Peacekeeper, S. 46.

15 Vgl. Michaud/Nossal, Conservative Era, S. 10.

16 Address by the Right Honourable Joe Clark, Secretary of State for External Affairs, to the Ninth Annual Conference on Human Rights and Foreign Policy, Canadian Human Rights Foundation, Ottawa, 26.3.1986, Statement (and speeches) 86/20.

verwies er darauf, dass die Außenpolitik den kanadischen Nationalcharakter betone und ihn zugleich bestätige.[17] Und als einen der prominentesten Ausdrücke des kanadischen Wesens meinte er das UN-Peacekeeping zu erkennen, welches er über alle Maßen lobte: »We practically invented United Nations Peacekeeping, and have honed our rare skills as peacekeepers in Indochina, in Cyprus and in the Sinai.«[18]

In Übereinstimmung mit der generellen Orientierung kanadischer Außenpolitik richtete sich der Blick von Clark maßgeblich auf die eigene Hemisphäre. Um den Friedensprozess in den von Bürgerkriegen geschüttelten Staaten in Mittelamerika voranzutreiben, unterstützte er eine Initiative von Anrainerstaaten, der sogenannten Contadora-Gruppe, zu der Mexiko, Kolumbien, Venezuela und Panama gehörten. Insbesondere bot er an, Peacekeeper bereitzustellen. Damit unterstrich Clark zum einen seine Bereitschaft, kanadische Soldaten in multilateralen Friedensoperationen einzusetzen. Explizit betonte er, dass dies für Kanada eine »natürliche Rolle« sei.[19] Zum anderen beschränkte er ein kanadisches Engagement nicht notwendigerweise auf das UN-System, das durch den Antagonismus der Supermächte partiell lahmgelegt war. Clark ging damit einen Schritt über die Position der Vorgängerregierung hinaus, die zwar dem mittelamerikanischen Friedensvorstößen ebenfalls prinzipiell positiv gegenübergestanden hatte, aber kanadische Peacekeeper vornehmlich in UN-Operationen eingesetzt wissen wollte.[20]

Während des Kalten Krieges kam es zu keiner Stationierung kanadischer Friedenssoldaten in Mittelamerika. Doch wurde eine Operation im Nahen Osten unterstützt, die zeigte, dass Clark und die konservative Regierung ihre Vorstellungen von kanadischem Peacekeeping aktiv umsetzten. Da die sowjetische Führung eine weitere UN-Friedensmission auf dem Sinai blockiert hatte, war unter maßgeblicher Beteiligung der Vereinigten Staaten eine außerhalb des UN-Systems stehende Beobachtertruppe installiert worden, die den ägyptisch-israelischen Friedensvertrag von Camp David vor Ort überwachte. Mit dem Argument, sich nur an UN-Missionen zu beteiligen, hatte die Regierung Trudeau das Angebot ausgeschlagen, Soldaten für die Operation

---

17   Vgl. Address by the Right Honourable Joe Clark, Secretary of State for External Affairs, to the Couchiching Institute on Public Affairs, Couchiching, 11.8.1985, S. 7, Statements and Speeches 85/46.

18   Ebd., S. 2.

19   »Clark urging return of peacekeeping role«, *Globe and Mail*, 4.2.1985, S. 4.

20   Vgl. A. A. Després, Acting Director, Defence Relations Division, DEA, an Deputy Minister DND, 6.10.1983 u. Memorandum J. D. Puddington, Acting Director United Nations Affairs Division, DEA, an Defence Relations Division (IDR), DEA, 6.10.1983, LAC, RG 25, vol. 12559, file 21-14-1, pt. 14.

bereitzustellen, die seit 1982 Multinational Force and Observers (MFO) genannt wurde. Erneut angefragt, gaben Mulroney und Clark 1985 eine positive Antwort – nicht zuletzt um die Beziehungen zu den USA zu verbessern, wie Sean Maloney deutlich macht. Im Mai 1986 nahmen die ersten von 140 Mann einer Hubschraubereinheit ihren Dienst im ägyptisch-israelischen Grenzgebiet auf.[21] Es ist unwahrscheinlich, dass die beiden konservativen Politiker dezidiert einen neuen Weg beschreiten wollten. Da die MFO als klassische Friedens- und Beobachtermission gelten könne, habe die Entscheidung Ottawas vor allem einem traditionellen Verständnis von Peacekeeping entsprochen, meinen Manon Tessier und Michel Fortmann.[22] Die Beteiligung an der MFO verwies allerdings nicht nur darauf, dass die Regierung dem Peacekeeping gegenüber prinzipiell positiv eingestellt war, sondern auch darauf, dass sie dieses Instrument nicht in ein enges politisches und definitorisches Korsett zu zwängen trachtete. Damit war eine wichtige Voraussetzung für eine proaktive und flexible Reaktion auf die bevorstehenden großen weltpolitischen Umwälzungen gelegt.

Neue Möglichkeiten

Diese globalen Veränderungen kamen für fast alle Beobachter überraschend. Zunächst waren die Ernennung Michail Gorbatschows zum Generalsekretär der kommunistischen Partei der Sowjetunion im Frühjahr 1985 und dessen Ankündigungen einer grundsätzlichen »Umgestaltung« (Perestroika) der sowjetischen Politik im Westen noch zurückhaltend bis ungläubig aufgenommen worden. Seit dem Gipfeltreffen zwischen Reagan und Gorbatschow am 11. und 12. Oktober 1986 in Reykjavik und der sich daraus ergebenden Aufschnürung des engen Korsetts des Kalten Krieges entfalteten die internationalen Beziehungen und die zur selben Zeit offenbar werdenden inneren Gegensätze in den Staaten des so genannten »Ostblocks« indes eine solche Dynamik, dass sich der sowjetische Machtbereich und auch die Sowjetunion selbst aufzulösen begannen. Am 9. November 1989 fiel mit der Berliner Mauer nicht nur die hermetische Abgrenzung zwischen den beiden deutschen Staaten, sondern symbolisch auch der »Eiserne Vorhang«, der Ost und West getrennt hatte. Am 12. September 1990 wurde in Moskau der Zwei-Plus-Vier-Vertrag

---

21 Vgl. Sean M. Maloney, Reluctant Peacekeeper. Canada and the Multinational Force and Observers in the Sinai, 1972-1982, Kingston 2008 (Occasional paper series Centre for International Relations Queen's University, 61).
22 Vgl. Tessier/Fortmann, Conservative Approach, S. 117 f.

unterzeichnet und damit die Wiedervereinigung Deutschlands beschlossen, die am 3. Oktober vollzogen wurde. Die Sowjetunion stand zu diesem Zeitpunkt schon mitten im Zerfallsprozess. Bereits am 11. März 1990 hatte Litauen als erste Sowjetrepublik seine Unabhängigkeit erklärt. 21 Monate später war die Sowjetunion dann am Ende: Mit Wirkung vom 31. Dezember 1991 hörte sie auf zu bestehen; einige Tage zuvor hatten Russland, die Ukraine und Weißrussland eine »Gemeinschaft Unabhängiger Staaten« (GUS) gegründet. Das östliche Verteidigungsbündnis, der Warschauer Pakt, hatte noch nicht einmal so lange überdauert, es war schon am 25. Februar 1991 aufgelöst worden.[23]

Die neue außenpolitische Konstellation, wie sie sich nach dem Treffen im Herbst 1986 in Reykjavik ergab, löste auch die Ketten, welche die Vereinten Nationen in den vergangenen Jahren behindert hatten. Im Sicherheitsrat waren wieder konsensuale Entscheidungen möglich. Die weiterhin prinzipiell skeptische Politik der USA gegenüber den Vereinten Nationen änderte sich aber erst durchgreifend, als George Bush 1989 die Nachfolge Reagans als US-Präsident antrat. Auf der praktischen Ebene hatten die Vertreter der beiden Supermächte allerdings schon seit 1987 Einigkeit dabei erzielen können, einige weltpolitische Krisenherde, die nicht zuletzt aufgrund der Blockkonfrontation noch schwelten, mithilfe der UN zu löschen. Hierzu gehörten der Krieg zwischen Iran und Irak, die sowjetische Besetzung Afghanistans, die Bedrohung durch kubanische Truppen in Angola, die Herrschaft Südafrikas über Namibia, der Bürgerkrieg in Kambodscha und der Konflikt um das nach Unabhängigkeit strebende Territorium der Westlichen Sahara.[24] In allen genannten Fällen wurden in den folgenden Jahren Blauhelme eingesetzt, um die Konflikte zu beruhigen oder die Implementierung von Vereinbarungen zu überwachen. Die nun um zivile Komponenten erweiterten Peacekeeping-Missionen avancierten zum entscheidenden Instrument, um mit den regionalen Folgen des Ost-West-Konflikts und dessen Ende fertigzuwerden. Hierin ähnelten sie den ersten Beobachter- und frühen Peacekeeping-Operationen, die sich mit dem Erbe des Kolonialismus auseinanderzusetzen hatten. Aus der neuen weltpolitischen Situation der späten 8oer Jahre ergaben sich für das Peacekeeping, wie Norrie MacQueen pointiert argumentiert, zwei miteinander verbundene Folgen: Erstens standen UN-Peacekeepern nun prinzipiell alle geographischen Regionen und Einsatzbereiche offen. Nach dem Ende der Blockkonfrontation erlahmte zugleich zweitens das Interesse der Supermächte an einzelnen Krisen und Kriegen, die bislang aus politischen Gründen zwar nicht eingedämmt, aber kontrolliert worden waren. Konflikte und Kampfhandlungen weiteten sich

---

23   Vgl. Stöver, Der Kalte Krieg, S. 437-462.
24   Vgl. Volger, Geschichte der Vereinten Nationen, S. 163-168.

aus, so dass es für die UN-Blauhelme nicht nur erweiterte Möglichkeiten gab, sondern auch eine größere Notwendigkeit bestand, einzugreifen. Die Nachfrage nach UN-Friedensoperationen sollte bald schier unerfüllbar werden.[25]

Innerhalb der kanadischen Regierung und der Außenamtsbürokratie wurden die neue Offenheit in den internationalen Beziehungen wie auch die steigende Nachfrage nach Blauhelmen nicht primär als eine Belastung angesehen, sondern mit großem Wohlwollen, wenn nicht sogar mit Enthusiasmus aufgenommen.[26] Dabei behielten Diplomaten und Militärs prinzipiell im Blick, dass die Streitkräfte aufgrund ihrer personellen und strukturellen Probleme nicht überbeansprucht werden dürften – eine Position allerdings, die in den kommenden Jahren unter dem Primat politischer Entscheidungen häufig aufgeweicht wurde. Es galt daher, militärische Möglichkeiten und politische Anforderungen miteinander zu verbinden. Um dies zu erreichen, wurde beispielsweise im August 1988 in einer internen Korrespondenz im Außenministerium darüber nachgedacht, vermehrt Reservisten einzusetzen, was, wie der Autor vermerkte, auch dem Verteidigungsministerium entgegenkäme.[27] Ebenfalls wurde nicht blauäugig generell jeder neuen Anfrage nach kanadischen UN-Blauhelmtruppen stattgegeben, sondern die Mitarbeiter des Außenministeriums versuchten, die im Prinzip schon von Außenminister Sharp festgelegten, beschränkenden Kriterien für eine Beteiligung zu beachten. Dies änderte allerdings nichts daran, dass Politiker und Diplomaten neuen Anfragen erst einmal grundsätzlich aufgeschlossen gegenüberstanden und die bestehenden Kriterien flexibel anwandten,[28] vor allem da sie meinten, dass das UN-Peacekeeping nicht nur allgemein akzeptiert und erfolgreich[29] sei, sondern auch kanadischen Sicherheitsinteressen entspräche.[30] Am 29. August 1988, im ersten Jahr der Neuauflage des Peacekeepings, schrieb Nick

---

25 Vgl. MacQueen, Peacekeeping, S. 129; Kühne, Völkerrecht und Friedenssicherung, S. 17 f.

26 Vgl. Hintergrundbericht »Peacekeeping«, o.D. (wohl Ende 1988/Anfang 1989), LAC, RG 25, vol. 22067, file 21-14-1, pt. 16 u. die eindeutig positive Bewertung des UN-Peacekeeping-Mechanismus in der Vergangenheit in C. O. Spencer, The Prospects for Peacekeeping, April 1988, S. 33, LAC, RG 25, vol. 11491, file 21-14-1, pt. 15.

27 Vgl. Nick Etheridge, Director, Political and Strategic Analysis Division, DEA, an Fred Bild, Assistant Deputy Minister, Political and International Security Affairs, DEA, 29.8.1988, LAC, RG 25, vol. 22067, file 21-14 1, pt. 16.

28 Vgl. auch die Argumentation in Haglund/Jones, Canada, S. 37.

29 Vgl. C. O. Spencer, The Prospects for Peacekeeping, April 1988, S. 33, LAC, RG 25, vol. 11491, file 21-14-1, pt. 15.

30 Vgl. Anschreiben Oberstleutnant George Boulanger, Defence Relations Division, DEA, 6.4.1990 mit Anhang »Policy for Peacekeeping« von ders., LAC, RG 25, vol. 25048, file 21-14-1, pt. 17; siehe auch C. O. Spencer, The Prospects for Peacekeeping, April 1988, S. 6, LAC, RG 25, vol. 11491, file 21-14-1, pt. 15.

Etheridge, der Direktor der Political and Strategic Analysis Division des Außenministeriums, an Fred Bild, den für die Sicherheitspolitik zuständigen Ministerialdirektor (Assistant Deputy Minister), in großer Klarheit: »There would appear to be a solid consensus in Canada, both within the Government and in general public, that peacekeeping promotes Canadian foreign policy and security interests.«[31]

Aus voller Überzeugung unterstützten daher die kanadischen Vertreter in internationalen Beratungen die Aufwertung und Ausweitung des Peacekeeping-Mechanismus der UN. So sollte der kanadische Außenminister während der 43. UN-Generalversammlung 1988 bilaterale Gespräche suchen, um für eine größere Effektivität des Peacekeepings zu werben.[32] Die kanadischen Diplomaten entfalteten nicht nur umfangreiche Aktivitäten, sondern fanden sich auch institutionell an herausgehobener Position. Nach eigener Einschätzung waren sie die treibende Kraft hinter den Versuchen, das Peacekeeping auf die zukünftigen Herausforderungen vorzubereiten. Im ständigen UN-Komitee, das sich mit dem Peacekeeping befasste und dem 34 Mitgliedsstaaten angehörten (»Committee of 34«), hielten die kanadischen Vertreter 1989/90 die wichtigsten Positionen, zum einen als amtierender Vorsitzender und zusätzlich als Leiter der entscheidenden Arbeitsgruppe. Die Stellung und der Einfluss der Diplomaten aus Ottawa wurden noch dadurch gestärkt, dass die USA vor dem Hintergrund ihrer negativen Haltung gegenüber der UN eher passiv blieben und die Sowjetunion ebenfalls eine nur untergeordnete Rolle spielte.[33] Wie sehr sich die kanadische Diplomatie in der Position eines Senior-Partners fühlte und selbst die Sowjetunion ein wenig von oben herab betrachtete, zeigt eine Bemerkung, die sich in einem Bericht der Ständigen Vertretung Kanadas bei der UN fand: »In 1988 USSR approached work of the peacekeeping c[ommi]ttee with an overabundant supply of innocent enthusiasm.«[34]

Mit der Erfahrung von 40 Jahren Blauhelm-Einsätzen im Gepäck antizipierten die Diplomaten frühzeitig die kommenden Herausforderungen für das UN-Peacekeeping, vor allem die verstärkte Bedeutung von humanitären

---

31   Etheridge an Bild, 29.8.1988, LAC, RG 25, vol. 22067, file 21-14-1, pt. 16. Vgl. Canadian Who's Who 2001, S. 118. Siehe auch Jockel, Canada and International Peacekeeping, S. 13 f.

32   Vgl. Memorandum Boulanger, »UNGA 43: SSEA Bilaterals Participation in Peacekeeping«, 21.9.1988, LAC, RG 25, vol. 22067, file 21-14-1, pt. 16.

33   Vgl. Schreiben John Ausman, Acting Director UN Affairs Division, DEA, 7.9.1989 u. Ständige Vertretung New York an DEA, 3.7.1990, LAC, RG 25, vol. 25048, file 21-14-1, pt. 17; Jockel, Canada and International Peacekeeping, S. 8 f.

34   Ständige Vertretung New York an DEA, 7.4.1989, LAC, RG 25, vol. 22067, file 21-14-1, pt. 16 (Original in Großbuchstaben).

Motiven, die Übernahme von Aufgaben des *nation building* und die Probleme der »failed states«, wie sie später genannt wurden. Diese Voraussicht führte schon Anfang 1990 dazu, dass eine »neue Definition des Peacekeeping« gefordert wurde, um die Veränderungen reflektieren zu können.[35]

Graduelle Veränderungen und kanadisches Engagement

So unterschiedlich wie die neuen Missionen waren auch die Motive, die dazu führten, dass die kanadische Regierung erneut Soldaten bereitstellte. Bündnisverpflichtungen, längst gemachte Zusagen wie auch ein besonderes Verantwortungsgefühl für die eigene Hemisphäre gehörten ebenso hierzu wie die Erwartungen der Staatengemeinschaft und das eigene Selbstverständnis als erfolgreicher und archetypischer Peacekeeper.

Die erste der neuen UN-Missionen entstand als direkte Folge des sich verbessernden Verhältnisses zwischen den USA und der Sowjetunion. Kanada beteiligte sich an dieser Operation nicht zuletzt als Partner im westlichen Verteidigungsbündnis und stellte fünf Militärbeobachter bereit. Sie gehörten zur 50 Mann starken United Nations Good Offices Mission in Afghanistan and Pakistan (UNGOMAP), die den Rückzug der sowjetischen Streitkräfte aus Afghanistan überwachen sollte. Die Sowjetunion war dort im Dezember 1979 einmarschiert und in einen verlustreichen asymmetrischen Krieg verwickelt worden. Von Anfang an gehörte es zu den Prioritäten Gorbatschows, diese militärische Auseinandersetzung zu beenden und die Truppen heimzuholen. Nachdem langwierige Friedensverhandlungen im April 1988 in Genf erfolgreich abgeschlossen werden konnten, begannen die sowjetischen Soldaten mit ihrem Rückzug, von Mai 1988 bis März 1990 von UN-Soldaten überwacht. UNGOMAP diente vor allem als Symbol für die neue Kooperationsfähigkeit der Blöcke. Es handelte sich um eine traditionelle Beobachtermission; allerdings wurden zum ersten Mal Blauhelme im direkten Einflussbereich einer Supermacht eingesetzt. Auch fand der Einsatz in einem Gebiet statt, in dem weiterhin gekämpft wurde, denn der Rückzug der sowjetischen Truppen beendete nicht zugleich den Bürgerkrieg in Afghanistan. Mit einer ähnlichen Situation waren bereits die UN-Beobachter konfrontiert worden, die in der Vorläuferorganisation von UNTSO, der Waffenstillstandskommission, seit Frühjahr

---

35 Vgl. C. O. Spencer, The Prospects for Peacekeeping, April 1988, S. 33, LAC, RG 25, vol. 11491, file 21-14-1, pt. 15; Schreiben Mark Moher, Director General International Security and Arms Control Bureau, DEA, 1.5.1990, LAC, RG 25, vol. 25048, file 21-14-1, pt. 17 (hieraus das Zitat).

1948 versucht hatten, immer wieder gebrochene Waffenstillstände zwischen Israel und seinen Nachbarstaaten aufrechtzuerhalten.[36] Historisch gesehen war der Einsatz im Kampfgebiet also nicht wirklich neu. Doch lagen gerade die fortgesetzten Kämpfe zwischen verschiedenen afghanischen Fraktionen außerhalb des Aufgabenbereichs von UNGOMAP. Obwohl der Bürgerkrieg weiterging, konnte die UN-Operation zeitgenössisch als erfolgreich angesehen werden, denn mit dem Abzug der Sowjets galt das eingeschränkte Mandat als erfüllt. In diesem Sinne hatten die Vereinten Nationen ihre erste Bewährungsprobe nach Ende der Blockkonfrontation bestanden.[37]

Auch der nächste UN-Einsatz, an dem sich kanadische Soldaten beteiligten, gehörte zur Kategorie der Beobachtermissionen. Die United Nations Iran-Iraq Military Observer Group (UNIIMOG), die vom August 1988 bis zum Februar 1991 bestand, sollte den Waffenstillstand zwischen den beiden verfeindeten Nachbarstaaten kontrollieren. Die Mitarbeiter sowohl im Außen- als auch im Verteidigungsministerium sahen die Operation als außerordentlich wichtig an; eine Beteiligung würde mit der generellen Politik Kanadas übereinstimmen, den Frieden im Nahen Osten zu fördern. In seinem Memorandum vom 20. Juli 1988 an den Außenminister betonte Außen-Staatssekretär J. H. Taylor zudem, dass die Bereitstellung von eigenen Soldaten die Möglichkeit Kanadas verbessern würde, erneut in den UN-Sicherheitsrat gewählt zu werden. Nicht zuletzt würde es, so die Vermutung, auch in der kanadischen Öffentlichkeit positiv beurteilt werden, wenn sich kanadische Truppen beteiligten. Allerdings müsse versucht werden, die Belastung der Streitkräfte so gering wie nur möglich zu halten. Trotz dieser Warnung scheinen die positiven politischen Implikationen als so bedeutsam eingeschätzt worden zu sein, dass sich die kanadische Regierung verpflichtete, den mit Abstand umfangreichsten Beitrag aller teilnehmenden Staaten zu leisten. Neben 15 Militärbeobachtern stellten die kanadischen Streitkräfte noch eine Nachrichteneinheit in Stärke von 495 Mann bereit.[38]

---

36   Vgl. hierzu Ghali, United Nations Truce Supervision Organization, S. 86-89; Armin Wagner, 13 Beobachtermissionen der Vereinten Nationen, in: Bernhard Chiari/Magnus Pahl (Hg. im Auftrag des Militärgeschichtlichen Forschungsamtes), Wegweiser zur Geschichte. Auslandseinsätze der Bundeswehr, Paderborn u.a. 2010, S. 121-131, hier S. 121.

37   Vgl. Karl Th. Birgisson, United Nations Good Offices Mission in Afghanistan and Pakistan, in: William J. Durch (Hg.), The Evolution of UN Peacekeeping. Case Studies and Comparative Analysis, New York 1993, S. 299-313; MacQueen, Peacekeeping, S. 134-136.

38   Vgl. Memorandum Taylor für SSEA, 27.7.1988, Notiz von Ministerbüro (MINA) an Defence Relations Division (IDR), 8.8.1988, Telegramm Ständige Vertretung New York an DEA, 10.8.1988, LAC, RG 25, vol. 26900, file 21-14-6-UNIIMOG, pt. 1 (ATIP kontrolliert); Canada's Peacekeeping Role, 21.2.1989, Annex »A«, LAC, RG 25, vol. 22067, 21-14-6, pt. 16; Brian D. Smith, United Nations Iran-Iraq Military Observer Group, in: William J. Durch

Sukzessive kanadische Regierungen hatten sich für einen Frieden in Namibia und für dessen Unabhängigkeit von Südafrika stark gemacht. Als das Ende des Ost-West-Konfliktes die verhärteten Positionen aufzulösen begann und UN-Operationen geplant wurden, konnte die kanadische Politik nicht abseitsstehen, ohne ihre Position zu beschädigen. 1989 entstand die United Nations Transition Assistance Group in Namibia (UNTAG), eine multidimensionale Mission, deren Angehörige freie Wahlen in Namibia garantieren und die Unabhängigkeit des Staates vorbereiten sollten. An diesem Einsatz nahm zum ersten Mal ein größeres internationales Polizeikontingent teil. Die ebenfalls mit blauen Kopfbedeckungen ausgestatteten Polizeibeamten gehören seit dieser Zeit zu den vertrauten Bildern von Peacekeeping-Operationen. Auch die kanadische Bundespolizei, die Royal Canadian Mounted Police (RCMP), stellte 100 ihrer Angehörigen zur Verfügung. Wie erfolgreich dieser Einsatz war, zeigt sich auch daran, dass der designierte namibische Präsident um eine Verlängerung der Stationierung der RCMP-Angehörigen nachsuchte – eine Bitte, der letztlich allerdings nicht entsprochen wurde.[39]

Während die über 8.000 Soldaten, Polizisten und Wahlbeobachter der UN-TAG in Namibia ihre Aufgaben übernahmen, begann zeitgleich eine weitere UN-Operation im nördlich anschließenden Angola. Die United Nations Angola Verification Mission (UNAVEM I) überwachte den Rückzug der dort eingesetzten kubanischen Truppen, eine Voraussetzung für den ungestörten Übergang Namibias in die Unabhängigkeit. Ottawa wurde zum ersten Mal nicht gefragt und stellte auch keine Soldaten bereit, vermutlich da die beiden komplementären Operationen in Namibia und Angola so weit wie möglich voneinander getrennt werden sollten. Beide Mandate wurden erfüllt. Das UN-Peacekeeping bewährte sich auch in partiell neuen Situationen und mit veränderten Aufgabenbereichen – ein positives Resultat, an dem die über 250 kanadischen Soldaten und 100 Polizisten zwar keinen herausgehobenen, aber einen wichtigen Anteil hatten. Norrie MacQueen schreibt, dass aus Sicht des Generalsekretärs und des Sicherheitsrates »the linked process had been a victory for peacekeeping«.[40] Ähnlich urteilte das kanadische Außenministerium. Ein dort entstandener Evaluationsvorschlag vom Februar 1990

(Hg.), The Evolution of UN Peacekeeping. Case Studies and Comparative Analysis, New York 1993, S. 237-257.

39 Vgl. J. H. Taylor an Inkster, o.D., LAC, RG 25, vol. 25051, file 21-14-6-UNTAG, pt. 15 u. Inkster an Raymond Chrétien, Associate Under-Secretary of State for External Affairs, 9.2.1990, Chrétien an Inkster, 8.3.1990, ebd., pt. 16.

40 MacQueen, Peacekeeping, S. 191.

bewertete UNTAG als »both one of the largest and most successful operations in the UN's history«[41] und als glänzendes Beispiel für die Zukunft.[42]

Kanadas »Vorgarten«: Die erste UN-Mission in Mittelamerika

Aus kanadischer Sicht noch wichtiger und ebenfalls in Übereinstimmung mit länger gehaltenen politischen Positionen war das Engagement in Mittelamerika. Zum ersten Mal wurde im ureigensten Einflussgebiet der amerikanischen Supermacht eine konzertierte Friedensaktion begonnen, an der sich auch UN-Blauhelme beteiligten. Diese Bemühungen gingen von der Region selbst aus. Insbesondere Nicaragua und El Salvador sollten befriedet werden. Um dies zu erreichen, mussten die Vereinigten Staaten die politische, finanzielle und militärische Unterstützung der rechtsgerichteten Rebellen in Nicaragua, der so genannten Contras, massiv senken und ebenfalls auf die von ihr gestützte Regierung in San Salvador einwirken, die in einen Bürgerkrieg mit linksgerichteten Guerillatruppen verwickelt war. Ottawa hatte schon längst in bilateralen Gesprächen seine Hilfe angeboten und sich damit tendenziell gegen Washington gestellt, das die Friedensbemühungen eher skeptisch beäugte. Als Mitglied der UN und der Organization of American States gehörte Kanada den beiden internationalen Vereinigungen an, die den Friedensprozess voranbringen und überwachen sollten. Auch politische Analysten unterstützten die kanadische Beteiligung. »Weighed against the possible risks, however, the possible benefits seem great.«[43], schrieben die Politologen David Hagelund und Peter Jones noch vor dem offiziellen Beginn der Mission.

Die Aufgaben der United Nations Observer Group in Central America (ONUCA – Observadores de las Naciones Unidas para Centroamérica), die offiziell vom November 1989 bis zum Januar 1992 bestand und zeitweise fast 1.200 Angehörige umfasste, bewegten sich zunächst – zumindest auf dem Papier – im Rahmen eines zwischenstaatlichen Einsatzes. Denn die Blauhelme

---

41   Telegramm DEA an kanadische Botschaft Windhuk, 2.2.1990 mit Anlage »Proposed Evaluation Framework for RCMP« (Zitat aus der Anlage), LAC, RG 25, vol. 25051, file 21-14-6-UNTAG, pt. 16.

42   Vgl. Telegramm DEA an Ständige Vertretung New York, 23.2.1990 und Anlage »UNTAG: A Canadian Assessment«, LAC, RG 25, vol. 25051, file 21-14-6-UNTAG, pt. 16; siehe auch Fortna, United Nations Transition Assistance Group in Namibia; Virginia Page Fortna, United Nations Angola Verification Mission I, in: William J. Durch (Hg.), The Evolution of UN Peacekeeping. Case Studies and Comparative Analysis, New York 1993, S. 376-387; Gardam, The Canadian Peacekeeper, S. 56 f.

43   Haglund/Jones, Canada, S. 39.

sollten darüber wachen, dass keine Waffen und Kombattanten zwischen den fünf Staaten Costa Rica, El Salvador, Guatemala, Honduras und Nicaragua verschoben wurden, wobei es vor allem darum ging, den Grenzübertritt von rechtsgerichteten Rebellen nach Nicaragua zu verhindern. Auf diese Weise sollte der Friedensprozess in Nicaragua geschützt werden. Die Entwaffnung der Contras wurde zunächst einem speziellen Mechanismus übertragen, der »International Support and Verification Commission«, die unter den gemeinsamen Auspizien der OAS und UN stand. Doch war schon im Vorfeld mehrfach darüber diskutiert worden, ob dies nicht eine Aufgabe sei, die besser von Blauhelmen übernommen werden würde.[44] Die schleichende Ausdehnung des Mandats einer Friedensmission, die später als »mission creep« bekannt wurde, war auch in Mittelamerika bereits angelegt. Tatsächlich ging diese Aufgabe noch während der Dislozierung der UN-Beobachter im Frühjahr 1990 auf ONUCA über. Auch das ausgeweitete Mandat wurde erfolgreich abgeschlossen. Die erworbene Reputation führte dazu, dass im Anschluss an ONUCA eine eigene Friedensmission für El Salvador gebildet wurde, die allerdings überwiegend aus Zivilisten und nur einem kleinen militärischen Beobachterkontingent bestand.[45]

An ONUCA waren kanadische Soldaten maßgeblich beteiligt, zeitweise stellten sie das mit Abstand größte Kontingent.[46] Mittelamerika war eben auch der »Vorgarten« Kanadas. Trotz zumindest zu Anfang entgegenstehender US-amerikanischer Interessen war es im Rahmen der auf die eigene Hemisphäre ausgerichteten Außenpolitik nur folgerichtig, sich für eine Beruhigung der volatilen Lage im strategisch zentralen Mittelamerika einzusetzen. Hierfür machte sich nicht zuletzt Außenminister Clark persönlich stark, der sich dabei der Unterstützung des Parlaments gewiss sein konnte.[47] Schon dem

---

44 Vgl. Memorandum Louise Fréchette, Assistant Deputy Minister Caribbean and Central America Branch, DEA, 26.7.1989, Telegramm kanadische Botschaft Madrid an DEA, 25.8. 1989, LAC, RG 25, vol. 22070, file 21-14-6-ONUCA, pt. 1.

45 Vgl. Brian D. Smith/William J. Durch, UN Observer Group in Central America, in: William J. Durch (Hg.), The Evolution of UN Peacekeeping. Case Studies and Comparative Analysis, New York 1993, S. 436-462; Clara M. Paquin, Canada, Peacekeeping, and the Central American Peace Process, in: Joseph P. Culligan u.a. (Hg.), Studies in Peacekeeping, Kingston 1993, S. 85-102 (The Royal Military College of Canada, The War Studies Papers, 1); Fen Osler Hampson, The Pursuit of Human Rights: The United Nations in El Salvador, in: William J. Durch (Hg.), UN Peacekeeping, American Politics, and the Uncivil Wars of the 1990s, New York 1996, S. 69-102.

46 Im Dezember 1990 bestand ONUCA aus 416 Militärangehörigen, davon kamen 175 aus Kanada. Vgl. Paquin, Canada, S. 96.

47 Vgl. Joe Clark an den Außenminister der Republik von El Salvador, Manuel Pacas Castro, 30.3.1990, LAC, RG 25, vol. 25049, file 21-14-6-ONUCA, pt. 7; Paquin, Canada, S. 91-93, 99.

kleinen, 18-köpfigen Vorauskommando, das nach langwierigen Verhandlungen im September 1989 in die Region geschickt wurde, gehörten zwei kanadische Stabsoffiziere an. Wie hoch die kanadische Expertise im Kurs stand, wird daran deutlich, dass das UN-Sekretariat namentlich Oberst Donald Ethell angefordert hatte, einen erfahrenen kanadischen Peacekeeper vieler Missionen und Direktor der Abteilung für Peacekeeping-Operationen im Verteidigungsministerium.[48] Ethell goutierte offensichtlich seine Verwendung. Einem Bericht, den er direkt an das Außenministerium in Ottawa sandte und in dem er detailliert seine Eindrücke schilderte – was deutlich macht, dass die Soldaten unter dem blauen Helm auch immer direkt an ihre vorgesetzte nationale Behörde berichteten –, fügte er soldatisch knapp die erhellende Passage hinzu: »Weather lousy, however it is good to have dirty combat boots once again.«[49] Für einen kanadischen Berufssoldaten schien Ende der 80er Jahre die Teilnahme an einer Peacekeeping-Operation also durchaus erstrebenswert gewesen zu sein.

Auch ein anderer, höherrangiger Angehöriger der Streitkräfte konnte im Verlauf der UN-Mission in Mittelamerika reüssieren. Brigadegeneral Lewis MacKenzie übernahm zwischen Dezember 1990 und Mai 1991 vertretungsweise das Kommando über ONUCA. Er hatte sich aktiv um den Posten in der mittelamerikanischen Beobachtermission bemüht. Als UN-Kommandeur in Sarajevo sollte er nur ein Jahr später Furore machen und zu einem der bekanntesten kanadischen Peacekeeper avancieren, der sich allerdings zugleich zu einem der prominentesten und eloquentesten Kritiker des UN-Vorgehens entwickelte.[50] Neben MacKenzie und Ethell wurden in dieser Zeit noch andere Kanadier mit wichtigen UN-Kommandoposten betraut: Bis zur Ankunft von MacKenzie hatte Brigadegeneral Ian Douglas als stellvertretender Kommandeur von ONUCA fungiert. Bereits seit April 1989 kommandierte Generalmajor Clive Milner UNFICYP auf Zypern. Die militärischen Beobachter der (zivilen) United Nations Observer Group for the Verification of

---

48   Vgl. Telegramm Ständige Vertretung New York an DEA, 11.8.1989, J. H. Taylor an SSEA, 18.8.1989, Ministerbüro (MINA) an Caribbean and Central America Relations Division (LCR), 22.8.1989, DEA an Ständige Vertretung New York, 18.8.1989, Ständige Vertretung New York an DEA, 5.9.1989, LAC, RG 25, vol. 22070, file 21-14-6-ONUCA, pt. 1; zu Ethell vgl. die Biografie auf der Homepage des Alberta Order of Excellence online unter http://www.lieutenantgovernor.ab.ca/aoe/military/donald-ethell/ (aufgerufen am 30.8.2013).

49   Kanadische Mission Guatemala an DEA, 7.9.1989, LAC, RG 25, vol. 22070, file 21-14-6-ONUCA, pt. 1.

50   Vgl. Lewis MacKenzie, Peacekeeper. The Road to Sarajevo, Vancouver/Toronto 1993 S. 84 f.; Gardam, Canadian Peacekeeper, S. 60. Zu den Kontroversen um MacKenzie vgl. Carol Off, The Lion, the Fox & the Eagle. A Story of Generals and Justice in Yugoslavia and Rwanda, o.O., 2000, S. 123-238.

the Elections in Haiti, die von Oktober 1990 bis Februar 1991 bestand, wurden von Brigadegeneral Zuliani geleitet, und Generalmajor Armand Roy stand als erster Kommandeur seit Juni 1991 an der Spitze der United Nations Mission for the Referendum in Western Sahara.[51]

Der Einsatz in Mittelamerika passte nicht nur in das geostrategische Kalkül der Ministerien in Ottawa und wurde von den militärischen Praktikern geradezu mit Begeisterung aufgenommen (»Many officers still thought that UN postings were good fun.«, erinnerte sich MacKenzie an die frühen 90er Jahre.[52]), sondern erfuhr auch durch die kanadischen Diplomaten vor Ort zum Teil dezidierte Unterstützung. Zwar wurde in Ottawa im Rahmen einer Sitzung des »Security Council Operations Committee« am 20. April 1990 der praktische Nutzen von ONUCA kritisch hinterfragt,[53] doch sowohl dort wie auch im Außenministerium erschien die Mission als politisch erfolgreich. So plädierte Außen-Staatssekretär de Montigny Marchand nur zehn Tage später in einem Schreiben an seinen Außenminister für die Verlängerung sowohl des Mandats der mittelamerikanischen UN-Operation wie auch des kanadischen Beitrags. ONUCA »is playing«, wie de Montigny Marchand betonte, »a key role in the peace process«.[54] Doch die kanadischen Entscheidungsträger schrieben nicht nur ihre Beteiligung auf dem bisherigen Niveau fort, sondern erhöhten die Zahl des eingesetzten Personals, als Portugal seine Zusage zurückzog, Militärbeobachter bereitzustellen.[55] So waren schließlich insgesamt 174 kanadische Soldaten mit acht Hubschraubern in Mittelamerika stationiert.[56]

Als wie wichtig die Unterstützung des Friedensprozesses in Mittelamerika und die Bereitstellung von eigenen UN-Peacekeepern von den diplomatischen Praktikern vor Ort angesehen wurden, zeigt ein geharnischtes Telegramm der kanadischen Botschaft in Costa Rica an das Außenministerium vom 29. Juni 1990.[57] Hierin wurde die Zurückhaltung der Zentrale in Ottawa in der Frage

---

51 Vgl. Smith/Durch, UN Observer Group in Central America, S. 450; Gardam, Canadian Peacekeeper, S. 33, 64, 68 f.

52 MacKenzie, Peacekeeper, S. 94.

53 Vgl. Agenda Security Council Operations Committee, 20.4.1990, LAC, RG 25, vol. 25049, file 21-14-6-ONUCA, pt. 7.

54 Memorandum de Montigny Marchand an SSEA, 30.4.1990, ebd. Vgl. auch John R. D. Fowell, Director Defence Relations Division, DEA, an Colonel B. A. Goetze, Director International Policy, DND, 5.4.1990, ebd., der genau diese Formulierung bereits in seinem Schreiben verwandte.

55 Vgl. Memorandum de Montigny Marchand an SSEA, 30.4.1990, ebd.

56 Vgl. Memorandum Raymond Chrétien an SSEA, 1.8.1990, LAC, RG 25, vol. 25049, file 21-14-6-ONUCA, pt. 9.

57 Vgl. (einschließlich der folgenden Zitate; die Großbuchstaben des Originals wurden aufgelöst) Telegramm Mission San José an DEA, 29.6.1990, ebd.

einer Beteiligung an einer neuen UN-Friedensmission in El Salvador aufs schärfste verurteilt. Nicht Umfang und Finanzierung der Operation seien die entscheidenden Kriterien, sondern Kanadas »longstanding policy of being a firm supporter of efforts to bring peace to Cen[tral] Am[erica]«. Es sei »unfortunate«, wenn man sich in dem Augenblick davonstehlen würde, in dem der Friedensprozess Erfolg verspräche. In fast ironischem Ton verwies das Telegramm darauf, dass, wenn die Finanzierung ein Entscheidungskriterium gewesen wäre, die UN in den vergangenen 40 Jahren nicht eine einzige Peacekeeping-Operation hätte auf die Beine stellen können. Und »if it [die vorderhand geregelte Finanzierung] becomes a guiding principle for the future then most likely, the United Nations will never again engage in Peacekeeping Operations. We do not believe that is the intend of most members of the UN nor the intend of CDN [Canadian] foreign policy.« In kaum zu überbietender Deutlichkeit brach das Telegramm aus der Botschaft in San José eine Lanze für den UN-Peacekeeping-Mechanismus und für ein weitgehendes Engagement Kanadas jenseits von finanziellen Erwägungen.

Wie die Beispiele zeigen, veränderte sich das Peacekeeping in den ersten Jahren nach dem Ende der Ost-West-Konfrontation nur langsam. Ein eindeutiger Bruch mit der Entwicklung der Zeit vor 1988/89 war nicht festzustellen.[58] Es waren zudem weiterhin überwiegend die »traditionellen« westlichen Peacekeeper, wie Finnland, Österreich, Norwegen, Irland und Schweden, die neben bzw. nach Kanada (Ende 1990 größter Truppensteller mit 1.002 Soldaten) die umfangreichsten Kontingente stellten.[59] Allerdings nahmen die Hoffnungen, die mit dem UN-Peacekeeping verbunden wurden, fast exponentiell zu. Die Aufbruchsstimmung erfasste auch die kanadische Politik und ihre Protagonisten. Doch für sie handelte es sich nicht um grundsätzliche Neuerungen, vielmehr ging es um die Fortschreibung und Intensivierung eines schon längst bestehenden Engagements. Die Renaissance des Peacekeepings wurde in Ottawa als Chance begriffen, die eigenen langjährigen Erfahrungen

---

58 Wesentliche Kriterien aus der Zeit des Kalten Krieges, wie die Zustimmung der Konflikt-
    parteien und der Waffeneinsatz nur zur Selbstverteidigung, blieben bestehen.

59 Die größten Truppensteller waren am 30. November 1990 (in absteigender Reihenfolge):
    Kanada, Finnland, Österreich, Norwegen, Ghana, Nepal, Irland, Großbritannien und
    Schweden. Vgl. »Summary of United Nations Peace-Keeping Forces by Countries as at 30
    November 1990«, online unter http://www.un.org/en/peacekeeping/resources/statistics/
    contributors_archive.shtml (aufgerufen am 22.2.2014) sowie generell Laura Neack, UN
    Peace-Keeping: In the Interest of Community or Self?, in: Journal of Peace Research 32
    (1995), 2, S. 181-196, hier S. 190.

einzubringen, um einen maßgeblichen Beitrag zu dem erneuerten Prozess zu leisten.[60]

Es ist also nicht verwunderlich, dass sich die kanadische Politik besonders schnell und umfassend auf die neuen Möglichkeiten der UN einstellen konnte. Die kanadische Position wird umso deutlicher, wenn man sich deren Gegenpol vor Augen hält, die zurückhaltende und unsichere Reaktion der Bundesrepublik Deutschland auf die Anforderungen des nun ständig expandierenden UN-Peacekeeping-Mechanismus. Schon im ONUCA-Vorauskommando war die Bundesrepublik mit medizinischem Personal vertreten gewesen. Zumindest von den kanadischen Diplomaten wurde sie als natürlicher Truppensteller für die UN-Mission angesehen. Aufgrund der unklaren verfassungsrechtlichen Situation bei »out of area«-Einsätzen musste sich Bonn allerdings zurückziehen. Nur ein Flugzeug mit zivilen Piloten und ebenfalls ziviles medizinisches Personal wurden für ONUCA bereitgestellt, weshalb diese Mission bei Studien über die deutschen Auslandseinsätze regelmäßig ausgespart wird.[61] Sicherlich ist der deutsche Fall extrem, doch auch andere Staaten, die zu den Mittelmächten gezählt werden können, beispielsweise Argentinien und die Niederlande, mussten erst ihre Position zum wiederaufgelegten Peacekeeping finden, da sie sich in der Zeit des Kalten Krieges von diesem Instrument der Krisenintervention entweder weitgehend ferngehalten oder sich bewusst zurückgezogen hatten.[62] Wie offensiv die kanadischen Entscheidungsträger auf die Ausweitung der Mandate reagierten und sogar weitreichende Modifikationen forderten, zeigte sich besonders zu Beginn der Überlegungen für eine Operation, die das Bild vom UN-Peacekeeping in den 90er Jahren nachhaltig prägen sollte, die Mission in Jugoslawien.

---

60 Vgl. auch die in Fey, Multilateralismus, S. 174-176 zusammengefassten Positionen.

61 Vgl. Telegramm Ständige Vertretung New York an DEA, 11.8.1989 u. Telegramm Ständige Vertretung New York an DEA, 5.9.1989, LAC, RG 25, vol. 22070, file 21-14-6-ONUCA, pt. 1. Hinweise fehlen z.B. in Oskar Hoffmann, Deutsche Blauhelme bei UN-Missionen. Politische Hintergründe und rechtliche Aspekte, München/Landsberg am Lech 1993; Peter Goebel (Hg.), Von Kambodscha bis Kosovo. Auslandseinsätze der Bundeswehr seit Ende des Kalten Krieges, Frankfurt am Main/Bonn 2000; Chiari/Pahl (Hg.), Wegweiser zur Geschichte. Auslandseinsätze der Bundeswehr.

62 Vgl. Klep/Gils, Van Korea tot Kosovo, S. 95-102; Cynthia A. Watson, Argentina, in: David S. Sorenson/Pia Christina Wood (Hg.), The Politics of Peacekeeping in the Post-Cold War Era, London/New York 2005, S. 52-67.

Protagonist der Humanitären Intervention

Die Diskussionen um einen UN-Einsatz in Jugoslawien erfolgten während einer Zeit, als die zukünftige weltpolitische Rolle der Vereinten Nationen mit großer Euphorie betrachtet wurde. Diese Hoffnungen hingen mit dem Ende des Ost-West-Konfliktes und den jüngsten Erfolgen des UN-Peacekeepings zusammen. Vor allem aber schien die UN-autorisierte Invasion des Iraks nach dessen Besetzung Kuwaits die Schleusen für eine wirklich »neue Weltordnung«[63] geöffnet zu haben. Noch am Tag des Überfalls, am 2. August 1990, verurteilte der Sicherheitsrat in seiner Resolution 660 den Angriff auf Kuwait als einen Bruch des Weltfriedens. Da sich die irakischen Truppen nicht zurückzogen, autorisierte der Sicherheitsrat mit seiner Resolution 678 vom 29. November 1990 unter Rückgriff auf Kapitel VII der Charta den konzertierten Gewalteinsatz der UN-Mitglieder gegen den Irak. Unter dem Kommando der Vereinigten Staaten besiegten die zusammengezogenen Koalitionsstreitkräfte in einem nur wenige Wochen dauernden Feldzug im Januar und Februar 1991 den Irak und restaurierten die Souveränität Kuwaits. Auf den ersten Blick schien es, dass unter der Ägide der Vereinten Nationen endlich auch erfolgreich militärische Operationen durchgeführt werden konnten. Tatsächlich blieb allerdings die Schwäche des UN-Systems bestehen, denn es war auf die Kooperationsbereitschaft der Mitgliedstaaten und besonders der USA angewiesen. Zwar hatte der Sicherheitsrat den Einsatz der Anti-Irak-Koalition autorisiert, die eigentliche Kontrolle über das Vorgehen der Streitkräfte lag allerdings weiterhin bei den einzelnen Entsendestaaten bzw. bei der damals schlagkräftigsten Militärmacht der Erde, den USA. Dagegen waren die Peacekeeping-Missionen nicht nur von der UN autorisiert, sondern vielmehr auch kontrolliert. Auch wenn er als solcher wahrgenommen wurde, bot der Zweite Golfkrieg nicht den Lackmustest für zukünftig erfolgreiche UN-kontrollierte Operationen. Ganz im Gegenteil erwies er sich als Präzedenzfall für den Einsatz internationaler Militärkoalitionen, die nur lose mit dem UN-System verbunden waren. Denn die militärisch potenten Staaten hatten, wie sich zukünftig zeigen sollte, kein wirkliches Interesse daran, ihre Streitkräfte zudem für Kampfeinsätze der UN zu unterstellen.[64]

---

63   Diesen Begriff hatte Gorbatschow am 7.12.1988 in einer Rede vor den Vereinten Nationen geprägt. Vgl. David Horner, Australian Peacekeeping and the New World Order, in: ders./ Peter Londey/Jean Bou (Hg.), Australian Peacekeeping. Sixty Years in the Field, Cambridge Port Melbourne 2009, S. 33-59, hier S. 38.

64   Vgl. Keating, Canada and World Order, S. 206-209; Volger, Geschichte der Vereinten Nationen, S. 170-172; MacQueen, Humanitarian Intervention, S. 46-48.

Zeitgenössisch allerdings schien die militärische Kompetenz des UN-Mechanismus gestärkt. Auch die kanadischen Streitkräfte suchten ihren minimalen Beitrag von drei Schiffen, einigen Kampfflugzeugen und zwei Kompanien des Heeres als Erfolg auszugeben, der die Moral der Truppe in der schwierigen Phase des evaporierenden (östlichen) Feindbildes stärken sollte. Tatsächlich zeigten sich allerdings, wie Granatstein meint, die personellen und materiellen Probleme der Streitkräfte, die durch die weiter vorgenommenen Einsparungen noch verstärkt wurden.[65]

In der Folge des Zweiten Golfkrieges wurden die UN-Peacekeeping-Operationen immer umfangreicher und komplexer. Am 15. März 1992 startete die UN in Kambodscha die nach der Kongo-Operation der frühen 6oer Jahre größte UN-Mission. Die United Nations Transitional Authority in Cambodia (UNTAC) sollte nicht weniger als einen Staat und sein politisches System komplett neu aufbauen, einen Bürgerkrieg beenden und freie Wahlen sowie eine demokratische Entwicklung garantieren. An diesen Aufgaben beteiligten sich neben den zivilen Mitarbeitern zeitweise rund 20.000 Soldaten und Polizisten. Im September 1993 endete der Einsatz, »amidst widespread praise and applause for a job well done«, wie James A. Schear, ein Politologe und ehemaliger UN-Mitarbeiter in Kambodscha und Jugoslawien, zeitnah urteilte.[66]

Während die gigantische Mission in Ostasien vorbereitet wurde – am 23. Oktober 1991 autorisierte der Sicherheitsrat die Einrichtung einer Vorausmission für Kambodscha –, entwickelte sich, geographisch weit davon entfernt, in Europa eine innerstaatliche Krise, welche die zeitgenössisch als Erfolg gewertete Operation in Kambodscha überschatten sollte. Bereits 1990 hatte die offensichtliche Desintegration des jugoslawischen Staates begonnen. Die Kommunistische Partei brach auseinander und in den einzelnen Territorien kamen nationalistische und separatistische Regierungen ans Ruder. Im Dezember 1990 forderten die Wähler des slowenischen Landesteiles in einem Referendum die Unabhängigkeit. Im Frühjahr 1991 kam es zu ersten Kämpfen zwischen Kroaten und Serben in Kroatien. Am 25. Juni 1991 erklärten Slowenien und Kroatien ihre Unabhängigkeit, was die noch intakte Jugoslawische Nationalarmee (JNA) mit einem Einmarsch beantwortete. Ein Dreivierteljahr später, am 3. März 1992, proklamierte auch Bosnien-Herzegowina die Unabhängigkeit. Vor allem in Kroatien und Bosnien-Herzegowina entwickelten

---

65 Vgl. Granatstein, Canada's Army, S. 380 f. Zu den Befürchtungen in Kanada, die Beteiligung der eigenen Streitkräfte könnte deren Rolle als Peacekeeper kompromittieren vgl. Fey, Multilateralismus, S. 235.

66 James A. Schear, Riding the Tiger: The United Nations and Cambodia's Struggle für Peace, in: William J. Durch (Hg.), UN Peacekeeping, American Politics, and the Uncivil Wars of the 1990s, New York 1996, S. 135-191, hier S. 135.

sich Bürgerkriege zwischen Kroaten und Serben bzw. in Bosnien zwischen katholischen Kroaten, orthodoxen Serben und muslimischen Bosniern, wobei die Serben von der Zentralregierung des jugoslawischen Rumpfstaates in Belgrad unterstützt wurden. Internationale Versuche, eine friedliche Beilegung der Kämpfe im Rahmen des KSZE-Prozesses[67] oder durch den Einsatz von Militärbeobachtern der Europäischen Gemeinschaft zu erreichen, scheiterten. Seit Herbst 1991 schaltete sich daher verstärkt die UN ein, zunächst indem der Sicherheitsrat im September 1991 ein allgemeines Waffenembargo verhängte.[68]

Kanadische Regierungen hatten in der Vergangenheit einen durchaus engen Kontakt zur kommunistischen Führung in Belgrad gepflegt. Im Rahmen der kanadischen Mittelmacht-Politik schien der Staat, der eine Führungsrolle in der Blockfreien-Bewegung einnahm, als kongenialer Partner, dessen Bestrebungen, sich vom sowjetisch dominierten Block auch weiterhin abzugrenzen, zudem noch vorsichtig beispielsweise durch ökonomische Hilfen unterstützt werden konnten. Allein schon aus außenpolitischen Gründen war das Kabinett in Ottawa daher an den Vorgängen in Jugoslawien interessiert, wobei zunächst gerade im Außenministerium wohl eher traditionelle Positionen der Nicht-einmischung und des Souveränitätsschutzes dominierten, wie Nicholas Gammer herausarbeitet, der eine luzide Analyse der kanadischen Reaktion auf die jugoslawische Krise vorgelegt hat. Die Vorschläge, sich vermittels der Vereinten Nationen massiv in den nationalen Konflikt einzuschalten, kamen daher vorwiegend aus der Regierung. Zugleich wurde sie immer stärker von der Opposition gedrängt, dem Bürgerkrieg in Jugoslawien Einhalt zu gebieten. Offensichtlich kristallisierte sich schon frühzeitig ein politischer Konsens heraus, der zum Schutz der Individuen einen humanitär begründeten, militärisch vorgetragenen Eingriff in die Staatssouveränität in Kauf nahm. Als Instrument hierfür schien sich das in den letzten Jahren zunehmend flexibler eingesetzte UN-Peacekeeping anzubieten, das in ein UN-System eingebunden war, welches im Rahmen des Zweiten Golfkrieges der Weltöffentlichkeit auch sein Potenzial zum »peacemaking« vor Augen geführt hatte.[69]

---

67   Die Konferenz für Sicherheit und Zusammenarbeit in Europa (KSZE) wurde während des Kalten Krieges in den 70er Jahren als Sicherheitskonferenz zwischen den Blöcken etabliert und sollte nach Ende des Ost-West-Konfliktes weiterhin als Forum für internationale Streitschlichtung und Kooperation dienen. Vgl. Gammer, From Peacekeeping to Peacemaking, S. 72-75.

68   Vgl. William J. Durch/James A. Schear, Faultlines: UN Operations in the Former Yugoslavia, in: William J. Durch (Hg.), UN Peacekeeping, American Politics, and the un-civil Wars of the 1990s, New York 1996, S. 193-274, hier S. 197-206.

69   Vgl. Gammer, From Peacekeeping to Peacemaking, S. 39-68, 80-92.

Neben dem Regierungschef plädierte seit Mitte 1991 – also dem Zeitpunkt, als sich mit den Unabhängigkeitserklärungen der Bürgerkrieg ausweitete – insbesondere die neue Außenministerin Barbara McDougall öffentlich für eine Intervention, selbst wenn dies bedeuten würde, die jugoslawische Souveränität zu brechen. In diesem Geiste forderte sie am 25. September in einer Rede vor der UN-Vollversammlung: »A collapse of effective governmental authority in Yugoslavia, if it continues, could [...] endanger peace and security in neighbouring countries. The concept of sovereignty must respect higher principles, including the need to preserve human life from wanton destruction.«[70] McDougall skizzierte die Kämpfe also zum einen in einem klassischen Sinn als Gefahr für den internationalen Frieden sowie zum anderen, und dies stand auch in Kontinuität zu den jüngsten Entwicklungen im Peacekeeping, als humanitäre Herausforderung, der sich die internationale Staatengemeinschaft ebenfalls stellen müsse. Bereits fünf Tage zuvor hatte Premierminister Mulroney UN-Generalsekretär Javier Pérez de Cuéllar aufgefordert, eine Notfallsitzung des Sicherheitsrates einzuberufen, um über die sich verschlechternde Situation in Jugoslawien zu beraten. In demselben Brief bot der Premierminister zudem kanadische Hilfe an, sollte eine internationale Friedenstruppe aufgestellt werden. Mulroney unterstützte also die öffentlichen Forderungen auf institutionellem Wege; zugleich brachte er als erster die Aufstellung einer Blauhelmtruppe offiziell ins Spiel.[71]

Die Initiativen Mulroneys und McDougalls entsprangen dabei nicht nur individuellen Präferenzen oder innenpolitischen Konstellationen. Vielmehr waren sie in einen internationalen Diskurs eingebettet, der die Aufweichung des Souveränitätsdogmas bei der Verletzung von Menschenrechten propagierte und zunehmend an Bedeutung gewann. Bei den Regierungen der Welt traf diese Position jedoch zeitgenössisch auf Skepsis. Die Haltung der kanadischen Vertreter fiel in diesem Kreis mithin aus dem Rahmen, hatten sie sich doch an die Spitze einer Bewegung gesetzt, welche die traditionellen zwischenstaatlichen Maximen zumindest hinterfragte. Ottawas führende außenpolitische Akteure agierten folglich als »norm entrepreneurs«, die ihre Aufgabe auch darin sahen, Regierungsvertreter anderer Staaten von einer neuen Norm in den internationalen Beziehungen zu überzeugen.[72]

---

70 Zit. nach Gammer, From Peacekeeping to Peacemaking, S. 82; auch teilweise zit. in Tessier/Fortmann, Conservative Approach, S. 119.

71 Vgl. Gammer, From Peacekeeping to Peacemaking, S. 81 f.

72 Vgl. zum Begriff des »norm entrepreneurs« Nicholas J. Wheeler, The Humanitarian Responsibilities of Sovereignty: Explaining the Development of a New Norm of Military Intervention for Humanitarian Purposes in International Society, in: Jennifer M. Welsh (Hg.), Humanitarian Intervention and International Relations, Oxford 2006, S. 29-51, hier

Wie sich zeigte, blieben die kanadischen Anstöße nicht ohne Erfolg. Am 25. September 1991 wurde durch den Sicherheitsrat ein Waffenembargo verhängt, das maßgeblich auf kanadische Initiativen zurückging.[73] Während der Debatten im Sicherheitsrat meinten jedoch zahlreiche Vertreter von Einzelstaaten explizit feststellen zu müssen, dass die Souveränität Jugoslawiens durch diese Entscheidung nicht tangiert werden würde.[74] Mulroney erschienen aber weder die Erklärungen noch die getroffenen Maßnahmen als ausreichend. Wenige Tage später, am 29. September, legte er in einer Rede an der Stanford University nach und forderte eine UN-Intervention in Jugoslawien:

> Some Security Council members have opposed intervention in Yugoslavia, where many innocent people have been dying, on the grounds of national sovereignty. Quite frankly, such invocations of the principle of national sovereignty are as out of date and as offensive to me as the police declining to stop family violence simply because a man's home is supposed to be his castle.[75]

Sowohl der Vorschlag, eine Blauhelm-Truppe aufzustellen, wie auch der noch weitergehende einer UN-Intervention waren im Sicherheitsrat zunächst überwiegend auf Ablehnung gestoßen. Dies änderte sich erst, als die UN Anfang November Bitten aus Belgrad und Zagreb um eben solche UN-Blauhelm-Kontingente erreichten.[76] Noch Ende November 1991 verabschiedete der Sicherheitsrat daher eine Resolution, welche die Aufstellung einer UN-Peacekeeping-Truppe nach dem Abschluss eines Waffenstillstandes in Kroatien erlaubte. Nachdem dieser zustande gekommen war, wurden Anfang 1992 zunächst UN-Militärbeobachter entsandt und gemäß Resolution 743 vom 21. Februar 1992, die maßgeblich auf einer Initiative des neuen UN-Generalsekretärs Boutros Boutros-Ghali beruhte, schließlich eine annähernd 14.000 Mann starke Schutztruppe, die United Nations Protection Force (UNPROFOR). An dieser Mission beteiligten sich zunächst rund 1.200 kanadische Soldaten, die in der Anfangsphase das zweitgrößte Kontingent stellten.[77]

S. 32, sowie insgesamt zur Aufweichung des Dogmas von der nationalen Souveränität ebd., S. 37-40, 48 f.

73   Vgl. Fey, Multilateralismus, S. 266.

74   Vgl. Nicholas J. Wheeler, Saving Strangers. Humanitarian Intervention in International Society, Oxford 2000, S. 247.

75   Canada, Office of the Prime Minister: Press Release, Ottawa, 20.9.1991, zit. nach Fey, Multilateralismus, S. 266.

76   Anfang Januar 1992 schloss sich auch die bosnische Regierung an.

77   Vgl. Fey, Multilateralismus, S. 267.

UNPROFOR sollte zunächst die Bürgerkriegsparteien in Kroatien von-einander trennen, den Rückzug der jugoslawischen Streitkräfte überwachen und humanitäre Hilfslieferungen ermöglichen. Theoretisch agierten die Blau-helme auf der Basis eines Waffenstillstandes, hatten also die Zustimmung aller Konfliktbeteiligten für eine friedliche Lösung. Waffengewalt durften die UN-Soldaten in der Regel nur zur Selbstverteidigung anwenden. Zumindest auf dem Papier waren damit wichtige Kriterien eines typischen Blauhelm-Einsatzes erfüllt. Umgehend nach ihrer Ankunft wurden die Peacekeeper allerdings mit einer Wirklichkeit konfrontiert, die von einem friedlichen Aus-gleich weit entfernt war. Die Kriegsparteien versuchten mit aller Macht, ihre politischen und militärischen Positionen zu verbessern und scheuten dabei auch nicht vor gewaltsamen Angriffen auf gegnerische Soldaten und Zivilisten sowie UN-Stützpunkte zurück. *De facto* standen die Blauhelme mit einem un-zureichenden Mandat ausgestattet und ohne Unterstützung durch die lokalen Kontrahenten mitten im Kriegsgebiet.[78]

Als eine der ersten zog die kanadische Regierung die Konsequenz aus dieser Situation und forderte ein energischeres militärisches Eingreifen. Im Mai 1992 begann Mulroney, das Vorgehen der Vereinten Nationen in Jugo-slawien abermals zu kritisieren. Er betonte: »The UN and its member states must be prepared to intervene earlier and stronger in the future to prevent such disasters«.[79] Mulroney und McDougall seien, so Nicholas Gammer, zu dem Schluss gekommen, »that a more muscular and forceful intervention necessary to impose a peace on the warring sides was long overdue.«[80] Mit ihren Forderungen trafen sie bei dem neuen UN-Generalsekretär Boutros-Ghali auf offene Ohren. In seinem Bericht »An Agenda for Peace« zeichnete er 1992 ein optimistisches Bild von der zukünftigen Entwicklung des UN-Peacekeepings, unter der Voraussetzung allerdings, dass es gelingen würde, die Organisation kraftvoller einzusetzen und auch friedensschaffende Maß-nahmen zuzulassen.[81]

---

78 Vgl. Durch/Schear, Faultlines, S. 205-211; Jane Boulden, The United Nations and Mandate Enforcement. Congo, Somalia, and Bosnia, Kingston 1999 (The Martello Papers, 20), S. 76 f.; Gammer, From Peacekeeping to Peacemaking, S. 95-98.

79 André Picard/Paul Koring, »PM urges UN sactions«, *Globe and Mail*, 25.5.1992, S. A 1, zit. nach Gammer, From Peacekeeping to Peacemaking, S. 98.

80 Gammer, From Peacekeeping to Peacemaking, S. 99. Siehe auch Duane Bratt, Bosnia: From Failed State to Functioning State, in: Michael K. Carroll/Greg Donaghy (Hg.), From Kinshasa to Kandahar. Canada and Fragile States in Historical Perspective, Calgary 2016, S. 143-164, hier S. 158-161.

81 Vgl. MacQueen, Humanitarian Intervention, S. 50-55.

Eine Ausweitung des Mandats von UNPROFOR, die am 13. August 1992 vom Sicherheitsrat beschlossen wurde und den Blauhelmen erlaubte, im Rahmen der humanitären Aufgaben »all measures necessary«[82] einzusetzen, schien in diese Richtung zu deuten.[83] Doch ließen sich die Kriegsparteien von dieser letztlich vagen Aufforderung kaum beeindrucken. Konsequenterweise forderte deshalb Barbara McDougall weiterhin ein wirklich »robustes Mandat« für die UN-Soldaten auf dem Balkan. Vor der UN-Vollversammlung verwies sie im September 1992 darauf, dass »recent events demonstrate that the use of force may be a necessary option«.[84] Wenn auch in vorsichtigen Worten, so forderte die kanadische Regierung doch eine umfassende »Humanitäre Intervention«[85], die sich über die Souveränität der betroffenen Staaten hinwegsetzen und auch vor dem Einsatz von Gewalt nicht zurückschrecken sollte, um den Kämpfen wie auch den Menschenrechtsverletzungen Einhalt zu gebieten.

Die kanadischen Vertreter plädierten also abermals für eine Normerweiterung in den internationalen Beziehungen, denn obwohl der Sicherheitsrat mit seiner Entscheidung vom 13. August zum ersten Mal nach Ende des Kalten Krieges den Einsatz von Waffengewalt zugelassen hatte, um primär humanitäre Ziele zu erreichen, schreckte er vor einer offensiven Auslegung dieses Mandats ebenso zurück wie vor einer umfassenden Humanitären Intervention.[86] Die Fragen nach der Rechtmäßigkeit, der Praxis und den Erfolgsaussichten von Humanitären Interventionen stehen seither weit oben auf der internationalen Agenda,[87] die in den 90er Jahren deklamatorisch,

---

82 Zit. nach Gammer, From Peacekeeping to Peacemaking, S. 99.

83 Vgl. Wheeler, Saving Strangers, S. 251 f.

84 An Address by the Honourable Barbara McDougall, Secretary of State for External Affairs, to the Forty-Seventh Session of the United Nations Assembly, New York, 24.9.1992, zit. nach Gammer, From Peacekeeping to Peacemaking, S. 100.

85 Ramesh Thakur definiert Humanitäre Intervention als »the use of military force on the territory of a state without its consent with the goal of protecting innocent victims of large-scale atrocities«. Ramesh Thakur, Humanitarian Intervention, in: Thomas G. Weiss/ Sam Daws, The Oxford Handbook on the United Nations, Oxford 2008, S. 387-403, hier S. 388. Siehe auch die ähnliche, aber etwas weiter gefasste Definition von J. L. Holzgrefe, The humanitarian intervention debate, in: ders./Robert O. Keohane (Hg.), Humanitarian Intervention. Ethical, Legal, and Political Dilemmas, 4. Aufl., Cambridge 2004, S. 15-52, hier S. 18.

86 Vgl. Wheeler, Saving Strangers, S. 251 f.

87 Vgl. z.B. Francis Kofi Abiev, The Evolution of the Doctrine and Practice of Humanitarian Intervention, The Hague u.a. 1999; Wheeler, Saving Strangers; J. L. Holzgrefe/Robert O. Keohane (Hg.), Humanitarian Intervention. Ethical, Legal, and Political Dilemmas, 4. Aufl., Cambridge 2004; Hinsch/Janssen, Menschenrechte militärisch schützen; Herfried Münkler/Karsten Malowitz (Hg.), Humanitäre Intervention. Ein Instrument

konzeptionell und im beschränkten Maße auch praktisch von kanadischen Regierungsvertretern und Soldaten mitbestimmt worden war.

Robustes Auftreten

Wie ernst es die Regierung mit ihren Forderungen meinte, zeigte sich auch daran, dass sie zur selben Zeit zudem Möglichkeiten auslotete, mit der NATO in den Jugoslawien-Konflikt einzugreifen. Mulroney und McDougall hielten sich also weitere Optionen multilateralen Eingreifens offen, auch wenn sie zunächst auf die Vereinten Nationen setzten. Dass sie bereit waren, kanadische Soldaten bei einem gewaltsamen Vorgehen einzusetzen, erwies sich Mitte 1992, als serbische Truppen UN-Blauhelme in Sarajevo angriffen. Generalstabschef General John de Chastelain bestätigte, dass die kanadischen Streitkräfte bereit seien, militärisch zu intervenieren. Kampfflugzeugbesatzungen probten bereits Luftschläge gegen Bodenziele, um für eine friedensschaffende Operation gerüstet zu sein.[88] Zu diesen Einsätzen kam es zwar nicht, aber auch so wurden gerade die kanadischen Soldaten auf dem Balkan in kriegsähnliche Operationen und Gefechte verwickelt.[89]

Hierbei wurde deutlich, dass es Regierung und Streitkräfteführung in Ottawa tatsächlich nicht nur bei Appellen und Vorbereitungen beließen. Zur »soft power« kam – so weit es die kanadischen militärischen Möglichkeiten zuließen (und vielfach noch über diese hinaus) – die »hart power« hinzu. Kanada stellte seit Anfang 1992 rund 1.200 Soldaten, also fast zehn Prozent von UNPROFOR. Nachdem das zunächst auf Kroatien beschränkte Mandat auch auf Bosnien-Herzegowina ausgeweitet worden war, autorisierte die kanadische Regierung weitere Truppenverstärkungen. Anfang 1994 dienten über 2.000 Angehörige der Streitkräfte in Jugoslawien. Es handelte sich hierbei um das größte Kontingent, das Kanada jemals für eine UN-Peacekeeping-Operation bereitgestellt hatte.[90] UNPROFOR bestand im selben Zeitraum zeitweilig aus fast 40.000 Soldaten.

---

außenpolitischer Konfliktbearbeitung. Grundlagen und Diskussion, Wiesbaden 2008; MacQueen, Humanitarian Intervention.

88 Vgl. Gammer, From Peacekeeping to Peacemaking, S. 102.

89 Vgl. z.B. Carol Off, The Ghosts of Medak Pocket. The Story of Canada's Secret War, Toronto 2005.

90 Vgl. Joseph T. Jockel, Canada and International Peacekeeping Operations, in: Hans-Georg Ehrhart/David G. Haglund (Hg.), The »New Peacekeeping« and European Security: German and Canadian Interests and Issues, Baden-Baden 1995, S. 193-206, hier S. 202.

Obwohl es sich auf dem Papier um eine Operation in einem Waffen-stillstandsgebiet handelte, sahen die verantwortlichen Truppenführer des kanadischen Kontingents die Gefahren nur zu deutlich. Die erste eingesetzte Einheit wurde aus Truppenkontingenten zusammengestellt, die in Deutsch-land stationiert waren. Im Kern bestand sie aus dem 1. Bataillon des aus vielen UN-Missionen bekannten Royal 22nd Regiment. Nachdem ein Voraus-kommando die Lage sondiert hatte, entschied das Bataillonskommando nach Rücksprache mit den vorgesetzten Dienststellen in Ottawa statt der von der UN vorgesehenen 15 gepanzerten Mannschaftstransporter pro Bataillon insgesamt 83 dieser Fahrzeuge mitzunehmen, die einen erheblich besseren Schutz gegen Handfeuerwaffen boten. Das kanadische Bataillon war also weitaus besser auf einen robusten Einsatz vorbereitet als die Angehörigen der Kontingente, die sich an die UN-Empfehlung gehalten hatten.[91]

Tatsächlich sollten die Kanadier schon wenige Monate nach ihrer Ankunft in Jugoslawien einen Einsatz durchführen, der die Grenzen des auf Selbst-verteidigung reduzierten Mandats der Blauhelme vollends aufweichte. Es handelte sich um die Fahrt eines UN-Konvois, der Truppen zur Sicherung des Flughafens nach Sarajevo brachte. Der Flughafen sollte zur Versorgung der Be-völkerung Sarajevos offen gehalten werden. Mit diesem Einsatz wurde zugleich das Mandat der UNPROFOR faktisch auf Bosnien-Herzegowina ausgedehnt.[92]

Die Initiative für diesen Konvoi, der mitten durch das Bürgerkriegsgebiet von Bosnien-Herzegowina führte, war vom 52-jährigen Generalmajor Lewis MacKenzie ausgegangen, der nach seinem Einsatz in Mittelamerika nach Jugo-slawien versetzt worden war, um dort als Stabschef von UNPROFOR zu dienen. Neben dem Kommandeur, dem indischen Generalleutnant Satish Nambiar, und seinem Stellvertreter, dem französischen Generalmajor Philippe Morillon, gehörte er zum militärischen Führungstrio der UN-Operation. Die Position des kanadischen Generals an einer der Schaltstellen des Einsatzes unterstrich die Bedeutung des kanadischen Truppenbeitrags und verwies darauf, als wie wichtig die Professionalität und Erfahrung der kanadischen Peacekeeper ein-geschätzt wurde. Da das Hauptquartier von UNPROFOR in Sarajevo lag und MacKenzie kurz vor der Abfahrt des Konvois zum Kommandeur des neu er-richteten UN-Sektors Sarajevo ernannt worden war, repräsentierte er die UN als verantwortlicher General vor Ort. Er war, wie viele seiner Kameraden aus den kanadischen Streitkräften, ein Veteran vieler UN-Operationen. Mehrfach hatte er im Nahen Osten und auf Zypern gedient. In den ersten Monaten des

---

91 Vgl. Dawn M. Hewitt, From Ottawa to Sarajevo. Canadian Peacekeepers in the Balkans, Kingston 1998 (Martello Papers, 18), S. 29.

92 Vgl. Fey, Multilateralismus, S. 267.

UN-Einsatzes und vor allem während der serbischen Belagerung Sarajevos gelang es ihm wie keinem anderen auf der medialen Klaviatur zu spielen und
seine Position und die der UN-Truppen in der belagerten Stadt öffentlichkeitswirksam zu vertreten.[93]

In den Augen der Öffentlichkeit unterstützte sein militärisch kraftvolles
Vorgehen die Stimmen, die einen robusten Einsatz in Jugoslawien und
auch andernorts, beispielsweise in Somalia, forderten. Zumindest für Jugoslawien wurde eine solche Strategie explizit von der kanadischen Regierung
befürwortet.[94] Die Verlegung der kanadischen Truppen aus Kroatien nach
Sarajevo und der Konvoi waren von Ottawa genehmigt und im Unterhaus
bekannt gegeben worden. Wie wichtig diese militärische Operation war, lässt
sich auch daran erkennen, dass Mulroney und sein Kabinett stündlich Berichte über den Fortschritt des Konvois zugestellt bekamen.[95] Entgegen aus-
drücklicher UN-Anweisungen ließ MacKenzie den kanadischen Konvoi, der
sich am 30. Juni 1992 auf den Weg nach Sarajevo machte, mit Panzerabwehr-
raketen und Mörsern ausstatten, die ihm aus Kanada extra für diesen Zweck
geschickt worden waren. Nach einigen kleineren Zwischenfällen erreichte der
Konvoi schließlich 120 km nordöstlich von Sarajevo eine Straßensperre der
bosnischen Serben, die auf Anweisung des dortigen serbischen Kommandeurs
nicht geräumt werden würde. Die Situation eskalierte, als auf die kanadischen
UN-Soldaten geschossen wurde. Oberstleutnant Michel Jones, der Einheitskommandeur, dislozierte daraufhin seine Eingreiftruppen und die Raketen-
werfer und stellte dem serbischen Befehlshaber ein Ultimatum. Als dieses
verstrich, brach er mit seinen Fahrzeugen durch die Straßensperre, wobei die
serbischen Soldaten allerdings vor einem Feuergefecht zurückschreckten. Am
2. Juli erreichten die Kanadier den Flughafen. Zur Durchführung ihres Auftrags
hatten sie mit Waffengewalt gedroht, waren aber nicht gezwungen worden, sie
einzusetzen.[96]

Die militärisch-politischen Erfolge der kanadischen Soldaten, die von der
nationalen[97] und internationalen Medienöffentlichkeit wahrgenommen
wurden,[98] und besonders die prominente Position und eloquente Haltung

---

93 Vgl. MacKenzie, Peacekeeper; Off, The Lion, S. 176-200; Granatstein, Canada's Army,
   S. 400.
94 Vgl. André Picard/Paul Koring, »PM urges UN sanctions«, *Globe and Mail*, 25.5.1992, S. 2;
   »If Sarajevo, why not Somalia?«, Leitartikel, *Globe and Mail*, 22.7.1992, S. 12.
95 Vgl. Gammer, From Peacekeeping to Peacemaking, S. 151-154.
96 Vgl. Hewitt, From Ottawa to Sarajevo, S. 32-38.
97 Vergleiche beispielsweise die fettgedruckte Überschrift auf der Titelseite des *Toronto Star*,
   11.6.1992, S. 1: »Our troops to go to Sarajevo«.
98 Vgl. Fey, Multilateralismus, S. 267 f.

MacKenzies hoben nicht nur das Prestige der kanadischen UN-Blauhelme, sondern ließen auch die UN als kraftvoll zupackend erscheinen. Schon Mitte 1992 war jedoch längst klar, dass die Politik der Vereinten Nationen und der UN-Militäreinsatz in Jugoslawien sich erheblich würden wandeln müssen, wenn ein dauerhafter Frieden gewährleistet werden sollte. Die Konfliktparteien jedenfalls waren von sich aus dazu nicht bereit. Dies zeigte sich schon bald nach der Ankunft des kanadischen Konvois auch in Sarajevo. Der Flugplatz wurde zwar die meiste Zeit über für Hilfstransporte offengehalten, aber die Belagerung der Stadt und die Beschießung ihrer Einwohner von den umgebenden Hügeln aus konnten selbst die UN-Soldaten nicht verhindern – auch wenn die kanadischen Infanteristen nochmals ihr Mandat weit auslegten und das Feuer auf Heckenschützen erwiderten.[99] Die UN jedenfalls blieb vor Ort und verstärkte ihr Engagement, wohl auch da es sich zeitgenössisch als alternativlos erwies. Zugleich schien die zunehmende Ausdehnung des Mandats eine härtere Gangart zu demonstrieren. Aus der Rückschau zeigt sich indes, dass die »mission creep«, die letztlich kein eindeutiges Mandat zum Peacemaking erhielt und somit partiell »zahnlos« blieb sowie unklare Signale aussandte, nicht Teil der Lösung, sondern Teil des Problems gewesen war.[100]

An der Spitze des Peacekeepings

Trotz der erkannten Probleme setzte die kanadische Regierung auch 1992 weiterhin auf das Konfliktlösungspotenzial der UN und ihrer Blauhelmsoldaten. Diese politische Grundsatzentscheidung zeigte sich ebenfalls in Jugoslawien. Nachdem das zunächst in Kroatien eingesetzte Einsatzkontingent im Rahmen der Ausweitung des Mandats im Juni nach Bosnien-Herzegowina verlegt worden war, wurde im Oktober ein zweites, neues Einsatzkontingent für Kroatien aufgestellt. Kurzzeitig standen daher rund 2.500 kanadische Soldaten im Rahmen von UNPROFOR in Jugoslawien.[101]

Im selben Zeitraum entschieden Regierung und Verteidigungsministerium in Ottawa, sich darüber hinaus an einer weiteren großen UN-Friedensmission zu beteiligen. Es handelte sich um die erste UN-Operation in Somalia (UNOSOM I), die zunächst einen Waffenstillstand überwachen, aber seit Mitte

---

99   Vgl. Off, The Lion, S. 191 f.
100 Vgl. Hewitt, From Ottawa to Sarajevo, S. 37-41; Durch/Schear, Faultlines, S. 227-238, 249-254.
101 Hinzu traten rund 500 weitere Soldaten, die in der Region unterschiedliche Aufträge ausführten. Vgl. Fey, Multilateralismus, S. 268.

1992 mit dann bis zu 3.000 Soldaten die Sicherheit von Hilfsgütertransporten in dem ebenfalls von einem Bürgerkrieg erschütterten Land gewährleisten sollte. Trotz knapper Ressourcen scheinen Generalstabschef John de Chastelaine und, wie der kanadische Militärhistoriker David Bercuson ausführt, besonders der Staatssekretär im Verteidigungsministerium, Robert Fowler, einem solchen neuen Einsatz zumindest nicht widersprochen zu haben. Zunächst wurde eine 750 Mann starke Kampfgruppe des Canadian Airborne Regiment, einer Eliteeinheit, für die Mission vorgesehen. Auf Initiative der USA veränderte der Einsatz aber Anfang Dezember 1992 seinen Charakter. Nun sollte, genehmigt vom Sicherheitsrat, eine United Task Force (UNITAF) unter dem Mandat, militärische Gewalt einsetzen zu dürfen (Kapitel VII der UN-Charta), die Bürgerkriegsparteien entwaffnen. Die soeben als einsatzfähig erklärte kanadische Kampfgruppe wurde schnell aufgestockt und der neuen, von den USA geführten UN-Operation unterstellt.[102]

Dass die kanadische Regierung nicht nur bereit war, Truppen zu stellen, sondern auch Verantwortung für eine Mission zu übernehmen, zeigte sich im Juni/Juli des folgenden Jahres, als die Streitkräfte mit Brigadegeneral, später Generalmajor Roméo Dallaire den Kommandeur für eine UN-Beobachtermission in Ruanda stellten. Von der UN Observer Mission Uganda-Rwanda (UNOMUR) wurde er zusammen mit seinem kanadischen Adjutanten im Oktober 1993 zur neu aufzustellenden UN Assistance Mission in Rwanda (UNAMIR) versetzt, die eine erheblich kompliziertere Aufgabe übernahm, nämlich die, einen Waffenstillstand nach einem Bürgerkrieg und dem folgenden Friedensprozess zu überwachen.[103]

Wie das vielfältige Engagement zeigt, hatte sich in den Jahren nach Ende des Ost-West-Konflikts die kanadische Politik einmal mehr an die Spitze der Peacekeeping-Unterstützer gesetzt. Keiner stellte in diesem Zeitraum mehr Soldaten für UN-Friedensmissionen bereit als die kanadischen Streitkräfte.

---

102 Vgl. Bercuson, Significant Incident, S. 137 f., 220-222, 227-231. Siehe zu Somalia William J. Durch, Introduction to Anarchy: Humanitarian Intervention and »State-Building« in Somalia, in: ders. (Hg.), UN Peacekeeping, American Politics, and the Uncivil Wars of the 1990s, New York 1996, S. 311-365.

103 Vgl. Roméo Dallaire mit Brent Beardsley, Shake Hands with the Devil. The Failure of Humanity in Rwanda, New York 2005, S. 42-48; J. Matthew Vaccaro, The Politics of Genocide: Peacekeeping and Disaster Relief in Rwanda, in: William J. Durch (Hg.), UN Peacekeeping, American Politics, and the Uncivil Wars of the 1990s, New York 1996, S. 367-407, hier S. 341 f., 379 f. Siehe insgesamt Bruce D. Jones, Peacemaking in Rwanda. The Dynamics of Failure, Boulder/London 2001.

Zeitweise dienten über 4.000 Militärangehörige unter der blauen UN-Flagge. 1992 waren dies rund zehn Prozent aller Blauhelme.[104]

Tessier und Fortmann haben die kanadischen Mannschaftsstärken bei den einzelnen Missionen im Zeitraum von 1991 bis 1995 – also der Phase der größten Expansion – zusammengestellt, dabei allerdings auch den kanadischen Beitrag während des Golf-Krieges mit einbezogen. Ihre Aufstellung dient als Grundlage für die hier abgedruckte Übersicht (Tab. 1).

Das weit verzweigte Engagement konnte allerdings nicht auf Dauer beibehalten werden. Militärhistoriker sind sich einig und auch die zeitgenössisch Verantwortlichen vertraten zunehmend die Überzeugung, dass die umfangreichen Auslandseinsätze vor allem das kanadische Heer überforderten. Hillmer und Granatstein schreiben: »The simple truth was that Canada had taken on too much«.[105] Die personellen Ressourcen reichten nicht aus, um die Mannschaftsstärke in den verschiedenen UN-Missionen auf Dauer aufrechtzuerhalten. Trotz der zunehmenden »out of area«-Einsätze hatte das Heer, das die Hauptlast des Peacekeepings trug, Kürzungen hinnehmen müssen. Anfang der 90er Jahre 23.500 Mann stark, standen Ende 1995 nur noch 21.533 Mann in dessen Reihen. Hinzu kamen 21.556 Reservisten, die in der Miliz (»militia«) dienten und auch regelmäßig bei den UN-Operationen eingesetzt wurden.[106]

Insbesondere die in den Infanterieeinheiten dienenden Soldaten waren einer hohen Belastung durch die Blauhelm-Einsätze ausgesetzt. Zeitweilig war ein Drittel dieser Einheiten im Ausland stationiert. Die Überdehnung führte daher bald zu ersten Konsequenzen: 1993 wurden die kanadischen Blauhelme aus Zypern abgezogen, und im darauffolgenden Jahr verließen die letzten kanadischen Soldaten die Bundesrepublik Deutschland. Doch auch diese Reduktion führt nicht dazu, dass sich die personelle Situation des Heeres merklich entspannte.[107]

---

104   Vgl. Tessier/Fortmann, Conservative Approach, S. 121. – Tab. 3 (in Kap. 13 der vorliegenden Arbeit), basierend auf UN-Angaben, gibt hiervon abweichende Zahlen an, die jedoch tendenziell ebenfalls die besondere Bedeutung und Stärke des kanadischen Blauhelm-Engagement unterstreichen.

105   Hillmer/Granatstein, Empire to Umpire, S. 283.

106   Vgl. Bercuson, Significant Incident, S. 93-95.

107   Vgl. Jockel, Canada and International Peacekeeping, S. 27-36; Jockel, Canada and International Peacekeeping Operations, S. 201-203; Granatstein, Canada's Army, S. 396. Zum politischen »fallout« des Rückzugs aus Deutschland siehe Fey, Multilateralismus, S. 242-265.

Tabelle 1   Kanadische Teilnahme an UN-Einsätzen und Friedensmissionen, 1991-1995[108]

Internationale Mission	Kanadische Soldaten und Polizisten
Golf-Krise	500
UN Observers for the Verification of Elections in Haiti (ONUVEH)	11
UN Iraq-Kuwait Observer Mission (UNIKOM)	301
UN Mission for the Referendum in the Western Sahara (MINURSO)	34-35
UN Angola Verification Mission (UNAVEM II)	15
UN Observer Mission in El Salvador (ONUSAL)	55
UN Advance Mission in Cambodia (UNAMIC)	103
UN Transitional Authority in Cambodia (UNTAC)	214-240
UN Protection Force (UNPROFOR)	2.008-2.400
UN Operations in Mozambique (ONUMOZ)	15
UN Operations in Somalia (ONUSOM I)	5
Unified Task Force (UNITAF/Somalia)	1.260-1.410
UN Operations in Somalia (ONUSOM I)	9
UN Observer Mission Uganda-Rwanda (UNOMUR)	2-3
UN Assistance Mission in Rwanda (UNAMIR)	2 (430)
UN United Nations Mission in Haiti (UNMIH)	600-750

Erneute Veränderungen, entweder eine Erhöhung des Mannschaftsbestandes, die im Budget nicht vorgesehen war, oder eine weitere Reduzierung des UN-Einsatzes, seien vorprogrammiert, stellte im November 1992 Generalstabschef de Chastelain fest. Und auch Mulroney und McDougall verwiesen darauf, dass andere Staaten vermehrt die großen personellen und finanziellen

---

108   Tessier/Fortmann, Conservative Approach, S. 122. Falls beim Abgleich der Zahlen mit den beiden unten genannten Werken größere Abweichungen auftraten, wurden die Angaben übernommen, die in mindestens zwei der drei zugrunde liegenden Studien standen oder es wurden zwei Zahlen genannt. Insbesondere gaben Tessier/Fortmann stark abweichende Zahlen für MINURSO (740) und ONUSAL (2) an. UNAMIRs Stärkeangaben variierten zwischen 2 und 430, wobei die zuletzt genannte Zahl vermutlich kanadische Verstärkungen in der zweiten Jahreshälfte 1994 umfasste. Vgl. Dishonoured Legacy. The Lessons of the Somalia Affair. Report of the Commission of Inquiry into the Deployment of Canadian Forces to Somalia, 5 Bde., Ottawa 1997, hier Bd. 1, S. 206-209; Charles Létourneau, Données statistiqes, in: Jocelyn Coulon (Hg.), Guide du maintien de la paix 2008, Outremont (Québec) 2007, S. 164-198, hier S. 181 f.

Lasten des UN-Peacekeeping schultern müssten.[109] Das Ende der quantitativ umfassenden Beteiligung war mithin schon zu diesem Zeitpunkt abzusehen.

Bis 1992/93 hatte Kanada allerdings einen wesentlichen Anteil an der Expansion des UN-Peacekeepings nach Ende des Ost-West-Konflikts gehabt und Einfluss auf deren Entwicklung genommen. Wie während der Suez-Krise 1956 und dem Zypern-Konflikt 1964 konnte auch 1988 bis 1992 die kanadische Regierung dabei Blauhelm-Einsätze nicht kraft ihres eigenen politischen Gewichts durchsetzen, aber maßgebliche Anstöße geben. In den genannten Fällen und Zeiträumen traten kanadische Vertreter politisch führend hervor, brachten Initiativen ein und überzeugten zurückhaltende Mitgliedstaaten. Für die Wendezeit galt dies sowohl für die Beratungen in New York als auch mit Blick auf einzelne Missionen. Der Jugoslawien-Konflikt sah die kanadische Regierung als hauptsächliche Protagonistin eines frühen und militärisch potenten Eingreifens. Sie war, wie der Politikwissenschaftler Jens Fey argumentiert, »zu dieser Zeit offensichtlich gewillt, auf dem Gebiet der internationalen Friedenssicherung [...] eine Führungsrolle zu spielen.«[110]

Die Balkankrise – Höhepunkt der interventionistischen Politik Ottawas – zeigte dem kanadischen Kabinett aber zugleich die Grenzen seines Einflusses auf. Trotz frühzeitiger Bemühungen wurde eine Blauhelmeinsatz im jugoslawischen Bürgerkriegsgebiet erst dann ernsthaft diskutiert, als dieser von den Kriegsparteien gefordert wurde und die im Sicherheitsrat vertretenen Staaten meinten, nun handeln zu müssen.

Doch nicht nur rhetorisch trat die kanadische Regierung hervor, vielmehr wurde das politische durch das militärische Engagement gleichwertig unterstützt. Die kanadischen Streitkräfte waren in den neuen Einsatzgebieten substantiell vertreten, zum Teil stellten sie die personalstärksten Kontingente. 1992 avancierte Kanada sogar zum größten Truppensteller des UN-Peacekeepings. Politische Rhetorik und militärische Praxis entsprachen einander.[111]

Doch warum unterstützten und forderten Politiker, Diplomaten und Militärs seit 1988 überhaupt eine Expansion des Peacekeeping-Mechanismus? Die Antworten hierauf sind vielfältig: Zunächst einmal blieb die kanadische Politik des Peacekeepings auch in den Wendejahren in die multilateral ausgerichtete außenpolitische Matrix Ottawas eingebettet. Die konservative Regierung und insbesondere ihre Außenminister knüpften dabei an die schon Jahrzehnte vorher eingenommene und seitdem immer wieder bekräftigte internationale

---

109   Vgl. Tessier/Fortmann, Conservative Approach, S. 123.
110   Fey, Multilateralismus, S. 281.
111   Vgl. Keating, Canada and World Order, S. 167.

Position an.[112] In diese »sicherheitspolitische Philosophie«,[113] die auf eine Stärkung des Einflusses der Vereinten Nationen hinauslief und ein kollektives Vorgehen der Staaten sowie *eo ipso* die relative Position Kanadas in der Welt[114] förderte, passte sich das Peacekeeping in geradezu idealer Weise ein.

Neben dieser Erklärung, die auf die prinzipielle Ausrichtung kanadischer Außenpolitik rekurriert, wird häufig auf eine »Tradition« des Blauhelm-Engagements verwiesen.[115] Wenn damit eine gedankenlose Wiederholung älterer außenpolitischer Muster gemeint ist, greift ein solcher Hinweis allerdings zu kurz. Doch kann unter »Tradition« auch ein politischer und militärischer Erfahrungsschatz verstanden werden, der Situationen zu beurteilen und Entscheidungen vorbereiten half. Denn im eigenen Selbstverständnis und auch im internationalen Vergleich erschienen die Kanadier als Experten für die UN-Friedenseinsätze. Wie David G. Haglund und Peter L. Jones in ihrer Analyse des kanadischen Peacekeepings aus dem Jahr 1989 schreiben, bietet die Vergangenheit sowohl gefährliche wie auch unverzichtbare Lehren für aktuelle politische Entscheidungen.[116] Trotz aller Probleme, die den Verantwortlichen durchaus bekannt waren, wurden die Peacekeeping-Einsätze der vergangenen 40 Jahre von kanadischen Politikern aller Couleur und von Diplomaten, zum Teil vermutlich auch von Angehörigen der Streitkräfte, politisch als Erfolg und als konstitutiver Teil der kanadischen Sicherheitsarchitektur angesehen. Die Erfahrungen ermöglichten es den Verantwortlichen, nicht blauäugig, aber mit einer Portion Optimismus, neue Missionen zu unterstützen. Anders als aus der Rückschau angenommen, zeichneten sich die Blauhelm-Operationen des Kalten Krieges durch eine große Vielfalt aus, ein »klassisches« Peacekeeping gab es nicht, so dass sich kanadische Diplomaten und Soldaten unter Rückgriff auf die gemachten Erfahrungen offensichtlich leichter taten, sich verändernde Voraussetzungen zu antizipieren und ihnen mit einer modifizierten Politik zu begegnen.

Als »Tradition« erwies sich darüber hinaus eine ebenfalls in den zurückliegenden vier Dekaden entwickelte politische Kultur, in der das Blauhelm-Engagement als Ausdruck nationaler Werte und Identität galt. Dieser Kultur konnten sich auch die politisch und militärisch Handelnden nicht entziehen. Sie bildete eine Basis für die Entscheidungen, indem sie die Selbstwahrnehmung als exemplarischer Peacekeeper unterstützte und eine zustimmende

---

112 Vgl. ebd., S. 163.
113 Fey, Multilateralismus, S. 281.
114 Vgl. Jockel, Canada and International Peacekeeping, S. 15 f.
115 Vgl. zum Beispiel Tessier/Fortmann, Conservative Approach, S. 122, siehe auch ebd., S. 113 f.
116 Vgl. Haglund/Jones, Canada, S. 2 f.

Haltung der Bevölkerung als gegeben voraussetzte. Das zugrunde liegende Blauhelm-Narrativ verband dabei die auf den ersten Blick gegensätzlichen pazifistischen und militaristischen Gründungsmythen. Diese verschafften der kanadischen Beteiligung an den Missionen nicht nur innenpolitisch eine breite legitimatorische Basis, sondern verhalfen ihr auch außenpolitisch zu einem Spektrum an Handlungsalternativen. Denn die militärische Tradition erlaubte einen durchaus kampfkräftigen Einsatz auch der Soldaten mit den blauen Helmen. In diesem Sinne war die Forderung nach einem robusten Mandat und nach Humanitären Interventionen schon in dem nationalen Narrativ von den kanadischen Blauhelmen angelegt. Das Narrativ erwies sich als ein Ermöglicher von Handlung, wie dies Raina Zimmering und Herfried Münkler für den politischen Mythos festgestellt haben.

Die Entscheidungsträger agierten indes nicht nur im Rahmen nationaler Erfahrungen und Debatten. Motive und Entscheidungen basierten darüber hinaus auf wirkungsmächtigen internationalen Diskursen. Bereits im November 1990, bevor der Bürgerkrieg in Jugoslawien mit aller Macht begann, hatte Mulroney bei humanitären Notlagen die staatlichen Souveränitätsrechte infrage gestellt[117] und auf diese Weise auch die längst bestehende Menschenrechtspolitik seiner Regierung fortgesetzt. Er konnte sich dabei breiter Unterstützung gewiss sein, denn nicht nur die parlamentarische Opposition, sondern auch Teile der sich artikulierenden Bevölkerung dachten ähnlich. Der außenpolitische Sprecher der Liberalen Partei, Lloyd Axworthy, forderte am 18. November 1991 im Parlament: »It is time for a new ethic of intervention, one that will move us beyond where we are now.«[118] Parlamentarier und Regierungsvertreter hatten sich den transnationalen Diskurs um Menschenrechte und Humanitäre Interventionen zu eigen gemacht und sich an dessen Spitze gesetzt;[119] zugleich versuchten sie als »norm entrepreneurs«, den Diskurs als Handlungsmaxime in den internationalen Beziehungen zu verankern.

Diese Ausrichtung der Außenpolitik und der innerkanadischen Debatte sind insofern bemerkenswert, als sie im Gegensatz zur traditionellen Prämisse standen, dass die internationalen Beziehungen die kanadische Einheit fördern müssten. Im Zusammenhang mit dem Jugoslawien-Konflikt wurde

---

117   Vgl. Michaud/Nossal, The Conservative Era, S. 19.
118   House of Commons, Debates, Third Session, Thirty-Fourth Parliament, 18.11.1991, S. 4952, zit. nach Gammer, From Peacekeeping to Peacemaking, S. 89 (vermutlich falsche Seitenangabe S. 49552 in ebd., S. 226, Anm. 16).
119   Vgl. Gammer, From Peacekeeping to Peacemaking, S. 86–88; zum Menschenrechtsdiskurs, zur Implementierung von Menschenrechten und den gescheiterten Hoffnungen nach Ende des Ost-West-Konflikts vgl. Roger Normand/Sarah Zaidi, Human Rights at the UN. The Political History of Universal Justice, Bloomington u. Indianapolis 2008, S. 316–341.

dieser Richtungswechsel besonders deutlich. Denn den Zeitgenossen war nicht entgangen, dass es durchaus Analogien zwischen dem Scheitern des jugoslawischen Föderalismus und den Unabhängigkeitsbestrebungen in der Provinz Quebec gab, auch wenn Mulroney diese Bezüge vehement bestritt. Dass trotzdem eine Politik verfolgt wurde, die, wenn auch zunächst zurückhaltend, auf die Anerkennung der jugoslawischen Einzelstaaten hinauslief, kann auch als Zeichen für ein selbstbewussteres internationales Auftreten der kanadischen Politik gewertet werden.[120] Wie eine Äußerung eines Majors aus dem frankophonen 22. Regiment zeigte, waren diese Überlegungen auch den kanadischen Soldaten vor Ort nicht fremd. Er meinte, dass sich in Quebec niemand mehr beschweren würde, wenn die dortige Bevölkerung den Bürgerkrieg in Jugoslawien miterlebt hätte.[121]

Neben den situativen Voraussetzungen, wie Bündnisverpflichtungen oder regionalen politischen Interessen, die sich von Einsatzgebiet zu Einsatzgebiet unterschieden, spielten individuelle Überzeugungen und pragmatische Überlegungen der Entscheidungsträger eine Rolle. Nicht zuletzt seien, so vermuten Tessier und Fortmann, auch parteitaktische bzw. machtpolitische Mechanismen zum Tragen gekommen. Die Regierung Mulroney sei am Ende ihrer zweiten Amtszeit immer unpopulärer geworden, weshalb sie sich der internationalen Politik zugewandt habe. Hier habe sie auf die Unterstützung der Bevölkerung zählen und auf größere Erfolge hoffen können. Individuell hätte, so wurde zumindest spekuliert, der Regierungschef ein besonderes Interesse am Jugoslawienkonflikt gehabt, da seine Frau aus dieser Region stammte. Im jugoslawischen wie auch beispielsweise im Fall des mittelamerikanischen Friedensprozesses bildeten sich zudem, zum Teil aus Einwanderern aus den betroffenen Regionen, wahrnehmbare Lobbygruppen, deren unmittelbarer Einfluss schwierig zu bewerten ist, die aber die politische Stimmung mitbestimmten.[122]

Schließlich stellten sich auch Verteidigungsministerium und Militär hinter das sich ausweitende Blauhelm-Engagement. Es bestand also ein breiter, zum Teil aus unterschiedlichen Motiven gespeister Konsens des politischen, bürokratischen und eben auch des militärischen Establishments. Trotz der in der Vergangenheit artikulierten Skepsis befürworteten Soldaten individuell die Blauhelm-Einsätze; politisch und gesellschaftlich wichtiger war allerdings,

---

120 Vgl. Gammer, From Peacekeeping to Peacemaking, S. 117 f., 120 f., 137 f.

121 Vgl. ebd., S. 163.

122 Vgl. Tessier/Fortmann, Conservative Approach, S. 120 f. sowie Paquin, Canada, S. 91; Fey, Multilateralismus, S. 283, 286; Gammer, From Peacekeeping to Peacemaking, S. 120 f.; Keating, Canada and World Order, S. 168.

dass der Verteidigungsapparat vor dem Hintergrund der Legitimationskrise nach Ende des Kalten Krieges im Peacekeeping eine Möglichkeit er-
blickte, sowohl öffentliche Unterstützung zu erhalten wie auch möglichen
Haushaltsreduzierungen und somit einem weiteren Bedeutungsverlust zu
begegnen.[123] Dieser pragmatische Ansatz führte zudem dazu, dass das Verteidigungsministerium und die Streitkräfte die symbolische Aufwertung des
Peacekeepings offensiv betrieben, was schließlich zur Durchsetzung eines
Peacekeeping-Mythos führte, dessen Gestalt jedoch nur noch beschränkt vom
Militär bestimmt werden konnte. Bei dieser Entwicklung, die zeitlich parallel
zur Ausdehnung der Friedensoperationen erfolgte, spielten (zivil)gesellschaft-
liche Akteure eine wesentliche Rolle.

---

123   Vgl. Haglund/Jones, Canada, S. 2, 36 f.; Tessier/Fortmann, Conservative Approach, S. 121.

Gesellschaftliche Selbstermächtigung
Peacekeeping-Monument und Peacekeeping-Mythos

Am 29. September 1988, in einer Phase, als sich ein Ende des Kalten Krieges abzuzeichnen begann und die Vereinten Nationen durch den wiedergewonnenen Konsens im Sicherheitsrat neue Aktivitäten entfalteten, verkündete das Nobelpreiskomitee, dass der diesjährige Friedensnobelpreis an die »United Nations Peacekeeping Forces« gehen würde. Die »UN forces«, so die erläuternde Pressemitteilung aus Oslo, »represent the manifest will of the community of nations to achieve peace through negotiations«.[1] Somit trügen die UN-Truppen dazu bei, eines der wesentlichen Ziele der Vereinten Nationen zu realisieren, den Frieden. Zwar wurden auch die individuellen Soldaten nicht vergessen. UN-Generalsekretär Javier Pérez de Cuéllar, der am 10. Dezember 1988 in Oslo stellvertretend den Preis entgegennahm, erinnerte in seiner Dankesrede an die 733 Blauhelme, die bis zu diesem Zeitpunkt ihr Leben »im Dienste des Friedens« gegeben hatten.[2] Und doch war die Ehrung mehr als die Belobigung individueller Leistungen. Vielmehr wurde das zarte Pflänzchen der erneuerten Peacekeeping-Aktivitäten durch die Zuerkennung des Friedensnobelpreises öffentlichkeitswirksam unterstützt und wurden die Vereinten Nationen und ihr Generalsekretär in der internationalen Umbruchphase gestärkt. Die Verleihung des Preises an die UN-Peacekeeper kann somit auch als Ausdruck der Hoffnungen auf eine neue Weltordnung gedeutet werden, in der die UN als Garant des Weltfriedens auftreten würde.[3]

---

1 Vgl. hierzu und zum Folgenden »Press Release – Peace 1988«. Nobelprize.org. Nobel Media AB 2013. Web. 3 Sep 2013, online unter http://www.nobelprize.org/nobel_prizes/peace/laureates/1988/press.html (aufgerufen am 3.9.2013). Siehe auch die bereits publizierte Fassung dieses Kapitels: Jan Erik Schulte, Peacekeeping als Monument. Kanada zwischen globaler Neuorientierung und nationaler Identitätsfindung (1988-1992), in: Zeithistorische Forschungen/Studies in Contemporary History 15 (2018), S. 68-97.

2 »United Nations Peacekeeping Forces - Acceptance Speech«. Nobelprize.org. Nobel Media AB 2013. Web. 3 Sep 2013, online unter http://www.nobelprize.org/nobel_prizes/peace/laureates/1988/un-acceptance.html (aufgerufen am 3.9.2013).

3 Vgl. die in Anm. 1 genannte Pressemitteilung des Nobelpreiskomitees u. »A prize for the UN peacekeepers«, Leitartikel, *Globe and Mail*, 4.10.1988, S. 6.

© VERLAG FERDINAND SCHÖNINGH, 2020 | DOI:10.30965/9783657787807_014

Vereinnahmung des Peacekeepings durch die Streitkräfte

In den öffentlichen Reaktionen in Kanada wurden nicht nur die internationalen Implikationen hervorgehoben, sondern – wenig überraschend – die besondere Rolle herausgestellt, die kanadische Peacekeeper in der Vergangenheit gespielt hatten und gegenwärtig noch ausfüllten. Mitunter schien es, als ob das internationale Peacekeeping wesentlich eine kanadische Aufgabe gewesen sei, wenn darauf hingewiesen wurde, dass die Soldaten mit der Ahornflagge an der Uniformjacke an mehr Missionen teilgenommen hätten als die Angehörigen anderer Staaten. Gegenwärtig, so ein Kommentar in der *Globe and Mail*, würde kein anderes Land mehr Soldaten stellen als Kanada.[4] Die üblichen Sprachregelungen perpetuierend, meinte Außenminister Joe Clark zu wissen, dass die Kanadier »pride and pleasure« angesichts der Verleihung des Preises fühlen würden. Dies wäre gerechtfertigt, denn, so Clark: »No country has been more steadfast or supportive in its commitment to UN Peacekeeping than Canada, and it is worth remembering that peacekeeping, as we know it today, was begun on a Canadian initiative more than thirty years ago«.[5] Die von Clark bemühte Argumentationslinie blieb nicht auf Politikerreden beschränkt, sondern fand sich auch in den Medien. Tatsächlich habe ein Konsens darüber bestanden, wie die Verleihung des Friedenspreises aufgefasst wurde. »Canadians accepted the award as if it were their own«, urteilte der Historiker Norman Hillmer.[6]

Doch nicht nur Außenpolitiker und Medien beteiligten sich an dem Versuch, den Preis für Kanada zu reklamieren. Etwas überraschend traten nun auch Verteidigungsministerium und Streitkräfte als Unterstützer des UN-Peacekeepings hervor. Es war zwar verständlich, dass das Militär auf seine Leistungen hinweisen und auch der 81 Kameraden gedenken wollte, die bis dato bei UN-Einsätzen ums Leben gekommen waren.[7] Doch Art und Umfang der Kampagne, die den Nobelpreis und die neu gefundene Glorie des UN-Peacekeepings für die Streitkräfte vereinnahmte, waren doch außergewöhnlich und sind erklärungsbedürftig.

---

4 Ebd.
5 Zit. in der Sektion »Policy«, in: International Perspectives. The Canadian Journal on World Affairs 17 (1988), 6, S. 44.
6 Vgl. Hillmer, Peacekeeping, S. 154 (einschließlich des Zitats).
7 Vgl. Joanna Calder, Nobel Laureates, in: Sentinel 25 (1989), 1, S. 12 f., hier S. 12.

> More than 80,000 Canadians won Nobel Peace Prizes in 1988. In effect, that's what happened on Sept. 29 in Oslo, Norway when the Nobel Committee announced that the 1988 Nobel Peace Prize had been awarded to United Nations military peacekeeping forces around the world.[8]

Diese pointierte Aussage fand sich gleich zu Beginn eines knappen Beitrags von Hauptmann Joanna Calder in »Sentinel«, dem offiziellen Magazin für die Angehörigen der kanadischen Streitkräfte. Allein die große Zahl unterstrich, wie stark sich die kanadischen Soldaten und somit das Militär insgesamt für das UN-Peacekeeping engagiert hätten. Der Preis ging letztlich, so die unterschwellige Botschaft, an alle Kanadier in Uniform und per se an die kanadischen Streitkräfte.[9] Diese Lesart wurde publikumswirksam dadurch unterstützt, dass mit Korporal Jeff Docksey ein kanadischer Soldat stellvertretend für das gesamte kanadische Militär bei der Preisverleihung anwesend war. Im Beitrag von Calder wurde er durch ein Foto und einen kurzen Hinweis auf seine beiden Dienstzeiten als Peacekeeper in Zypern und auf den Golanhöhen geehrt.[10]

Das Bild vom kanadischen Soldaten als Nobelpreisgewinner wurde aber nicht nur nach innen vermittelt, wie die Omnipräsenz der Peacekeeper in den folgenden Ausgaben des »Sentinel« zeigte,[11] sondern auch von der Medienöffentlichkeit bereitwillig aufgenommen. So lautete der Titel einer Ausgabe der bekannten Talkshow »Front Page Challenge« des staatlichen Fernsehsenders CBC vom Dezember 1988, in welcher der damalige Oberstleutnant Ethell als Repräsentant des kanadischen Peacekeepings auftrat: »Canada's gentle warriors win Nobel Peace Prize«.[12]

In der Folge der Verleihung des Nobelpreises avancierten die kanadischen Blauhelme zum Gesicht der Streitkräfte[13] und das Peacekeeping zu deren vornehmster Aufgabe. Ein Artikel in der *Globe and Mail* stilisierte das Peacekeeping zur »proudest peacetime tradition of the Canadian military«.[14] Dieser

---

8   Ebd.

9   Vgl. Interview des Vf. mit John de Chastelain, Ottawa, 25.9.2009.

10 Vgl. ebd.

11 Vgl. Sentinel 25 (1989), Nr. 1, 2, 3, 5; 26 (1990), Nr. 1, 3, 5, 6; 27 (1991), Nr. 4; 28 (1992), Nr. 4, 5, 6; 29 (1993), Nr. 1, 2, 4, 5.

12 »Peacekeeping ›challenge‹«, in: Sentinel 25 (1989), Nr. 1, S. 12. Zum Sendungsformat vgl. auf der Homepage der CBC die Seite »Front Page Challenge«, online unter http://www.dbc.ca/75/2011/0/front-page-challenge.html (aufgerufen 12.9.2013).

13 Hierauf verweist auch das in Kapitel 10 beschriebene Werbeplakat.

14 Paul Koring, »Role as peacekeepers now proudest tradition of Canadian military«, *Globe and Mail*, 30.9.1988, S. 12; auch zit. in Hillmer, Peacekeeping, S. 154.

Vorstellung mochte sich nun auch Verteidigungsminister Beatty nicht ver-schließen. Seine vollständige Kehrtwendung – man denke an das im Vorjahr von ihm verantwortete, das Peacekeeping weitgehend ignorierende Verteidigungs-weißbuch[15] – wurde auch zeitgenössisch mit Erstaunen registriert. Während des Wahlkampfes im Herbst 1988 sprach er vom Peacekeeping als »arguably the most important« Rolle der Streitkräfte.[16] Noch pointierter formulierte es der Chefredakteur der wichtigsten militärwissenschaftlichen Zeitschrift Kanadas »Canadian Defence Quarterly/Revue canadienne de défense« in seiner Ein-leitung zur Ausgabe vom Sommer 1989: »Peacekeeping, in the broadest sense of that word, is what the Canadian Forces are all about.«[17]

Dieses Editorial und ein in derselben Ausgabe abgedruckter Beitrag des Generalstabschefs Paul D. Manson zeigten aber zugleich, dass das postulierte neu gefundene Verständnis für das UN-Peacekeeping auch als begriffliche Camouflage für traditionelle Verteidigungs- und Sicherheitskonzepte diente. Beide, Chefredakteur John Marteinson und General Manson, betonten übereinstimmend, dass die kanadischen Blauhelme nur deshalb erfolgreiches Peacekeeping betreiben könnten, da sie voll ausgebildete Soldaten seien. Die traditionelle Ausbildung zum Kampf und Krieg würde sie erst befähigen, die zusätzliche und daraus abgeleitete (»derivid«[18]) Kompetenz zum Friedensein-satz zu erwerben.[19] Im Wesentlichen ging es darum, die spezifische Art und den Umfang der Streitkräfte auch in Zeiten eines gewandelten Bedrohungs-szenarios und des Ausfalls des sowjetischen Feindbildes zu konservieren. Marteinson schlug *expressis verbis* den Bogen zur traditionellen Ausrichtung, als er schrieb, dass im Sinne eines weiten Verständnisses von Frieden »our contributions to NATO and to NORAD are indeed peacekeeping forces.«[20]

Da mit dem Zerfall der Sowjetunion dem Verteidigungsministerium und den Militärs die Argumente auszugehen schienen, warum eine be-waffnete Streitmacht überhaupt aufrechterhalten werden sollte, die Finanz-politiker aufgrund des großen Haushaltsdefizits bereits mit begehrlichen Augen auf das militärische Budget schielten und nicht nur aus den Reihen

---

15   Vgl. Kap. 11.

16   Vgl. (einschließlich des Zitats) Haglund/Jones, Canada, S. 1 f.

17   John Marteinson, Peacekeeping, in: Canadian Defence Quarterly/Revue canadienne de défense 19 (Sommer 1989), 1, S. 5. Dem Beirat der Zeitschrift gehörte von Amts wegen der Generalstabschef an, was die Nähe der Zeitschrift zu den Streitkräften verdeutlicht.

18   Manson, Peacekeeping, S. 9.

19   Siehe auch (Generalmajor) J. A. MacInnis, Cyprus – Canada's Perpetual Vigil, in: Canadian Defence Quarterly/Revue canadienne de défense 19 (Sommer 1989), 1, S. 21-26, hier S. 26; Generalleutnant G. M. Reay, Leserbrief, *Globe and Mail*, 27.12.1994, S. 16.

20   Marteinson, Peacekeeping, S. 5.

der Friedensbewegung die Forderung nach einer deutlichen Reduzierung der Streitkräfte kam, schien der rhetorische Ausweg darin zu bestehen, den populärsten Aufgabenbereich nach vorne zu stellen. »Peacekeeping«, so stellte Norman Hillmer, damals noch »Senior Historian« im Verteidigungsministerium, bereits 1989 fest, »is a highly saleable commodity.«[21]

Tatsächlich musste mit der rhetorischen Neujustierung aber auch zumindest partiell eine materielle einhergehen, um die Glaubwürdigkeit zu erhalten. Oder in anderen Worten: Die durch ein internationales Ereignis angestoßene Änderung der innenpolitischen Selbstbeschreibung der Streitkräfte erforderte praktische außen- bzw. sicherheitspolitische Reaktionen. Außen- und Innenpolitik, Rhetorik und Praxis bedingten sich gegenseitig und förderten auf diese Weise die Bereitschaft von Verteidigungsministerium und Militär, die UN-Peacekeeping-Missionen zu unterstützen. 1988 und 1989 nahmen die kanadischen Streitkräfte bereits an einer Reihe neuer Blauhelm-Operationen teil. Diese konnten von den militärischen Wortführern als Beleg für die Bedeutung des Peacekeepings in den Streitkräften herangezogen werden.[22] Es ist daher – bei gegenwärtiger Unzugänglichkeit der Akten – zu vermuten, dass das Verteidigungsministerium und die Streitkräfteführung Ende der 8oer Jahre und Anfang der 9oer Jahre neuen Peacekeeping-Operationen weitaus aufgeschlossener gegenüberstanden, als dies zuvor häufig der Fall gewesen war. Die Bereitwilligkeit, Truppen für die UN-Mission in Somalia bereitzustellen, mag hierfür als Beispiel dienen.[23]

Die Haltung zum Peacekeeping veränderte sich jedoch nicht nur auf militärisch-politischem Gebiet, sondern auch innerhalb der militärischen Gemeinschaft. Bislang waren die UN-Soldaten weitgehend von der militärischen Erinnerungskultur ausgeschlossen gewesen. Der im Einsatz gefallenen Blauhelme wurden nicht explizit gedacht. Selbst die Grabstätten, die aufgrund der weit von Kanada entfernten Einsatzräume in fremden Ländern lagen, waren mitunter unbekannt. Bei den jährlichen Zeremonien zum nationalen Volkstrauertag am 11. November, dem »Remembrance Day«, blieben die toten UN-Soldaten ausgespart. Überhaupt spielte das Peacekeeping an diesem Tag keine Rolle, denn anders als die Veteranen der Teilstreitkräfte durften die UN-Veteranen bei den gemeinsamen Aufmärschen noch nicht einmal ihre spezifischen Kopfbedeckungen tragen. Auch die wichtigste kanadische

---

21   Norman Hillmer, Peacemakers, Blessed and Otherwise, in: Canadian Defence Quarterly/
      Revue canadienne de défense 19 (Sommer 1989), 1, S. 55-58, hier S. 55. Vgl. auch Haglund/
      Jones, Canada, S. 36 f.
22   Vgl. Manson, Peacekeeping, S. 7.
23   Vgl. Bercuson, Significant Incident, S. 221.

Veteranenorganisation, die Royal Canadian Legion, verhielt sich ablehnend. Ein Umdenken begann erst unmittelbar nach der Pressemitteilung des Nobel-preiskomitees vom September 1988 und der daraufhin einsetzenden, aus Militär und Verteidigungsbürokratie stammenden Elogen auf die Blauhelme. Nur sechs Wochen später, am »Remembrance Day« im November 1988, durften die UN-Veteranen zum ersten Mal ihre blauen Barette tragen und ihrer toten Kameraden wurde nun eigens in Gebeten gedacht.[24]

In diese veränderte Stimmungslage hinein kündigte Verteidigungsminister Beatty einen Tag vor der offiziellen Verleihung des Friedensnobelpreises in Oslo und im direkten Bezug auf dieses Ereignis die Errichtung einer Statue in Ottawa an, welche die kanadischen Peacekeeper ehren würde. Die Ent-scheidung konnte zum einen an die neue Sensibilität bei der Erinnerung an die eigenen Blauhelme anknüpfen. In diesem Sinne sollte das Monument die Be-deutung der UN-Soldaten innerhalb der militärischen Gemeinschaft stärken. Zum anderen wurde versucht, die neu propagierte Wertigkeit der Blauhelme und den damit einhergehenden, veränderten politisch-militärischen Kurs symbolisch zu festigen. Das positiv besetzte Peacekeeping sollte sichtbar als zentrale Aufgabe der Streitkräfte im öffentlichen Bewusstsein verankert werden.[25] Schon in seiner Ankündigung lehnte Beatty sich daher an den öffentlichen Sprachgebrauch an, indem er den Beitrag der kanadischen Blau-helme zur »Sache des Friedens« (»the cause of peace«) hervorhob.[26]

Vorbereitung des Peacekeeping-Monuments

Die Initiative für das spätere Peacekeeping-Monument war eindeutig vom Ver-teidigungsministerium ausgegangen, doch bei der Realisierung musste es sich mit anderen Behörden abstimmen. Zunächst war wohl daran gedacht worden, eine Statue auf militärischem Grund und Boden zu errichten. Aufgrund der besonderen Signifikanz des Projektes für die kanadische Öffentlichkeit und wegen ihrer Zuständigkeit für alle national bedeutenden Bauvorhaben auf

---

24   Vgl. »Remembrance will include peacekeepers«, *Globe and Mail*, 11.11.1988, S. 1 f.

25   Gemäß einer Meinungsumfrage vom Januar 1989 waren bereits zu diesem Zeitpunkt weit-aus mehr Kanadier über die Aufgaben der Streitkräfte im Bereich des Peacekeepings als im Rahmen der Landesverteidigung informiert. Vgl. Michel Fortmann/Édouard Cloutier, The Domestic Context of Canadian Defence Policy: The Contours of an Emerging Debate, in: Canadian Defence Quarterly/Revue canadienne de défense 21 (1991), 1/Special No. 2, S. 14-18, hier S. 17.

26   Vgl. (einschließlich des Zitats) Calder, Nobel Laureates, S. 12 sowie »Peace efforts recognized«, *Globe and Mail*, 10.12.1988, S. 5.

Bundesliegenschaften in der kanadischen Hauptstadt Ottawa schaltete sich jedoch schon bald die »National Capital Commission« (NCC) ein. Sie übernahm schließlich gemeinsam mit dem Verteidigungsministerium die Aufstellung des Denkmals. Damit veränderten sich Umfang und Zielsetzung des Projektes.[27]

Für die militärischen Verantwortlichen, repräsentiert durch deren Verbindungsmann Oberst John Gardam, stand die Erinnerung an die Soldaten vergangener, gegenwärtiger und künftiger Peacekeeping-Operationen im Mittelpunkt.[28] Es sollte sich explizit nicht um ein Denkmal allein für die umgekommenen Kameraden handeln. Ebenso eindeutig wie der Zweck des Erinnerungszeichens sollte auch die künstlerische Gestaltung sein. Der Vertreter des Verteidigungsministeriums erwartete konkrete Figuren, welche die Tätigkeit der Blauhelme klar erkennbar visualisieren würden. Eine abstrakte Darstellung des »Friedens« wurde von vornherein verworfen.

Die NCC-Projektleitung hatte gemäß dem Mandat der Hauptstadt-Kommission und aufgrund anders gelagerter, zivilgesellschaftlicher Erfahrungen hiervon differierende Vorstellungen. Übergeordnetes Ziel der NCC war es, die Hauptstadt so zu gestalten, dass sie ihrer nationalen Bedeutung gerecht werden würde. Qua Auftrag musste also die Zielgruppe weit gefasst werden. Da das kanadische Peacekeeping als positiv besetzt und öffentlich akzeptiert galt, könnte ein entsprechendes Monument, so die Annahme, breite Bevölkerungskreise ansprechen und die national verbindende Funktion der Hauptstadt herausstellen. Zugleich würde es »the very essence of the Canadian international role and our hope for the future«[29] symbolisieren, wie ein interner NCC-Kommentar im Dezember 1991 formulierte. In dieser Logik musste das Objekt repräsentativ sein und an einer zentralen Stelle der Stadt errichtet werden. Die künstlerische Gestalt war für die NCC-Verantwortlichen nicht von vornherein festgelegt, gemäß dem üblichen Prozedere sollte sie auch im Rahmen einer gesellschaftlichen Debatte entwickelt werden. Im Gegensatz zu den militärischen Vorstellungen wurde innerhalb der National Capital

---

27 Vgl. zur künstlerischen Gestaltung des Peacekeeping-Monuments und dessen Bedeutung Peter Gough, Peacekeeping, Peace, Memory. Reflections on the Peacekeeping Monument in Ottawa, in: Canadian Military History 11 (Summer 2002), 3, S. 65-74 u. Hart, Sculpting a Canadian Hero; interessante Einblicke in die Vorgeschichte des Monuments bietet John Roberts, Nation-Building and Monumentalization in the Contemporary Capital: The Case of Ottawa-Hull, with particular Reference to the Peacekeeping Monument and the Canadian Tribute to Human Rights, M.A. thesis, Carleton University, Ottawa 1998, hier S. 115-134.

28 Minutes of Meeting on Peacekeeping Monument Dedication Day v. 30.1.1992, 6.2.1992, LAC, RG 7 G 30, vol. 74, file HNAT 830-46, pt. 1.

29 Zit. nach Roberts, Nation-Building, S. 116.

Commisson eine Ausrichtung auf die humanitären Aspekte des Peacekeepings präferiert. Die NCC-Programmdirektorin, Shirley Black, fasste die Position ihrer Mitarbeiterinnen und Mitarbeiter aus der Rückschau mit folgenden Worten zusammen: »Ottawa already had a war memorial [...] we wanted this to be the other side of that.«[30]

Es gab also genug Konfliktstoff. Erst eineinhalb Jahre nach der Ankündigung Beattys konnten Künstler eingeladen werden, ihre Vorschläge zur Gestaltung des Monuments einzureichen. Die Vorgaben, die diesen gemacht wurden, stellten einen Kompromiss zwischen den beiden staatlichen Auftraggebern dar. Doch setzten sich hinsichtlich des Zuschnitts des Projektes im Wesentlichen die NCC-Vertreter durch.[31]

Diese hatten erstens darauf gedrungen, das Monument an einem der zentralen Plätze in der Innenstadt zu errichten, der direkt an den Confederation Boulevard grenzte, eine Serie von Straßen, welche die symbolträchtigsten Bauten der Hauptstadt verbindet (Abb. 12.1). Der ausgewählte Ort vereinigt ältere und neuere Hauptstadtrepräsentanzen. Er berührt den Sussex Drive, der im weiteren Verlauf zur Residenz des Premierministers führt. Von dem Platz aus ist der Peace Tower des Parlamentsgebäudes zu sehen. In direkter Nachbarschaft erhebt sich das Gebäude der kanadischen Nationalgalerie; wenige Meter weiter führt die Alexandra Bridge auf die andere Seite des Ottawa-River und somit in die Provinz Quebec. Dort, in Gatineau, steht das imposante Gebäude des kanadischen Nationalmuseums, Canadian Museum of History, vormals Museum of Civilization genannt. Während die Nationalgalerie auf der einen Seite an den Platz grenzt, auf der das Peacekeeping-Monument errichtet wurde, war auf der anderen Seite schon damals das neue Gebäude der Botschaft der Vereinigten Staaten geplant, die die bedeutendste und größte ausländische Mission in Ottawa betreiben.[32]

Die geographische Bedeutung des Projektes wurde zweitens durch seine symbolische noch übertroffen. Auch diesbezüglich hatten sich die NCC-Projektverantwortlichen von der zunächst vom Verteidigungsministerium vorgeschlagenen Engführung gelöst. Das Monument sollte sich, wie die Richtlinien für den Künstlerwettbewerb ausführten, an die gesamte kanadische Bevölkerung richten und deren positive Haltung zum Peacekeeping, das zum Ausdruck von »widely held ideals and values« stilisiert wurde,[33] in einem

---

30   Zit. nach ebd., S. 131.
31   Vgl. ebd., S. 115-117, 128-132.
32   Vgl. Gough, Peacekeeping, S. 66; Hart, Sculpting a Canadian Hero, S. 117-123.
33   Peacekeeping Monument. Competition Guideline, vorgelegt v. Department of National Defense u. National Captial Commission, o.O., o.J., S. 2.

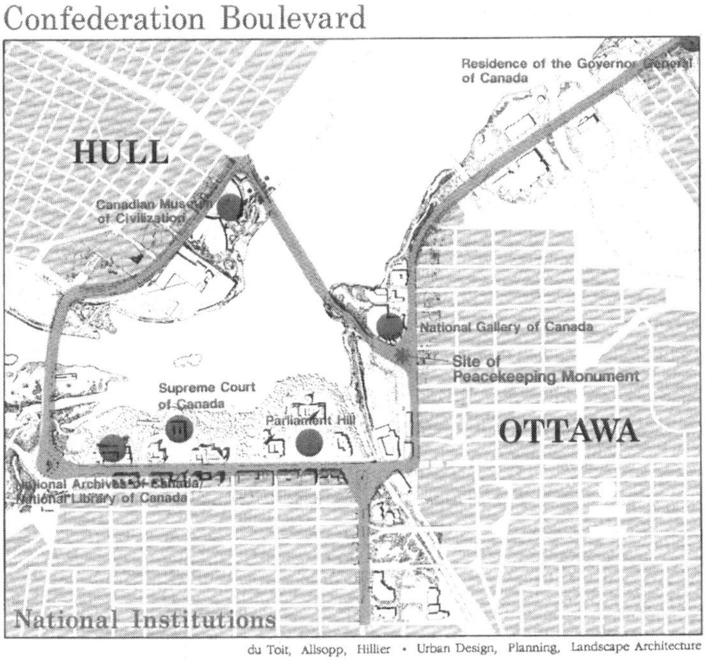

Confederation Boulevard

du Toit, Allsopp, Hillier · Urban Design, Planning, Landscape Architecture

Abb. 12.1   Confederation Boulevard mit Peacekeeping Monument und weiteren
wichtigen Institutionen in Ottawa (Karte von Roger du Toit, Robert
Allsopp, John Hillier), in: Peacekeeping Monument Competition.
Creating a national symbol, hg. v. National Capital Commission/
Department of National Defence, Ottawa 1991

vergemeinschaftenden Symbol zusammenführen.[34] Die Wettbewerbsrichtlinien stellten dazu fest:

> Canadians are proud of the Nation's peacekeeping activities. They view
> them as an integral part of their country's role in world affairs.
>
> The choice of one of the most significant sites on Confederation
> Boulevard for the Peacekeeping Monument reflects expectations that it
> will become an important and familiar symbol to all Canadians.[35]

Drittens wurde auch die Aussage des Monuments erweitert. Wie von den
NCC-Vertretern gewünscht, sollte es nun die andere, als zeitgemäß aufgefasste

---

34   Siehe auch Jean E. Pigott, Chairman NCC, an Judith A. Larocque, Secretary to the
Governer General, 8.5.1991, LAC, RG 7 G 30, vol. 74, file HNAT 830-46, pt. 1.

35   Peacekeeping Monument. Competition Guideline, vorgelegt v. Department of National
Defense u. National Captial Commission, o.O., o.J., S. 1.

Seite der kanadischen Streitkräfte abbilden. Die bereits zitierten Richtlinien führten hierzu aus:

> In the past, Canadians went to war. Their contribution is well symbolized by the War Memorial in the Nation's Capital. [...]
> The past 40 years have seen a dramatic shift in the role and purpose of the Canadian Armed Forces. Canada's response to the preservation of world peace has become one of the proudest traditions of the Canadian military.[36]

Diese Interpretation repräsentierte die Essenz des zeitgenössischen und von weiten Teilen der kanadischen Zivilgesellschaft und der sich artikulierenden Öffentlichkeit akzeptierten Peacekeeping-Narrativs. Es schloss die Meistererzählung von der »nation forged in fire« ein und überführte sie in die Vorstellung von Kanada als der friedliebenden Nation – eine Vorstellung, die alle Kanadier einen sollte.[37]

Während die Zielvorgaben für die beabsichtigte Bedeutung des Monuments wesentlich vom NCC bestimmt wurden, griffen die Richtlinien für die künstlerische Gestaltung primär die Vorgaben aus dem Verteidigungsministerium auf. Eindeutigkeit und Konkretheit waren hier die Leitlinien.[38] Und tatsächlich erfüllte der Vorschlag des Gewinners des Künstlerwettbewerbs diese Maßgabe: Der Auswahljury, der mit dem stellvertretenden Generalstabschef nur ein militärischer Vertreter angehörte, erschien die Figurengruppe, welche die Peacekeeper repräsentieren sollte, als »alert, real, in charge«. Und ganz im Sinne der militärischen Vorstellungen zeige das Monument »the need for strength, action and command if one is to keep the peace, rather than expressing the calm end state of peace itself.«[39]

Insgesamt waren acht Wettbewerbsbeiträge eingegangen, die zum größten Teil versuchten, abstrakte Gestaltungsmerkmale mit realistischen Bronzeplastiken zu verbinden. In zwei Fällen bildeten diese Figuren den Mittelpunkt. Einer dieser beiden Vorschläge gehörte zum erfolgreichen Design

---

36   Ebd.

37   Vgl. Jonathan F. Vance, Stahl und Stein, Fleisch und Blut. Die Kontinuität des Kriegstotengedenkens, in: Manfred Hettling/Jörg Echternkamp (Hg.), Gefallenengedenken im globalen Vergleich. Nationale Tradition, politische Legitimation und Individualisierung der Erinnerung, München 2013, S. 329-356, hier S. 349.

38   Vgl. Hart, Sculpting a Canadian Hero, S. 124.

39   »Report of the Jury«, 14.11.1990 (Bericht als Teil von: The Peacekeeping Monument Competition study kit, Ottawa: NCC, 1991), zit. nach Hart, Sculpting a Canadian Hero, S. 126.

des Gewinners. Da es sich bei dem Monument nicht nur um eine Skulptur handelte, sondern der gesamte Platz einheitlich gestaltet werden sollte, bestand das erfolgreiche Team mit dem Bildhauer Jack K. Harman, dem Architekten Richard G. Henriquez und der Landschaftsarchitektin Cornelia Hahn Oberlander aus Angehörigen unterschiedlicher Disziplinen. Sie hatten ihrem Vorschlag, der im Verlauf des Realisierungsprozesses noch gewisse Änderungen erfuhr, bereits den Namen gegeben, den das Peacekeeping-Monument auch nach seiner Enthüllung tragen sollte: »The Reconciliation/La réconciliation« – »Die Versöhnung«.[40]

Das Peacekeeping-Monument: Intentionen und Repräsentation

Wie die Diskussionen im Vorfeld der Errichtung des Monuments und die Wettbewerbsrichtlinien sowie die künstlerische Gestaltung des ausgewählten Entwurfs zeigen, sollte eine weitgehend eindeutige Aussage vorgegeben werden. Es ging darum, ein Symbol mit einer klaren Botschaft zu schaffen. Diese Zielsetzung zeigte sich auch daran, dass trotz konkreter Darstellung die künstlerische Sprache des Objektes für diesen Zweck offensichtlich als nicht ausreichend angesehen wurde. Denn durch eine am Monument angebrachte Plakette wurde die buchstäbliche Interpretation gleich mitgeliefert. Dort ist seit der Enthüllung 1992 zu lesen:

> Members of Canada's Armed Forces, represented by three figures, stand at the meeting place of two walls of destruction. Vigilant, impartial, they oversee the reconciliation of those in conflict. Behind them lies the debris of war. Ahead lies the promise of peace: a grove, symbol of life.[41]

Diese Kurzzusammenfassung beschreibt zugleich die wesentlichen künstlerischen Elemente des Monuments: die sich vereinigende Mauer, die von drei Bronzefiguren gekrönt wird und den »heiligen Hain« aus Bäumen in der nordwestlichen Ecke des Platzes (Abb. 12.2).

Die aufstrebende Mauer gibt einen engen Weg frei, durch den der Besucher hindurch gehen kann. An diesem Weg liegen einzelne Granitblöcke, die Zerstörung symbolisieren. Konkret soll an die »Grüne Linie« in der zypriotischen Hauptstadt Nikosia erinnert werden, an der seit 1964 und noch zum Zeitpunkt

---

40 Vgl. The Peacekeeping Monument Competition. Creating a national symbol, hg. v. NCC u. DND, Ottawa 1991.

41 Zit. nach Gough, Peacekeeping, S. 69 f.; Hart, Sculpting a Canadian Hero, S. 129.

Abb. 12.2   Peacekeeping-Monument, Ottawa, Foto: Jan Erik Schulte, September 2008

des Aufbaus des Monuments kanadische UN-Blauhelme patrouillierten.[42] In symbolischer Form wurde also ein historisches Ereignis aufgegriffen, das sich allerdings im Jahr der Enthüllung des Monuments bereits überlebt hatte, denn 1992 zog die kanadische Regierung ihre Soldaten von der Insel ab.

Die immer höher werdenden Mauern vereinigen sich schließlich zu einem massiven Block, der wie der Bug eines Schiffes aussieht. Dort, hoch über dem Betrachter und zugleich entfernt von den Niederungen der Hinterlassenschaften des Krieges, stehen drei mehr als mannshohe Bronzefiguren, die kanadische Peacekeeper darstellen. Die drei Plastiken repräsentieren unterschiedliche, für die kanadischen Blauhelme während des »Kalten Krieges« als typisch angesehene Aufgaben: einen Beobachter mit Fernglas, eine Wache mit geschultertem Gewehr und, kniend, eine Nachrichtensoldatin mit Funkgerät (Abb. 12.3).[43] Auch hier erweist sich die historische Begrenztheit des konkreten Ausdrucks, denn in die bildliche Komposition konnte noch nicht mit einbezogen werden, wie sich die UN-Einsätze seit Anfang der 90er Jahre weiterentwickelten und ausdifferenzierten. Einzig den Wandel in der

42   Vgl. Gough, Peacekeeping, S. 69 f.
43   Vgl. Hart, Sculpting a Canadian Hero, S. 129 f.

Abb. 12.3   Peacekeeping-Monument, Ottawa. Detail mit den drei Soldatenfiguren,
im Hintergrund die US-amerikanische Botschaft, Foto: Jan Erik Schulte,
September 2008

Zusammensetzung der Streitkräfte nahm der Bildhauer auf, indem er eine
weibliche Soldatenfigur schuf.[44]

Mit den drei Plastiken wurden aber nicht nur als typisch angesehene Tätigkeitsfelder aufgegriffen, sondern insbesondere auch die bis dahin kanonisierte
bildliche Darstellung des kanadischen Peacekeepings. Dies enthüllt ein Vergleich mit den Fotos, die seit den 60er Jahren vom Verteidigungsministerium
verbreitet und, wie in einem vorangegangenen Kapitel dieser Arbeit auf-
geschlüsselt, zumindest in Schulbüchern einem breiten Publikum nahe-
gebracht wurden. Es wurde also eine bekannte Bildsprache verwandt, die
Wiedererkennungseffekte auslösen konnte. Insbesondere das Fotosujet des »erhöhten Beobachters« spiegelt sich in den dreidimensionalen Soldatenfiguren

---

44   Hart interpretiert die Haltung und Funktion der weiblichen Soldatenfigur als gender-
typisch, denn sie verweist die weibliche Repräsentantin auf eine untergeordnete,
kommunikative Funktion, im Gegensatz zu den beiden hoch aufgerichteten Plastiken,
die direkte militärische Funktionen zum Ausdruck bringen und männliche Soldaten darstellen. Vgl. ebd., S. 135 f.

wider, namentlich in derjenigen, die mit Fernglas gezeigt wird. Die Beobachter-
plastik, die hoch auf der Mauer thront, visualisiert zum einen die im wahrsten
Sinne des Wortes Überparteilichkeit der kanadischen Peacekeeper, zum
anderen repräsentiert sie aber auch dessen Überlegenheit. Das Monument
führt somit den Superioritätsdiskurs der traditionellen Blauhelm-Fotografie
Kanadas fort und lässt zumindest Anklänge an den hiermit verwobenen westlichen Orientdiskurs erkennen.

Ähnlich wie die wichtigsten Peacekeeping-Fotomotive, die während des
Kalten Krieges veröffentlicht wurden, kommen auch die Peacekeeper des
Monuments ohne diejenigen aus, zu deren Schutz sie eingesetzt waren. Die
verfeindeten Parteien werden nur sehr abstrakt mittels der sich gegenüberstehenden Mauern dargestellt. Die Objekte der angestrebten »Versöhnung«
bleiben somit auch in der Symbolsprache der künstlerischen Gestaltung ausgespart. Analog zu den Fotos zeigt auch das Peacekeeping-Monument vornehmlich das Eigene.

Wie die Kunsthistorikerin Susan Hart argumentiert, geht es nämlich darum,
dass sich die kanadischen Betrachter mit den Soldatenfiguren ebenso identifizieren wie mit denjenigen, die das National War Memorial vor dem Parlamentsgebäude bilden. Diese Interpretation entspricht den Überlegungen, die
im Vorfeld gemeinsam von Verteidigungsministerium und NCC artikuliert
worden waren. Anders als auf dem Kriegsdenkmal bleiben die Plastiken auf
der Mauer des Peacekeeping-Monuments aber merkwürdig distanziert voneinander. Die Figuren des Kriegsdenkmals schieben gemeinsam ein Geschütz
durch einen Bogen; die bronzenen Peacekeeper stehen isoliert und ohne
Blickkontakt zueinander über den Hinterlassenschaften des Krieges. Hart
meint, dass auf diese Weise – unbewusst – die Isolation der Individuen in der
modernen Welt zum Ausdruck kommt »and the true disunity of the modern
nation state«.[45] Nach Hart würden die Plastiken also eine Interpretation bereithalten, die dem zentralen Ziel der Erbauer diametral entgegenstehen würde,
die Kanadier mittels des Peacekeeping-Monuments symbolisch zu einen.

Der nationale Auftrag wird noch durch die hoch über den Soldatenfiguren
wehende kanadische Flagge betont. Es handelt sich eben nicht um die Flagge
der Vereinten Nationen, die das Peacekeeping transnational und speziell in den
Kontext der UN-Blauhelme verorten könnte. Diese war nicht gewollt. Erstens
sollte nicht ein allgemeines Erinnerungszeichen für das UN-Peacekeeping
geschaffen werden, auch wenn es sich um das erste Peacekeeping-Denkmal

---

45   Vgl. Hart, Sculpting a Canadian Hero, S. 136 f. (Zitat auf S. 137). Siehe auch Gough, Peace-
      keeping, S. 71.

weltweit handelte.[46] Zweitens wurde eine weit gefasste Definition des Peace-keepings angelegt, und es wurden entsprechend Operationen mit einbezogen, die entweder nicht zu den Blauhelm-Missionen gezählt werden oder überhaupt nicht unter der Ägide der UN gestanden hatten. Denn auf einer Tafel, welche die Missionen, an denen Kanadier teilnahmen, aufführt, sind auch der »Korea-Krieg«, die UN-Militäraktion gegen den Irak (Zweiter Golfkrieg) sowie die außerhalb der UN stehenden Einsätze in den Kontrollkommissionen in Indochina genannt.[47]

Abb. 12.4   Peacekeeping-Monument, Ottawa. Blick auf den Friedenshain, Foto: Jan Erik
Schulte, September 2008

Mauer, Soldatenfiguren und die Tafel mit den Einsatzdaten spiegeln im engeren Sinne die militärischen und nationalen Zielsetzungen der staatlichen Auftraggeber wider: Erinnerung an die kanadischen Soldaten und nationale Vergemeinschaftung. Der Aspekt des Friedens und die humanitären Aufgaben, welche die NCC-Projektleiterin in den Vordergrund zu rücken wünschte,

---

46   Vgl. Gough, Peacekeeping, S. 68 f.
47   Vgl. Programm der Einweihungszeremonie »Dedication. The Reconciliation. Canada's
Peacekeeping Monument«, 8.10.1992.

sind in diesem Teil der Anlage nur schwer und mittelbar zu erkennen. Das Ziel des Peacekeepings, der Friede, wird denn auch von dem etwas abseits stehenden Hain repräsentiert (Abb. 12.4). Die Kunsthistoriker Hart und Gough konstatieren übereinstimmend, dass dieser Hain, der aus zwölf Eichen besteht, welche die zum Zeitpunkt der Errichtung des Monuments existierenden zwölf Provinzen und Territorien Kanadas versinnbildlichen, künstlerisch und in der Formsprache weitgehend zusammenhangslos zur übrigen Anlage steht.[48] Auch dies entsprach der Intention, wie die erläuternde Tafel deutlich macht. Nicht der Frieden selbst, der als fernes Ziel gesehen wird, sondern die Schaffung des Friedens durch die Peacekeeper steht im Mittelpunkt. Diese Überlegungen blieben allerdings Wunschdenken. Denn trotz der klaren Intentionen der für das Monument Verantwortlichen wurde aus der kanadischen Gesellschaft heraus schon im Umfeld der feierlichen Enthüllung gerade der Friedenshain als zentrales Symbol aufgegriffen.

Friedensdiskurs und Enthüllung des Monuments

Die Enthüllung des Monuments am 8. Oktober 1992 wurde dementsprechend nicht nur als nationales Ereignis zelebriert, das den Vorstellungen von Regierung, Bürokratie und Militär entsprach, sondern erwies sich auch als Ankerpunkt für eine weitere gesellschaftliche Uminterpretation eines ursprünglich im engeren Sinne militärischen Denkmals. Diese Überschreibung der zunächst vom Verteidigungsministerium gewünschten Konzeption war durch die Einbeziehung der NCC bereits begonnen worden. Im Rahmen der Einweihungsfeierlichkeiten wurde sie dann nicht nur von den Trägern zivilgesellschaftlicher Interessen, sondern auch vom Büro des Generalgouverneurs vorangetrieben.

Da der Generalgouverneur, als Vertreter der Königin in Kanada und somit höchster staatlicher Repräsentant, die Enthüllung vornehmen sollte, musste dessen Büro gemeinsam mit den Projektleitern von DND, also Verteidigungsministerium, und NCC die Zeremonie vorbereiten. Wenn auch die Zielsetzungen weitgehend übereinstimmten, so gab es doch unterschiedliche Interpretationen. Unstrittig war, dass die gemäß eigener Wahrnehmung herausgehobene Funktion der kanadischen Peacekeeper bei den internationalen Friedenseinsätzen besonders betont werden sollte. »Canada's role in Peacekeeping activities was recognized in 1988 by the award of the Nobel Peace Prize to UN Peacekeepers.«, stand unmissverständlich als erster Satz

---

48   Vgl. Gough, Peacekeeping, S. 70, 72; Hart, Sculpting a Canadian Hero, S. 134 f.

am Beginn eines Entwurfs für den »Communications Plan Peacekeeping Monument« vom 2. April 1992, der sich in den Unterlagen der NCC und in einer überarbeiteten Fassung vom Juni 1992 auch in den Akten des Büros des Generalgouverneurs fand.[49] Als Adressaten für diese kommunikations-strategischen Kernaussage waren sowohl die Bevölkerung insgesamt als auch besonders die »zahllosen Angehörigen der kanadischen Streitkräfte und ihre Familien«[50] vorgesehen.

Auch der Versuch, mittels des Peacekeeping-Monuments die nationale Einheit zu bekräftigen, fand allgemein Zustimmung. So betonten Generalstabschef de Chastelain und der Stellvertretende Minister (also Staatssekretär) des Verteidigungsministeriums Robert R. Fowler am 6. Dezember 1991 gegenüber der Vorsitzenden der NCC, Jean Pigott: »We are excited about the dedication of this monument as an occasion to underscore national unity, ...«[51] Diese Instrumentalisierung des Peacekeeping-Monuments war in die auch in der Vergangenheit bemühte politische Rhetorik eingebunden, welche die Blauhelm-Soldaten als Ausdruck kanadischen Selbstverständnisses darzustellen versuchte. Doch auch über die Sphäre der Politik hinaus, sowohl innerhalb der Zivilgesellschaft als auch der sich artikulierenden Öffentlichkeit, wurden die kanadischen Blauhelme als ein über die Grenzen von gesellschaftlichen Schichten, Sprachgruppen und Ethnien akzeptiertes Symbol nationaler Vergemeinschaftung und gesellschaftlicher Zusammengehörigkeit aufgefasst – eine Überzeugung, welche die für das Monument verantwortlichen Beamten durch das neue Peacekeeping-Symbol noch zu fördern trachteten.

Obgleich die militärischen Vertreter dezidiert an die kanadischen Peacekeeper auch jenseits der UN-Missionen erinnern wollten, so untergruben sie doch ihre weit gefasste Interpretation durch den eigenen Vorschlag, die bei der Zeremonie anwesenden ehemaligen Blauhelm-Soldaten mit den blauen UN-Baretten auszustatten. Für die Zuschauer und somit die teilnehmende Öffentlichkeit musste das Peacekeeping-Monument somit als im engeren Sinne UN-Blauhelm-Monument aufgefasst werden – eine Wahrnehmung, die auch nach Enthüllung des Monuments von militärischer Seite weiter befördert wurde.[52]

---

49 Communications Plan Peacekeeping Monument, 2.4.1992, NCC Archives; vgl. auch Communications Plan Peacekeeping Monument, Juni 1992, LAC, RG 7 G 30, vol. 74, file HNAT 830-46, pt. 1.

50 General de Chastelain u. Deputy Minister Fowler, DND an Jean Pigott, Chairman NCC, 6.12.1991, NCC Archives (Central Records Operations, 710-2-1).

51 Ebd. Vgl. auch Telegramm, 20.12.1991, LAC, RG 7 G 30, vol. 74, file HNAT 830-46, pt. 1.

52 Vgl. Minutes of Meeting on Peacekeeping Monument Dedication Day v. 30.1.1992, 6.2.1992 u. Agenda for Meeting v. 29.5.1992, o.D., ebd.

Die gemeinsamen Überzeugungen von Angehörigen der Streitkräfte auf der einen und Angestellten der zivilen Bürokratien auf der anderen Seite endeten allerdings bei der Frage, inwieweit das Peacekeeping-Monument nicht nur die militärischen Friedenshüter ehren, sondern darüber hinaus auch die abstrakte Idee des Friedens insgesamt repräsentieren sollte. Gegen Letzteres wandte sich mit Verve Oberst Gardam. Am 2. Oktober 1992, nur wenige Tage vor der Einweihungszeremonie, ließ er dem Büro des General-gouverneurs seine Korrekturen an dessen Redemanuskript zukommen. Der Offizier versuchte klarzustellen, das Peacekeeping-Monument sei »dedicated to Canadian Peacekeepers, and not to an abstract concept of peace«. Er be-fürchtete insbesondere, dass eine private Initiative von »peace parks« das Peacekeeping-Monument symbolisch überlagern könnte.[53] Letztlich kämpfte Gardam aber einen verlorenen Kampf, konnte er sich doch noch nicht einmal gegen die Redenschreiber aus dem Büro des Generalgouverneurs durchsetzen.

Denn die Ansprache, die Generalgouverneur Ramon Hnatyshyn während der Feierlichkeiten anlässlich der Enthüllung des Monuments am 8. Oktober 1992 hielt, setzte von den Vorstellungen Oberst Gardams und anderer Vertreter des Verteidigungsministeriums sowie der Streitkräfteführung abweichende Akzente. Zugleich zeigte die Ansprache, wie stark sich zumindest das offizielle kanadische Selbstverständnis in den vergangenen Jahrzehnten gewandelt hatte. Nachdem er die Rolle Kanadas und die Bedeutung der kanadischen Peacekeeper hervorgehoben hatte, stellte Hnatyshyn fest:

> Canada was forged, not in the heat of battle, but in the light of reason, negotiation, and mutual respect. It is based on the belief that people can live together amicably, even when they have different ideas, experiences, and backgrounds. It has left us a legacy of preferring the peaceable solu-tion, and we have been able to use our national experience as an interna-tional instrument of peace.[54]

Wie ganz anders hatte sich noch die Ansprache des damaligen General-gouverneurs und ehemaligen Offiziers der beiden Weltkriege Georges Vanier zum neuen Jahr 1966 angehört:

---

53   Vgl. (einschließlich des Zitats) Jill Robinson, Head Ministerial Speechwriting Unit DND, an Mary Percy, Government House, 2.10.1992, LAC, RG 7 G 30, vol. 74, file HNAT 830-46, pt. 2.

54   Rede R. J. Hnatyshyn, 8.10.1992, ebd.

I am in a position to declare that, not only in peace but in war as well,
Canadians have shown they can leave a name, they can achieve an enviable reputation, among the nations. In two World Wars we were able to
mobilize over 1 ½ million men and women. Yes, if you have any doubt
about Canadian identity, come with me to Ypres, Vimy, Courcelette,
Passchendaele, Dieppe, Ortona, and so many other battlegrounds. There
you find 110,000 Canadians from all Provinces, lying side by side, who gave
their lives in the defence of liberty and justice.

Do you think they would have been willing to make the supreme sacrifice had they been an anonymous conglomeration without the tie of
brotherhood, of countryhood?[55]

Vanier beschwor noch die »nation forged in fire«, die ihre Identität aus den
militärischen Einsätzen in zwei Weltkriegen gezogen habe. Hnatyshyns
Einweihungrede setzte einen entgegengesetzten Schwerpunkt, in dem die gesellschaftlichen und historischen Entwicklungen der letzten Jahrzehnte aufgehoben waren. Denn für ihn wurde Kanada nicht in der Hitze der Schlacht
geschmiedet, sondern durch friedliche Streitbeilegung. Diese und nicht die
kriegerischen Erfahrungen hätten Kanada befähigt, international als Friedensstifter aufzutreten. Es war in dieser Einschätzung also nicht mehr primär die
militärische Tradition, sondern das Selbstverständnis als friedliebende und
friedvolle Nation, welche die kanadischen Peacekeeper zu einem Symbol
kanadischer Einheit machte.

Ganz explizit setzte sich der Generalgouverneur über die Sprachregelungen
der Verteidigungsbürokratie hinweg, als er seine Rede mit dem Satz beendete:

Ultimately, it is a monument to the search for peace, the most durable
and worthy yearning alive in the world today.[56]

Hiermit erklärte er das Peacekeeping-Monument zu einem Ausdruck
kanadischen Friedenswillens per se. Wenn er damit auch nicht den Nerv der
militärisch Verantwortlichen traf, so doch denjenigen von engagierten Teilen
der kanadischen Gesellschaft.

Denn diese hatten sich in Abstimmung mit, aber doch weitgehend unabhängig von der offiziellen Vorbereitung für die Enthüllungszeremonie

---

55   His Excellency the Governor-General's New Year's Message. Recorded for Radio and Tele-
      vision by C. B. C. Monday 13.12.1965. Not for release by the Press before 10 P.M., 31.12.1965,
      S. 2, Archives of Ontario, RG 2-82-1, file Core Curriculum 1976, MA 120.
56   Rede R. J. Hnatyshyn, 8.10.1992, LAC, RG 7 G 30, vol. 74, file HNAT 830-46, pt. 2.

bereits ideell des Peacekeeping-Monuments bemächtigt. Den Rahmen boten die Feierlichkeiten zum 125. Jahrestag der Konföderation, also der begrenzten staatlichen Unabhängigkeit Kanadas. Im Zuge des »Canada 125 Project«, das landesweit entsprechende Maßnahmen förderte, entwickelte das »International Institute for Peace Through Tourism« eine Idee zur Gestaltung und Benennung von »Friedensparks« in Kanada. Der Leiter des Instituts, Louis J. D'Amore, war in Tourismuskreisen wohlbekannt. Seine Initiativen wurden als durchdacht und erfolgreich angesehen. Wie dem Büro des Generalgouverneurs mitgeteilt wurde, war D'Amore »not in it for the money«.[57] 1988 hatte er die erste internationale Konferenz in Vancouver ausgerichtet, die sich mit den Möglichkeiten friedlicher Entwicklungen durch Tourismus beschäftigte – eine Veranstaltung, die von rund 800 Teilnehmern aus 67 Staaten besucht worden war. Die Konferenz empfahl, weltweit »Places for Peace« zu schaffen. Sie sollten von der Tourismusindustrie gemeinsam mit Umwelt- und Friedensgruppen realisiert werden.[58] D'Amores Engagement bewegte sich also in einem Grenzraum zwischen der wirtschaftlichen und der zivilgesellschaftlichen Sphäre. Sie zeigte, dass auch aus diesem Spektrum Unterstützung für das Peacekeeping-Engagement Kanadas, verstanden als einen Beitrag zum weltweiten Frieden, kam.[59]

Ziel der Initiative »Peace Parks Across Canada« – die letztlich die Empfehlung der Konferenz von Vancouver aufgriff – war es, in den zu errichtenden oder zu benennenden Parks einen Friedenshain, bestehend aus zwölf Bäumen, zu pflanzen, der dem Hain des Peacekeeping-Monuments entsprechen sollte. Doch nicht nur gestalterisch wurde die Nähe zu der Anlage in Ottawa gesucht. Vielmehr sollten die meisten der »Friedensparks« auch parallel zur Enthüllungszeremonie in der kanadischen Hauptstadt eingeweiht werden. Es war also gerade der Friedensaspekt und nicht die zunächst im Vordergrund stehende militärische Komponente, die aufgegriffen und in ganz Kanada verbreitet wurde.

Tatsächlich erwies sich der Vorschlag als höchst erfolgreich. In Kanada entstanden etwa 400 dieser Parks. In Zeitungsanzeigen des Projekts »Canada 125« wurde die Bevölkerung dazu aufgerufen, ihre Kommunalverwaltungen zur Benennung eines »Friedensparks« zu bewegen.[60] Doch benötigten die regional Verantwortlichen kaum diesen zusätzlichen Anstoß. Wie sich zeigte, waren

---

57 Memo von Louise M. Clíroux an Gabrielle Lappa, 17.12.1991, LAC, RG 7 G 30, vol. 74, file HNAT 830-46, pt. 1.
58 Vgl. Zeitschriftenausschnitt »Recreation Canada«, März 1990, S. 30, ebd.
59 Vgl. insges. LAC, RG 7 G 30, vol. 74, file HNAT 830-46, pt. 1; Gough, Peacekeeping, S. 72 u. 74, Anm. 19.
60 Vgl. »Canada 125. Here's More of What's going On!«, Globe and Mail, 5.9.1992, S. C8; McCullough, Creating, S. 183 f.

die Reaktionen der kommunalen Tourismusbüros, Parkverwaltungen und weiterer Organisationen – so weit überliefert – enthusiastisch. So schrieb das »Greater Montréal Convention and Tourism Bureau« am 6. Januar 1992: »This project exemplifies in a very visible fashion one of the cornerstones of our Canadian personality and behavior.«[61] Und auch der »Park Commissioner« von Vancouver versicherte dem »Lieben Louis«: »I was delighted to hear about your proposed ›Peace Parks Project‹...«[62] Das Aufforstungsprogramm der »Friends of the Earth« stellte ebenfalls seine Unterstützung für das Projekt in Aussicht, welches »the achievements of our great country« sichtbar machen würde.[63] Die unterstützenden Verbände umfassten schließlich den kanadischen Städtetag (»Federation of Canadian Municipalities«), die Canadian Parks/ Recreation Association, Heritage Canada, die schon genannten Friends of the Earth, World Wildlife Fund Canada, Rotary International und die Tourism Industry Association of Canada – also ein Spektrum, das Kommunalverwaltungen, öffentlich-rechtliche Organisationen, Wirtschaftsverbände sowie zivilgesellschaftliche Zusammenschlüsse einschloss und somit quer durch die kanadische Gesellschaft ging.[64]

Es war dieses Projekt, dessen Auswirkungen Gardam fürchtete. Und tatsächlich wurde das einzige Element des Monuments, das den Frieden an sich symbolisierte, aus dem Ensemble herausgegriffen und in ganz Kanada reproduziert. Auf diese Weise wurde die spezifische Erinnerung an die Peacekeeper in den größeren Diskurs um den Frieden eingebettet. Das Peacekeeping-Monument erschien als Friedens-Monument. Es war gesellschaftlich umgewidmet worden.

Die breite Akzeptanz, der sich das Monument erfreuen konnte, hatte seinen Preis: Die vermeintliche Integrationskraft wurde durch eine Vielfalt an Zuschreibungen erkauft.[65] Dies tat allerdings der Tatsache keinen Abbruch, dass es von einem breiten Segment der kanadischen Zivilgesellschaft Zustimmung erfuhr, von der Friedensbewegung über die UN Association in Canada bis zu Veteranenorganisationen.[66] Das Peacekeeping wurde auch

---

61   Greater Montréal Convention and Tourism Bureau an International Institute, 6.1.1992, LAC, RG 7 G 30, vol. 74, file HNAT 830-46, pt. 1.

62   Malcolm Ashford an D'Amore, 17.2.1991, ebd.

63   Carmen Everest, Program Coordinator Global ReLeaf, Friends of the Earth, an D'Amore, 14.1.1992, ebd.

64   Vgl. Entwurf einer Pressemitteilung für das Peace Parks-Projekt, 8.6.1992, ebd.

65   Vgl. Gough, Peacekeeping, S. 72.

66   Vgl. Interview des Vf. mit Joan Broughton, Ottawa, 16.9.2008; Interview des Vf. Ernie Regehr, Waterloo, 27.10.2008; Interview des Vf. mit Robert O'Brien, Ottawa, 5.6.2009. Zur Kritik am Peacekeeping-Monument siehe McCullough, Creating, S. 185-187.

vermittels des Peacekeeping-Monuments zu einem integrierenden Ausdruck der kanadischen »imagined community«.

Symbole und Rituale: Die Durchsetzung des Mythos

Das Peacekeeping-Monument war von Verteidigungsministerium und NCC bewusst als nationales Symbol konstruiert worden. Allein die Wahl des Ortes am Confederation Boulevard, der als zeremonielle Route beispielsweise bei Staatsempfängen dient, verhieß schon die Einbindung in staatliche Rituale. Aber auch das Monument selbst sollte zu einem Ort wiederkehrender Vergemeinschaftungsangebote werden. So hatten die Richtlinien für den Künstlerwettbewerb vorgegeben:

> Since commemoration involves ceremony as well as symbol, the Monument should be an effective venue for formal public events, providing an appropriate relationship between audience, participants and the relevant symbolic elements.[67]

Bereits die Einweihungszeremonie bot ein solches öffentliches Ereignis, das politische, militärische und religiöse Semantiken vereinte. Den Charakter einer Militärparade nahm die Veranstaltung dadurch an, dass die Hälfte der Zeit für den Vorbeimarsch der Veteranen vorgesehen war; parallel hierzu überflogen Militärflugzeuge das Monument.[68] Religiöse Bedeutungszuschreibungen manifestierten sich nicht nur in den Gebeten, die der protestantische Generalkaplan und sein römisch-katholischer Amtskollege sprachen, sondern auch in der Bezeichnung, die für die Versammlung der Peacekeeping-Veteranen anlässlich der Feierlichkeiten gewählt worden war. Ein Aufruf, den DND-Projektdirektor Gardam im August 1992 an alle ehemaligen und aktiven Peacekeeper gerichtet hatte und in dem sie auf die Enthüllungszeremonie in Ottawa hingewiesen worden waren, hatte unter dem bemerkenswerten Titel »Peacekeeping Pilgrimage« – »Peacekeeping-Wallfahrt« gestanden.[69] Die Benennung griff die besondere Beziehung der ehemaligen Peacekeeper, zu denen auch Gardam gehörte, zu ihrer internationalen Tätigkeit auf, die

---

67   Peacekeeping Monument. Competition Guideline, vorgelegt v. Department of National Defense u. National Captial Commission, o.O., o.J., S. 2.

68   Vgl. Detailed Itinerary Thursday, October 8, 1992, LAC, RG 7 G 30, vol. 74, HNAT 830-46, pt. 2.

69   »Peacekeeping Pilgrimage«, 21.8.1992, ebd.

offensichtlich emotional über den Dienst an anderen Orten oder in anderen Zusammenhängen hinausging. Die Wortwahl verweist aber auch auf einen angenommenen oder zumindest propagierten sakralen Charakter des Monuments – eine Sakralität, die bei Versuchen politischer Sinnvermittlung nicht außergewöhnlich ist.[70]

Doch blieb der konkrete Ort nicht für staatliche und militärische Akte reserviert. Am 14. Oktober 1994 erinnerte die United Nations Association in Canada in Gegenwart des Generalgouverneurs am Peacekeeping-Monument nicht nur an die UN-Blauhelme und beging den weltweiten United Nations Day, sondern startete zugleich die Feierlichkeiten zum 50. Jahrestag der Gründung der UN. Zivilgesellschaftlich wurde sich also auch des physischen Orts bemächtigt und dieser, zumindest durch die UNA, als Ort der Erinnerung nur an die UN-Peacekeeper bzw. allgemein an die Vereinten Nationen vereinnahmt.[71] Der Gehalt des Begriffs Peacekeeping wurde also je nach interessierter Gruppe spezifisch bestimmt. Auch in den folgenden Jahren wurde anlässlich des United Nations Day speziell der UN-Soldaten gedacht.

Die zivilgesellschaftliche Überschreibung des Denkmals setzte sich im ersten Jahrzehnt des neuen Jahrtausends unter dem veränderten Vorzeichen des »Krieges gegen den Terror« nach den Angriffen auf das World Trade Center und das Pentagon vom 11. September 2001 fort. Am Peacekeeping Monument manifestierte sich wiederholt symbolisch die Kritik an der kriegerischen Rolle Kanadas in Afghanistan. Es wurde mehrfach mit Graffiti besprüht, Anfang April 2008 mit einem dezidierten Hinweis auf tote afghanische Zivilisten. Zugleich diente das Denkmal als Startpunkt oder Ziel von Protestveranstaltungen gegen den kanadischen Militäreinsatz in Afghanistan.[72]

Im Kontext dieser Auseinandersetzungen und der dezidierten Nationalisierung der Außenpolitik ließ die kanadische Bundesregierung 2008 den nationalen »Peacekeepers' Day« (9. August) einführen,[73] der die offizielle Erinnerung partiell aus ihrem internationalen Kontext löste. Ort der zentralen

---

70 Zur Sakralität der politischen Sinnvermittlung, die auch die Aufgabe von politischen Mythen ist, vgl. Münkler, Wirtschaftswunder, S. 47; Dörner, Politischer Mythos, S. 88 f.

71 Vgl. Ramon John Hnatyshyn an Michael Oliver, President UNAC, 24.10.1994 u. Douglas Roche, Chairman Canadian Committee for the Fiftieth Anniversary of the United Nations der UNAC an Hnatyshyn, 10.11.1994, LAC, RG 7 G 30, vol. 74, HNAT 830 46, pt. 2.

72 Vgl. Anti-war graffiti defaces peacekeeping Monument, in: CTV Ottawa News, 4.4.2008, online unter https://ottawa.ctvnews.ca/anti-war-graffiti-defaces-peacekeeping-monument-1.287328 (aufgerufen16.2.2018); McCullough, Creating, S. 189 f.

73 Am 9. August 1974 erlitten die kanadischen Streitkräfte ihre größten Verluste an einem Tag bei einer UN-Mission: Neun Blauhelm-Soldaten starben, als ihr Flugzeug über der libanesisch-syrischen Grenze von syrischen Raketen abgeschossen wurde. Vgl. Vance, Stahl und Stein, S. 350.

Veranstaltung ist ebenfalls das Peacekeeping-Monument. Die jährlichen Feierlichkeiten, die an einem Sonntag in unmittelbarer zeitlicher Nähe zum 9. August stattfinden, werden gemeinsam von der Canadian Association of Veterans in UN Peacekeeping (CAVUNP), den kanadischen Streitkräften, dem Ministerium für Veteranenangelegenheiten und der Bundespolizei RCMP organisiert.[74]

Jenseits ritualisierter Aufmärsche hatte die Errichtung des Peacekeeping-Monuments besonders in den 90er Jahren Politik, Verwaltung und Militär zur Perpetuierung inspiriert, dessen Gestaltung auch und insbesondere in symbolischer Form fortzuschreiben. Das Monument und vor allem die drei dort installierten Plastiken avancierten zu dem zentralen Erkennungsmerkmal des kanadischen Peacekeepings. Obwohl die Streitkräfteführung eine breite Definition von Peacekeeping vorgegeben hatte, wurde das Monument selbst in eigenen Publikationen zumindest visuell mit den UN-Operationen gleichgesetzt. Schon während der Einweihung hatten sich die militärisch Verantwortlichen die Erwartungen der Öffentlichkeit und vermutlich Initiativen aus den Reihen der Veteranen zu eigen gemacht und die teilnehmenden Veteranen wie erwähnt mit den blauen Baretten ausgerüstet. »Canadian Defence Quarterly« widmete 1992 dem Peacekeeping eine Extranummer. Den Umschlag des Heftes zierten die drei Soldatenfiguren des Monuments vor dem Emblem der Vereinten Nationen. Jedem Leser mussten die abgebildeten Figuren daher als UN-Blauhelm-Soldaten erscheinen, zumal auch der Hintergrund in UN-Blau gehalten war.[75]

Auch das Buch von John Gardam, das er parallel zu Enthüllung des Monuments herausgab und das die Peacekeeper erhielten, die 1992 an dem Festakt in Ottawa teilgenommen hatten,[76] zeigte auf dem Umschlag die drei Plastiken. Diese Publikation berichtete kurz über alle Friedensmissionen, die bis 1991 stattgefunden hatten. Der Autor schloss dabei die außerhalb des UN-Systems stehenden Operationen mit ein. In seinem Vorwort konzentrierte sich Generalstabschef de Chastelain allerdings auf die Beteiligung an den UN-Blauhelm-Einsätzen.[77]

Wie eindeutig sich Politik und Verwaltung des Peacekeeping-Monuments bedienten, zeigen vor allem die Herausgabe einer Ein-Dollar-Sonderprägung und die Stiftung einer »Canadian Peacekeeping Service Medal«. Auch über die Symbolsprache des Monuments hinausgehend versuchte der kanadische

---

74   Vgl. »National Peacekeepers' Day, August 9«, online unter http://www.rcmp-grc.gc.ca/po-mp/pks-gsp-day-jour-eng.htm (aufgerufen 20.11.2013); McCullough, Creating, S. 187.
75   Vgl. Canadian Defence Quarterly/Revue canadienne de défense 22 (1992), 1, Special No. 2.
76   Vgl. Protokoll eines Vorbereitungstreffens im Vorfeld der Zeremonie, 6.2.1992, S. 2 f., LAC, RG 7 G 30, vol. 74, HNAT 830-46, pt. 1.
77   Vgl. Gardam, The Canadian Peacekeeper, insb. S. 5.

Abb. 12.5   Rückseite der kanadischen Ein-Dollar-Münze von 1995.
Sie wurde anlässlich des 50. Jahrestages der Gründung der UN
ausgegeben und sollte, gemäß offizieller Zuschreibung, die
kanadischen Peacekeeper ehren.[78]

Staat das Peacekeeping als ureigenste Aufgabe zu reklamieren, indem er
auf dem massenhaft verbreiteten 10-Dollar-Schein Referenzen auf das UN-
Peacekeeping abdrucken ließ.

1995 gab die kanadische Münzanstalt die genannte Sondermünze im Wert
von einem Dollar heraus, die statt des üblichen Motivs, das mit dem See-
taucher (»loon«) einen kanadischen Vogel zeigt, die drei Soldatenfiguren
des Peacekeeping-Monuments abbildet (Abb. 12.5). Da die Medien über die
Feierlichkeiten zur Enthüllung breit berichtet hatten und im Vorfeld Multiplikatoren der politischen Bildung gezielt informiert worden waren, dürfte
das Motiv wohlbekannt gewesen sein. Indem das Peacekeeping auf einer weit

---

78   Vgl. auf der Homepage der kanadischen Münzanstalt die Seite »Striking in its solitude –
the 1-dollar coin, familarly known as the ›loonie‹«, online unter http://www.mint.ca/store/
mint/about-the-mint/1-dollar-5300014#.VPx15eH0--0 (aufgerufen 8.3.2015).

verbreiteten Münze verewigt wurde, wurde es in den Kanon symbolischer Repräsentanten des kanadischen Staatswesens aufgenommen.[79] Die Dienstmedaille für die kanadischen Peacekeeper wurde genau fünf Jahre später gestiftet. Auch sie zierte das gleiche Motiv; über den Figuren war allerdings noch eine Friedenstaube eingefügt – ein in der Tat außergewöhnliches Symbol für eine militärische Auszeichnung und ein weiterer Hinweis darauf, wie stark das Peacekeeping-Monument und das Peacekeeping schlechthin in den gesellschaftlichen Friedens-Diskurs integriert waren. Anders als die Dollar-Münze richtete sich die Medaille nur an einen ausgewählten Kreis. Sie diente zur Anerkennung von soldatischen Leistungen und zur Vergemeinschaftung in der militärischen Community. Doch war die Breitenwirkung auch so gegeben: Vom 6. September 2000, dem Stiftungstag, bis zum 1. Juni 2012 waren bereits 74.718 Medaillen verliehen worden.[80]

Den größten Verbreitungsgrad hatte sicherlich der 10-Dollar-Schein. Von 2001 bis 2006 wurde er gedruckt und ausgegeben. Er zeigte auf der Rückseite im Hintergrund den stilisierten Rundbogen des War Memorials und rechts im Vordergrund einen alten Militärveteranen mit zwei Kindern. Links davon ist eine Soldatin in der typischen und allgemein bekannten Pose des UN-Beobachters zu sehen, der durch ein Fernglas schaut. Oberhalb lässt sich in französischer und englischer Sprache die Inschrift »Im Dienst des Friedens« entziffern. Weiter links findet sich eine weiße Taube im Flug, das allgemein bekannte Symbol für Frieden. Offiziell hieß das Motiv »Erinnerung und Peacekeeping«. Die Soldatin wurde mit einem blauen Barett abgebildet, das gemäß den Erklärungen der »Bank of Canada« für die kanadische Luftwaffe stand. Ohne diesen Hinweis konnte das blaue Barett aber auch oder vielleicht sogar vornehmlich als UN-Kopfbedeckung interpretiert werden. Wie die Münze so verdeutlicht auch dieser Geldschein, dass das (UN-) Peacekeeping in den 90er Jahren und noch am Beginn des 21. Jahrhunderts als im wahrsten Sinne des Wortes prägender Ausdruck des kanadischen Staates und seiner Gesellschaft offiziell propagiert und öffentlich wahrgenommen wurde.[81]

---

79 Vgl. McCullough, Creating, S. 187-189.

80 Vgl. Canadian Peacekeeping Service Medal (CPSM), online unter http://www.cmp-cpm.forces.gc.ca/dhr-ddhr/chc-tdh/chart-tableau-eng.asp?ref=CPSM, zuletzt verändert 1.5.2012 (?), (aufgerufen 20.11.2013).

81 Vgl. Canadian Journey Series (2001-2006), online unter http://www.bankofcanada.ca/banknotes/bank-note-series/canadian-journey/ (aufgerufen 20.11.2013) sowie weitergehende Erklärungen auf der älteren Homepage, die nicht mehr existiert, online unter http://www.bankofcanada.ca/en/banknotes/general/character/background_10_peace-keeping.html (aufgerufen 18.6.2008).

Abb. 12.6   Peacekeeping Cairn, Winnipeg, Foto: Gordon Goldsborough, 2010, mit
freundlicher Genehmigung

Auch außerhalb Ottawas wurde diese Sicht zivilgesellschaftlich unterstützt.
In Winnipeg, der Hauptstadt der kanadischen Provinz Manitoba, wurde auf
Initiative der örtlichen Gruppe der kanadischen UN-Veteranenorganisation
CAVUNP ein kleines Monument aus drei Säulen errichtet, ein Peace-
keeping Cairn (Abb. 12.6). Er erinnert seit dem 8. August 2004 primär an die
UN-Blauhelme, denn das Wappen der Vereinten Nationen ist auf der mittleren
Säule eingraviert. Zugleich wird die Symbolik des Peacekeeping-Monuments
aufgegriffen: Die linke Säule, welche die Vergangenheit repräsentiert, zeigt
die Canadian Peacekeeping Service Medal, auf der das Figurenensemble aus
Ottawa abgebildet ist. Die Stelen finden sich in einem kleinen Park, »Memorial
Park« genannt, mit weiteren Monumenten, die überwiegend an militärische
Ereignisse erinnern. Auch wenn die Idee aus den Reihen ehemaliger Soldaten
kam, gehörten sie als Angehörige einer UN-Veteranenorganisation doch zur
Zivilgesellschaft. Neben der Stadt Winnipeg trugen sie und weitere Veteranenorganisationen zur Finanzierung des Monuments bei. Wie bedeutsam das
gesellschaftliche Engagement war, zeigen auch die Diskussionen um den
städtischen Zuschuss. Obwohl von der Stadtverwaltung abgelehnt, setzten

die ehrenamtlichen Vertreter in den verschiedenen Gemeinderäten eine finanzielle Beteiligung der Stadt Winnipeg durch.[82]

Abb. 12.7   »Peacekeeper Park« in Calgary: Bronzeplastik zur Erinnerung an Mark Isfeld, der während seines UN-Einsatzes handgearbeitete Puppen an Kinder verschenke. Im Hintergrund ist ein Teil der »Wall of Honour« zu erkennen. Foto: Jan Erik Schulte, 2019

In Calgary wurde ebenfalls auf öffentlichem Gelände eine »Wall of Honour« errichtet, welche die Namen der bei Peacekeeping-Operationen Umgekommenen auflistet. Das Denkmal steht auf einem ehemaligen Militärgelände, das als »Peacekeeper Park« bezeichnet wird. Dieses Gedenkzeichen ging ebenfalls auf ehemalige Angehörige der Blauhelm-Truppen und maßgeblich auf Oberst a.D. Ethell zurück, der zeitweilig als Präsident von CAVUNP

---

82   Vgl. Council Minutes, 23.6.2004, Minute No. 515, Item No. 1: Community Incentive Grant – Canadian Association of Veterans in United Nations Peacekeeping LGen RR Crabbe Chapter File PR-2.6(34), City Clerk's Department, City of Winnipeg (für die Übersendung des Dokuments sei Martin Comeau, Archivist, City of Winnipeg Archives gedankt); Peacekeeping Cairn, Winnipeg (einschließlich von Auszügen aus der *Winnipeg Free Press* vom 7.8., 9.8., 18.8.2004, online unter http://www.cavunp-winnipegcom/pkcairn.html (aufgerufen 2.12.2013).

amtierte.[83] Inmitten des Parks, der 2004 eröffnet wurde, findet sich zudem die Bronzeplastik eines Peacekeepers, der einem Kind eine kleine Puppe überreicht (Abb. 12.7). Diese Plastik erinnert an einen kanadischen Soldaten, der auf dem Balkan von seiner Mutter handgearbeitete Puppen an Kinder verteilte. Er fiel während seines Einsatzes.[84] Seine Geschichte wird auch in der anlässlich des 150. Jahrestages der Unabhängigkeit Kanadas am 1. Juli 2017 eröffneten neuen Dauerausstellung im Canadian Museum of History präsentiert, in der dem kanadischen UN-Peacekeeping eine eigene Ausstellungseinheit gewidmet ist (Abb. 12.8).

Als Folge des »Kriegs gegen den Terror« und insbesondere des Einsatzes kanadischer Soldaten in Afghanistan entstanden in Kanada Denkmäler, die neben den UN-Peacekeepern auch, wie beispielsweise auf der »Wall of Honour« in Calgary, an die gefallenen kanadischen Soldaten in Afghanistan erinnern.[85] Hierin zeigt sich, wie die veränderte globale Sicherheitslage auf die nationale Memorialkultur zurückwirkt. Dennoch bleiben das Peacekeeping und die eigenen Blauhelme-Soldaten jenseits aller innen- und außenpolitischen Veränderungen ein fest etablierter Teil der nationalen Erinnerungskultur. Am 1. Juli 2017 wurde in Peterborough in der kanadischen Provinz Ontario das Modell für ein neues »UN Peacekeepers Memorial« enthüllt, das gemeinsame von der Stadt Peterborough und der lokalen UN-Veteranen-Organisation getragen wird. Es ist ausschließlich den kanadischen UN-Blauhelmen gewidmet und sucht »the spirit of peacekeeping and the role that Canada plays in bringing peace to the world« zu vermitteln.[86]

Die 1988 öffentlich gemachte Ankündigung des Verteidigungsministers Beatty, die 1992 zur Errichtung des Peacekeeping-Monuments führte, hatte somit weitreichende Folgen. Bis zu diesem Zeitpunkt hatte sich bereits ein

---

83 Vgl. auf der Homepage von CAVUNP den Hinweis, der Ethell als Gründer des Peacekeeping Park-Komitees ausweist, online unter http://cavunp.ab.ca/Peacekeeper%20Park%20-%20Committee%20Members.htm (aufgerufen 28.11.2013).

84 Vgl. auf der Homepage des Ministeriums für Veteranenangelegenheiten die Seite »Peacekeeper Park« online unter http://www.veterans.gc.ca/eng/feature/peacekeeper/remembrance/peacekeepers_park (aufgerufen 17.12.2013). Der »Wall of Honour« sollte ursprünglich nur umgekommenen Peacekeepern vorbehalten sein. Doch wurden sukzessive auch die Namen der Gefallenen des Krieges in Afghanistan auf der Mauer verewigt. Vgl. ausführlich McCullough, Creating, S. 190-196.

85 Vgl. Cheryl Browne, »Peacekeepers recognized at ceremony in Angus«, in: *Barrie Examiner*, 9.8.2016, online unter http://www.thebarrieexaminer.com/2016/08/09/peacekeepers-recognized-at-ceremony-in-angus (aufgerufen 14.8.2017); McCullough, Creating, S. 196.

86 »Peacekeepers memorial design unveiled in Peterborough«, in: *Peterborough Examiner*, 1.7.2017, online unter http://www.thepeteroroughexaminer.com/2017/07/01/peacekeepers-memorial-design-unveiled-in-peterborough (aufgerufen 3.7.2017).

Abb. 12.8   Ausschnitt aus der Ausstellungseinheit zum UN-Peacekeeping in der »Canadian History Hall« des Canadian Museum of History: Handgearbeitete Puppe (»Izzy Doll«) und Armbinde mit Rangabzeichen (Rank Armlet) von Master Corporal Mark »Izzy« Isfeld. Die Puppe trägt das charakteristische blaue Barett der UN-Peacekeeping-Soldaten. Beide Objekte sind Leihgaben des Canadian War Museum (Izzy Doll: CWM 20060212-001; Rank Armlet: CWM 19980071-007). Laut zugehörigem Ausstellungstext werden auch weiterhin »Izzy«-Puppen verteilt. Foto: Jan Erik Schulte, 2019

akzeptiertes Peacekeeping-Narrativ entwickelt, das an die außenpolitische und militärische Praxis anknüpfte, aber darüber hinausging und sich mit den beiden, letztlich konkurrierenden nationalen Meistererzählungen[87] von der »nation forged in fire« und zunehmend eindeutiger mit derjenigen von Kanada als »Peaceable Kingdom« verband. Doch erst durch die Initiative aus dem Verteidigungsministerium wurde eine symbolische Repräsentation geschaffen, die gesellschaftlich akzeptiert und zugleich überformt wurde und die militärische wie auch zivilgesellschaftliche Rituale sowie die Schaffung weiterer Peacekeeping-Symbole nach sich zog.

---

87   Zum Regelfall d. konkurrierenden Meistererzählungen vgl. Jarausch/Sabrow, »Meistererzählung«, S. 20 f.

Heidi Hein-Kircher unterscheidet in ihrer geschichtswissenschaftlichen Typologie drei Vermittlungs- und Ausdrucksformen des politischen Mythos, die sich als »Medien, die die Narration wiedergeben, [...] Medien, die visualisieren, und Medien, die Emotionen ansprechen«, präzisieren lassen.[88] Herfried Münkler kommt aus politikwissenschaftlicher Sicht zu einem ähnlichen Ergebnis, benutzt aber andere Begrifflichkeiten. Für ihn werden politische Mythen narrativ-extensiv, ikonisch-verdichtet und rituell-szenisch vermittelt. Die erste Form umfasst dabei Texte und Reden, zur zweiten gehören Denkmäler und Mahnmale, zur dritten öffentliche Versammlungen, Aufmärsche und Gedenkveranstaltungen anlässlich von Feiertagen. Während bis 1992 das Peacekeeping überwiegend in sprachlicher Form zum Ausdruck nationaler Selbstbeschreibung stilisiert wurde (Peacekeeping-Narrativ)[89] – wenn auch beispielsweise die Pearson-Medaille zumindest ansatzweise das Erbe des Peacekeepings symbolisch verdichtete –, so hielten seit der Enthüllung des Peacekeeping-Monuments physisch fassbare Erinnerungszeichen und Rituale Einzug in den Kanon nationaler Symboliken, die der Vergemeinschaftung der Gesellschaft zur Nation dienten. Die errichteten Monumente, Plastiken und Denkmäler, die ausgegebenen Münzen, Geldscheine und Medaillen, die durchgeführten wiederkehrenden Feiern, Aufmärsche und Versammlungen, sie alle scheinen archetypisch der Aufstellung Münklers entnommen. Insbesondere bei der Errichtung des Peacekeeping-Monuments stand weniger das Ereignis des Peacekeepings als solches im Mittelpunkt, sondern die Sinnverheißung für das Gemeinwesen, in dem es von dessen vergangener und gegenwärtiger Friedensliebe berichtete und diese als Zukunftsaufgabe fortschrieb.[90] Der visuelle und rituelle Ausdruck trug also im besonderen

---

88 Heidi Hein-Kircher, Überlegungen zu einer Typologisierung von politischen Mythen aus historiographischer Sicht – ein Versuch, in: dies./Hans Henning Hahn (Hg.), Politische Mythen im 19. und 20. Jahrhundert in Mittel- und Osteuropa, Marburg 2006, S. 407-424, hier S. 415-420 (Zitat S. 416).

89 Für Münkler, Wirtschaftswunder, S. 47 bleibt die narrative Vermittlung die Basis des politischen Mythos. Für Flood, Political Myth, S. 10, 27, 44 ist der politische Mythos schlechterdings ein Narrativ, Formen der Visualisierung sind dagegen nur Beiwerk. Zur »Meistererzählung«, die ähnliche Aufgaben wie der »politische Mythos« erfüllt, insbesondere wenn das Narrativ in den Mittelpunkt gestellt wird, siehe Jarausch/Sabrow, »Meistererzählung«.

90 Vgl. vor allem Münkler, Wirtschaftswunder, S. 46 f.; Münkler, Politische Mythen, S. 21. Siehe auch Zimmering, Mythen, S. 25. Die zukünftige Entwicklung des Peacekeeping wurde im Rahmen des Monuments schon insoweit vorweggenommen, dass dort noch Platz für die Auflistung weiterer Peacekeeping-Missionen gelassen wurde. Der Peacekeeping Cairn in Winnipeg integrierte die drei Zeitebenen noch deutlicher, da er für jede eine eigene Stele vorsah: Past, Present Future.

Maße dazu bei, unterschiedliche Interpretationen zusammenzuführen und historisch-politische Komplexität zu reduzieren. Auf diese Weise konnten gesellschaftliche Orientierung sowie Integration angeboten und folglich zentrale Aufgaben eines politischen Mythos erfüllt werden.[91] Mit der Aufstellung des Peacekeeping-Monuments und dessen Akzeptanz durch die kanadische Gesellschaft hatte sich endgültig ein politischer Mythos durchgesetzt, der das (UN-) Peacekeeping als Ausdruck kanadischer Identität verstand.

Die internationale Relevanz des Peacekeepings, die hervorgehobene politische und militärische Rolle Kanadas hierbei und die innen- wie identitätspolitische Identifikation hiermit schienen auf einen weiteren internationalen wie auch nationalen Siegeszug der Blauhelm-Idee und deren Praxis hinzudeuten. Doch waren, für die Zeitgenossen kaum erkennbar, die »Goldenen Jahre« des Peacekeepings bereits vorbei, als das Peacekeeping-Monument in Ottawa enthüllt wurde. Nur kurze Zeit später wandelte sich die Euphorie um die Blauhelme weltweit wie auch in Kanada in Hilflosigkeit und Schrecken.

---

91   Vgl. Bizeul, Theorien der politischen Mythen und Rituale, S. 21-25.

KAPITEL 13

Fin de Siècle
Die wachsende Kluft zwischen Ideal und Praxis

Anfang der 90er Jahre schien es, als ob die Blauhelme zu einem Allheilmittel der internationalen Konfliktlösung geworden wären: Von 1991 bis 1993 beauftragte der UN-Sicherheitsrat den Generalsekretär praktisch alle zwei bis drei Monate, eine neue Mission zusammenzustellen. Insgesamt 15 Operationen entstanden auf diese Weise. Während der drei genannten Jahre wurden somit mehr neue Friedenstruppen ausgesandt als während des gesamten Kalten Krieges. Zumindest bis 1992 gingen Politiker und Öffentlichkeit die Neuaufstellungen mit großem Optimismus an, der auch durch die Erfolge der ersten ab 1988 entstandenen, allerdings begrenzten Missionen gerechtfertigt erschien. Bis Mitte der 90er Jahre sollte sich diese positive Einschätzung aber ins Gegenteil verkehren. Schwerwiegende Misserfolge bei den immer komplexer werdenden Operationen stellten das Peacekeeping insgesamt infrage; zugleich begann die Suche nach einem aktuelleren Konzept internationaler Verantwortlichkeit, das auch Formen Humanitärer Intervention beinhaltete. Anfang des 21. Jahrhunderts wurden einige dieser Überlegungen in dem international breit rezipierten Kommissionsbericht mit dem Titel »The Responsibility to Protect« zusammengefasst.[1]

Desaster in Jugoslawien, Somalia und Ruanda

Die Problematik gewaltloser Einsätze in noch umkämpften Territorien, in denen die antagonistischen Parteien weder bereit waren, Frieden zu schließen noch die Blauhelme als Streitschlichter anzuerkennen, war schon 1992 in Jugoslawien zutage getreten. Im Verlauf des Krieges zeigte sich die Impotenz der Blauhelme auf dem Balkan zunehmend deutlicher, als es ihnen nicht mehr gelang, die Zivilbevölkerung vor gegnerischen Angriffen zu schützen. Dass das humanitäre Mandat faktisch gescheitert war, führte der Einmarsch bosnisch-serbischer Truppen in die UN-Schutzzone von Srebrenica im Juli 1995 drastisch vor Augen, dem die dort stationierten niederländischen UN-Blauhelme kaum nennenswerten Widerstand entgegensetzten. Etwa 8.000 muslimische Männer und männliche Jugendliche wurden in der Folge von den einmarschierenden

---

1 Vgl. MacQueen, Humanitarian Intervention, S. 154.

© VERLAG FERDINAND SCHÖNINGH, 2020 | DOI:10.30965/9783657787807_015

Soldaten ermordet. Srebrenica sei, so Norman M. Naimark, der eine viel beachtete Studie zu den »ethnischen Säuberungen« im 20. Jahrhundert geschrieben hat, »der Schauplatz des schlimmsten Völkermordmassakers bei
der ethnischen Säuberung Bosnien-Herzegowinas« gewesen.[2] Für Philipp
Ther handelt es sich gar um »das größte Menschheitsverbrechen in Europa
seit dem Zweiten Weltkrieg.«[3] Erst nachdem sich die lange Zeit uneinigen
wichtigsten NATO-Partner Frankreich, Großbritannien und die USA auf
eine gemeinsame Strategie verständigt hatten und sich die US-Regierung
auch verstärkt diplomatisch einbrachte, konnten Krieg und Massenver-
brechen beendet werden. NATO-Luftangriffe auf strategisch wichtige Ziele
drängten vor allem die Führungen der bosnischen Serben und des serbisch
dominierten Rest-Jugoslawiens zu einer Verhandlungslösung. Zwar ist die
Bedeutung der Luftbombardements unsicher, doch im Verein mit neuen
diplomatischen Angeboten der Regierung in Washington trugen sie dazu
bei, dass im September 1995 im amerikanischen Dayton eine Friedensverein-
barung ausgehandelt werden konnte. Wie im Kampfeinsatz zuvor so wurden
auch die Truppen, welche die Vereinbarung militärisch absichern sollten, von
der NATO gestellt und bestanden eben nicht mehr aus UN-Blauhelmen.[4]

Nur wenige Monate vor dem Massaker in Srebrenica hatten die Vereinten
Nationen noch dramatischere Misserfolge zu verzeichnen gehabt, die direkt
und indirekt zu weit mehr Toten führten. Obwohl umfangreiche Truppen-
kontingente sowohl von UN-Blauhelmen als auch des unter Kapitel VII der
UN-Charta agierenden, von den Vereinigten Staaten angeführten UNITAF-
Kampfverbandes bereitgestellt worden waren, konnte der mit großen Erwartungen verbundene, humanitäre Auftrag in Somalia nicht erfüllt werden.
Der Einsatz, der die Sicherheit der Nahrungsmitteltransporte für die hungernde
Bevölkerung garantieren sollte, scheiterte, da die Bürgerkriegsparteien nicht
zu einer Mitarbeit bewegt werden konnten und die Truppensteller nicht bereit
waren, eine größere Zahl eigener Opfer zu akzeptieren. Als Bilder von ver-
stümmelten Leichen getöteter US-Soldaten im Oktober 1993 über die Fern-
sehbildschirme in den Wohnzimmern der Amerikaner flimmerten, brach die

---

2   Norman M. Naimark, Flammender Haß. Ethnische Säuberungen im 20. Jahrhundert,
    Frankfurt/M. 2008 [EA 2001], S. 206.

3   Philipp Ther, Die dunkle Seite der Nationalstaaten. »Ethnische Säuberungen« im modernen
    Europa, Göttingen 2011, S. 250. Vgl. zur Definition und Geschichte von »ethnischen
    Säuberungen« bis Ende der 40er Jahre Michael Schwartz, Ethnische »Säuberungen« in der
    Moderne. Globale Wechselwirkungen nationalistischer und rassistischer Gewaltpolitik im
    19. und 20. Jahrhundert, München 2013.

4   Vgl. hierzu insgesamt Steven L. Burg/Paul S. Shoup, The War in Bosnia-Herzegowina. Ethnic
    Conflict and International Intervention, New York/London 2000.

Regierung in Washington den Einsatz der US-Streitkräfte in Somalia ab. Diese Reaktion kehrte den CNN-Effekt, benannt nach dem amerikanischen Nachrichtenkanal, um. Ursprünglich hatte er dazu geführt, dass die Regierung sich humanitär engagierte. In diesem Fall allerdings meinte sie eine öffentliche Meinung zu erkennen, die den Abzug der eigenen Soldaten forderte. Mit dem Rückzug der Vereinigten Staaten begann auch der Exodus weiterer Truppensteller, so dass die mit einem robusten Mandat ausgestattete UN-Peacekeeping-Mission UNOSOM II bis März 1995 aufgelöst werden musste: Somalia und seine leidende Zivilbevölkerung wurden aufgegeben.[5]

Bald nachdem in Somalia die Weichen auf ein Ende der Blauhelm-Operation gestellt worden waren, überließ die in der UN zusammengefasste internationale Staatengemeinschaft einen weiteren Staat seinem Schicksal. Denn sie verweigerte den seit April 1994 in Ruanda vom Völkermord Bedrohten und dem dort eingesetzten Peacekeeping-Kontingent UNAMIR zunächst jegliche weitere Hilfe. Um nicht eingreifen zu müssen, wurde im UN-Hauptquartier sogar lange Zeit bewusst das Wort »Völkermord« für den ablaufenden Massenmord vermieden. Etwa 800.000 Menschen bezahlten die Untätigkeit in New York und den Hauptstädten der Mitgliedsstaaten des UN-Sicherheitsrates mit dem Leben. Erst nachdem die Massaker durch einmarschierende Rebellentruppen praktisch beendet worden waren, reagierte die Weltgemeinschaft und sandte sowohl Verstärkungen für die Blauhelme als auch einen eigenständigen französischen Kampfverband in die Region. Für die meisten Menschen aus der Opfergruppe kam der nun einsetzende Aktivismus allerdings zu spät.[6]

In allen drei Staaten scheiterten die Vereinten Nationen folglich mit ihren Strategien zur Beendigung von Bürgerkriegen und Massengewalt. Somalia, Ruanda und Jugoslawien galten so schon zeitgenössisch als Symbole des Fehlschlages der Vereinten Nationen und ihrer Friedenssicherung. Tatsächlich, wenn auch weniger offensichtlich, lag die Verantwortung aber ebenso bei den Mitgliedstaaten, denn nur mit ihrer Unterstützung konnten Missionen politisch durchgesetzt und militärisch ausgestattet werden. *Last, but not least* kristallisierte sich zunehmend heraus, dass die militärisch potenten westlichen Staaten nicht bereit waren, ihre Soldaten zu Kampfeinsätzen unter dem UN-Banner zu versammeln. Peace Enforcement entwickelte sich daher zu einer Domäne der NATO und weiterer westlicher Staaten, wie Australien, nicht aber

---

5 Vgl. MacQueen, Peacekeeping, S. 212-219; kritisch zum CNN-Effekt Henrike Viehrig, Öffentlichkeit und Auslandseinsätze nach dem CNN-Effekt, in: Frank Bösch/Peter Hoeres (Hg.), Außenpolitik im Medienzeitalter. Vom späten 19. Jahrhundert bis zur Gegenwart, Göttingen 2013, S. 319-340, hier S. 320-324.
6 Vgl. Jones, Peacemaking in Rwanda.

zu einem Instrument, das primär an die UN-Blauhelm-Einsätze gebunden war. Was sich schon im UN-autorisierten Golfkrieg angedeutet hatte, setzte sich in den 90er Jahren fort: Die Vereinten Nationen konnten militärische Zwangs- maßnahmen autorisierten, aber nicht selbst durchführen, sondern mussten sie an »Koalitionen der Willigen« delegieren.[7]

Reaktion der veröffentlichten Meinung in Kanada

Auf Seiten der Truppensteller war besonders Kanada von dem Mitte der 90er Jahre zu verzeichnenden Niedergang und vom Glaubwürdigkeitsverlust der UN-Friedensmissionen betroffen. Einerseits hatten sich die kanadische Politik und Gesellschaft in der Vergangenheit mit kaum zu überbietender Deutlich- keit für diese Form des internationalen Konfliktmanagements ausgesprochen. Andererseits waren kanadische Soldaten an allen Fehlschlägen unmittelbar und in zum Teil herausgehobenen Funktionen beteiligt. Nicht nur das Peace- keeping insgesamt, sondern speziell die kanadischen Blauhelm-Einsätze er- lebten ihre tiefste Vertrauenskrise.

Auf dem Balkan waren die kanadischen Soldaten wie auch diejenigen der anderen nationalen Kontingente von dem unklaren Mandat und der sich verschlechternden Sicherheitslage betroffen. Da sie allerdings bestimmte Einsätze maßgeblich mitbestimmt hatten, traf die Kanadier das Scheitern der Mission umso härter. So waren es kanadische Einheiten gewesen, die zunächst die Schutzzone von Srebrenica errichtet und gesichert hatten. In den kanadischen Medien wurde daher über die Blauhelm-Operationen in Jugoslawien ausführlich berichtet. Bei aller Kritik an den UN-Maßnahmen und dem unzureichenden Mandat plädierten dabei 1993 und 1994 die Leit- artikel in der *Globe and Mail* wie auch die Mehrzahl der dort abgedruckten Leserzuschriften für eine Fortsetzung der Mission.[8] In diesem Zusammen- hang entstand in der Zeitung eine Diskussion darüber, wie die Operation überhaupt zu charakterisieren oder welche Art wünschenswert sei. Auch in

---

7   Vgl. Jan Erik Schulte, From the protection of sovereignty to humanitarian intervention? Traditions and developments of United Nations Peacekeeping in the twentieth century, in: Fabian Klose (Hg.), The Emergence of Humanitarian Intervention. Ideas and Practice from the Nineteenth Century to the Present, Cambridge 2016, S. 253-277.

8   Vgl. beispielhaft »Forth again into Bosnia«, Leitartikel, *Globe and Mail*, 5.3.1994, S. D6; »Let the peacekeepers stay«, Leitartikel, ebd., 10.12.1994, S. D6.

der Öffentlichkeit war die Definition von »Peacekeeping« im Fluss.[9] »Peacekeeping« wurde von »Peacemaking« – definiert als gewaltsames Eingreifen –
unterschieden; während ersteres in Jugoslawien nicht mehr gegeben sei, bestünde für zweiteres kein Mandat. Tatsächlich müsse die Mission in Bosnien
als »a humanitarian action in a war zone« bezeichnet werden.[10] Nicht nur die
vor Ort eingesetzten Soldaten, sondern auch die Medien begriffen den Konflikt
in Jugoslawien zunehmend als Krieg.

Umso mehr wurde die humanitäre Bedeutung des Einsatzes in Jugoslawien
sowie allgemein der kanadischen Soldaten hervorgehoben.[11] Aus diesem
Grund hätten die kanadischen Soldaten im UN-Einsatz »Bewunderung und
Respekt« verdient, schrieb ein Arzt, der im Rahmen einer internationalen
zivilen Organisation freiwillig in Somalia gewesen war.[12] Peacekeeping und
humanitärer Einsatz seien, so ein Leitartikel vom 2. November 1994 in der
Globe and Mail, der das akzeptierte Peacekeeping-Narrativ bemühte, auch
die wirklichen Stärken des kanadischen Militärbeitrages: »Canada has an
enviable record in peacekeeping; our self-image has become that of a nation
of peacekeepers, and in a world of too many warriors, that is not a bad thing.«[13]

Vor dem Hintergrund dieser Vorstellungen kam es für die kanadische
Medienöffentlichkeit als ein besonderer Schock, als auch kanadische Blauhelme von bosnisch-serbischen Truppen als Geiseln genommen wurden. Es
waren diese Episoden, die auch immer wieder dazu führten, die kanadische
Präsenz in Bosnien zu hinterfragen. Im Dezember 1993 wurden elf kanadische
Blauhelme verschleppt und vermutlich einer vorgetäuschten Hinrichtung ausgesetzt. Ein Jahr später waren es sogar mehr als 400 UN-Soldaten, darunter
55 Kanadier, die als Vergeltung für NATO-Luftangriffe in Gefangenschaft
gerieten[14] – zu einem Zeitpunkt, als mit Generalmajor Ray Crabbe ein Kanadier

---

9   Vgl. »The UN's mandate to intervene«, Leitartikel, ebd., 7.1.1993, S. 14; »New rules for a new
    role at the UN«, Leitartikel, ebd., 15.6.1993, S. 20; Jeffrey Simpson, »Blue berets or steel
    helmets? Canada should help decide«, ebd., 12.8.1993, S. 20; »A new world order, really«,
    Leitartikel, ebd., 13.9.1993, S. 12; Michael C. Hall, MB, Toronto, »First-hand observations«,
    Leserbrief, ebd., 11.5.1994, S. 18.

10 »Peace by peace«, Leitartikel, ebd., 24.1.1994, S. 10. Vgl. auch »To stay in Bosnia«, Leit-
    artikel, ebd., 6.1.1994, S. 18.

11 Vgl. Louis Gentile, Toronto, »Peacekeeping: What a billion dollars buys«, Leserbrief, ebd.,
    12.3.1994, S. D7; Jeff Sallot, »Finding their real jobs in Rwanda«, ebd., 20.5.1994, S. 23.

12 Eric Paetkau, MD, Sichelt, B. C., »Somalia: Bad press ignores good deeds«, Leserbrief,
    ebd., 15.5.1993, S. D7.

13 »Opening the door on defence policy«, Leitartikel, ebd., 2.11.1994, S. 20.

14 Vgl. Chuck Sudetic, »Canadians endure mock execution«, ebd., 28.12.1993, S. 1; »Sergeant's
    actions praised«, ebd., 29.12.1993, S. 1 f.; Geoffrey York, »Canadian presence in Bosnia

als stellvertretender Kommandeur von UNPROFOR amtierte.[15] Die öffentliche Aufmerksamkeit erreichte wenige Monate später einen neuen Höhepunkt, als nicht nur kanadische Blauhelme gefangen gesetzt wurden, sondern einer sogar als menschlicher Schutzschild missbraucht und – medienwirksam – an einen Pfahl in einem Munitionsdepot nahe des bosnisch-serbischen Hauptquartiers in Pale gefesselt wurde. Er und seine mitgefangenen UN-Soldaten sollten alliierte Luftangriffe auf bedrohte Objekte verhindern.[16] Das Bild vom angeketteten Soldaten beherrschte am 27. Mai 1995 die Titelseiten der Zeitungen in ganz Kanada[17] und wurde zugleich über das Fernsehen verbreitet. In der Nachrichtensendung der privaten kanadischen Fernsehgesellschaft CTV, »CTV National News«, führte es zu einem hilflosen Aufschrei: »The pictures from eastern Europe are infuriating tonight. The scene of a Canadian soldier, a man working for the cause of peace, standing shackled to a metal pole in Bosnia hand-cuffed and virtually a symbol of the world's anger and frustration over a murderous civil war that defies any attempt to bring peace.«[18] Die Geiselhaft von Hauptmann Patrick Rechner und weiteren kanadischen Militärangehörigen verstärkte noch einmal die Verbundenheit der kanadischen Öffentlichkeit mit ihren Blauhelmen[19] und führte, wie in einem Leitartikel in der *Globe and Mail*, zu der als bitter eingestuften Erkenntnis, dass die UN-Blauhelme einem internationalen Kampfeinsatz weichen müssten.[20] Es waren die Geiselnahmen und nicht erst das Massaker in Srebrenica, das zwei Monate später stattfand, die – hinsichtlich des medialen Effektes in Ansätzen vergleichbar mit dem Tod amerikanischer Soldaten am 3. Oktober 1993

queried«, ebd., 29.12.1993, S. 1; »Mission impossible: the United Nations contemplates a pullout from the quagmire that is Bosnia«, *Maclean's*, 12.12.1994, S. 28.

15   Vgl. »Mission impossible: the United Nations contemplates a pullout from the quagmire that is Bosnia«, *Maclean's*, 12.12.1994, S. 28; siehe auch den Lebenslauf auf der Homepage der Patricia's Canadian Light Infantry online unter http://www.ppcli.com/html5/crabbetext.html (aufgerufen 3.2.2014).

16   Vgl. Paul Koring, »Serbs seize UN observers«, *Globe and Mail*, 27.5.1995, S. 1; Ross Laver, »The UN in chains«, *Maclean's*, 5.6.1995, S. 40; Bruce Wallace, »Holding the world Hostage«, ebd., 12.6.1995, S. 22; E. Keye Fulton, »The pawns of war«, ebd., 26.5.1995, S. 14.

17   Vgl. *La Press*, 27.5.1995, S. 1; *Ottawa Citizen*, 27.5.1995, S. 1; *Cronicle Herald* (Halifax), 27.5.1995, S. 1; *Winnipeg Free Press*, 27.5.1995, S. 1; *Toronto Star*, 27.5.1995, S. 1.

18   »Canadian pawn in a Bosnian Showdown«, CTV National News – CTV Television, 26.5.1995 (Transkript).

19   So jedenfalls in »To end the war in Bosnia«, Leitartikel, *Globe and Mail*, 30.5.1995, S. 16.

20   Vgl. ebd. Siehe auch John Thompson, Director The Mackenzie Institute, Toronto, »Bosnian peace-keeping«, Leserbrief, ebd., 12.6.1995, S. 12; Jeffrey Simpson, »The UN has neither the power nor the moral authority to stop wars«, ebd., 14.6.1995, S. 14; »Another stumble in Bosnia«, Leitartikel, ebd., 25.7.1995, S. 10; »Bombs in the Balkans«, Leitartikel, ebd., 5.8.1995, S. D6.

in Mogadischu – dazu beitrugen, dass in kanadischen Zeitungen das Ende des Blauhelm-Einsatzes auf dem Balkan eingeläutet und eine Lanze für ein kraftvolles »Peacemaking« gebrochen wurde.[21]

Im weitaus geringeren Umfang beschäftigten sich die kanadischen Leitartikel mit den Reaktionen der internationalen Staatengemeinschaft auf den Völkermord in Ruanda. Wie ungeheuerlich die Gräueltaten in dem ostafrikanischen Land waren, die zudem innerhalb kürzester Zeit begangen wurden, konnte wohl erst nach und nach begriffen werden. Haltung und Handlungen der Vereinten Nationen wurden indes noch einhelliger kritisiert als in Bezug auf den Jugoslawienkonflikt. Im Licht dieser Kritik erschien der begrenzte kanadische Beitrag als umso positiver. »Canadians should be particularly proud of this UN operation.«[22], schrieb Jeff Sallot am 20. Mai 1994 in einem Artikel in der *Globe and Mail* – also zu einem Zeitpunkt, als der Genozid in vollem Gange war.

Der beklagenswert geringe Umfang des kanadischen Kontingents wurde dabei nicht thematisiert, obwohl es im Wesentlichen aus dem Kommandeur von UNAMIR, Generalmajor Dallaire, und zunächst nur einem Stabsoffizier bestand. Zwar wurden die in Ruanda dienenden kanadischen Soldaten mitunter im Rahmen von »personel interest storys« in den Medien vorgestellt.[23] Doch erst als Dallaire Jahre später von seinen psychischen Zusammenbrüchen berichtete, erwachte ein größeres öffentliches Interesse an dessen Person und überhaupt an den individuellen psychischen Folgen von UN-Peacekeeping-Einsätzen in Kriegsgebieten. In der Rückschau wurde auch die zwiespältige Rolle kanadischer Entscheidungsträger bekannt. Denn Dallaires Voraussagen und Hilferufe im Vorfeld des Völkermordes waren nicht an ein anonymes UN-Hauptquartier in New York gerichtet gewesen, sondern konkret an den damaligen Militärberater des UN-Generalsekretärs. Bei diesem wiederum handelte es sich ebenfalls um einen kanadischen General, Maurice Baril, der von 1997 bis 2001 als Generalstabschef an der Spitze der kanadischen Streitkräfte stehen sollte.[24] Eine unabhängige Untersuchungskommission, welche die Aktionen der UN überprüfte, kam im Dezember 1999 zu dem Schluss, dass die Warnungen Dallaires nicht nur an Baril hätten gerichtet und danach nicht nur innerhalb der Abteilung für Peacekeeping-Operationen unter Untergeneralsekretär Kofi Annan hätten verhandelt werden dürfen, sondern dass es

---

21   Vgl. »More Serb outrages«, Leitartikel, *Ottawa Citizen*, 27.5.1995, S. B6.

22   Jeff Sallot, »Finding their real jobs in Rwanda«, *Globe and Mail*, 20.5.1994, S. 23.

23   Vgl. ebd. sowie insgesamt Jeff Sallot, »Red tape and terror in flight from Kigali«, ebd., 6.5.1994, S. 27; »Who will help Rwanda?«, Leitartikel, ebd., 8.6. 1994, S. 22; »Eighty cents for Rwanda«, Leitartikel, ebd., 23.7.1994, S. D6; »Confronting fear in Rwanda«, Leitartikel, ebd., 28.7.1994, S. 18.

24   Vgl. Canadian Who's Who 2001, S. 68.

zwingend notwendig gewesen wäre, den Generalsekretär einzuweihen. So sei eine Chance zu einem frühzeitigen Eingreifen vertan worden.[25]

Zur eigentlichen Krise des kanadischen Peacekeepings geriet aber weder der Einsatz in Jugoslawien noch der in Ruanda, sondern die Beteiligung des kanadischen Luftlanderegiments an der UN-autorisierten Operation UNITAF in Somalia, obwohl diese im engeren Sinne keine Blauhelm-Mission darstellte. Das Luftlanderegiment galt als die beste und professionellste Einheit der kanadischen Landstreitkräfte. Allerdings gab es in ihr disziplinäre Probleme und musste sie ihren Einsatz nur unzureichend vorbereitet antreten, wie später bekannt wurde. In Somalia wurde die Kampfeinheit mit Freischärlern und einer mitunter als aggressiv wahrgenommenen Zivilbevölkerung konfrontiert, die in einem Bürgerkrieg um das individuelle Überleben kämpfte. Am 16. März 1993 nahmen Wachen einen Jugendlichen fest, der in das Lager der Kanadier nahe bei Belet Huen eingedrungen war, vermutlich um zu stehlen. Während der Haft wurde der 16-jährige Shidane Abukar Arone von zwei Soldaten des Luftlanderegiments und unter Beisein mehrerer anderer so lange gefoltert, bis er starb.

Die schon bald einsetzenden internen Ermittlungen führten dazu, dass die direkt Verantwortlichen, darunter der Regimentskommandeur, zu zum Teil milden Strafen verurteilt oder sogar freigesprochen wurden. Ob das Verbrechen strukturelle Gründe oder tiefer reichende Wurzeln hatte, blieb vorerst unhinterfragt. Erst im Zuge der öffentlichen Debatte stellte das Verteidigungsministerium umfangreichere Untersuchungen an, die aber höhere Befehlshaber und die militärische Organisation insgesamt entlasteten. Als im Januar 1995 Videomaterial auftauchte, das Regimentsangehörige sowohl in ihrem kanadischen Standort als auch im somalischen Einsatzgebiet bei menschenverachtenden und rassistischen Praktiken zeigte,[26] kam die Regierung indes so stark unter Druck, dass sie im März 1995 – einmalig in der Geschichte der Streitkräfte – das Luftlanderegiment komplett auflöste und noch im selben Monat eine unabhängige Kommission einberief, die sich intensiver mit der Ermordung Arones sowie weiteren Misshandlungen und Todesfällen beschäftigte wie auch Zuständigkeiten und systemimmanente Probleme untersuchte. Im Ergebnis wurden eine Reihe von zusätzlichen Verantwortlichen benannt, die Planung und Durchführung des Einsatzes in Somalia als ungenügend be-

---

25　　Vgl. Report of the Independent Enquiry into the actions of the United Nations during the 1994 genocide in Rwanda, 15 December 1994, S. 10 f., 33 et passim, S/1999/1257, online unter www.un.org/news/dh/latest/rwanda.htm (aufgerufen 8.1.2014); siehe auch Dallaire/ Beardsley, Shake Hands with the Devil; Off, The Lion, S. 11-119.

26　　Vgl. Sherene H. Razack, Dark Threats and White Knights. The Somalia Affair, Peacekeeping, and the New Imperialism, Toronto u.a. 2004, S. 142.

zeichnet und die mangelnde Aufklärungsbereitschaft durch das militärische Establishment öffentlich gerügt. Aufgrund seiner obstruktiven Haltung verlor sogar Generalstabschef General Jean Boyle seinen Posten. Bevor die Somalia-Kommission unter dem Vorsitz von Richter Gilles Letourneau allerdings die militärische und zivile Kommandostruktur systematisch evaluieren konnte, wurde sie vom liberalen Verteidigungsminister Doug Young im April 1997 überraschend aufgelöst.[27]

In den Medien führte nicht nur die Tatsache, dass Angehörige einer kanadischen Eliteeinheit einen einheimischen Jugendlichen während einer als Peacekeeping aufgefassten Operation gefoltert und getötet hatten, zu einem allgemeinen Aufschrei, sondern vor allem die Tatsache, dass Verteidigungsministerium und Regierung dieses Ereignis verschleiern wollten.[28] Wie Granatstein schreibt, sollte möglicherweise sogar Verteidigungsministerin Kim Campbell geschützt werden, die designierte Premierministerin und Nachfolgerin Mulroneys.[29] Somit zeige die Debatte einmal mehr, so McCullough in seiner ausführlichen Analyse der Pressereaktionen, dass nicht die Bevölkerung im Einsatzgebiet oder die dortigen humanitären Krisen im Mittelpunkt der kanadischen Berichterstattung über das Peacekeeping standen, sondern die Rückwirkungen auf die kanadische Politik. In Fortführung des kolonialen Diskurses, der auch im Peacekeeping eingeschrieben war, wurde die somalische Gesellschaft als rückwärtsgewandt und als Gegenentwurf zur kanadischen Gesellschaft dargestellt. Letztlich bildete die Lage in Somalia nur die Folie für die innerkanadische Auseinandersetzung um die Folgen des Einsatzes des Luftlanderegiments.[30] Dennoch riss der Mord die kanadische Medienöffentlichkeit auf einen Schlag aus den Träumen von kanadischen Peacekeepern als »weißen Rittern« einer neuen Weltordnung und brachte sie zurück auf den Boden der Tatsachen, die individuelles Fehlverhalten und erhebliche strukturelle Mängel der kanadischen Streitkräfte im Peacekeeping-Einsatz gewahr werden ließen. Arones Tod war eben nicht, wie zunächst auch in der

---

27 Vgl. den fast 1.700 Seiten langen Abschlussbericht und die zahlreichen wissenschaftlichen Begleitstudien, die insgesamt 17 Bände umfassen, insbesondere Dishonoured Legacy. The Lessons of the Somalia Affair. Report of the Commission of Inquiry into the Deployment of Canadian Forces to Somalia, 6 Bde., Ottawa 1997. Für die Überlassung eines kompletten Sets des Berichts sei Yves Tremblay gedankt. Vgl. weiterhin den knappen, urteilsstarken Überblick in Granatstein, Canada's Army, S. 403-409; sowie Bercuson, Significant Incident; Coulon, Soldiers of Diplomacy, S. 88-100.
28 Vgl. Razack, Dark Threats, S. 120-123.
29 Vgl. Granatstein, Canada's Army, S. 406.
30 Vgl. McCullough, Creating, S. 130-141.

Globe and Mail zu lesen war, ein Ausdruck von »isolated incidents«[31], sondern von systemimmanenten Problemen. Mit dem Mord verlor das kanadische Peacekeeping bildlich gesprochen seine »Unschuld«.

Diese tiefe Krise des Peacekeepings führte indes weder zu einer umfassenden Aufklärung des Mordes noch langfristig zu einer prinzipiellen Debatte über die kanadischen Blauhelme. Zwar wurde die Professionalität des Militärs hinterfragt,[32] auch in Bezug auf Peacekeeping-Einsätze,[33] und das Selbstverständnis der Soldaten erschüttert.[34] Infolge dieses und anderer Skandale sei insbesondere das Vertrauen der unteren Dienstgrade in die Generalität zerstört worden, urteilt Granatstein.[35] Die Ergebnisse der Somalia-Kommission wurden dabei durchaus kontrovers diskutiert. In englischsprachigen Zeitungen sei die Kritik der Kommission an den Streitkräften mitunter als zu harsch wahrgenommen, in französischsprachigen Zeitungen dagegen seien Kommission und Bericht allgemein gepriesen worden.[36] Doch konzentrierten sich Presse und Leserbriefe vor allem darauf, die Verschleierungstaktik von Regierung und Streitkräfteführung anzuprangern.[37] Dadurch wurde die Problematik verlagert und von den Schwierigkeiten des Peacekeepings wie auch von dem Mord abgelenkt. Die Krise des Peacekeepings verschwand hinter einer Regierungs- und Streitkräftekrise. Vom allgemeineren politischen und militärischen Skandal schien die breitere Öffentlichkeit weniger betroffen als vom Versagen ihrer Peacekeeper. Das schwindende Interesse an der Aufklärung der Vorgänge am Horn von Afrika, welches ein Kommentator in der *Globe and Mail* nach der überraschenden Auflösung der Somalia-Kommission im April 1997 beklagte, war somit nicht zuletzt hausgemacht.[38]

---

31 Stephen Owen, »A pat on the back for Canadian troops«, *Globe and Mail*, 27.5.1993, S. 29. Owen gehörte einer ersten, militärischen Untersuchungskommission zur Aufklärung der Operation in Somalia als unabhängiger Berater an; zuvor hatte er Amnesty International juristisch beraten. Siehe auch »The UN's forgotten success stories«, ebd., 7.6.1993, S. 14.

32 Vgl. »The Airborne's burden«, Leitartikel, ebd., 2.7.1994, S. D6.

33 Vgl. McCullough, Creating, S. 134.

34 Vgl. Grant Dawson, »Here Is Hell«: Canada's Engagement in Somalia, Vancouver/Toronto 2007, S. 170.

35 Vgl. Granatstein, Canada's Army, S. 410.

36 Vgl. McCullough, Creating, S. 137 f.

37 Vgl. Jeffrey Simpson, »The military brass offer denials when what we need are explanations«, *Globe and Mail*, 26.4.1996, S. 20; »The honour of Canada at stake in Somalia«, Leitartikel, ebd., 14.3.1997, S. 16 und die Leserbriefe in ebd., 9.7.1997, S. 15 sowie Adrienne E. Rosen. Former Chair Shidane Arone Memorial Committee, Toronto, »The truth must be told«, Leserbrief, ebd., 10.7.1997, S. 16; McCullough, Creating, S. 134 f.

38 Vgl. »A sad silence on Somalia«, Leitartikel, *Globe and Mail*, 5.4.1997, S. D6.

Der Schild des kanadischen Peacekeepings blieb – trotz der medialen Aufregung zwischen 1993 und 1997 sowie den intensiven politischen Auseinandersetzungen[39] – überwiegend unbefleckt, wie Sherene H. Racack in einer luziden Studie über die Somalia-Affäre herausfand. Indem sich die Debatte auf ein Versagen von Regierung und Militär konzentrierte, seien die gesellschaftlichen Wurzeln des Mordes ausgeblendet worden und habe sich die kanadische Gesellschaft quasi selbst zum Opfer stilisiert. Sie sei von ihrer eigenen Führung hintergangen und getäuscht worden, lautete der Tenor in der Öffentlichkeit.[40] Die inhärent rassistische Herangehensweise von Politik, Militär und Gesellschaft an die Blauhelm-Einsätze, die Racack als den Kern des Problems und Voraussetzung für den Mord erkannte, sei dabei weitgehend unbeachtet geblieben. Es war das doppelte Überlegenheitsgefühl einerseits vom idealen Peacekeeper, der einem unterentwickelten Land Frieden bringt, und andererseits vom »weißen Mann« gegenüber den »Eingeborenen«, welches einen kolonialen Habitus hervorbrachte, der die Einheimischen im Einsatzland und ihre Lebensweise als nicht gleichberechtigt akzeptierte.[41]

Die von Racack ausgemachte Tradition kolonialer Verhaltensweisen und die von McCullough analysierten kolonialen Topoi in der kanadischen Presse entsprechen der Ikonographie des Peacekeepings seit den 60er Jahren, wie sie in Schulbüchern und Publikationen aus dem Umfeld des Verteidigungsministeriums verbreitet wurde und noch in der Gestaltung des Peacekeeping-Monuments mit den über den Parteien thronenden Peacekeeper-Plastiken zum Ausdruck kommt. Jenseits der (real)politischen Prämissen und der gesellschaftlich als altruistisch gewünschten und aufgefassten Einsatzmotive schrieb das kanadische Peacekeeping zugleich eine koloniale Sicht- und Handlungsweise fort, die im gesellschaftlichen Diskurs indes – so Racack – ignoriert wurde.[42] Die politisch-soziale Dialektik des Peacekeeping-Engagements blieb so öffentlich unhinterfragt.

Um die »heile Welt« des kanadischen Peacekeepings zu erhalten, wurde, anstatt sich gesellschaftlich mit der eigenen Verantwortung auseinanderzusetzen, eine Opferrolle eingenommen. Hierzu trug nicht zuletzt die mediale Präsentation der Somalia-Affäre bei. Individuell fokussierend und damit ausdrucksstärker war allerdings die Wahrnehmung von General Dallaire als

---

39 Vgl. z.B. die Angriffe auf Verteidigungsministerin Campbell im Rahmen einer Debatte über Verteidigungspolitik im Unterhaus. Canada. Debates of the House of Commons, 3rd Session, 34th Parliament, S. 18639-18666, 18674, 18683-18709 (29.4.1993).
40 Vgl. Razack, Dark Threats, S. 123 f.
41 Vgl. ebd., S. 149-151. Einige Überlegungen zum »weißen« sozialen und kulturellen Rassismus finden sich in Frideres/Gadacz, Aboriginal Peoples, S. 11 f.
42 Vgl. Razack, Dark Threats, passim.

kanadischem Opfer unverschuldeter Umstände. In der zweiten Hälfte der 90er Jahre konzentrierten sich die Medien verstärkt auf die traumatisierten kanadischen Blauhelm-Soldaten. Im Mittelpunkt stand dabei Dallaire als bekanntester Peacekeeper, der an dem posttraumatischen Stresssyndrom litt. Erst durch sein prominentes Beispiel, Dallaire wurde zwischenzeitlich besinnungslos betrunken auf offener Straße gefunden, erhielt diese Krankheit öffentliche Aufmerksamkeit und wurde in der militärischen Community als Kriegsverletzung anerkannt.[43] So wichtig dieser Bewusstseinswandel für das Militär, die Gesellschaft und nicht zuletzt die Betroffenen war, so sehr lenkte die Nabelschau vom historischen Kontext und insbesondere von dem Leiden und Sterben der Zivilbevölkerung im Einsatzgebiet ab. Nicht mehr die 800.000 Mordopfer des ruandischen Genozids standen im Mittelpunkt, sondern das eine kanadische Opfer. Dieses erhielt eine Stimme, den Ruandern wurde sie verweigert. Indem sich die veröffentlichte Meinung mit den eigenen traumatisierten Soldaten und insbesondere mit Dallaire identifizierte, blieb das Bild vom idealen kanadischen Peacekeeper intakt und wurde fortgeschrieben.[44] In einer Dokumentation von 2002 wird der General sogar als »The Last Just Man« bezeichnet.[45] Dies ist zugleich ein kanadisches Selbstbild, das bis in die Gegenwart fortlebt.[46]

Die dramatischen Misserfolge des Peacekeepings insgesamt und des kanadischen Beitrags führten Mitte der 90er Jahre also nicht dazu, dass in Medien und Gesellschaft die Rolle der eigenen Blauhelme prinzipiell hinterfragt wurde, sondern sie bestärkten die positive Sicht auf das Peacekeeping und dessen Funktion als Ausdruck kanadischen Selbstverständnisses. So konnte am Ende der verschiedenen Debatten am 26. September 1997 ein Leitartikler in der *Globe and Mail* titeln: »Don't blame the peacekeeper«.[47]

---

43   Vgl. Alison Howell, The Art of Governing Trauma. Treating PTSD in the Canadian Military as a Foreign Policy Practice, in: J. Marshall Beier/Lana Wylie (Hg.), Canadian Foreign Policy in Critical Perspective, Don Mills (ON) 2010, S. 113-125, hier S. 117-119 et passim.

44   Vgl. McCullough, Creating, S. 108 f.

45   Vgl. Razack, Dark Threats, S. 19-27.

46   Selbst in der wissenschaftlichen Literatur wird eine entsprechend heroisierende Sicht auf Kanada unkritisch perpetuiert; vgl. Evan H. Potter, Branding Canada. Projecting Canada's Soft Power through Public Diplomacy, Montreal & Kingston u.a. 2009, S. 4 f.

47   »Don't blame the peacekeeper«, Leitartikel, *Globe and Mail*, 23.9.1997, S. 18.

Die stabile öffentliche Meinung

Die prinzipiell ungebrochene Zustimmung zu den Peacekeeping-Einsätzen zeigten auch Meinungsumfragen, die in der ersten Hälfte der 90er Jahre zum ersten Mal systematisch die Haltung der kanadischen Bevölkerung zur UN-Friedenssicherung abfragten. Wenn auch die Formulierungen der Fragen variierten, so dass keine langfristige statistische Übersicht erstellt werden kann, so lassen sich doch zwei Fragenkomplexe herausdestillieren. Zum einen ging es um die generelle Position zum Peacekeeping, zum anderen um die Meinung speziell zur Mission in Jugoslawien.

Zu Beginn der 90er Jahre, parallel zu den ersten als erfolgreich wahrgenommenen neuen und umfangreicheren Blauhelm-Einsätzen, sprach sich die kanadische Bevölkerung mit überwältigender Mehrheit für die eigenen Peacekeeping-Beiträge aus. So befürworteten im Dezember 1991 44 % der Befragten eine Verstärkung des Engagements und 48 % den Status quo, was in der Summe bemerkenswerte 92 % ergab.[48] Diese beeindruckende Zustimmung fiel in den kommenden Jahren tendenziell ab. Vom Januar 1994 bis zum Dezember 1995 stimmten zwischen 59 % und rund 62 % der Befragten der Aussage zu, dass das kanadische Peacekeeping-Engagement auf dem gegenwärtigen Stand gehalten werden sollte oder befürworteten sogar einen Anstieg. Dagegen optierte weniger als ein Drittel für eine Reduktion oder plädierte dafür, alle kanadischen Blauhelme abzuziehen (Tab. 2). Selbst wenn die Frage sich auf die finanziellen Ausgaben bezog, blieben die Antworten im Wesentlichen gleich. Im ersten Quartal 1994 meinten beispielsweise 69 % der Befragten, dass Kanada genauso viel oder mehr für das Peacekeeping ausgeben sollte, nur 29,5 % befürworteten eine Reduktion.[49] Das UN-Peacekeeping erfreute sich also selbst in den beiden Krisenjahren 1994 (Völkermord in Ruanda) und 1995 (kanadische Soldaten als menschliche Schutzschilde in Bosnien

---

48   Vgl. Pierre Martin/Michel Fortmann, Support for International Involvement in Canadian Public Opinion after the Cold War, in: Canadian Military Journal 2 (Autumn 2001), 3, S. 43-52, hier S. 46 f. Vgl. auch eine Meinungsumfrage aus dem Jahr 1990, die folgendes Ergebnis hervorbrachte: 55 % meinten, es wäre sehr wichtig, dass Kanada in UN-Peacekeeping-Aktivitäten involviert sei, 35 % antworteten, es sei »Somewhat Important«, für 5 % war es überhaupt nicht wichtig, weitere 5 % gaben keine Antwort oder hatten keine Meinung. Don Munton, The 1990 CIIPS Public Opinion Survey. Changing Conceptions of Security: Public Attitudes in Canada, Canadian Institute for International Peace and Security, December 1990, S. 27.

49   Vgl. Pollara: Perspectives Canada, 1st Quarter 1994, Carleton University, Social Science Data Archives, online unter http://www.library.carleton.ca/ssdata/surveys/doc/pllra-cda-94-q1-cbk (aufgerufen 24.3.2008).

Tabelle 2   Haltung der kanadischen Bevölkerung zum UN-Peacekeeping allgemein und
              speziell zum Einsatz in Jugoslawien, 1994-1995[50]

% für Anstieg oder gleichen Stand und (% für Reduktion oder vollständigen Abzug)	Januar 1994	Dezember 1994	Juni 1995	September 1995	Dezember 1995
Kanadas UN-Peacekeeping	59 (32)	62 (29)	58,6 (18,9)	61,6 (30,7)	62,1 (31,8)
Kanadas Peacekeeping in Jugoslawien	43 (43)	45 (43)	42,2 (47,7)	45,2 (42,8)	

sowie Massaker in Srebrenica) einer durchweg hohen Zustimmungsrate in der kanadischen Bevölkerung.

Schaut man auf die Bewertung einzelner Missionen, so wird das Bild tendenziell, aber nicht prinzipiell relativiert.[51] Zu Beginn der Operation in Jugoslawien lag die Zustimmungsrate in der Bevölkerung mit 65,6 % verhältnismäßig hoch; nur 28,4 % der Befragten sprachen sich im 4. Quartal 1992 gegen eine kanadische Beteiligung auf dem Balkan aus.[52] In den beiden auch für den Einsatz in Jugoslawien kritischen Jahren 1994 und 1995 befürwortete ebenfalls meistens eine Mehrheit der Befragten den dortigen Einsatz von kanadischen UN-Blauhelmen; zum Teil, wie im Januar 1994, hielten sich Befürworter und Gegner prozentual die Waage. Nur im Juni 1995 plädierte eine Mehrheit dafür, die kanadischen Truppen zu reduzieren oder ganz zurückzuziehen (Tab. 2). Diese Haltung kann auf die unmittelbar zuvor bekannt gewordene Geiselnahme von kanadischen Soldaten zurückgeführt werden. Wie schon bei der qualitativen Untersuchung der veröffentlichten Meinung

---

50   Vgl. Carrière/O'Reilly/Vengroff, »In the Service of Peace«, S. 22. Statt wie dort abgedruckt »Bosnia« wird hier »Jugoslawien« als korrekte Bezeichnung gewählt, die auch so in den originalen Fragen bei den Meinungsumfragen auftauchte. Aufgrund der in der Umfrage vom Dezember 1995 veränderten Fragestellung wird hier die letzte Angabe zu Jugoslawien weggelassen.

51   Vgl. mit anderer Einschätzung Gammer, From Peacekeeping to Peacemaking, S. 182 f.

52   Vgl. Pollara: Perspectives Canada, 4th Quarter 1992, Carleton University, Social Science Data Archives, online unter http://www.library.carleton.ca/ssdata/surveys/doc/pllra-cda-92-q4-cbk (aufgerufen 24.3.2008).

festgestellt, veränderte die Geiselnahme die Sicht der kanadischen Öffentlichkeit auf den Einsatz in Jugoslawien, bereits Monate bevor in Srebrenica Tausende von bosnischen Jungen und Männern umgebracht wurden.

Während der Krisenjahre der UN-Blauhelme nahm also die Zustimmung zum Einsatz kanadischer Soldaten ab. Der Verlauf der Operationen beeinflusste die öffentliche Haltung sowohl zu den einzelnen Missionen wie auch zum Peacekeeping insgesamt. Doch zeigte sich, dass – selbst wenn spezifische Operationen erheblich an Unterstützung verloren – die kanadische Bevölkerung das Peacekeeping insgesamt überwiegend positiv beurteilte. Hierin kam eine prinzipielle Zustimmung zum Ausdruck, die von den aktuellen Entwicklungen partiell abgekoppelt war.[53]

Doch nicht nur Kanadier betrachteten den eigenen Peacekeeping-Beitrag als notwendig, sinnvoll und prinzipiell bedeutsam. Auch im Ausland wurde der nördlichste Staat der amerikanischen Hemisphäre mit dem Image des Peacekeepers identifiziert. In einer Umfrage aus dem Jahr 1997, die in 20 Staaten vorgenommen wurde, identifizierten 83 % der Befragten Kanada als »leader in working for peace«. Das Bild, das die Kanadier von sich selbst hatten, war also auch erfolgreich vermittelt worden.[54] Im Rahmen des neu etablierten Zweigs der Internationalen Geschichte, der sich mit »Public Diplomacy« beschäftigt, also dem Versuch, durch offizielle Institutionen eines Staatswesens die Bevölkerung anderer Staaten zu beeinflussen, wird eine solche erfolgreiche Vermittlung des Images eines Staates als »branding« bezeichnet.[55] Public Diplomacy ist indes keine Einbahnstraße. Vielmehr wird sie vom nationalen Diskurs beeinflusst und wirkt zugleich auf ihn zurück. Nationale und internationale Sphäre sind also nicht voneinander zu trennen; das Verhältnis der beiden erweist sich als zirkulär.[56]

Trotz der immensen Probleme, welche die UN-Missionen in den frühen 90er Jahren aufwarfen, und der Enttäuschungen, die sowohl die internationalen Einsätze wie auch der kanadische Beitrag hervorriefen, erfreuten sich folglich nicht nur in Kanada die Friedensmissionen weiterhin einer hohen Popularität und bestimmten sie wesentlich das nationale Selbstbild. Vielmehr wurde dieses Bild auch bereitwillig von der internationalen Öffentlichkeit akzeptiert und trug zu einer positiven Sicht auf den kanadischen Staat bei.

---

53 Vgl. Carrière/O'Reilly/Vengroff, »In the Service of Peace«, S. 24; siehe auch Martin/Fortmann, Support for International Involvement; McCullough, Creating, S. 47 f.

54 Vgl. Carrière/O'Reilly/Vengroff, »In the Service of Peace«, S. 20 f.

55 Vgl. Potter, Branding Canada, S. 32 f. et passim.

56 Vgl. Samantha L. Arnold, Home and Away: Public Diplomacy and the Canadian Self, in: J. Marshall Beier/Lana Wylie (Hg.), Canadian Foreign Policy in Critical Perspective, Don Mills (ON) 2010, S. 15- 26.

Ende eines außenpolitischen Konsenses

Die veröffentlichte wie auch die im Rahmen von demoskopischen Umfragen evaluierte öffentliche Meinung ließ sich offensichtlich nur punktuell von den Fehlschlägen des Peacekeepings irritieren. Doch wie reagierten Regierungsvertreter und die parlamentarischen Einflussträger? Diese Frage erweist sich als besonders spannend, denn inmitten der verschiedenen Krisen wechselte die Regierung in Ottawa gleich zweimal, und auch im Parlament traten erhebliche Verschiebungen auf. Zudem ging mit dem zweiten Regierungswechsel eine Änderung im politischen Stil einher, denn anders als in der Regierungszeit von Mulroney wurden nun die Entscheidungen zur Verlängerung von UN-Blauhelm-Mandaten auch dem Parlament vorgelegt.[57]

1993 war das eigentlich Wechseljahr – ein Jahr, in dem in Kanada nacheinander drei Premierminister regierten. Im Sommer hatte Mulroney seinen Rückzug angetreten, um Platz für seine Parteifreundin von der Progressive Conservative Party Kim Campbell zu machen, die erste weibliche Regierungschefin in Ottawa. Zunächst weithin beliebt, büßte sie nicht zuletzt durch die sich entfaltende Somalia-Krise, in die sie als ehemalige Verteidigungsministerin verwickelt war, erheblich an Popularität ein. Als am 25. Oktober 1993 die Wahlen zum Bundesparlament stattfanden, schlug sich der Meinungsumschwung in einer dramatischen Niederlage nieder. Campbells Partei wurde praktisch aus dem Parlament gefegt und konnte nur zwei Sitze erringen. Nach neun Jahren in der Opposition gelangten die Liberalen mit ihrem Spitzenmann Jean Chrétien, einem Frankokanadier, der bereits unter Pearson und Trudeau Kabinettsminister gewesen war, zurück an die Macht. Aufgrund des Absturzes der Progressiven Konservativen nahm zum ersten Mal der separatistische Bloc québécois, als zweitstärkste Partei im kanadischen Unterhaus, die Funktion der »Loyalen Opposition Ihrer Majestät« wahr. Da in dieser Zeit die Zeichen auf ein erneutes Unabhängigkeitsreferendum in Quebec standen, das 1995 dann auch abgehalten und knapp verloren wurde,[58] beherrschten innenpolitische Fragen die Agenda von Regierung und Opposition. Welchen Stellenwert die kanadischen Peacekeeping-Einsätze in dieser Situation in den parlamentarischen Debatten haben würden, musste zunächst offen bleiben, vor allem auch, da sich das Pendel leicht zur Peacekeeping-kritischen Seite verschoben hatte. Als zweitgrößte Oppositionspartei war die vornehmlich in den Prärieprovinzen beheimatete, im Parteienspektrum rechts angesiedelte Reform Party ins Unterhaus eingezogen, die internationalen Friedensmissionen

---

57   Vgl. Fey, Multilateralismus als Strategie, S. 287.
58   Vgl. McRoberts, Misconceiving Canada, S. 222-244.

eher ablehnend gegenüberstand. Zugleich musste die sozialdemokratische
New Democratic Party, die traditionell die Blauhelm-Einsätze enthusiastisch
unterstützt hatte, an den Wahlurnen ebenfalls eine deutliche Niederlage
einstecken.[59]

Wenn auch die Parlamentarier im kanadischen Regierungssystem nur begrenzten Einfluss auf die Verteidigung- und Außenpolitik entfalten konnten, da
die entsprechenden Entscheidungskompetenzen überwiegend beim Kabinett
lagen,[60] gaben die unter der neuen liberalen Regierung nun häufiger stattfinden Parlamentsdebatten doch gute Einblicke in die sich im Zeitablauf zum
Teil verändernden Positionen der Parteien. Im Januar 1994 fand die erste große
Debatte über die UN-Friedenssicherung in Jugoslawien statt. Sie bildete den
Auftakt für eine Reihe weiterer Aussprachen im Unterhaus, welche die sich
langsam verändernde Meinung der Parlamentarier abbildeten. Anfang 1994
befürworteten die Angehörigen aller Parteien fast unisono die Beteiligung von
kanadischen Blauhelmen am Friedenseinsatz auf dem Balkan. Insbesondere
von den Oppositionsparteien wurden die Probleme hervorgehoben und
über die Gefahren für Leib und Leben nachgedacht, denen die Soldaten ausgesetzt waren. Typisch war die Argumentation des Oppositionsführers vom
Bloc québécois, des Ablegers auf Bundesebene der Parti québécois, Lucien
Bouchard. Nachdem er darauf hingewiesen hatte, dass es eigentlich überhaupt keinen Frieden in Bosnien gäbe, der geschützt werden könne, betonte
er dennoch: »[t]he easy thing would be to throw our hands up, pack our bags
and leave but this is not the way Canada earned its well deserved reputation
abroad as a steady peacemaker willing to walk the extra mile in the name of
peace«.[61] Bouchard hielt sogar Premierminister Chrétien eine frühere Aussage
vor, in der dieser über einen Rückzug der Blauhelme nachgedacht hätte, und
antwortete darauf mit der klaren Ansage: »[t]he peacekeepers must stay«.[62] Ihr
Frontmann Bouchard setzte also die traditionelle Politik der Parti québécois
fort, die spätestens seit den 70er Jahren das Peacekeeping als legitime Form
eines internationalen Militärbeitrags unterstützt hatte. Einzig die Reform
Party blieb im Umfeld der Debatte vom Januar 1994 zwiegespalten, einige

---

59   Vgl. Hillmer/Granatstein, Empire to Umpire, S. 101 f.

60   Vgl. Melanie J. Bright, Will Parliament Decide?: Peacekeeping Operations in the 1990s,
     M.A. thesis, Royal Military College of Canada, Kingston 1997. Für die Möglichkeit zur
     Einsichtnahme in das Manuskript sei Prof. Dr. Joel J. Sokolsky, Kingston gedankt.

61   Hansard, 25.1.1994, S. 270, hier zit. nach Carrière/O'Reilly/Vengroff, »In the Service of
     Peace«, S. 26.

62   Hansard, 25.1.1994, S. 270 (tatsächlich S. 271), hier zit. nach ebd., S. 26 f.

Abgeordnete befürworteten einen weiteren Verbleib kanadischer Soldaten in Bosnien, andere forderten deren Abzug.[63]

Die Einschätzung, dass die kanadischen Friedenssoldaten einen notwendigen Auftrag in Jugoslawien trotz allem gut erfüllten, ging mit einer durchweg positiven und vielfach sogar emotionalen Einstellung ganz generell gegenüber dem kanadischen Peacekeeping einher. Wie eindeutig die Parlamentarier die zentralen Aussagen des Peacekeeping-Narrativs internalisiert hatten, zeigt in kaum zu überbietender Klarheit ein Bericht des Verteidigungsausschusses des Unterhauses, den dieser 1993 vorlegte. Hier wurden eine Reihe von Thesen und Behauptungen aufgestellt, die – wenn auch nicht unbedingt falsch – weniger die faktischen Zusammenhänge bei der Etablierung von UN-Missionen erläuterten, als das Selbstverständnis der Autoren offenlegten: (1) Kanada sei ein »ardent supporter of peacekeeping operations« und ein (2) »ardent supporter of the UN's work«, weshalb es auch (3) »natürlich« (»natural«) gewesen sei, an den neuen Missionen der 90er Jahre teilzunehmen. (4) Das Land habe eine wichtige Rolle bei der Etablierung des Peacekeepings gespielt. (5) Seine Bevölkerung sei den Friedenseinsätzen gegenüber prinzipiell positiv eingestellt; (6) insbesondere sei »Kanada«, und hier wurde der traditionelle Begriff für die emotionale Verbindung mit den eigenen Blauhelmen gewählt, »stolz« auf das Peacekeeping. (7) Das Engagement bei der UN-Friedenssicherung grenze Kanada von den USA ab, (8) sei von nationalem Interesse und (9) trage zur internationalen Reputation bei. (10) Kanada habe, und dies war zu diesem Zeitpunkt eine faktenwidrige Behauptung, an allen UN-Missionen teilgenommen. Um diese makellose Reputation zu erhalten, wäre Kanada »virtually an automatic participant in every new peacekeeping operation« geworden. (11) Nicht zuletzt würden die Kanadier das Peacekeeping als Teil ihrer Identität begreifen.[64]

Vor dem Hintergrund dieses Parlamentsberichtes konnte es nicht verwundern, dass in den Debatten zum Einsatz in Jugoslawien Äußerung fielen wie: »We pioneered this type of mission« oder: »We have acquired experience and expertise in the field that are respected by the whole world«.[65] Verteidigungsminister David Collenette beispielsweise meinte am 29. März 1995 zu erkennen: »we know their [der Einwohner Kanadas] feelings of pride in

---

63   Vgl. Carrière/O'Reilly/Vengroff, »In the Service of Peace«, S. 25-28.

64   Canada. House of Commons, Standing Committee on National Defence and Veteran's Affairs, The Dilemmas of a Committed Peacekeeper: Canada and the Renewal of Peacekeeping, 4th Report, Ottawa, June 1993, S. 1-7.

65   Zit. nach Carrière/O'Reilly/Vengroff, »In the Service of Peace«, S. 26.

Canada in trying to assist in this very difficult situation in the heart of Europe.«[66]
Und in derselben Rede betonte er:

> There is a reason that the Canadian peacekeepers are the best and that
> the Muslim faction, the Croat faction and the Serb faction respect us the
> most. It is because we are a culturally pluralistic society which knows
> that discussion, compromise and accommodation can keep multi-ethnic,
> multi-religious and multi-racial societies together.[67]

Nun war es sicherlich nicht falsch, die vermittelnde Rolle kanadischer
Blauhelme hervorzuheben, und auch die genannten Charakteristika der
kanadischen Gesellschaft erscheinen nicht unbegründet,[68] wenn auch höchst
idealisiert. Doch ging vor allem der direkte Zusammenhang, der hier behauptet wurde, über das hinaus, was belegbar war, und bediente vornehmlich das bekannte Narrativ vom Peacekeeping als Ausdruck nationaler Werte
und Identität wie auch das Bild von den Kanadiern als qua gesellschaftlicher
Sozialisation idealen Peacekeepern.

Die Kanadier übrigens wurden in den im Parlament gehaltenen Reden
durchaus häufiger für die eine oder andere Position als Gewährsleute herangezogen. Meinungsumfragen und die Stimmung in den jeweiligen Wahlkreisen schienen den Abgeordneten wichtig zu sein. Indes ging es wohl vor
allem darum, die Legitimität der eigenen Position zu verbessern. Denn verschiedene Parlamentarier meinten im Verlauf des Jahres 1995 aus Meinungsäußerungen in ihren Wahlkreisen sowohl darauf schließen zu können, dass die
kanadische Regierung ihre Soldaten in Jugoslawien belassen sollte wie auch,
dass sie zurückzuziehen seien.[69]

Diese unterschiedliche Interpretation dessen, was als öffentliche Meinung
ausgegeben wurde, verweist darauf, dass es im Laufe der beiden Jahre 1994 und
1995 zu Änderungen in der politischen Bewertung des Peacekeepings in Jugoslawien kam. Im Zuge der Geiselnahme von kanadischen Soldaten zunächst
1994 und dann besonders im Frühjahr 1995 verhärteten sich auch im Parlament
die Fronten. Während die Vertreter der liberalen Regierungspartei einen Rückzug ausschlossen, warfen ihnen die Angehörigen aller Oppositionsparteien

---

66 Zit. nach ebd., S. 29.
67 Zit. nach ebd., S. 30.
68 Vgl. Robert C. Thompson/Nikola Hynek, Keeping the peace and national unity. Canada's
    national and international identity nexus, in: International Journal 61 (Autumn 2006), 4,
    S. 845-858, hier S. 846.
69 Vgl. Carrière/O'Reilly/Vengroff, »In the Service of Peace«, S. 27-30.

Versagen vor. Parlamentarier aus den Reihen des Bloc forderten ein klares Mandat, vermieden es aber, über einen Abzug der Truppen zu sprechen. Demgegenüber hieß es aus den Reihen der Reformpartei wie auch erstaunlicherweise der NDP, dass nun der Zeitpunkt gekommen sei, die kanadischen Truppen zurückzuholen.[70] Wenn auch die Liberale Partei mit ihrer großen parlamentarischen Mehrheit die politischen Entscheidungen bestimmen konnte, wurde doch nach fast 40 Jahren der Konsens der Parteien in der Frage des UN-Peacekeeping aufgekündigt.[71] Sollte dies ein Vorbote für das Ende einer außenpolitischen Ära sein?

Rückzug vom Peacekeeping

Tatsächlich erwiesen sich sowohl die Rhetorik als auch die Praxis der liberalen Regierung als ambivalent. Bald, nachdem er zum Regierungschef ernannt worden war, hatte Chrétien über einen Rückzug aus Jugoslawien nachgedacht. Zwar blieb diese Aussage zunächst ein rhetorischer Versuchsballon, doch wurde damit aufgezeigt, dass selbst die von der Öffentlichkeit unterstützten UN-Operationen nicht sakrosankt waren. Auch die in den folgenden Jahren gesandten Signale ließen keinen eindeutigen Schluss zu. Das neue Verteidigungsweißbuch von 1994 ging ausführlich auf die Beteiligung an multilateralen Organisationen ein, auch wenn sie in der gedruckten Fassung hinter der Landesverteidigung und der kontinentalen Sicherheitspartnerschaft mit den USA an dritter Stelle rangierte. Abermals betonte das Weißbuch die emotionale Verbindung wie identitätspolitische Bedeutung der internationalen Militäroperationen: »We uphold a proud heritage of service abroad. [...] Multilateral security cooperation is not merely a Canadian tradition; it is the expression of Canadian values in the international sphere.«[72] – Das ferne Echo der liberalen Rhetorik der 70er Jahre war deutlich zu hören. Zugleich sahen die Vorgaben von 1994 aber eine weitere drastische Reduzierung der Streitkräfte von 75.000 auf 66.000 Mann vor. Die Konsolidierung des überschuldeten Haushaltes hatte Vorrang. 7 Milliarden kanadische Dollar sollten bis 1998 im Budget des Verteidigungsministeriums eingespart werden. Die personell angespannte Lage in den durch die Auslandseinsätze ohnehin schon

---

70   Vgl. ebd., S. 29-31.
71   Vgl. Bright, Will Parliament Decide?, S. 60-62,102.
72   Minister of National Defence, 1994 Defence White Paper, Ottawa 1994, in: Bland, Canada's National Defence, vol. 1, S. 289-360, hier S. 329.

überforderten Militäreinheiten verstärkte sich nochmals.[73] Diese Situation erhöhte zugleich den psychischen Druck auf die individuellen Soldaten, wie die zunehmende Zahl von Scheidungen und Selbstmorden zeigt.[74] Doch erst am 21. März 2001 gab der damalige Verteidigungsminister Art Eggleton zu, dass die kanadischen Streitkräfte künftig keine langfristigen Auslandseinsätze mehr würden durchführen können. »Get in quick, get out fast«, war knapp zusammengefasst die neue Doktrin der Militärführung.[75]

Trotz der personellen Misere beteiligte sich das kanadische Militär jedoch auch in der zweiten Hälfte der 90er Jahre weiterhin an größeren Auslandseinsätzen. Dabei verschoben sich allerdings die institutionellen Schwerpunkte von der UN zur NATO. Diese Entwicklung war schleichend. Als das Mandat von UNPROFOR in Jugoslawien Ende 1995 auslief, konnten die kanadischen Streitkräfte ihr zum damaligen Zeitpunkt größtes Auslandskontingent abziehen. Ihre Beteiligung an UN-Einsätzen wurde damit erheblich reduziert. Damit erreichte die Regierung, so der Europakorrespondent der *Globe and Mail*, Paul Koring, ein wesentliches Ziel ihrer Politik: »The pattern has been one of [...] seizing every opportunity to reduce the size and exposure of Canadian troops.«[76]

Zugleich begann die kanadische Regierung einen, wenn auch nicht ganz so umfangreichen Einsatz in Haiti. Dort war bereits im September 1991 der demokratisch gewählte Präsident Jean-Bertrand Aristide gestürzt worden. Wirtschaftssanktionen, an denen sich auch Kanada beteiligte, blieben erfolglos. Erst als sich die amerikanische Regierung 1994 dazu durchrang, eine von der UN autorisierte, letztlich unblutige Invasion anzuführen, konnte die herrschende Militärjunta vertrieben werden. Die kanadische Regierung hatte sich dem Militäreinsatz bewusst verweigert, um sich, wie Chrétien behauptete, umso glaubwürdiger an einem Peacekeeping-Einsatz unter UN-Flagge beteiligen zu können. Mit rund 750 Soldaten und Bundespolizisten stellten die Kanadier einen erheblichen Anteil der 6.000 Mann umfassenden United Nations Mission in Haiti (UNMIH), welche die Rückkehr zur Demokratie unterstützen und absichern sollte. Als 1996 die USA aufgrund innenpolitischen Widerstandes ihr Engagement maßgeblich reduzierte, fragte US-Präsident Bill Clinton persönlich Chrétien, ob die kanadische Regierung

---

73   Vgl. Granatstein, Canada's Army, S. 382 f., 396 f., 414 f.

74   Vgl. Kimberly Marten, Lending Forces: Canada's Military Peacekeeping, in: Patrick James/ Nelson Michaud/Marc J. O'Reilly (Hg.), Handbook of Canadian Foreign Policy, Lanham (MD) 2006, S. 165-188, hier S. 171.

75   Vgl. Granatstein, Canada's Army, S. 414.

76   Paul Koring, »Canadian Troops to go back to Bosnia«, *Globe and Mail*, 19.10.1995, S. A16, hier zit. nach Fey, Multilateralismus als Strategie, S. 276.

bereit sei, die Führung der Mission in Haiti zu übernehmen. Der kanadische Premierminister sagte nicht nur aus altruistischen Gründen zu, vielmehr erwartete er ein zukünftiges Entgegenkommen vom US-Präsidenten, wie er in einem zufällig mitgehörten Gespräch auf einem NATO-Gipfel äußerte: »... but later I ask something in return.«[77] Wie wichtig nun der Erfolg der »eigenen« Mission genommen wurde, die unter Führung des kanadischen Brigadegenerals Daigle stand, zeigte sich auch daran, dass die kanadische Regierung bereit war, ihre Truppen über das versprochene Maß hinaus aufzustocken. Bis zum Dezember 1997, als das Mandat für die noch zweimal umbenannte UN-Operation auslief, stellte Kanada zeitweise 845 Soldaten und Bundespolizisten eines zunächst auf 2.100 und später auf 1.600 Mann reduzierten Kontingents. Für den UN-Einsatz in Haiti war also der Beitrag Kanadas entscheidend. Die Regierung in Ottawa wiederum begriff den karibischen Staat, wie auch Mittelamerika, als Teil des geo-strategischen Vorgarten Kanadas, dessen Prosperität und Sicherheit für die kanadische Außenpolitik von besonderer Bedeutung waren. Ohne die Initiative der Regierung Clinton hätten jedoch weder die UN-Mission implementiert werden noch kanadische Vertreter den Oberbefehl übernehmen können. Wie auch während des Kalten Krieges waren in der zweiten Hälfte der 90er Jahre Kanadas UN-Einsätze in der Regel nur in Absprache und mit Unterstützung der Vereinigten Staaten möglich.[78]

Diese Tatsache zeigte sich insbesondere auch bei der gescheiterten Mission in Zaire. Wie kolportiert wurde, soll sich Chrétien angesichts von Fernsehbildern über das Flüchtlingselend im Osten Zaires spontan dazu entschlossen haben, eine UN-Friedensmission unter kanadischem Kommando zu initiieren. Jens Fey benennt in seiner Studie zur kanadischen Sicherheitspolitik darüber hinaus drei weitere Motive: Internationaler Prestigegewinn und Rehabilitation der kanadischen Streitkräfte nach dem Somalia-Desaster, Ansehensgewinn in Quebec, da Zaire wie Haiti zur frankophonen Welt gehörte, sowie der Einfluss von Raymond Chrétien, Neffe des Premierministers, kanadischer Botschafter in Washington und Beauftragter des UN-Generalsekretärs für Zentralafrika. Welches Gewicht die einzelnen außen- und innenpolitischen wie persönlichen Gründe auch gehabt haben mögen, jedenfalls trat der Premierminister im November 1996 mit den Überlegungen zu einer Intervention an die Öffentlichkeit. Tatsächlich konnte er für diesen Vorschlag in der Folge Präsident Clinton und den Sicherheitsrat sowie eine Reihe von möglichen Truppenstellern gewinnen. Kanadische Vorauskommandos waren

---

77   Zit. nach Fey, Multilateralismus als Strategie, S. 295.
78   Vgl. Fey, Multilateralismus als Strategie, S. 291-300; MacQueen, Peacekeeping, S. 143-145.

bereits in die Krisenregion geschickt worden, bevor aufgrund von Angriffen auf die Flüchtlingslager deren Bewohner zurück nach Ruanda flüchteten, von wo sie ursprünglich gekommen waren. Damit erübrigte sich eigentlich der Einsatz, doch ließ die kanadische Regierung von dem Vorhaben auch dann noch nicht ab, als die USA und weitere Staaten absprangen. Ohne die Unterstützung Washingtons war allerdings an eine von kanadischen Militärs durchgeführte Operation weder politisch noch militärisch oder logistisch zu denken.[79]

Die Planungen für die Missionen in Haiti und Zaire unterstreichen, dass auch das Kabinett Chrétien bereit war, Soldaten für spezifische UN-Peacekeeping-Einsätze zu stellen, sofern außenpolitische Gründe oder spezielle Interessen vorlagen. Dabei spielte die Kooperation mit den Vereinigten Staaten wie zuvor während des Kalten Krieges eine entscheidende Rolle. Den Einsatzbefehlen lag folglich weiterhin eine Reihe von je nach Operation unterschiedlich gewichteten Motiven und Zielsetzungen zugrunde. Doch hatte sich eine entscheidende Änderung ergeben: Die beiden letztlich exzeptionellen Beispiele konnten nicht mehr verdecken, dass das zuvor breit gestreute und immer auch zahlenmäßig bedeutende Engagement Kanadas weiter zusammenschmolz. In den Jahren nach dem Ende der Mission in Haiti stellte Kanada nur noch zwischen rund 250 und 570 Soldaten und Bundespolizisten für UN-Blauhelm-Operationen bereit (Tab. 3). Zwar hatte auch die Gesamtzahl der UN-Blauhelme nach dem Auslaufen des Mandats in Jugoslawien deutlich abgenommen, doch blieb sie mit über 14.000 Soldaten und Polizisten in den Jahren 1997 und 1998 weiterhin auf einem, verglichen mit der Zeit vor 1988/89, hohen Stand. Im Kontrast hierzu und vor dem Hintergrund erneut ansteigender Zahlen seit 1999/2000 erwies sich der kanadische Beitrag nunmehr quantitativ als marginal – zum ersten Mal seit den 50er Jahren, als kanadische Soldaten für die ersten Beobachtermissionen ausgewählt worden waren.[80]

---

79 Vgl. James Appathurai/Ralph Lysyshyn, Lessons Learned from the Zaire Mission, Juni 1997, vervielfältigtes Manuskript, eingesehen in der Bibliothek des Außenministeriums, Ottawa; Fey, Multilateralismus als Strategie, S. 301-310; Claas, Kanada – der Peacekeeper par excellence, S. 266.

80 Am 31.12.1994 waren 69.356 Blauhelme eingesetzt, am 31.12.1995 31.031, am 31.12.1996 24.919, am 31.12.1997 14.879, am 30.11.1998 14.347, am 31.12.1999 18.410, am 31.12.2000 37.733, am 31.12.2001 47.108. Vgl. die folgende Anm.

Tabelle 3   Stärke und Truppensteller-Rang der Blauhelm-Truppen Kanadas, 1990-2002[81]

Jahr (jeweils 31.12.)	Truppenstärke (Truppen, Militärbeobachter, Zivilpolizei)	Rang im Vergleich zu den anderen UN-Truppenstellern
1990 (30.11.)	1.002	1
1991	971	3
1992	3.285	3
1993	2.088	7
1994	2.811	7
1995	1.163	6
1996	1.044	7
1997	254	19
1998 (30.11.)	297	14
1999	354	18
2000	568	25
2001	295	32
2002	263	31

Der weitgehende Rückzug vom UN-Peacekeeping hieß aber nicht, dass kanadische Einheiten nicht mehr an Auslandsoperationen teilnahmen. Denn unter NATO-Kommando, zum Teil mit, zum Teil aber auch ohne den Segen der UN, dislozierten die Soldaten mit dem Ahornblatt auf der Uniform auf verschiedenen Kriegsschauplätzen. Doch anders als während zurückliegender Phasen des Peacekeeping-Engagements bildeten kanadische Politik und Truppen nicht die Avantgarde der Einsätze. Vielmehr musste die Zustimmung fast schon erzwungen werden: Als 1995 ein NATO-Eingreifverband für Jugoslawien aufgestellt wurde, der eine Stärke von 60.000 Mann haben und den Friedensvertrag von Dayton implementieren sollte, entschloss sich die kanadische Regierung nur widerwillig, ihren Beitrag zu leisten. Dies deutete darauf hin, dass sie sich von Auslandseinsätzen prinzipiell fernhalten wollte. Aus bündnispolitischen Gründen und um Solidarität mit den

---

81   Vgl. die auf der Homepage der Vereinten Nationen hinterlegten monatlichen Stärkemeldungen der Peacekeeping-Missionen, hier bezogen auf den 31. Dezember, mit Ausnahme für die Jahre 1990 und 1998, für die nur die Daten vom 30. November vorliegen, online unter   http://www.un.org/en/peacekeeping/resources/statistics/contributors_archive. shtml (aufgerufen am 22.2.2014).

Soldaten der NATO-Staaten zu zeigen, erklärte sich das Kabinett in Ottawa schließlich bereit, rund 1.000 Soldaten für die Implementation Force (IFOR) zu stellen. Auch deren Nachfolgeorganisation, die Stabilization Force (SFOR), unterstützten die kanadischen Streitkräfte mit bis zu 1.600 Soldaten. Für das kanadische Militär war dies ein umfangreicher Beitrag, für die Bündnispartner zumindest 1995 eine gerade noch akzeptable Zahl.[82]

Kanadische Soldaten beteiligten sich ebenfalls an dem 1999 durchgeführten Luftkrieg der NATO gegen Restjugoslawien, der den durch serbische Soldaten und Paramilitärs entfesselten ethnischen »Säuberungen« im Kosovo Einhalt gebieten sollte. Tatsächlich bedeuteten die Luftangriffe den Anfang vom Ende der serbischen Herrschaft in diesem mehrheitlich von Albanern bewohnten Territorium. Wie die Flugzeugbesatzungen anderer Mitgliedstaaten flogen kanadische Kampfpiloten Einsätze gegen Bodenziele. Doch auch in diesem Krieg waren die kanadische Politik und das Militär Mitläufer,[83] die auf den Entscheidungsfindungsprozess kaum Einfluss hatten – der politisch entscheidenden »Kontaktgruppe« gehörten die USA, die Russische Föderation, Großbritannien, Deutschland, Frankreich, Italien und eben nicht Kanada an – und deren Bedeutung für den Einsatz eher zweitrangig blieb. Nichtsdestotrotz erwiesen sich die kanadische Beteiligung und überhaupt die gesamte Operation – jenseits der propagierten Hilfe für die Einwohner des Kosovo – politisch wie auch symbolisch als von höchster Bedeutung. Denn obwohl ein UN-Mandat vor allem wegen der ablehnenden Haltung Russlands nicht zustande gekommen war, hatte sich die NATO auf maßgebliche Initiative der amerikanischen und unterstützt von der britischen Regierung[84] hin entschlossen, einen Bruch des Völkerrechts zu riskieren und den Kosovaren mit einem gewaltsamen Eingreifen zur Seite zu stehen. Deutlicher konnte kaum gezeigt werden, wie weit die Vereinten Nationen bei der internationalen Konfliktlösung und speziell bei der Humanitären Intervention marginalisiert

---

82 Vgl. Fey, Multilateralismus als Strategie, S. 276-280, 285; Gammer, From Peacekeeping to Peacemaking, S. 193 f. Zu einer positiveren Bewertung der Stärke des kanadischen Engagements im Rahmen der NATO kommt Benjamin Zyla, Sharing the Burden? NATO and Its Second-Tier Powers, Toronto u.a. 2015, bes. S. 116-133, 237-240.

83 Kim Richard Nossal u. Stéphane Roussel prägten den Ausdruck von einem »happy follower«. Hier zit. nach Alistair D. Edgar, Canada's Changing Participation in International Peacekeeping and Peace Enforcement: What, If Anything, Does It Mean?, in: Canadian Foreign Policy 7 (Fall 2002), 1, S. 107-117, hier S. 115. Vgl. dagegen Michael W. Manulak, Canada and the Kosovo crisis. A »golden moment« in Canadian foreign policy?, in: International Journal 64 (Spring 2009), S. 565-581.

84 Vgl. Wheeler, Saving Strangers, S. 258-267; Eric Moskowitz/Jeffrey S. Lantis, The War in Kosovo: Coercive Diplomacy, in: Ralph G. Carter (Hg.), Contemporary Cases in U.S. Foreign Policy. From Terrorism to Trade, Washington D.C. 2001, S. 59-87.

worden waren. Erst nachdem die NATO-Operation abgeschlossen war, durfte die UN eingreifen und die Verwaltung des Territoriums wie auch dessen militärische Sicherung autorisieren.[85]

Indem sich die NATO, nicht zuletzt um ihre eigene Existenz zu rechtfertigen, als humanitäre Eingreiftruppe wie auch als »Instrument globaler Stabilitätsprojektion« (Johannes Varwick) konstituierte, forderte sie zwangsläufig Kompetenz und Reichweite des UN-Peacekeepings heraus. Da die nordatlantische Allianz nach Ende des Kalten Krieges zudem als das einzige international handlungsfähige Militärbündnis auftreten konnte, kam ihr im Rahmen der weltweiten Sicherheitsarchitektur nunmehr eine kaum zu überschätzende, konkurrenzlose Bedeutung zu.[86] Um in diesem Kontext außen- und vor allem sicherheitspolitisch wahrgenommen zu werden, mussten sich kanadische Politik und Streitkräfte notwendigerweise eng an ihre Bündnispartner und vor allem die USA anlehnen und ihnen die durch Etatkürzungen sukzessiver kanadischer Regierungen begrenzten Ressourcen ihrer »hard power« zur Verfügung stellen.[87] Haushaltspolitisch gewollt und bündnispolitisch gefordert, blieben nur wenige »boots on the ground« für das UN-Peacekeeping übrig.

Human Security: Internationale Erfolge und nationale Kritik

Genau in der Periode, als Kanada seine Truppen weiter abbaute und versuchte, sich politisch und militärisch aus internationalen Militäroperationen zurückzuziehen, gelangen der kanadischen Außenpolitik auch ohne den Einsatz militärischer Kräfte bemerkenswerte sicherheitspolitische Erfolge. Die

---

85 Vgl. MacQueen, Peacekeeping, S. 171 f.; MacQueen, Humanitarian Intervention, S. 162-173. Zum zwiespältigen humanitären Ergebnis der Operation vgl. Wheeler, Saving Strangers, S. 269 f.; Taylor B. Seybolt, Humanitarian Military Intervention. The Conditions for Success and Failure, Oxford 2008, S. 78-86.

86 Vgl. Varwick, Die NATO, S. 40-43,139-155.

87 Vgl. Keating, Canada and World Order, S. 218 f.; Kenneth M. Holland, How unipolarity impacts Canada's engagement with the North Atlantic Treaty Organization, in: Canadian Foreign Policy Journal 18 (2012), 1, S. 51-64, hier S. 55 sowie Gammer, From Peacekeeping to Peacemaking, S. 186, der argumentiert, dass der Rückgang des kanadischen Militärbeitrags zur NATO gemeinsam mit einer zurückhaltenden Haltung gegenüber einem NATO-Militäreinsatz in Jugoslawien Mitte der 90er Jahre zu einem dramatischen Verlust von diplomatischem und politischem Einfluss auf die Krise geführt habe. Benjamin Zyla, NATO and post-Cold War burden-sharing. Canada »the laggard?«, in: International Journal 64 (Spring 2009), S. 337-359 meint dagegen, dass der relative Beitrag Kanadas zur NATO beständig gleich geblieben sei.

entsprechenden Initiativen fanden teilweise, aber nicht notwendigerweise im Rahmen des UN-Systems statt. Aus der Rückschau kristallisierte sich eine einheitliche Idee internationalen Handelns heraus, die mit dem Namen »Human Security Agenda« umschrieben wurde. Tatsächlich entwickelte sich diese »Agenda« erst nach und nach, auch wenn sie auf ältere und länger-fristig wirkende Grundüberzeugungen kanadischer Außenpolitik aufbauen konnte. Erste Überlegungen dessen, was später »Menschliche Sicherheit« genannt wurde, entstanden in Kanada bereits Ende der 80er Jahre. So wurde insbesondere der auf staatliche Souveränität und Verteidigung begrenzte Sicherheitsbegriff zunehmend erweitert. Unter Mulroney entwickelten sich diese Überlegungen zu einem außenpolitischen Konzept von der Notwendig-keit und Legitimität humanitär begründeter Militäreinsätze, das Anfang der 90er Jahre vom Premierminister selbst sowie auch von seinen beiden Außen-ministern Clark und McDougall offensiv vertreten wurde. Nach dem 1993 erfolgten Regierungswechsel wurde diese proaktive Linie internationaler Ver-antwortlichkeit zunächst verlassen. Zumindest rhetorisch setzte sich aber ein ausgeweiteter Sicherheitsbegriff durch, wie auch das neue außenpolitische Weißbuch von Außenminister André Ouellet 1995 unterstrich. Dort fanden sich Erläuterungen zu einer »broader security agenda«, die neben der Förderung demokratischer Entwicklungen auch Menschenrechte, Umweltschutz sowie Gesundheits- und Entwicklungspolitik umfasste.[88]

Üblicherweise wird allerdings der Beginn der »Human Security Agenda« auf die Übernahme der Amtsgeschäfte durch Lloyd Axworthy terminiert. Als er im Januar 1996 von seinem Vorgänger die Verantwortung für die inter-nationalen Beziehungen Kanadas übernahm, gehörte er bereits zu den er-fahrensten Außenpolitikern der Liberalen Partei. Schon unter Trudeau hatte er dem Kabinett angehört und sich während der Oppositionszeit zuletzt als außenpolitischer Sprecher der liberalen Parlamentsfraktion sowie stellver-tretender Vorsitzender des außenpolitischen Ausschusses im Unterhaus Gehör verschafft. Dabei hatte er prinzipiell die aktive und auch robuste Menschen-rechtspolitik der Regierung Mulroney unterstützt. Einen fertigen Plan zur Er-neuerung der kanadischen Außenpolitik konnte Axworthy indes nicht sofort vorweisen. Vielmehr kamen ihm ein Stück weit der Zufall sowie seine Fähig-keit zur Hilfe, auf einen bereits angefahrenen Zug aufzuspringen.[89]

---

88   Vgl. Donaghy, All God's Children, S. 40 f.; Oliver Claas, Human Security – Außenpolitik für ein neues Jahrhundert?, in: Wilfried v. Bredow, Die Außenpolitik Kanadas, Wiesbaden 2003, S. 119-138, hier S. 122 f. (Zitat auf S. 123).
89   Vgl. Canadian Who's Who 2001, S. 48; Norman Hillmer/Adam Chapnick, The Axworthy Revolution, in: Fen Osler Hampson/Norman Hillmer/Maurien Appel Molot (Hg.), The

Die Gelegenheit, sich international als Vorkämpfer humanitärer Sicherheit zu profilieren, präsentierte sich im Rahmen der internationalen und insbesondere von Nichtregierungsorganisationen vorangetriebenen Kampagne gegen die weitere Verbreitung von Anti-Personenminen. Schon Ouellet hatte im November 1995 für ein Verbot dieses Kampfmittels plädiert, doch war er mit seinem Vorschlag im politischen Ottawa zunächst allein geblieben. Nicht zuletzt das Verteidigungsministerium betrachtete ein solches Ansinnen mit höchster Skepsis. Erst Axworthy konnte sich gegen solche Vorbehalte durchsetzen, vielleicht auch deswegen, da selbst Staaten wie die USA und Frankreich ein Verbot tendenziell unterstützten. Als 1996 die Verhandlungen im Rahmen der »UN-Konvention über das Verbot oder die Beschränkung bestimmter konventioneller Waffen« (CCW[90]) auf der Stelle traten, schlug der kanadische Delegationsleiter Mark Moher eine Strategiekonferenz in Ottawa vor, die sich außerhalb des bisherigen institutionellen Verfahrensweges mit der Materie beschäftigen sollte. Wie sich in der Person von Moher zeigte, war im Außenministerium nicht nur Axworthy Motor der neuen Politik, vielmehr trugen die dort leitenden Beamten entscheidend zur Dynamik der kanadischen Initiativen bei.

Entgegen den ersten Erwartungen erhielt die Kampagne durch den kanadischen Vorschlag einen entscheidenden Schub. Vertreter von über 50 Staaten und 24 Beobachter nahmen schließlich an der Versammlung im Oktober 1996 in Ottawa teil. Als auch hier das Momentum verloren zu gehen drohte, schlug Axworthy, auf Anregung seines Generaldirektors für internationale Sicherheit, Ralph Lysyshyn, vor, die Teilnehmer am Ende des kommenden Jahres zu einer Konferenz einzuladen, auf der ein Vertrag über das Verbot der Anti-Personenminen unterschrieben werden sollte. Diese »Herausforderung« führte zu dem so genannten Ottawa-Prozess, der mithilfe einer weltweiten Lobbykampagne, auch finanziell gefördert durch kanadische Stellen, und in Kooperation vor allem mit der NGO-Dachorganisation »The International Campaign to Ban Landmines« (ICBL) tatsächlich am 3. Dezember 1997 zur Unterzeichnung des entsprechenden Vertrages in Ottawa führte. Dieser diplomatische Erfolg und die wegweisende Kooperation mit Nichtregierungsorganisationen brachte der kanadischen Außenpolitik und insbesondere Axworthy weltweit Lob und Ansehenszuwachs ein. Es schien, als ob das »goldene Zeitalter« kanadischen internationalen Einflusses zurückgekehrt sei.

Axworthy Legacy, Oxford 2001 (Canada Among Nations 2001), S. 67-88, hier S. 70; Donaghy, All God's Children, S. 41-43.

90   Convention on Certain Conventional Weapons, auch als Inhumane Weapons Convention bezeichnet.

Allerdings hatte sich der Ottawa-Prozess außerhalb des traditionellen internationalen Gremiums der Vereinten Nationen bewegt. Dies zeigt, dass die sich entwickelnde Human Security Agenda nicht notwendigerweise im UN-System beheimatet war.[91]

Mit dem Ottawa-Prozess setzte sich in der kanadischen Außenpolitik ein Schwerpunkt durch, den Axworthy später als neues Paradigma bezeichnete, nämlich der internationale Schutz von Individuen vor Gewalt.[92] Diese Vorstellung, wenn auch schon längst diskutiert, stand der bisherigen Überzeugung, dass »Sicherheit« auf den zwischenstaatlichen Bereich zu begrenzen sei, entgegen. Doch erst in der zweiten Hälfte der 90er Jahre gewann das neue Paradigma an Bedeutung. Hieran hatten kanadische Vertreter und kanadische Politik auch weiterhin großen Anteil. Ähnlich erfolgreich wie in der Anti-Personenminen-Kampagne engagierten sich kanadische Delegierte im Rahmen des Prozesses, der zur Errichtung des Internationalen Strafgerichtshofes in Den Haag führte. Sowohl vor der Unterzeichnung des Vertrags am 17. Juli 1998 in Rom wie auch danach unterstützte die kanadische Regierung personell, finanziell und organisatorisch die Implementierung dieses neuen, ersten ständigen supranationalen Strafgerichtshofes. Es war daher nur konsequent und doch vor allem symbolischer Natur, als 2003 der Kanadier Philippe Kirsch von seinen Richterkollegen zum ersten Präsidenten des Internationalen Strafgerichtshofes gewählt wurde.[93] Die Wahl Kirschs drückte die gewachsene internationale Anerkennung einer als unparteilich wahrgenommenen und dem Schutz der Individuen zugewandten kanadischen Politik aus, wie sie sich schon einige Jahre zuvor, 1996, in der Ernennung von Louise Arbour, einer Richterin des Obersten Gerichtes der Provinz Ontario,

---

91 Vgl. Cameron/Lawson/Tomlin (Hg.), To Walk Without Fear; Veronica Kitchen, From rhetoric to reality. Canada, the United States, and the Ottawa Process to ban landmines, in: International Journal 57 (Winter 2001/2002), 1, S. 37-55; Donaghy, All God's Children, S. 43-46.

92 Vgl. Lloyd Axworthy, Introduction, in: Rob McRae/Don Hubert (Hg.), Human Security and the New Diplomacy. Protecting People, Promoting Peace, Montreal & Kingston u.a. 2001, S. 3-13, hier S. 3 f.

93 Vgl. Darryl Robinson, The International Criminal Court, in: Rob McRae/Don Hubert (Hg.), Human Security and the New Diplomacy. Protecting People, Promoting Peace, Montreal & Kingston u.a. 2001, S. 170-177; Antonio Franceschet/W. Andy Knight, International(ist) Citizenship: Canada and the International Criminal Court, in: Canadian Foreign Policy 8 (Winter 2001), S. 51-74; Donaghy, All God's Children, S. 47 f.; Jan Erik Schulte, Nationale Erfahrungen – Internationale Folgen. Die Verfolgung von »Nazi War Criminals« und die Unterstützung des Internationalen Strafgerichtshofs durch Kanada, in: Helia-Verena Daubach (Red.), Leipzig – Nürnberg – Den Haag: Neue Fragestellungen und Forschungen zum Verhältnis von Menschenrechtsverbrechen, justizieller Säuberung und Völkerstrafrecht, Recklinghausen 2008, S. 195-210.

zur Chefanklägerin des Internationalen Kriegsverbrechertribunals für das ehemalige Jugoslawien und für Ruanda manifestiert hatte.[94] Sowohl während der Anti-Personenminen-Kampagne als auch im Rahmen der Etablierung des Internationalen Strafgerichtshofes in Den Haag habe, wie die Politikwissenschaftlerin Elizabeth Riddell-Dixon argumentiert, die kanadische Regierung abermals erfolgreich als »norm entrepreneur« agiert und zu einem Wertewandel in den internationalen Beziehungen beigetragen.[95]

Die beiden genannten Initiativen gehörten zu den bekanntesten, blieben indes nicht allein: Eine offiziöse Publikation zählte 2001 eine ganze Reihe von Vorschlägen und Vorgehensweisen auf, die zumindest im Jahr des Erscheinens des Buches, nur wenige Monate nach dem Rückzug Axworthys vom Amt des Außenministers, zur Human Security Agenda Kanadas gerechnet wurden. Hierzu gehörten neben der Bekämpfung transnationaler Kriminalität, dem Schutz von Kindern in bewaffneten Konflikten oder dem Human Security Network auch Peacekeeping, Peacebuilding sowie humanitäre militärische Interventionen.[96] Die Blauhelm-Einsätze wurden somit nicht vollkommen marginalisiert, doch nur noch als Teil eines größeren politischen Ansatzes in die neue Agenda einbezogen. Ideell standen sie fraglos dem Paradigma von der menschlichen Sicherheit nahe, wie die humanitären Einsätze der blau behelmten Soldaten in der ersten Hälfte der 90er Jahre gezeigt hatten. Doch spielten in der praktischen Politik der Axworthy-Jahre kanadische Friedenseinsätze nur eine untergeordnete Rolle, nicht zuletzt da für weitergehende Einsätze die Ressourcen fehlten bzw. anderweitig verplant waren.

Tatsächlich wurde in einem breiteren Ansatz von Peacekeeping vor allem dessen nichtmilitärische Seite bedacht,[97] die auch die Vereinten Nationen verstärkt in ihre Überlegungen einbezogen. In einem Bericht, den Lakhdar Brahimi im Auftrag von UN-Generalsekretär Kofi Annan 2000 vorlegte, fand sich das Peacekeeping als ein Aspekt in einem weitgefächerten Aufgabenfeld der »United Nations Peace Operations« wieder. Hierzu gehörten insbesondere auch die diplomatischen Bemühungen im Rahmen der »conflict prevention« und des »peacemaking« sowie die vielen zivilen Aufgaben des »peacebuilding« während und nach einem Konflikt. Dem Peacekeeping im eigentlichen Sinne wurden ebenfalls zivile Tätigkeitsbereiche zugeschlagen, doch

---

94   Vgl. Off, The Lion, S. 261-354.
95   Vgl. Riddell-Dixon, Canada's human security agenda, S. 1091.
96   Vgl. McRae/Hubert (Hg.), Human Security.
97   Vgl. Grant Dawson, In Support of Peace: Canada, the Brahimi Report, and Human Security,
      in: Fen Osler Hampson/Norman Hillmer/Maurien Appel Molot (Hg.), The Axworthy
      Legacy, Oxford 2001 (Canada Among Nations 2001), S. 294-317, hier S. 295.

darüber hinaus auch dessen militärische Komponente durch die fallweise Zuordnung von robusten Mandaten gestärkt.[98]

Das kanadische Engagement Ausgang des 20. Jahrhunderts umfasste vorwiegend humanitäre Hilfsmaßnahmen, doch wurden auch des Öfteren Polizisten für UN-Operationen bereitgestellt. Falls sich die Regierung dazu entschloss, Soldaten zu entsenden, wurden kurze Zeiträume bevorzugt, wie sie die neue Militärdoktrin auf Basis der beschränkten Ressourcen vorgab. Für die International Force in East Timor (INTERFET), einer von der UN autorisierten, aber nicht geleiteten Operation, überstellten die Streitkräfte daher ihre rund 650 Soldaten auch nur für einen Zeitraum von sechs Monaten ab Oktober 1999. Hierin war auch ein kleines Kontingent eingeschlossen, das noch kurzzeitig an die dortige UN-Peacekeeping-Mission UNTAET[99] abgegeben wurde.[100]

Als spezifischer Ausdruck dieser Politik kann auch die Beteiligung Kanadas an der multinationalen Stand-by Forces High Readiness Brigade (SHIRBRIG) gelten, die von Dänemark und den Niederlanden initiiert worden war und Soldaten am Beginn neuer UN-Friedensoperationen schnell dislozieren und nach Etablierung der Mission wieder abziehen sollte. Es war dies der Versuch der traditionellen Peacekeeping-Mittelmächte des Kalten Krieges, verlorenes Terrain zurückzugewinnen und politisch prominent, doch militärisch ressourcenschonend neue UN-Operationen anzuschieben. Zu ihrem ersten Einsatz kamen Kontingente der Brigade und darunter 450 kanadische Soldaten[101], als sie ab Herbst 2000 das UN-Hauptquartier für die erweiterte United Nations Mission in Ethiopia and Eritrea (UNMEE) aufbauten. Nach den amtlichen Statistiken der UN wurde das Gros des kanadischen Verbandes, abgesehen von sechs Militärbeobachtern, bis Mai 2001 wieder abgezogen.[102]

---

98   Vgl. Report of the Panel on United Nations Peace Operations, vorgelegt von Lakhdar Brahimi gemäß Begleitschreiben an den UN-Generalsekretär am 17. August 2000, UN-Doc. A/55/305-S/2000/809, S. IX f., 1-3, 10, online unter http://www.unrol.org/files/brahimi%20report%20peacekeeping.pdf (aufgerufen 21.3.2014). Zum »Brahimi Report« siehe auch MacQueen, Peacekeeping, S. 239-246.

99   United Nations Transitional Administration in East Timor.

100 Vgl. Details/Information for Canadian Forces (CF). Operation TOUCAN (Homepage DHH des DND), online unter http://www.cmp-cpm.forces.gc.ca/dhh-dhp/od-bdo/di-ri-eng.asp?IntlOpId=83&CdnOpId=97, zuletzt bearbeitet 28.11.2008 (aufgerufen 28.3.2014).

101 Die UN-Statistik »Monthly Summary of Troop Contribution to United Nations Operations as of 31/12/00«, online unter http://www.un.org/en/peacekeeping/resources/statistics/contributors_archive.shtml (aufgerufen 22.2.2014), gibt die Stärke des kanadischen Kontingents in UNMEE für den 31.12.2000 mit 235 Soldaten und sechs Militärbeobachtern an.

102 Vgl. »Monthly Summary of Troop Contribution to United Nations Operations«, Stand 31.5.2001, 30.6.2001, 31.7.2001, ebd.

Auch in diesem Fall war der Einsatz kurz und die Gefährdung der Truppen als Teil einer so genannten »klassischen« UN-Mission gering.[103]

Dass Axworthy militärisch robuste Operationen nicht prinzipiell ablehnte, zeigte sich im Rahmen der Luftangriffe während der Kosovo-Krise von 1999, denn der kanadische Außenminister feierte die Beteiligung der Streitkräfte seines Landes als Beitrag zur Human Security Agenda, da militärische Kampfeinsätze zum Schutz der Zivilbevölkerung geflogen worden seien. Der Kampfbeitrag sei, so Norman Hillmer und Jack Granatstein, ein »turning point in Canada's human security agenda«[104] gewesen. Für den Außenminister und andere Befürworter dieses gewaltsamen Vorgehens erschien der Luftkrieg als idealer Ausdruck einer Humanitären Intervention. Ausgehend von dieser Interpretation förderte Axworthy dezidiert die Neudefinition staatlicher Souveränität und internationaler Verantwortlichkeit gegenüber auch vom eigenen Staat bedrohten Individuen. Von ihm initiiert und von Kanada aus maßgeblich finanziell gefördert, traf sich eine durch die UN anerkannte internationale Kommission, die International Commission on Intervention and State Sovereignty (ICISS), die im Dezember 2001 ihren Abschlussbericht »The Responsibility to Protect« vorlegte. Sie wies den Staaten eine primäre Verantwortung für das Leben und Wohlergehen ihrer Bürger zu; wenn diese allerdings intern gefährdet seien, hätten auch andere Staaten das Recht einzugreifen, um die Zivilbevölkerung zu schützen. Die Autorität für einen solchen Einsatz läge, so der Bericht, im Wesentlichen beim UN-Sicherheitsrat. Auf diese Weise wurde also versucht, die in der zweiten Hälfte der 90er Jahre immer weiter an den Rand gedrängte Kompetenz der UN für internationale Friedenseinsätze wieder zu stärken. Doch galten dem Bericht nicht die Blauhelme als prinzipieller Akteur der Humanitären Intervention, sondern doch eher sich Ad-hoc zusammenfindende »Koalitionen der Willigen«.[105]

So sehr Axworthys Außenpolitik auch diplomatische Erfolge aufwies, so sehr wurde seine Zugriffsweise insbesondere innerhalb Kanadas als nicht nachhaltig kritisiert. Vor allem die Methodik seines Vorgehens, der »soft power«-Ansatz wie auch die Nischendiplomatie, erzürnte seine Gegner. Vielleicht war Axworthy, wie die *Globe and Mail* schrieb, »Canada's best Foreign Affairs Minister since a guy named Lester Pearson«,[106] auf jeden Fall war er einer der umstrittensten. »Lloyd Axworthy was Canada's most controversial minister of

---

103   Vgl. Dawson, In Support of Peace. Siehe auch Dorn, Canadian Peacekeeping, S. 21 f.

104   Hillmer/Granatstein, Empire to Umpire, S. 313.

105   Vgl. International Commission on Intervention and State Sovereignty, The Responsibility to Protect. Report of the International Commission on Intervention and State Sovereignty, Ottawa 2001, bes. S. 58 f. (Punkte 7.9-7.12); Hillmer/Granatstein, Empire to Umpire, S. 316 f.

106   Zit. nach Donaghy, All God's Children, S. 39.

foreign affairs in three decades«, urteilt der Historiker Greg Donaghy.[107] Schon zeitgenössisch begann eine akademische Debatte um die spezifische Ausrichtung der internationalen Beziehungen am Ende des 20. Jahrhunderts sowie mögliche langfristige Folgen. Befürworter der Human Security Agenda – nach David Bosold und Wilfried von Bredow die »Axworthians«[108] – betonten die Erfolge der Außenpolitik, deren diskursive Entwicklung gemeinsam mit NGOs sowie ein genuines Interesse Axworthys an der Verbesserung der Lebensumstände von Menschen auch jenseits der Grenzen Kanadas. Der Außenminister habe es trotz der nicht zuletzt aus fiskalpolitischen Gründen verminderten Ressourcen für Außen- und Sicherheitspolitik geschafft, mithilfe von diplomatischen Initiativen ein Optimum an Resultaten zu erzielen, indem er sich für konkrete und Erfolg versprechende (Nischen-)Projekte einsetzte. Der »soft power«-Ansatz wäre sowohl für Kanada angemessen gewesen wie auch generell eine Erfolg versprechende außenpolitische Vorgehensweise.[109] Kritiker – die »traditionalists« – sahen hierin nur eine rhetorische Vernebelungsstrategie – vom Politikwissenschaftler Kim Richard Nossal als »Ear candy« bezeichnet[110] –, die von den Kürzungen und dem faktischen Einflussverlust ablenken sollte. Ohne »hard power«, also den Einsatz von Militär, und das Bereitstellen von ausreichenden finanziellen Mitteln für außenpolitische Maßnahmen wie auch für humanitäre Einsätze würde mittelfristig der Einfluss der kanadischen Politik auf die internationalen Beziehungen massiv zurückgehen. Tatsächlich, so wurde als Beispiel angegeben, seien die kanadischen Ausgaben für Entwicklungshilfe gemessen an der Wirtschaftskraft Kanadas auf ein Rekordtief gesunken.[111]

---

107   Donaghy, All God's Childeren, S. 39.

108   David Bosold/Wilfried von Bredow, Human security: A radical or rhetorical shift in Canada's foreign policy?, in: International Journal 61 (Autumn 2006), 4, S. 829-844, hier S. 843.

109   Vgl. Joseph T. Jockel/Joel Sokolsky, Lloyd Axworthy's Legacy. Human security and the rescue of Canadian defence policy, in: International Journal 56 (Winter 2000-2001), S. 1-18; Donaghy, All God's Children; Riddell-Dixon, Canada's human security agenda. Trotz einer prinzipiell positiven Evaluation kommen Hillmer/Chapnick, The Axworthy Revolution, S. 84 zu dem Schluss, dass die Human Security Agenda eine eher geringe Halbwertzeit hatte. Vgl. gegen die letztgenannte Annahme Bosold/von Bredow, Human security.

110   Nossal, Ear candy.

111   Vgl. zusammenfassend Hillmer/Chapnick, The Axworthy Revolution, S. 78 f. sowie im einzelnen Stairs, Canada in the 1990s; Daryl Copeland, The Axworthy Years: Canadian Foreign Policy in the Era of Diminished Capacity, in: Fen Osler Hampson/Norman Hillmer/Maurien Appel Molot (Hg.), The Axworthy Legacy, Oxford 2001 (Canada Among Nations 2001), S. 152-172; Nossal, Ear candy, S. 1017 f.

In diese Debatte war zugleich eine Diskussion um die Gegenwart wie auch Vergangenheit des kanadischen UN-Peacekeepings eingewoben – eine Auseinandersetzung, die sich, selbst nach der Jahrtausendwende und nachdem Axworthy als Außenminister ausgeschieden war, weiter fortsetzte. Einige Kritiker bemühten dabei den neu eingeführten Terminus vom »Peacekeeping Myth«, wobei sie allerdings zwei unterschiedliche Aspekte mit einem gemeinsamen Schlagwort belegten. Wie in der älteren, klassischen Mythenkritik sollte in beiden Fällen die Begriffswahl dazu beitragen, eine falsche Vorstellung von der Realität zu entlarven. Die Kritik richtete sich zum ersten auf die aktuelle Situation. So habe es, wie Maloney schreibt, seit dem UN-Einsatz in Jugoslawien kein wirkliches Peacekeeping mehr gegeben: »By 1995, therefore, UN peacekeeping was as dead as the victims in Rwanda or Srebrenica.«[112] Andere, wie der Politologe Dennis Stairs, richteten ihr Unbehagen weniger auf die Terminologie. Ihnen ging es darum, auf die Diskrepanz zwischen aktueller politischer Rhetorik und der tatsächlichen Bereitschaft hinzuweisen, kanadische Blauhelm-Soldaten bereitzustellen. Diese Vorwürfe erwiesen sich als berechtigt, denn seit Mitte der 90er Jahre nahm die Zahl der kanadischen UN-Soldaten und Polizisten dramatisch ab, während zugleich weiterhin die führende Rolle Kanadas im Peacekeeping betont wurde.[113] Bei diesem konkreten Vorwurf schwang aber zumindest bei einigen Kritikern auch ein unterschiedliches Verständnis von Realpolitik mit: nur »hard power«, wozu auch der Militäreinsatz von Friedenssoldaten gezählt wurde, wurde als politisch wirksam eingestuft, nicht aber »soft power«, die politische Einflussmöglichkeiten überwiegend im kommunikativen Prozess und durch nichtmilitärische Hilfsangebote suchte. Es ging bei der innerkanadischen Debatte also nicht unbedingt vorrangig um die Peacekeeping-Einsätze, sondern um die Diskussion der Wirkmächtigkeit politischer Handlungsalternativen und somit letztlich um den Kern der Human Security Agenda.

Zum zweiten wurde nicht nur den Politikern ihre aktuelle Politik vorgeworfen, sondern behauptet, die Öffentlichkeit würde einem in der Vergangenheit entstandenen Peacekeeping-Mythos aufsitzen. Zu den eloquentesten Vertretern dieser Argumentationsrichtung gehörte neben Maloney auch Granatstein – somit zwei bekannte Militärhistoriker. Sie kritisierten eine als weithin akzeptiert angenommene nationale Selbstbeschreibung, welche die Kanadier als prädestiniert für Peacekeeping-Maßnahmen darstellte. Im

---

112   Maloney, From Myth to Reality Check, S. 45.

113   Diese Einschätzung wurde auch von Analysten, welche die Human Security Agenda ansonsten positiv beurteilten, geteilt. Vgl. Riddell-Dixon, Canada's human security agenda, S. 1085 f.

Gegensatz zu einem auf Ausgleich und Konfliktvermeidung beruhenden Selbstverständnis einer unmilitärischen Gesellschaft zeichneten sie das Bild einer traditionell wehrhaften Gemeinschaft und von kampfbereiten Streitkräften.[114] Ausdruck hiervon wäre, so wurde Mitte der ersten Dekade des 21. Jahrhunderts argumentiert, auch die Beteiligung der kanadischen Streitkräfte am Krieg in Afghanistan.[115] Benutzt man den Mythos jedoch nicht als Kampfbegriff, sondern im Sinne der politischen Mythentheorie als analytisches Instrument, so wird deutlich, dass es auch bei dieser historisch-politischen Debatte nicht darum ging, einer fehlerhaften Selbstdeutung eine objektive Realität entgegenzuhalten. Vielmehr handelt es sich um eine Auseinandersetzung um die Essenz kanadischer Identität. Die Kritiker vermieden dabei, darauf hinzuweisen, dass es sich bei Entwurf und Gegenentwurf jeweils um eine konstruierte Wirklichkeit handelte, deren Wirkmächtigkeit und Durchsetzungsfähigkeit sich im kommunikativen Prozess entfaltete. Die Frage nach wahr oder falsch zielt somit am Kern der Problematik vorbei. Bei der Kritik an einem als Peacekeeping-Mythos verstandenen Selbstverständnis ging es tatsächlich um eine identitätspolitische Auseinandersetzung und um einen Kampf um die Deutungshoheit über die Kontinuitäten kanadischer Geschichte.[116]

Afghanistan und das Ende der Peacekeeping-Ära

Die Debatte über die Peacekeeping-Rhetorik und den Peacekeeping-Mythos begann während der Axworthy-Jahre, setzte sich aber auch darüber hinaus fort. Sie blieb während einer Zeit virulent, als sich national wie international die Vorzeichen kanadischer Außenpolitik radikal zu verändern schienen. Am 11. September 2001 führten die Terrorangriffe auf das World Trade Center in New York, das Pentagon in Washington, D.C. sowie der erzwungene Flugzeugabsturz in Pennsylvania zu der dramatischen Erkenntnis von der Verletzlichkeit der westlichen Welt. Für die kanadische Peacekeeping-Politik war dieser Einschnitt aber ebenso wenig die entscheidende Zäsur wie gut eine Dekade zuvor das Ende des Ost-West-Konfliktes, wenn auch »9/11« und die daraus

---

114 Vgl. Granatstein, Who Killed the Canadian Military?; Jack L. Granatstein, The peacekeeping myth, in: *National Post*, 31.1.2007, S. 19; Bland/Maloney, Campaigns, S. 63-66, 80 f., 85 f.; Maloney, From Myth to Reality Check; Sean M. Maloney, Why Keep the Myth Alive?, in: Canadian Military Journal 8 (Spring 2007), 1, S. 100-102.

115 Vgl. Eric Wagner, The Peaceable Kingdom? The National Myth of Canadian Peacekeeping and the Cold War, in: Canadian Military Journal 7 (Winter 2006-2007), 4, S. 45-54.

116 Vgl. hierzu theoretisch Münkler, Wirtschaftswunder, S. 42.

resultierenden militärischen und sicherheitspolitischen Maßnahmen die schon eingeleitete Politik zementierten.[117] Die kanadischen Reaktionen auf die Anschläge brauchen daher an dieser Stelle nur ansatzweise, und so weit sie für die Peacekeeping-Politik Kanadas relevant sind, behandelt werden.

Bereits einen Tag nach den Terrorangriffen verkündete die NATO zum ersten Mal in ihrer Geschichte den Verteidigungsfall. Alle Mitgliedstaaten waren danach verpflichtet, den USA zu Hilfe zu eilen. Am selben Tag, dem 12. September, betonte der UN-Sicherheitsrat in einer Resolution explizit das staatliche Recht auf Selbstverteidigung und forderte die Mitgliedstaaten auf, bei der Bestrafung der Täter, Organisatoren und Unterstützer der Angriffe mitzuwirken. Als hauptsächlicher Unterstützer wurde die Taliban-Regierung im afghanischen Kabul ausgemacht, da von deren Territorium aus die terroristischen Akte vorbereitet worden seien. Im Oktober griffen amerikanische und britische Streitkräfte in der »Operation Enduring Freedom« Afghanistan an und vertrieben die Taliban-Regierung. Dieser vermeintliche Sieg war der Auftakt eines Bürger- und Guerillakrieges, der bis heute andauert. Nach der Niederwerfung der bisherigen Regierung autorisierte der Sicherheitsrat am 20. Dezember 2001 die Schaffung einer »International Security Assistance Force« (ISAF), um die Restrukturierung und Demokratisierung Afghanistans abzusichern. Diese Streitmacht bestand im Wesentlichen aus Kontingenten westlicher europäischer Staaten. 2003 wurde die Kontrolle über ISAF offiziell an die NATO abgegeben; 2005/06 übernahm ISAF sukzessive die Verantwortung für die Sicherheitslage in ganz Afghanistan.

Janice Gross Stein und Eugene Lang haben in einer aufmerksam registrierten politikwissenschaftlichen Studie die Gründe für die Beteiligung kanadischer Soldaten am »Krieg gegen den Terror« in Afghanistan analysiert. Sie kommen zu dem Schluss, dass vorwiegend außenpolitische und im geringeren Maße militärische Motive die zentralen Entscheidungen beeinflussten, weniger die aktuelle Sicherheitslage oder die humanitäre Situation in Afghanistan. Bereits im Oktober 2001 wurden kanadische Marine- und Luftwaffeneinheiten in den Nahen Osten geschickt, um die Operation Enduring Freedom zu unterstützen. Ein solcher Beitrag erschien den Verantwortlichen in Ottawa allerdings als nicht ausreichend. Eingedenk der Tatsache, so Gross Stein und Lang, dass der ISAF-Einsatz am ehesten den Peacekeeping-Missionen vergangener Tage entsprechen würde und somit geringe Verluste zu erwarten wären, plädierten Regierungspolitiker für eine Beteiligung an dieser Streitmacht. Da die europäischen Partner – allen voran vermutlich die für ISAF verantwortlichen

---

117   Vgl. Jung, Of Peace and Power, S. 87.

britischen Stellen[118] – ein solches Ansinnen allerdings nur sehr zögerlich aufnahmen, entschied das Kabinett, rund 850 Soldaten für einen Zeitraum von
sechs Monaten für einen Kampfeinsatz an der Seite der US-Streitkräfte in der
südwestlich gelegenen afghanischen Provinz Kandahar einzusetzen. Diese Vorgehensweise entsprach der bereits erprobten, die begrenzten finanziellen und
personellen Mittel mit einbeziehenden Militärdoktrin von »First in, first out«.
Tatsächlich zog die Masse der kanadischen Soldaten im August 2002 wieder
ab. Nur kurze Zeit später dislozierte allerdings erneut ein kanadisches Militär-
kontingent in dem zentralasiatischen Staat. Da die kanadische Regierung und
insbesondere Premierminister Chrétien einen militärischen Einsatz im Irak
vermeiden wollten,[119] der zu eben diesem Zeitpunkt aufgrund der dort ver-
muteten Massenvernichtungswaffen von den USA vorbereitet wurde, schien
eine abermalige Entsendung von Soldaten nach Afghanistan als guter Ausweg,
um weiterhin die Solidarität mit dem größten und wichtigsten Verbündeten
zu zeigen. Diesmal wurden die Truppen im Rahmen von ISAF eingesetzt
und Kanada wurde aufgrund der zeitweise über 1.700 beteiligten Soldaten
im Februar 2004 sogar der Oberbefehl übertragen, den Generalleutnant Rick
Hillier wahrnahm. Im Zuge der Ausdehnung des ISAF-Verantwortungs-
bereiches schickte Ottawa die kanadischen Truppen 2005 abermals in die hart
umkämpfte Provinz Kandahar. Hier wurden in den kommenden Jahren bis
zu 2.500 Soldaten eingesetzt.[120] Die Regierung sowie insbesondere der bald
nach seiner Rückkehr aus Afghanistan zum neuen Generalstabschef ernannte
Hillier hatten auf die Standortverschiebung gedrungen. Abermals versuchte
das Kabinett eine gegen eine Maßnahme der US-Regierung gerichtete Entscheidung, in diesem Fall die Ablehnung einer Beteiligung an einem neuen
Raketenabwehrprogramm, durch eine Intensivierung ihres Militärbeitrags in
Afghanistan abzufedern. Hillier wollte, so die Interpretation von Gross Stein
und Lang, endlich an der Seite der USA in den Krieg ziehen und so den Wert
seiner Streitkräfte beweisen.[121]

---

118 Vgl. David G. Haglund, Canada and NATO after September 11, 2001, in: Markus Kaim/
     Ursula Lehmkuhl (Hg.), In Search of a New Relationship. Canada, Germany, and the
     United States, Wiesbaden 2005, S. 34-55, hier S. 40 f.
119 Laut Holland sei diese Entscheidung innenpolitisch motiviert gewesen, hätten sich doch
     mehr als zwei Drittel der kanadischen Bevölkerung gegen eine Beteiligung an der In-
     vasion des Irak ausgesprochen. Allein in Montreal gingen eine Viertelmillion Menschen
     auf die Straße, um gegen den Krieg zu protestieren. Vgl. Holland, How unipolarity impacts
     Canada's engagement, S. 58.
120 Vgl. Independent Panel on Canada's Future Role in Afghanistan, hg. v. Minister of Public
     Works and Government Services, Ottawa 2008, S. 24.
121 Vgl. insgesamt Gross Stein/Lang, The Unexpected War; vgl. dagegen Matthew Willis,
     An unexpected war, a not-unexpected mission. The origins of Kandahar 2005, in: Inter-
     national Journal 67 (Autumn 2012), 4, S. 979-1000.

Die Entscheidungen, so wie sie von Gross Stein und Lang interpretiert wurden, zeigen weiterhin eine große Zurückhaltung bei der Beteiligung an militärischen Interventionen, wie sie seit 1993 für die Regierung Chrétien charakteristisch war. Die etwas offensivere Ausrichtung seit 2005 entsprach dem Stil des neuen liberalen Premierministers Paul Martin. In jedem Fall meinten die Regierenden, sich militärisch vorwiegend im Rahmen der NATO oder der US-geführten Koalitionstruppen beteiligen zu müssen. Auch dies entsprach der liberalen Außenpolitik seit Mitte der 90er Jahre, wobei der Druck, der auf den Entscheidern in Ottawa lastete, seit 2001 offensichtlich dramatisch zugenommen hatte. Obgleich der UN-Sicherheitsrat die Maßnahmen der westlichen Alliierten gutgeheißen hatte, was kanadischen Politikern auch aus legitimatorischen Gründen gegenüber der eigenen Bevölkerung wichtig war, blieb unübersehbar, dass die Kontrolle über die Operationen bei den USA und der NATO lagen.

Außen- und sicherheitspolitisch spielte das UN-Peacekeeping für Kanada und übrigens auch für fast alle anderen NATO-Staaten keine Rolle mehr. Überhaupt stellte mit Indien nur eine der klassischen Peacekeeping-Mittelmächte aus der Zeit des Kalten Krieges substanzielle Blauhelm-Kontingente bereit; Schweden, Dänemark und Norwegen rangierten noch weit hinter Kanada.[122] Letzte, zarte Pflänzchen einer entgegengesetzten Politik, wie sie sich im großen Maßstab Anfang der 90er Jahre gezeigt hatten, riss der »Krieg gegen den Terror« seit Herbst 2001 aus. Für die kanadische Politik kam noch ein weiterer Grund hinzu: Für mehrere größere Operationen fehlten den Streitkräften schlicht Personal und Material. Aber auch diese Tatsache war nicht neu, sondern hatte sich schon in der zweiten Hälfte der 90er Jahre deutlich gezeigt. Der 11. September manifestierte in diesem Fall ebenfalls eher eine Entwicklung, als dass er sie hervorbrachte. Mit dem immer wieder neu aufgelegten Einsatz in Afghanistan war zwar nicht das weltweite UN-Peacekeeping »tot« – ganz im Gegenteil, erfreute es sich seit dem neuen Millennium zumindest quantitativ eines neuen Aufschwungs –, für die kanadische Politik war es aber keine Option mehr, wenn man von einigen wenigen Soldaten und Polizisten absieht, die auf zahlreiche Mission verteilt waren und politisch keine sowie im Einsatzgebiet nur noch eine geringe Rolle spielten.

Wie die Reaktionen der Parlamentarier während der Debatten Mitte der 90er Jahre zeigten, hatten die desaströsen Ergebnisse einiger UN-Peacekeeping-Missionen zweifelsohne die Skepsis verstärkt und erheblichen Einfluss auf die Beurteilung der Zukunftsaussichten dieses internationalen

---

122 Vgl. »Ranking of Military and Civilian Police Contribution to United Nations Operations«,
31.12.2000 u. 31.12.2001, online unter http://www.un.org/en/peacekeeping/resources/
statistics/contributors_archive.shtml (aufgerufen 22.2.2014).

Konfliktlösungsinstruments genommen. Zum ersten Mal seit den 50er Jahren war bei den Debatten auch der parteipolitische Konsens hinsichtlich des Einsatzes von kanadischen Blauhelm-Truppen aufgekündigt worden – fraglos ein tiefer Einschnitt.

Die neue und zum Teil vehement artikulierte Skepsis führte allerdings nicht dazu, dass sich die Politiker auch rhetorisch komplett vom Peacekeeping verabschiedeten. Ganz im Gegenteil wurde weiterhin, wenn auch zurückhaltender als in der Vergangenheit, die besondere Bedeutung der Blauhelm-Einsätze für die kanadische Außenpolitik betont, was mit Blick auf die tatsächliche Truppenverteilung öffentlich als unredlich an den Pranger gestellt wurde. Vielleicht kam in dieser Rhetorik implizit ein Wunsch von Politikern und Beamten nach der Rückkehr zu einer traditionellen Peacekeeping-Politik zum Ausdruck, vor allem aber wird damit versucht worden sein, ein weiterhin bestehendes Bedürfnis in der Bevölkerung zu befriedigen.

Denn diese erklärte in Meinungsumfragen immer wieder die Friedenseinsätze zu einem der zentralen Politikfelder Kanadas und zur vornehmsten Aufgabe der Streitkräfte.[123] Gerade in der zweiten Hälfte der 90er Jahre scheint sich die Vorstellung von Kanada als einer »Peacekeeping-Nation« wenn schon nicht durchgesetzt, so doch weit verbreitet zu haben. So schrieb Patricia Fortier, Direktorin der Regional Security and Peacekeeping Division des kanadischen Außenministeriums, 2001: »Every Canadian school child learns that Canada is a peacekeeping nation.«[124] Dass diese Vorstellung von Seiten der Politik nicht mehr nachhaltig unterstützt und realpolitisch fundiert wurde, mag mit einer Skepsis gegenüber den Zukunftsaussichten des UN-Peacekeepings zu erklären sein. Inwieweit hierbei auch die Überzeugung eine Rolle spielte, dass ein solcher Ausdruck nationaler Selbstvergewisserung nicht mehr nötig sei, bleibt unsicher. 1995 scheiterte auch das zweite Quebec-Referendum. Zehn Jahre später schien es, als ob damit auf absehbare Zeit die Sezessionsgefahr gebannt worden sei.[125] Zeitgenössisch soll allerdings der knappe Ausgang des Referendums zumindest in Englisch-Kanada als Schock gewirkt haben, der die Angst vor einer Abspaltung noch erhöhte.[126]

---

123 Vgl. Carrière/O'Reilly/Vengroff, »In the Service of Peace«, S. 21 f.; Thompson/Hynek, Keeping the peace, S. 852.

124 Patricia Fortier, The Evolution of Peacekeeping, in: Rob McRae/Don Hubert (Hg.), Human Security and the New Diplomacy. Protecting People, Promoting Peace, Montreal & Kingston u.a. 2001, S. 41-54, hier S. 41. Siehe auch »Opening the door on defence policy«, Leitartikel, *Globe and Mail*, 2.11.1994, S. 20. Vgl. auch die Kritik an diesem Begriff bei Bland/Maloney, Campaigns, S. 93.

125 Vgl. Welsh, At Home, S. 21 f., 155 f.

126 Vgl. McRoberts, Misconceiving Canada, S. 234-244.

Abb. 13.1
»Kanadisches Militär fährt über
den Peacekeeping-Mythos«, 2006.
Karikatur von Michael de Adder/
artizans.com (ursprünglich
farbig). Auch abgebildet
in Norman Hillmer/Jack L.
Granatstein, Empire to Umpire.
Canada and the World into the
21st Century, 2. Aufl., Toronto
2008, S. 337

Genau in diesem Zeitraum der nachlassenden praktischen wie rhetorischen
Relevanz des Blauhelm-Engagements und obgleich es große Teile der Bevölkerung weiterhin unterstützten, wurde jedenfalls die Vorstellung von
der besonderen Befähigung der Kanadier und Kanadas zum Peacekeeping
und die Bedeutung der Blauhelme für das nationale Selbstverständnis zum
ersten Mal konzertiert hinterfragt. Um die Jahrtausendwende fehlten also
nicht nur kanadische Blauhelm-Soldaten in den UN-Friedensmissionen und
hatte sich die Politik aus Überzeugung, aus bündnispolitischer Notwendig-
keit sowie wegen der bewusst herbeigeführten Ressourcenknappheit vom
UN-Peacekeeping verabschiedet, sondern wurde zum ersten Mal auch die
ideelle Bedeutung des Peacekeepings massiv durch einen Gegenmythos[127]
herausgefordert. In diesem Sinne läutete die Jahrhundertwende, das *Fin de
Siècle*, tatsächlich das Ende einer 50 Jahre währenden Ära ein. Dabei schien es,
wie die abgedruckte Karikatur aus dem Jahr 2006 deutlich macht (Abb. 13.1),
dass die Realität des Kriegseinsatzes in Afghanistan auch dem kanadischen
Peacekeeping-Mythos endgültig den Garaus gemacht habe.

---

127   Vgl. zum Gegenmythos und zur Dialektik politischer Mythen Münkler, Wirtschafts-
       wunder, S. 46.

Zusammenfassung und Ausblick

Die UN-Friedenseinsätze entwickelten sich innerhalb von 40 Jahren zu einem Markenzeichen kanadischer Außenpolitik und zugleich zu einem bedeutenden Ausdruck gesellschaftlicher Identität. In diesem Zeitraum entstand in der Auseinandersetzung mit komplexen internationalen, außen- und innenpolitischen Konstellationen, zu denen besonders der Kalte Krieg und die Phase unmittelbar nach dem Ende des Ost-West-Konfliktes wie auch das innerkanadische *nation building* zählten, eine facettenreiche Politik des Peacekeepings. Die Entwicklung, welche die blau behelmten Soldaten praktisch, konzeptionell und symbolisch ins Zentrum rückte, kam als ein im wahrsten Sinne des Wortes gesellschaftliches Projekt daher. Dieses erhielt seine Dynamik durch die beständige, wenn auch im zeitlichen Verlauf unterschiedlich zu gewichtende Interdependenz außen- und innenpolitischer Faktoren sowie dadurch, dass sich die Blauhelm-Einsätze für Kanada während eines langen Zeitraums als überwiegend erfolgreich darstellten. Der hierbei entstehende und sich Anfang der 90er Jahre durchsetzende politische Mythos vom kanadischen Peacekeeping bündelte zentrale Narrative und Strategien des kanadischen *nation building* und erweist sich ganz generell als beispielhaft für die Entwicklung und das integrative Potenzial eines politischen Mythos im 20. Jahrhundert. Auf den ersten Blick erweist sich der Vorgang, der zur Ausbildung des kanadischen Peacekeeping-Mythos führte, als gradlinig, doch seit Mitte der 90er Jahre manifestierten sich gegensätzliche Tendenzen, die zu einem Auseinanderklaffen von Rhetorik und Praxis führten. In der Folge kam es zu einer Dissonanz und Differenz des staatlichen und gesellschaftlichen Verständnisses von der Rolle und Relevanz des Peacekeepings und mithin zu einem bis in die Gegenwart anhaltenden Prozess, in dem Konstanz und Funktion des Peacekeeping-Mythos hinterfragt werden.

Peacekeeping als gesellschaftliches Projekt

Die Entwicklung und Durchsetzung des Peacekeepings sowohl als politisches Instrument wie auch als politischer Mythos waren ein gesellschaftliches Projekt. Ein halbes Jahrhundert lang beteiligte sich hieran eine Vielzahl individueller Akteure, gesellschaftlicher Gruppen und öffentlicher Institutionen in Kanada. Es waren vorwiegend Kabinettsmitglieder, Diplomaten und Soldaten, die dazu beitrugen, den Einsatz von UN-Blauhelmen als wichtiges und allgemein akzeptiertes Element der internationalen Beziehungen Kanadas

© VERLAG FERDINAND SCHÖNINGH, 2020 | DOI:10.30965/9783657787807_016

zu implementieren. Neben der Exekutive und Bürokratie wirkten eher indirekt und auf schwieriger evaluierbarer Weise auch Parlamentsmitglieder, Zeitungskommentatoren, Wissenschaftler, zivilgesellschaftliche Akteure und die mitunter abgefragte öffentliche Meinung auf die Formulierung der kanadischen Peacekeeping-Politik ein. Im Wesentlichen waren es auch diese Akteursgruppen und die entsprechenden Institutionen, ergänzt beispielsweise durch Schulen und Schulbuchautoren, die – im chronologischen Ablauf mit unterschiedlicher Intensität – eine emotionale Beziehung zu den als außenpolitisches Instrument eingesetzten UN-Blauhelmen propagierten und sukzessive das kanadische Peacekeeping-Narrativ entfalteten, bis es sich zum Peacekeeping-Mythos verdichtete. Schon auf der Akteursebene zeigt sich somit, dass Außen- und Innenpolitik nicht zu trennen sind.

Sowohl das außenpolitische Instrument wie besonders der politische Mythos waren zwar ein Produkt gesellschaftlicher Kommunikation, aber eben nicht einer amorphen öffentlichen Meinung. Anders als in der Debatte um das kanadische Peacekeeping seit den 90er Jahren behauptet,[1] sind Ross und Reiter häufig präzise zu benennen – wie auch Herfried Münkler in seiner Theorie vom politischen Mythos konzediert, wenn er schreibt, dass »Mythen nicht von selbst entstehen, aus dem Volksgrund heraus, [...] sondern daß sie von Intellektuellen, gleich welcher politischen Couleur, zusammengestellt, aufbereitet und verbreitet werden«[2]. Für den vorliegenden Fall erweist sich Münklers Annahme, wer zum verantwortlichen Personenkreis gehört, als zu eng. Der Kern seiner Aussage bleibt aber bestehen: Es sind namentlich zu benennende Akteure oder Akteursgruppen, die den politischen Mythos wesentlich gestalten. Nicht die anonyme Öffentlichkeit war folglich einem Peacekeeping-Mythos aufgesessen, aufgrund dessen sie Politiker, Beamte und Soldaten zu einer als irrational beurteilten Blauhelm-Politik drängte. Vielmehr hatten diese aufgrund von spezifischen, zum Teil zeitabhängigen Gründen und Interessen den politischen Mythos und die zu Grunde liegende Politik maßgeblich mitgestaltet – wie übrigens auch die Wissenschaftler, aus deren Reihen später die entschiedensten Kritiken zu hören waren, ihren Teil zur Entfaltung des Peacekeeping-Narrativs beigetragen hatten.

Dennoch sollte die vielschichtige Entwicklung des Peacekeeping-Gedankens in Kanada nicht hinter der Konstruktion eines einfachen Wirkungszusammenhanges, der einzig den rationalen Akteur in den Mittelpunkt stellt, zurücktreten. Vielmehr waren diejenigen, die zur Konstituierung des politischen

---

1 Vgl. Stairs, Canada in the 1990s, S. 44; Tessier/Fortmann, Conservative Approach, S. 113 f.; Maloney, Canada and UN Peacekeeping, S. XI f.; dagegen Marten, Lending Forces.
2 Münkler, Politische Mythen, S. 26.

Mythos beitrugen, zugleich in einen gesellschaftlichen Diskurs nicht nur über das Peacekeeping, sondern damit verbunden auch über die postulierten ideellen Grundlagen kanadischen Zusammenlebens und kanadischer Staatsbildung eingebunden, dem sie sich nur schwer entziehen konnten.

Peacekeeping als exemplarischer politischer Mythos

Gerade in seiner ganzen Komplexität erweist sich die Geschichte des Peacekeepings in Kanada als herausragendes Beispiel für die Entwicklung und das integrative Potenzial eines politischen Mythos im 20. Jahrhundert. Grundlage für dessen Evolution und Durchsetzung war dabei weniger das Peacekeeping als solches, wenn auch die Realität der Einsätze und die Dynamik der außenpolitischen Diskussionen immer wieder wichtige Anstöße gaben, sondern die gesellschaftliche Suche nach Gemeinsamkeiten, die in einem als instabil begriffenen Gemeinwesen das postkoloniale *nation building* bestimmte. Es war der als potenziell staatssprengend angesehene Gegensatz der anglophonen und frankophonen Sprachgruppen und Kulturen, der Politiker und zivilgesellschaftliche Akteure dazu drängte, an dem ideellen »Überbau« zu arbeiten und gemeinsame Erfahrungen zu betonen. Das Peacekeeping-Narrativ und darauf aufbauend der Peacekeeping-Mythos halfen vor diesem Hintergrund in geradezu idealer Weise, die »Imagined Community« mit zu errichten, die gesellschaftlich als existenziell notwendig angesehen wurde. Auch in diesem Sinne war das kanadische UN-Peacekeeping Ausdruck eines gesellschaftlichen Projektes. Vermittels des Peacekeeping-Gedankens gelingt es also, sich dem anzunähern, was in der zweiten Hälfte des 20. Jahrhunderts politisch als integrativer Kern der kanadischen Gesellschaft galt.

Im Zeitablauf zunehmend prominenter erbrachten die Blauhelm-Einsätze und das Peacekeeping-Narrativ die gewünschten Integrationsleistungen. Insbesondere seit den 50er Jahren zeigte sich ein eindeutiger Trend: Je mehr die kanadischen Regierungen die Unabhängigkeit vom kolonialen Mutterland betonten und die Gesellschaft sich von der britischen Kultur zu lösen begann, umso notwendiger erwies es sich, eigene, als typisch kanadisch begriffene Angebote gesamtkanadischer Identifikation zu machen. Der Rückgang des auf Großbritannien bezogenen Nationalismus eröffnete somit zugleich die Möglichkeit für eine aktuellere, zwar zunächst anglophone, doch dezidiert kanadische Selbstverortung. Das Peacekeeping erwies sich hierbei als ideales Vehikel, war es doch ein im Prinzip neues, nicht an die britische Tradition gebundenes außenpolitisches Instrument, das kanadische Politiker nach eigenem Verständnis maßgeblich mitgestaltet hatten. Aus diesem Grund entwickelten sich die Suez-Krise und die Rolle des damaligen Außenministers Lester Pearson *ex post*[3] zu dem entscheidenden Fluchtpunkt nicht nur für die militärische Rolle der kanadischen UN-Blauhelme, sondern besonders für das Peacekeeping-Narrativ.

Dieses Narrativ konstituierte sich im Zeitraum von den 6oer bis in die 8oer Jahre. Es umfasste mehrere Teilnarrative, neben demjenigen vom Peace-keeping als einer kanadischen Erfindung auch diejenigen vom Erfolg der Friedensmissionen, von der Überparteilichkeit der kanadischen Soldaten, von einer Historie ohne eigene Kolonien und von Kanadas Beteiligung an allen UN-Operationen während des Kalten Krieges. Hierzu gehört auch die Annahme, dass die Kanadier *qua* gesellschaftlicher Sozialisation zum Peacekeeping be-sonders befähigt seien. Denn das Postulat von der multikulturellen Gesell-schaft, das seit den 7oer Jahren den Gegensatz der beiden »founding races« übertünchen und zugleich die neue Realität eines ethnisch und kulturell noch weiter diversifizierten Kanadas aufgreifen sollte, wurde zugleich zum Erfolgs-rezept der kanadischen Blauhelme stilisiert. Im Umkehrschluss untermauerte ein erfolgreicher Einsatz der kanadischen Soldaten die Überzeugung, dass die heterogene und plurale kanadische Gesellschaft ideal funktioniere. Außen-und innenpolitische Wahrnehmungen wirkten zirkulär aufeinander ein.

Hierbei konnte das Peacekeeping-Narrativ an verschiedene ältere Narrative, Meistererzählungen bzw. politische Mythen anknüpfen und sie zumindest teilweise integrieren, was die erfolgreiche Entwicklung und Durchsetzung des Peacekeeping-Mythos vorbereitete und beförderte. Seit dem Ende des Ersten Weltkrieges hatten Politiker und organisierte Veteranen die Bedeutung des Kriegsgeschehens für die Entwicklung einer kanadischen Nation propagiert. Diese sei im »Feuer« der Weltkriege entstanden. Es war also die militärische Tradition, die zunächst das kanadische Staatswesen legitimieren sollte. Ob-gleich es sich hierbei um einen primär anglophonen Gründungsmythos handelte und er weite Teile der Gesellschaft – Frankophone, Frauen, indigene Bevölkerungsgruppen, spätere Zuwanderer – nur rudimentär miteinbezog, blieb er politisch bestimmend und Ausgangspunkt für die symbolische und rituelle Vergemeinschaftung der kanadischen Bevölkerung. Der Einsatz von Soldaten in Friedensmissionen der UN wie auch das Peacekeeping-Narrativ

---

3   Die Entwicklung wurde 1956 grundgelegt, doch weder ein elaboriertes Peacekeeping-Narrativ noch der Peacekeeping-Mythos entstanden schon in den 5oer Jahren, wie häufig als gegeben angenommen wird. Vgl. beispielsweise die ansonsten erhellende Studie von Lesley Williams, Manoeuvring the Peacekeeping Myth: Canadian News Media Reports on the Canadian Forces in Afghanistan, M.A. thesis, York University, Toronto 2000, S. 2, online unter http://www.collectionscanada.gc.ca/obj/thesescanada/vol2/002/MR53839.PDF (ein-gesehen 28.3.2014).

konnten an diese militärischen Traditionen der anglophonen Bevölkerungsmehrheit anknüpfen und überführten sie zumindest partiell in eine Tradition
des modernen, multikulturellen Kanadas.

Vor allem aber gelang es dem Peacekeeping-Narrativ eine weitere Meistererzählung nicht nur ebenfalls zu integrieren, sondern mit der prinzipiell
antagonistischen Erzählung vom militärischen Kanada zu versöhnen. Es
ist die Rede von Kanada als einem »friedvollen Königreich«, eine Selbstbeschreibung, die sich seit den 70er Jahren durchsetzte. Auch hieran konnte
der Peacekeeping-Gedanke anschließen. Selbst bis hinein in die Friedensbewegung wurde die friedenspolitische Aufgabe der Blauhelme, trotz des
militärischen Charakters der Einsätze, betont und gutgeheißen. Postulierte
militärische Tradition und ein angenommener friedfertiger Charakter der
Kanadier fanden somit im Peacekeeping-Narrativ zusammen, welches selbst
das scheinbar Unvereinbare vereinbarte.

Last, but not least konnte das Peacekeeping auch als Ausdruck des Abstandes
vom südlichen Nachbarn aufgefasst werden. Der kanadische Nationalismus
richtete sich insbesondere in den 70er Jahren nicht mehr vornehmlich gegen
die britische Tradition, sondern fand in einer Abwehrhaltung gegen alles US-
amerikanische zusammen, wobei der Antiamerikanismus eine lange Tradition
hatte, der schon mit der Flucht der Loyalisten während des amerikanischen Un-
abhängigkeitskrieges begann. Letztlich ist er aber ein Ausdruck der Furcht des
kleineren vor dem großen, als übermächtig wahrgenommenen Nachbarn. Vor
dem Hintergrund des in den 70er Jahren auch in Kanada immer unpopulärer
werdenden Krieges in Vietnam erschien das kanadische Peacekeeping und
damit Kanada als Friedensmacht im Gegensatz zu den als kriegstreiberisch
und militaristisch wahrgenommenen Vereinigten Staaten. Kanadische Blauhelme brachten Frieden, amerikanischen G.I.s standen für Krieg: Auf diesen
knappen Nenner lässt sich pointiert die Haltung vieler Kanadier bringen.
Unter Ausblendung zahlreicher Gemeinsamkeiten und der politischen,
militärischen, wirtschaftlichen und kulturellen Verflechtungen wurden die
UN-Blauhelme kanadischer Herkunft so zu einem wichtigen Symbol der Abgrenzung von den USA.

Peacekeeping-Narrativ und -Mythos erwiesen sich als anschlussfähig und
integrativ. Gerade die beiden Sprachgruppen fanden hierin Gemeinsamkeiten.
Zwar blieb die Identifikation mit den Einsätzen der Blauhelme und deren
identitätspolitischen Angeboten im frankophonen Quebec schwächer als
in den anglophonen Provinzen, doch konnten sich gegen Ende des 20. Jahrhunderts Bewohner in allen Teilen Kanadas mit der innen- und außenpolitischen Rolle der eigenen Friedenssoldaten identifizieren. Dabei half
sicherlich die in Quebec verbreitete Wahrnehmung von der frankophonen

als einer friedvollen, pazifistischen Gesellschaft – eine Rezeption, die jüngst hinterfragt wird, die aber als Postulat im 20. Jahrhundert wirkungsmächtig war. Die Integrationskraft des Peacekeeping-Mythos zeigte sich also selbst dort, wo die identitätspolitische Bruchlinie im kanadischen »Mosaik« verlief.

Geradezu prototypisch für die Geburtsphase eines politischen Mythos war seit 1988 die Entstehung des Peacekeeping-Monuments und dessen rituelle Verankerung. Unterschiedliche Akteure aus Politik, Verwaltung, Militär, Wirtschaft und Zivilgesellschaft folgten zwar durchaus differierenden Agenden, versuchten aber bewusst eine Symbolisierung eines in der Essenz als gemeinsam angenommenen Narrativs zu erreichen. Mythentheoretisch zeigt sich, dass das Narrativ Teil des politischen Mythos, aber diesem eben auch vorgeschaltet ist. Der politische Mythos kann sich erst voll entfalten, wenn er die engere Sphäre der Sprache verlässt und visuell sowie rituell erfahrbar wird. Gerade in seiner symbolischen und rituellen Form gelingt es ihm, wie exemplarisch dem Peacekeeping-Mythos, unterschiedliche Interessen zu verbinden und seinen Integrationsauftrag zu erfüllen.[4]

Doch leisteten Peacekeeping-Narrativ und Peacekeeping-Mythos nicht nur mittels Erzählungen und symbolischer Angebote ihren Beitrag zur nationalen Vergemeinschaftung, sondern sie befähigten Politiker und Regierungsvertreter, spezifische politische Optionen zu ergreifen. Peacekeeping-Narrativ und -Mythos ermöglichten (politisches) Handeln.[5] In der Zypernkrise von 1964 trugen Selbst- und Fremdbild dazu bei, dass sich die kanadische Regierung als Vorreiter des UN-Blauhelmeinsatzes profilierte. Auch das außerordentliche Engagement nach Ende des Kalten Krieges lässt sich zum Teil mit den Erfahrungen und Wahrnehmungen von 40 Jahren Peacekeeping und Peacekeeping-Narrativ erklären. Überhaupt führte das Bewusstsein von der

---

4   Das genaue Verhältnis zwischen Mythos und Ritual bleibt unsicher. Der Philosoph Ernst Cassirer sieht in seinen Überlegungen zum »mythischen Denken« das Ritual dem Mythos vorgeschaltet. Der Historiker Edgar Wolfrum betont dagegen: »Das Ritual setzt eine Narration, einen Mythos, in Aktion um. Zugleich erklärte der Mythos das Ritual.« Für den Politikwissenschaftler Yves Bizeul sind politische Mythen und Rituale »oft eng miteinander verknüpft« und hinsichtlich der Funktion kaum voneinander zu trennen. Vgl. Ernst Cassirer, Philosophie der symbolischen Formen. Zweiter Teil: Das mythische Denken, bearb. v. Claus Rosenkranz, Hamburg 2002, S. 47, 258 (Ernst Cassirer, Gesammelte Werke, Hamburger Ausgabe, Bd. 12); Edgar Wolfrum, Geschichtspolitik in der Bundesrepublik Deutschland. Der Weg zur bundesrepublikanischen Erinnerung 1948-1990, Darmstadt 1999, S. 135; Bizeul, Theorien der politischen Mythen und Rituale, passim (Zitat S. 18).

5   Auf diese Funktionen des politischen Mythos weist insbesondere Münkler hin, nicht ohne jedoch zu betonen, dass der politische Mythos zugleich auch das Blickfeld verengen und somit Alternativen ausschließen würde. Vgl. Münkler, Die Deutschen und ihre Mythen, S. 475. Deutlicher: Bizeul, Politische Mythen, S. 13 f.

eigenen Blauhelm-Tradition dazu, dass die verantwortlichen Politiker in den 90er Jahren verstärkt die Durchsetzung und Anwendung neuer internationaler Normen forderten. Hierzu gehörten die Aufweichung des Souveränitätsdogmas, das Plädoyer für Humanitäre Interventionen bei Menschenrechtsverletzungen und die Human Security-Agenda.

Identitätspolitisch und außenpolitisch wirkungsmächtig bestimmte seit den 60er Jahren die nationale Erzählung vom Peacekeeping die politische Kultur in immer stärkerem Maße. Schaut man über den nationalen Tellerrand, so wird offensichtlich, dass die Bedeutung von Blauhelm-Einsätzen für die innere Entwicklung sowie deren Beitrag zum nationalen Selbstverständnis nicht auf Kanada beschränkt blieb. Zwar waren die Motive der Regierungen anderer Staaten, sich an den UN-Friedensmissionen zu beteiligen, vielfältig. Doch finden sich dabei gerade Beispiele, die Kanadas Situation ähneln. Schweden ist hier an erster Stelle zu nennen. Auch dort konnten die Idee und Praxis des Peacekeepings an zwei, auf den ersten Blick antagonistische Vorstellungen anschließen. Zum einen begriff sich die schwedische Gesellschaft als eine pazifistische, friedensliebende. Zum anderen zog sie ihr außen- und sicherheitspolitisches Selbstverständnis aus einer Kombination von Neutralität und Wehrhaftigkeit. Diese beiden identitätsstiftenden Narrative erinnern an die kanadischen Meistererzählungen von der aus den militärischen Einsätzen kanadischer Soldaten hervorgegangenen Nation und vom »friedlichen Königreich«. Schweden war also analog zu Kanada ideell dafür gerüstet, die Blauhelm-Soldaten als Ausdruck des eigenen gesellschaftlichen Selbstverständnisses wahrzunehmen.[6] In Irland, einem der nach Kanada und Schweden bis Mitte der 90er Jahre wichtigsten traditionellen Peacekeeper, gehörte die außenpolitische und militärische Neutralität ebenfalls zu einem herausragenden Element nationaler Identität. Hinzu trat, dass das Land praktisch in einem kolonialähnlichen Abhängigkeitsverhältnis zu England gestanden hatte und deshalb auch speziell für Staaten der so genannten »Dritten Welt« akzeptabel schien. Aus beiden Gründen wurden die irischen Soldaten als im besonderen Maße für Friedenseinsätze in aller Welt prädestiniert wahrgenommen und als neutrale, uneigennützige Streitschlichter geschätzt.[7] Diese Wahrnehmung, bezogen auf die eigenen Peacekeeper, fand sich auch in Kanada. Wie der österreichische Historiker Erwin A. Schmidl betont, halfen Blauhelm-Beteiligungen, die direkt die UN unterstützten, kleineren Staaten

---

6   Vgl. Nilsson, Swedish Peacekeeping.

7   Vgl. Ishizuka, Irland, S. 11 f. , 36, 170; Roisin Doherty, Partnership for Peace: The *sine qua non* for Irish Participation in Regional Peacekeeping, in: International Peacekeeping 7 (Summer 2000), 2, S. 63-82, hier S. 69.

zudem dabei, eine eigenständige Identität gegenüber größeren Nachbarstaaten zu entwickeln. Beispiele böten Irland gegenüber Großbritannien,
Österreich gegenüber Deutschland, die skandinavischen Staaten gegenüber
(Zentral-)Europa und eben Kanada gegenüber den USA.[8] Die kanadische
Rezeption des Peacekeepings und dessen Rolle im innenpolitischen Diskurs waren im internationalen Vergleich also nicht singulär, doch scheint
das Peacekeeping als wichtiges Element gesellschaftlicher Identität sich besonders in Kanada durchgesetzt und dort gewirkt zu haben. Die kanadische
»Peacekeeping-Nation« erweist sich in diesem Sinne also sowohl als beispielhaft wie auch als exzeptionell.

Jedenfalls wäre es auch jenseits der genannten Beispiele weiterer Untersuchungen wert, ob und inwieweit andere traditionelle Truppensteller des
Kalten Krieges, wie Indien oder in begrenzterem Umfang Italien, nicht nur
außenpolitische Agenden verfolgten,[9] sondern die eigenen Friedenstruppen
als Ausdruck innenpolitischer Selbstdeutungsstrategien verstanden.[10] Der
Blick nach innen bleibt bislang in vielen Fällen ein Desiderat. Ungleich
aktueller und dabei zugleich empirisch noch herausfordernder wäre es, diese
Frage in Bezug auf die Truppensteller der jüngsten Vergangenheit zu stellen,
die vorwiegend zu den sich entwickelnden Staaten und nicht mehr zu den
klassischen Industrieländern gehören, wie beispielsweise Bangladesch,
Pakistan, Nepal, Äthiopien und Fidschi. Ihnen werden üblicherweise ausschließlich außen-, macht- und besonders fiskalpolitische Motive zugebilligt.[11]

---

8   Vgl. Erwin A. Schmidl, Neutral, klein, unabhängig: die idealen »Blauhelme«?, in: Michael
     Gehler (Hg.), Die Neutralen und die europäische Integration 1945 bis 1995, Wien u.a. 2000,
     S. 61-79, hier S. 78.
9   Vgl. hierzu z.B. die Studie von Laura Neack, die den außenpolitischen Eigennutz
     von UN-Truppenstellern betont. Laura Neack, UN Peace-keeping: In the Interest of
     Community or Self?, in: Journal of Peace Research 32 (1995), 2, S. 181-196.
10   Vgl. zu Italien Alessandro Polsi, Reasons for Italy's Active Engagement in PKOs. Political,
     Cultural, and Moral Implications, in: Andrea de Guttry/Emanuele Sommario/Lijiang
     Zhu (Hg.), China's and Italy's Participation in Peacekeeping Operations. Existing Models,
     Emerging Challenges, London 2014, S. 57-65. Zu Italiens beschränktem, doch kontinuier-
     lichem Einsatz während des Kalten Krieges und zum weitergehenden Engagement bis
     in die Gegenwart vgl. Giampiero Giacomello/Enrico Magnani, Italian Peace-Keeping
     Operations: A Brief History, in: Peace Research 25 (November 1993), 4, S. 85-94; Fabrizio
     Coticchia, A Remarkable Evolution: Italy's Participation in PKOs. Figures and Trends, in:
     Andrea de Guttry/Emanuele Sommario/Lijiang Zhu (Hg.), China's and Italy's Participation
     in Peacekeeping Operations. Existing Models, Emerging Challenges, London 2014, S. 9-34.
11   Vgl. Kabilan Krishnasamy, ›Recognition‹ for Third World Peacekeepers: India and Pakistan,
     in: International Peacekeeping 8 (Winter 2001), 4, S. 56-76, hier S. 56 f.; Bellamy/Williams,
     Understanding Peacekeeping, S. 58 f., 64 f. Die genannten Motive werden insbesondere
     auch Indien zugeschrieben. Vgl. Alan James Bullion, India, in: David S. Sorenson/Pia

Eine Refokussierung der historischen und politikwissenschaftlichen Forschung auf die Frage nach der Bedeutung der Blauhelme für die innere Entwicklung entspräche auch den Anforderungen, die an die Analyse außenpolitischer Beziehungen gestellt werden.[12] Tatsächlich wäre ein solcher Forschungsansatz wichtig, um präzise bestimmen zu können, warum, wann und wie lange nationale Regierungen Soldaten für UN-Friedensmissionen bereitstellen.[13]

Peacekeeping als erfolgreiches außenpolitisches Instrument

Die Motive, die dazu führten, dass sich die kanadischen Verantwortlichen immer wieder für eine Beteiligung an den Blauhelm-Operationen aussprachen, basierten sowohl auf innen- wie auf außenpolitischen Überlegungen. Insbesondere kam zum Tragen, dass die UN-Friedensmissionen für Kanada als außenpolitisches Instrument überwiegend erfolgreich waren. Diese Einschätzung lässt sich aus unterschiedlichen Perspektiven erhärten. Das Peacekeeping entsprach während und unmittelbar nach dem Ende des Kalten Krieges den stabilitäts- und sicherheitspolitischen Zielen sukzessiver kanadischer Regierungen. Zugleich wurde es in diesem Zeitraum von den verantwortlichen Akteuren wie auch von der Bevölkerung als erfolgreich angesehen, eine Einschätzung, welche die Regierungen anderer Staaten wie auch das UN-Sekretariat in New York ebenfalls teilten. Aus der Sicht der »public diplomacy« führte es zu einem erfolgreichen »nation branding«. Darüber hinaus trugen die Blauhelm-Einsätze in vielen Fällen dazu bei, sowohl zwischenstaatliche wie auch innerstaatliche Konflikte und Kriege zu beenden oder zumindest zu entschärfen sowie in jüngerer Zeit durchaus altruistisch

---

Christina Wood (Hg.), The Politics of Peacekeeping in the Post-Cold War Era, London/New York 2005, S. 196-212, hier S. 198 f. Kritisch zum fiskalischen Argument: Alex J. Bellamy/ Paul D. Williams, Introduction: The Politics and Challenges of Providing Peacekeepers, in: dies. (Hg.), Providing Peacekeepers. The Politics, Challenges, and Future of United Nations Peacekeeping Contributions, Oxford 2013, S. 1-22, hier S. 9-11.

12   Vgl. die in der Einleitung diskutierten geschichts- und politikwissenschaftlichen Annäherungen an die internationalen Beziehungen. So wäre beispielsweise zu hinterfragen, ob, wie der deutsche Generalmajor a.D. Manfred Eisele, ehemals Militärberater der UN-Generalsekretäre Boutros Boutros-Ghali und Kofi Annan, meint, die Blauhelm-Soldaten »nicht nur in ihrem Einsatzland, sondern vielfach auch in ihren Heimatländern zu Botschaftern der Menschenrechte« werden. Manfred Eisele, Blauhelme als Krisenmanager, in: Sabine von Schorlemmer (Hg.), Praxishandbuch UNO. Die Vereinten Nationen im Lichte globaler Herausforderungen, Berlin u.a. 2003, S. 27-39, hier S. 38.

13   Jüngst, bezogen auf die Zeit nach der Jahrtausendwende: Bellamy/Williams (Hg.), Providing Peacekeepers.

auch menschliches Leben zu schützen. Während der gesamten zweiten Hälfte des 20. Jahrhunderts, verstärkt in den 90er Jahren, konnten kanadische Regierungsvertreter als »norm entrepreneurs« auftreten und unter Verweis auf ihre Beteiligung an den Blauhelm-Operationen Veränderungen der normativen Grundlagen in den internationalen Beziehungen anstoßen.

Auch die außenpolitischen Ziele, welche die kanadischen Regierungen während des Kalten Krieges verfolgten, waren nicht einzigartig, sondern fanden sich in ähnlicher Form in den Zielsetzungen anderer Staaten wieder, die sich im weitesten Sinne als »Mittelmächte« verstanden oder die als kleinere, aber politisch-militärisch potente Staaten bezeichnet werden können.[14] Hierzu gehörten insbesondere die skandinavischen Staaten Dänemark, Norwegen, Schweden und Finnland, die bis zur Wende 1989/90 zusammengenommen durchschnittlich rund 25 Prozent aller Blauhelme stellten.[15] Die Gründe, die Peter Viggo Jakobsen für das Engagement und den Erfolg dieser Staaten im Rahmen des UN-Peacekeepings angibt, lesen sich wie eine Blaupause auch für die kanadische Situation während des Kalten Krieges. Nach seiner Meinung hätten fünf Faktoren die Beteiligung der skandinavischen Staaten am UN-Peacekeeping quasi unvermeidlich gemacht: »(1) suitability; (2) common interests; (3) distinct national interests; (4) high overlap between national interests and values and UN goals and ideals; and (5) the narrative of success.«[16] Wie auch Kanada gehörten die vier Staaten nicht zu den ständigen Mitgliedern des Sicherheitsrates, die während des Kalten Krieges überwiegend von den Blauhelm-Operationen ausgeschlossen waren. Sie hatten keine dezidierten politischen Interessen in den Konfliktregionen, waren für die aufnehmenden Regierungen akzeptabel und konnten schnell professionelle Truppen bereitstellen. Anders als Schweden und Finnland war Kanada nicht neutral, bemühte sich aber, um den eigenen Handlungsspielraum zu erweitern, zumindest nach außen hin eine solche Neutralität zu suggerieren. Dänemark und Norwegen, beides ebenfalls NATO-Mitglieder, befanden sich in einer ähnlichen Lage wie Kanada, wenn auch ihre internationale Situation mit derjenigen des nordamerikanischen Staates nicht vollständig verglichen werden kann, war doch Ottawas erster außenpolitischer Bezugspunkt das so genannte »atlantische

---

14   Die »Eingruppierung« der Staaten variiert. Zum Teil werden die skandinavischen Staaten und Irland auch zu den Mittelmächten gezählt. Vgl. Bellamy/Williams, Introduction, S. 8.
15   Vgl. Åge Eknes, Prepared for Peace-keeping: The Nordic Countries and Participation in U.N. Military Operations, in: Winrich Kühne (Hg.), Blauhelme in einer turbulenten Welt. Beiträge internationaler Experten zur Fortentwicklung des Völkerrechts und der Vereinten Nationen, Baden-Baden, Basel 1993, S. 509-523, hier S. 509.
16   Jakobsen, The Nordic Peacekeeping Model, S. 382.

Dreieck«, in dem Washington und – zunehmend schwächer werdend – London den Ton angaben.

In jedem Fall spielten sicherheitspolitische Ziele eine zentrale Rolle. Diese wiederum waren direkt oder indirekt von den Supermächten bzw. von den antagonistischen Blöcken abhängig. (Militärische) Sicherheit, nicht primär Peacekeeping per se, war daher richtungsweisend für die Außenpolitik der skandinavischen Staaten. »This naturally resulted in foreign policies whose long-term objectives aimed at strengthening the rule of law and promoting the peaceful settlement of all disputes [...] Since the UN was set up to realize these objectives, supporting peacekeeping operations under its auspices was evidently in the Nordic interest.«[17] Wie Jakobsen selbst schreibt, seien diese Ziele auch von anderen Mittelmächten und kleineren Staaten, wie Kanada und Irland, verfolgt worden. Jedenfalls galt es, eine Konfrontation der Supermächte zu vermeiden und begrenzte Konflikte, die das Potenzial hatten, sich auszuweiten, einzudämmen.

Trotz anfänglicher Skepsis nahmen auch die Regierungen der skandinavischen Staaten die UN-Friedensmissionen zunehmend als erfolgreich wahr. Eine Teilnahme brachte internationalen Statusgewinn und Prestige. »Domestically, it became a source of national prestige. [...] Public support remained strong throughout the Cold War, although participation in difficult operations characterised by high tension and the loss of lives generated debate and criticism from time to time.«[18] Wie auch in Kanada blieben die finanziellen und materiellen Kosten verhältnismäßig gering. Kurz zusammengefasst, so Jakobsen, habe die Beteiligung an UN-Blauhelm-Missionen »power, pride and prestige on the cheap« generiert – eine Beurteilung, die zumindest für die Zeit während des Kalten Krieges und unmittelbar danach auch auf Kanada zutrifft.

Die Antwort auf die Frage, ob die Blauhelme objektiv als internationale Konfliktlöser und Friedensstifter erfolgreich waren, bleibt dagegen kontrovers. Es kommt wesentlich darauf an, welche Kriterien angelegt und welche Zeithorizonte einbezogen werden. UNEF I beispielsweise galt rund zehn Jahre als Friedensgarant im Nahen Osten, konnte allerdings nicht zu einer wirklichen Lösung des Konfliktes beitragen. Nach dem »Rauswurf« 1967 schien die Mission gescheitert; ein neuer Krieg begann. Doch war damit nicht das Ende der Geschichte der Blauhelme am Suez-Kanal erreicht. Letztlich bereitete UNEF I den erfolgreichen Einsatz von UNEF II mit vor, der 1979 mit dem Friedensabkommen zwischen Ägypten und Israel seinen Abschluss fand. Häufig konnten Blauhelm-Operationen jedoch nur Krisen entschärfen,

---

17 Ebd., S. 383.
18 Hierzu und zum folgenden Zitat ebd., S. 386.

nicht aber dauerhaft lösen. Seit 1974 kam es auf Zypern zu keinen größeren militärischen Auseinandersetzungen. Hicrfür sind die dort stationierten Peacekeeper wesentlich mitverantwortlich. Dennoch können sie als Korsett- stangen eines brüchigen Friedens noch immer nicht herausgezogen werden. Ist ihr Einsatz daher eher als erfolgreich anzusehen, da er Blutvergießen ver- hindert, oder behindern die Blauhelme, dadurch dass sie einen Konflikt »über- decken«, eine diplomatische Lösung?

Weitgehend unstrittig ist, dass die Friedenssoldaten vor allem während des Kalten Krieges internationale Gefahrenherde eindämmten, die möglicher- weise zu einer Supermacht-Konfrontation geführt hätten, und den teilweise damit verschränkten Prozess der Dekolonisierung als Krisenmanager be- gleiteten. Die Blauhelme trugen so zu einer Stabilisierung der internationalen Ordnung bei – ein Erfolg, sofern man den Status quo bzw. eine nur graduelle Veränderungen zulassende Transformation als positiv beurteilt.

Durchweg kritischer werden die UN-Peacekeeping-Einsätze aus der Mitte der 90er Jahre beurteilt. Diese Einsätze überdecken in der öffentlichen Wahr- nehmung auch die früheren Erfolge Ende der 80er und Anfang der 90er Jahre, wie beispielsweise in Mittelamerika und Kambodscha.[19] Die Fehlschläge in Jugoslawien, Somalia und Ruanda erwiesen sich als so offensichtlich und weitreichend, dass sie bis heute das Bild von den Blauhelmen wesentlich mitbestimmen. Als Misserfolge werden sie explizit dem UN-Sekretariat und seinen Peacekeeping-Mechanismen angelastet. Dagegen wird kaum diskutiert, ob die Blauhelme – trotz mannigfaltiger Probleme – nicht beispielsweise auch in Jugoslawien zahlreiche potentielle Opfer des Bürgerkrieges dauerhaft schützen konnten. Vor allem aber bleibt wenig beachtet, dass auch die Mit- gliedstaaten der UN und insbesondere der Sicherheitsrat eine Mitschuld an den Misserfolgen und dem daraus entstehenden Leid hatten.[20]

Trotz dieser menschlich, politisch und hinsichtlich des Erscheinungsbilds der UN desaströsen Resultate wie auch des Rückzugs des Gros der westlichen Soldaten vom UN-Peacekeeping bestanden die Blauhelme fort. In der zweiten Hälfte der 90er Jahre wurden die Einsätze drastisch zurückgefahren. Ende 1999 standen weltweit nur noch rund 14.000 Soldaten und knapp über 4.000

---

19   Zur positiven Beurteilung dieser Operationen Michael W. Doyle/Nicholas Sambanis, Peacekeeping Operations, in: Thomas G. Weiss/Sam Daws (Hg.), The Oxford Handbook on the United Nations, Oxford 2007, S. 323-348, hier S. 327.

20   Vgl. Mats R. Berdal, »Peacekeeping, Enforcement: Where do we go from here?«, in: Maintien de la paix de 1815 à aujord'hui. Actes du XXIᵉ colloque de la Commission internationale d'histoire militaire/Peacekeeping 1815 to Today. Proceedings of the XXIst Colloquium of the International Commission of Military History, Quebec 1995, S. 566-578, hier S. 576.

Polizisten unter dem blauen UN-Banner. Doch ab der Jahrtausendwende erfreuten sich die UN-Friedensoperationen eines erneuten Booms. Von Anfang
bis Mitte 2000 verdoppelte sich fast die Zahl der Blauhelme (einschließlich der
Polizeiangehörigen). Sie erwiesen sich als notwendiger denn je. Im Februar
2010 wurde zum ersten Mal die Marke von 100.000 Soldaten und Polizisten
überschritten. Genau fünf Jahre später, im Februar 2015, erreichten die Ein-
satzzahlen einen neuen Höchststand. 104.700 Mann, darunter 92.000 Soldaten,
verteilten sich auf 16 UN-Friedensmissionen. Der quantitative Umfang des
gesamten UN-Peacekeepings bewegt sich seit 2008 konstant in einem Korridor
zwischen rund 90.000 und 100.000 Uniformierten, davon etwa 85 % Militärangehörige. Dies macht deutlich: Die UN-Blauhelme gehören wiederum zu den
wichtigsten Elementen des globalen Konfliktmanagements.[21]

Sie werden selbst von westlichen Entscheidern und Beobachtern wieder
als aktive »Player« ins Spiel gebracht, wenn es darum geht, kriegerische
Situationen zu entschärfen und Krisen einzudämmen, die sich potentiell zu
einem internationalen Flächenbrand ausweiten könnten. Zum ersten Mal seit
rund zehn Jahren nahm 2006 wieder eine größere Zahl westlicher Soldaten
an einer UN-Blauhelm-Aktion teil. Nach dem Sommerkrieg im Libanon
zwischen dem Staat Israel und der schiitischen Miliz Hisbollah wurde das
Mandat der bereits bestehenden UNIFIL nicht nur verlängert, sondern ausgeweitet. Am 31. Oktober 2006, nach der Erweiterung der Mission, stammten
6.630 der 8.741 Soldaten aus europäischen Staaten bzw. der Türkei; zu den
wichtigsten Truppenstellern gehörten in absteigender Reihenfolge Frankreich,
Italien, Spanien und Deutschland. Kanadische Militärangehörige waren nicht
beteiligt.[22] Sechs Jahre später, im Oktober 2012, stellte zwar Indonesien mit
fast 1.500 Truppen das größte UNIFIL-Kontingent, Italien, Spanien, Frankreich und die Türkei waren aber weiterhin mit namhaften Beiträgen vertreten.
Deutschland entsandte nur noch 190 Soldaten, nachdem im Oktober 2006 zunächst über 900 Militärangehörige in UNIFIL gedient hatten. Dieser Rückzug

---

21 Vgl. Monthly Summary of Military and Civilian Police Contribution to United Nations
    Operations (1995-2004) u. Monthly Summary of Military and Police Contribution to
    United Nations Operations (2005-2014), online unter http://www.un.org/en/peacekeeping/
    contributors/documents/Yearly_Summary.pdf u. http://www.un.org/en/peacekeeping/
    contributors/documents/Yearly.pdf (beide aufgerufen 2.6.2014); United Nations Peace-
    keeping, Peacekeeping Fact Sheet, 28.2.2015, online unter http://www.un.org/en/peace
    keeping/resources/statistics/factsheet.shtml (aufgerufen 13.4.2015) u. S. 3, Anm. 6 in
    diesem Band.
22 Vgl. UN Mission's Summary detailed by Country. Month of Report: 31.10.2006, S. 6, online
    unter http://www.un.org/en/peacekeeping/resources/statistics/contributors_archive.shtml
    (aufgerufen am 13.6.2014).

mag auch darauf zurückzuführen sein, dass UNIFIL die krisenhafte Situation im Libanon nicht wirklich entschärfen konnte.[23]

Der wieder aufgekommene Antagonismus zwischen Russland und den USA bzw. der westlichen Allianz lässt insbesondere in jüngster Zeit die Angst vor Krisenszenarien wieder hervortreten, die an diejenigen des Kalten Krieges erinnern. Auch in diesen Fällen erweist sich der Einsatz von UN-Blauhelmen erneut zumindest als eine Option. In diesem Sinne ist auch die im April 2012 autorisierte Aufstellung einer UN-Beobachtermission für das vom Bürgerkrieg erschütterte Syrien zu verstehen. Sie stellte den kleinsten gemeinsamen Nenner dar, der im Sicherheitsrat nach einem zuvor von Russland und China ausgesprochenen Veto zu erreichen war.[24] Ein ähnlicher Vorstoß für die Ukraine, den im April 2014 der ukrainische Übergangspräsident Alexander Turtschinow wagte,[25] war dagegen schon von vornherein zum Scheitern verurteilt, da das Land in der Lesart der russischen Regierung zu deren unmittelbarem Einflussgebiet gehört. Auch hier feiern die Mechanismen des Kalten Krieges fröhliche Urständ. Anders als während der Zeit der Blockkonfrontation gehören jedoch diesmal weder Kanada zu den herausragenden Truppenstellern noch seine Politiker zu den maßgeblichen Akteuren.

Die Beurteilung, ob und wie weit speziell das kanadische Peacekeeping erfolgreich war, hängt zwar einerseits von der generellen Bewertung der Funktionen und Leistungen der UN-Blauhelme ab. Entsprechend erwies sich das kanadische Engagement als durchwachsen. Andererseits entscheidet über Erfolg und Misserfolg der nationalen Einsätze nicht nur die jeweilige internationale Situation. Mit Blick nur auf die kanadische Peacekeeping-Politik und die von ihr ausgesandten Friedenssoldaten zeigt sich zumindest die internationale Rezeption als durchaus freundlicher. Die kanadische Politik und ihre maßgeblichen Vertreter wurden immer wieder als Vordenker und Vorkämpfer der Blauhelme wahrgenommen. Dies gilt für Lester Pearson in der Suez-Krise, für Paul Martin während der volatilen Situation in und um Zypern

---

23   Vgl. Center on International Cooperation (Hg.), Annual Review of Global Peace Operations 2007, London 2007, S. 5, 275-279; Center on International Cooperation (Hg.), Annual Review of Global Peace Operations 2013, London 2013, S. 340; Tarik Ndifi, Der Sommerkrieg 2006 im Libanon und seine Folgen, in: Bernhard Chiari/Dieter H. Kollmer (Hg. im Auftrag des Militärgeschichtlichen Forschungsamtes), Wegweiser zur Geschichte. Naher Osten, 2. Aufl., Paderborn u.a. 2009, S. 147-155.

24   Vgl. Center on International Cooperation (Hg.), Annual Review 2013, S. 58-64.

25   Vgl. »Kiew bittet Uno um Einsatz von Blauhelmen«, Spiegel online, 14.4.2014, online unter http://www.spiegel.de. Einen Monat zuvor hatte der deutsche FDP-Politiker und Europaabgeordnete Alexander Graf Lambsdorff einen ähnlichen Vorschlag vorgebracht. »Lambsdorff schlägt Entsendung von Blauhelmen auf die Krim vor«, Zeit online, 3.3.2014, online unter http://www.zeit.de (beide aufgerufen 2.6.2014).

1964 wie auch für Brian Mulroney, Joe Clark, Barbara McDougall und besonders Lloyd Axworthy in den 90er Jahren. Neben den einzelnen Ereignissen und hervorragenden Protagonisten spielte insbesondere die Kontinuität des Engagements eine entscheidende Rolle. Im Bewusstsein der internationalen Akteure wie auch in der außenpolitischen Realität war der kanadische Staat seit den 50er Jahren bis Mitte der 90er Jahre durchgehend einer der wichtigsten Truppensteller. Dabei spielt es sicherlich keine untergeordnete Rolle, dass Kanada als eine der stärksten »Mittelmächte« nicht nur ein verhältnismäßig großes politisches Gewicht in die Waagschale warf, sondern auch, dass ein entsprechend umfangreiches, professionelles und (jedenfalls für den größten Teil des hier betrachteten Zeitraums) gut ausgerüstetes Militär gleichzeitig auf unterschiedlichen Schauplätzen eingesetzt werden konnte. Kanadische Soldaten bildeten folglich das Rückgrat vieler Missionen, und die kanadischen Außenpolitiker und Diplomaten gehörten fast fünf Jahrzehnte zu den entscheidenden Unterstützern der UN-Friedenspolitik. Punktuell und individuell herausragend, vor allem aber verlässlich, so stellte sich die kanadische Peacekeeping-Politik in der zweiten Hälfte des 20. Jahrhunderts dar und so wurde sie national wie international rezipiert.

Dabei war die Zahl der Soldaten, die in den Einsatzgebieten stationiert waren, ein wichtiges, allerdings nicht das wichtigste Kriterium. Der Zeitpunkt des Einsatzes, die Art des ausgesandten Personals und die diplomatische Unterstützung hatten oft einen höheren Stellenwert. Einen letztlich allerdings schwer präzise zu evaluierenden Einfluss erlangten kanadische Politiker und Diplomaten dadurch, dass sie Entwicklungen anstießen und Regierungschefs und Minister anderer Staaten zum Mitmachen bewegten. Als »norm entrepreneurs« verbreiteten sie besonders in den 90er Jahren Überlegungen, die fortwirkten. Die Auflösung des Souveränitätsdogmas, die Forderungen nach menschlicher Sicherheit und Humanitären Interventionen sowie schließlich die Konzeption der »Responsibility to Protect«-Doktrin (R2P) wurden zwar von der veränderten Weltlage nach den terroristischen Angriffen vom 11. September 2001 überlagert, doch bleiben sie weiterhin Fixpunkte für eine sich weiterentwickelnde internationale Ordnung.[26]

---

26 Vgl. Cornelia Ulbert/Sascha Werthes, Menschliche Sicherheit – Der Stein der Weisen für globale und regionale Verantwortung? Entwicklungslinien und Herausforderungen eines umstrittenen Konzepts, in: dies. (Hg.), Menschliche Sicherheit. Globale Herausforderungen und regionale Perspektiven, Baden-Baden 2008, S. 13-27, hier S. 13. Wie weitreichend und lebendig der Diskurs um menschliche Sicherheit bis in die Gegenwart ist, zeigt sich selbst in Ostasien – mithin dort, wo die staatliche Souveränität auch weiterhin unbedingte Priorität gegenüber individuellen Sicherheits- und Freiheitsrechten

Peacekeeping und die Interdependenz von Außen- und Innenpolitik

Internationale und nationale Politik sind vielfach miteinander verwoben. Diese Interdependenz von Außen- und Innenpolitik wird insbesondere durch die Geschichte des kanadischen Peacekeepings verdeutlicht. Jenseits vieler einzelner Beispiele ergibt sich die gegenseitige Bezugnahme bereits aus der Konzeption kanadischer Außen- und Sicherheitspolitik. Nationale Werte seien das Fundament der internationalen Beziehungen Kanadas und sollten nach außen vermittelt werden, lautete eine der Grundüberzeugungen, die von Louis St. Laurent über Pierre Elliott Trudeau bis hin zur Regierung von Jean Chrétien reichte. So fand sich noch im Verteidigungsweißbuch des Jahres 1994 folgende Formulierung: »Multilateral security cooperation is [...] the expression of Canadian values in the international sphere.«[27]

Umgekehrt diente die Außenpolitik dazu, die innere Einheit zu befestigen; zumindest wurden die äußeren Beziehungen Kanadas vor diesem Hintergrund immer wieder kritisch evaluiert. Praktisch während des gesamten 20. Jahrhunderts standen Außen- und Innenpolitik unter dem Primat des *nation building*. Diese Beobachtung gilt in herausgehobenem Maße für die ersten Jahrzehnte des 20. Jahrhunderts, die als Vorgeschichte der Blauhelm-Einsätze gelten können. Diese Vorgeschichte umfasst die Periode des Isolationismus vom Ende des Ersten bis zum Zweiten Weltkrieg. Zwar fand in diesem Zeitraum ein erstes Engagement im Völkerbund statt. Dieses und sämtliche Außenpolitik unterlagen allerdings ganz dezidiert der Vorrangstellung der Innenpolitik. Die internationalen Beziehungen hatten in dieser Zeit nicht nur innenpolitischen Zielen zu dienen, sondern sie wurden auch vornehmlich als Gefahr für die nationale Einheit begriffen.

In den folgenden vier Phasen, in die sich die Geschichte des kanadischen Peacekeepings einteilen lässt und die in der frühen Nachkriegszeit beginnen, gestaltete sich die Interdependenz von Außen- und Innenpolitik offener und vielfältiger; der Primat des *nation building* blieb allerdings bestehen. Drei dieser vier Phasen, die sich nicht völlig voneinander abgrenzen lassen, verweisen auf die tiefe Verbundenheit der inneren und äußeren Peacekeeping-Politik. In der vierten und letzten Phase, die noch andauert, löst sich dieser Zusammenhang allerdings.

---

beansprucht. Vgl. Alfred Gerstl, Menschliche und staatliche Sicherheit – ein ungelöstes Spannungsverhältnis, in: Aus Politik und Zeitgeschichte 40-41/2014, S. 29-34.

27   Minister of National Defence, 1994 Defence White Paper, Ottawa 1994, in: Bland, Canada's National Defence, vol. 1, S. 289-360, hier S. 329.

Als wichtige Zäsur lässt sich der Zweite Weltkrieg ausmachen. In dessen Verlauf blieb zwar der Kern der kanadischen Politik, die auf den Zusammenhalt des Staates ausgerichtet war, unangetastet, doch die Methoden änderten sich deutlich. Vom Ende der 40er bis in die 60er Jahre konnte sich daher in einer ersten Phase, basierend auf einer nun multilateral ausgerichteten Außenpolitik eines sich selbst als »Mittelmacht« verstehenden Staates, das neue außenpolitische Instrument des Peacekeepings entwickeln, durchsetzen und zunehmend größere gesellschaftliche Akzeptanz erfahren. Als Beginn der Interdependenz außen- und innenpolitischer Wahrnehmung kanadischer Blauhelm-Einsätze erwies sich die Suez-Krise mit ihrer Debatte um die (anglophone) nationale Identität. Für die Bildung einer kanadischen Tradition des Peacekeepings zeigten sich insbesondere die Jahre der Diefenbaker-Regierung verantwortlich, die den kanadischen Militärbeitrag verstetigte und nach innen zu vermitteln versuchte. Die zweite Phase dauerte ungefähr von den 60er Jahren bis in die 80er Jahre. In diesem Zeitraum entwickelte sich im Dialog zwischen Regierung, Bürokratie, Elitenetzwerken und Zivilgesellschaft ein Peacekeeping-Narrativ, das in Form einer Meistererzählung das Peacekeeping als Ausdruck kanadischen Selbstverständnisses zu vermitteln suchte. Flankiert wurde diese Entwicklung von einer zwar nicht immer pro-aktiven, aber beständigen und prominenten Beteiligung an allen bestehenden UN-Friedensmissionen.

Die späten 80er und frühen 90er Jahre (dritte Phase) waren dadurch charakterisiert, dass sich Ottawa politisch und militärisch führend an den in großer Zahl neu etablierten UN-Blauhelmmissionen beteiligte und sich zugleich in Kanada ein Peacekeeping-Mythos als Beschreibung nationalen Selbstverständnisses durchsetzte. Peacekeeping-Tradition und -Mythos hatten dabei ihren Anteil daran, ein konsequentes politisches Handeln in der kontingenten Übergangsphase während des Endes des Ost-West-Konfliktes zu ermöglichen. In dieser Phase trieben besonders die Streitkräfte die Manifestierung und rituelle Inszenierung des Peacekeeping-Mythos voran. Deren zentrale Ausdrucksform, das Peacekeeping-Monument, wurde allerdings schon bei dessen Enthüllung von der Zivilgesellschaft selbstermächtigend überschrieben.

Noch bis in die 90er Jahre hinein zeigte insbesondere die kanadische Peacekeeping-Ikonographie, dass der kanadischen Selbstverortung eine Abgrenzung von anderen Gesellschaften und Staaten inhärent war. Die Entwicklung der Peacekeeping-Identität bedurfte der Konstruktion von äußeren »Anderen«, war also auch eine Konsequenz von über den nationalen Rahmen hinausgehenden Wahrnehmungen sowie transnationalen Wechselwirkungen und somit nicht ausschließlich Produkt innerkanadischer Diskurse. – Die Interdependenz von äußeren und inneren Faktoren erwies sich somit als vielschichtig und für die Entwicklung von Peacekeeping und Peacekeeping-Mythos konstitutiv.[28]

Hervorgerufen durch das auch medial prominent dargestellte Scheitern wichtiger Blauhelm-Missionen und den zumindest zeitweise als moralisches Versagen des kanadischen Peacekeeping-Beitrags wahrgenommenen Mord an einem somalischen Teenager durch Angehörige einer kanadischen Eliteeinheit in Somalia, befand sich das Peacekeeping seit Mitte der 90er Jahre innen- und außenpolitisch sowie kurzfristig auch identitätspolitisch in einer Krise. Hierbei waren die Rückwirkungen der äußeren Entwicklungen auf die gesellschaftliche Rezeption innerhalb Kanadas offensichtlich, wenn auch die langfristigen Wirkungen einerseits auf die Außen- und Sicherheitspolitik und andererseits auf die gesellschaftliche Selbstverortung höchst unterschiedlich ausfielen. Diese vierte und bislang letzte Phase, die noch immer andauert, wird durch einen Rückzug von der praktischen Politik gekennzeichnet, bei gleichzeitiger Fortschreibung des Peacekeepings als gesellschaftliches Ideal der Außen- und Sicherheitspolitik wie auch als Ausdruck kanadischer Identität.

Jenseits von 9/11: Peacekeeping und Peacekeeping-Mythos im 21. Jahrhundert

Der Rückzug von der praktischen Politik wurde, wenn auch rhetorisch umhüllt, bereits in den letzten Jahren des alten Jahrhunderts wesentlich durchgeführt. Der 2002 beginnende und danach immer wieder ausgeweitete militärische Kampfeinsatz in Afghanistan beendete dann für alle offensichtlich die aktive Phase der kanadischen Peacekeeping-Politik, die in den 50er Jahren eingesetzt hatte. Ende Dezember 2005 dienten noch 387 uniformierte Kanadier in UN-Friedensmissionen, davon 211 Soldaten in einer Truppenverwendung sowie 40 als (unbewaffnete) Militärbeobachter; vier Jahre später waren es 170 Personen, darunter 16 Soldaten im Rahmen von Truppeneinsätzen und 39 »Military Experts«, wie die Militärbeobachter nun genannt wurden. Auf diesem Niveau pendelte sich der kanadische Beitrag ein: Am 31. Dezember 2014 belegte Kanada auf der Liste der Truppensteller den 68. Rang. 113 Kanadier trugen zu diesem Zeitpunkt die blauen Kopfbedeckungen

---

28 Vgl. Thompson/Hynek, Keeping the peace, S. 852-854 u. allgemeiner Boris Vormann, Zwischen Alter und Neuer Welt. Nationenbildung im transatlantischen Raum, Heidelberg 2012, bes. S. 189 f.

der UN, davon 32 Soldaten (21 »Troops« und elf Military Experts).[29] Trotz des Rückgangs der aktiven Beteiligung wurde die Peacekeeping-Rhetorik auch unter dem Jean Chrétien nachfolgenden Regierungschef Paul Martin Jr. im Wesentlichen weitergeführt. Allerdings setzte der ebenfalls liberale Premierminister noch stärker auf den Kampfauftrag der Streitkräfte als sein Vorgänger, was sowohl seine eigene Position schärfen sollte, als auch der weltpolitischen Situation nach dem 11. September 2001 geschuldet war.

Die von 2006 bis 2015 dauernde Regierungszeit des konservativen Premierministers Stephen Harper sah schließlich nicht mehr nur eine praktische, sondern darüber hinaus insbesondere eine rhetorische Abkopplung vom (traditionellen) Peacekeeping-Engagement Kanadas. Wie Adam Chapnick argumentiert, versuchte sich die neue Regierung in ihrer ersten Amtszeit dezidiert vom Erbe Axworthys zu distanzieren, das allerdings schon von den Vorgängerkabinetten zunehmend ignoriert worden war. Über die »roll back«-Politik der Regierung Harper und überhaupt über die Versuche einer jeweils kompletten Neuorientierung der kanadischen Außenpolitik urteilt Chapnick: »... revolution upon counter-revolution ad infinitem, will inevitably marginalize Ottawa's influence abroad while simultaneously dividing the public at home.«[30]

Im außen- und sicherheitspolitischen Kontext fielen Multilateralismus und Peacekeeping zunehmend einer Politik zum Opfer, die auf militärische Stärke und auf eine sehr eng gefasste Vorstellung vom nationalen Wohl setzte.[31] Leuchtturmprojekte des nationalen Peacekeepings oder der internationalen Peacekeeping-Kooperation, wie das Pearson Peacekeeping Centre und die Beteiligung an der internationalen Eingreiftruppe SHIRBRIG, wurden

---

29   Vgl. die auf der Homepage der Vereinten Nationen hinterlegten monatlichen Stärkemeldungen der Peacekeeping-Missionen, hier für den 31. Dezember 2005, 2009, 2014, online   unter   http://www.un.org/en/peacekeeping/resources/statistics/contributors_archive.shtml (aufgerufen 13.4.2015).

30   Adam Chapnick, A diplomatic counter-revolution. Conservative foreign policy, 2006-11, in: International Journal 67 (Winter 2011-12), 1, S. 137-154, hier S. 154; zur prinzipiellen Neuorientierung der Außenpolitik unter Premierminister Harper siehe auch David Black/ Greg Donaghy, Manifestations of Canadian Multilateralism, in: Canadian Foreign Policy Journal 16 (2010), 2, S. 1-8, hier S. 1 f.; Tom Keating, Multilateralism: Past Imperfect, Future Conditional, in: eda., S. 9-25, hier S. 9 u. insgesamt zur Außenpolitik dieser Periode Adam Chapnick/Christopher J. Kukucha (Hg.), The Harper Era in Canadian Foreign Policy. Parliament, Politics, and Canada's Global Posture, Vancouver/Toronto 2016.

31   Vgl. Chapnick, A diplomatic counter-revolution, S. 151-153; siehe auch Louise Fréchette, Canada at the United Nations: A Shadow of Its Former Self, in: Fen Osler Hampson/Paul Heinbecker, As Others See Us, Montreal & Kingston u.a. 2010 (Canada Among Nations 2009-2010), S. 265-274.

aufgegeben. Wie die Auflösung von SHIRBRIG zeigte, waren aber auch die anderen beteiligten westlichen Staaten nicht bereit, die UN-Friedenseinsätze weiterhin militärisch zu unterstützen. Im Zuge des »Krieges gegen den Terror« kam es also in den westlichen Staaten generell zu einem weiteren Rückzug vom UN-Blauhelm-Engagement.[32]

Innenpolitisch wurde der Kampf um die aktuelle sowie historische Deutungshoheit über das kanadische UN-Peacekeeping vor dem Hintergrund der konservativen Neuausrichtung der Außenpolitik in Inhalt und Rhetorik fortgesetzt.[33] Militärhistoriker und weitere Wissenschaftler zum Teil aus dem Umfeld des Verteidigungsministeriums sowie ehemalige Soldaten und Leserbriefschreiber betonten die militärischen Grundlagen der kanadischen Gesellschaft und ihres Staates und versuchten zum einen die Blauhelm-Einsätze als Nebenschauplatz kanadischer Politik im 20. Jahrhundert wie auch als militär- und sicherheitspolitische Abirrung und zugleich als ineffektiv darzustellen. Sie trafen dabei auf Publizisten, zivilgesellschaftliche Akteure und ebenfalls auf Wissenschaftler, die partiell den akademischen Einrichtungen der Streitkräfte entstammten, sowie auf andere Leserbriefschreiber, die alle eine Militarisierung der Gesellschaft befürchteten und die Friedenseinsätze sowohl als die eigentliche kanadische Tradition ausmachten, welche die kanadische Gesellschaft angemessener charakterisiere, als auch als die erfolgreichere Politik ansahen.[34] Für den Politikprofessor A. Walter Dorn vom Royal Military

---

32 Vgl. A. Walter Dorn/H. Peter Langille, »Where are our peacekeepers?«, *Toronto Star*, 8.8.2009, online unter http://www.thestar.com/opinion/2009/08/08/where_are_our_peacekeepers.html (aufgerufen 30.3. 2014); A. Walter Dorn, Canada evolves from peacekeeper to war-fighter, *Toronto Star*, 21.12.2013, online unter http://www.thestar.com/opinion/commentary/2013/12/21/canada_evolves_from_peacekeeper_to_warfighter.html (aufgerufen 30.4.2014).

33 Vgl. Roland Paris, Are Canadians still liberal internationalists? Foreign policy and public opinion in the Harper era, in: International Journal 69 (2014), 3, S. 274-307, hier S. 277-286.

34 Vgl. die Pro- und Kontra-Positionen in Leserbriefen an den *Toronto Star* unter »Canada's military: myth versus reality«, *Toronto Star*, 18.8.2012, online unter http://www.thestar.com/opinion/letters_to_the_editors/2012/08/18/canadas_military_myth_versus_reality.html und unter »›Peacekeeper‹ role just a myth«, *Toronto Star*, 31.12.2013, online unter http://www.thestar.com/opinion/letters_to_the_editors/2013/12/31/peacekeeper_role_just_a_myth.html (beide aufgerufen 30.3.2014); Granatstein, Who Killed the Canadian Military?, S. 13-34; Dorn, Canadian Peacekeeping; W. Andy Knight, Canada abandons its role as UN peacekeeper, *Edmonton Journal*, 12.4.2006, online unter http://www.canada.com/edmontonjournal/news/ideas/story.html?id=ce49cf0d-4aa4-48bb7-9843-feb4d9066cdo (aufgerufen 14.11.2011); Steven Staples, Marching Orders. How Canada abandoned peacekeeping - and why the UN needs us now more than ever. A report commissioned by The Council of Canadians, Ottawa, October 2006 online unter http://www.canadians.org/peace/issues/Marching_Orders/index.html (aufgerufen 12.2.2009); Eric Wagner, The Peaceable Kingdom? The National Myth of Canadian Peacekeeping and

College und Canadian Forces College stand auch im Dezember 2013 weiterhin fest: »Peacekeeping advances both Canada's national values and our interests by enhancing a stable, peaceful and rules-based international order.«[35] Die Mitte der 90er Jahre begonnene, sich am Peacekeeping entzündende Debatte um Geschichte, Erinnerungspolitik und nationale Identität ging also weiter. Im November 2012 hatte Granatstein die Kernfragen der sich gegenüberstehenden Positionen bereits pointiert zusammengefasst: »Is Canada a peacekeeping nation? Or is it a warrior nation?«[36]

An dieser Debatte wird deutlich: In dem Maße, in dem sich die antagonistischen Deutungen jeweils als eindeutig und dominant erklären, repräsentieren sie weniger Geschichte (»history«), wenn auch Granatstein dies vor allem mit Blick auf den Kämpfer-Mythos meint.[37] Sondern sie verbreiten ein zwar angenommen gemeinschaftsstiftendes, doch »partikulares Geschichtsbild«[38] oder – angelehnt an Eric J. Hobsbawm – eine (partiell) erfundene Vergangenheit (»invented tradition«).[39] Mit anderen Worten: Insoweit die beiden Geschichtsdeutungen *ex post* Differenz und Kontingenz aus

---

the Cold War, in: Canadian Military Journal 7 (Winter 2006-2007), 4, S. 45-54; Maloney, Why Keep the Myth Alive?; Williams, Manoeuvring, S. 124, 128 und jüngeren Datums in Granatstein/Oliver, The Oxford Companion to Canadian Military History, S. 7 f. (Artikel Afghanistan War), S. 192 (Artikel Hillier, Rick J.) sowie positiv zum UN-Peacekeeping Michael Byers, After Afghanistan: Canada's Return to UN Peacekeeping, in: Canadian Military Journal 13 (Winter 2012), 1, S. 33-39.

35 A. Walter Dorn, Canada evolves from peacekeeper to war-fighter, *Toronto Star*, 21.12.2013, online unter http://www.thestar.com/opinion/commentary/2013/12/21/canada_evolves_ from_peacekeeper_to_warfighter.html (aufgerufen 30.4.2014); siehe auch die Kommentare von Lesern in der Online-Ausgabe. Vgl. zudem Cristina G. Badescu, Canada's Continuing Engagement with United Nations Peace Operations, in: Canadian Foreign Policy 16 (Spring 2010), 2, S. 45-60 u. den Aufruf von Roméo Dallaire, der forderte, kanadische Peacekeeper in die Zentralafrikanische Republik zu schicken. Michelle Shephard, Dallaire: Canada must act in Central African Republic to avoid another Rwanda, *Toronto Star*, 21.3.2014, online unter http://www.thestar.com/news/world/2014/03/21/dallaire_canada_must_act_ in_central_african_republic_to_avoid_another_rwanda.html (aufgerufen 30.3.2014).

36 Jack L. Granatstein, Canada as peacekeeper? Or Canada the warrior nation?, in: *Hamilton Spectator*, 4.11.2012, online unter http://www.thespec.com/opinion-story/2265198-canada- as-peacekeeper-or-canada-the-warrior-nation-/ (aufgerufen 30.3.2014).

37 Ebd.

38 Karl-Ernst Jeismann, Geschichtsbilder: Zeitdeutung und Zukunftsperspektive, in: Aus Politik und Zeitgeschichte, B 51-52/2002, S. 13-22.

39 Eric J. Hobsbawm, Introduction: Inventing Traditions, in: ders./Terence Ranger (Hg.), The Invention of Tradition, Cambridge u.a. 1983, S. 1-14.

der Historie hinausdeklinieren, bilden sie jeweils den narrativen Kern von Mythos und Gegenmythos.[40]

An dieser Auseinandersetzung zeigt sich exemplarisch, dass die ideellen Grundlagen von Gesellschaften immer wieder neu verhandelt werden müssen. Einzelne Narrative dominieren zu bestimmten Zeiten, bestehen zum Teil nebeneinander her oder konkurrieren miteinander. Die Debatten um die eigene, »nationale« Identität wurden dabei gerade in Kanada besonders intensiv und über einen langen Zeitraum hinweg kontrovers ausgefochten. Zu erinnern sei nur an die Schlagzeile aus der Suez-Debatte von 1956, welche die identitätspolitische Auseinandersetzung mit der Frage nach »Colony or Nation?« auf dem Punkt brachte.

Beim Blick über Kanada hinaus erweisen sich in jüngerer Zeit gerade auch die Meistererzählungen und dominierenden nationalen Mythen in den »alten« Nationalstaaten Europas als umstritten und immer weniger konsensbildend,[41] ohne dass sich dabei die »Nation« notwendigerweise auflösen würde.[42] Dieser Prozess habe nach dem Ende des Ost-West-Konflikts eingesetzt, laut dem Historiker Edgar Wolfrum sogar schon Anfang der 8oer Jahre des 20. Jahrhunderts.[43] Vor diesem Hintergrund erscheinen die Auseinandersetzungen in Kanada als nicht mehr so exzeptionell und nur als Ausdruck einer postkolonialen Nations- und Identitätsbildung, sondern als Signum moderner Gesellschaften schlechthin.

Seit Mitte der ersten Dekade des neuen Jahrhunderts wurde aber nicht nur versucht, einen (älteren) Kämpfer-Mythos an die Stelle des Peacekeeping-Gedankens zu setzen. Vielmehr wurde zugleich die Popularität der Peacekeeping-Tradition genutzt, um ganz konkret den Krieg in Afghanistan zu legitimieren. Beide Entwicklungen lassen sich nicht völlig voneinander trennen, denn der Hinweis auf die »warrior nation« diente auch der Unterstützung des »Kampfes gegen den Terror« in Afghanistan. Letztlich sind sie aber nicht deckungsgleich, stellte doch dieser zweite Versuch, sich kritisch mit den kanadischen UN-Friedensmissionen auseinanderzusetzen, das Peacekeeping – wenn auch inhaltlich verändert – wieder in den Mittelpunkt. Letztlich, so argumentierte ein Artikel im Canadian Military Journal vom

---

40   Zum Gegenmythos vgl. Münkler, Wirtschaftswunder, S. 46. Siehe auch Flood, Political Myth, S. 44.

41   Vgl. Wolfrum, Geschichtspolitik, S. 14 f.; Jeismann, Geschichtsbilder, S. 18.

42   Vgl. beispielsweise Ingo Kolboom, Vorwort des Herausgebers, in: Boris Vormann, zwischen Alter und Neuer Welt. Nationenbildung im transatlantischen Raum, Heidelberg 2012, S. 11-17, hier S. 16 f.

43   Vgl. Wolfrum, Geschichtspolitik, S. 14.

Sommer 2005, sei der Kampfeinsatz in Zentralasien nur eine erweiterte Form des Peacekeepings.[44]

Auch die Tageszeitungen distanzierten sich nach dem Terrorangriff auf die USA zunehmend von der bisherigen Peacekeeping-Tradition, übernahmen aber zum Teil deren Terminologie. Dabei lässt sich eine dreiphasige Entwicklung erkennen, die von den ersten größeren Truppenverlegungen nach Afghanistan 2002 über den minder gefährlichen frühen Einsatz im Rahmen von ISAF bis hin zu der 2006 begonnenen und 2011 abgeschlossenen Operation in der afghanischen Provinz Kandahar reichte. Insbesondere in der mittleren Phase charakterisierten die beiden führenden nationalen Tageszeitungen, die *Globe and Mail* und die 1999 aus der Taufe gehobene *National Post*, die kanadische Truppenpräsenz als Peacekeeping.[45] Auch wenn immer wieder auf die Gefährlichkeit der Operation hingewiesen wurde, suchten rhetorische Zuschreibungen die Nähe zum traditionellen Peacekeeping-Verständnis. Zugleich wurde allerdings auch die Bedeutung des Gewalteinsatzes hervorgehoben und wurden so die Peacekeeping-Funktionen und der humanitäre Einsatz mit dem Kampfeinsatz rhetorisch untrennbar verquickt.[46] Sowohl in der ersten Phase als auch besonders nach 2006 nahmen die positiv besetzten Konnotationen ab, verschwanden aber nicht völlig,[47] wenn beispielsweise die alliierten Streitkräfte im August 2006 als »NATO peacekeeping force«[48] bezeichnet wurden. Die Bedeutung des Kampfeinsatzes wurde jedoch generell hervorgehoben und die Peacekeeping-Tradition herabgesetzt.[49] So wies die *Globe and Mail* bereits 2002 darauf hin, dass die kanadischen Soldaten »tired of peacekeeping«[50] seien, und die *National Post* zitierte 2003 einen Soldaten mit den Worten: »God I hate it when they call us peacekeepers«.[51]

Trotz der negativen Beurteilungen blieben der Peacekeeping-Gedanke und die Peacekeeping-Rhetorik nicht zuletzt durch die ambivalenten Äußerungen

---

44 Vgl. Lane Anker, Peacekeeping and Public Opinion, in: Canadian Military Journal 6 (Summer 2005), 2, S. 23-32, hier bes. S. 31. Vgl. auch die Replik auf diesen Beitrag von A. Walter Dorn, Peacekeeping then, now and always, in: Canadian Military Journal 6 (Winter 2005-2006), 4, S. 105 f.

45 Vgl. Williams, Manoeuvring, 103 f., 107.

46 Vgl. ebd., S. 105, 110.

47 Vgl. ebd., 113.

48 *National Post*, 4.8.2006, zit. nach ebd., S. 115.

49 Vgl. Williams, Manoeuvring , S. 117-125, 127, 135 f.; siehe auch Nicole Wegner, (De) Constructing Foreign Policy Narratives: Canada in Afghanistan, in: Duane Bratt/ Christopher J. Kukucha (Hg.), Readings in Canadian Foreign Policy. Classic Debates & New Ideas, 3. Aufl., Don Mills (ON) 2015, S. 113-121, hier S. 116 f.

50 *Globe and Mail*, 11.1.2002, zit. nach ebd., S. 118.

51 *National Post*, 6.8.2003, zit. nach ebd., S. 123.

in Presse und Öffentlichkeit virulent. Hierzu trugen auch sukzessive Regierungen bei, einschließlich der konservativen, die immer wieder sprachlich die Nähe zum (klassischen) Peacekeeping suchten, um den Kampf- und Kriegseinsatz in Afghanistan zu rechtfertigen. So verwies der neu ernannte konservative Verteidigungsminister und Brigadegeneral a.D. Gordon O'Connor 2006 darauf, dass der Einsatz in Afghanistan von einem »aid point of view, from a diplomacy point of view and from a military point of view«[52] betrachtet werden müsse.[53] Dies zeigte, dass offensichtlich gerade die Regierenden das integrative Potenzial des Peacekeepings und seine gesellschaftliche Akzeptanz erkannten und in ihrem Sinne zu nutzen wünschten.[54]

Auch wenn eine praktische Peacekeeping-Politik möglicherweise an Zustimmung einbüßte,[55] so wünschte sich doch, laut verschiedenen Meinungsumfragen aus dem ersten Jahrzehnt des neuen Jahrtausends, ein großer Teil der kanadischen Bevölkerung die Zeit des herausgehobenen kanadischen Peacekeeping-Einsatzes zurück.[56] Zugleich nahm die Zustimmung zum Kampfeinsatz in Afghanistan kontinuierlich ab. 2011, nach dem Ende des Kampfeinsatzes, gaben in einer Meinungsumfrage nur 30 Prozent der Befragten an, dass die Mission den Einsatz wert gewesen sei. Dabei waren in Quebec die Zweifel besonders hoch.[57] Die Friedenseinsätze erfreuten sich dagegen weiterhin

---

52   *Globe and Mail*, 4.8.2006, zit. nach ebd., S. 114.

53   Vgl. auch Charles Létourneau/Justin Massie, Un symbole à bout de souffle? Le maintien de la paix dans la culture stratégique canadienne, in: Revue Études internationales 27 (2006), 4, S. 547-573, hier S. 571 f.; Wagner, The Peaceable Kingdom?, S. 48; Badescu, Canada's Continuing Engagement, S. 56.

54   Vgl. Claire Turenne Solander/Kathryn Trevenen, Constructing Canadian Foreign Policy. Myths of Good International Citizens, Protectors, and the War in Afghanistan, in: J. Marshall Beier/Lana Wylie (Hg.), Canadian Foreign Policy in Critical Perspective, Don Mills (ON) 2010, S. 44-57, hier S. 48 f., 51.

55   Jedenfalls gemäß eines Beitrags des »NATO Council of Canada«, Canada's Military Identity is Changing: Is Public Opinion Changing Too?, 13.8.2013, online unter http://atlantic-council.ca/portfolio/canadas-military-identity-is-changing-is-public-opinion-changing-too/ (aufgerufen 30.3.2014).

56   Vgl. »Peacekeeping First, Combat Second For Canadians«, Angus Reid Global Monitor, 4.4.2004, online unter http://www.angus-reid.com/polls/view/2329/peacekeeping_first_combat_second_for_canadians (aufgerufen 13.3.2009); Canadians still view troops as peacekeepers: DND poll, *CTV.ca*, 5.9.2008, online unter http://edmonton.ctv.ca/servlet/an/plocal/CTVNews/20080905/dnd_poll_080905/20080905/?hub=EdmontonHome (aufgerufen 13.3.2009).

57   Vgl. Thane Burnett, War wounds: Poll suggests we don't feel Afghan mission was worth it, *Toronto Sun*, 4.8.2011, online unter http://www.torontosun.com/2011/08/03/war-wounds-poll-suggests-we-dont-feel-afghan-mission-was-worth-it# (aufgerufen 30.6.2014). Anfang 2006 gab es noch eine Zustimmung von 55 %, allerdings hatten damals 70 % der Befragten gemeint, dass die Aufgabe der kanadischen Truppen in Afghanistan »More peacekeeping

großer Beliebtheit, und das Peacekeeping wurde wie in den Jahrzehnten zuvor als die vornehmste Aufgabe der Streitkräfte angesehen.[58] Eine Umfrage, die das Meinungsforschungsinstitut Ipsos Reid im Auftrag des Verteidigungsministeriums unternahm, führte im März 2010 zu folgender Einschätzung:

> Thus the Canadian Forces, an essential and vital national institution, is also a standard bearer of Canadian identity. Canadians seem to want the Canadian Forces to advance the country's reputation as a friendly, helpful provider of humanitarian assistance or peacekeeping services – for many, this role is defined in contrast to the perceived role of the American forces, [...]
>
> Given how tightly the image of our Canadian forces is wound into the Canadian psyche, it is hardly surprising that, despite some recognition of the shifting broader environment, and an active combat role in Afghanistan for the last number of years, Canadians hold tightly to the image of the peacekeeper.[59]

Trotz entgegenstehender praktischer Politik blieb das Peacekeeping-Narrativ und mithin der daraus erwachsene politische Mythos meinungsbildend.[60]

Erst nach dem Wahlerfolg der Liberalen Partei und der Übernahme der Regierungsgeschäfte durch Premierminister Justin Trudeau im November 2015

---

than combat« gewesen wäre. Vgl. »Harper Trip Boosts Support for Troops in Canada«, Angus Reid Global Monitor, 15.3.2006, online unter http://www.angus-reid.com/polls/view/11221/harper_trip_boosts_support_for_troops_in_canada (aufgerufen 13.3.2009). Nach Kim Richard Nossal, Defending Canada, in: Duane Bratt/Christopher J. Kukucha (Hg.), Readings in Canadian Foreign Policy. Classic Debates & New Ideas, 3. Aufl., Don Mills (ON) 2015, S. 295-307, hier S. 303 f. hätten nach 2006 immer unter 50 % der kanadischen Bevölkerung den Einsatz in Afghanistan unterstützt.

58 Die durchgehend hohe Zustimmung zum UN-Peacekeeping wies regional kaum Unterschiede auf. Vgl. detaillierte Tabellen zur Meinungsumfrage von Nanos Research, Globe and Mail/Nanos Poll - Defence Policy, 25.10.2010, S. 11 (UN Peacekeeping), online unter http://www.nanosresearch.com/library/polls/POLNAT-W10-T443E.pdf (aufgerufen 28.2.2011); siehe auch McCullough, Creating, S. 3.

59 Ipsos Reid Corporation, Qualitative & Quantitative Research: Views of the Canadian Forces – 2010 Tracking Study, submitted to: Department of National Defence, March 2010, S. 8 (Executive Summary), online unter http://epe.lac-bac.gc.ca/100/200/301/pwgsc-tpsgc/por-ef/national_defence/2010/078-09/summary.pdf (aufgerufen 30.3.2014). Das Dokument findet sich auf den Internet-Seiten von Library and Archives Canada.

60 Vgl. auch Paris, Are Canadians still liberal internationalists?, S. 289-291; Kim Richard Nossal, Promises Made, Promises Kept? A Mid-term Trudeau Foreign Policy Report Card, in: Norman Hillmer/Philippe Lagassé (Hg.), Justin Trudeau and Canadian Foreign Policy. Canada Among Nations 2017, London 2018, S. 31-53, hier S. 36 f.

näherten sich die gesellschaftliche Selbstbeschreibung und die – postulierte – außenpolitische Orientierung wieder an. Die neue Regierung schrieb die Unterstützung von UN-Friedensoperationen als eines der Ziele der Verteidigungspolitik fest, und im November 2017 richtete Kanada die »UN Peacekeeping Defence Ministerial conference« in Vancouver aus, an der 500 Delegierte aus 80 Staaten und fünf internationalen Organisationen teilnahmen. Das erneuerte Peacekeeping-Bekenntnis blieb aber, trotz des Versprechens, 600 Soldaten und 150 Polizisten für zukünftige Missionen bereitzustellen, zunächst weitgehend Rhetorik.[61] Erst im März 2018, als die Zahl der kanadischen Soldaten in UN-Missionen einen neuen Tiefstand erreicht hatte, beschloss die kanadische Regierung, der UN-Operation in Mali sechs Hubschrauber und 250 Soldaten zur Verfügung zu stellen. Dieser Einsatz war auf ein Jahr angelegt und begann im August 2018. Inwieweit die Regierung hiermit kurzfristig gesellschaftliche Erwartungen bedienen wollte, ob es sich vorwiegend um ein erneuertes außenpolitisches »Branding« von Kanada als Peacekeeping-Unterstützer handelte oder ob es langfristig zu einer substantiellen Beteiligung von kanadischen Truppen an Blauhelm-Operationen kommen wird, muss sich noch zeigen.[62]

---

[61] Möglicherweise wurde ein frühzeitiges Engagement in Mali auch mit Rücksicht auf die außenpolitischen Positionen des neuen US-Präsidenten Donald Trump zunächst nicht weiter verfolgt. Vgl. Norman Hillmer/Philippe Lagassé, The Age of Trudeau and Trump, in: dies. (Hg.), Justin Trudeau and Canadian Foreign Policy. Canada Among Nations 2017, London 2018, S. 1-16, hier S. 13; Nossal, Promises Made, S. 37, 46.

[62] Sowohl Wissenschaftler als auch Zeitungskommentatoren stellen den letztgenannten Punkt infrage. Vgl. Lee Berthiaume, Canadian peacekeeping contribution reaches new low under Liberals, in: *Globe and Mail*, 23.10.2017, online unter https://www.theglobeandmail. com/news/politics/canadian-contribution-to-peacekeeping-reaches-new-low-under-liberals/article36689633/ (aufgerufen 2.2.2018); Michelle Zilio, Trudeau surprises peacekeepers in Mali, tours conflict zone's harsh environment, in: ebd., 22.12.2018, online unter https://www.theglobeandmail.com/world/article-trudeau-makes-surprise-visit-to-peacekeeping-troops-in-mali/ (aufgerufen 28.2.2019); Lee Berthiaume, Disappointment emerges as Canada's peacekeeping mission in Mali nears halfway mark, in: ebd., 8.1.2019, online unter https://www.theglobeandmail.com/politics/article-disappointment-emerges-as-canadas-peacekeeping-mission-in-mali-nears/ (aufgerufen 28.2.2019); A. Walter Dorn/Joshua Libben, Preparing for peace: myths and realities of Canadian peacekeeping training, in: International Journal 73 (2018), 2, S. 257-281; Schulte, Peacekeeping als Monument, S. 97; Jocelyn Coulon, Canada is not back. How Justin Trudeau is in over his head on foreign policy, Toronto 2019, S. 113-131 et passim. Zugleich hat das erneuerte Engagement eine wissenschaftliche Debatte über die Zukunft des kanadischen Peacekeeping angestoßen. Vgl. Sarah-Miriam Martin-Brûlé/Stéfanie von Hlatky, Peace first? What is Canada's role in UN operations?, in: International Journal 73 (2018), 2, S. 187-204 und den gesamten Band.

Warum, so ist abschließend zu fragen, bleibt trotz der weiterhin unklaren Zukunft des kanadischen Peacekeepings und einer fast zweieinhalb Jahrzehnte andauernden immer stärkeren zuerst militärischen und dann politischen Abstinenz der Gedanke von Kanada als einer Peacekeeping-Nation gesellschaftlich attraktiv? Die Antwort auf diese Frage fällt nicht leicht. Denn es handelt sich nicht um eine abgeschlossene Entwicklung, die allein aus der Rückschau zu beurteilen ist. Indes kann gerade der Blick auf die Vergangenheit, genauer gesagt auf die Historie der Politik des Peacekeepings in Kanada, einen Fingerzeig geben, der die bestehende Virulenz des Peacekeeping-Mythos und die breite gesellschaftliche Zustimmung erklären hilft.[63]

Erstens scheint es ganz generell, dass der politische Mythos für seine Entwicklung und Durchsetzung einen längeren Zeitraum benötigt und dabei zugleich große Beharrungskräfte entwickelt. Die Geschichte des Peacekeeping-Mythos verweist auf diesen Prozess. Auch die Meistererzählung einer »nation forged in fire« benötigte, obgleich aus dem »Urerlebnis« des Ersten Weltkrieges entstanden, einige Zeit, um sich entfalten zu können. Im Kern besteht sie weiterhin fort, wie das jüngere Postulat von der »warrior nation« deutlich macht.[64] Sofern der politische Mythos historisch nicht eindeutig und offensichtlich widerlegt wird, bleibt er zumindest latent bestehen oder wird nur sukzessive von anderen dominierenden politischen Mythen in den Hintergrund gedrängt. Zu einem abrupten Ende politischer Mythen kam es beispielsweise 1945 durch den militärischen, politischen und moralischen Zusammenbruch der bisherigen Ordnung in Deutschland. Aber eine solche Entwicklung und damit das kurzfristige Ende politischer Mythen sind historisch eher die Ausnahme denn die Regel.[65] Üblicherweise, so kann gefolgert werden, ist nicht nur die Entstehung, sondern auch die Ablösung eines politischen Mythos ein Prozess von langer Dauer.

---

63 Vgl. die in der Einleitung genannte Meinungsumfrage vom Oktober 2016, der zufolge 76 % der Kanadier eine Beteiligung kanadischer Truppen an UN-Blauhelm-Einsätzen befürworteten, u. Paris, Are Canadians still liberal internationalists?, S. 302-306.

64 Siehe auch die Rückbindung des »Krieges gegen den Terror« bzw. des militärischen Einsatzes in Afghanistan an die ältere Tradition des Ersten Weltkrieges, wie sie in Form der »Sacrifice Medal« stattfand, die ab dem 7.10.2001 allen Angehörigen der kanadischen Streitkräfte verliehen wurde, die durch feindliche Einwirkungen verwundet wurden oder hierbei umkamen. Auf der Rückseite der Medaille findet sich die Abbildung einer Statue vom Vimy Memorial, die Kanada repräsentieren soll. Vgl. Governor General announces the creation of a new military medal. News Release Governor General of Canada, 29.8.2008, online unter http://www.gg.ca/media/doc.asp?lang=e&DocID=5483 (aufgerufen 8.5.2009).

65 Vgl. Münkler, Die Deutschen und ihre Mythen, S. 413.

Zweitens mag es mit der Zusammensetzung der kanadischen Gesellschaft im Spezifischen und moderner Gesellschaften im Allgemeinen zusammenhängen, dass das Ideal des Peacekeepings bisher nicht nur nicht von anderen Meistererzählungen und politischen Mythen verdrängt wurde, sondern weiterhin das öffentliche Bewusstsein dominiert. Es scheint, dass das Narrativ und der darauf aufbauende politische Mythos vom Peacekeeping gerade durch ihre Vielschichtigkeit für große Teile der Gesellschaft zugänglich bleiben.

Historisch bedingt bestand der kanadische Staat seit der Konföderation von 1867 aus zwei sprachlich und kulturell voneinander geschiedenen Gesellschaften, die sich spätestens seit den 60er Jahren des 20. Jahrhunderts durch die über Europa hinausgehende Immigration weiter ausdifferenzierten. Die neuen Einwanderer brachten eigene nationale und regionale Identitäten mit, die nicht einfach aufgegeben wurden, sondern sich mit gesamtgesellschaftlichen Selbstverständnissen wie auch mit örtlichen Selbstverortungen verbanden. Das politisch-kulturelle Konzept des Multikulturalismus nahm diese Entwicklung auf und versuchte sie in eine Art Meta-Identität zu überführen.[66] Tatsächlich besitzen Menschen aber nicht nur eine Identität, sondern – auf unterschiedlichen Ebenen und in unterschiedlichen gesellschaftlichen Zusammenhängen – multiple Selbstbeschreibungs- und Verortungsstrategien. Die zunehmende Vielfalt dieser Identitäten ist nicht auf Kanada beschränkt, sondern durch Tendenzen wirtschaftlicher und kultureller Globalisierung sowie die immer größere Ausmaße annehmenden Migrationsbewegungen ein weltweites Phänomen.[67]

Da politische Mythen idealerweise an vorhandene Mythen, Narrative und Geschichtsbilder andocken sollten, um wirksam zu werden, erweisen sich diejenigen Erzählungen am erfolgreichsten, die am integrativsten sind.[68] In Kanada bot das Ideal des Peacekeepings breiteste Anschlussmöglichkeiten.[69] Es integrierte unterschiedliche nationale und gesellschaftliche Narrative und bietet bis heute eine außenpolitische Folie für das innenpolitische Ideal

---

66 Vgl. beispielhaft zu deutschsprachigen Einwanderern nach dem Zweiten Weltkrieg Pascal Maeder, Forging a New Heimat. Expellees in Post-War West Germany and Canada, Göttingen 2011, S. 226-233, 237.

67 Vgl. Vormann, Zwischen Alter und Neuer Welt, S. 174 f., 183-193.

68 Zur »Variabilität« und »An- und Einpassungskapazität« des Mythos vgl. Hölkeskamp, Mythos und Politik, S. 50. Vgl. dagegen Flood, Political Myth, S. 42.

69 Für Immigranten symbolisierte das Peacekeeping sogar noch mehr als für die übrige kanadische Bevölkerung Kanada. Vgl. Ipsos Reid/Dominion Institute Poll Reveals Order of Canada Recipients have a Different Idea of what Defines Canada, 28.6.2008, online unter http://www.dominion.ca/101%20Things%20-%20June%2028%20-%20EN. pdf (aufgerufen 7.7.2014). Siehe auch Paris, Are Canadians still liberal internationalists?, S. 296-300.

des Multikulturalismus. In einer Zeit, in der Gesellschaften zunehmend hybrider werden und transnationale sowie globale Einflüsse diesen Prozess beschleunigen – mithin die Interdependenz von außen- und innenpolitischen Faktoren fortbesteht, auch wenn diese nicht primär in der Regierungspolitik verankert sind –, erweist sich der politische Mythos vom Peacekeeping mit seinen militärischen, pazifistischen, humanistischen, nationalen und internationalen Elementen als weiterhin angemessene und offensichtlich erfolgreiche Form der gesellschaftlichen und, soweit dies in einem multi-nationalen Staat möglich ist, der nationalen[70] Selbstbeschreibung.

---

70 Zu pluralistischen nationalen Identitätskonzepten vgl. Dimitrios Karmis, Pluralismus und nationale Identität(en) im gegenwärtigen Québec: Konzeptuelle Erläuterung, Typologie und Diskursanalyse, in: Alain-G. Gagnon (Hg.), Québec: Staat und Gesellschaft, Deutsche Erstausgabe hg. v. Ingo Kolboom/Boris Vormann, Heidelberg 2011, S. 112-143, bes. S. 120-124.

Anlage

Liste der UN-Peacekeeping-Operationen 1948-2019

Akronym	Missionsbezeichnung	Anfangsdatum	Enddatum
UNTSO	United Nations Truce Supervision Organization	Mai 1948	heute
UNMOGIP	United Nations Military Observer Group in India and Pakistan	Januar 1949	heute
UNEF I	First United Nations Emergency Force	November 1956	Juni 1967
UNOGIL	United Nations Observer Group in Lebanon	Juni 1958	Dezember 1958
ONUC	United Nations Operation in the Congo	Juli 1960	Juni 1964
UNSF	United Nations Security Force in West New Guinea	Oktober 1962	April 1963
UNYOM	United Nations Yemen Observation Mission	Juli 1963	September 1964
UNFICYP	United Nations Peacekeeping Force in Cyprus	März 1964	heute
DOMREP	Mission of the Secretary-General in the Dominican Republic	Mai 1965	Oktober 1966
UNIPOM	United Nations India-Pakistan Observation Mission	September 1965	März 1966
UNEF II	Second United Nations Emergency Force	Oktober 1973	Juli 1979
UNDOF	United Nations Disengagement Observer Force	Juni 1974	heute
UNIFIL	United Nations Interim Force in Lebanon	März 1978	heute
UNGOMAP	United Nations Good Offices Mission in Afghanistan and Pakistan	Mai 1988	März 1990
UNIIMOG	United Nations Iran-Iraq Military Observer	August 1988	Februar 1991
UNAVEM I	United Nations Angola Verification Mission I	Januar 1989	Juni 1991

(fortges.)

Akronym	Missionsbezeichnung	Anfangsdatum	Enddatum
UNTAG	United Nations Transition Assistance Group	April 1989	März 1990
ONUCA	United Nations Observer Group in Central America	November 1989	Januar 1992
UNIKOM	United Nations Iraq-Kuwait Observation Mission	April 1991	Oktober 2003
MINURSO	United Nations Mission for the Referendum in Western Sahara	April 1991	heute
UNAVEM II	United Nations Angola Verification Mission II	Juni 1991	Februar 1995
ONUSAL	United Nations Observer Missionen in El Salvador	Juli 1991	April 1995
UNAMIC	United Nations Advance Mission in Cambodia	Oktober 1991	März 1992
UNPROFOR	United Nations Protection Force	Februar 1992	März 1995
UNTAC	United Nations Transitional Authority in Cambodia	März 1992	September 1993
UNOSOM I	United Nations Operation in Somalia I	April 1992	März 1993
ONUMOZ	United Nations Operation in Mozambique	Dezember 1992	Dezember 1994
UNOSOM II	United Nations Operation in Somalia II	März 1993	März 1995
UNOMUR	United Nations Observer Mission Uganda-Rwanda	Juni 1993	September 1994
UNOMIG	United Nations Observer Mission in Georgia	August 1993	Juni 2009
UNOMIL	United Nations Observer Mission in Liberia	September 1993	September 1997
UNMIH	United Nations Mission in Haiti	September 1993	Juni 1996
UNAMIR	United Nations Assistance Mission for Rwanda	Oktober 1993	März 1996
UNASOG	United Nations Aouzou Strip Observer Group	Mai 1994	Juni 1996

(fortges.)

Akronym	Missionsbezeichnung	Anfangsdatum	Enddatum
UNMOT	United Nations Mission of Observers in Tajikistan	Dezember 1994	Mai 2000
UNAVEM III	United Nations Angola Verification Mission III	Februar 1995	Juni 1997
UNCRO	United Nations Confidence Restoration Operation in Croatia	März 1995	Januar 1996
UNPREDEP	United Nations Preventive Deployment Force	März 1995	Februar 1999
UNMIBH	United Nations Mission in Bosnia and Herzegovina	Dezember 1995	Dezember 2002
UNTAES	United Nations Transitional Administration for Eastern Slavonia, Baranja and Western Sirmium	Januar 1996	Januar 1998
UNMOP	United Nations Mission of Observers in Previaka	Januar 1996	Dezember 2002
UNSMIH	United Nations Support Mission in Haiti	Juli 1996	Juli 1997
MINUGUA	United Nations Verification Mission in Guatemala	Januar 1997	Mai 1997
MONUA	United Nations Observer Mission in Angola	Juni 1997	Februar 1999
UNTMIH	United Nations Transition Mission in Haiti	August 1997	Dezember 1997
MIPONUH	United Nations Civilian Police Mission in Haiti	Dezember 1997	März 2000
UNCPSG	United Nations Civilian Police Support Group	Januar 1998	Oktober 1998
MINURCA	United Nations Mission in the Central African Republic	April 1998	Februar 2000
UNOMSIL	United Nations Observer Mission in Sierra Leone	Juli 1998	Oktober 1999
UNMIK	United Nations Interim Administration Mission in Kosovo	Juni 1999	heute

(fortges.)

Akronym	Missionsbezeichnung	Anfangsdatum	Enddatum
UNAMSIL	United Nations Mission in Sierra Leone	Oktober 1999	Dezember 2005
UNTAET	United Nations Transitional Administration in East Timor	Oktober 1999	Mai 2002
MONUC	United Nations Organization Mission in the Democratic Republic of the Congo	November 1999	Juni 2010
UNMEE	United Nations Mission in Ethiopia and Eritrea	Juli 2000	Juli 2008
UNMISET	United Nations Mission of Support in East Timor	Mai 2002	Mai 2005
MINUCI	United Nations Mission in Côte d'Ivoire	Mai 2003	April 2004
UNMIL	United Nations Operation in Liberia	September 2003	März 2018
UNOCI	United Nations Operation in Côte d'Ivoire	April 2004	Juni 2017
MINUSTAH	United Nations Stabilization Mission in Haiti	Juni 2004	Oktober 2017
ONUB	United Nations Operation in Burundi	Juni 2004	Dezember 2006
UNMIS	United Nations Operation in the Sudan	März 2005	Juli 2011
UNMIT	United Nations Integrated Mission in Timor-Leste	August 2006	Dezember 2012
UNAMID	African Union-United Nations Hybrid Operation in Darfur	Juli 2007	heute
MINURCAT	United Nations Mission in the Central African Republic and Chad	September 2007	Dezember 2010
MONUSCO	United Nations Organization Stabilization Mission in the Democratic Republic of the Congo	Juli 2010	heute
UNISFA	United Nations Organization Interim Security Force for Abyei	Juni 2011	heute

(*fortges.*)

Akronym	Missionsbezeichnung	Anfangsdatum	Enddatum
UNMISS	United Nations Mission in the Republic of South Sudan	Juli 2011	heute
UNSMIS	United Nations Supervision Mission in Syria	April 2012	August 2012
MINUSMA	United Nations Multidimensional Integrated Stabilization Mission in Mali	April 2013	heute
MINUSCA	United Nations Multidimensional Integrated Stabilization Mission in the Central African Republic	April 2014	heute
MINUJUSTH	United Nations Mission for Justice Support in Haiti	Oktober 2017	heute

Quelle: List of UN Peacekeeping Operations 1948-2013 (tatsächlich: 2014!), online unter https://peacekeeping.un.org/sites/default/files/operationslist.pdf; United Nations Confidence Restoration Operation in Croatia, online unter https://peacekeeping.un.org/sites/default/files/past/uncro.htm, gibt das Anfangsdatum der Mission mit März 1995 an (anstatt Mai 1995 in der »List of UN Peacekeeping Operations 1948-2013«); zu den Operationen, die nicht der »List of UN Peacekeeping Operations 1948-2013« genannt werden bzw. zu denen es neuere Daten gibt, vgl. Past Peace Operations, online unter https://peacekeeping.un.org/en/past-peacekeeping-operations; MINUJUSTH Fact Sheet, https://peacekeeping.un.org/en/mission/minujusth (alle aufgerufen 7.7.2019).

Abkürzungsverzeichnis

Abb.	Abbildung
ADAP	Akten zur deutschen Auswärtigen Politik
ATIP	Access to Information and Privacy (auf Basis des kanadischen Information Act oder des kanadischen Privacy Act)
CAVUNP	Canadian Association of Veterans in United Nations Peacekeeping
CBC	Canadian Broadcasting Corporation
CCF	Cooperative Commonwealth Federation
Cégep	Collège d'enseignement général et professionel
CFHQ	Canadian Forces Headquarters
CIIA	Canadian Institute of International Affairs
CIPO	Canadian Institute of Public Opinion
CLC	Canadian Labour Congress
CPA	Canadian Peace Alliance
CPPNW	Canadian Physicians for the Prevention of Nuclear War
CTV	CTV Television Network (keine offizielle Auflösung der Abkürzung CTV – allgemein wird angenommen, CTV wäre die Abkürzung für »Canadian Television«)
DBFP	Documents on British Foreign Policy
DCER	Documents on Canadian External Relations
DDF	Documents Diplomatiques Français
DEA	Department of External Affairs
DFAIT	Department of Foreign Affairs and International Trade
DFATD	Department of Foreign Affairs, Trade and Development
DHH	Directorate of History and Heritage
DND	Department of National Defence
FLQ	Front de libération du Québec
FRUS	Foreign Relations of the United States
ICC	International Control Commission
ICCS	International Commission for Control und Supervision
IDR	Defence Relations Division
JNA	Jugoslawische Nationalarmee
KSZE	Konferenz für Sicherheit und Zusammenarbeit in Europa
LAC	Library and Archives Canada
LON	Archives United Nations Library Geneva, League of Nations Archives and Historical Collections Section
MFO	Multinational Force and Observers
MINA	Office of the Minister of Foreign Affairs

MINURSO	United Nations Mission for the Referendum in the Western Sahara
NATO	North Atlantic Treaty Organization
NORAD	North American Air Defense Command
NWM	National War Museum
OAS	Organization of American States
OISE	Ontario Institute for Studies in Education der University of Toronto
ONLVEH	United Nations Observers for the Verification of Elections in Haiti
ONUC	Opération des Nations Unies au Congo
ONUCA	United Nations Observer Group in Central America
ONUMOZ	United Nations Operations in Mozambique
ONUSAL	United Nations Observer Mission in El Salvador
ONUSOM	United Nations Operations in Somalia
OTAN	Organisation du Traité de l'Atlantique Nord
PAAA	Politisches Archiv des Auswärtigen Amtes in Berlin
PM	Prime Minister
PQ	Parti québécois
pt.	part
QOR	Queen's Own Rifles
RCAF	Royal Canadian Air Force
RCMP	Royal Canadian Mounted Police
SSEA	Secretary of State for External Affairs
Tab.	Tabelle
TCA	Trinity College Archives der University of Toronto
TNA	The National Archives (ehem. Public Record Office) in Kew, Großbritannien
UAW	International Union United Automobile, Aerospace Agricultural Implement Workers of America
UCC	United Church of Canada
UN	United Nations
UNA	United Nations Association in Canada
UNAMIC	United Nations Advance Mission in Cambodia
UNAMIR	United Nations Assistance Mission in Rwanda
UNAVEM I	United Nations Angola Verification Mission
UNAVEM II	United Nations Angola Verification Mission
UNDOF	United Nations Disengagement Observer Force
UNEF I	United Nations Emergency Force I
UNEF II	United Nations Emergency Force II
UNFICYP	United Nations Force in Cyprus
UNGA	United Nations General Assembly
UNGOMAP	United Nations Good Offices Mission in Afghanistan and Pakistan

UNIFIL	United Nations Interim Force in Lebanon
UNIIMOG	United Nations Iran-Iraq Military Observer Group
UNIKOM	United Nations Iraq-Kuwait Observer Mission
UNITAF	United Task Force
UNMOGIP	United Nations Military Observer Group in India and Pakistan
UNO	United Nations Organization
UNOGIL	United Nations Observation Group in Lebanon
UNOMUR	United Nations Observer Mission Uganda-Rwanda
UNOSOM I	United Nations Operations in Somalia I
UNOSOM II	United Nations Operations in Somalia II
UNPROFOR	United Nations Protection Force
UNTAC	United Nations Transitional Authority in Cambodia
UNTAG	United Nations Transition Assistance Group in Namibia
UNTSO	United Nations Truce Supervision Organization
UNYOM	United Nations Yemen Observation Mission
USSEA	Under Secretary of State for External Affairs
VN	Vereinte Nationen
vol.	volume
WFUNA	World Federation of United Nations Associations

Abbildungs- und Tabellenverzeichnis

Abbildungen

Tabellen

Quellen- und Literaturverzeichnis

Ungedruckte Quellen

1. *Library and Archives Canada, Ottawa (LAC)*

MG 26 K	Richard Bedford Bennett (Premierminister 7.8.1930-22.10.1935)
MG 26 L	Louis Stephen St.Laurent (Premierminister 15.11.1948-20.6.1957)
MG 26 M	John George Diefenbaker (Premierminister 21.6.1957-21.4.1963)
MG 26 N	Lester Bowles Pearson (Premierminister 22.4.1963-19.4.1968)
MG 26 O	Pierre Elliott Trudeau (Premierminister 20.4.1968-3.6.1979, 3.3.1980-29.6.1984)
MG 28 I-202	United Nations Association in Canada
MG 28 IV-3	Liberal Party of Canada
MG 30 E-144	Arnold Danford Patrick Heeney
MG 31 D-78	Peter Stursberg
MG 31 B-83	H. Basil Robinson
MG 31 G-6	Eedson Louis Millard »Tommy« Burns
MG 32 B-41	Mitchell Sharp
RG 2	Privy Council Office
RG 7 G 30	Office of the Governor General of Canada – Office of the Right Honourable Ramon John Hnatyshyn, Governor General from 1990-1995
RG 24	Department of National Defence
RG 25	Department of External Affairs
RG 55	Treasury Board
RG 154	Canadian Institute for International Peace and Security

2. *Politisches Archiv des Auswärtigen Amts, Berlin (PAAA)*

R 75528, R 75529, R 75553

3. *Archives of Ontario, Toronto (AO)*

F 795	World Federalists of Canada
RG 2-82-1	Ministry of Education Curriculum development and services files – Sub-series: Curriculum guideline development files, 1973-1976
RG 2-121	Opinion survey files of the Intermediate Curriculum Review, 1970-1978 (Ministry of Education)

4.   *United Nations Archives Geneva, League of Nations Archives and*
       Historical Collections Section, Genf (LON Archiv)

2C/21560/15223: Plebiscite International Military Force (Box R3741)

5.   *Department of Foreign Affairs and International Trade bzw.*
       Department of Foreign Affairs, Trade and Development, Ottawa
       (DFAIT bzw. DFATD)

diverse Unterlagen

6.   *Department of National Defence – Directorate of History and*
       Heritage – Archives, Ottawa (DHH)

79/297; 87/225; 89/50; 90/101; 90/158; 92/31; 92/244; 93/1; 98/32; 112.302(D1); 653.003(D23);
   653.003(D31)

Raymont Collection

Canadian Forces Headquarters (CFHQ) Reports

7.   *Trinity College Archives, University of Toronto (TCA)*

F2260 John Holmes fonds

8.   *National Capital Commission, Ottawa (NCC)*

diverse Unterlagen

9.   *City of Winnipeg, City Clerk's Department*

Council Minutes, 23.6.2004

10.   *Canadian Labour Congress Archives, Ottawa (CLC)*

diverse Unterlagen

11.   *United Church of Canada Archives, Toronto (UCC)*

Fonds 60: United Church of Canada. Committee on the Church and International
   Affairs

12.   *United Nations Association in Canada Archives, Ottawa (UNA)*

verschiedene Akten und Dokumente

Depositum Geoffrey Pearson im Archiv der UNAC

13.   *Canadian Broadcasting Corporation (CBC) Radio Archives, Toronto*

verschiedene Sendungen

14. *Interviews*

Joan Broughton, Public Information Officer United Nations Association in Canada, Ottawa 16.9.2008

Dr. Kenneth Calder, Ministerialdirektor a.D. (Assistant Deputy Minister – Policy), Verteidigungsministerium, Ottawa 16.6.2009

John de Chastelain, General a.D. und ehem. kanadischer Generalstabschef, Ottawa 25.9.2009

Louis Delvoie, Botschafter a.D., Kingston, ON 8.6.2009.

Nancy Gordon, ehemalige Präsidentin der United Nations Association in Canada und ehemalige Direktorin Public Programs, Canadian Institute for Peace and Security, Ottawa 15.6.2009

Prof. Dr. Jack Granatstein, Distinguished Research Professor of History Emeritus, York University, Toronto 11.6.2009

Gilles Létourneau, Richter am Bundesappellationsgericht (Federal Court of Appeal) wie auch am Appellationsgericht des kanadischen Kriegsgerichts (Court Martial Appeal Court of Canada), Ottawa 9.6.2009

Barbara McDougall, Außenministerin a.D., Telefoninterview, Toronto 30.10.2008

Robert O'Brian, Oberst a.D., Chairman of the Board of Directors Canadian Association of Veterans in UN Peacekeeping (CAVUNP), Ottawa 5.6.2009

Ernie Regehr, Mitbegründer und ehemaliger geschäftsführender Direktor von Project Ploughshares, Waterloo, ON 28.8.2008

Periodika/Nachrichtenmagazine (auch online)

durchgängig benutzt

Globe and Mail

Ploughshares Monitor

einzelne Ausgaben

Barrie Examiner

Cronicle Herald (Halifax)

CTV Ottawa News

Edmonton Journal

Hamilton Spectator

La Press (Montréal)

Maclean's

National Post

New York Times
Ottawa Citizen
Peterborough Examiner
Sentinel. Magazine of the Canadian Forces
Spiegel online
The Gazette (Montreal)
Toronto Daily Star bzw. Toronto Star
Toronto Sun
Winnipeg Free Press
Zeit online

Lehrmaterialien

(Bestände Bibliothek des Ontario Institute for Studies in Education der University of
   Toronto und Bibliothèque générale der Université Laval)

Geschichtsschulbücher

Angrignon, Pierre/Jacques G. Ruelland, Civilisation Occidentale. Histoire et Héritages,
   Les Éditions de la Chenelière: Montréal 1995.
Bartlett, Gillian/Janice Galivan, Canada. History in the Making, John Wiley & Sons:
   Toronto u.a. 1986.
Bédard, Raymond/Jean-Francois Cardin/René Fortin: Une histoire à suivre ... Cahier
   d'activités, 4e Secondaire, Éditions HRW: Laval 1993.
Bilodeau, Rosario u.a., Histoire des Canadas, Hutubise HMH: Montréal 1971.
Bilodeau, Rosario/Gisèle Morin, La défense, Éditions Hurtubise HMH: Montréal 1976.
Bliss, Michael, Years of Change, Grolier: Toronto 1986.
Bogle, Don u.a., Canada. Continuity and Change. A History of Our Country from 1900
   to the Present, Fitzhenry & Whiteside: Markham, ON, Neuauflage 2000.
Bolotta, Angelo u.a., Canada. Face of a Nation, Gage: Toronto 2000.
Bouchard, Claude/Robert Lagassé, Nouvelle-France, Canada, Québec. Histoire du Qué-
   bec et du Canada, Beauchemin: Montréal 1986.
Bouillon, Jacques/Pierre Sorlin/Jean Rudel, Le Monde contemporain, Bordas: Paris
   1968.
Bourdon, Yves/Jean Lamarre, Histoire du Québec et du Canada. Une société nord-
   américaine, Beauchemin: Laval 1998.
Brault, Lucien, Le Canada au xxe siècle, Thomas Nelson & Sons: Toronto 1965.
Brown, George W./J. M. S. Careless (Hg.), Canada and the World. Spotlight on Canada
   Series, J.M. Dent & Sons: Toronto/Vancouver 1954.

Brunet, Michel, Histoire du Canada par les textes, tome 2 (1855-1960), Fides: Montréal/ Paris 1963.

Cachat, Gérard, A la recherche de mes racines, Lidec: Montréal 1984.

Capistran, Yolande u.a., Le Canada, 1867-aujourd'hui, Guérin: Montréal/Toronto 1989.

Carter, E. C., World Problems, W. J. Gage: Scarborough 1962.

Charland, Jean-Pierre, Le Canada, un pays en évolution. Manuel d'apprentissage, Lidec: Montréal 1994.

Charland, Jean-Pierre/Jacques Saint-Pierre, À l'aube du XXIᵉ siècle. Histoire du Québec et du Canada. Manuel de l'élève, 4ᵉ Secondaire, Lidec: Montréal 1997.

Cinanni, Cosimo/Pierre Jacques: Canada 2000. Histoire. Manuel d'apprentissage, Lidec: Montréal 1994.

Conrad, Margaret/John Ricker, 20th Century Canada, Clarke, Irwin & Company: Toronto/Vancouver 1974.

Cornell, Paul-G./Jean Hamelin/Fernand Ouellet/Marcel Trudel, Canada. Unité et diversité. Édition revue et augmentée, Holt, Rinehart et Winston: Montréal 1971.

Cornell, Paul-G./Jean Hamelin/Fernand Ouellet/Marcel Trudel, Canada. Unity in Diversity, Holt, Rinehart and Winston: Toronto/Montreal 1967.

Cornell, Paul-G./Jean Hamelin/Fernand Ouellet/Marcel Trudel, Canada. Unity in Diversity, Holt, Rinehart and Winston: Toronto/Montreal 1969.

Cruxton, Bradley J./W. Douglas Wilson, Spotlight Canada, Oxford University Press: Toronto, Neuauflage 1988.

Cruxton, Bradley J./W. Douglas Wilson, Spotlight Canada, Oxford University Press: Toronto, 3. Aufl. 1996.

Danguillaume, G./M. Rouable, Connaissance du monde contemporain. 1ère année. Classes préparatoires au B.E.P., Dunod: Paris 1969.

Davis, M. Dale, Profil du XXᵉ siècle, Guérin: Montréal/Toronto 1994.

Defaudon, Bernhard/Normand Robidoux, Histoire générale, Guérin: Toronto/Montréal 1985.

Drimaracci, Jacques u.a., Le monde depuis 1945. Histoire – géographie. Préparation au B.E.P. 2e année, Librairie Belin: Paris 1970.

Eaton, Diane/Garfield Newman, Canada. A Nation Unfolding, McGraw-Hill Ryerson: Toronto u.a. 1994.

English, John, Years of Growth 1948-1967, Grolier Limited: Toronto 1986.

Evans, Allan S./I. L. Martinello, Canada's Century, McGraw-Hill Ryerson: Toronto u.a., 2. Aufl. 1988.

Evans, Allan S./I. L. Martinello, Canada's Century, McGraw-Hill Ryerson: Toronto u.a. 1978.

Evans, Allan S./Lawrence Diachun, Canada: Towards Tomorrow, McGraw-Hill Ryerson: Toronto u.a. 1976.

Faries, Emily Jane/Sarah Pashagumskum, Une histoire du Québec et du Canada, Commission scolaire Crie: Chisasibi 2002.

Farley, Paul-Emile/Gustave Lamarche, Histoire du Canada, Editions du renouveau pédagogique inc.: Montréal, 4. Aufl. 1966.

Fielding, John u.a., Le Canada au XXᵉ siècle. Une histoire à découvrir, Beauchemin: Laval 2001.

Fox, Paul, Battlefront – The Fight for Liberty, Holt, Rinehart and Winston of Canada: o.O 1965.

Francis, Daniel/Sonia Riddoch, Our Canada. A Social and Political History, McClelland and Stewart: Toronto 1985.

Francoeur, André/Claude Jeannotte/Robert Savoie, Mon nouveau programme d'études en histoire du Québec et du Canada, 4ᵉ Secondaire, Guérin: Montréal/Toronto, 2. Aufl. 1985.

Francoeur, André/Rodolphe Chartrand/Robert Savoie, Histoire 512. Le monde contemporain, Guérin: Montréal 1977.

François, Denis u.a., L'èpoque contemporaine, Bordas: Paris-Montréal 1971.

Fraser, Blair, The Search for Identity.Canada: Postwar to Present, Doubleday: New York/ Toronto 1967.

Gaillard, Jean-Michel (Hg.), Histoire. Tᵉˢ L-ES, Bréal: Rosny-sous-Bois 2004.

Garland, Aileen, Canada. Then and Now, based on a A First Book of Candian History by W. Stewart Wallace, The Macmillan Company of Canada Limited: o.O. 1954.

Genet, L. u.a., Le Monde Contemporain, Hatier: Paris 1962.

Giraud, Marcel, Histoire du Canada, Presses Universitaires de France: Paris, 5. Aufl. 1971.

Gohier, Michel/Luc Guay, Histoire et civilisations de la préhistoire à nos jours, Lidec: Montréal 1985.

Grypinich, Alphonse, L'histoire de notre pays. Histoire du Canada. 8e et 9e années, Librairie Saint-Viateur: Montréal 1958.

Grypinich, Alphonse, L'histoire de notre pays. Histoire du Canada. 8e et 9e années, Éditions du renouveau pédagogique: Montréal 1967.

Guay, Fernande, Le Canada et son histoire. Cahier de recherches et de travaux pratiques, Brault et Bouthillier: Montréal 1976.

Hodgetts, Alfred Birnie, Decisive Decades, Thomas Nelson & Sons: o.O., o.D. [1960].

Hodgetts, Alfred Birnie/J. D. Burns, Decisive Decades. A History of the Twentieth Century for Canadians, revised edition, Thomas Nelson & Sons: Don Mills, ON 1973.

Howard, Richard u.a., Canada Since Confederation, Copp Clark: Toronto 1976.

Hundey, Ian M./Michael L. Magarrey, Canada: Understanding Your Past, Irwin Publishing: Toronto 1990.

Hundey, Ian u.a., Canadian History. Patterns and Transformations, Irwin: Toronto 2003.

Hundey, Ian, Canada: Builders of the Nation, Gage: Toronto, 2. Aufl. 1991.

Hux, Allan D./Frederick E. Jarman, Canada: A Growing Concern, Globe/Modern Curriculum Press: Toronto 1981.

Johnson, Partricia M., Canada Since 1867. Selected Historical Sources, Mc Clelland and Stewart: Toronto 1968.

Kirbyson, Ronald C. (Hg.), Discovering Canada. Shaping an Identity, Prentice-Hall Canada: Scarborough 1983.

Kirbyson, Ronald C./Elizabeth Peterson, In Search of Canada, vol. 2, Prentice-Hall of Canada: Scarborough 1977.

La présence Canadienne dans le monde/Guerre, Paix et sécurité, élaboré par le Groupe d'évaluation des programmes sociaux Queen's University pour Reflets du Patrimoine. La Fondation CRB/The CRB Foundation Heritage Project, Montréal 1997.

Lacoursière, Jacques/Claude Bouchard, Notre Histoire. Québec – Canada, Bd. 12: Sur la scène du monde, 1951-1960, Édition Format: Montréal 1972.

Lagassé, Robert, Histoire contemporaine. Histoire 512: Le monde contemporain. Cahier du maître, Brault & Bouthillier: Montréal 1981.

Langlois, Georges u.a., Histoire du temps présent. De 1900 à nos jours, Beauchemin: Laval, 3. Aufl. 2004.

Langlois, Georges u.a., Histoire du XXe siècle, Beauchemin: Laval 1994.

Langlois, Georges u.a.: Histoire du XXe siècle, Beauchemin: Laval, 2. Aufl. 1999.

Langlois, Georges/Gilles Villemure, Histoire de la civilisation occidentale, Beauchemin: Laval, 3. Aufl. 2000.

Lefebvre, André, Histoire de la civilisation à partir du monde actuel. L'histoire au cours secondaire à partir du monde actuel, Guérin: Montréal 1972.

Lefebvre, André, Histoire du Canada à partir du Québec actuel. L'histoire au cours secondaire à partir du monde actuel, Guérin: Montréal 1973.

Lefebvre, André, Histoire du monde actuel. L'Histoire au cours secondaire à partir du monde actuel, Guérin: Montréal 1974.

Lefebvre, André, Initiation à l'histoire à partir du monde actuel. L'histoire au cours secondaire à partir du monde actuel, Guérin: Montréal 1971.

Létourneau, Lorraine, L'Histoire et toi, Beauchemin: Montréal 1985.

McFadden, Fred u.a., Canada. The Twentieth Century, Fitzhenry & Whiteside: Toronto 1982.

McInnis, Edgar, The North American Nations, J.M.Dent & Sons: Toronto/Vancouver 1963.

McNaught, Kenneth W./Ramay Cook, Canada and the United States. A Modern Study, Clarke, Irwin & Company: Toronto/Vancouver 1963.

Mitchner, E. A. u.a., Forging a Destiny: Canada since 1945, Gade Educational: o.O. 1976.

Mitchner, E. A./M. B. Demaine, Teacher's Guide to Forging a Destiny: Canada since 1945, Gage Educational Publishing:Toronto 1977.

Moir, John S./Robert E. Saunders, Northern Destiny. A History of Canada, J.M.Dent & Sons: o.O. 1970.

Morton, Desmond, Towards Tomorrow. Canada in a Changing World. History, Harcourt Brace Jowanowich: Toronto u.a. 1988.

Munro, Iain R. u.a., Canadian Studies. Self and Society, Wiley: Toronto 1975.

Nicholson, Gerald W. L. et al., Three Nations. Canada – Great Britain – The United States of America in the Twentieth Century, McClelland and Stewart: Toronto 1962 (weitere Auflage 1969).

Peart, Hugh W./John Schaffter, The Winds of Change. A History of Canada and Canadians in the Twentieth Century, The Ryerson Press: Toronto 1961.

Plante, Hermann/Louis Martel, Mon pays. Synthèse d'histoire du Canada, Editions du pélican: Québec, 2. Aufl. 1960 (Erstauflage 1956).

Plante, Hermann/Louis Martel, Mon pays. Synthèse d'histoire du Canada, Editions du pélican: Québec, 3. Aufl. 1963.

Regehr, Henry u.a., Candians in the Twentieth Century, McGraw-Hill Ryerson: Toronto 1987.

Ricker, John C. u.a., The Modern Era, Clarke, Irwin & Company: Toronto/Vancouver, überarb. Auflage 1962 (Erstauflage 1960).

Roy, Dominic, Histoire du XXe siècle. Perspectives internationales, Modulo: Mont-Royal (Québec) 2003.

Saywell, John, Canada Past and Present, Clarke, Irwin & Company: Toronto/Vancouver 1969.

Saywell, John, Canada Past and Present, Irwin Publishing: Toronto, Neuauflage 1983.

Scully, Angus L., Canada Today, Prentice-Hall: Scarborough, 2. Aufl. 1988.

Séguin, Hélène/Benoît Thibault, Le monde contemporain. Cahier d'activités. 5e secondaire, Lidec: Montréal 1999.

Simard, Marc, Histoire du XXe siècle. Affrontements et changements, Chenelière/McGraw-Hill: Montréal/Toronto, 2. Aufl. 2002 (Erstausgabe 1997).

Simard, Marc/Christian Laville, Histoire de la civilisation occidentale, Éditions du renouveau pédagogique: Saint-Laurent (Québec) 2000.

Smith, Carl F. u.a., Canada Today, Prentice Hall Canada: Scarborough, 3. Aufl. 1996.

Smith, Carl F. u.a.: Teacher's Guide. Canada Today, Prentice Hall Canada: Scarborough, 3. Aufl. 1996.

Spencer, Robert, The West and a Wider World, Clarke, Irwin & Company: Toronto/Vancouver 1966.

Tessier, Albert, Québec – Canada. Histoire du Canada, tome II (1763-1958), Editions du pélican: Québec 1958.

Tessier, Yves, Histoire de la civilisation occidentale, Guérin: o.O. 1995.

Trueman, John u.a., Modern Perspectives, The Ryerson Press: Toronto/Winnipeg/Vancouver 1969.

Une équipe de professeurs, Les Canadiens et leur histoire. Bd. 2: Crise et changement, Guérin: Montréal 1979.

Vaugeois, Denis/Jacques Lacoursière, Canada-Québec – Synthèse historique, Editions du renouveau pédagogique: Montréal 1969.

Vaugeois, Denis/Jacques Lacoursière, Canada-Québec – Synthèse historique, Editions du renouveau pédagogique: Montréal, 1970.

Vaugeois, Denis/Jacques Lacoursière, Canada-Québec – Synthèse historique, Editions du renouveau pédagogique: Montréal 1973.

Vaugeois, Denis/Jacques Lacoursière, Canada-Québec – Synthèse historique, Editions du renouveau pédagogique: Montréal 1977.

Vaugeois, Denis/Jacques Lacoursière, Histoire 1534-1968, Editions du renouveau pédagogique: Montréal 1968.

Curricula/Listen der in den Provinzen zugelassenen Schulbücher

»Trillium List«, Online unter http://www.curriculum.org/occ/trillium (aufgerufen 19.8.2009).

Gouvernement du Québec, Ministère de l'Éducation, Programme d'études. Histoire générale. 2e Secondaire. Formation générale, o.O. 1982.

Gouvernement du Québec, Ministère de l'Éducation, Programme d'études. Historie du Québec et du Canada. 4e Secondaire. Formation générale et professionnelle, o.O. 1982.

Gouvernement du Québec, Ministère de l'Éducation, Secondaire. Le 20e siècle, Histoire et civilisations. Option. 5e année, o.O. 1988.

Gouvernement du Québec. Ministère de l'Éducation, Guide pédagogique. Secondaire. Le 20e Siècle, Histoire et Civilisations. Option 5e Année, 1988.

Liste des matériel didactique approuvé par le ministre de l'Éducation. Enseignement secondaire. Formation générale 1992-1993.

Matériel didactique autorisé en fonction des nouveaux programmes d'études par le ministre de l'Éducation pour le secondaire général, 1986-1987.

Matériel didactique autorisé par le ministre de l'Éducation pour le secondaire général et professionnel 1982-1983.

Ministère de l'éducation (Hg.), Enseignement général, enseignement professionnel. Manuels agréé par le ministère de l'Éducation pour les écoles de langue française 1977/1978, Québec 1977.

Ministère de l'éducation, Liste des manuels scolaires et de matériel didactique pour l'année 1971-72.

Ministère de l'Éducation, Suggestions aux enseignants. Histoire [...]le intermédiaire 8: Les Forces armée canadiennes. Évolution de leur rôle dans le maintien de la paix, 1978.

Ministre de l'Éducation, Le matériel didactique approuvé pour l'enseignement secondaire (formation générale), 1997-1998.

Ministry of Education Ontario, Curriculum Guideline History and Contemporary Studies. Part C: Senior Division. Grades 11 and 12, 1987.

Ministry of Education Ontario, History. Intermediate Division. Authorized by the Minister of Education Thomas L. Wells, 1973.

Ministry of Education Ontario, People and Politics. Authorized by the Minister of Education, Senior Division 1972.

Ministry of Education Ontario, People and Politics. Authorized by the Minister of Education, Senior Division 1972.

Ministry of Education, Curriculum Ideas for Teachers. History Intermediate Division, 8: The Canadian Military: Evolution of a Peacekeeper, 1978.

Ontario Department of Education, Senior Division. History. Grades 11, 12, 13. Curriculum S.9, 1959.

Ontario Department of Education, Senior Division. History. Grades 11, 12, 13. Curriculum S.9, 1961.

Ontario Ministry of Education and Training, The Ontario Curriculum. Canadian and World Studies, Grades 9 and 10, 1999.

Ontario Ministry of Education, The Ontario Curriculum. Canadian and World Studies, Grades 11 and 12, 2000.

Ontario Ministry of Education, The Ontario Curriculum. Canadian and World Studies, Grades 11 and 12, revised 2005.

Ontario Ministry of Education, The Ontario Curriculum. Canadian and World Studies, Grades 9 and 10, revised 2005.

Ontario Ministry of Education, The Ontario Curriculum. Canadian and World Studies, Grades 9 and 10, revised 2013.

Ontario Ministry of Education, The Ontario Curriculum. Social Studies, Grades 1 to 6. History and Geography, Grades 7 and 8, revised 2004.

Amtliche Veröffentlichungen/Druckschriften/Parteiprogramme

Canada. Debates of the House of Commons, 3rd Session, 22nd Parliament; 4th (Special) Session, 22nd Parliament; 3rd Session, 24th Parliament; 2nd Session, 26th Parliament; 3rd Session, 34th Parliament.

Canada. House of Commons, Standing Committee on National Defence and Veteran's Affairs, The Dilemmas of a Committed Peacekeeper: Canada and the Renewal of Peacekeeping, 4th Report, Ottawa, June 1993.

Dedication. The Reconciliation. Canada's Peacekeeping Monument, 8.10.1992.

Dishonoured Legacy. The Lessons of the Somalia Affair. Report of the Commission of Inquiry into the Deployment of Canadian Forces to Somalia, 6 Bde., Ottawa 1997.

Independent Panel on Canada's Future Role in Afghanistan, hg. v. Minister of Public Works and Government Services, Ottawa 2008.

The Future of UN Peace-keeping. A Policy Paper of the United Nations Association in Canada (1965).

International Commission on Intervention and State Sovereignty, The Responsibility to Protect. Report of the International Commission on Intervention and State Sovereignty, Ottawa 2001.

The Peacekeeping Monument Competition. Creating a national symbol, hg. v. NCC u. DND, Ottawa 1991.

Peacekeeping Monument. Competition Guideline, vorgelegt v. Department of National Defense u. National Captial Commission, o.O., o.J.

PQ, Le programme – l'action politique – les statues et réglements, édition 1971.

PQ, Le programme – l'action politique – les statues et réglements, édition 1973.

PQ, Le programme – l'action politique – les statues et réglements, édition 1975.

PQ, Programme officiel du Parti Québécois. Edition 1978.

PQ, Programme, édition 1970.

Statements and Speeches (1957-2001, Veröffentlichungen des kanadischen Außenministeriums, eingesehen in der Bibliothek des Außenministeriums).

The United Church of Canada, 21 General Council. Record of Proceedings, September 9-17, 1964.

The United Church of Canada, 22 General Council. Record of Proceedings, September 7-16, 1966.

The United Church of Canada, 23 General Council. Record of Proceedings, August 27-September 4, 1968.

The United Church of Canada, 26th General Council. Record of Proceedings, August 18th-August 24th, 1974.

The United Church of Canada, Record of Proceedings of Eighteenths General Council, September, 1958.

The United Church of Canada, Record of Proceedings of Thirty-third General Council, August 14th to 23rd, 1990.

The United Church of Canada, Record of Proceedings of Thirty-fifth General Council, August 19-28, 1994.

The United Church of Canada, Record of Proceedings of Thirty-fourth General Council, August 14th to 22nd, 1992.

The United Church of Canada, Record of Proceedings of Thirty-fifth General Council, August 19-28, 1994.

UN General Assembly, 12th Session, Offical Records, 683rd Plenary Meeting.

Veröffentlichte Quellen

Editionen

Akten zur deutschen Auswärtigen Politik (ADAP), Serie C: 1933-1937, Bd. III,2, Göttingen 1973.

Bland, Douglas L. (Hg.), Canada's National Defence, vol. 1, Kingston (ON) 1997.

De Brou, Dave/Bill Waiser (Hg.), Documenting Canada. A History of Modern Canada in Documents, Saskatoon (SA) 1992.

Documents Diplomatiques Français (DDF) 1932-1939, hg. v. Ministère des Affaires Étrangères, 1re série (1932-1935), Bd. 7 u. 8, Paris 1979.

Documents on British Foreign Policy (DBFP) 1919-1939, hg. v. W. N. Medlicott u.a., 2nd series, vol. XII, London 1972.

Documents on Canadian External Relations (DCER), Bd. 4: 1926-1930, hg. v. Alex. I. Inglis, Ottawa 1971, Bd. 22: 1956-57, Teil I, hg. v. Greg Donaghy, Ottawa 2001, Bd. 25/II, hg. v. Michael D. Stevenson, Ottawa 2004.

Eayrs, James, (Hg.), The Commonwealth and Suez. A Documentary Survey, London 1964.

Foreign Relations of the United States (FRUS), 1955-1957, Bd. 16: Suez Crisis July 26-December 31, 1956, hg. v. John Pl. Clennon u. Nina J. Noring, Washington 1990.

Pearson, Lester B., The Crisis in the Middle East. October-December 1956, Ottawa 1957.

Siekmann, Robert C. R. (Hg.), Basic Documents on United Nations and Related Peace-Keeping Forces, Dordrecht u.a. 1985.

Stacey, C. P. (Hg.), Historical Documents, vol. V: The Arts of War and Peace 1914-1945, Toronto 1972.

Autobiografische Schriften

Beattie, Clayton E., mit Michael S. Baxendale, The Bulletproof Flag. Canadian Peacekeeping Forces and the War in Cyprus, Ottawa 2007.

Burns, Eedson L. M., Between Arab and Israeli, New York 1962.

Burns, Eedson L. M., General Mud. Memoirs of Two World Wars, Toronto 1970.

Dallaire, Roméo mit Brent Beardsley, Shake Hands with the Devil. The Failure of Humanity in Rwanda, New York 2005.

Diefenbaker, John G., One Canada. Memoirs of The Right Honourable John G. Diefenbaker, vol. 2, Scarborough (ON) 1978 [EA 1976].

Eden, Anthony, Angesichts der Diktatoren. Memoiren 1923-1938, Köln/Berlin 1962.

Horn, Carl von, Soldiering for Peace, London 1966.

Jünger, Ernst, In Stahlgewittern, 36. Aufl., Stuttgart 1995.

Kissinger, Henry, Crises. The Anatomy of Two Major Foreign Policy Crises, New York u.a. 2004.

MacKenzie, Lewis, Peacekeeper. The Road to Sarajevo, Vancouver/Toronto 1993.

Pearson, Lester B., Mike. The Memoirs of the Right Honourable Lester B. Pearson, Bd. 2: 1948-1957, hg. v. John A. Munro und Alex. I. Inglis, Toronto 1973.

Reid, Escott, Hungary and Suez 1956. A View From New Delhi, Oakville (ON) u.a. 1986.

Ritchie, Charles, Diplomatic Passport. More Undiplomatic Diaries, 1946-1962, Toronto 1986 (EA 1981).

Robinson, H. Basil, Diefenbaker's World. A Populist in Foreign Affairs, Toronto u.a. 1989.

Trudeau, Pierre Elliott, Memoirs, 3. Aufl., Toronto 1994.

Urquart, Brian, A Life in Peace and War, New York/London 1991.

Hilfsmittel/Lexika

The Canadian Who's Who, Bd. 10: 1964-1966, Toronto 1966.

The Canadian Who's Who, Bd. 12: 1970-1972, Toronto 1972.

Canadian Who's Who 1980, Bd. 15, hg. v. Kieran Simpson, Toronto u.a. 1980.

Canadian Who's Who 2001, Bd. 36, hg. v. Elizabeth Lumley, Toronto u.a. 2001.

Creifelds, Carl, Rechtswörterbuch, 11. Aufl., München 1992.

Literatur

Abiev, Francis Kofi, The Evolution of the Doctrine and Practice of Humanitarian Intervention, The Hague u.a. 1999.

Amrith, Sunil/Glenda Sluga, New Histories of the United Nations, in: Journal of World History 19 (2008), H. 3, S. 251-274.

Anderson, Antony, The Diplomat. Lester Pearson and the Suez Crisis, Fredericton 2015.

Anderson, Benedict, Die Erfindung der Nation. Zur Karriere eines folgenreichen Konzepts, Frankfurt a. M./New York 1996 (EA 1983).

Andres, Jan/Matthias Schwengelbeck, Das Zeremoniell als politischer Kommunikationsraum. Inthronisationsfeiern in Preußen im »langen« 19. Jahrhundert, in: Ute Frevert/Heinz-Gerhard Haupt (Hg.), Neue Politikgeschichte. Perspektiven einer historischen Politikforschung, Frankfurt/M. u. New York 2005, S. 27-81.

Angster, Julia, Nationalgeschichte und Globalgeschichte. Wege zu einer »Denationalisierung« des historischen Blicks, in: Aus Politik und Zeitgeschichte 48/2018, S. 10-17, hier S. 14.

Anheier, Helmut K, Civil Society. Measurement, Evaluation, Policy, London 2004.

Anker, Lane, Peacekeeping and Public Opinion, in: Canadian Military Journal 6 (Summer 2005), 2, S. 23-32.

Appel Molot, Maureen/Norman Hillmer, The Diplomacy of Decline, in: dies., A Fading Power, Don Mills 2002 (Canada Among Nations 2002), S. 1-33.

Arabella, Irving/Harold Troper, None is too many. Canada and the Jews of Europe 1933-1948, Toronto 1983.

Arnold, Samantha L., Home and Away: Public Diplomacy and the Canadian Self, in: J. Marshall Beier/Lana Wylie (Hg.), Canadian Foreign Policy in Critical Perspective, Don Mills (ON) 2010, S. 15-26.

Axworthy, Lloyd, Introduction, in: Rob McRae/Don Hubert (Hg.), Human Security and the New Diplomacy. Protecting People, Promoting Peace, Montreal & Kingston u.a. 2001, S. 3-13.

Axworthy, Lloyd, Navigating a New World. Canada's Global Future, Toronto 2003.

Azzi, Stephen, The Nationalist Moment in English Canada, in: Lara Campbell/Dominique Clément/Gregory S. Kealey (Hg.), Debating Dissent. Canada and the Sixties, Toronto u.a. 2012, S. 213-228.

Azzi, Stephen, Walter Gordon and the Rise of Canadian Nationalism, Montreal & Kingston u.a. 1999.

Bachmann-Medick, Doris, Cultural Turns. Neuorientierungen in den Kulturwissenschaften, 4. Aufl., Reinbek bei Hamburg 2010.

Badescu, Cristina G., Canada's Continuing Engagement with United Nations Peace Operations, in: Canadian Foreign Policy 16 (Spring 2010), 2, S. 45-60.

Balfour-Paul, Glen, Britain's Informal Empire in the Middle East, in: Judith M. Brown/William Roger Louis (Hg.), The Oxford History of the British Empire, Bd. 4: The Twentieth Century, Oxford 1999, S. 490-541.

Banerjee, Dipankar, India, in: Alex J. Bellamy/Paul D. Williams (Hg.), Providing Peacekeepers. The Politics, Challenges, and Future of United Nations Peacekeeping Contributions, Oxford 2013, S. 225-244.

Barris, Ted, Victory at Vimy. Canada comes of Age, April 9-12, 1917, Toronto 2007.

Barton, William H., Who will pay for peace? The UN crisis, Toronto 1965.

Bar-Zohar, Michael, Shimon Peres. The Biography, New York 2007, S. 134-154.

Bate, David, Fotografie und der koloniale Blick, in: Herta Wolf (Hg.), Diskurse der Fotografie. Fotografie am Ende des fotografischen Zeitalters, Bd. 2, Frankfurt/M. 2003, S. 115-132.

Becker, Frank, Begriff und Bedeutung des politischen Mythos, in: Barbara Stollberg-Rilinger (Hg.), Was heißt Kulturgeschichte des Politischen?, Berlin 2005, S. 129-148.

Behiels, Michael D., Aboriginal Nationalism in the Ascendancy: The Assembly of First Nations' First Campaign for the Inherent Right to Self-Government, 1968-1987, in: Norman Hillmer/Adam Chapnick, Canadas of the Mind. The Making and Unmaking of Canadian Nationalisms in the Twentieth Century, Montreal & Kingston u.a. 2007, S. 260-286.

Behrenbeck, Sabine, Der Kult um die toten Helden. Nationalsozialistische Mythen, Riten und Symbole 1923 bis 1945, Vierow bei Greifswald 1996.

Bellamy, Alex J./Paul D. Williams (Hg.), Providing Peacekeepers. The Politics, Challenges, and Future of United Nations Peacekeeping Contributions, Oxford 2013.

Bellamy, Alex J./Paul D. Williams with Stuart Griffen, Understanding Peacekeeping, 2. Aufl., Cambridge/Malden MA 2011.

Bellamy, Alex J./Paul D. Williams, Introduction: The Politics and Challenges of Providing Peacekeepers, in: dies. (Hg.), Providing Peacekeepers. The Politics, Challenges, and Future of United Nations Peacekeeping Contributions, Oxford 2013, S. 1-22.

Bercuson, David J., Maple Leaf against the Axis. Canada's Second World War, Toronto 1995.

Bercuson, David, Significant Incident. Canada's Army, the Airborne, and the Murder in Somalia, Toronto 1996.

Berdal, Mats R., »Peacekeeping, Enforcement: Where do we go from here?«, in: Maintien de la paix de 1815 à aujord'hui. Actes du XXIᵉ colloque de la Commission internationale d'histoire militaire/Peacekeeping 1815 to Today. Proceedings of the XXIst Colloquium of the International Commission of Military History, Quebec 1995, S. 566-578.

Bergem, Wolfgang, Nationale Identität: Fatum oder Fiktion?, in: Wolfgang Bialas (Hg.), Die nationale Identität der Deutschen. Philosophische Imaginationen und historische Mentalitäten, Frankfurt a. M. u.a. 2002, S. 15-55.

Berhard Jr, Prosper/Christopher J. Kirkey, Middle-Power Paradox in a Unipolar World. The Promises and Limitations of Canadian Leadership in an Age of Human Security, in: Michael K. Hawes/Christopher J. Kirkey (Hg.), Canadian Foreign Policy in a Unipolar World, Don Mills, ON 2017, S. 216-250.

Berton, Pierre, Vimy, Toronto 1986.

Betz, Joachim, Zivilgesellschaft in Entwicklungsländern, in: ders./Wolfgang Hein (Hg.), Neues Jahrbuch Dritte Welt 2005. Zivilgesellschaft, Wiesbaden 2005, S. 7-26.

Birgisson, Karl Th., United Nations Good Offices Mission in Afghanistan and Pakistan, in: William J. Durch (Hg.), The Evolution of UN Peacekeeping. Case Studies and Comparative Analysis, New York 1993, S. 299-313.

Birgisson, Karl Th., United Nations Military Observer Group in India and Pakistan, in: William J. Durch (Hg.), The Evolution of UN Peacekeeping. Case Studies and Comparative Analysis, New York 1993, S. 273-284.

Birgisson, Karl Th., United Nations Peacekeeping Force in Cyprus, in: William J. Durch (Hg.), The Evolution of UN Peacekeeping. Case Studies and Comparative Analysis, New York 1993, S. 219-236.

Birgisson, Karl Th., United Nations Yemen Observation Mission, in: William J. Durch (Hg.), The Evolution of UN Peacekeeping. Case Studies and Comparative Analysis, New York 1993, S. 206-218.

Bizeul, Yves, Politische Mythen, in: Heidi Hein-Kircher/Hans Henning Hahn (Hg.), Politische Mythen im 19. und 20. Jahrhundert in Mittel- und Osteuropa, Marburg 2006, S. 3-14.

Bizeul, Yves, Theorien der politischen Mythen und Rituale, in: ders. (Hg.), Politische Mythen und Rituale in Deutschland, Frankreich und Polen, Berlin 2000, S. 15-39.

Black, David/Greg Donaghy, Manifestations of Canadian Multilateralism, in: Canadian Foreign Policy 16 (2010), 2, S. 1-8.

Blackwell, Stephen, British Military Intervention and the Struggle for Jordan. King Hussein, Nasser and the Middle East Crisis, 1955-1958, New York/London 2009.

Bland, Douglas L./Sean M. Maloney, Campaigns for International Security. Canada's Defence Policy at the Turn of the Century, Montreal u.a. 2004.

Börzel, Tanja A., Organizing Babylon – On the Different Conceptions of Policy Networks, in: Public Administration 76 (1998), S. 253-273.

Bosher, J. F., The Gaullist Attack on Canada 1967-1997, Montreal & Kingston u.a. 1999.

Bosold, David/Wilfried von Bredow, Human security: A radical or rhetorical shift in Canada's foreign policy?, in: International Journal 61 (Autumn 2006), 4, S. 829-844.

Bothwell, Robert, Alliance and Illusion. Canada and the World, 1945-1984, Vancouver/Toronto 2007.

Bothwell, Robert, Canada's Moment: Lester Pearson, Canada and the World, in: Norman Hillmer (Hg.), Pearson. The Unlikely Gladiator, Montreal & Kingston u.a. 1999, S. 19-29.

Bothwell, Robert/Jan Drummond/John English, Canada since 1945: Power, Politics, and Provincialism, 2. Aufl., Toronto u.a. 1989.

Boulden, Jane, The United Nations and Mandate Enforcement. Congo, Somalia, and Bosnia, Kingston 1999 (The Martello Papers, 20).

Bowler, R. Arthur, The War of 1812, in: J. M. Bumsted (Hg.), Interpreting Canada's Past, Bd. 1: Pre-Confederation, 2. Aufl., Oxford, 1993, S. 314-339.

Bratt, Duane, Bosnia: From Failed State to Functioning State, in: Michael K. Carroll/Greg Donaghy (Hg.), From Kinshasa to Kandahar. Canada and Fragile States in Historical Perspective, Calgary 2016, S. 143-164.

Bredow, Wilfried v. (Hg.), Die Außenpolitik Kanadas, Wiesbaden 2003.

Bredow, Wilfried v., Die freundliche Mittelmacht. Kanadas Außenpolitik seit dem Zweiten Weltkrieg, in: Zeitschrift für Kanada-Studien 20 (2000), 1, S. 7-26.

Bredow, Wilfried v./Matthias Heise, Order and Security in International Relations. German and Canadian Perspectives, in: Markus Kaim/Ursula Lehmkuhl (Hg.), In Search of a New Relationship. Canada, Germany, and the United States, Wiesbaden 2005, S. 115-127.

Brink, Cornelia, Ikonen der Vernichtung. Öffentlicher Gebrauch von Fotografien aus nationalsozialistischen Konzentrationslager nach 1945, Berlin 1998.

Briscoe, Neil, Britain and UN Peacekeeping 1948-67, Basingstoke 2003.

Brookfield, Tarah, Cold War Comforts. Canadian Women, Child Safty and Global Insecurity, Waterloo (ON) 2012, S. 71-97.

Budde, Gunilla/Sebastian Conrad/Oliver Janz (Hg.), Transnationale Geschichte. Themen, Tendenzen und Theorien, Göttingen 2006.

Bullion, Alan James, India, in: David S. Sorenson/Pia Christina Wood (Hg.), The Politics of Peacekeeping in the Post-Cold War Era, London/New York 2005, S. 196-212.

Burg, Steven L./Paul S. Shoup, The War in Bosnia-Herzegovina. Ethnic Conflict and International Intervention, New York/London 2000.

Burns, Eedson L. M., Defence in the Nuclear Age. An Introduction for Canadians, Toronto/Vancouver 1976.

Byers, Michael, After Afghanistan: Canada's Return to UN Peacekeeping, in: Canadian Military Journal 13 (Winter 2012), 1, S. 33-39

Byers, Rob B./Michael Slack (Hg.), Canada and Peacekeeping: Prospects for the Future, Toronto 1983.

Calder, Joanna, Nobel Laureates, in: Sentinel 25 (1989), 1, S. 12 f.

Cameron, Maxwell A./Robert J. Lawson/Brian W. Tomlin (Hg.), To Walk without Fear. The Global Movement to Ban Landmines, Toronto u.a. 1998.

Campbell, Lara/Dominique Clément/Gregory S. Kealey (Hg.), Debating Dissent. Canada and the Sixties, Toronto u.a. 2012.

Campbell, Lara/Michael Dawson/Gatherine Gidney (Hg.), Worth Fighting For: Canada's Tradition of War Resistance from 1812 to the War on Terror, Toronto 2015.

Carlton, David, Anthony Eden. A Biography, London 1981.

Carrière, Erin/Marc O'Reilly/Richard Vengroff, »In the Service of Peace«: Reflexive Multilateralism and the Canadian Experience in Bosnia, in: Richard Sobel/Eric Shiraev (Hg.), International Public Opinion and the Bosnia Crisis, Lanham (MD) 2003, S. 1-32.

Carroll, Michael K., From Peace(keeping) to War: The United Nations and the Withdrawal of UNEF, in: The Middle East Review of International Affairs 9 (2005), No. 2, Article 5, online unter http://meria.idc.aci./journal/2005/issue2/jv9n02a5. html (aufgerufen 2.2.2008).

Carroll, Michael K., Pearson's Peacekeepers. Canada and the United Nations Emergency Force, 1956-67, Vancouver 2009.

Carroll, Michael K., Pragmatic Peacekeeping. The Pearson Years, in: Asa McKercher/ Galen Roger Perras (Hg.), Mike's World. Lester B. Pearson and Canadian External Affairs, Vancouver/Toronto 2017, S. 48-69.

Cassirer, Ernst, Philosophie der symbolischen Formen. Zweiter Teil: Das mythische Denken, bearb. v. Claus Rosenkranz, Hamburg 2002 (Ernst Cassirer, Gesammelte Werke, Hamburger Ausgabe, Bd. 12).

Center on International Cooperation (Hg.), Annual Review of Global Peace Operations 2007, London 2007.

Center on International Cooperation (Hg.), Annual Review of Global Peace Operations 2013, London 2013.

Champion, C. P., The Strange Demise of British Canada. The Liberals and Canadian Nationalism, 1964-1968, Montreal & Kingston u.a. 2010.

Chapnick, Adam, A diplomatic counter-revolution. Conservative foreign policy, 2006-11, in: International Journal 67 (Winter 2011-12), 1, S. 137-154.

Chapnick, Adam, Canada's Voice. The Public Life of John Wendell Holmes, Vancouver/Toronto 2009.

Chapnick, Adam, Lester B. Pearson et le concept de la paix, in: Jocelyn Coulon (Hg.), Guide du maintien de la paix 2008, Outremont (Québec) 2007, S. 15-26.

Chapnick, Adam, Peace, order, and good government. The »conservative« tradition in Canadian foreign policy, in: International Journal 60 (2005), 3, S. 635-650.

Chapnick, Adam, Pearson and the United Nations: Tracking the Stoicism of a Frustrated Idealist in: Asa McKercher/Galen Roger Perras (Hg.), Mike's World. Lester B. Pearson and Canadian External Affairs, Vancouver/Toronto 2017, S. 70-87.

Chapnick, Adam, The Department of External Affairs and the United Nations Idea, 1943-1965, in: Greg Donaghy/Michael K. Carroll (Hg.), In the National Interest. Canadian Foreign Policy and the Department of Foreign Affairs and International Trade, 1909-2009, Calgary 2011, S. 81-100.

Chapnick, Adam, The Middle Power Project: Canada and the Founding of the United Nations, Vancouver/Toronto 2005.

Chapnick, Adam, The Middle Power, in: Canadian Foreign Policy 7 (Winter 1999), 2, S. 73-82.

Chapnick, Adam/Christopher J. Kukucha (Hg.), The Harper Era in Canadian Foreign Policy. Parliament, Politics, and Canada's Global Posture, Vancouver/Toronto 2016.

Chiari, Bernhard/Magnus Pahl (Hg. im Auftrag des Militärgeschichtlichen Forschungsamtes), Wegweiser zur Geschichte. Auslandseinsätze der Bundeswehr, Paderborn u.a. 2010.

Claas, Oliver, Human Security – Außenpolitik für ein neues Jahrhundert?, in: Wilfried v. Bredow, Die Außenpolitik Kanadas, Wiesbaden 2003, S. 119-138.

Claas, Oliver, Kanada – der Peacekeeper par excellence im Wandel, in: Wilfried v. Bredow (Hg.), Die Außenpolitik Kanadas, Wiesbaden 2003, S. 262-277.

Clément, Dominique, Human Rights in Canada. A History, Waterloo (ON) 2016.

Cohen, Andrew, While Canada Slept. How We Lost Our Place in the World, Toronto 2003.

Coleman, Katharina P., Token Troop Contributions to United Nations Peacekeeping Operations, in: Alex J. Bellamy/Paul D. Williams (Hg.), Providing Peacekeepers: The Politics, Challenges and Future of United Nations Peacekeeping Contributions, Oxford 2013.

Conrad, Sebastian, Globalgeschichte. Eine Einführung, München 2013.

Converse, Allan, Armies of Empire. The 9th Australian and 50th British Divisions in Battle 1939-1945, Cambridge u.a. 2011.

Conze, Eckart, »Moderne Politikgeschichte«. Aporien einer Kontroverse, in: Guido Müller (Hg.), Deutschland und der Westen. Internationale Beziehungen im 20. Jahrhundert, Stuttgart 1998, S. 19-30.

Conze, Eckart, Abschied von Staat und Politik? Überlegungen zur Geschichte der internationalen Politik, in: Ders./Ulrich Lappenküper/Guido Müller (Hg.), Geschichte der internationalen Beziehungen. Erneuerung und Erweiterung einer historischen Disziplin, Köln u.a. 2004, S. 15-43.

Conze, Eckart, Die große Illusion. Versailles 1919 und die Neuordnung der Welt, München 2018.

Conze, Eckart/Ulrich Lappenküper/Guido Müller (Hg.), Geschichte der internationalen Beziehungen. Erneuerung und Erweiterung einer historischen Disziplin, Köln u.a. 2004.

Cooper, Andrew F., Canadian Foreign Policy. Old Habits and New Directions, Scarborough 1997.

Copeland, Daryl, The Axworthy Years: Canadian Foreign Policy in the Era of Diminished Capacity, in: Fen Osler Hampson/Norman Hillmer/Maurien Appel Molot (Hg.), The Axworthy Legacy, Oxford 2001 (Canada Among Nations 2001), S. 152-172.

Cornelißen, Christoph, Politische Geschichte, in: ders. (Hg.), Geschichtswissenschaften. Eine Einführung, Frankfurt/M. 2000, S. 133-148.

Coticchia, Fabrizio, A Remarkable Evolution: Italy's Participation in PKOs. Figures and Trends, in: Andrea de Guttry/Emanuele Sommario/Lijiang Zhu (Hg.), China's and Italy's Participation in Peacekeeping Operations. Existing Models, Emerging Challenges, London 2014, S. 9-34.

Cottrell, M. Patrick, The League of Nations. Enduring Legacies of the First Experiment at World Organization, London/New York 2018.

Coulon, Jocelyn, Canada is not back. How Justin Trudeau is in over his head on foreign policy, Toronto 2019.

Coulon, Jocelyn, Le Canada et le maintien de la paix. L'avenir d'une tradition, in: ders. (Hg.), Guide du maintien de la paix 2008, Outremont (Québec) 2007, S. 39-49.

Coulon, Jocelyn, Soldiers of Diplomacy. The United Nations, Peacekeeping, and the New World Order, Toronto u.a. 1998.

Cowan, Laing Gray, France and the Saar, 1680-1948, New York 1966 (EA 1950).

Cuccioletta, Donald/Martin Lubin, The Quebec Quiet Revolution: A Noisy Evolution, in: Behiels, Michael D./Matthew Hayday (Hg.), Contemporary Quebec. Selected Readings and Commentaries, Montreal & Kingston u.a. 2011, S. 182-196.

Darwin, John, A Third British Empire? The Dominion Idea in Imperial Politics, in: Judith M. Brown/William Roger Louis (Hg.), The Oxford History of the British Empire, Bd. 4: The Twentieth Century, Oxford 1999, S. 64-87.

Dawson, Grant, »Here Is Hell«: Canada's Engagement in Somalia, Vancouver/Toronto 2007.

Dawson, Grant, In Support of Peace: Canada, the Brahimi Report, and Human Security, in: Fen Osler Hampson/Norman Hillmer/Maurien Appel Molot (Hg.), The Axworthy Legacy, Oxford 2001 (Canada Among Nations 2001), S. 294-317.

Day, Richard J. F., Multiculturalism and the History of Canadian Diversity, Toronto u.a. 2000.

De Taillez, Felix, »Amour sacré de la Patrie« – de Gaulle in Neufrankreich. Symbolik, Rhetorik und Geschichtskonzept seiner Reden in Québec 1967, München 2011.

Dewitt, David/David Leyton-Brown (Hg.), Canada's International Security Policy, Scarborough 1995.

Dewitt, David/John Kirton, Canada as a Principal Power. A Study in Foreign Policy and International Relations, Toronto u.a. 1983.

Dickason, Olive Patricia, Canada's First Nations. A History of Founding Peoples from Earliest Times, 2. Aufl., Toronto u.a. 1997.

Dickason, Olive Patricia/William Newbigging, Indigenous Peoples within Canada. A Concise History, 4. Aufl., Don Mills, ON 2019.

Dickinson, John/Brian Young, A short history of Quebec, 3. Aufl., Montreal/Kingston u.a. 2003.

Diehl, Paul F., First United Nations Emergency Force (UNEF I), in: Joachim A. Koops u.a. (Hg.), The Oxford Handbook of United Nations Peacekeeping Operations, Oxford 2015, S. 144-152.

Diehl, Paul F., International Peacekeeping, Baltimore/London 1994.

Doherty, Roisin, Partnership for Peace: The sine qua non for Irish Participation in Regional Peacekeeping, in: International Peacekeeping 7 (Summer 2000), 2, S. 63-82.

Donaghy, Greg, All God's children. Lloyd Axworthy, human security and Canadian foreign policy, 1996-2000, in: Canadian Foreign Policy 10 (Winter 2003), 2, S. 39-57.

Donaghy, Greg, Grit. The Life and Politics of Paul Martin Sr., Vancouver/Toronto 2015.

Dorn A. Walter/Joshua Libben, Preparing for peace: myths and realities of Canadian peacekeeping training, in: International Journal 73 (2018), 2, S. 257-281.

Dorn, A. Walter, Canada evolves from peacekeeper to war-fighter, *Toronto Star*, 21.12.2013, online unter http://www.thestar.com/opinion/commentary/2013/12/21/canada_evolves_from_peacekeeper_to_warfighter.html (aufgerufen 30.4.2014).

Dorn, A. Walter, Peacekeeping then, now and always, in: Canadian Military Journal 6 (Winter 2005-2006), 4, S. 105 f.

Dorn, A. Walter/H. Peter Langille, »Where are our peacekeepers?«, *Toronto Star*, 8.8.2009, online unter http://www.thestar.com/opinion/2009/08/08/where_are_our_peacekeepers.html (aufgerufen 30.3.2014).

Dorn, Walter A., Canadian Peacekeeping. Proud Tradition, Strong Future?, in: Canadian Foreign Policy 12 (Fall 2005), 2, S. 7-32.

Dörner, Andreas, Politischer Mythos und symbolische Politik. Sinnstiftung durch symbolische Formen am Beispiel des Hermannsmythos, Opladen 1995.

Doxey, Margaret, Canada and the Commonwealth, in: John English/Norman Hillmer (Hg.), Making a Difference? Canada's Foreign Policy in a Changing World Order, Toronto 1992, S. 34-53.

Doyle, Michael W./Nicholas Sambanis, Peacekeeping Operations, in: Thomas G. Weiss/ Sam Daws (Hg.), The Oxford Handbook on the United Nations, Oxford 2007, S. 323-348.

Durch, William J., Introduction to Anarchy: Humanitarian Intervention and »State-Building« in Somalia, in: ders. (Hg.), UN Peacekeeping, American Politics, and the Uncivil Wars of the 1990s, New York 1996, S. 311-365.

Durch, William J., Running the Show: Planning and Implementation, in: ders. (Hg.), The Evolution of UN Peacekeeping. Case Studies and Comparative Analysis, New York 1993, S. 59-75.

Durch, William J., The UN Operation in the Congo: 1960-1964, in: ders. (Hg.), The Evolution of UN Peacekeeping. Case Studies and Comparative Analysis, New York 1993, S. 315-352.

Durch, William J., UN Temporary Executive Authority, in: ders. (Hg.), The Evolution of UN Peacekeeping. Case Studies and Comparative Analysis, New York 1993, S. 285-298.

Durch, William J./James A. Schear, Faultlines: UN Operations in the Former Yugoslavia, in: William J. Durch (Hg.), UN Peacekeeping, American Politics, and the uncivil Wars of the 1990s, New York 1996, S. 193-274.

Dutton, David, Anthony Eden. A Life and Reputation, London etc. 1997.

Eayrs, James, Canada in World Affairs. October 1955 to June 1957, Toronto 1959.

Echternkamp, Jörg, Wandel durch Annäherung oder: Wird die Militärgeschichte ein Opfer ihres Erfolges? Zu wissenschaftlichen Anschlussfähigkeit der deutschen Militärgeschichte seit 1945, in: ders./Wolfgang Schmidt/Thomas Vogel (Hg.), Perspektiven der Militärgeschichte. Raum, Gewalt und Repräsentation in historischer Forschung und Bildung, München 2010, S. 1-38.

Echternkamp, Jörg/Wolfgang Schmidt/Thomas Vogel (Hg.), Perspektiven der Militärgeschichte. Raum, Gewalt und Repräsentation in historischer Forschung und Bildung, München 2010.

Eckel, Jan, Die Ambivalenz des Guten. Menschenrechte in der internationalen Politik seit den 1940ern, Göttingen 2014.

Eckel, Jan, Utopie der Moral, Kalkül der Macht. Menschenrechte in der globalen Politik seit 1945, in: Archiv für Sozialgeschichte 49 (2009), S. 437-484.

Edgar, Alistair D., Canada's Changing Participation in International Peacekeeping and Peace Enforcement: What, If Anything, Does It Mean?, in: Canadian Foreign Policy 7 (Fall 2002), 1, S. 107-117.

Edwardson, Ryan, Canadian Content. Culture and the Quest for Nationhood, Toronto u.a. 2008.

Ehrhart, Hans-Georg/David G. Haglund (Hg.), The »New Peacekeeping« and European Security. German and Canadian Interests and Issues, Baden-Baden 1995.

Ehrke, Michael, Zivilgesellschaft und Sozialdemokratie, Bonn 2000, S. 23 [Electronic ed. Bonn 2001], online unter library.fes.de/fulltext/id/00870toc.htm (aufgerufen 29.5.2013).

Eisele, Manfred, Blauhelme als Krisenmanager, in: Sabine von Schorlemmer (Hg.), Praxishandbuch UNO. Die Vereinten Nationen im Lichte globaler Herausforderungen, Berlin u.a. 2003, S. 27-39.

Eknes, Åge, Prepared for Peace-keeping: The Nordic Countries and Participation in U.N. Military Operations, in: Winrich Kühne (Hg.), Blauhelme in einer turbulenten Welt. Beiträge internationaler Experten zur Fortentwicklung des Völkerrechts und der Vereinten Nationen, Baden-Baden, Basel 1993, S. 509-523.

Elaraby, Nabil A., UN Peacekeeping: The Egyptian Experience, in: Henry Wiseman (Hg.), Peacekeeping, Appraisals and Proposals, New York u.a. 1983, S. 65-92.

English, John, »A Fine Romance«: Canada and the United Nations, 1943-1957, in: Greg Donaghy (Hg.), Canada and the Early Cold War 1943-1957/Le Canada au début die la guerre froide, 1943-1957, Ottawa 1998, S. 73-89.

English, John, Citizen of the World. The Life of Pierre Elliott Trudeau, vol. 1: 1919-1968, Toronto 2007.

English, John, Just Watch Me. The Life of Pierre Elliott Trudeau, vol. 2: 1968-2000, Toronto 2010.

English, John, Shadow of Heaven. The Life of Lester Pearson, vol. I: 1897-1948, Toronto 1989.

English, John, The Worldly Years. The Life of Lester Pearson, vol. II: 1949-1972, Toronto 1992.

Ericson, Lars, Sweden and the Saar, A Peace-keeping Operation 1934-35, in: Maintien de la paix de 1815 à aujord'hui. Actes du XXIe colloque de la Commission internationale d'histoire militaire/Peacekeeping 1815 to Today. Proceedings of the XXIst Colloquium of the International Commission of Military History, Quebec 1995, S. 592-596.

Ericson, Lars, The Swedish Military in League-of-Nations Operations – Vilna, the Saar and Spain, 1921-1939, in: ders. (Hg.), Solidarity and Defence. Sweden's Armed Forces in International Peace-keeping Operations during the 19th and 20th Centuries, Stockholm 1995, S. 35-52.

Fey, Jens, Multilateralismus als Strategie. Die Sicherheitspolitik Kanadas nach dem Ende des Ost-West-Konflikts, Köln 2000.

Findlay, Trevor, The Use of Force in UN Peace Operations, Oxford 2002.

Finkel, Alvin, Our Lives. Canada after 1945, Toronto 1997.

Finlay, Karen A., The Force of Culture. Vincent Massey and Canadian Sovereignty, Toronto u.a. 2004.

Fisch, Jörg, Das Selbstbestimmungsrecht der Völker. Die Domestizierung einer Illusion, München 2010.

Flood, Christopher G., Political Myth. A Theoretical Introduction, New York/London 2002 (Erstausgabe 1996).

Fortier, Patricia, The Evolution of Peacekeeping, in: Rob McRae/Don Hubert (Hg.), Human Security and the New Diplomacy. Protecting People, Promoting Peace, Montreal & Kingston u.a. 2001, S. 41-54.

Fortmann, Michel/Édouard Cloutier, The Domestic Context of Canadian Defence Policy: The Contours of an Emerging Debate, in: Canadian Defence Quarterly/Revue canadienne de défense 21 (1991), 1/Special No. 2, S. 14-18.

Fortmann, Michel/Pierre Martin, Canadian Defence Policy at a Crossroad. Public Opinion and Peacekeeping in a Turbulent Word, in: Hans-Georg Ehrhart/David G. Haglund (Hg.), The »New Peacekeeping« and European Security. German and Canadian Interests and Issues, Baden-Baden 1995, S. 207-243.

Fortna, Virginia Page, United Nations Angola Verification Mission I, in: William J. Durch (Hg.), The Evolution of UN Peacekeeping. Case Studies and Comparative Analysis, New York 1993, S. 376-387.

Fortna, Virginia Page, United Nations Transition Assistance Group in Namibia, in: William J. Durch (Hg.), The Evolution of UN Peacekeeping. Case Studies and Comparative Analysis, New York 1993, S. 353-375.

Franceschet, Antonio/W. Andy Knight, International(ist) Citizenship: Canada and the International Criminal Court, in: Canadian Foreign Policy 8 (Winter 2001), S. 51-74.

Fraser, Blair, The Search for Identity. Canada, 1945-1967, New York/Toronto 1967.

Fréchette, Louise, Canada at the United Nations: A Shadow of Its Former Self, in: Fen Osler Hampson/Paul Heinbecker, As Others See Us, Montreal & Kingston u.a. 2010 (Canada Among Nations 2009-2010), S. 265-274.

Frei, Norbert/Daniel Stahl/Annette Weinke (Hg.), Human Rights and Humanitarian Intervention. Legitimizing the Use of Force since the 1970s, Göttingen 2017.

Frevert, Ute, Gesellschaft und Militär im 19. und 20. Jahrhundert: Sozial-, kultur- und geschlechtergeschichtliche Annäherung, in: dies. (Hg.): Militär und Gesellschaft im 19. und 20. Jahrhundert, Stuttgart 1997, S. 7-14.

Frevert, Ute, Neue Politikgeschichte, in: Joachim Eibach/Günther Lottes (Hg.), Kompass der Geschichtswissenschaft. Ein Handbuch, Göttingen 2002, S. 152-164.

Frevert, Ute, Neue Politikgeschichte. Konzepte und Herausforderungen, in: dies./ Heinz-Gerhard Haupt (Hg.), Neue Politikgeschichte. Perspektiven einer historischen Politikforschung, Frankfurt/M. u. New York 2005, S. 7-26.

Frideres, James S./René R. Gadacz, Aboriginal Peoples in Canada, 9. Aufl., Toronto 2012.

Fröhlich, Manuel, Dag Hammarskjöld und die Vereinten Nationen. Die politische Ethik des UNO-Generalsekretärs, Paderborn u.a. 2002.

Frye, William R., A United Nations Peace Force, London 1957.

Fullick, Roy/Geoffrey Powell, Suez: The Double War, London 1979.

Gaffen, Fred, In the Eye of the Storm. A History of Canadian Peacekeeping, Toronto 1987.

Gagnon, Alain-G. /Jacques Hérivault, The Bloc Québécois: Charting New Territories?, in: Gagnon, Alain-G. /A. Brian Tanguay (Hg.), Canadian Parties in Transition, 3. Aufl., Peterborough (ON) 2007, S. 111-136.

Gagnon, Alain-G./Raffaele Iacovino, Interkulturalismus in Québec: Identitäten im Fluss, in: Alain-G. Gagnon (Hg.), Québec: Staat und Gesellschaft, Deutsche Erstausgabe hg. v. Ingo Kolboom/Boris Vormann, Heidelberg 2011, S. 145-166.

Gammer, Nicholas, From Peacekeeping to Peacemaking. Canada's Response to the Yugoslav Crisis, Montreal u.a. 2001.

Gardam, John, The Canadian Peacekeeper, Burnstown, ON 1992.

Gareis, Sven/Johannes Varwick, Die Vereinten Nationen. Aufgaben, Instrumente und Reformen, 4. Aufl., Bonn 2007.

Gassert, Philipp/Tim Geiger/Hermann Wentker (Hg.), Zweiter Kalter Krieg und Friedensbewegung. Der NATO-Doppelbeschluss in deutsch-deutscher und internationaler Perspektive, München 2011.

Gerstl, Alfred, Menschliche und staatliche Sicherheit – ein ungelöstes Spannungsverhältnis, in: Aus Politik und Zeitgeschichte 40-41/2014, S. 29-34.

Ghali, Mona, United Nations Disengagement Observer Force, in: William J. Durch (Hg.), The Evolution of UN Peacekeeping. Case Studies and Comparative Analysis, New York 1993, S. 152-180.

Ghali, Mona, United Nations Emergency Force I: 1956-1967, in: William J. Durch (Hg.), The Evolution of UN Peacekeeping. Case Studies and Comparative Analysis, New York 1993, S. 104-130.

Ghali, Mona, United Nations Emergency Force II, in: William J. Durch (Hg.), The Evolution of UN Peacekeeping. Case Studies and Comparative Analysis, New York 1993, S. 131-151.

Ghali, Mona, United Nations Interim Force in Lebanon: 1978–Present, in: William J. Durch (Hg.), The Evolution of UN Peacekeeping. Case Studies and Comparative Analysis, New York 1993, S. 181-205.

Ghali, Mona, United Nations Observation Group in Lebanon, in: William J. Durch (Hg.), The Evolution of UN Peacekeeping. Case Studies and Comparative Analysis, New York 1993, S. 163-180.

Ghali, Mona, United Nations Truce Supervision Organization, in: William J. Durch (Hg.), The Evolution of UN Peacekeeping. Case Studies and Comparative Analysis, New York 1993, S. 84-103.

Giacomello, Giampiero/Enrico Magnani, Italian Peace-Keeping Operations: A Brief History, in: Peace Research 25 (November 1993), 4, S. 85-94.

Goebel, Peter (Hg.), Von Kambodscha bis Kosovo. Auslandseinsätze der Bundeswehr seit Ende des Kalten Krieges, Frankfurt am Main/Bonn 2000.

Göhler, Gerhard, Symbolische Politik – Symbolische Praxis. Zum Symbol Verständnis in der deutschen Politikwissenschaft, in: Barbara Stollberg-Rilinger (Hg.), Was heißt Kulturgeschichte des Politischen?, Berlin 2005, S. 57-69.

Goodspeed, Donald J. (Hg.), The Armed Forces of Canada 1867-1967. A Century of Achievement, Directorate of History, Canadian Forces Headquarters: Ottawa 1967.

Goodspeed, Donald J., (Hg.), Les forces armées du Canada: un siècle de grande réalisations, Direction des services historiques, quartier général de forces canadiennes: Ottawa 1967.

Gordon, Alan, Lest We Forget: Two Solitudes in War and Memory, in: Norman Hillmer/ Adam Chapnick (Hg.), Canadas of the Mind. The Making and Unmaking of Canadian Nationalisms in the Twentieth Century, Montreal & Kingston u.a. 2007, S. 153-173.

Gordon, John King (Hg.), Canada's role as a middle power. Papers given at the third annual Banff Conference on World Development, August 1965, Toronto (1966).

Gordon, John King, Mike, hg. v. UNA, 3.1.1973, Nachdruck Ottawa Citizen.

Gosewinkel, Dieter/Dieter Rucht/Wolfgang van den Daele/Jürgen Kocka, Einleitung: Zivilgesellschaft –national und transnational, in: dies. (Hg.), Zivilgesellschaft – national und transnational, Berlin 2004.

Gough, Peter, Peacekeeping, Peace, Memory. Reflections on the Peacekeeping Monument in Ottawa, in: Canadian Military History 11 (Sommer 2002) 3, S. 65-74.

Granatstein, Jack L. (Hg.), Canadian Foreign Policy since 1945. Middle Power or Satellite, 3. Aufl., Toronto 1973.

Granatstein, Jack L. (Hg.), Canadian Foreign Policy. Historical Readings, Toronto 1986.

Granatstein, Jack L. u.a., Twentieth Century Canada, Toronto u.a. 1983.

Granatstein, Jack L., A Man of Influence. Norman A. Robertson and Canadian Statecraft 1929-68, o.O. 1981.

Granatstein, Jack L., Canada as peacekeeper? Or Canada the warrior nation?, in: Hamilton Spectator, 4.11.2012, online unter http://www.thespec.com/opinion-story/2265198-canada-as-peacekeeper-or-canada-the-warrior-nation-/ (aufgerufen 30.3.2014).

Granatstein, Jack L., Canada: Peacekeeper. A Survey of Canada's Participation in Peacekeeping Operations, in: Alastair Taylor/David Cox/Jack L. Granatstein, Peacekeeping. International Challenge and Canadian Response, Toronto 1968, S. 93-187.

Granatstein, Jack L., Canada's Army. Waging War and Keeping the Peace, Toronto u.a. 2002.

Granatstein, Jack L., The Generals. The Canadian Army's Senior Commanders in the Second World War, Toronto 1993.

Granatstein, Jack L., The Ottawa Men. The Civil Service Mandarins 1935-1957. With a New Introduction, Toronto u.a. 1998.

Granatstein, Jack L., Who Killed the Canadian Military? Toronto 2004.

Granatstein, Jack L., Yankee Go Home? Canadians and Anti-Americanism, Toronto 1996.

Granatstein, Jack L./David Bercuson, War and Peacekeeping. From South Africa to the Gulf – Canada's Limited Wars, Toronto 1991.

Granatstein, Jack L./Dean F. Oliver, The Oxford Companion to Canadian Military History, Don Mills (ON) 2011.

Granatstein, Jack L./Desmond Morton, A Nation Forged in Fire. Canadians and the Second World War 1939-1945, Toronto 1989.

Granatstein, Jack L./Douglas Lavender (Hg.), Shadows of War, Faces of Peace. Canada's Peacekeepers, Toronto 1992.

Granatstein, Jack L./Douglas Lavender, Shadows of War, Faces of Peace. Canada's Peacekeepers, Toronto 1992.

Granatstein, Jack L./J. M. Hitsman, Broken Promises. A History of Conscription in Canada, Toronto 1985.

Granatstein, Jack L./Norman Hillmer, For Better or for Worse. Canada and the United States to the 1990s, Toronto 1991.

Granatstein, Jack L./Robert Bothwell, Canadian Foreign Policy, 1935-39, in: Jack L. Granatstein (Hg.), Canadian Foreign Policy. Historical Readings, Toronto 1986, S. 125-144.

Granatstein, Jack L./Robert Bothwell, Pirouette. Pierre Trudeau and Canadian Foreign Policy, Toronto u.a. 1990.

Gross Stein, Janice/Eugene Lang, The Unexpected War. Canada in Kandahar, Toronto 2007.

Gründer, Horst, Der Kolonialismus der Bilder. Das deutsche Beispiel, in: Günter Bernhardt (Hg.), Die Ferne im Blick. Westfälisch-lippische Sammlungen zur Fotografie aus Mission und Kolonien, Münster 2000, S. 227-243.

Hagan, John, Northern Passage. American Vietnam War Resisters in Canada, Cambridge, Mass./London 2001.

Haglund, David G., Canada and NATO after September 11, 2001, in: Markus Kaim/Ursula Lehmkuhl (Hg.), In Search of a New Relationship. Canada, Germany, and the United States, Wiesbaden 2005, S. 34-55.

Haglund, David G./Peter L. Jones, Canada, the »Lessons« of Peacekeeping, and Central America, Kingston 1989 (Centre for International Relations Occasional Paper, 33).

Hampson, Fen Osler, The Pursuit of Human Rights: The United Nations in El Salvador, in: William J. Durch (Hg.), UN Peacekeeping, American Politics, and the Uncivil Wars of the 1990s, New York 1996, S. 69-102.

Hankel, Gerd, Die UNO. Idee und Wirklichkeit, Hamburg 2006.

Harris, Cole, Making Native Space. Colonialism, Resistance, and Reserves in British Columbia, Vancouver/Toronto 2002.

Harrison, Brian Howard, Seeking a Role. The United Kingdom, 1951-1970, Oxford 2009.

Haupt, Heinz-Gerhard, Historische Politikforschung. Praxis und Probleme, in: Ute Frevert/ders. (Hg.), Neue Politikgeschichte. Perspektiven einer historischen Politikforschung, Frankfurt/M. u. New York 2005, S. 304-313.

Heikal, Mohamed H., Cutting the Lion's Tail. Suez. Through Egyptians Eyes, London 1986.

Heinemann, Winfried/Norbert Wiggershaus (Hg.), Das internationale Krisenjahr 1956. Polen, Ungarn, Suez, München 1999.

Hein-Kircher, Heidi, Überlegungen zu einer Typologisierung von politischen Mythen aus historiographischer Sicht – ein Versuch, in: dies./Hans Henning Hahn (Hg.), Politische Mythen im 19. und 20. Jahrhundert in Mittel- und Osteuropa, Marburg 2006, S. 407-424.

Henshaw, Peter/John Buchan and the British Imperial Origins of Canadian Multiculturalism, in: Norman Hillmer/Adam Chapnick (Hg.), Canadas of the Mind. The Making and Unmaking of Canadian Nationalisms in the Twentieth Century, Montreal & Kingston u.a. 2007 S. 191-213.

Herren, Madeleine, Internationale Organisationen seit 1865. Eine Globalgeschichte der internationalen Ordnung, Darmstadt 2009.

Herren, Madeleine, Introduction Towards a Global History of International Organization, in: dies. (Hg.), Networking the International System. Global Histories of International Organizations, Heidelberg u.a. 2014, S. 1-12.

Hewitt, Dawn M., From Ottawa to Sarajevo. Canadian Peacekeepers in the Balkans, Kingston 1998 (Martello Papers, 18).

Hill, C. J., Great Britain and the Saar Plebiscite of 13 January 1935, in: Journal of Contemporary History 9 (1974), 2, S. 121-142.

Hilliker, John, Canada's Department of External Affairs, Bd. 1: The Early Years, 1909-1946, Montreal 1990.

Hilliker, John/Donald Barry, Canada's Department of External Affairs, Bd. 2: Coming of Age, 1946-1968, Montreal & Kingston u.a. 1995.

Hilliker, John/Greg Donaghy, Canadian Relations with the United Kingdom at the End of Empire, 1956-73, in: Phillip Buckner (Hg.), Canada and the End of Empire, Vancouver/Toronto 2005, S. 25-46.

Hilliker, John/Mary Halloran/Greg Donaghy, Canada's Department of External Affairs, Bd. 3: Innovation and Adaptation, 1968-1984, Toronto u.a. 2017.

Hillmer, Norman, Peacekeeping. Canadian Invention, Canadian Myth, in: Sune Akerman/Jack L. Granatstein (Hg.), Welfare State in Trouble. Historical Perspectives on Canada and Sweden, Umea 1995, S. 159-170.

Hillmer, Norman, Peacekeeping: Canada's Inevitable Role, in: Michael A. Hennessy/ B. J. C. McKercher (Hg.), War in the Twentieth Century. Reflections at Century's End, Westport/London 2003, S. 145-165.

Hillmer, Norman, Peacemakers, Blessed and Otherwise, in: Canadian Defence Quarterly/ Revue canadienne de défense 19 (Sommer 1989), 1, S. 55-58.

Hillmer, Norman/Adam Chapnick (Hg.), Canadas of the Mind. The Making and Un- making of Canadian Nationalisms in the Twentieth Century, Montreal & Kingston u.a. 2007.

Hillmer, Norman/Adam Chapnick, The Axworthy Revolution, in: Fen Osler Hampson/ Norman Hillmer/Maurien Appel Molot (Hg.), The Axworthy Legacy, Oxford 2001 (Canada Among Nations 2001), S. 67-88.

Hillmer, Norman/Jack L. Granatstein, Empire to Umpire. Canada and the World to the 1990s, Toronto 1994.

Hillmer, Norman/Jack L. Granatstein, Empire to Umpire: Canada and the World into the 21st Century, 2. Aufl., Toronto 2008.

Hillmer, Norman/Philippe Lagassé, The Age of Trudeau and Trump, in: dies. (Hg.), Justin Trudeau and Canadian Foreign Policy. Canada Among Nations 2017, London 2018, S. 1-16.

Hinsch, Wilfried/Dieter Jansen, unter Mitarbeit von Lex Folscheid, Menschenrechte militärisch schützen. Ein Plädoyer für humanitäre Interventionen, München 2006.

Hobsbawm, Eric J., Introduction: Inventing Traditions, in: ders./Terence Ranger (Hg.), The Invention of Tradition, Cambridge u.a. 1983, S. 1-14.

Hoffmann, Oskar, Deutsche Blauhelme bei UN-Missionen. Politische Hintergründe und rechtliche Aspekte, München/Landsberg am Lech 1993.

Hoffmann, Stefan-Ludwig (Hg.), Moralpolitik. Geschichte der Menschenrechte im 20. Jahrhundert, Göttingen 2010.

Hölkeskamp, Karl-Joachim, Mythos und Politik – (nicht nur) in der Antike. Anregun- gen und Angebote der neuen »historischen Politikforschung«, in: Historische Zeit- schrift 288 (2009), 1, S. 1-50.

Holland, Kenneth M., How unipolarity impacts Canada's engagement with the North Atlantic Treaty Organization, in: Canadian Foreign Policy Journal 18 (2012), 1, S. 51-64.

Holmes, John W., The Shaping of Peace: Canada and the search for world order 1943- 1957, Bd. 1, Toronto u.a. 1979.

Holmes, John W., The Shaping of Peace: Canada and the search for world order 1943- 1957, Bd. 2, Toronto u.a. 1982.

Holzgrefe, J. L., The humanitarian intervention debate, in: ders./Robert O. Keohane (Hg.), Humanitarian Intervention. Ethical, Legal, and Political Dilemmas, 4. Aufl., Cambridge 2004, S. 15-52.

Holzgrefe, J. L./Robert O. Keohane (Hg.), Humanitarian Intervention. Ethical, Legal, and Political Dilemmas, 4. Aufl., Cambridge 2004.

Horner, David, Australian Peacekeeping and the New World Order, in: ders./Peter Londey/Jean Bou (Hg.), Australian Peacekeeping. Sixty Years in the Field, Cambridge/Port Melbourne 2009, S. 33-59.

Horner, David/Peter Londey/Jean Bou (Hg.), Australian Peacekeeping. Sixty Years in the Field, Cambridge/Port Melbourne 2009.

Howell, Alison, The Art of Governing Trauma. Treating PTSD in the Canadian Military as a Foreign Policy Practice, in: J. Marshall Beier/Lana Wylie (Hg.), Canadian Foreign Policy in Critical Perspective, Don Mills (ON) 2010, S. 113-125.

Humphrey, John P., The United Nations and human rights, Toronto 1963.

Iacovetta, Franca, Preface, in: dies./Paula Draper/Robert Ventresca (Hg.), A Nation of Immigrants. Women, Workers and Communities in Canadian History, 1840s-1960s, Toronto 1998, S. IX-XIV.

Igartua, José E., The Other Quiet Revolution: National Identities in English Canada, 1945-71, Vancouver/Toronto 2006.

Igartua, José E., Ready, Aye, Ready' No More? Canada, Britain, and the Suez Crisis in the Canadian Press, in: Phillip Buckner (Hg.), Canada and the End of Empire, Vancouver/Toronto 2005, S. 47-65.

Ignatieff, George, General A. G. L. McNaughton. A soldier in diplomacy, Toronto 1967.

Ishizuka, Katsumi, Ireland and International Peacekeeping Operations 1960-2000, London/Portland 2004.

Jäger, Jens, Fotografie und Geschichte, Frankfurt/New York 2009.

Jäger, Jens, Photographie: Bilder der Neuzeit. Einführung in die Historische Bildforschung, Tübingen 2000.

Jakobsen, Peter Viggo, The Nordic Peacekeeping Model: Rise, Fall, Resurgence?, in: International Peacekeeping 13 (2006), 3, S. 381-395.

James, Alan, Keeping the Peace in the Cyprus Crisis of 1963-64, Houndmills, Basingstoke/New York 2002.

James, Alan, Peacekeeping in International Politics, Houndmills, Basingstoke 1990.

James, Robert Rhodes, Anthony Eden, London 1987.

Jansen, Christian/Henning Borggräfe, Nation, Nationalität, Nationalismus, Frankfurt/M. 2007.

Janzen, Eileen R., Growing to One World. The Life of J. King Gordon, Montreal & Kingston u.a. 2013.

Jarausch, Konrad H./Martin Sabrow, »Meistererzählung« – Zur Karriere eines Begriffs, in: dies. (Hg.), Die historische Meistererzählung. Deutungslinien der Deutschen Nationalgeschichte nach 1945, Göttingen 2002, S. 9-32.

Jeismann, Karl-Ernst, Geschichtsbewusstsein als zentrale Kategorie der Geschichtsdidaktik, in: Gerhard Schneider (Hg.), Geschichtsbewusstsein und historisch-politisches Lernen, Pfaffenweiler 1988, S. 1-24.

Jeismann, Karl-Ernst, Geschichtsbilder: Zeitdeutung und Zukunftsperspektive, in: Aus Politik und Zeitgeschichte, B 51-52/2002, S. 13-22.

Jockel, Joseph T., Canada and International Peacekeeping Operations, in: Hans-Georg Ehrhart/David G. Haglund (Hg.), The »New Peacekeeping« and European Security: German and Canadian Interests and Issues, Baden-Baden 1995, S. 193-206.

Jockel, Joseph T., Canada and International Peacekeeping, Toronto 1994.

Jockel, Joseph T./Joel Sokolsky, Lloyd Axworthy's Legacy. Human security and the rescue of Canadian defence policy, in: International Journal 56 (Winter 2000-2001), S. 1-18.

Johnson, Gregory A., The Last Gasp of Empire: The 1964 Flag Debate Revised, in: Phillip Buckner (Hg.), Canada and the End of Empire, Vancouver/Toronto 2005, S. 232-250.

Johnston, John P., E.L.M. Burns – A Crisis of Command, in: Canadian Military Journal 7 (Spring 2006), 1, S. 49-56.

Jones, Bruce D., Peacemaking in Rwanda. The Dynamics of Failure, Boulder/London 2001.

Jung, Karsten, Of Peace and Power. Promoting Canadian Interests through Peacekeeping, Frankfurt/M. u.a. 2009.

Kaelble, Hartmut, Der historische Vergleich. Eine Einführung zum 19. und 20. Jahrhundert, Frankfurt/M. u. New York 1999.

Karmis, Dimitrios, Pluralismus und nationale Identität(en) im gegenwärtigen Québec: Konzeptuelle Erläuterung, Typologie und Diskursanalyse, in: Alain-G. Gagnon (Hg.), Québec: Staat und Gesellschaft, Deutsche Erstausgabe hg. v. Ingo Kolboom/Boris Vormann, Heidelberg 2011.

Keating, Tom, Canada and World Order. The Multilateralist Tradition in Canadian Foreign Policy, 2. Aufl., Toronto u.a. 2002.

Keating, Tom, Multilateralism: Past Imperfect, Future Conditional, in: Canadian Foreign Policy 16 (2010), 2, S. 9-25.

Kennedy, Michael, Prologue to peacekeeping. Ireland and the Saar, 1934-5, in: Irish Historical Studies, 30, No. 119 (1997), S. 420-427.

Kennedy, Paul, Parlament der Menschheit. Die Vereinten Nationen und der Weg zur Weltregierung, München 2006.

Kilbourn, William, Introduction, in: ders. (Hg.), Canada. A Guide to the Peaceable Kingdom, Toronto 1970, S. XI-XVIII.

Kitchen, Veronica, From rhetoric to reality. Canada, the United States, and the Ottawa Process to ban landmines, in: International Journal 57 (Winter 2001/2002), 1, S. 37-55.

Klep, Christ/Richard van Gils, Van Korea tot Kosovo. De Nederlandse militaire deelname aan vredesoperaties sinds 1945, Den Haag 2000.

Knowles, Valerie, Strangers at our Gates. Canadian Immigration and Immigration Policy, 1540-2006, überarb. Neuaufl., Toronto 2007.

Kocka, Jürgen, Zivilgesellschaft in historischer Perspektive, in: Ralf Jessen/Sven Reichardt/Ansgar Klein, (Hg.), Zivilgesellschaft als Geschichte. Studien zum 19. und 20. Jahrhundert, Wiesbaden 2004, S. 29-42.

Kolboom, Ingo, Vorwort des Herausgebers, in: Boris Vormann, zwischen Alter und Neuer Welt. Nationenbildung im transatlantischen Raum, Heidelberg 2012, S. 11-17.

Kolboom, Ingo/Boris Formann (Hg.), Québec – ein Land zwischen nationaler Selbstbehauptung und Globalisierung. Einleitung zur deutschen Ausgabe, in: Alain-G. Gagnon/dies. (Hg.), Québec: Staat und Gesellschaft, Heidelberg 2011, S. 11-28.

Kott, Sandrine, International Organizations – A Field of Research for a Global History, in: Zeithistorische Forschungen/Studies in Contemporary History 8 (2011), S. 446-450.

Krishnasamy, Kabilan, ›Recognition‹ for Third World Peacekeepers: India and Pakistan, in: International Peacekeeping 8 (Winter 2001), 4, S. 56-76.

Kühne, Thomas/Benjamin Ziemann (Hg.), Was ist Militärgeschichte?, Paderborn u.a. 2000.

Kühne, Thomas/Benjamin Ziemann, Militärgeschichte in der Erweiterung. Konjunkturen, Interpretationen, Konzepte, in: dies. (Hg.), Was ist Militärgeschichte?, Paderborn u.a. 2000, S. 9-46.

Kühne, Winrich, Die Friedenseinsätze der VN, in: Aus Politik und Zeitgeschichte 22/2005 (30.5.2005), S. 25-32.

Kühne, Winrich, Völkerrecht und Friedenssicherung in einer turbulenten Welt: Eine analytische Zusammenfassung der Grundprobleme und Entwicklungsperspektiven, in: ders. (Hg.), Blauhelme in einer turbulenten Welt. Beiträge internationaler Experten zur Fortentwicklung des Völkerrechts und der Vereinten Nation, Baden-Baden 1993, S. 17-100.

Kyle, Keith, Suez. Britain's End of Empire in the Middle East, London/New York 2003 (EA 1991).

Lacoursière, Jacques, Histoire Populaire du Québec, 4 Bde., Sillery (QC) 1995-1997.

Langille, David, The Long March of the Canadian Peace Movement, in: Canadian Dimensions. Magazine, 2.5.2008, online unter http://canadiandimension.com/article/1751 (aufgerufen 23.3.2012).

Lehmkuhl, Ursula, Kanada und der Colombo-Plan. »Drittmachtbeziehungen« im Spannungsfeld von Asien- und Europapolitik in der Frühphase des Kalten Krieges, in: dies./Clemens A. Wurm/Hubert Zimmermann (Hg.), Deutschland, Großbritannien, Amerika. Politik, Gesellschaft und Internationale Geschichte im 20. Jahrhundert, Stuttgart 2003, S. 113-136.

Lehmkuhl, Ursula, Kanadas Öffnung nach Asien. Der Colombo-Plan, das »New Commonwealth« und die Rekonstruktion des Sterlinggebietes 1949-52, Bochum 1990.

Lehmkuhl, Ursula, Theorien Internationaler Politik. Einführung und Texte, 3. Aufl., München/Wien 2001.

Lepsius, M. Rainer, Nation und Nationalismus in Deutschland, in: Michael Jeismann/Henning Ritter (Hg.), Grenzfälle. Über neuen und alten Nationalismus, Leipzig 1993 S. 193-214.

Lesley Williams, Manoeuvring the Peacekeeping Myth: Canadian News Media Reports on the Canadian Forces in Afghanistan, M.A. Thesis, York University, Toronto 2000, online unter http://www.collectionscanada.gc.ca/obj/thesescanada/vol2/002/ MR53839.PDF (eingesehen 28.3.2014).

Létourneau, Charles, Données statistiqes, in: Jocelyn Coulon (Hg.), Guide du maintien de la paix 2008, Outremont (Québec) 2007, S. 164-198.

Létourneau, Charles/Justin Massie, Un symbole à bout de souffle? Le maintien de la paix dans la culture stratégique canadienne, in: Revue Études internationales 27 (2006), 4, S. 547-573.

Lofgren, Will, In Defence of »Tommy« Burns, in: Canadian Military Journal 7 (Winter 2006-2007), 4, S. 92-94.

Loth, Wilfried/Jürgen Osterhammel (Hg.), Internationale Geschichte. Themen, Ergebnisse, Aussichten, München 2000.

Louis, William Roger, The Dissolution of the British Empire, in: Judith M. Brown/ ders. (Hg.), The Oxford History of the British Empire, Bd. 4: The Twentieth Century, Oxford 1999, S. 329-356.

Lui, Andrew, Why Canada Cares. Human Rights and Foreign Policy in Theory and Practice, Montreal & Kingston u.a. 2012.

MacFarlane, John, Sovereignty and Standby: The 1964 Conference on UN Peacekeeping Forces, in: International Peacekeeping 14 (2007), 5, S. 599-612.

MacInnis, J. A., Cyprus – Canada's Perpetual Vigil, in: Canadian Defence Quarterly/ Revue canadienne de défense 19 (Sommer 1989), 1, S. 21-26.

MacKenzie, David, Before the UN: Early Canadian Involvement with International Organizations, in: Colin McCullough/Robert Teigrob (Hg.), Canada and the United Nations. Legacies, Limits, Prospects, Montreal & Kingston u.a. 2016, S. 18-23.

MacKenzie, David, Canada, the North Atlantic Triangle, and the Empire, in: Judith M. Brown/William Roger Louis (Hg.), The Oxford History of the British Empire, Bd. 4: The Twentieth Century, Oxford 1999, S. 574-596.

Mackenzie, Hector, Canada's Nationalist Internationalism: From the League of Nations to the United Nations, in: Norman Hillmer/Adam Chapnick (Hg.), Canadas of the Mind. The Making and Unmaking of Canadian Nationalisms in the Twentieth Century, Montreal & Kingston u.a. 2007, S. 89-109.

MacQueen, Norrie, Humanitarian Intervention and the United Nations, Edinburgh 2011.

MacQueen, Norrie, Peacekeeping and the International System, London/New York 2006.

Maeder, Pascal, Forging a New Heimat. Expellees in Post-War West Germany and Canada, Göttingen 2011.

Maekawa, Ichiro, Neo-Colonialism Reconsidered: A Case Study of East Africa in the 1960s and 1970s, in: The Journal of Imperial and Commonwealth History 43 (2015), 2, S. 317-341.

Maloney, Sean M., Canada and UN Peacekeeping. Cold War by Other Means, 1945-1970, St. Catherines 2002.

Maloney, Sean M., Die Schaffung der United Nations Emergency Force I, November 1956 bis März 1957, in: Winfried Heinemann/Norbert Wiggershaus (Hg.), Das internationale Krisenjahr 1956. Polen, Ungarn, Suez, München 1999, S. 257-279.

Maloney, Sean M., From Myth to Reality Check. From Peacekeeping to Stabilization, in: Policy Options (September 2005), S. 40-46.

Maloney, Sean M., Reluctant Peacekeeper. Canada and the Multinational Force and Observers in the Sinai, 1972-1982, Kingston 2008 (Occasional paper series Centre for International Relations Queen's University, 61).

Maloney, Sean M., The Forgotten: Lieutenant General E.L.M. »Tommy« Burns and UN Peacekeeping in the Middle East, in: Canadian Army Journal 9 (Summer 2006), 2, S. 79-95.

Maloney, Sean M., War Without Battles. Canada's NATO Brigade in Germany, 1951-1993, Toronto 1997.

Maloney, Sean M., Why Keep the Myth Alive?, in: Canadian Military Journal 8 (Spring 2007), 1, S. 100-102.

Manson, Paul D., Peacekeeping in Canadian Foreign and Defence Policy, in: Canadian Defence Quarterly/Revue canadienne de défense 19 (Sommer 1989), 1, S. 7-12.

Manulak, Michael W., Canada and the Kosovo crisis. A »golden moment« in Canadian foreign policy?, in: International Journal 64 (Spring 2009), S. 565-581.

Marteinson, John, Peacekeeping, in: Canadian Defence Quarterly/Revue canadienne de défense 19 (Sommer 1989), 1, S. 5.

Marten, Kimberly, Lending Forces: Canada's Military Peacekeeping, in: Patrick James/ Nelson Michaud/Marc J. O'Reilly (Hg.), Handbook of Canadian Foreign Policy, Lanham (MD) 2006, S. 165-188.

Martin, Douglas, No ›Rainbow‹ at Sarajevo, in: Sentinel 28 (1992), Nr. 4, S. 2-5.

Martin, Jean, Le grand oublié de la crise de Suez, le général Burns, in: Jocelyn Coulon (Hg.), Guide du maintien de la paix 2008, Outremont (Québec) 2007, S. 27-38.

Martin, Jean, Vimy, April 1917: The Birth of which Nation?, in: Canadian Military Journal 11 (Spring 2011), 2, S. 32-38.

Martin, Pierre/Michel Fortmann, Support for International Involvement in Canadian Public Opinion after the Cold War, in: Canadian Military Journal 2 (Autumn 2001), 3, S. 43-52.

Martin-Brûlé, Sarah-Miriam/Stéfanie von Hlatky, Peace first? What is Canada's role in UN operations?, in: International Journal 73 (2018), 2, S. 187-204.

Massie, Justin/Stéphane Roussel, Au service de l'unité: Le rôle des mythes en politique étrangère canadienne, in: Canadian Foreign Policy/La politique étrangère du Canada 14 (spring 2008), No. 2, S. 67-93.

Mazower, Mark, Die Welt regieren. Eine Idee und ihre Geschichte, München 2013.

Mazower, Mark, No Enchanted Palace. The End of Empire and the Ideological Origins of the United Nations, Princeton/Oxford 2009.

McCullough, Colin, Creating Canada's Peacekeeping Past, Vancouver/Toronto 2016.

McRae, Rob/Don Hubert (Hg.), Human Security and the New Diplomacy. Protecting People, Promoting Peace, Montreal & Kingston u.a. 2001.

McRoberts, Kenneth, Misconceiving Canada. The Struggle for National Unity, Don Mills u.a. (ON) 1997.

Meisel, John, The Canadian General Election of 1957, Toronto 1963 (EA 1962).

Meister, Jan Christoph, ›Narrativität‹ und ›Ereignis‹: Ein Definitionsversuch. In: Narr-Port. Internet Portal der Forschergruppe Narratologie, Universität Hamburg, 2002, online unter http://www.jcmeister.de/downloads/texts/jcm-narrativity-event.html (aufgerufen 12.4.2012).

Melady, John, Pearson's Prize. Canada and the Suez Crisis, Toronto 2006.

Melakopides, Costas, Pragmatic Idealism. Canadian Foreign Policy, 1945-1995, Montreal 1998.

Mergel, Thomas, Überlegungen zu einer Kulturgeschichte der Politik, in: Geschichte und Gesellschaft 28 (2002), S. 574-606.

Metcalfe, Heather, National Identity, Public Opinion and the Department of External Affairs, 1935-1939, in: Greg Donaghy/Michael K. Carroll (Hg.), In the National Interest. Canadian Foreign Policy and the Department of Foreign Affairs and International Trade, 1909-2009, Calgary 2011, S. 52-68.

Michaud, Nelson, Bureaucratic Politics and the Making of the 1987 Defence White Paper, in: ders./ Kim Richard Nossal (Hg.), Diplomatic Departures: The Conservative Era in Canadian Foreign Policy, 1984-93, Vancouver/Toronto 2001 S. 260-275.

Michaud, Nelson/Kim Richard Nossal (Hg.), Diplomatic Departures. The Conservative Era in Canadian Foreign Policy, 1984-93, Vancouver/Toronto 2001.

Michaud, Nelson/Kim Richard Nossal, The Conservative Era in Canadian Foreign Policy, 1984-93, in: dies. (Hg.), Diplomatic Departures: The Conservative Era in Canadian Foreign Policy, 1984-93, Vancouver/Toronto 2001, S. 3-24.

Mills, Sean, The Empire Within. Postcolonial Thought and Political Activism in Sixties Montreal, Montreal & Kingston u.a. 2010.

Minifie, James M., Peacemaker or Powdermonkey. Canada's Role in a Revolutionary World, Toronto 1960.

Mitchell, William J. T., Der Pictorial Turn, in: Christian Kravagna (Hg.), Privileg Blick. Kritik der visuellen Kultur, Berlin 1997, S. 15-40.

Moharram, Mohamed Reda, Die Suezkrise 1956. Gründe – Ereignisse – Konsequenzen, in: Winfried Heinemann/Norbert Wiggershaus (Hg.), Das internationale Krisenjahr 1956. Polen, Ungarn, Suez, München 1999, S. 197-217.

Morrison, Alex/Suzanne M. Plain, The Canadian UN Policy. An Historical Assessment, in: Hans-Georg Ehrhart/David G. Haglund (Hg.), The »New Peacekeeping« and

European Security. German and Canadian Interests and Issues, Baden-Baden 1995, S. 163-192.

Morton, Desmond, A Military History of Canada, Toronto 1992.

Moskowitz, Eric/Jeffrey S. Lantis, The War in Kosovo: Coercive Diplomacy, in: Ralph G. Carter (Hg.), Contemporary Cases in U.S. Foreign Policy. From Terrorism to Trade, Washington D.C. 2000, S. 59-87.

Moyn, Samuel, The Last Utopia. Human Rights in History, Cambridge (MA)/London 2010.

Münkler, Herfried, Die Deutschen und ihre Mythen, Berlin 2009.

Münkler, Herfried, Politische Mythen und nationale Identität. Vorüberlegungen zu einer Theorie politischer Mythen, in: Wolfgang Frindte/Harald Pätzolt (Hg.), Mythen der Deutschen. Deutsche Befindlichkeiten zwischen Geschichten und Geschichte, Opladen 1994, S. 21-27.

Münkler, Herfried, Wirtschaftswunder oder antifaschistischer Widerstand – politische Gründungsmythen der Bundesrepublik Deutschland und der DDR, in: Hartmut Esser (Hg.), Der Wandel nach der Wende. Gesellschaft, Wirtschaft, Politik in Ostdeutschland, Wiesbaden 2000, S. 41-65.

Münkler, Herfried/Karsten Malowitz (Hg.), Humanitäre Intervention. Ein Instrument außenpolitischer Konfliktbearbeitung. Grundlagen und Diskussion, Wiesbaden 2008.

Munton, Don, The 1990 CIIPS Public Opinion Survey. Changing Conceptions of Security: Public Attitudes in Canada, Canadian Institute for International Peace and Security, December 1990.

Munton, Don/Tom Keating, Internationalism and the Canadian Public, in: Canadian Journal of Political Science 34 (2001), 3, S. 517-549.

Murray, Robert W. (Hg.), Seeking Order in Anarchy. Multilateralism as State Strategy, Edmonton 2016.

Naimark, Norman M., Flammender Haß. Ethnische Säuberungen im 20. Jahrhundert, Frankfurt/M. 2008 [EA 2001].

Ndifi, Tarik, Der Sommerkrieg 2006 im Libanon und seine Folgen, in: Bernhard Chiari/ Dieter H. Kollmer (Hg. im Auftrag des Militärgeschichtlichen Forschungsamtes), Wegweiser zur Geschichte. Naher Osten, 2. Aufl., Paderborn u.a. 2009, S. 147-155.

Neack, Laura, UN Peace-keeping: In the Interest of Community or Self?, in: Journal of Peace Research 32 (1995), 2, S. 181-196.

Niethammer, Lutz, Kollektive Identität. Heimliche Quellen einer unheimlichen Konjunktur, Reinbek b. Hamburg 2000.

Nilsson, Ann-Sofie, Swedish Peacekeeping: The Moral Superpower at Work, in: Sune Åkerman/Jack L. Granatstein (Hg.), Welfare States in Trouble. Historical Perspectives on Canada and Sweden, Umeå 1995, S. 159-170.

Nkrumah, Kwame, Neo-Colonialism. The Last Stage of Capitalism, London 1965.

Nossal, Kim Richard, Defending Canada, in: Duane Bratt/Christopher J. Kukucha (Hg.), Readings in Canadian Foreign Policy. Classic Debates & New Ideas, 3. Aufl., Don Mills (ON) 2015, S. 295-307.

Nossal, Kim Richard, Ear candy. Canadian policy towards humanitarian intervention and atrocity crimes in Darfur, in: International Journal 60 (2005), 4, S. 1018-1033.

Nossal, Kim Richard, Kiking it Old School. Romanticism with Conservative Characteristics, in: Robert W. Murray (Hg.), Seeking Order in Anarchy. Multilateralism as State Strategy, Edmonton 2016, S. 131-151.

Nossal, Kim Richard, Promises Made, Promises Kept? A Mid-term Trudeau Foreign Policy Report Card, in: Norman Hillmer/Philippe Lagassé (Hg.), Justin Trudeau and Canadian Foreign Policy. Canada Among Nations 2017, London 2018, S. 31-53.

Nossal, Kim Richard, The Politics of Canadian Foreign Policy, 3. Aufl., Scarborough 1997.

Off, Carol, The Ghosts of Medak Pocket. The Story of Canada's Secret War, Toronto 2005.

Off, Carol, The Lion, the Fox & the Eagle. A Story of Generals and Justice in Yugoslavia and Rwanda, o.O., 2000.

Opitz, Peter J., Menschenrechte und Internationaler Menschenrechtsschutz im 20. Jahrhundert. Geschichte und Dokumente, München 2002.

Orlow, A., Die Suezkrise: Ihre Rolle in der sowjetisch-amerikanischen Konfrontation, in: Winfried Heinemann/Norbert Wiggershaus (Hg.), Das internationale Krisenjahr 1956. Polen, Ungarn, Suez, München 1999, S. 219-233.

Osterhammel, Jürgen, Edward W. Said und die »Orientalismus«-Debatte. Ein Rückblick, in: Asien-Afrika-Lateinamerika 25 (1997), S. 597-607.

Osterhammel, Jürgen/Niels P. Petersson, Geschichte der Globalisierung. Dimensionen, Prozesse, Epochen, 2. Aufl., München 2004.

Page, Christopher, The Roles of Public Opinion Research in Canadian Government, Toronto u.a. 2006.

Palmer, Bryan D., Canada's 1960s. The Ironies of Identity in a Rebellious Era, Toronto u.a. 2009.

Paquin, Clara M., Canada, Peacekeeping, and the Central American Peace Process, in: Joseph P. Culligan u.a. (Hg.), Studies in Peacekeeping, Kingston 1993, S. 85-102 (The Royal Military College of Canada. The War Studies Papers, 1).

Paris, Roland, Are Canadians still liberal internationalists? Foreign policy and public opinion in the Harper era, in: International Journal 69 (2014), 3, S. 274-307.

Paul, Gerhard, Deutsche Mutter – heim zu Dir!« Warum es mißlang, Hitler an der Saar zu schlagen. Der Saarkampf 1933-1935, Köln 1984.

Paul, Gerhard, Von der Historischen Bildkunde zur Visual History. Eine Einführung, in: ders. (Hg.), Visual History. Ein Studienbuch, Göttingen 2006.

Paulmann, Johannes, Internationaler Vergleich und interkultureller Transfer. Zwei Forschungsansätze zur europäischen Geschichte des 18. bis 20. Jahrhunderts, in: Historische Zeitschrift 267 (1998), S. 649-685.

Pedersen, Susan, Back to the League of Nations (Review Essay), in: American Historical Review 112 (2007), H. 4, S. 1091-1117.

Pedersen, Susan, The Guardians. The League of Nations and the Crisis of Empire, Oxford 2015.

Pernau, Margrit, Transnationale Geschichte, Göttingen 2011.

Pickersgill, J. W., The Mackenzie King Record, vol. 1: 1939-1944, Toronto 1960.

Pollock, James K., The Saar Plebiscite, in: The American Political Science Review 29 (1935), No. 2, S. 275-282.

Polsi, Alessandro, Reasons for Italy's Active Engagement in PKOs. Political, Cultural, and Moral Implications, in: Andrea de Guttry/Emanuele Sommario/Lijiang Zhu (Hg.), China's and Italy's Participation in Peacekeeping Operations. Existing Models, Emerging Challenges, London 2014, S. 57-65.

Potter, Evan H., Branding Canada. Projecting Canada's Soft Power through Public Diplomacy, Montreal & Kingston u.a. 2009.

Pugh, Michael, Peace Enforcement, in: Thomas G. Weiss/Sam Daws (Hg.), The Oxford Handbook on the United Nations, Oxford 2007, S. 370-386.

Raab, Jörg, More than Just a Metaphor: The Network Concept and Its Potential in Holocaust Research, in: Gerald D. Feldman/Wolfgang Seibel (Hg.), Networks of Nazi Persecution. Bureaucracy, Business, and the Organization of the Holocaust, New York/Oxford 2005, S. 321-339.

Razack, Sherene H., Dark Threats and White Knights. The Somalia Affair, Peacekeeping, and the New Imperialism, Toronto u.a. 2004.

Reford, Robert W., Canada and three crises, Toronto (1968).

Reford, Robert W., Making defence policy in Canada, Toronto 1963.

Reford, Robert W., Merchant of death?, Toronto 1968.

Riddell-Dixon, Elisabeth, Canada's Human Security Agenda. Walking the Talk?, in: International Journal 60 (2005), 4, S. 1067-1092.

Ripsman, Norrin M., Big Eyes and Empty Pockets: The Two Phases of Conservative Defence Policy, in: Nelson Michaud/Kim Richard Nossal (Hg.), Diplomatic Departures: The Conservative Era in Canadian Foreign Policy, 1984-93, Vancouver/Toronto 2001, S. 100-112.

Robinson, Darryl, The International Criminal Court, in: Rob McRae/Don Hubert (Hg.), Human Security and the New Diplomacy. Protecting People, Promoting Peace, Montreal & Kingston u.a. 2001, S. 170-177.

Robitaille, Antoine, Quebecers: a pacifist people?, in: Inroads. The Canadian Journal of Opinion 14 (Winter/Spring 2004), S. 62-75.

Roeck, Bernd, Visual turn? Kulturgeschichte und die Bilder, in: Geschichte und Gesellschaft 29 (2003), S. 294-315.

Roger, Normand/Sarah Zaidi, Human Rights at the UN. The Political History of Universal Justice, Bloomington u. Indianapolis 2008.

Ross, Douglas A., In the Interest of Peace: Canada and Vietnam 1954-1973, Toronto u.a. 1984.

Roussel, Stéphane (unter Mitarbeit v. Chantal Robichaud), L'élargissement virtuel. L'évolution du discours souverainiste à l'égard de l'OTAN, in: Cahiers d'histoire 20 (Winter 2001), 2, S. 147-193.

Roussel, Stéphane/Charles-Alexandre Théorêt, Une stratégie distincte? La culture stratégique canadienne et le mouvement souverainiste québécois (1968-1996), in: Stéphane Roussel (Hg.), Culture stratégique et politique de défense. L'expérience canadienne, Outremont (Québec) 2007.

Roussel, Stéphane/Jean-Christophe Boucher, The Myth of the Pacific Society: Quebec's Contemporary Strategic Culture, in: American Review of Canadian Studies 38 (2008), 2, S. 165-187.

Rubinstein, Robert A., Peacekeeping and the Return of Imperial Policing, in: International Peacekeeping 17 (August 2010), No. 4, S. 457-470.

Said, Edward W., Orientalismus, 3. Aufl., Frankfurt/M. 2012.

Sauer, Angelika E., A Matter of Domestic Policy? Immigration Policy and Admission of Germans, 1945-50, in: Canadian Historical Review 74 (1993), 2, S. 226-263.

Sautter, Udo, Geschichte Kanadas. Von der europäischen Entdeckungen bis zur Gegenwart, München 1992.

Schabas, William A., Canada and the Adoption of the Universal Declaration of Human Rights, in: McGill Law Journal 43 (1998), S. 403-441.

Schear, James A., Riding the Tiger: The United Nations and Cambodia's Struggle for Peace, in: William J. Durch (Hg.), UN Peacekeeping, American Politics, and the Uncivil Wars of the 1990s, New York 1996, S. 135-191.

Schlögel, Rudolf, Kommunikation und Vergesellschaftung unter Anwesenden. Formen des Sozialen und ihre Transformation in der Frühen Neuzeit, in: Geschichte und Gesellschaft 34 (2008), S. 155-224.

Schmidl, Erwin A., Im Dienste des Friedens. Die österreichische Teilnahme an Friedensoperationen seit 1960/In the Service of Peace. Austrian Participation in Peace Operations since 1960, Graz 2001.

Schmidl, Erwin A., Neutral, klein, unabhängig: die idealen »Blauhelme«?, in: Michael Gehler (Hg.), Die Neutralen und die europäische Integration 1945 bis 1995, Wien u.a. 2000, S. 61-79.

Schönemann, Bernd, Geschichtsdidaktik und Geschichtskultur, in: ders./Bernd Mütter/Uwe Uffelmann (Hg.), Geschichtskultur. Theorie – Empirie – Pragmatik, Weinheim 2000, S. 26-58.

Schröder, Iris, Die Wiederkehr des Internationalen. Eine einführende Skizze, in: Zeithistorische Forschungen/Studies in Contemporary History 8 (2011), S. 340-349.

Schulte, Jan Erik, UN-Blauhelme zwischen nationaler Mythologisierung und internationalem Konfliktmanagement. Kanada und die Politik des Peacekeeping im 20. Jahrhundert, Habil. Ruhr-Universität Bochum 2015.

Schulte, Jan Erik, Ein nationaler Weg: Kanada und die Schaffung der UN-Blauhelme in der Suez-Krise 1956, in: Militärgeschichtliche Zeitschrift 68 (2009), 1, S. 49-74.

Schulte, Jan Erik, From the protection of sovereignty to humanitarian intervention? Traditions and developments of United Nations Peacekeeping in the twentieth century, in: Fabian Klose (Hg.), The Emergence of Humanitarian Intervention. Ideas and Practice from the Nineteenth Century to the Present, Cambridge 2016, S. 253-277.

Schulte, Jan Erik, Nationale Erfahrungen – Internationale Folgen. Die Verfolgung von »Nazi War Criminals« und die Unterstützung des Internationalen Strafgerichtshofs durch Kanada, in: Helia-Verena Daubach (Red.), Leipzig – Nürnberg – Den Haag: Neue Fragestellungen und Forschungen zum Verhältnis von Menschenrechtsverbrechen, justizieller Säuberung und Völkerstrafrecht, Recklinghausen 2008, S. 195-210.

Schulte, Jan Erik, Peacekeeping als Monument. Kanada zwischen globaler Neuorientierung und nationaler Identitätsfindung (1988-1992), in: Zeithistorische Forschungen/Studies in Contemporary History 15 (2018), S. 68-97.

Schulte, Jan Erik, Zur Geschichte der SS. Erzähltraditionen und Forschungsstand, in: ders. (Hg.), Die SS, Himmler und die Wewelsburg, Paderborn u.a. 2009, S. XI-XXXV.

Schwabe, Klaus, Weltmacht und Weltordnung. Amerikanische Außenpolitik von 1898 bis zur Gegenwart. Eine Jahrhundertgeschichte, Paderborn u.a. 2006.

Schwartz, Michael, Ethnische »Säuberungen« in der Moderne. Globale Wechselwirkungen nationalistischer und rassistischer Gewaltpolitik im 19. und 20. Jahrhundert, München 2013.

Seibel, Wolfgang/Jörg Raab, Verfolgungsnetzwerke. Zur Messung von Arbeitsteilung und Machtdifferenzierung in den Verfolgungsapparaten des Holocaust, in: Kölner Zeitschrift für Soziologie und Sozialpsychologie 55 (2003), 2, S. 197-230.

Seybolt, Taylor B., Humanitarian Military Intervention. The Conditions for Success and Failure, Oxford 2008, S. 78-86.

Simms, Brendan/D. J. B. Trim, Humanitarian Intervention: A History, Cambridge 2011.

Smith, Anthony D., The Ethnic Origins of Nations, Oxford/New York 1986.

Smith, Brian D., United Nations Iran-Iraq Military Observer Group, in: William J. Durch (Hg.), The Evolution of UN Peacekeeping. Case Studies and Comparative Analysis, New York 1993, S. 237-257.

Smith, Brian D./William J. Durch, UN Observer Group in Central America, in: William J. Durch (Hg.), The Evolution of UN Peacekeeping. Case Studies and Comparative Analysis, New York 1993, S. 436-462.

Smith, Denis, Rogue Tory. The Life and Legend of John G. Diefenbaker, Toronto 1995.

Solander, Claire Turenne/Kathryn Trevenen, Constructing Canadian Foreign Policy. Myths of Good International Citizens, Protectors, and the War in Afghanistan, in: J. Marshall Beier/Lana Wylie (Hg.), Canadian Foreign Policy in Critical Perspective, Don Mills (ON) 2010, S. 44-57.

Sorenson, David S. /Pia Christina Wood (Hg.), The Politics of Peacekeeping in the Post-Cold War Era, London/New York 2005.

Spooner, Kevin A., Canada, the Congo Crisis, and UN Peacekeeping, 1960-64, Vancouver 2009.

Stacey, C. P., Canada and the Age of Conflict. A History of Canadian External Policies, vol. 1: 1867-1921, Toronto u.a. 1984.

Stacey, C. P., Canada and the Age of Conflict. A History of Canadian External Policies, vol. 2: 1921-1948, Toronto u.a. 1981.

Stairs, Denis, Architects or Engineers? The Conservatives and Foreign Policy, in: Nelson Michaud/Kim Richard Nossal (Hg.), Diplomatic Departures: The Conservative Era in Canadian Foreign Policy, 1984-93, Vancouver/Toronto 2001, S. 25-42.

Stairs, Denis, Canada in the 1990s. Speak Loudly and Carry a Bent Twig, in: Policy Options (January/February 2001), S. 43-49.

Stairs, Denis, Lester B. Pearson and the Meaning of Politics, in: Norman Hillmer (Hg.), Pearson. The Unlikely Gladiator, Montreal/Kingston 1999, S. 30-50.

Stairs, Denis, Myths, morals, and reality in Canadian foreign policy, in: International Journal 58 (Spring 2003), S. 239-256.

Stanley, George F. G., Canada's Soldiers. The Military History of an Unmilitary People, Toronto 1954.

Stanley, George F. G., Canada's Soldiers. The Military History of an Unmilitary People, 3. Aufl., Toronto 1974.

Staples, Steven, Marching Orders. How Canada abandoned peacekeeping – and why the UN needs us now more than ever. A report commissioned by The Council of Canadians, Ottawa, October 2006 online unter http://www.canadians.org/peace/issues/Marching_Orders/index.html (aufgerufen 12.2.2009).

Stjernfelt, Bertil, The Sinai Peace Front. UN Peacekeeping Operations in the Middle East, 1973-1980, London/New York 1992.

Stollberg-Rilinger, Barbara, Was heißt Kulturgeschichte des Politischen? Einleitung, in: dies. (Hg.), Was heißt Kulturgeschichte des Politischen?, Berlin 2005, S. 9-24.

Stouffer, Ray, Air Chief Marshal Frank Miller – A Civilian and Military Leader, in: Canadian Military Journal 10 (2010), 2, S. 41-51.

Stöver, Bernd, Der Kalte Krieg 1947-1991. Geschichte eines radikalen Zeitalters, Bonn 2007.

Suter, Andreas, Kulturgeschichte des Politischen – Chancen und Grenzen, in: Barbara Stollberg-Rilinger (Hg.), Was heißt Kulturgeschichte des Politischen?, Berlin 2005, S. 27-55.

Talkenberger, Heike, Von der Illustration zur Interpretation: Das Bild als historische Quelle. Methodische Überlegungen zur Historischen Bildkunde, in: Zeitschrift für historische Forschung 21 (1994), S. 289-313.

Taylor, Alastair, Indonesian Independence and the United Nations, Ithaca (NY) 1960.

Taylor, Alastair/David Cox/Jack L. Granatstein, Peacekeeping. International Challenge and Canadian Response, Toronto 1968.

Tercinet, Josianne, »Les politiques nationals en matière de la paix«, in: Arès. Défense et sécurité. Annuaire de las Societé pour le Développement des Etudes de Défense et de Sécurité Internationale 17 (1998), 41, S. 25-35.

Tessier, Manon/Michel Fortmann, The Conservative Approach to International Peacekeeping, in: Nelson Michaud/Kim Richard Nossal (Hg.), Diplomatic Departures: The Conservative Era in Canadian Foreign Policy, 1984-93, Vancouver/Toronto 2001, S. 113-127.

Thakur, Ramesh, Humanitarian Intervention, in: Thomas G. Weiss/Sam Daws, The Oxford Handbook on the United Nations, Oxford 2008, S. 387-403.

Ther, Philipp, Die dunkle Seite der Nationalstaaten. »Ethnische Säuberungen« im modernen Europa, Göttingen 2011.

Thomas, Hugh, The Suez Affair, London 1967.

Thompson, John Herd/Stephen J. Randall, Canada and the United States: Ambivalent Allies, Montreal & Kingston u.a. 1994.

Thompson, Robert C./Nikola Hynek, Keeping the peace and national unity. Canada's national and international identity nexus, in: International Journal 61 (Autumn 2006), 4, S. 845-858.

Thunert, Martin, Akteurskonstellationen, Kräfteverhältnisse und Einflussgrößen im außenpolitischen Entscheidungsprozess Kanadas, in: Wilfried v. Bredow (Hg.), Die Außenpolitik Kanadas, Wiesbaden 2003, S. 53-81.

Tomlinson, Brian R., Imperialism and After: The Economy of the Empire on the Periphery, in: Judith M. Brown/William Roger Louis (Hg.), The Oxford History of the British Empire, Bd. 4: The Twentieth Century, Oxford 1999, S. 357-378.

Ulbert, Cornelia/Sascha Werthes, Menschliche Sicherheit – Der Stein der Weisen für globale und regionale Verantwortung? Entwicklungslinien und Herausforderungen eines umstrittenen Konzepts, in: dies. (Hg.), Menschliche Sicherheit. Globale Herausforderungen und regionale Perspektiven, Baden-Wagen 2008, S. 13-27.

Urquart, Brian, Hammarskjold, New York/London 1994 (EA 1972).

Vaccaro, J. Matthew, The Politics of Genocide: Peacekeeping and Disaster Relief in Rwanda, in: William J. Durch (Hg.), UN Peacekeeping, American Politics, and the Uncivil Wars of the 1990s, New York 1996, S. 367-407.

Vance, Jonathan F., Death so Noble. Memory, Meaning, and the First World War, Vancouver 2000.

Vance, Jonathan F., The making of Vimy, *National Post*, 7.4.2007, online unter http://www2.canada.com/cityguides/winnipeg/info/story.html?id=12b66e51-620d-4663-8e86-8b6491b85e90 (aufgerufen 11.7.2011).

Vance, Jonathan F., Stahl und Stein, Fleisch und Blut. Die Kontinuität des Kriegstotengedenkens, in: Manfred Hettling/Jörg Echternkamp (Hg.), Gefallenengedenken im globalen Vergleich. Nationale Tradition, politische Legitimation und Individualisierung der Erinnerung, München 2013, S. 329-356

Varwick, Johannes, Die NATO. Vom Verteidigungsbündnis zur Weltpolizei?, München 2008.

Veatch, Richard, Canada and the League of Nations, Toronto/Buffalo 1975.

Verbeek, Bertjan, Decision-Making in Great Britain During the Suez Crises. Small Groups and a Persistent Leader, Aldershot 2003.

Viehrig, Henrike, Öffentlichkeit und Auslandseinsätze nach dem CCN-Effekt, in: Frank Bösch/Peter Hoeres (Hg.), Außenpolitik im Medienzeitalter. Vom späten 19. Jahrhundert bis zur Gegenwart, Göttingen 2013, S. 319-340

Volger, Helmut, Geschichte der Vereinten Nationen, 2. Aufl., München/Wien 2008.

Vormann, Boris, Zwischen Alter und Neuer Welt. Nationenbildung im transatlantischen Raum, Heidelberg 2012.

Wagner, Armin, 13 Beobachtermissionen der Vereinten Nationen, in: Bernhard Chiari/ Magnus Pahl (Hg. im Auftrag des Militärgeschichtlichen Forschungsamtes), Wegweiser zur Geschichte. Auslandseinsätze der Bundeswehr, Paderborn u.a. 2010, S. 121-131.

Wagner, Eric, The Peaceable Kingdom? The National Myth of Canadian Peacekeeping and the Cold War, in: Canadian Military Journal 7 (Winter 2006-2007), 4, S. 45-54.

Wainhouse, David W., International Peace Observation. A History and Forecast, Baltimore 1966.

Walters, Francis Paul, A History of the League of Nations, 2 Bde., London 1952.

Wambaugh, Sarah, The Saar Plebiscite. With a Collection of Official Documents, Cambridge (Mass.) 1940.

Watson, Cynthia A., Argentina, in: David S. Sorenson/Pia Christina Wood (Hg.), The Politics of Peacekeeping in the Post-Cold War Era, London/New York 2005, S. 52-67.

Wegner, Nicole, (De)Constructing Foreign Policy Narratives: Canada in Afghanistan, in: Duane Bratt/ Christopher J. Kukucha (Hg.), Readings in Canadian Foreign Policy. Classic Debates & New Ideas, 3. Aufl., Don Mills (ON) 2015, S. 113-121.

Welin, Gustaf/Christer Wekelund, The U.N. in Cyprus. Swedish peace-keeping operations, 1964-1993, London 2004.

Welsh, Jenifer, At Home in the World. Canada's Global Vision for the 21st Century, Toronto 2004.

Wendt, Reinhard, Vom Kolonialismus zur Globalisierung. Europa und die Welt seit 1500, Paderborn u.a. 2007.

Wheeler, Nicholas J., Saving Strangers. Humanitarian Intervention in International Society, Oxford 2000.

Wheeler, Nicholas J., The Humanitarian Responsibilities of Sovereignty: Explaining the Development of a New Norm of Military Intervention for Humanitarian Purposes in International Society, in: Jennifer M. Welsh (Hg.), Humanitarian Intervention and Internationalen Relations, Oxford 2006, S. 29-51.

Willis, Matthew, An unexpected war, a not-unexpected mission. The origins of Kandahar 2005, in: International Journal 67 (Autumn 2012), 4, S. 979-1000.

Winegard, Timothy C., Here at Vimy: A Retrospective – The 90th Anniversary of the Battle of Vimy Ridge, in: Canadian Military Journal vol. 8, No. 2 (Summer 2007), S. 83-85.

Winslow, Donna, The Canadian Airborne Regiment in Somalia. A Socio-cultural Inquiry, Ottawa 1997.

Winter, Elke, Bridging Unequal Relations, Ethnic Diversity, and the Dream of Unified Nationhood: Multiculturalism in Canada, in: Zeitschrift für Kanada-Studien 27 (2007), 1, S. 38-57.

Wiseman, Henry (Hg.), Peacekeeping. Appraisals and Proposals, New York u.a. 1983.

Wiseman, Henry, Has New Life Been breathed Into U.N. Peace-keeping?, in: Canadian Defence Quarterly/Revue canadienne de défense 5 (Sommer 1975), 1, S. 22-28.

Wiseman, Henry, Peacekeeping: début or dénouement?, Toronto 1972 (Behind the Headlines, hg. v. Canadian Institute of International Affairs 31, 1/2).

Wolfrum, Edgar, Geschichtspolitik in der Bundesrepublik Deutschland. Der Weg zur bundesrepublikanischen Erinnerung 1948-1990, Darmstadt 1999.

Woo, Grace Li Xiu, Ghost Dancing with Colonialism. Decolonization and Indigenous Rights at the Supreme Court of Canada, Vancouver/Toronto 2011.

Young, Robert J. C., Postcolonialism. An Historical Introduction, Oxford u.a. 2001.

Zenner, Maria, Parteien und Politik im Saargebiet unter dem Völkerbundsregime 1920-1935, Saarbrücken 1966.

Zimmering, Raina, Mythen in der Politik der DDR. Ein Beitrag zur Erforschung politischer Mythen, Opladen 2000.

Zyla, Benjamin, NATO and post-Cold War burden-sharing. Canada »the laggard?«, in: International Journal 64 (Spring 2009), S. 337-359.

Zyla, Benjamin, Sharing the Burden? NATO and Its Second-Tier Powers, Toronto u.a. 2015.

Manuskripte/unveröffentlichte Schriften

Appathurai, James/Ralph Lysyshyn, Lessons Learned from the Zaire Mission, Juni 1997, vervielfältigtes Manuskript, eingesehen in der Bibliothek des kanadischen Außenministeriums, Ottawa.

Archer, Hal, History of UNAC 1946-1986, o.D., unveröffentl. Manuskript, UNA Archives Ottawa.

Bright, Melanie J., Will Parliament Decide?: Peacekeeping Operations in the 1990s, M.A. thesis, Royal Military College of Canada, Kingston 1997.

»Canadian pawn in a Bosnian Showdown«, CTV National News – CTV Television, 26.5.1995 (Transkript).

Gravelle, Robert A., Different Shades of Blue: Peacekeeping by Confrontation. The Canadian Contingent in Cyprus 1964-1975, PhD theses, University of Ottawa, 1995.

Hart, Susan Elizabeth, Sculpting a Canadian Hero: Shifting Concepts of National Identity In Ottawa's Core Area Commemorations, PhD thesis, Concordia University, Montreal 2008.

Herteis, Anne Katherine, Constructed identities and appropriated spaces: an exploratory study of South Asian identity and space in Toronto, M.A. thesis, Ryerson University, Toronto 2009, Theses and dissertations. Paper 509, online unter http://digitalcommons.ryerson.ca/dissertations/509 (aufgerufen 18.5.2012).

MacFarlane, John, Refus d'une force permanente des Nations unies, unveröffentlichtes Manuskript.

Ostling, Kristen, The Peace Movement and the Security Debate in Canada, M.A. thesis, Carleton University, Ottawa, January 1991.

Phillips-DesRoches, Susan, Canada's National War Memorial: Reflection of the Past or Liberal Dream?, M.A. thesis, Carleton University, Ottawa 2002.

Rioux, Jean-Sébastien, Two Solitudies: Quebecers' Attitudes Regarding Canadian Security and Defence Policy. Prepared for the Canadian Defence and Foreign Affairs Institute's »Research Paper Series«, 23.2.2005 (unveröffentlichtes Manuskript).

Roberts, John, Nation-Building and Monumentalization in the Contemporary Capital: The Case of Ottawa-Hull, with particular Reference to the Peacekeeping Monument and the Canadian Tribute to Human Rights, M.A. thesis, Carleton University, Ottawa 1998.

Roth, Matthew McKenzie Bryant, Crossing Borders: The Toronto Anti-Draft Programme and the Canadian Anti-Vietnam War Movement, M.A. thesis, University of Waterloo, 2008, online unter http://hdl.handle.net/10012/4108 (aufgerufen 23.3.2012).

Stipernitz, Boris, Kanada und die Gründung der Vereinten Nationen 1939-1945, Diss. Universität zu Köln 2001.

Internet-Ressourcen

Background Info »Canada and The United Nations«, online unter http://www.unac. org/learn/wrld/background/cu.htm (aufgerufen 13.11.2011).

Canadian Journey Series (2001-2006), online unter http://www.bankofcanada.ca/ banknotes/bank-note-series/canadian-journey/ (aufgerufen 20.11.2013)

Canadian Labour Congress (CLC). Artikel, in: Encyclopaedia Britannica: Encyclopaedia Britannica Online, online unter www.britannica.com (aufgerufen 17.5.2013).

Canadian Peacekeeping Service Medal (CPSM), online unter http://www.cmp-cpm. forces.gc.ca/dhr-ddhr/chc-tdh/chart-tableau-eng.asp?ref=CPSM, zuletzt verändert 1.5.2012 (?), (aufgerufen 20.11.2013).

Canadians still view troops as peacekeepers: DND poll, CTV.ca, 5.9.2008, online unter http://edmonton.ctv.ca/servlet/an/plocal/CTVNevs/20080905/dnd_poll_080905/ 20080905/?hub=EdmontonHome (aufgerufen 13.3.2009).

Census 2001, Mother Tongue, online unter http://www12.statcan.ca/english/census01/ products/highlight/LanguageComposition/Page.cfm?Lang=E&Geo=PR&View= 1a&Table=1a&StartRec=1&Sort=2&B1=Counts&B2=Both (aufgerufen 18.8.2009).

Clark, Campbell, Part 2: Canadians pick peacekeeping over combat, 25.10.2010, online unterwww.theglobeandmail.com/news/national/time-to-lead/military/canadians-pick-peacekeeping-over-combat/article1771103 (letzte Änderung 27.10.2010, aufgerufen 28.2.2011).

Clarke, Brian/Stuart Macdonald, Working Paper – United Church of Canada Statistics (version 1.7, January 6, 2011), http://individual.utoronto.ca/clarkemacdonald/ clarkemacdonald/Welcome_files/unitedchurch.pdf (aufgerufen 30.5.2013).

Details/Information for Canadian Forces (CF). Operation TOUCAN (Homepage DHH des DND), online unter http://www.cmp-cpm.forces.gc.ca/dhh-dhp/od-bdo/ di-ri-eng.asp?IntlOpId=83&CdnOpId=97, zuletzt bearbeitet 28.11.2008 (aufgerufen 28.3.2014).

Documentation for CIPO Poll 362, November 1973, Q8B, Carleton University, Social Science Data Archives, online unter http://www.library.carleton.ca/ssdata/surveys/ doc/gllp-73-nov362-doc (aufgerufen 24.3.2008).

»Front Page Challenge«, online unter http://www.dbc.ca/75/2011/0/front-page-challenge.html (aufgerufen 12.9.2013).

Governor General announces the creation of a new military medal. News Release Governor General of Canada, 29.8.2008, online unter http://www.gg.ca/media/doc. asp?lang=e&DocID=5483 (aufgerufen 8.5.2009).

»Harper Trip Boosts Support for Troops in Canada«, Angus Reid Global Monitor, 15.3.2006, online unter http://www.angus-reid.com/polls/view/11221/harper_trip_boosts_support_for_troops_in_canada (aufgerufen 13.3.2009).

Homepage CAVUNP, online unter http://cavunp.ab.ca/Peacekeeper%20Park%20-%20Committee%20Members.htm (aufgerufen 28.11.2013).

Homepage des Alberta Order of Excellence online unter http://www.lieutenantgovernor.ab.ca/aoe/military/donald-ethell/ (aufgerufen 30.8.2013).

http://www.assnat.qc.ca/fr/deputes/vaugeois-denis-5689/biographie.html (zuletzt geändert August 2014, aufgerufen 1.9.2014).

http://www.bankofcanada.ca/en/banknotes/general/character/background_10_peacekeeping.html (aufgerufen 18.6.2008).

http://www.editionsboreal.qc.ca/fr-boreal.php (aufgerufen 31.8.2009).

Ipsos Reid Corporation, Qualitative & Quantitative Research: Views of the Canadian Forces 2010 Tracking Study, submitted to: Department of National Defence, March 2010, S. 8 (Executive Summary), online unter http://epe.lac-bac.gc.ca/100/200/301/pwgsc-tpsgc/por-ef/national_defence/2010/078-09/summary.pdf (aufgerufen 30.3.2014).

Ipsos Reid/Dominion Institute Poll Reveals Order of Canada Recipients have a Different Idea of what Defines Canada, 28.6.2008, online unter http://www.dominion.ca/101%20Things%20-%20June%2028%20-%20EN.pdf (aufgerufen 7.7.2014).

»Jadex«. General Jacques Alfred Dextraze, online unter http://www.army.forces.gc.ca/DLCD-DCSFT/JADEXPapers_e.asp (eingesehen 23.9.2011).

Limestone District School Board, Ontario, Great, Flag Debate, online unter http://fcweb.limestone.on.ca/~stridef/History%20of%20Canada/Unit%204%20-%20Lesson%206%20-%20Flag%20Debate.pdf (aufgerufen18.2.2012).

Memo from Nik Nanos, Nanos Research to The Globe and Mail, 25.10.2010, bez. Globe and Mail/Nanos Poll – Defence Policy, online unter www.nanoresearch.com/library/polls/POLNAT-W10-T443E.pdf (aufgerufen 28.3.2011).

»National Peacekeepers' Day, August 9«, online unter http://www.rcmp-grc.gc.ca/pomp/pks-gsp-day-jour-eng.htm (aufgerufen 20.11.2013).

Nanos Research, CTV News, Views on Canada's role in peacekeeping missions. National survey released October, 2016, S. 2 f., 6, online unter http://www.nanos.co/wp-content/uploads/2017/07/Oct-14-Views-on-Canada%E2%80%99s-role-in-peacekeeping-missions.pdf (aufgerufen 27.6.2018).

Nanos Research, Globe and Mail/Nanos Poll – Defence Policy, 25.10.2010, S. 11 (UN Peacekeeping), online unter http://www.nanosresearch.com/library/polls/POLNAT-W10-T443E.pdf (aufgerufen 28.2.2011).

»NATO Council of Canada«, Canada's Military Identity is Changing: Is Public Opinion Changing Too?, 13.8.2013, online unter http://atlantic-council.ca/portfolio/canadas-military-identity-is-changing-is-public-opinion-changing-too/ (aufgerufen 30.3.2014).

Patricia's Canadian Light Infantry online unter http://www.ppcli.com/html5/crab betext.html (aufgerufen 3.2.2014).

»Peacekeeper Park«, online unter http://www.veterans.gc.ca/eng/feature/peacekeeper/remembrance/peacekeepers_park (aufgerufen 17.12.2013).

Peacekeeping Cairn, Winnipeg, online unter http://www.cavunp-winnipegcom/pkcairn.html (aufgerufen 2.12.2013).

»Peacekeeping First, Combat Second For Canadians«, Angus Reid Global Monitor, 4.4.2004, online unter http://www.angus-reid.com/polls/view/2329/peacekeeping_first_combat_second_for_canadians (aufgerufen 13.3.2009)

Pearson Peace Medal > Lt-Gen. E.L.M. Burns (1981), online unter http://www.unac.org/en/news_events/pearson/1981.asp (aufgerufen 27.2.2012).

Pearson Peace Medal, online unter www.unac.org/en/news_events/pearson/index.asp (aufgerufen 4.3.2008).

Pollara: Perspectives Canada, 1st Quarter 1994, Carleton University, Social Science Data Archives, online unter http://www.library.carleton.ca/ssdata/surveys/doc/pllra-cda-94-q1-cbk (aufgerufen 24.3.2008).

Pollara: Perspectives Canada, 4th Quarter 1992, Carleton University, Social Science Data Archives, online unter http://www.library.carleton.ca/ssdata/surveys/doc/pllra-cda-92-q4-cbk (aufgerufen 24.3.2008).

»Press Release – Peace 1988«. Nobelprize.org. Nobel Media AB 2013. Web. 3 Sep 2013, online unter http://www.nobelprize.org/nobel_prizes/peace/laureates/1988/press.html (aufgerufen 3.9.2013).

»Ranking of Military and Civilian Police Contribution to United Nations Operations«, 31.12.2000 u. 31.12.2001, online unter http://www.un.org/en/peacekeeping/resources/statistics/contributors_archive.shtml (aufgerufen 22.2.2014).

Report of the Independent Enquiry into the actions of the United Nations during the 1994 genocide in Rwanda, 15 December 1994, S/1999/1257, online unter www.un.org/news/dh /latest/rwanda.htm (aufgerufen 8.1.2014).

Report of the Panel on United Nations Peace Operations, vorgelegt von Lakhdar Brahimi gemäß Begleitschreiben an den UN-Generalsekretär am 17. August 2000, UN-Doc. A/55/305-S/2000/809, S. IX f., 1-3, 10, online unter http://www.unrol.org/files/brahimi%20report%20peacekeeping.pdf (aufgerufen 21.3.2014).

Richard Deans Waugh (1868-1938), online unter http://www.mhs.mb.ca/docs/people/waugh_rd.shtml (aufgerufen 10.2.2011).

Statistics Canada, 2006 Census of Population, online unter: http://www40.statcan.gc.ca/l01/cst01/demo11b-eng.htm (zuletzt geändert 11.12.2007), (aufgerufen 17.8.2009).

Statistics Canada. Table 051-0001 – Estimates of population, by age group and sex for July 1, Canada, provinces and territories, annual (persons unless otherwise noted), CANSIM (database), Using E-STAT (distributor), online unter http://estat.statcan.gc.ca/cgi-win/cnsmcgi.exe?Lang=E&EST-Fi=EStat/English/CII_1-eng.htm (aufgerufen 17.8.2009).

»Striking in its solitude – the 1-dollar coin, familarly known as the ›loonie‹«, online unter http://www.mint.ca/store/mint/about-the-mint/1-dollar-5300014#.VPx15eHo--o (aufgerufen 8.3.2015).

Todd Babiak, Canadian Flag, auf der homepage »101 things Canadians should know about Canada«, online unter http://www.101things.ca/topten.php?item=3 (aufgerufen 18.2.2012).

»United Nations Peacekeeping Forces – Acceptance Speech«. Nobelprize.org. Nobel Media AB 2013. Web. 3 Sep 2013, online unter http://www.nobelprize.org/nobel_prizes/peace/laureates/1988/un-acceptance.html (aufgerufen 3.9.2013).

UN: Contributors to UN Peacekeeping Operations by Country and Post, 31.5.2019, online unter https://peacekeeping.un.org/sites/default/files/1-summary_of_contributions_0.pdf (aufgerufen 7.7.2019).

UN: Homepage der Vereinten Nationen, monatliche Stärkemeldungen der Peacekeeping-Missionen, online unter http://www.un.org/en/peacekeeping/resources/statistics/contributors_archive.shtml (aufgerufen 22.2.2014 u. 13.4.2015); jetzt online unter https://peacekeeping.un.org/en/troop-and-police-contributors (aufgerufen 7.7.2019).

UN: List of UN Peacekeeping Operations 1948-2013 (tatsächlich: 2014!), online unter https://peacekeeping.un.org/sites/default/files/operationslist.pdf (aufgerufen 7.7.2019).

UN: MINUJUSTH Fact Sheet, https://peacekeeping.un.org/en/mission/minujusth (aufgerufen 7.7.2019).

UN: Monthly Summary of Military and Civilian Police Contribution to United Nations Operations (1995-2004), online unter http://www.un.org/en/peacekeeping/contributors/documents/Yearly_Summary.pdf (aufgerufen 2.6.2014).

UN: Monthly Summary of Military and Police Contribution to United Nations Operations (2005-2014), online unter http://www.un.org/en/peacekeeping/contributors/documents/Yearly.pdf (aufgerufen 2.6.2014).

UN: Monthly Summary of Military and Police Contribution to United Nations Operations (2009-2019), online unter https://peacekeeping.un.org/sites/default/files/msrs_may_2019_0.pdf (aufgerufen 7.7.2019).

UN: Past Peace Operations, online unter https://peacekeeping.un.org/en/past-peacekeeping-operations (aufgerufen 7.7.2019).

UN: UN Mission's Summary detailed by Country. Month of Report: 31.10.2006, online unter http://www.un.org/en/peacekeeping/resources/statistics/contributors_archive.shtml (aufgerufen 13.6.2014).

UN: United Nations Confidence Restoration Operation in Croatia, online unter https://peacekeeping.un.org/sites/default/files/past/uncro.htm (aufgerufen 7.7.2019).

UN: United Nations Peacekeeping. Fatalities by Nationality and Mission up to 5/31/2019, online unter https://peacekeeping.un.org/sites/default/files/statsbynationalitymission_2_25.pdf (aufgerufen 7.7.2019).

Wells, Judy, What stimulated high Vancouver turnout?, The Peace Calendar 2 (1984), Nr. 5, online unter tpc.peacemagazine.org (aufgerufen 10.5.2013).

Dank

Die ersten Überlegungen für die vorliegende Studie reichen weit zurück. Als ich in Ottawa in der Crimes Against Humanity and War Crimes Section des kanadischen Justizministeriums arbeitete, brachten mir Freunde, Arbeitskollegen und -kolleginnen neben den Schönheiten der Natur Kanadas auch dessen mannigfaltige Gesellschaft und Geschichte nahe. Ohne die damaligen Begegnungen, besonders in der St. Paul's Eastern United Church in Ottawa, hätte ich dieses Buch nicht schreiben können. Ich verdanke also viel mehr Menschen, als ich hier namentlich nennen kann, wesentliche Einsichten, praktische Hilfen und intellektuellen Austausch.

Dies vorausgeschickt, möchte ich an dieser Stelle zuerst Constantin Goschler ganz herzlich für seine Ratschläge und für seine vielfältige Unterstützung in den verschiedenen Phasen danken, die dieses Forschungs- und Buchprojekt durchlaufen hat. Mein Dank geht ebenfalls an Michael Wala für die langjährige kollegiale Zusammenarbeit und zahlreiche gute Gespräche sowie an Petra Dolata für die Hilfe während wichtiger Etappen des Projektes. Von der Fakultät für Geschichtswissenschaften der Ruhr-Universität Bochum wurde die Arbeit 2015 als Habilitationsschrift angenommen.

In einem frühen Entwicklungsstadium des Projektes unterstützte mich Katherine Sams, die mich auch an Yves Tremblay vom Directorate of History and Heritage des kanadischen Verteidigungsministeriums verwies, der bis heute freundlich und kompetent auf meine zahlreichen Fragen antwortet. Ohne Greg Donaghy vom kanadischen Außenministerium hätte ich viele Akten, die ich für meine Untersuchung benötigte, überhaupt nicht auffinden können. Joan Broughton von der United Nations Association in Canada teilte mit mir ihren Erfahrungsschatz, der Jahrzehnte der Entwicklung des Peacekeeping-Gedankens in der kanadischen Zivilgesellschaft umfasst. Ihnen allen gebührt mein besonderer Dank.

Zahlreiche Archive, Institutionen und Bibliotheken unterstützten mit großem Engagement mein Forschungsvorhaben. Die Mitarbeiterinnen und Mitarbeiter, die mir dort Hilfe gewährten, sind zu zahlreich, um sie alle hier nennen zu können. Stellvertretend möchte ich daher Paulette Dozois und Nathalie Morin von den National Library and Archives Canada und Kathy Imrie von der Library des Ontario Institute for Studies in Education der University of Toronto danken.

Die Interviewpartner und -partnerinnen, die in dieser Arbeit genannt und im Quellen- und Literaturverzeichnis aufgeführt werden, und diejenigen, die mir Hintergrundinformationen gaben, halfen mir zu einem besseren

Verständnis sowohl der wichtigen Parameter kanadischer Außenpolitik wie auch der innenpolitischen Prämissen und Veränderungen. Hierfür sei ihnen besonders gedankt.

Für herausfordernde Gespräche, neue Einsichten und vielerlei praktische Hilfe möchte ich ganz herzlich Dank sagen: Paul Aubin, Ursula Beddoes, Ruth Bettina Birn, Robert Bothwell, Frauke Brammer, Wilfried von Bredow, Andrew Burtch, Adam Chapnick, Dianne Clipsham, Andrew Cooper, Jocelyn Coulon, Walter Dorn, Markus Eickel, John English, Alexander Freund, Erich Haberer, David Haglund, Norman Hillmer, Christian Jansen, Jennifer Jenkins, Andreas Kötzing, David Last, Ursula Lehmkuhl, Christian Leuprecht, Sean Maloney, John MacFarlane, Jean Morin, Gerhard Meyer, Ralf Ogorreck, Charles Pentland, Volker Rieß, Stéphane Roussel, Thomas Sakuth, Joel Sokolsky, Kevin Spooner, Bernd Wegner und Jens Westemeier.

Gordon Goldsborough sei für die Erlaubnis, sein Foto vom Peacekeeping Cairn in Winnipeg abzubilden, gedankt und Roger du Toit, Robert Allsopp und John Hillier von DTAH Architects, Toronto für die Genehmigung, den Plan des Confederation Boulevard abzudrucken. Danken möchte ich auch John und Cara Loncar, Harley und Margaret Nott und Timothy Morin und Lorraine Dicicco sowie Margaret Bennett, Kay Blais, Derek Carlisle, Nancy Thornton und Wayne MacWhirter für unzählige Gespräche und gemeinsame Abendessen. Dank ihnen war und ist Kanada für mich „home away from home". Mein Dank geht ebenfalls an Panagiotis Bouziouris und sein Praxisteam, insbesondere Katja Danese, für ihre Hilfe sowie an Gerlinde Fuhrmann, Inhaberin der Buchhandlung Friedrich Katerlöh in Altena, für gute Literatur und Gespräche. Anita Langemann danke ich für die Korrektur des Manuskripts und die Erstellung des Registers.

Ohne die finanzielle Förderung durch die Fritz Thyssen Stiftung hätte das Forschungsprojekt einschließlich der Archivreisen nach Kanada nicht durchgeführt werden können. Für diese Unterstützung möchte ich ganz besonders danken. In den Dank schließe ich auch das kanadische Außenministerium ein, dessen Canadian Studies Faculty Research Program es ermöglichte, im Rahmen eines Reisestipendiums einen Aspekt meines Forschungsthemas ausführlicher zu untersuchen.

Diethard Sawicki, meinem Lektor vom Verlag Ferdinand Schöningh, danke ich einmal mehr für seine Geduld, seine Freundlichkeit und seine kompetenten Anregungen. Den Herausgeberinnen und Herausgebern von „Krieg in der Geschichte" sei für die Aufnahme dieses Bandes in ihrer Reihe gedankt.

Ganz herzlich möchte ich auch meiner Frau Andrea Groß-Schulte und unserem Sohn Daniel Paul Schulte dafür danken, dass sie meistens gutwillig meine begeisterten Elogen zu neuen Erkenntnissen und die lange Dauer dieses Projektes ertrugen; meine Frau unterzog das Manuskript zudem noch einer kritischen Durchsicht.

Jack Bray durfte ich in der St. Paul's Eastern United Church in Ottawa kennenlernen. Die Gespräche mit ihm haben mir das Leben in Kanada und die Geschichte Kanadas auf einzigartige Weise aufgeschlossen. Bis heute sind Begegnungen mit ihm ein freudiges und eindrückliches Erlebnis. Ihm sei dieses Buch gewidmet.

Altena (Westf.), im Oktober 2019   Jan Erik Schulte

Register

Ortsregister

(Kanada wurde nicht extra aufgenommen.)